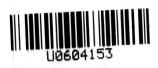

本書影印底本由日本早稻田大學圖書館收藏

中國典籍日本注釋叢書・論語卷

張培華 編

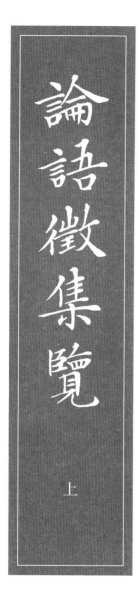

論語徵集覽

上

上海古籍出版社

圖書在版編目(CIP)數據

論語徵集覽/(日)松平賴寬撰. 一上海:上海古籍出版社,2017.8
(中國典籍日本注釋叢書. 論語卷)
ISBN 978-7-5325-8375-1

Ⅰ.①論… Ⅱ.①松… Ⅲ.①儒家②《論語》一研究
Ⅳ.①B222.25

中國版本圖書館CIP數據核字(2017)第042845號

論語徵集覽

(全三册)

[日]松平賴寬 撰
上海世紀出版股份有限公司
上 海 古 籍 出 版 社 出版
(上海瑞金二路272號 郵政編碼200020)
(1)網址:www.guji.com.cn
(2)E-mail:gujil@guji.com.cn
(3)易文網網址:www.ewen.co
上海世紀出版股份有限公司發行中心發行經銷
江蘇金壇古籍印刷廠印刷
開本890×1240 1/32 印張46.5 插頁15
2017年8月第1版 2017年8月第1次印刷
印數:1—1,500
ISBN 978-7-5325-8375-1
B·990 定價:228.00元

序

『論語』は、『千字文』と並んで、日本に最初に入ってきた漢籍の一つと伝えられるほど、なじみ深い典籍である。

古来、日本人が学んできた漢籍には、ほかに『孝経』や『蒙求』『三字経』などがあり、幼少期の学童に教えられるべき幼学書として、近代以前は長い受容されてきた。しかし、これらは今ではすっかり忘れ去られて、眼にふれることも稀になってしまった。むしろ最も馴染みのある漢籍といえば『論語』が代表的となっている。

現代の日本で、『論語』がいかに親しまれているか、示してみよう。例えば、学校では小学校や中学校の教科書に採り上げられている。また、ビジネス書をはじめ、『論語』の小説も少なからず出ている。漫画の『論語』も多くあり、孔子の伝記とあわせると、その数は膨大といってよかろう。

『論語』の注釈の中で最も有名で、最も多くの人に享受されてきたものは、朱子（朱熹）の『論語集注（しっちゅう）』であった。これのことは、世界的に考えてみても、同じことが言えるだろう。かくいう私も、十八歳で大学に入学した際の最初の講義で学んだ漢文は、簡野道明の補注による『論語集注』を教科書に、柳町達也先生から学而第一を二年間習ったものだった。
　その講義で学んだことは、現代語や解説などに頼らずに、直接古典注釈書を学ぶことの意義と、長い注釈の歴史を持つ中国に劣らず、日本でも朱子を乗り越えようとした先人の営みの精華を知ったことだった。
　本書の最初に収める松平頼寛（1703～1763）『論語徴集覧』には、日本における論語についての二大著述を対照させた集注が収められる。すなわち伊藤仁斎（1627～1705）『論語古義』と荻生徂徠（1666～1728）『論語徴』である。いずれも朱子の説を祖述することを潔しとせず、それを乗り越えるべく独自の思想を追究した先人の賜物といえる。
　江戸時代、林羅山によって身分制度を正当化する朱子学は、江戸幕府の正学とされていた。そこでは、「上下定分の理」や、そのために名称と実質の一致を確立しようとした名分論が武家政治の基礎理念として貫かれていた。
　しかし、仁斎と徂徠の両名は、ともに当時支配的であった朱子学的な経典解釈に批判的態度であたった。具体的には、両名は直接原典を考究するという原理主義に立って朱子学に臨んだのである。ただし、両者の採った方法はそれぞれ異なるものであった。
　端的に言えば、仁斎の古義学は、疑念を持って原典にあたり、批判的な態度で読むことに努めたものといえ、徂徠の古文辞学は、原音原語と制度文物の研究によって、先王の道を知ろうというものであった。また、中国語に堪能だった徂徠は仁斎に否定的な態度で臨んだことも特徴的であった。その結果、それぞれ方法・立場を異にしながらも、全人的理解を目指して体系に裏打ちされた思想を生み出したのである。本書に収載の『古義』『徴』の二書にもその傾向はうかがえる。

両名の考え方の差は随所に現れている。一例として学而第一第八章を採り上げてみよう。

「子曰、君子不重則不威。
学則不固。
主忠信。
無友不如己者。
過則勿憚改。

この部分の解釈は仁斎と徂徠とで異なる。詳しくは収載された両書を参照して考えてもらいたいが、あえて一点だけ述べれば、この章の「学則不固」の部分には両者の考え方の違いが最も明確に現れているといえる。

まず、仁斎は、『論語』は孔子が当時の賢士大夫に向かって説いたもので、この章も孔子が説いたいくつかの言葉を弟子たちがつづり合わせたものと考えた。それに対して徂徠は、『論語』は孔子が以前からの古言を唱えながら教えたものであるため、一貫性を認めづらい部分や、重複した内容があることも当然と考えた。その結果、仁斎は「学則不固」を、「学べば則ち固かたからず」と訓んで、きちんと学問をしないと堅固な考えを持てないと解釈した。それに対して、徂徠は「学べば則ち固こせず」と訓むことができる解釈を行った。孔子には定まった師はなかったので、融通無碍な考え方を行う人であったと考え、学びを深めれば、狭い見識にとらわれた固陋な考えを持たなくなるというのである。

朱子の学問は、孔子の一言片句さえも一貫した意味と思想を持つものと解釈することに努めた。それに対して、日本の仁斎と徂徠はその立場を採らず、朱子とは異なる解釈を行ったのである。仁斎は孔子の平生の言葉を繫げ合わせたものとし、徂徠は以前から伝わる古言を孔子が唱えながら教えたものと考えた。徂徠の考え方を採れば、他の箇所にも重複のあることに説明がつき、同じ章の「過ちては改むるに憚ること勿れ」からうかがい知れる君子像とも矛盾しない。

また、全体的思想においても、朱子は宇宙に根拠づけられた道の体現者としての孔子を見ようとしたのに対し、仁斎は、その考え方を排斥して日常性と道徳に関心を集中させた考えを採った。徂徠も同じく朱子とは異なる経学を示しながらも、仁斎にも反対の立場を採り、先王とは異なって統治者としての経験・実績はないものの、そのための道を後世に示した孔子の偉大さを伝えようと努めたのである。

こうした日本経学の豊潤な蓄積と独自性が、中国で知られることは少ないだろう。本書を編纂する意図はまさにそこにあるのだが、中国の人達だけでなく、多くの日本の人達にも興味を持っていただきたく思う。

平成二十八年師走　相田満

《論語》和日本

——代前言

一

翻開日本《古事記》應神天皇的章節，其中有『論語十卷』的記載。這是目前所知日本對《論語》的最早記録。應神天皇是日本第十五代天皇，在位四十一年（約公元二七〇年至三一〇年在位），一百歲崩（《古事記》載一百三十歲）。論及《論語》和日本的關係，上述記載是不可忽視的，至於《古事記》的記載是真是假，已有諸多考證，限於篇幅，在此不贅。《古事記》是日本最早的書，由其記載，可推知《論語》流傳到日本至少一千七百年了。這裡不妨摘録一段日本漢學大家諸橋轍次的話。他説：

《論語》是公元二八五年（應神天皇十六年）由百濟王仁博士傳到日本的。日本最早的書《古事記》成書於七一二年（和銅五），以此推算，《論語》到日本要比《古事記》早四百二十七年。也可以説，《論語》是日本人手裡拿到的第一本書。從那以後至今，《論語》差不多被日本人讀了一千七百年，終於家喻户曉、人人皆知、可親可敬了。雖説《論語》是外來的書，可我覺得稱其為日本古典中的古典並不過份。

（諸橋轍次《中國古典名言事典》，講談社學術文庫，第十九頁）

諸橋轍次先生的這段話，述及《論語》自傳入到被日本人廣泛接受的過程。那麽一千多年來，日本人究竟是怎麽閲讀《論語》的呢？

二

正如《古事記》所記載的那樣，自從王仁博士將《論語》作為禮物敬獻給應神天皇的皇子以來，《論語》以及流傳到日本的中國典籍的讀者主要是日本天皇和皇室子孫。他們通常由大學博士等專業人士傳授。比如日本漢文史籍《日本三代實録》第五卷清和天皇貞觀三年（八六一）八月十六日有如下記載：

十六日丁巳，天皇始講論語，正五位下行大學博士大春日朝臣雄繼侍講。

（《日本三代實録》上卷，名著普及會，第一三一頁）

該書第三十六卷元慶三年(八七九)八月十二日同樣有陽成天皇讀《論語》的記録:

十二日己巳,天皇始講論語,正五位下行大學博士大春日朝臣雄繼侍講。

(《日本三代實録》下卷,名著普及會,第一八〇頁)

清和天皇和陽成天皇分别是日本第五十六代和第五十七代天皇。《論語》不僅僅為天皇閲讀,也是皇子的啟蒙讀物。比如從《御産部類記》中可知皇子出生一周之内,由明經博士、紀傳博士閲讀的中國典籍書目中就有《論語》:

延長元年七月二十四日,皇后(藤原穩子)産男兒(寬明親王),前朱雀院,内匠寮作御湯具,七日間明經、紀傳博士等相交讀書,千字文、漢書·景帝紀、文王卅(原字)子篇、古文孝經、論語置一卷、尚書、史記、毛詩、明帝紀、左傳等也。

(《圖書寮叢刊·御産部類記》,明治書院,第七、八頁)

延長元年即西元九二三年。寬明親王剛出生,耳邊就聆聽大學博士讀《論語》及各種典籍,可見日本古代天皇對皇子履行儒家經典教育的重視。寬明親王日後成為日本第六十一代天皇即朱雀天皇。

不僅古代天皇及皇子耽悦《論語》及中國典籍，誦讀《論語》更是男性貴族修身的主要方式。這與日本古代没有文字密切相關。正如齋部廣成在其《古語拾遺》的《序言》裡説：『上古之世，未有文字。貴賤老少，口口相傳，前言往行，存而不忘。』(《古語拾遺》，岩波書店，第一一九頁)自漢字傳入日本後，日本開始借用漢字表情達意。前文提到的《古事記》，從頭至尾都是用漢字書寫的。日本第一部和歌集《萬葉集》也是用漢字書寫的。但問題是，雖是漢字，中國人卻未必能看懂。比如，明代李言恭《日本考》中有如下日本古代歌謠：

月木日木，所乃打那天木，乃子革失也，我和慕人那，阿而多思葉白。

(〔明〕李言恭、郝傑編撰，汪向榮、嚴大中校注《日本考》，中華書局，一九八三年，第一二四頁)

恐怕任何中國人讀了以上歌謠，都會如墜五里雲霧而不知所云。其實這是一首日本古代情歌，大意是：『日月同天，想他那裡，我思念人，有人思我。』(出處同上)

這是因爲，日本借用漢字表情達意時，已經有固定的日語表達形式了，只是没有日語文字而已。這是一個值得深究的課題。

借用中國漢字，終究不方便，於是日本在平安時代發明了『假名』，即記録日語的文字。

顧名思義，假名是相對於『真名』而言的，真名即漢字書寫的古文。十分有趣的是，日本創造的假名，依然與漢字藕斷絲連。毫不諱言，日語的假名，其本質是對漢字的『崩裂』。五十個平假名和五十個片假名，都基於一百個漢字。日語假名不變，漢字轉爲繁體字。假名源於漢字，在日本學生《國語》裡，均有鮮明的解釋，只是千百年來，對於日本學生或對所有日本人而言，在他們的意識裡，與其説漢字是中國的，倒不如説漢字是日本的，俗話説習慣成自然。

假名終於替代了真名，成爲日本的國語。但是，在假名剛剛開始的平安時代，『真名』與『假名』的地位截然不同。按古代日本律令的規定，國家政府機關的官方文書，一律爲真名，且多爲男性高級貴族把持，因此真名也稱爲『男手』，相對真名而言的假名，則叫『女手』。日本古典文學《枕草子》及《源氏物語》即是『女手』創作的代表作。從《源氏物語》作者紫式部的假名日記（《紫式部日記》）中可見，當時她旁聽兄長的漢儒課程時，由於其記憶力好，每當兄長被問得不能回答而發窘時，她在一旁倒背如流。她作爲文人的父親對其刮目相看，十分惋惜地説：真可惜你不是男兒啊！由此可見當時重視男子識『真名』女子習『假名』之一斑。

女性貴族宜用假名，男性貴族須用真名。從現存男性貴族的漢文日記中，我們仍然會發覺《論語》是皇室子孫必讀的中國典籍之一。比如日本第六十六代天皇一條天皇的第二皇子敦成親王誕生後，當時的攝政大臣，即一條天皇的岳父藤原道長在他的漢文日記《御堂關白記》中（現存作者部分親筆日記均爲日本國寶），對敦成親王的讀書書目和讀書時間以及擔任博士均有詳細記録。比如寬弘六年（一〇〇九）十二月一日，上午讀《漢書》，傍晚時分由名叫爲忠的人讀《論語・大伯篇》(詳見《御堂關白記》,岩波書店,第二七一頁)。敦成親王日後成爲日本第六十八代天皇即後一條天皇。

鎌倉時代和室町時代的漢文日記裡,也依然可見閲讀《論語》的記録。比如鎌倉時代公卿近衛家實在其《猪隈關白記》裡,於正治二年(一二〇〇)二月一日記:『博學而篤志,論語云云。』(詳見《猪隈關白記》,岩波書店,第六九頁)另外在建仁三年(一二〇三)八月二日還有『釋奠、論語』的記述(詳見《猪隈關白記》,岩波書店,第二七〇頁)。所謂『釋奠』是沿襲古代中國祭奠以孔子爲代表的儒家先哲的儀式,最早由奈良時代《大寶令》中的學令頒佈後,于大寶元年(七〇一)實行,中途停止,後又復活,反反復複直到明治維新才餘韻告罄。

鎌倉時代以後的室町時代,後崇光院伏見宮貞成親王的日記於永享八年(一四三六)十月二日記:『讀書如例,論語第二卷講義。』(詳見《看聞日記》第五卷,宫内廳書陵部,第三二〇頁)

另外在室町貴族内大臣萬里小路(藤原)時房的日記《建内記》裡,也同樣可見其耽悦《論語》的記録。比如在康正元年(一四五五)八月二十一日的日記中有以下記載:『岡崎三品(周茂)終日來談,論語第七讀和了。』(詳見《建内記》第十卷,岩波書店,第一七八頁)

從以上零零碎碎的記述裡,大致可以瞭解,《論語》在日本先有天皇及皇室子孫閲讀,爾後普及到貴族階層,延綿不絶。但是,直到室町時代尚不見有學者潛心閲讀《論語》後,用漢文加以解釋的著作。

三

如果把『論語』作爲關鍵词輸入日本國立國會圖書館的藏書檢索欄裡，現在顯示的數目是三六四一件。這個數目還在不斷增長，因爲每年都有新的有關《論語》的書籍出版。比如二〇一六年六月，岩波書店出版了井波律子氏翻譯的《完譯論語》，同年十月，筑摩書房出版了齋藤孝氏翻譯的《論語》。日本《論語》的譯作，可謂雨後春筍，層出不窮。而且有趣的是，翻譯《論語》的譯者未必會說漢語，他們能夠翻譯《論語》，其氣魄來自對中國古文的日語解讀——訓讀。

說起訓讀，得回到平安時代日本人所發明的假名。前文提到過的源於漢字的一百個假名中，其中五十個片假名就是爲訓讀『真名』漢文服務的。漢文訓讀的發明，不能不說是日本人的智慧，因爲所有的中國典籍，一旦配上訓讀，如何閱讀的問題就會引刃而解。因為有訓讀這一特殊的閱讀方法，所以一個日本人即使完全不會說漢語，也能夠看懂《論語》。訓讀並不難，即按照日語的順序，在漢字左右下角分別添加訓點和送假名。其目的是爲了符合日語的順序，所以有必要顛倒漢語的語序，因爲日語和漢語的語序不同，比如漢語動詞後面跟賓語，而日語常常是賓語在前動詞在後。而訓點符號恰是爲顛倒漢語語序迎合日語順序而起作用的。

訓點符號屈指可數，簡言之，不外乎以下訓點。首先是返点『レ』，意为返回，即在两个汉字之间有返点的话，先读下边的字，然后再返回读上边的字。其次『一、二、三、四』點，即按照點數的多少，先讀有一點的字，次讀有二點的字，再讀有三點的字，最後讀有四點的字，以此類推。同樣的方法還有『上、中、下』點和『甲、乙、丙、丁』的訓點標誌。這些訓點基本都是按照其順序先後讀字罷了。如此看來，訓讀的方法並不困難，不過訓讀後的漢字得配上相應的送假名即片假名部分，需要有深厚的日語語感，所以日語能力的高低，左右著訓讀後的翻譯水準。由於古代漢文都是豎排，日語亦然，所以按訓讀規則，一般將訓點標在漢字的左下角，片假名標在漢字的右下角。

日本的訓讀雖易學，但其方式比較煩雜，似乎没有統一的模式，又常常與師承直接相關。比如昭和時代的學者，就有東大（東京大學）和京大（京都大學）畢業生訓讀的不同方式。

訓讀起源于平安時代，最早誕生于漢儒博士之家，派系林立，方法不一，猶如祖傳秘方不外傳，承繼的都是同門子弟。雖然方法不一，但是對理解中國古文似乎大相徑庭。好比中國大陸使用中文拼音，而中國臺灣則使用注音符號，形式不一，但對於同一個漢字所發出的聲音還是一致的。毫無疑問，日本人發明的訓讀，是日本人理解中國典籍的一條有效捷徑。時至今日，漢文訓讀仍然是日本高中生考大學的必考課程。可見，用訓讀的方法理解中國古文的技能，幾乎都潛伏在每一個日本人的頭腦裡。因此，對中國人來説，理解日本人，要知道他們會訓讀的本領。比方説，一個中國人古文功底很差，而一個日本人，訓讀能力很强，在理解中國古文方面，日本人往往比中國人更勝一籌，這並不是神話。

由上可知，《論語》傳到日本以後，自從片假名發明以來，日本人用訓讀的方法，一代又一代孜孜不倦地閱讀著《論語》。

一千多年來，《論語》在日本一直很受寵，從來没有被排擠過，時至今日，在中國典籍中，《論語》依然最受推崇。走進日本任何一家書店，恐怕都不難找到《論語》的位置。

關於《論語》流傳日本的底本，前後有兩種。一是可見於古代日本律令中的鄭玄注、何晏集解以及平安時代《日本國見在書目録》中爲代表的皇侃《論語義疏》，二是朱熹的《論語集注》。前者爲古注，後者爲新注。新注《論語》在日本更受重視，比如明治書院出版的『新釋漢文大系』中的吉田賢抗氏的《論語》注釋本，其底本爲朱熹的《論語集注》。現爲日本中國學會會長的土田健次郎氏最近譯注了《論語集注》（詳見《論語集注》，東洋文庫，二〇一三—二〇一五年）。

江户時代之前，日本雖有各式《論語》訓讀方法，卻鮮有《論語》注釋著作。日本《論語》注釋的形成及高峰期均在江户時代，其中最重要的著作有兩部：一是伊藤仁齋（一六二七—一七〇五）的《論語古義》，另一部是荻生徂徠（一六六六—一七二八）的《論語徵》。

伊藤仁齋早先是朱子學派人物，但在《論語古義》里，卻義無反顧地站在反朱子學的立場上。同樣反對朱子學的荻生徂徠，在其《論語徵》里也反對伊藤之學。後來松平賴寬將上述兩部著作和何晏《論語集解》、朱熹《論語集注》編印到一起，名爲《論語徵集覽》，大大便利對比閲讀。

本套叢書收録了松平賴寬《論語徵集覽》、山本日下《論語私考》、三野象麓《論語象義》、山本樂所《論語補解》、田中履堂《論語講義並辨正》等系列著作，均是江户時代最有影響的《論語》注釋著作，其中三種帶有訓點符號，對閲讀或有不便，但這些著作第一次與國内讀者晤面，相信會對讀者學習、研究《論語》有所助益，甚至能對研究日本漢學乃至東亞儒家文化帶來好處，那正是編者所期待和引以為榮的。

国文学研究資料館博士研究員　張培華
二〇一六年十二月於東京

作者及版本

松平賴寬（一七〇三—一七六三），字子猛，號黄龍。寬保三年（一七四三）爲陸奥守山藩（福島縣）第二代松平（水户）的藩主。在江户藩邸創設藩校養老館。另著有《菊經》等。

《論語徵集覽》，四孔線裝袋型單面紙印，二十冊，書高二十七厘米。每冊封面有『論語』題名，正文字體與注釋字體大小有別，頗便閲讀。全書少有蟲蝕，字體清晰。二十冊分裝兩個硬板布面包，第一包内收第一冊至第九冊，即學而一至子罕九。第二包收第十冊至第二十冊，即鄉党十至堯曰二十。第二十冊『堯曰』後，附『論語衆序附卷』，有《論語古注序》、《論語新注序説》、伊藤長胤《論語古義序》、《論語古義總論》。封面題簽『論語徵集覽』。版權頁記『寶曆十（一七六〇）季庚辰九月，東都小川彦九郎、宇野勘左衛門、前川六左衛門』。封面内頁印『源賴寬輯《論語徵集覽》服元喬閲，觀濤閣藏』。

目録

上册

中册

源賴寬輯

論語徵集覽

服元喬閱

觀濤閣藏

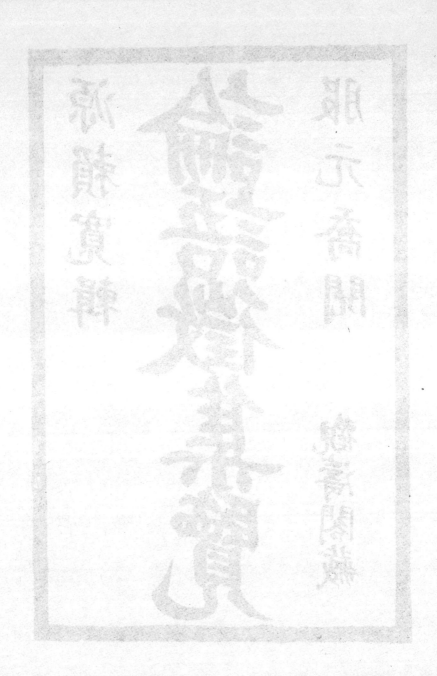

論語徵集覽序

守山侯好學也昔嘗攟及物先生立業之日庶幾既切無何先生逝矣則恨不相見然前此 侯乃既聞故平文莊成物子學聘召以為客倍厚禮畢已謹聽其業而無何文莊亦逝矣然 侯之恒德其業之所庶幾篤好

不渝歷年益脩矣乃謂物先生經義
遺書厥已所成無先乎二辨論語徵
焉於是取論徵專乃攻脩有年精覈
之極遂復比附諸家集而覽焉　俟
之琢磨之功益自脩也然爾因此遂
俾人切磋其業則可謂道學也夫推
物先生立業也嘗謂二三子曰詩書

雖缺孔子所折中可知而夫子信而
好古所爲其佳語者蓋亦述先王四
術而已未嘗別有所作而其粹焉者
魯論是已故不律先王之道而作其
説者非孔子之遺也奈何諸註家信
經任意大義由此多違而古之道不
明然説者猶謂其持之有故其言之

成理猶且至於戾而不通則時亦加醸求售己意君子蓋有所懲焉瞻乎辭保人無由得開内焉此爲不辨先王孔子之道幾乎荒矣是作徵々諸古物先生專獨所發揮也而其所以本文不具及諸注取舍古言徵否率皆略發其緒不必規々焉盡言者固

且以為夫既專徵古耳學之法無與焉夫唯篤學之士名必孰覽諸家博涉古今其素業乃爾而後聚訟之餘舊粃已多乃復取決於此則庶亦知吾說有徵爾是徵之所以片言折之也雖然跂而望矣不如登高之博見也而務學後生及此鮮矣其勢雖輯

不得不廣見端不如見本分本分而理班班具前鄉也效門室之辨混然曾不能決也俄而黎然白黑矣達者尚為愉快而況初學後生率亦因此切磋就業則激之有功於學者 侯之所以廣業非獨篤好物先生所立焉而已是之謂道學也蓋 侯為茲

厚於後世云高既與社盟文莊遊後
乃得見　侯時時復有見問而愈見
侯之篤好不渝歷年益備矣今茲集
覽之業既成書矣凡二十一卷　侯
乃命侍史爲對反覆校讎而鐫藏焉
復命高保序其由以名具　侯之所
例矣若夫宏才博覽園圃六藝塲圃

古籍誦數以貫之思索以通之深造之功所適乃逢其源者其在其人與其在其人與

寬延庚午春正月

平安服元喬謹序

論語徵題言

孔子生於周末不得其位退與門人脩先王之道論而定之學者録而傳之六經傳與記是已其緒言無所繫屬者輯爲此書謂之語者裁然耳蓋七十子之後諸家所傳不無附益獨此至爲醇眞故學者尊之比諸六經迨漢代立之學官崇聖人之言也後世先王之道弗明

豪傑士厚自封殖以聖知自處遂至於
以六經爲先王陳迹獨潛心斯書然學
不師古非孔子之心矣廼赧然自取諸
其心以爲解者自韓愈而下數百千家
愈繁愈雜愈精愈舛皆坐不師古故也
余學古文辭十年稍稍知有古言古言
明而後古義定先王之道可得而言已
獨悲夫中華聖人之邦更千有餘歲之

久儒者何限尚且嘵嘵然事堅白之辨而不識孔子所傳爲何道也况吾 東方乎孟子有言曰無有乎爾則亦無有乎爾豈謂今之時與是以妄不自揣敬述其所知其所不知者蓋闕如也有故有義有所指擿皆徵諸古言故合命之曰論語徵

物茂卿

論語徵集覽凡例

一徵本不載本文今此章分論語以徵附之予欲並觀諸註而窮其所歸何朱二家及古義說小字兩行以次載之徵之所爲論裁指擿者也徵在後獨中字書者既以徵爲主所以視其意也且逐次尋討而後徵說益可徵矣

一既集視之釋文所襲論說所因各家數出頗覺雷同然今不可以我取舍則不得不仍舊並存矣其同之所同相挍歸同而其異者趣採覩焉奚不有益於比考哉

一諸家註例有析章揷入因承本文就明其義者各據所見既不可一今此章載不斷諸註亦已連緝各段分家而已古註某曰某曰之類仍舊雖煩不可刪去藤氏古義釋文註論大小上下分例殊繁諸若是類一切畫隔之而已既是連綴難依例看或有文若無所承者讀者乃各配本自有辨焉本有圈者姑存從舊

一朱註本有音義今不收載即有一二須音義者其裁已具徵中

一物先生胸中已藏六經百家故諸引徵言時亦隨

意所記不必每言搜究今其篇題不具者略舉其端標揭上頭聊便考索一二而已後之書頗涉指摘若可備證者偶且所見從而標出亦未始求全于己集此以備要覽因命侍史刊藏焉既以爲己冀亦爲人

史記孔子世家贊曰自天子王

論語徵集覽卷之一

魏　何晏　集解

宋　朱熹　集註

大日本　藤維楨　古義

物茂卿　徵

從四位侍從源賴寬　輯

徵　蓋先王詩書禮樂。孔子之前。學者亦傳其義。然其言人人殊矣。至於孔子而後論定。故所以命之爲論者。迺以命孔子事業乎爾。大史公謂學者稱述六藝。皆折衷於孔子。是之

侯中國言六藝者折中於夫子

藝文志曰論語者孔子應答弟子時人及弟子相與言而接聞於夫子之語也當時弟子各有所記夫子既卒門人相與輯而論纂故謂之論語

乞言合語禮記文王世子

請事斯語顏淵篇

程子曰見集註序說

謂乎。如論人論官論罪。古皆謂論而定之也。非徒論辨也。漢書藝文志謂弟子論撰孔子之語。猶爲不失古言。廼論屬之弟子。其意謂如尚書之尚也。則國語家語何別。齊論魯論何謬。且訓語爲言。非古矣。古者大學有乞言合語。周官大司樂有樂語。凡言之可以爲教者。皆謂之語。如語云及請事斯語之類。可見已。故曰。謂之語者。裁然耳。

七十子所錄。人人殊矣。散之四方。人爲篇而篇無統也。命篇無意義。以此。程子曰。成於有子曾子門人。故唯二子以子稱。何廼遺閔冉。且也子思作中庸。字其祖。子何必優於字乎。大氐其族有爲大夫者。則子歸之。其它否。烏知子貢子路游夏之儔。其族不有爲大夫者乎。又如何註所引。孔曰馬曰王曰。古本皆具其姓名。作孔安國曰。馬融曰。王肅曰。而晏父名咸。故於包咸獨去其名。辟諱也。至於邢昺正義。廼始盡去其名。從省也。朱子不睹古本。妄謂不名先儒禮也。於是乎尹焞游酢謝良佐屬悉氏而不名。又從而爲之階級。子程張而氏諸儒。自此之後。大全諸書。奉以爲金科玉條。不敢違。遂使讀者茫乎不能識其爲誰某也。殊不知君前臣名。其於父與師亦爾。解經諸儒。具其姓名。禮當然也。且功罪有歸。謬誤可稽。義當然也。予嘗謂朱子不知而作者。豈不然乎。

魯論二十篇。齊論二十二篇。古論二十一篇。其傳於後者尚爾。况論語未成之時乎。其篇有幷析者可知也。祇其書以知命君子終始。及鄉黨終上論。堯曰終下論。群弟子之言附後。蒐輯者之條理之也。蓋上論成於琴張。而下論成於原思。故二子獨稱名。其不成於他人之手者審矣。

矢口之與涉筆有間也。論語者聖人之言而門人之辭也。謂之聖人之文者惑矣。門人一時以意錄之。以備忽忘焉耳。豈有意傳之後世哉。且烏知其錄時之意乎。且論語猶詩邪。詩有序而論語無序。何以識孔子所以言之乎。曾點之舞雩。如貺諸畫。樊遲則否。廼錄者之工拙殊也。凢謂論語精譔者。其說至於邦

曾點舞雩先進篇
樊遲從遊於舞雩見顏淵篇
邦君之妻季氏

篇

君之妻曰小君而窮矣。且先王之道。禮樂焉耳。而孔氏多言其義。禮樂殘缺。論語廼有不可解者矣。

人不欲學孔子所學。而欲學孔子。是工人不由規矩準繩。而學般倕也。其意謂欲學孔子。宜無若論語。聖人之言行具是。而其意猶有所不足也。則以史記世家補之。噫是惡足盡孔子哉。孔子不得其位。不行其道於天下。以匹夫終其身。故其所言所行。止於若是焉。夫舜耕歷山陶河濱而人化之。是其德爲爾。何

內聖外王見莊子天下篇

以睹其道乎。苟有其德則舉而措諸事業。是莊周內聖外王之說也。道者率性自然而人皆有之。故聖人不假學。是宋儒以後之失也。其究必至於廢六經而極矣。孰謂仁齋先生殊於宋儒也。然則論語不足讀邪。曰否也。工人既傳其規矩。而後與般倕處。其益豈小小乎。是歷山雷澤之間。亦足以窺其百揆之時哉。要之聖人之道大矣。若學者所見之小焉耳。

學而第一

好學自稱見公冶長篇

學而不厭見述而篇

〔補〕此爲書之首篇故所記多務本之意乃入道之門積德之基學者之先務也

〔徵〕孔子未免身爲匹夫。五十而知天命。然後脩先王之道傳諸人。以儒自處。以好學自稱。其恒言曰。學而不厭。誨人不倦。如學而時習之。亦以勸人。是雖未足以盡聖人。亦足以槩孔子。故以居首。蒐輯者之意也。荀子首勸學。蓋本諸。

子曰學而時習之不亦說乎有朋自遠方來不亦樂乎人不知而不慍不亦君子乎

〔古〕馬融曰子者男子之通稱謂孔子也王肅曰時者學者以時誦習之誦習以時學無廢業所以爲

說懌包氏曰同門曰朋慍怒
也凡人有所不知君子不怒

新 學之爲言效也人性皆善而覺有先後後覺者必效先覺之所爲乃可以明善而復其初也習鳥數飛也學之不已如鳥數飛也說喜意也既學而又時時習之則所學者熟而中心喜說其進自不能已矣程子曰習重習也時復思繹浹洽於中則說也又曰學者將以行之也時習之則所學者在我故說謝氏曰時習者無時而不習坐如尸坐時習也立如齊立時習也朋同類也自遠方來則近者可知程子曰以善及人而信從者衆故可樂又曰說在心樂主發散在外慍含怒意君子成德之名尹氏曰學在己知不知在人何慍之有程子曰雖樂於及人不見是而無悶乃所謂君子愚謂及人而樂者順而易不知而不慍者逆而難故惟成德者能之然德之所以成亦由學之正習之熟說之深而不已焉耳○程子曰樂由說而後得非樂不足以語君子

古義 學傚也覺也考諸古訓驗之見聞在所傚法而覺悟也習溫習也說悅同喜也言既學矣而時

時温習則智開道明猶大寐頓覺跛者忽起而有不堪其悦者矣蓋道之浩浩唯學得以盡之而非習則亦不能造其極故聖人以學爲貴而習爲要也」朋同類也其學足以被乎遠則君子善與人同之志得遂而足以見我德之不孤何樂如之」愠怒也君子成德之稱言德備於已則富貴爵祿毀譽得喪一切無所動乎其中故雖人不知而輕賤之毫無所怒學之至也蓋其道愈大則識之者愈少是君子之所以不愠也」此夫子自言其意中之事以勸勉人也言適其心則悦遂其願則樂皆人情之所同然而人未知誠悦樂也君子者人之所仰慕而人未知誠君子也故學而時習則所得日熟是爲誠悦矣有朋自遠方來則善與人同是爲誠樂矣而至於上不怨天下不尤人無入而不自得焉則不啻免爲鄉人是爲誠君子矣而朋來之樂不愠之君子皆由學而得焉則學之爲功不其大乎夫子所以爲天地立道爲生民建極爲萬世開大平者亦學之功也故論語以學之一字爲一部開首而門人以此章置諸一書之首蓋一部小論語云

易蒙九二曰子克家

徵子爲男子美稱。亦爲大夫之稱。古者天子世嗣。諸侯世嗣。大夫不世爵。士不世官。四十而仕爲士。五十而爵爲大夫。七十致仕。是德立而爵從。以大夫爲其至者。非若秦漢以後士。生願封侯。以官至三公爲分所當得者比矣。是稱子之義也。子必有父。人無不有父者。不德爲不肖。爲不肖其父也。學成德而爵爲大夫。亦爲肖其父也。故德莫美於克子。古之義也。論語稱孔子去姓。如春秋公魯侯。內辭也。

學農圃。學射御。亦皆言學。而單言學者。學先王之

樂正四術禮記王制

春誦禮記文王世子

道也學先王之道自有先王之教傳曰樂正崇四術立四教順先王詩書禮樂以造士是也習者肄其業也時習之王肅曰以時誦習之傳曰春誦夏絃秋學禮冬讀書其習之亦如之以身處先王之教也說者心深愛而有所愛慕也蓋先王之道善美所會萃天下莫尚焉而其教法順陰陽之宜以將息之假以歲月而長養之學者優游於其中久與之化德月以進辟諸時雨之化大者大生小者小生豈非可悅之事乎朋黨類謂從我游者也樂謂樂其在我者而不復它求也學成而孚於人遠

文王之詩詩大雅文王有聲

方士亦有來從我游者。我教而育之。亦以在我者已。是其可樂之至。豈復有所慊而它求乎。凡天下之樂。皆在富貴。而貧賤之樂。其大而可皆能者。唯是已。故自西自東。自南自北。無思不服。文王之詩。而孔子廼足當之矣。人不知。謂不見用於世也。慍謂心有所怫鬱也。蓋慍鬱一音之轉。不必訓怒。君子。治民者之稱。包大夫以上。雖在下。其德足以長民。亦謂之君子也。士學先王之道以成德。將以用於世。然人不知而不我用也。其心豈莫所怫鬱乎。爲下者之情爲然。然亦有命焉。行先王之道於世。

發憤忘食述而篇

命也。傳先王之道於人。命也。唯命不同。於是時教學以爲事。藉以忘憂。其心莫有所怫鬱。嘗不以爲君子之人乎。不亦乎者。贊辭。贊學習之道可悅可樂。亦可以爲君子也。蓋先王之道。敬天爲本。禮樂刑政。皆奉天命以行之。故知命安分。爲君子之事矣。中庸曰。遯世不見知而不悔。惟聖者能之。易文言曰。不見是而無悶。龍德而隱者也。是聖人而充君子之德。莫所待而不慍。堯舜泰伯足以當之。非凡人所能及者。大氐孔門之教。不以凡人所不及者強之。故曰。發憤忘食。樂以忘憂。不知老之將至。

學而不厭已見

又曰。學而不厭。誨人不倦。皆孔子自言以勸人者。與斯章之義正相發也。悅則不厭。樂則不倦。優游以卒歲。富貴於我、如浮雲。皆以是物。信哉。

朱子以效訓學。是字學家釋名之說。謂聲音之道。展轉相因。效轉爲學。故學亦有效意耳。然效學一分。效自效。學自學。豈可混乎。且學字。本不須訓詁。其義自明。朱氏所以引效字纏繞立說者。坐誤讀中庸孟子。妄求爲聖人故耳。夫聖人聰明睿知之德受諸天。豈可學而至諸。何況效乎。先王四術。詩書禮樂。辟如化工生花。學以成德。德以性殊。立言

默而識之述而篇

孟子先覺見萬章篇

論語先覺見憲問篇

制行。亦人人殊。何必效爲宋儒。非剪綵之花則里婦效顰西施。可謂陋矣。又如訓覺。是其一旦豁然貫通之說。聖人之道所無。蓋先王之教。習之久。與之化。德成而知明。莫有所容力。故曰默而識之。何有於我哉。宋儒主理貴知。欲先明其理而後踐之。故有其格物之說。今日格一物。明日格一物。有何窮盡。故又立一旦豁然之說。以濟之。辟諸不享大牢。欲知其味。豈非妄乎。老佛以天下之人爲迷。迷斯有悟。聖人之道。豈有是哉。孟子先覺後覺訓正。徵諸本文可見已。論語先覺。謂覺人之詐僞耳。豈語學哉人性本善。亦原於孟子。而孔子所不言。孟子亦有所爲而言之。且其所謂性。廼宋儒氣質。善亦大槩言之。宋儒性。如佛氏性相之性。大失古言。其所謂善。亦以至者言之。遂加一本字而有復初之說。然赤子無聖人之德。其可言者理耳。故又曰。性卽理也。是宋儒取諸其臆妄作者。昭昭乎明矣哉。又如仁齋以藝古補偏爲學問之功者。亦誤讀中庸。而謂道不俟聖人而有之故也。果其說之是邪。孔子奚學爲。習訓重習。亦爲纏繞。覺習固有重複之義。然重複豈能盡學習之義乎。時習之。旣以

悅字推類共見孟子

皇侃義疏曰悅之與樂俱是懽

爲時時重習。又以爲無時不習。朱子解經、可謂無特操者已。時時重習。僅爲童子受句讀者事。無時不習。則天子諸侯之禮。宗廟軍旅冠昏喪祭。皆不可得而習之矣。故唯坐如尸立如齋。可見其說之窮已。說訓喜意。殊爲不知字義。喜與怒對。悅則不然。聲色之悅耳目。芻豢之悅口。理義之悅心。王聞之大悅。怫然不悅。人皆悅服之類。豈特喜意乎。心與理浹洽則喜。宋儒誠枯單哉。悅固在心。然何必求諸心也。樂主發散在外。緣朋來造是無用之解。其謬昉於皇侃。殊不知凡言樂者。皆樂在我者而欣在心常等而貌迹有殊悅則心多貌少樂則心貌俱多所以然者向得講習在我自得於懷抱故心多曰悅今朋友講說義味相交德音往復形彰在外故心貌俱多曰樂也家語辨樂解曰舜彈五絃之琴造南風之詩其詩曰南風之薰兮可以解吾民之愠兮莫我知也夫憲問篇

不須它求之義。悅樂之分。悅者道尚在彼而我學之。樂者道已在我而我教人。豈不明白乎。愠訓含怒意。亦至於南風解愠而窮矣。且人不知而怒。雖非君子。亦無是事。至於樂與不愠爲所遇境有順逆者。則其謬甚矣。人不知。本謂在上之人不知其有長民之德治邦之才耳。如莫我知也夫。豈爲七十子不知夫子乎。故朋來之樂。亦人不知之事。迺以教育英才自樂。而雖人不知亦不愠耳。是儒者之事。足以當君子之德。故曰不亦君子乎。朱子以講道授徒爲大小太事。以朋來爲順境以生徒零落爲人不知。爲逆境。所見之陋。宜其生鵞湖之爭也。又如以人不知而不愠。爲學問之極功。是固然。然有所愠者。爲其有所蘊也。苟無所蘊。亦何足貴哉。且聖人之道。敬天爲本。故君子貴知命。若徒以心不爲利名動言之。廼佛老亦能之。蓋先王之道。安民之道也。學者。學之也。學優則仕。以行其道。子路曰。不仕無義。君臣之義。如之何其廢之。孔子時議論如此。故人不知而不仕。其心有所怫鬱。士子之常也。樂詩書以忘憂。儒者之事也。孔子以此自處。亦以勸人。此章之義也。

不仕無義微子篇

有子曰其爲人也孝弟而好犯上者鮮矣不好犯上而好作亂者未之有也君子務本本立而道生孝弟也者其爲仁之本與

【古】孔子弟子有若」鮮少也上謂凡在己上者言孝弟之人必恭順好欲犯其上者少也」本基也基立而後可大成」先能事父兄然後仁道可大成

【新】有子孔子弟子名若善事父母爲孝善事兄長爲弟犯上謂干犯在上之人鮮少也作亂則爲悖逆爭鬬之事矣此言人能孝弟則其心和順少好犯上必不好作亂也」務專力也本猶根也仁者愛之理心之德也爲仁猶曰行仁與者疑詞謙退不敢質言也言君子凡事專用力於根本根本既立則其道自生若上文所謂孝弟乃是爲仁之本學者務此則仁道自此而生也○程子曰孝弟順德也故不好犯上豈復有逆理亂常之事德有本本立則其道充大孝弟行於家而後仁愛及於物所

謂親親而仁民也故爲仁以孝弟爲本論性則以仁爲孝弟之本或問孝弟爲仁之本此是由孝弟可以至仁否曰非也謂行仁自孝弟始孝弟是仁之一事謂之行仁之本則可謂是仁之本則不可蓋仁是性也孝弟是用也性中只有箇仁義禮智四者而已曷嘗有孝弟來然仁主於愛愛莫大於愛親故曰孝弟也者其爲仁之本與

古義 有子孔子弟子名若犯上謂干犯在上之人鮮少也亂謂逆理亂常之事也言孝弟之人不待學問自不爲不善也蓋明孝弟爲本然之善也務專力也本猶根也言君子凡事專用力於根本根本既立則其道生生不已也孝弟者其至於仁之本歟故爲仁者以孝弟爲本則仁道充大而足以保四海也此章總贊孝弟之爲至德也蓋其爲人也孝弟者其性之最美而近道者也則其心無犯上作亂之事可知矣此則進德作聖之基本而可以至於仁矣仁者道也孝弟者其本也苟自此本而充之則所謂道者生生不已猶有源之水導之而放于四海有根之木培之則可以參天故曰孝

弟也者其爲仁之本與可知道云者乃指仁也而孝弟其根本也編者以此置諸首章之次蓋明孝弟乃學問之本根也有旨哉論曰仁者天下之達道而人之所不可不由焉而行者也而循其本則人生之善具此四端苟知擴而充之則可以至於仁矣故孟子曰人皆有所不忍達之於其所忍仁也又曰惻隱之心仁之端也又曰親親仁也無他達之天下也有子以孝弟爲仁之本其言相符蓋孟子祖述之也先儒之說以爲仁義者人性所具之理性中只有仁義禮智四者而已曷嘗有孝弟來若如其說則仁體而爲本孝弟用而爲末於是與有子之言似相枘鑿故曰爲仁以孝弟爲本論性以仁爲孝弟之本然既曰其爲人也孝弟又曰本立而道生則其以孝弟爲仁之本可知矣然則孟子以仁義爲固有者何也蓋謂人之性善故以仁義爲其性也此以仁義名性也非直以仁義爲人性也毫釐千里之謬正在于此不容不辨焉

徵 爲儒於天下以教孝弟爲先宗廟之禮所以教

孝也養老之禮。所以教弟也。孝弟化行民俗和順。天下自然治。而後世不知其意以爲迂濶。故有子語其義也。言觀於孝弟之人不好犯上作亂之事。可以見其效彿差焉、君子務本。本立而道生。蓋古語。有子引之。有本有末。莫非道也。君子務本有司務末。所職殊也。在上之人所統大而力有不周也。本立而道之行於彼者。自然而然。有非吾之所使者。辟諸草木之生。勃勃乎莫之能禦。故曰道生。我教孝弟。未嘗教忠。未嘗教敬。未嘗教和。未嘗教順。而忠敬和順。自然生於彼。先王之知其要也。

周書泰誓曰今商王受狎侮五常　仁義禮智出孟子詳于公孫丑上篇告子上篇又盡心上篇曰君子所性仁義禮智根於心　禮記禮運曰人者其天地之德陰陽之交鬼神之會五行之秀氣也鄭註曰言人兼此氣性純也正義曰人感五行秀異之氣故有仁義禮智信是五行之秀氣也　漢書董仲舒曰夫仁義禮智信

朱子曰仁者愛之理心之德夫善惡皆在心何德非心之德何唯仁哉愛之理廼其理氣之説蓋五常出周書不知其解仁義禮智出孟子謂根於性而不謂性謂之性者自漢儒始配之五行者亦自漢儒始然漢儒之性廼宋儒之氣質初無理氣之説理氣之説自茂叔始若唯據性理也則性中何無孝弟也程子深泥五行其意謂生之初唯有五氣五氣之理仁義禮智故曰曷嘗有孝弟來仁齋先生又以本爲本根而言可由孝弟以成仁德也是誤讀孟子之失已先王之道仁自仁孝弟自孝

五常之道。又東平王傳曰。夫人之性皆有五常。

茂叔始作大極圖説及通書。二程受之。遂立性理義。

仲虺之誥曰。以義制事。以禮制心。

左傳僖二十七年曰。詩書義之府也。

禮記禮運曰。禹湯文武成王周公由此其選也。此六君子者。未有不謹於禮者。

弟。豈可混乎。蓋仁智德也。禮者先王之禮。義者先王之義。禮以制心。義以制事。皆道也。王道亡而師道興。古者禮樂以成德。於是略禮樂而急脩身。故采其要領者以教人。是仁義禮智之名所以立也。其在思孟之際乎。故其所謂禮。專指曲禮言之。後世諸先生皆不晰淵源所委。一宗漢儒。其所不通者。以臆斷之。所以謬也。

仁知並言。德也。仁義並言。道也。道存六經。詩書者義之府也。禮皆有其義。春秋之義。孔子竊取之。易唯時之義。故六經莫非義。孰爲仁。孰非仁。仁蓋統

也以著其義以考其信其餘禮之義散見禮記孟子離婁篇曰魯之春秋其事則齊桓晉文其文則史孔子曰其義則丘竊取之矣
易象傳曰時之義大矣哉
子張問仁見陽貨篇
顔淵問仁見顔淵篇
苟志於仁矣見里仁篇

其大者也。唯賢者能識其大者。學者所難也。仁難言。以此。然先王之道。安天下之道也。六經孰非安天下之道。故仁以安天下解之。庶其不差矣。子張問仁。子曰。行五者於天下。顔淵問仁。子曰。天下歸仁。如有若之言。亦謂爲安天下也。不好犯上。不好作亂。豈學者自治之事哉。子曰。苟志於仁矣。無惡也。果若後儒之說。則有若可謂言不知倫。已大氐先王之道。必有事焉。禮樂是也。故論語多語禮樂之義者矣。後儒不知。外禮樂而唯義理是視。此章之旨。所以不明也。

林放問見八佾篇
天下之本見孟子離婁篇
德者本也見大學

本始也。林放問禮之本。天下之本國也。國之本。家也。家之本身也。德者本也。財者末也。皆謂所始古言爲爾。古之言。皆主行之故也。後世體用之說興。以體爲本。以用爲末。以理爲本。以事爲末。皆主所見故也。莊周內聖外王之說哉。

子曰巧言令色鮮矣仁

【古】包氏曰巧言好其言語令色善其顏色皆欲令人說之少能有仁也

【新】巧好令善也好其言善其色致飾於外務以悅人則人欲肆而本心之德亡矣聖人詞不迫切專言鮮則絕無可知學者所當深戒也。程子曰知巧言令色之非仁則知仁矣

【古義】巧好令善也鮮少也言好其言語善其顏色致飾於外則是僞焉耳何仁之有孔門之教以仁

亂德見衛靈公篇　如簧見詩小雅巧言　書曰見臯陶謨　史記改作見夏本記　雍也仁而不佞見公冶長篇

爲學問之宗旨而平生受用莫不從事於此故不言道不言德或以仁命之如此章是也蓋德以仁爲主而仁以誠爲本剛毅木訥質乎外而實乎內故曰近巧言令色似乎外而僞乎內故曰鮮其辨誠僞於幾微之間至嚴矣

【徵】巧言之人必以令色行之故或止曰巧言如巧言亂德巧言如簧是也書曰巧言令色孔壬司馬遷作史記改作巧言善色佞人佞人即巧言故知令色帶說也世人貴佞故或曰雍也仁而不佞以惜之故必求佞而仁者以爲成人孔子斷之曰巧言令色鮮矣仁見仁者之必不佞也鮮矣仁猶言鮮乎仁仁者何以不佞學詩以善其言辭學禮以

善其威儀、皆所以養德也。苟不務成德於我。唯言色之美是求、則徒爲悅人之歸。蓋天命我爲天子爲諸侯。是任天下國家者也。爲大夫爲士。亦共天職者也、學而成德曰君子。謂成安民長國家之德。故君子畏天。至嚴也。仁以爲己任。至重也。其心在安國家。至大也、志於仁者豈遑及言色之末哉。是其所志大故也、不畏天。不任重。其志不在安民。則所務不出於言辭容色之間焉。其所就不過於悅人自私焉。甚者廼至於以亂國家焉、所志小故也。朱註、好其言。善其色。致飾於外。務以悅人。若無不

孟子內外辨告子篇

孟子本心見告子篇

巧言令色爲脅肩諂笑之徒見

可者。然以內外言之。其禍昉於孟子好辨。而極於宋儒。不可從矣。又曰。人欲肆而本心之德亡矣。亦其心學之說耳。且心豈有本末。亦其迷悟之說耳。孟子有本心之文。乃謂初心耳。又曰。聖人詞不迫切。專言鮮則絕無可知。聖人豈必不言無乎。鮮者。少其人之謂也。天下之大。氣質萬品。豈可以吾一人之見而必其無也乎。故曰鮮。朱子意廼謂其人無仁焉。殊不知古書多曰不仁。未仁耳。未聞無仁也。蓋仁者成德之名。不可以有無言矣。其或曰無仁者。以國與世言之。無仁人之謂也。又或有以巧

大全問朱子說帝之所畏據書皐陶謨

言令色爲脅肩諂笑之徒者。是豈帝之所畏乎。按皇侃本矣下有有。

曾子曰吾日三省吾身爲人謀而不忠乎與朋友交而不信乎傳不習乎

古 馬融曰弟子曾參言凡所傳之事得無素不講習而傳之

新 曾子孔子弟子名參字子輿盡己之謂忠以實之謂信傳謂受之於師習謂熟之於己曾子以此三者日省其身有則改之無則加勉其自治誠切如此可謂得爲學之本矣而三者之序則又以忠信爲傳習之本也○尹氏曰曾子守約故動必求諸身謝氏曰諸子之學皆出於聖人其後愈遠而愈失其眞獨曾子之學專用心於內故傳之無弊觀於子思孟子可見矣惜乎其嘉言善行不盡傳於世也其幸存而未泯者學者其可不盡心乎

古義　曾子孔子弟子名參字子輿三省如三復三令之類丁寧反復而省其身也凡三字在句首者爲三次之義如三復白圭三以天下讓是也在句尾者爲數目之字如君子所貴乎道者三君子之道者三是也孔氏曰忠謂盡中心信實也何氏曰傳不習乎言凡所傳授之事得無素不講習而妄傳乎此曾子於此三者常常無忽於心又每日三次竦動興起自省其身若此蓋斯三者皆爲人不苟之事曾子以此自省其身則古人所以脩身者專以愛人爲本故其所自省者亦在爲人而非如後世之學以絕外誘屏思慮爲省身之要也可從而知矣論曰古者道德盛而議論平故其修已治人之間專言孝弟忠信而未嘗有高遠微妙之說也聖人既沒道德始衰道德始衰而議論始高及乎其愈衰也則議論愈高而去道德愈益甚矣人唯知悅議論之高而不知其實去道德益遠也佛老之說後儒之學是已蓋天地之道存于人人之道莫切於孝弟忠信故孝弟忠信足以盡人道矣若曾子之言後世學者孰能識其造於至極而無復可加者乎哉觀後篇答孟敬子將死之語與此

荀子勸學篇曰君子博學而日參省乎己則知明而行無過矣楊註曰參三也曾子曰吾日三省吾身伊洛淵源錄載邢七自言一日三點檢伯淳曰可哀也哉其餘時勾當甚事蓋倣三省之說錯了可見不曾用功

章意若出一轍則知此章蓋出於其晚年而非初年之言也然則曾子一生之學謂此章盡之可矣先儒惜其嘉言善行不盡傳於世者亦非深知論語者也

徵 吾日三省吾身。荀子三作參。而無三者之目。或曰參而察之。未穩。三去聲爲是。朱子曰。以此三者日省其身。可謂不知古言。然其說本於程子。訾邢七。此自一時惡其效顰。豈可爲據乎。忠者。懇到周悉。無所不盡也。信者。行不爽言。若合符節也。朱子盡已以實之解。殊爲未暢。觀於下文以忠信爲傳習之本。則惡其義之淺。故爲此艱深之言也。殊不知曾子止以爲人謀與朋友交者言之。初非如宋

曾子守約孟子公孫丑篇

儒心學務深者比也。蓋先王之道。安天下之道也。然登高必自卑。行遠必自邇。故君子依中庸。中庸者孝弟忠信之謂也。皆存乎接人之間。孔門之教爲爾。又謂之依於仁。曾子守約出孟子。廼以曾子之勇比諸黝舍。豈以槩其生平乎。如戴記曾子問。則謂之何。可謂牽強。又如傳不習乎。何晏曰。言凡所傳之事。得無素不講習而傳之。邢昺曰。傳惡穿鑿。爲得之。朱子曰。傳謂受之於師。習謂熟之於己。是解傳如學。大氐傳可屬之師。而不可屬之弟子也。爲人謀。與朋友言。皆以我言之。傳獨不屬我可乎。仁齋先生駁之爲當。按皇侃本交下有言。

子曰道千乘之國敬事而信節用而愛人使民以時

【古】馬融曰道謂爲之政教司馬法六尺爲步步百爲畮畮百爲夫夫三爲屋屋三爲井井十爲通通十爲成成出革車一乘然則千乘之賦其地千成居地方三百一十六里有畸唯公侯之封乃能容之雖大國之賦亦不是過焉包氏曰道治也千乘之國者百里之國也古者井田方里爲井井十爲乘百里之國適千乘也馬融依周禮包氏依王制孟子義疑故兩存焉」包氏曰爲國者擧事必敬愼與民必誠信」包氏曰節用不奢侈國以民爲本故愛養之」包氏曰作事使民必以其時不妨奪農務

【新】道治也千乘諸侯之國其地可出兵車千乘者也敬者主一無適之謂也敬事而信者敬其事而信於民也時謂農隙之時言治國之要在此五者亦務本之意也()程氏曰此言至淺然當時諸侯果能此亦足以治其國矣聖人言雖至近上下皆通此三言者若推其極堯舜之治亦不過此若常

人之言近則淺近而已矣楊氏曰上不敬則下慢不信則下疑下慢而疑事不立矣敬事而信以身先之也易曰節以制度不傷財不害民蓋侈用則傷財傷財必至於害民故愛民必先於節用然使之不以其時則力本者不獲自盡雖有愛人之心而人不被其澤矣然此特論其所存而已未及爲政也苟無是心則雖有政不行焉胡氏曰凡此數者又皆以敬爲主愚謂五者反復相因各有次第讀者宜細推之

【古義】包氏曰道治也千乘之國諸侯之國其地可出兵車千乘者也敬事而信者敬愼民事而信以接下也人通臣氏而言時謂農隙之時言治國之要本在於所存而非專任政事也」治千乘之國其事固難而其功最大矣然以此爲本則亦無難治者即孟子所謂事在易之意〇楊氏曰上不敬則下慢不信則下疑下慢而疑事不立矣敬事而信以身先之也易曰節以制度不傷財不害民蓋侈用則傷財傷財必至於害民故愛民必先於節用然使之不以其時則力本者不獲自盡雖有愛人

道宋衛之間未考

之心而人不被其澤矣然此特論其所存而己不及爲政也苟無是心則雖有政不行焉

【徵】道千乘之國。諸先生之解、可謂善言治國之道者已。然孔子何以謂千乘之國。且道字。皇侃本作導。馬融曰。謂爲之政教也。包咸曰。道治也、皆非正解。特以解導耳。且古曰導之以德。豈此數事而謂之導乎。竊疑此必脫簡。道如道宋衛之間之道。蓋天子巡狩。必道千乘之國。小國若供億也。敬事而信。節用而愛人。使民以時。皆道千乘之國之事也。使民以時。蓋謂使治道路也。不然。治國愛民爲先。何置諸後也、宋儒以理言之、莫不可言者。粲然可觀。荀不求諸辭。亦鑿矣耳。

萬乘千乘百乘。古言也。謂天子爲萬乘。諸侯爲千乘。大夫爲百乘。語其富也。語其富者。侈其辭。如千金之子。孰能計其囊中之藏。適千而言之乎。故古來註家。布算求合其數。可謂不解事子雲已。如以王畿千里出萬乘求之。必方百里者十而出千乘。是方三百一十六里之國也。由此而求之。必方百里而後出百乘。安有方百里而爲大夫者乎。又以方百里出千乘爲準。則方三十一里有畸出百乘。以方百里之國而有大夫若是。能堪尾大之患乎。

故斤斤求合其數。皆不通之論也。
敬皆本於敬天敬鬼神。其無所敬而敬者未之有
也。朱子創敬工夫。是無所敬而敬者也。自謂無爲。
以余觀之。亦病耳。

子曰弟子入則孝出則弟謹而信汎愛衆而親仁行
有餘力則以學文

【古】馬融曰文
者古之遺文

【新】謹者行之有常也信者言之有實也汎廣也衆
謂衆人親近也仁謂仁者餘力猶言暇日以用也
文謂詩書六藝之文（）程子曰爲弟子之職力有
餘則學文不脩其職而先文非爲己之學也尹氏
曰德行本也文藝末也窮其本末知所先後可以
入德矣洪氏曰未有餘力而學文則文滅其質有

餘力而不學文則質勝而野愚謂力行而不學文則無以考聖賢之成法識事理之當然而所行或出於私意非但失之於野而已

古義 汎廣也衆謂衆人言廣愛衆人無所憎嫉也仁謂仁者言親近有德之人也餘力猶言閒暇以用也謂用閒暇也文者先王之遺文言孝弟謹信汎愛而親仁則修身之本立矣而其有餘力則亦考遺文以驗其所行之得失也此言學問當愼其初也孝弟者人倫之本謹信者力行之要汎愛親仁者成德之基餘力學文者亦就有道而正焉之意言在爲弟子時果能如此則學自正德自修而終身之業得矣論曰凡學須愼其初所入一差必貽終身之害後世學者不知以德行爲主而專以學文爲事故其卒也必爲異端俗儒之流蓋古者以德行爲學問故學問既成而道德自立見聞益廣而躬行益篤矣後世以德行爲德行以學問爲學問故既學矣而又脩德行以副其意故每有文學勝而德行不及之患矣或有未及德行而流至於記誦文詞而止者矣其初之不可不愼也如此

取諸易見文言

徵謹而信。謹者。愼其言行不敢苟也。信者。行如其言也。朱子分配言行。蓋取諸易庸言之信庸行之謹。可謂强矣。孝弟者。弟子之道也。謹信者。持身也。愛衆親仁者。接人也。之三者。日用之常也。餘力學文。以求進德也。朱註謂德行本也。文藝末也。又曰。力行而不學文。則無以考聖賢之成法。識事理之當然。而所行或出於私意。非但失之於野而已。夫文謂詩書禮樂之文。先王之教也。不學此。則雖有上數者。未免爲鄉人矣。何以能成君子之德哉。豈得謂之末也乎。何唯考成法識事理乎。後世諸先

有事弟子服其勞爲政篇

生。皆不知學問之道。悲哉。
仁齋先生解弟子入則孝曰。此言學問愼其初也。葢據弟子字言之。有事弟子服其勞。有酒食先生饌。先生弟子。古未有若是拘拘者也。夫子本言爲人子弟者之事。而仁齋忽生一見。乃謂宗門之别也。以爲弟子入門初受教。孔子先以此教之。陋哉且孔子時豈有宗門也。

子夏曰賢賢易色事父母能竭其力事君能致其身與朋友交言而有信雖曰未學吾必謂之學矣

古 孔安國曰子夏弟子卜商也言以好色之心好賢則善孔安國曰盡忠節不愛其身

新子夏孔子弟子姓卜名商賢人之賢而易其好色之心好善有誠也致猶委也委致其身謂不有其身也四者皆人倫之大者而行之必盡其誠學求如是而已故子夏言有能如是之人苟非生質之美必其務學之至雖或以爲未嘗爲學我必謂之已學也○游氏曰三代之學皆所以明人倫也能是四者則於人倫厚矣學之爲道何以加此子夏以文學名而其言如此則古人之所謂學者可知矣故學而一篇大抵皆在於務本吳氏曰子夏之言其意善矣然詞氣之間抑揚太過其流之弊將或至於廢學必若上章夫子之言然後爲無弊也

古義子夏孔子弟子姓卜名商賢人之賢而變易顏色言好善之有誠也致猶委也致其身謂不有其身也子夏言學者求如是而已苟有如是之人雖或未嘗爲學我必謂之既學道之人矣○游氏曰三代之學皆所以明人倫也能是四者則於人倫厚矣學之爲道何以加此子夏以文學名而其言如此則古人之所謂學者可知矣」愚謂子夏得親炙於聖人而篤信深守焉則固當眞得聖人之

君子人與君子人也泰伯篇

皇侃義疏一通云上賢字猶尊重也下賢字謂賢人也言若欲尊重賢人則當改易其平常之色更起莊敬之容也

意而今其言如此則聖門所謂學者可知矣故學者能得子夏之意而後可以讀書不然則雖文學可觀而與未學之人同可不察乎

徵 賢賢易色章如曾子君子人與君子人也意子夏設此以教人也若有人能此數者其人或自謙曰未學我必謂之已學之人也必者懸斷之辭以他邦他邑之人未諳其生平言之賢賢易好色之心何從而得好字乎變易顏色好賢之誠形於外也甚爲穩當能致其身謂致身其職也凡曰致者皆謂使之至也如致敬致哀致知致中和謂吾有所使之而敬哀之心中和之氣自然來至焉眞知

自然生焉如致命致廩餼謂送之而使至于彼也皆使之至也故納身其職視官如家是之謂致身大氐人之在職雖奉行其事而身不任之如秦人視越人肥瘠如坐岸上捕魚是其身猶在此而不至于彼官與我不相干安得謂之忠乎故君子之事君必納身其職而後爲忠故以致身言之孔安國曰不愛其身愛猶惜也辟諸愛惜物不肯放手置于地亦謂不納身其職也朱註致猶委也委致其身謂不有其身也似而非矣古曰委質爲臣委贄也質贄也謂仕者之奠贄也朱子不知之又誤

先進篇曰以道事君不可則止

禮記內則曰道合則服從不可則去

左傳襄二十六年曰臣之祿君實有之義則進否則奉身而退

晉語曰民生於三事之如一父生之師教之君食之非父不生非食不長非教不知生之族也故壹事之唯其所在則致死焉

文選桓元子薦譙元彥表曰以敦在三之節

禮記表記曰事

讀孔註乃謂委身其君而不以爲已有是妾婦之道也果其言之是乎所謂不可則已奉身以退者既委之而復奪之豈可乎世衰而道不明君以是爲忠臣以是爲忠以陷於妾婦之節豈不陋乎後世君子多以身死其難爲臣子第一義故有是說然是匹夫慷慨所能豈難事哉且在三之節豈唯於君哉傳唯表記有獻身之文身乃質誤自獻其贄以成其禮豈不穩愜哉或引元首股肱一體之義然究獻身之說妾婦唯命奴僕唯命豈望其爲股肱哉字義不明有戾於大義焉學者察諸朱註

君先資其言拜自獻其身以成其信是故君有責於其臣臣有死於其言故受祿不誣其受罪益寡

又引游氏之言。至矣。然以爲務本則非矣。蓋學以成德。學而不能成其德者衆。故子夏云爾。亦與上章其義互相發。葺錄者之意也。吳氏廢學之弊刻哉。

子曰君子不重則不威學則不固主忠信無友不如己者過則勿憚改

【古】孔安國曰固蔽也一曰言人不能敦重既無威嚴學又不能堅固識其義理」鄭玄曰主親也憚難也

【新】重厚重威威嚴固堅固也輕乎外者必不能堅乎內故不厚重則無威嚴而所學亦不堅固也」人不忠信則事皆無實爲惡則易爲善則難故學者必以是爲主焉」(一)程子曰人道唯在忠信不誠則無

物且出入無時莫知其鄉者人心也若無忠信豈復有物乎無毋通禁止辭也友所以輔仁不如已則無益而有損勿亦禁止之辭憚畏難也自治不勇則惡日長故有過則當速改不可畏難而苟安也程子曰學問之道無他也知其不善則速改以從善而已○程子曰君子自脩之道當如是也游氏曰君子之道以威重爲質而學以成之學之道必以忠信爲主而以勝己者輔之然或吝於改過則終無以入德而賢者亦未必樂告以善道故以過勿憚改終焉

【古義】重厚重威威嚴言君子不厚重則無威嚴而民不敬夫子多爲當時賢士大夫說故凡稱君子者大類指在位之人而言孔氏曰固蔽也言君子亦當爲學以致其道不然則有蔽固不通之病主者對賓之稱忠信學問之本故學必以忠信爲主朱氏曰無毋通禁止辭也友所以輔仁不如己則無益而有損勿亦禁止之辭憚畏難也自治不勇則惡日長故有過則當速改不可畏難而苟安也此章一句各是一事皆切要之言也凡論語諸章有直記一時之言者有併錄異日之語者有綴輯

數言以爲一章者如此章是也蓋孔門諸子綴輯夫子平生格言以作一章自相傳授之也後之學者亦當自佩服焉論曰主忠信孔門學問之定法苟不主忠信則外似而内實僞言是而心亙非難與並爲仁者有矣色取仁行違者有矣後儒徒知持敬而不以主忠信爲要亦獨何哉

徵 君子不重則不威舊註敦重也敦重者性也豈可强乎蓋祀與戎國之大事其它諸大禮重事也君子奉天道以行之建旌旗以象日月設百官有司以象星辰明等威以象天地不重謂非重事也君子愷悌以爲德故凡非重事不設威嚴唐虞君臣命咈於一堂之上孔門師弟親若父子皆古之道也後世此義不明天地否上下隔而仁不明職

博學無方禮記內則

固哉高叟孟子告子篇

主司城貞子孔子世家

答子張主忠信顏淵篇

易忠信見文言禮記忠信禮之本見禮器

此之由焉。學則不固。傳曰：「博學無方。」孔子無常師。謂不固守一師之說也。「固哉高叟之爲詩」，亦謂此也。舊註「不堅固」，非古言也。仁齋先生謂學問之效令人不固陋，是其視學太淺矣，大非孔子之意也。主忠信，鄭玄曰：「主，親也。」是其意如主司城貞子家之主。游學他邦，所主之家必忠信之人。所主之人最親，故訓親也。然如答子張「主忠信，徙義，崇德也」，正與此章相發。無友不如己者。過則勿憚改，乃徙義之事也。又易「忠信所以進德也」，又禮記曰「禮有本有文，忠信禮之本也」，皆主忠信意。蓋學者學先

主文譎諫見詩大序

王之道也。先王之道，治天下之道也。故其道廣大而高明而精微。苟不主忠信，則必流於虛夸。故學問之道，必主忠信而成德於已焉。古之道也。主，如主文譎諫之主。辟諸主賓，有主而後賓至焉。忠信而後所學可成焉。忠信乃爲人謀而忠，與朋友言而信之謂也。不必從程朱諸先生深其義可也。何則，先王之道，治天下之道也。故學之必在接人之間焉。其於接人之間，苟能操心如此，則所學自然成於已矣。是聖人之教之術也。後人莫有深長之思，則不識聖人之教之術，故嫌夫爲人謀之忠與

不誠無物中庸出入無時孟子告子篇

禮記經解曰屬辭比事春秋教也

朋友言之信淺乎。乃務深其解。是不知道者也。如引不誠無物出入無時。皆坐是病也。此章君子不重則不威學則不固。是一類。主忠信以下。是一類。孔子多誦古言以誨門人。或並引以相發。或專誦以獨行。此章之半見它篇。而朱子以爲逸其半。仁齋先生疑其言不類。以爲非一時之言。皆不知孔子誦古言故也。屬辭比事。豈唯春秋哉。

曾子曰愼終追遠民德歸厚矣

古 孔安國曰。愼終者。喪盡其哀。追遠者。祭盡其敬。君能行此二者。民化其德。皆歸於厚也。

新 愼終者。喪盡其禮。追遠者。祭盡其誠。民德歸厚。謂下民化之。其德亦歸於厚。蓋終者。人之所易忽

君子之德小人之德顏淵篇歸仁同

皇侃義疏一通云靡不有初鮮

也而能謹之遠者人之所易忘也而能追之厚之道也故以此自爲則已之德厚下民化之則其德亦歸於厚也

古義 愼終而不忽者用慮之周也慕遠而不遺者好善之厚也上之所好如此則下民化之而無所不厚也世之不知道者必遠目前之近効而忽於愼終習末俗之苟簡而遺於追遠如此者其所以自修者既薄矣何以能化其民使之歸厚邪然則其爲國亦可知也

徵 愼終追遠曾子語所以制禮之意也先王制喪祭之禮而愼終追遠是其意爲民之情歸厚故也民德如君子之德小人之德歸厚如歸仁先王之禮爲安民而設故爾朱註歸字不穩仁齋先生以謂不啻喪祭凡事皆當愼終追遠其說本於皇侃

克不終終宜愼也久遠之事錄而不忘是追遠也

一通勃窣理窟甚於朱子矣夫愼終追遠孔安國旣以爲喪祭之事古來所傳豈容盡廢乎大氐後儒不知先王之道以論語章章皆修身方法所以失之也

子禽問於子貢曰夫子至於是邦也必聞其政求之與抑與之與子貢曰夫子溫良恭儉讓以得之夫子之求之也其諸異乎人之求之與

古 鄭玄曰子禽弟子陳亢也子貢弟子姓端木名賜亢怪孔子所至之邦必與聞其國政求而得之邪抑人君自願與之爲治 鄭玄曰言夫子行此五德而得之與人求之異明人君自與之

新 子禽姓陳名亢子貢姓端木名賜皆孔子弟子或曰亢子貢弟子未知孰是抑反語辭溫和厚也

良易直也恭莊敬也儉節制也讓謙遜也五者夫子之盛德光輝接於人者也其諸語辭也人他人也言夫子未嘗求之但其德容如是故時君敬信自以其政就而問之耳非若他人必求之而後得也聖人過化存神之妙未易窺測然即此而觀則其德盛禮恭而不願乎外亦可見矣學者所當潛心而勉學也○謝氏曰學者觀於聖人威儀之間亦可以進德矣若子貢亦可謂善觀聖人矣亦可謂善言德行矣今去聖人千五百年以此五者想見其形容尚能使人興起而況於親炙之者乎張敬夫曰夫子至是邦必聞其政而未有能委國而授之以政者蓋見聖人之儀形而樂告之者秉彝好德之良心也而私欲害之是以終不能用耳

古義子禽姓陳名亢子貢姓端木名賜皆孔子弟子或曰亢子貢弟子今據此章及後篇問子貢章爲子貢弟子爲是抑語辭子禽見夫子所至之邦必與聞其政而怪其感應之速故問若此溫和厚也良易直也恭致敬也儉無飾也讓謙遜也皆不自高之意其諸語辭也言溫良恭儉讓皆與抗顏

易直子諒見禮記樂記
股肱良哉益稷
三良左傳及黃

盛容以待人者相反夫子雖不有意取人之信然盛德之至時君敬信自以其政就而問之此夫子之所求也非若他人之求而後得也自爲高尚者人歆其道之高務爲矜飾者人疑其德之盛天下之通患也若溫良恭儉讓五者皆和順易直謙已自卑不足以起人之瞻仰夫子雖以此存心然盛德之至愈抑愈揚愈謙愈光不意取人而人自感之此謂不求之求也嘗告子張曰質直好義慮以下人在邦必達在家必達又曰我待賈者也子貢知此故曰溫良恭儉讓以得之若子貢可謂善觀聖人者矣學者所當潛心而勉學也

【徵】溫良恭儉讓。朱註良易直也。大失字義。是其意以五德接人之威儀也。故不得其解。見傳有易直子諒之心。子諒即慈良。而妄刪二字以解之。殊不知如股肱良哉。良相。良馬。良工。良醫。三良。皆以材

鳥序餘多雜見諸書

漢書叙傳

良言之。良豈有易直之義乎。溫其容也。良其材也。
恭其處己也。儉其制用也。讓其接人之際也。豈可
謂之威儀乎哉。蔡邕石經。抑作意。蓋古字通用。漢
書隗囂曰。抑者從横之事復起於今乎。是亦意作
抑。

子曰父在觀其志父沒觀其行三年無改於父之道
可謂孝矣

【古】孔安國曰父在子不得自專故觀其志而已父
沒乃觀其行孔安國曰孝子在喪哀慕猶若父存
無所改於
父之道

【新】父在子不得自專而志則可知父沒然後其行
可見故觀此足以知其人之善惡然又必能三年

無改於父之道乃見其孝不然則所行雖善亦不得爲孝矣○尹氏曰如其道雖終身無改可也如其非道何待三年然則三年無改者孝子之心有所不忍故也游氏曰三年無改亦謂在所當改而可以未改者耳

古義 曰志曰行皆以善而言道者指其良法而言父在則唯觀其志于善而已父沒然後其行之善可觀也所志所行既善則可謂孝矣然父沒三年之間乃改作之時於是善奉其道永久無替焉則爲能盡其孝也夫孝者以立身行道不失令名爲本以繼志述事不墜先業爲盡故其志行不善則雖日用三牲之養猶爲不孝況父沒之後自猶已意改其良法則實不孝之甚矣嘗論孟莊子之孝曰其不改父之政與父之臣是爲難能焉即此之謂也或曰若父之道善則終身守之可也曰三年無改者何也且爲人之父者難保其心皆善如何曰人之父固有良有不良其不良者蓋道而不論夫子特就其良者而言之凡中人以上各隨其人而不能無良法故爲之子者雖微善不可以不奉

行焉三年無改者謂永久守之非謂三年之後便可改之也其以三年言者蓋以過三年而後即已之道不可謂父之道也

徵 父在觀其志。父沒觀其行。觀人之法也。然三年無改於父之道。可謂孝矣。則父雖沒。猶有未可觀其行者也。此上二句蓋古語。下二句孔子補其意。孔安國曰。孝子在喪。哀慕猶若父存。無所改於父之道。漢儒之說。多古來相傳者。後世三年之喪。若有若已。故人不知此章之義。種種聚訟。尹氏解。但論其心。烏有聖人但言其心而不言其事者乎。游氏解。當改而可未改者。是無改之字。所指太窄矣。

盜之道見莊子胠篋篇
戎狄之道禮記檀弓
道二孟子離婁篇
是道也見子罕篇

仁齋先生解道者。指其良法而言。如盜之道。戎狄之道。道二。仁與不仁。豈必皆善乎。蓋道謂所由也。雖非先王之道。人人亦各有自以爲道者。是其心自以爲善而由之。故皆謂之道。又有守詩書一言片句以終身者。其所爲雖有所窒礙。亦謂之道。如是道也何足以臧是已。又曰。三年無改者。謂永久守之。非謂三年之後便改之也。以過三年而後即已之道。不可謂父之道也。勃窣理窟。豈孔子時之言哉。蓋孔子之意。無論善不善。三年無改可謂孝矣。何者。天子諒闇三年。百官總已聽於冢宰。言猶

周官三德見地官師氏

不出尚何改之有。古之道也。後儒所以疑焉者。以父有大惡。如桀紂所爲。而子不改之。則有害於家國也。夫桀紂之惡。雖桀紂亦不敢自以爲道矣。是則亡論。其它如後世楊墨佛老奉之者自以爲道。苟有不善。改之爲是。而尚且不改。亦可謂之孝矣。雖可謂之孝。而不可謂之義矣。故觀人之道。於是乎取其孝也。古人之言。各有所當者如此。後儒言孝。則必欲孝備百德。若孝必備百德。則君子之道。一孝而足。何煩立友悌忠信仁義勇智種種之目哉。且孝之爲德甚重焉。周官三德。至德者德之至莫以尚焉敏德者各隨其材所敏而成焉之二者盡矣又必立所謂孝德者此古聖人之意也其人所爲或未盡合於道而苟合於孝德則聖人取之古之道也後儒之不知聖人之道宜其有疑於聖人之言也

有子曰禮之用和爲貴先王之道斯爲美小大由之有所不行知和而和不以禮節之亦不可行也

古 馬融曰人知禮貴和而每事從和不以禮爲節亦不可行

新 禮者天理之節文人事之儀則也和者從容不迫之意蓋禮之爲體雖嚴然皆出於自然之理故其爲用必從容而不迫乃爲可貴先王之道此其所以爲美而小事大事無不由之也承上文而言

如此而復有所不行者以其徒知和之爲貴而一於和不復以禮節之則亦非復禮之本然矣所以流蕩忘返而亦不可行也○程子曰禮勝則離故禮之用和爲貴先王之道以斯爲美而小大由之樂勝則流故有所不行者知和而和不以禮節之亦不可行范氏曰凡禮之體主於敬而其用則以和爲貴敬者禮之所以立也和者樂之所由生也若有子可謂達禮樂之本矣愚謂嚴而泰和而節此理之自然禮之全體也毫釐有差則失其中正而各倚於一偏其不可行均矣

【古義】用以也禮記作禮之以和爲貴是也和者無乖戾之謂蓋禮勝則離故行禮必以和爲貴有子先借先王之道以明禮之不可一於和也言若先王之道固雖爲美然世有升降時有隆汚悉由之而不改焉則有所牴牾而不行矣此承上文而言禮之不可一于和也言知專貴和而不節之以禮則委靡頹敗亦不可行猶雖先王之道然小大由之無所取舍則有所不行也和者美德而禮之所貴也故人皆知貴之而不知其所弊亦在於此蓋道之所廢必生於所弊所弊必生於所貴能視其

戴記語見儒行篇

所弊而早反之爲難故曰不以禮節之則亦不可行也可謂明且盡矣論曰舊註曰禮之爲體雖嚴然其爲用必從容而不迫蓋體用之說起於宋儒而聖人之學素無其說何者聖人之道不過倫理綱常之間而各就其事實用工而未嘗澄心省慮求之于未發之先也故所謂仁義禮智亦皆就已發用工而未嘗及其體也唯佛氏之說外倫理綱常而專守一心而亦不能已於人事之應酬故說眞諦說假諦自不能不立體用之說唐僧華嚴經疏云體用一源顯微無間是也其說浸淫乎儒中於是理氣體用之說興凡仁義禮智皆有體有用未發爲體已發爲用遂使聖人之大訓支離決裂爲有用無體之言且說體用則體重而用輕體本而用末故人皆不得不捨用而趨體於是無欲虛靜之說盛而孝弟忠信之旨微矣不可不察

徵禮之用和爲貴。不可中間斷句。戴記禮之以和爲貴。用訓以。古書率然。仁齋先生引之。爲是。祇識字不識句猶之朱子哉蓋言禮之以和爲貴者先王之道以禮爲美小事大事莫不由禮而非和不行故也有所不行皇侃邢昺皆屬於上文不者亦不可行也亦字爲無謂矣朱子以屬下昧乎古文辭也蓋和者和順也謂和順於事情也禮之數三千三百雖繁乎亦有窮焉謂有所不周也且王制曰凡居民材必因天地寒煖燥濕廣谷大川異制民生其間者異俗剛柔輕重遲速異齊五味異和器械異制衣服異宜修其教不易其俗齊其政不易其宜曲禮曰君子行禮不求變俗祭祀之禮居

邢昺疏云和謂樂也樂主和同故謂樂爲和

喪之服哭泣之位皆如其國之故是禮之所以貴和也先王之道禮有威儀文物故曰斯爲美小事大事莫不有禮故曰小大由之馬融以來兼和言之爲不成文矣邢昺疏以和爲樂程子范氏據以爲解樂固教和而樂自樂和自和烏可混乎是好言其理而不知言之失也禮先王所作道也非性亦非德漢儒宋儒以爲性非也仁齋先生以爲德亦非也天理之節文人事之儀則宋儒既以天理人欲立說亦能知禮之爲先王所作而欲引之於性故作是言以彌縫之其究猶之佛氏法身徧法

界之義耳禮之爲體雖嚴朱子此言非專言性之本體亦指先王制禮其體本嚴然其失乃在不識體用之非古言也燕義曰和寧禮之用也此言用禮則國家和寧也豈體用之用乎

有子曰信近於義言可復也恭近於禮遠恥辱也因不失其親亦可宗也

【古】復猶覆也義不必信信非義也以其言可反覆故曰近義恭不合禮非禮也以其能遠恥辱故曰近禮也孔安國曰因親也言所親不失其親亦可宗敬

【新】信約信也義者事之宜也復踐言也恭致敬也禮節文也因猶依也宗猶主也言約信而合其宜則言必可踐矣致恭而中其節則能遠恥辱矣所依者不失其可親之人則亦可以宗而主之矣此

言人之言行交際皆當謹之於始而慮其所終不然則因仍苟且之間將有不勝其自失之悔者矣

古義 朱氏曰信約信也復踐言也孔氏曰宗猶敬也言信恭雖善然不合于義禮則必有其弊既近于義禮矣又因而與人不失其和則亦可宗而敬之非止言可復遠恥辱而已也」禮義者人之大閑而百行之所取法也故大人言不必信行不必果唯義之所在所以信近於義然後其言可復也恭而無禮則勞愼而無禮則葸所以恭近於禮然後能遠恥辱也苟能如此則固可謂善矣然硬守堅執不近人情則亦未爲至也故因有此質而亦能與人交不失其親則其學問之熟道德之成既有所守而亦能有容所以亦可宗也

與前章禮之用和爲貴章意相同

徵 信近於義。恭近於禮。因不失其親。此三言。引古書載古人之德行也。言可復也。遠恥辱也。亦可宗也。此三言。有子釋之。何以知其然。以其辭也。且復

約信曰誓見禮記曲禮

協厚親協宗易象之辭爲爾信不必訓約信踐言之謂也朱子所以訓約信者下有言可復也義複不可通故也是朱子以爲有子論人之言故不可通矣且本於約信曰誓約與信殊義可謂牽强已夫學問之道貴當義貴踐禮未聞以近於義近於禮論人者故朱子以爲有子論人之言者誤矣蓋言其爲人能踐言而其所言與先王之義不大相遠有子贊之曰若是乎其言誠可踐焉若或乖先王之義則欲踐之不可得也其爲人恭而與先王之禮不大相遠有子贊之曰若是乎必遠恥辱焉

陳書王元規見列傳二十七儒林

若或違先王之禮則反招恥辱也因亦德行之名與信恭同倫何註因親也按因姻古字通用周禮大司徒六行孝友睦婣任恤鄭註姻親於外親正義此姻對睦施於外親若不對睦亦施於內親故論語云因不失其親喪服傳云與因母同此皆施於內親也是何註訓親之意已又按陳書王元規傳元規八歲而孤兄弟三人隨母依舅氏往臨海郡時年十二郡土豪劉瑱者資財巨萬以女妻之元規母以其兄弟幼弱欲結強援元規泣請曰姻不失親古人所重豈得苟安異壤輒婚非類母感

筆解曰因訓親非也孔失其義觀有若上陳信義恭禮之本下言凡學必因上禮義二說不失親師之道則可

其言而止是因分明作姻可見古註家亦有此說已但因爲六行之一鄭註爲是不失其親親族不離也如失諸侯失民失百姓可見已宗如宗子宗周之宗言人親外族則本宗多離今其爲人能親外族而本親不離有子贊之曰若是乎亦可以歸而奉之焉謂親族宗之也朱子解因猶依也宗猶主也又以不失其可親之人爲解未知何據可謂鑿矣仁齋因字之解本於韓愈筆解亦鑿

人或知禮爲先王之禮而不知義爲先王之義矣古人處事必援古義以斷之傳曰詩書義之府是

尊矣
詩書義之府已
見
韓曰見原道

其具也。韓退之曰。行而宜之。朱子曰。心之制事之宜。是皆妄意取諸其臆而曰是義也。夫人人自取諸其臆。嚣然以亂先王之道。道之喪。未必不因是言焉。悲哉。

子曰。君子食無求飽。居無求安。敏於事而慎於言。就有道而正焉。可謂好學也已。

【古】鄭玄曰。學者之志有所不暇。孔安國曰。敏疾也。有道有道德者。正謂問其是非。

【新】其所不求安飽者。志有在而不暇及也。敏於事者。勉其所不足。慎於言者。不敢盡其所有餘也。然猶不敢自是而必就有道之人。以正其是非。則可謂好學矣。凡言道者。皆謂事物當然之理。人之所共由者也。○尹氏曰。君子之學。能是四者。可謂篤志力行者矣。然不取正於有道。未免有差。如楊墨學仁

義而差者也其流至於無父無君謂之好學可乎

古義 不求安飽專心致志而汲汲於求道也敏於事者急於行也愼於言者不妄言也又不敢自是必就有道之人以正其是非則可謂眞好學矣此言君子不可不務學也夫好學之益在小人猶爲大況在居大位執大事者乎故以好學爲君子之美稱今夫不求安飽而愼其言動則固可美也然學最難講而道最易差苟師心自用不就有道之人而正焉則是非取捨無所涇渭殆誤其一生者多矣故必就有道而正而後可謂好學也

徵 食無求飽居無求安敏於事而愼於言是君子之行也然必就有道而正焉而後可謂好學也已小人之志在溫飽君子則否所事天職也不可不敏焉一言出而民知其過也不可不愼焉在上之

人當爾。學而成長民之德者當爾。故曰君子之行也。凡孔子所謂學。學先王之道也。有道謂身有道藝者也。先王之道存焉。故就有道而正焉。謂之好學也。後世不知學。宋諸老先生。脩身之說勝。而先王之道荒。遂連上三言爲好學之事。其意非不美矣。如其辭何。既曰君子。又曰好學。豈可一乎。又曰。凡言道者。皆謂事物當然之理。人之所共由者也。是又不知道者之言也。且是何以解有道也。有道有德。在古書其義自別。不可不知。

子貢曰貧而無諂富而無驕何如子曰可也未若貧

而樂富而好禮者也子貢曰詩云如切如磋如琢如磨其斯之謂與子曰賜也始可與言詩已矣告諸往而知來者

古孔安國曰未足多」鄭玄曰樂謂志於道不以貧爲憂苦」孔安國云能貧而樂道富而好禮者能自切磋琢磨」孔安國曰諸之也子貢知引詩以成孔子義善取類故然之往告之以貧而樂道來答以切磋琢磨

新諂卑屈也驕矜肆也常人溺於貧富之中而不知所以自守故必有二者之病無諂無驕則知自守矣而未能超乎貧富之外也凡曰可者僅可而有所未盡之辭也樂則心廣體胖而忘其貧好禮則安處善樂循理亦不自知其富矣子貢貨殖蓋先貧後富而嘗用力於自守者故以此爲問而夫子答之如此蓋許其所已能而勉其所未至也」詩衛風淇澳之篇言治骨角者既切之而復磋之治

玉石者既琢之而復磨之治之已精而益求其精也子貢自以無諂無驕爲至矣聞夫子之言又知義理之無窮雖有得焉而未可遽自足也故引是詩以明之」往者其所已言者來者其所未言者○愚按此章問答其淺深高下固不待辨説而明矣然不切則磋無所施不琢則磨無所措故學者雖不可安於小成而不求造道之極致亦不可騖於虛遠而不察切己之實病也

【古義】諂佞悦也驕矜肆也子貢以此爲至故問以質之」可者僅可而有所未盡之辭言無諂無驕則固知自守矣然處貧富而無過耳不若貧而樂富而好禮者之飽德樂道而不自知其貧富之爲至也」詩衛風淇澳篇治骨曰切象曰磋玉曰琢石曰磨子貢自以無諂無驕爲至及聞夫子之言又知學問研究之無窮故引詩以贊之也」告往知來謂告之以既往之事則自能知將來之變也詩之妙變化無窮隨取隨有非告往知來者則不能盡詩之情夫子到此始知唯子貢之可與言之也」學者不以貧爲憂而後能樂不以富爲樂而後能好禮適見其飽德樂道而不知貧富之爲貧富也蓋貧

而樂顔子其人也富而好禮周公其人也但貧而樂者卽富而能好禮富而好禮者必貧而能樂非有優劣易地皆然」論曰詩活物也其言初無定義其義初無定準流通變化千彙萬態挹之而愈不竭叩之而愈無窮高者見之而爲之高卑者見之而爲之卑上自王公大人下至於田夫賤隷吉凶憂樂悲歡榮辱各莫不因其情而感通唐棣之詩夫子以明道之在乎至近旱麓之章子思以示道之察乎上下古人讀詩之法蓋如此若今經生唯見詩之訓詁事實如何便了則詩之旨委地矣

徵 貧而無諂。富而無驕。子貢自言爲政而使民如此如何。孔子答以未若使民貧而樂。富而好禮者也。以政刑治民。猶足能使民貧而無諂。富而無驕矣。至於以禮樂治民。而後能使民貧而好樂。富而好禮焉。是治之至者也。故孔子云爾。坊記子云。小

飯疏食述而篇
一簞食雍也篇

人貧斯約富斯驕約斯盜驕斯亂其次章曰貧而好樂富而好禮衆而以寧者天下其幾矣皆以民言之憲問奪伯氏駢邑三百飯疏食沒齒無怨言不以稱伯氏而稱管仲次章曰貧而無怨難富而無驕易亦道使民之難易則知此章之義爲爾樂讀如字上脫一好字是後儒因有飯蔬食飲水一簞食一瓢飲而遂誤耳子貢在孔門爲高第弟子若以貧而無諂富而無驕爲脩身之至則豈足以爲子貢乎大氐後世心學盛而忘孔子之道爲先王之道道統之說興而獨尊曾子輕視諸賢故其

爾雅之詁見釋器
又曰見釋訓
弟子職曰先生既息各就其友相切相磋各長其儀
詩大雅棫樸篇

失有若是者焉骨曰切象曰磋玉曰琢石曰磨爾雅之詁誠不可易矣然又曰如切如磋者道學也如琢如磨者自脩也大學同之是自古義當從此解而不必拘骨象玉石之分也管子弟子職曰相切相磋孔安國解詩可以群而曰群居相切磋是皆謂朋友相問難也中庸曰道問學則道學亦古言道當去聲與導同世儒訓言非矣蓋朋友相問難是所以導于學也詩曰追琢其章金玉其相學記曰相觀而善之謂摩是琢磨以德行言之故曰自脩總而言之學也古之學禮樂焉耳子貢引此

易繫辭
戴記祭義

而明化民之道在學也人之於是詩唯以爲學問之事子貢以爲化民之道所以嘆也往者謂其效也來者謂其所由來也貧樂富好禮自切磋琢磨來而切磋琢磨可以往於樂與好禮後儒皆泥往古來今殊不知易過此以往戴記此自大學來者豈可拘乎如朱子之說孔子所已言者頃刻之間豈得謂之往哉理學者流祗知理故謂子貢知義理之無窮而孔子嘆之豈不淺淺乎哉且古人之於詩取義無方諸子之所皆知也何唯子貢乎哉

皇侃本樂下有道來者下有也

子曰不患人之不己知患不知人也

古註 無

新 尹氏曰君子求在我者故不患人之不己知不知人則是非邪正或不能辨故以爲患也

古義 言學者當不患人之不知己之善而患己不知人之善也蓋非善有於己則亦不能知人之善故君子以爲患也晏嬰之賢而不知孔子荀子之學而不知子思孟子甚乎不知人之爲患也若鮑叔之知管仲蕭何之知韓信似矣然未也非孔子則不知堯舜之當祖述焉非孟子則不知孔子之聖生民以來未嘗有也斯之謂能知人也難矣哉

徵 不患人之不己知知命也患不知人仁也以爲己任也尹氏曰求在我者是非邪正或不能辨是或若己害然然人我是非宋儒窠窟哉夫學學先

王之道也學以成德將用諸世而世不我知莫所用之廼負其初志學者之患不亦宜乎祗君子貴知命故不患焉耳苟以在我在人言之則釋迦達磨所能豈孔子之心哉仁以爲己任故知人者亦將用之也天或命我以國家不知人則何以用之故知人者將以器使之也器使之道天下無棄材也若以是非邪正言之則惡惡之心勝而天下之人皆有罪矣聖人之道豈若是乎學者察諸皇侃本已知下有也

論語徵集覽卷之一　終

論語徵集覽卷之二

魏　何晏　集解

宋　朱熹　集註

大日本　藤維楨　古義

物茂卿　徵

從四位侍從源賴寬　輯

爲政第二

子曰爲政以德譬如北辰居其所而衆星共之

古包氏曰德者無爲猶北辰之不移而衆星拱之

新政之爲言正也所以正人之不正也德之爲言得也行道而有得於心也北辰北極天之樞也居

左傳語見昭二十年

其所不動也共向也言衆星四面旋繞而歸向之也爲政以德則無爲而天下歸之其象如此〇程子曰爲政以德然後無爲范氏曰爲政以德則不動而化不言而信無爲而成所守者至簡而能御煩所處者至靜而能制動所務者至寡而能服衆

古義 德者仁義禮智之總名北辰北極天之樞也居其所不移也共向也言爲政以德則其象猶北辰居其所而衆星四面旋繞而歸向之也此言爲政以德則無爲而天下歸之也若夫不知爲政以德徒欲以智力持之則勞擾叢脞愈理愈不理此古今之患也後世講經濟之學者不知斯之務徒區區求於儀章制度之間鄙哉〇范氏曰爲政以德則不動而化不言而信無爲而成所守者至簡而能御煩所處者至靜而能制動所務者至寡而能服衆

徵 爲政者秉政也如左傳我死子必爲政以德謂用有德之人也秉政而用有德之人不勞而治故

臯陶曰見書臯陶謨顏淵篇曰樊遲問知子曰知人又家語子貢曰知者知人

舜有臣五人見泰伯篇選於衆顏淵篇無爲而治衛靈公篇股肱良哉元首叢脞哉書益稷

有北辰之喻如舊註有德之人治國也其義雖通不得於辭不可從矣臯陶曰在知人在安民孔子曰知者知人夫仁者大德也而知仁之稱知每居上者安民之道非知人則不能故也故贊聖賢之君必以得聖賢之臣稱之古人知道故其言如此下章道之以德亦是之謂也范氏所守者至簡爲守何也所處者至靜非主一無適之謂邪大似學究作科舉文舜有臣五人而天下治選於衆舉臯陶無爲而治者其舜也與參諸股肱良哉元首叢脞哉則古義明矣

禮記樂記曰禮樂皆得謂之有德鄉飲酒義曰德也者得於身也

政之爲言正也。所以正人之不正也。是就政字而發義者。豈不可乎。然不識政謂何。則漫然耳。德之爲言得也。行道而有得於心也。較諸禮樂得於身謂之德。何其霄壤。古書身皆謂我也。佛氏身心之說出。而學者嫌其淺已。禮樂者道藝也。道藝在外。學而成德於我。故曰得於身。古書之言。一字不可易者如此。朱子意道者當然之理。行之而得於心。枯單哉。且德有達德。有性之德。有有德之人。豈可一訓通哉。

子曰詩三百一言以蔽之曰思無邪

【古】孔安國曰篇之大數包氏曰蔽猶當也包氏曰歸於正

【新】詩三百十一篇言三百者舉大數也蔽猶蓋也思無邪魯頌駉篇之辭凡詩之言善者可以感發人之善心惡者可以懲創人之逸志其用歸於使人得其情性之正而已然其言微婉且或各因一事而發求其直指全體則未有若此之明且盡者故夫子言詩三百篇而惟此一言足以盡蓋其義其示人之意亦深切矣（）程子曰思無邪者誠也范氏曰學者必務知要知要則能守約守約則足以盡博矣經禮三百曲禮三千亦可以一言以蔽之曰毋不敬

【古義】詩三百十一篇言三百者舉大數也蔽猶蓋也思無邪魯頌駉篇之辭言詩之為經雖其教無窮然不過使人之所思無邪曲耳思無邪直也夫子讀詩到此有合於其意者故舉而示之以為思無邪一言足以蔽盡詩之義也夫詩夫子之所雅言則豈徒蔽三百篇而已哉雖曰蔽盡夫子之道可也論曰仁義禮智謂之道德人道之本也忠信敬恕謂之脩為所以求至夫道德也故語道德則

司馬遷謂見史記孔子世家

以仁爲宗論脩爲必以忠信爲要夫子以思無邪一言爲蔽三百篇之義者亦主忠信之意先儒或以仁爲論語之要性善爲孟子之要執中爲書之要時爲易之要一經各有一經之要而不相統一不知聖人之道殊歸而同塗一致而百慮其言雖如多端而一以貫之然則思無邪一言實聖學之所以成始而成終也

徵詩三百。孔安國曰。篇之大數。包氏曰。蔽猶當也。司馬遷謂詩三千。孔子刪之爲三百。然據論語。則孔子時亦唯三百耳。曰刪者。蓋孔子潤色其字句耳。思無邪。包氏曰。歸於正。朱子演之曰。凡詩之言。善者可以感發人之善心。惡者可以懲創人之逸志。其用歸於使人得其情性之正而已。其說至於

知新日錄云秦火後詩多散亡漢儒取淫詩以足三百篇之數耳

桑間濮上而窮矣。遂有鄭衛孔子所删而漢儒取以足三百之疑也。殊不知孔子語所以取於詩之方耳。詩之義多端。不可爲典要。古之取義於詩者。亦唯心所欲。祇其思無邪。是孔子之心也。欲取義於詩者。必有所思。故曰思。後儒以情性解之。豈思字之義乎。邪如奇袤之袤。謂務奇功以踰先王之道也。其在詩。本言魯侯之思不淫奇邪。以致騋牝三千之盛已。程子曰。思無邪者誠也。仁齋先生曰。直也。可謂不知字義矣。范氏曰。學者必務知要守約。則足以盡博矣。可謂妄矣。古云博學於文約之

儒者之道博而寡要見史記自叙傳

以禮。謂約之於身耳。未聞先約者也。且三千三百之禮。豈要約之義乎。乃至以毋不敬蔽禮。以時蔽易。以欽蔽書。亂道極矣。夫毋不敬。果能盡乎禮。時果能盡乎易。三千三百。三百八十四。亦何聖人之迂濶也。儒者之道。博而寡要。是司馬遷主黄老而言之。雖譏之乎。其去古未遠。亦能形容聖人之道者矣。夫古之取諸詩。唯心所欲。故聖人恐其流於邪也。是孔子所以言之。宋儒效顰。子雲之法言太玄哉。皇侃本蔽作弊。

子曰道之以政齊之以刑民免而無恥道之以德齊

之以禮有恥且格

【古】孔安國曰：政謂法教。馬融曰：齊整之以刑罰。孔安國曰：免，苟免。包氏曰：德謂道德。格，正也。

【新】道猶引導，謂先之也。政謂法制禁令也。齊所以一之也。道之而不從者，有刑以一之也。免而無恥，謂苟免刑罰而無所羞愧，蓋雖不敢爲惡，而爲惡之心未嘗亡也。禮謂制度品節也。格，至也。言躬行以率之，則民固有所觀感而興起矣，而其淺深厚薄之不一者，又有禮以一之，則民恥於不善，而又有以至於善也。一說：格，正也。書曰：格其非心。〇愚謂政者爲治之具，刑者輔治之法，德禮則所以出治之本，而德又禮之本也。此其相爲終始，雖不可以偏廢，然政刑能使民遠罪而已，德禮之效，則有以使民日遷善而不自知。故治民者不可徒恃其末，又當深探其本也。

【古義】道猶引導，謂先之也。政謂法制禁令也。齊所以一之也。道之而不從者，有刑以一之也。免而無恥，謂苟免刑罰而無所羞愧。道之以德者，孟子所謂謹庠序之教，申之以孝悌之義也。禮謂制度品節也格正也言民有所羞恥又能自修而歸于正也道之以政者禁其邪志齊之以刑者繩其犯法皆以法而不以德故雖使民不敢爲惡而爲惡之心未嘗息也道之以德者養其德性齊之以禮者勵其行義皆以德而不以法然民有所觀感羞恥而雖使之爲惡而不敢爲蓋政刑之功雖速而其效小也德禮之效似緩而其化大也其效小故治遂不成其化大故其治愈久而無窮此風俗醇醨之所由分國祚脩短之所由判王霸之別專在于此先王非偏恃德禮而廢政刑也特其所恃者在此而不在彼耳

徵 道之以政。齊之以刑。亦謂先王之政刑也。雖用先王之政刑。而不用德禮。則民僅免刑戮耳。廉恥之意何由而生哉。道之以德。謂用有德之人也。則民有所感化。是之謂道之也。猶有所不齊。故以禮

有苗格見書大禹謨
格其非心見書冏命
難乎免於今之世矣見雍也篇
吾知免夫泰伯

齊之焉先王之道皆爾後世不知德字之義以已之德解之非矣若已無德則政刑亦不能用之矣無德而用政刑則民無所措手足矣何免之有蓋徒用政刑者其意在急治民使不爲非也用德禮者其思遠矣哉先王之道是爲尚焉學者思諸有恥且格古註訓正未是朱子訓至爲是然亦有感格意蓋感格聲音相通故古昔格字多用之於皇天鬼神宗廟又如有苗格皆有感格意格其非心亦有感動意免而無恥免者謂免於刑戮也如難乎免於今之世矣而今而後吾知免夫幸而免皆

篇幸而免雍也篇

爾道之以政齊之以刑亦能使民免於刑戮也不止謂民有苟免之意

子曰吾十有五而志于學三十而立四十而不惑五十而知天命六十而耳順七十而從心所欲不踰矩

古 有所成也孔安國曰不疑惑孔安國曰知天命之終始鄭玄曰耳聞其言而知其微旨馬融曰矩法也從心所欲無非法

新 古者十五而入大學心之所之謂之志此所謂學即大學之道也志乎此則念念在此而爲之不厭矣有以自立則守之固而無所事志矣於事物之所當然皆無所疑則知之明而無所事守矣天命即天道之流行而賦於物者乃事物所以當然之故也知此則知極其精而不惑又不足言矣聲入心通無所違逆知之之至不思而得也從隨也矩法度之器所以爲方者也隨其心之所欲而自

不過於法度安而行之不勉而中也○程子曰孔子生而知者也言亦由學而至所以勉進後人也立能自立於斯道也不惑則無所疑矣知天命窮理盡性也耳順所聞皆通也從心所欲不踰矩則不勉而中矣又曰孔子自言其進德之序如此者聖人未必然但爲學者立法使之盈科而後進成章而後達耳胡氏曰聖人之敎亦多術然其要使人人不失其本心而已欲得此心者唯志乎聖人所示之學循其序而進焉至於一疵不存萬理明盡之後則其日用之間本心瑩然隨所意欲莫非至理蓋心卽體欲卽用體卽道用卽義聲爲律而身爲度矣又曰聖人言此一以示學者當優游涵泳不可躐等而進二以示學者當日就月將不可半塗而廢也愚謂聖人生知安行固無積累之漸然其心未嘗自謂已至此也是其日用之間必有獨覺其進而人不及知者故因其近似以自名欲學者以是爲則而自勉非心實自聖而姑爲是退託也後凡言謙詞之屬意皆放此

【古義】堯舜禹湯文武周公治天下之大經大法謂之道志於學者欲以其道修己治人爲天下開太

乎也立者自立于道也學既爲己有而不爲利祿邪說所變移搖動也不惑謂心之所思欲自得其理而不惑於是非之間也後篇曰既欲其生又欲其死是惑也又曰一朝之忿忘其身以及其親非惑歟照此二語則自曉惑字之義天者莫之爲而爲命者莫之致而至皆非人力之所能及惟善可以獲乎天惟德可以膺乎命知此則務於自脩而不萌一毫希望之心此智致其精而學到至處也耳順者毀譽之來耳受而不逆也言向也雖已知天命然毀譽之入于耳猶有所礙然到此則一切漠然不覺其入也矩法度之器所以爲方者也雖隨其心之所欲而自不過於法度蓋聖而不可知之境道與我一也此夫子自陳其平生學問履歷以示人也先言其志于學者蓋言雖聖人之資必待學問然後有所至以歸功於學問也自立而至於不踰矩是其效也夫聖人生知安行而其有階級者何哉道之無窮故學亦無窮唯聖人極誠無妄日新不已自少到老自不失其度故能覺其進而自信其然蓋人之於一生自少而壯而老年到于此則其智自別雖聖人之資不能無老少之異

焉則又不能無老少之別循天之有四時自春而夏而秋而冬其寒煗温涼自應其節此卽聖人生知安行之妙而所以與天地合其德與日月合其明與四時合其序也徒曰爲學者立法者非矣論曰孟子旣殁斯道不明乎天下世儒之所講求者不過訓詁文字之間及宋氏與鉅儒輩出崇正黜邪漢唐之陋爲之一洗其功固偉矣然當時禪學盛行以其遺説解聖人之旨者不爲不少於是專貴一心而以明鏡止水爲脩身之極功胡氏云一疵不存萬理明盡隨所意欲莫非至理是也夫操則存舍則亾出入無時莫知其鄉心之不可恃而不可不道以存之如此故夫子之聖猶至七十始曰從心所欲不踰矩葢聖德之至從容中道而非一疵不存萬理明盡之謂也

【徵】古者十五而入大學或曰十三大槩言之耳葢男子二八而精通有爲人父之道當是時士大夫之子志爲士大夫農工商賈之子志爲農工商賈

昭公十九有童心見左傳襄三十一年

禮記曲禮曰三十曰壯有室受田稱大及餘夫說詳周禮孟子

註禮記曲禮曰四十曰強而仕內則曰四十始仕方物出謀發慮內則曰五十命爲大夫王制曰五十而爵王制曰五十始衰

知我者其天乎憲問篇

其無志者亦衆矣。迺如昭公十九有童心是也。志者。其心所專注也。志于學云者。孔子在學而有所志也。三十而受室受田。始稱一夫。前是則餘夫也。是雖庶人。尚有所成立也。孔子之立。謂學之成也。四十曰強。仕。出謀發慮。非不惑則何以能爾。不惑云者。莫有爲所惑亂也。五十命爲大夫。五十而爵。以行先王之道於其國。學之效。至是而極矣。然五十始衰。故自此之後。不可復有所營爲。故五十而爵不至。有以知天命也。孔子又曰。知我者其天乎。知天之命我以傳先王之道於後也。六十而耳順。

七十貳膳以下共見禮記王制

大德不踰閑子張篇

言天下莫有逆耳之言也。然彼豈無逆耳之言乎。我之不以爲逆也。故曰耳順。蓋聖人能盡人之性。故人雖有逆耳之言。其心以爲彼之過不亦宜乎。是雖常人。其當事不怒。唯老成人爲然。亦可以窺聖人焉。傳曰。七十貳膳。杖於國。不俟朝。不與賓客之事。致政。唯衰麻爲喪。此雖先王養老之制。然老者所以受異數而自安者。爲其精神筋力皆衰故也。故老後放縱人之常也。孔子七十。從心所欲亦放縱耳。祗其不踰矩。所以爲聖人也。不踰矩。猶之大德不踰閑。閑以防閑。言其大者也。矩者法度之器。言其精也。是皆孔子所自言。亦常人所能。聖人豈遠人而爲道乎。宋儒之解。過乎高妙。所以盭乎聖人之道而流乎佛老也。

孟懿子問孝子曰無違樊遲御子告之曰孟孫問孝於我我對曰無違樊遲曰何謂也子曰生事之以禮死葬之以禮祭之以禮

【古】孔安國曰魯大夫仲孫何忌懿謚也鄭玄曰恐孟孫不曉無違之意將問於樊遲故告之樊遲弟子樊須也

【新】孟懿子魯大夫仲孫氏名何忌無違謂不背於理樊遲孔子弟子名須御爲孔子御車也孟孫即仲孫也夫子以懿子未達而不能問恐其失指而以從親之令爲孝故語樊遲以發之生事葬祭事

親之始終具矣禮即理之節文也人之事親自始至終一於禮而不苟其尊親也至矣是時三家僭禮故夫子以是警之然語意渾然又若不專爲三家發者所以爲聖人之言也○胡氏曰人之欲孝其親心雖無窮而分則有限得爲而不爲與不得爲而爲之均於不孝所謂以禮者爲其所得爲者而已矣

【古義】孟懿子魯大夫仲孫氏名何忌無違謂無違於禮也樊遲孔子弟子名須御爲孔子御車也孟孫即仲孫也夫子又恐懿子不達無違之旨故語樊遲以發其意生事以禮之爲孝猶或知之至於葬祭以禮之爲孝則其所不能知焉故夫子爲懿子丁寧之也夫孝者不以飲食奉養爲至而以立身行道爲要故生事葬祭皆無違于禮則孝親之道盡矣蓋富而好禮善之至也懿子魯之世卿而民所具瞻故夫子以此告之況生時之孝猶易爲力至於沒後之孝則非躬自盡道光其先業垂裕後昆者則不能故曰葬之以禮祭之以禮實孟氏之藥石哉

敬不違見里仁篇
曾子曰見禮記內則

徵 無違者。無違於親之心也。如又敬不違。勞而不怨。及曾子曰。孝子之養老也。樂其心。不違其志。樂其耳目。安其寢處。以其飲食忠養之。是孝道之常也。孟懿子問孝。孔子以其常者語之。既語之後。乃慮其僭禮之家。一意無違親志。則有傷人臣之道。孝非其孝也。故語樊遲以發之。使以禮爲孝之則焉。蓋先王制事親之禮。其於無違親志之道。莫至焉。故前後之言。自相發耳。然前言語其常。後言防其僭。其意自殊焉。世儒多以前言若一時漫然不之省者。而嫌於失言。故或以不違理。或以不違禮

顔子曰見子罕篇

解之果其解之是乎夫子當首語之以禮何必爲此歇後語故難人哉夫孝以養志爲至苟不知此而先以禮臨親乎烏可謂之孝乎况以不違理爲心者乎非嚴威儼恪則是非鋒生不孝之大者也大氐聖人之教人自有次第故顔子曰夫子循循然善誘人後儒識淺性急烏知之哉

孟武伯問孝子曰父母唯其疾之憂

【古】馬融曰武伯懿子之子仲孫彘武謚也言孝子不妄爲非唯疾病然後使父母憂耳

【新】武伯懿子之子名彘言父母愛子之心無所不至惟恐其有疾病常以爲憂也人子體此而以父母之心爲心則凡所以守其身者自不容於不謹矣豈不可以爲孝乎舊說人子能使父母不以其

陷於不義爲憂而獨以其疾爲憂乃可謂孝亦通

古義 武伯懿子之子名彘人子事父母之間其當憂者甚多矣然不若疾病之最爲可憂也父母已老則侍養之日既少況一旦染病則雖欲爲孝不可得也故以父母之疾爲憂則愛日之誠自不能已而愛慕之心無所不至雖欲不爲孝得乎所以警武伯者深矣○武伯父子俱爲魯之卿而告懿子者其義大矣告武伯者其意切矣告懿子者蓋夫子之特旨而非常人之所能及故重告樊遲丁寧之學者當深翫焉

徵 父母唯其疾之憂○古註○言孝子不妄爲非○唯疾病然後使父母憂○朱註○言父母愛子之心○無所不至○唯恐其有疾病○常以爲憂也○人子體此而以父母之心爲心○則凡所以守其身者○自不容於不謹

矣。未審武伯爲人何如。安知二説孰爲當乎。然父母豈唯疾之憂哉。且孟武伯問孝。而孔子答以父母之心。豈理乎哉。且使孟武伯不知以不貽父母憂爲孝。則孔子之答。不亦迂乎。若使孟武伯知之。則不俟孔子之答矣。由是觀之。舊註爲優。大氐宋儒動輙求諸心。是其深痼。時時發見耳。

子游問孝。子曰。今之孝者。是謂能養。至於犬馬。皆能有養。不敬。何以別乎。

古 孔安國曰。子游。弟子。姓言名偃。包氏曰。犬以守禦。馬以代勞。能養人者。一曰。人之所養。乃能至於犬馬。不敬則無以別。孟子曰。養而弗愛。豕畜也。愛而弗敬。獸畜也。

新 子游孔子弟子姓言名偃養謂飲食供奉也犬馬待人而食亦若養然言人畜犬馬皆能有以養之若能養其親而敬不至則與養犬馬者何異甚言不敬之罪所以深警之也○胡氏曰世俗事親能養足矣狎恩恃愛而不知其漸流於不敬則非小失也子游聖門高弟未必至此聖人直恐其愛踰於敬故以是深警發之也

古義 子游孔子弟子姓言名偃養謂飲食供奉也敬者敬其事也言古人所謂孝者其事固大矣在今時人唯謂能養爲孝亦未爲不可也然子弟婢僕以至於犬馬之賤皆有養之而不使其至死亡苟養親而敬不至焉則與夫養卑賤者何所分別乎所謂敬者左右使令昏定晨省至於飲食衣服寒暖之節敬而不怠是也此夫子因子游之問而戒世之事親者多流於不敬而不自知也觀今之孝者可見矣聖人答門弟子之問面就其人之病而警之然又或有因門人之問而廣爲世戒者若此章是也不可執一而泥焉

孟子離婁篇曰君之視臣如犬馬則臣視君如國人君之視臣如土芥則臣視君如寇讎

徵 今之孝者是謂能養言今世所謂孝者非孝也能養也是謂云者命之云爾至於犬馬皆能有養包氏曰犬以守禦馬以代勞皆養人者爲是如後說則皆能有養不可得而解矣且比親於犬馬聖人之言不若是其鄙也古君子禮樂以成德故其言君子也至於孟子路人其君寇讎其君是禮樂壞而君子之言有不君子者焉

子夏問孝子曰色難有事弟子服其勞有酒食先生饌曾是以爲孝乎

古 包氏曰色難者謂承順父母顏色乃爲難也馬融曰先生謂父兄饌飲食也馬融曰孔子喻子夏

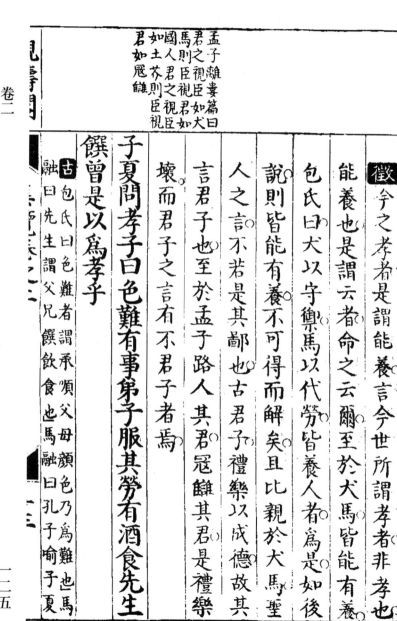

曰服勞先食汝謂此爲孝乎未孝也承順父母顏色乃爲孝也

新 色難謂事親之際惟色爲難也食飯也先生父兄也饌飲食之也曾猶嘗也蓋孝子之有深愛者必有和氣有和氣者必有愉色有愉色者必有婉容故事親之際惟色爲難耳服勞奉養未足爲孝也舊說承順父母之色爲難亦通○程子曰告懿子告衆人者也告武伯者以其人多可憂之事子游能養而或失於敬子夏能直義而或少溫潤之色各因其材之高下與其所失而告之故不同也

古義 謂事親之際惟有愉色爲難先生父兄也饌飲食之也曾則也言服勞奉養乃事親之常未足爲孝也事親之道愛敬爲本矣然敬猶或可勉而能至於愉色則非誠有深愛而終始不衰者不能故曰色難先儒謂子夏能直義而或少溫潤之色故告之蓋就子夏之所不足而誡之也○道愈虛則言愈高德愈實則言愈卑自然之符也故天下之言得能爲其高而不能爲卑無其德也若武伯問孝以下三章天下之言莫卑於此亦莫實於此惟孔子能言之而他人之所不能言焉所以爲聖

戴記祭義

言也

徵 色難。朱註引戴記。爲勝。包咸謂承順父母顏色。乃爲難。何以見承順之意乎。皇疏。曾猶嘗也。古者曾皆訓乃。而訓嘗者唯墨子有之。味文意。訓乃爲是。

子曰吾與回言終日不違如愚退而省其私亦足以發回也不愚

古 孔安國曰回弟子姓顏名回字子淵魯人也不違者無所怪問於孔子之言默而識之如愚。孔安國曰察其退還與二三子說繹道義發明大體知其不愚

新 回孔子弟子姓顏字子淵不違者意不相背有聽受而無問難也私謂燕居獨處非進見請問之

時發謂發明所言之理愚聞之師曰顏子深潛純粹其於聖人體段已具其聞夫子之言默識心融觸處洞然自有條理故終日言但見其不違如愚人而已及退省其私則見其日用動靜語默之間皆足以發明夫子之道坦然由之而無疑然後知其不愚也

古義回孔子弟子姓顏字子淵夫子與之言終日之間無一言之違逆如愚者然有聽受而無問難也私謂燕居獨處非進見請問之時言及省其私亦足以發揮夫子之道故夫子深喜之又言不愚以明前言如愚者乃其所不可及也此夫子稱顏子不事聰明深造妙契非常人之所能及也聖人終日之談皆平淡易直無駭人之聽聞者顏子聰明一聞之則實有以知其包天地貫古今無復餘蘊不啻若口之悅芻豢故其所與言者不待問辨詰難而發露乎言行之間猶艸木之經時雨而勃然興起非若他人聽了便休也夫子及乎省其私而便知其然故曰回也不愚重歎之也夫其智之可見者智之未深者也智而不可見乃是智之最深者也譬諸川流之淺雖其勢駛漲猶或可涉淵

公冶長篇曰焉不如丘之好學也雍也篇曰有顏回者好學

孔子曰見述而篇

顏子曰已見

海之深汪洋乎不可測也所謂如愚者是也非去智絕聖昏默守愚之謂其不事聰明是其智之所以愈深也

徵 終日不違如愚孔安國曰不違者無所怪問於孔子之言默而識之如愚漢儒解經多古來相傳之說如此蓋孔子以好學自稱又以稱顏子夫學問之道一意從事先王之教而不用其智力以俟油然生焉故孔子曰默而識之學而不厭誨人不倦何有於我哉顏子亦曰夫子循循然善誘人博我以文約我以禮欲罷不能既竭吾才諸子性急欲得諸孔子言下顏子則不然待其自然來集故

左傳襄二十六年國子使晏平仲私於叔向注曰私與叔向語此類多見
子夏告樊遲見顔淵篇

顔子雖頴悟。然學問之道本然矣。非好學之至。何以能一意從事夫子之教乎。故稱其頴悟而不稱其好學者。不信聖人之言者也。孔安國曰。察其退還與二三子說繹道義。發明大體。知其不愚。朱子曰。及退省其私。則見其日用動靜語默之間。皆足以發明夫子之道。坦然由之而無疑。朱子以爲孔子退省其燕私之時。是退屬孔子。爲不穩。孔安國以爲顔子退去之後。孔子察其嘗與二三子私語者。極爲穩當。何則。私爲私語。見左傳。其在論語。如子夏告樊遲。舜選於衆。舉臯陶。曾子告門人忠恕

曾子告門人見里仁篇
憤悱啟發見述而篇

而已矣。是其類也。發如憤悱啟發之發，謂其足以啟發二三子也。朱子日用動靜語默之說，其意以道爲當然之理，而不知爲先王之道。以其心學之見視孔顏故也。且所謂坦然由之而無疑者，豈得謂之發乎。且何緣而見其坦然由之而無疑也。皆文外生義，豈不妄哉。

子曰：視其所以，觀其所由，察其所安，人焉廋哉，人焉廋哉。

古 以，用也。言視其所行用。由，經也。言觀其所經從。孔安國曰：廋，匿也。言觀人終始，安所匿其情也。

新 以，爲也。爲善者爲君子，爲惡者爲小人。觀比視爲詳矣。由，從也。事雖爲善，而意之所從來者有未善焉則亦不得爲君子矣或曰由行也謂所以行其所爲者也」察則又加詳矣安所樂也所由雖善而心之所樂者不在於是則亦僞耳豈能久而不變哉焉何也廋匿也重言以深明之○程子曰在已者能知言窮理則能以此察人如聖人也

古義 朱氏曰以爲也爲善爲君子爲惡爲小人」觀此視爲詳矣由從也事雖爲善而意之所從來者有未善焉則亦不得爲君子矣」察則又加詳矣安所樂也所由雖善而心之所樂者不在於是則亦矜持耳豈能久而不變哉焉何也廋匿也重言以深明之」君之於臣人之於朋友其所倚賴甚大不可不愼所擇夫人之難知堯舜其猶病諸至佞似才至奸似直諂諛者似忠矜持者似德故我明不足以察之則必至於以黑爲白以枉爲直小人爲君子君子爲小人而政事日非身辱國亡可不懼哉

徵 人焉廋哉○孟子亦言之○孟子聽訟之法此則以

孟子之言離婁篇

不我以詩召南
江有汜
不使大臣怨乎
不以微子篇

察國君之道。蓋訟之道。度其情實國君之賢否。其臣亦度之故也。説者以爲知人之法。竊措大哉古註。以。用也。或曰。如不我以之以。訓與。則視其所與謀國者何人也。義同。又如不使大臣怨乎不以。是其証。朱子訓爲。豈有是哉。觀其所由者。觀其所由何道也。司馬相如封禪文。愼所由於前。謹遺教於後耳。所由與遺教對。其爲道術者審矣。古註訓經。朱註訓從。訓行。皆不知而爲之説者。所安者。謂其心所安逸也。蓋欲知國君之善惡者。先視其所用之人賢否。而大槩可知已。所用賢則賢。否則否。是其至易見者故曰視也次觀其所由之道術何如或先王之道或五伯之道或戎貊之道或刑名之道是非歷覼其政事民俗則不可見者故曰觀也次察其心所安佚者何如或仁義或財利或聲色或田獵是非深察其君行事則不可見者故曰察也賢者之擇君或爲其君與鄰國交皆不可以不知其賢否故孔子言之朱註視觀察徒以爲詳略之分可謂不知字義已程子欲以此察常人而不可得矣則謂必知言窮理而後此法可用焉是以孔子爲未足者也且人人而欲察之豈聖人之用

心哉

子曰温故而知新可以爲師矣

【古】温尋也尋繹故者又知新者可以爲人師矣

【新】温尋繹也故者舊所聞新者今所得言學能時習舊聞而每有新得則所學在我而其應不窮故可以爲人師若夫記問之學則無得於心而所知有限故學記譏其不足以爲人師正與此意互相發也

【古義】温尋也温故而知新者尋繹舊聞而時有新益也此言師道之甚難也人之爲學不温故則必忘其所能不知新則無得其所以蓋天下之事無限而天下之變無窮苟能尋繹舊聞而復有新得則應之愈不竭施之當其可而後可以爲人之師矣夫師者人之模範也人材之所由成就世道之所由維持以韋帶之賤與人君並稱其責甚重其任甚大可不謹乎

左傳哀十二年

禮記曲禮曰君子行禮不求變俗祭祀之禮居喪之服哭泣之位皆如其國之故

易繫辭曰通天下之故又曰知幽明之故周禮小行人曰周知

徵 温故而知新何晏曰温尋也尋繹故者皇侃引温燖又見中庸鄭玄註温讀如燖温之温謂故學之熟矣後時習之謂之温左傳尋盟賈逵註云尋温也猶若温燖故食也是温訓尋廼古來相傳之說尋燖古字通用習之義也何晏不識以尋繹言之朱子仍之可謂粗鹵已故者邢疏曰舊所學得朱子曰舊所聞是皆據字義解非也如國之故天下之故幽明之故皆明有所指蓋如典故故實之故凡先世所傳者皆謂之故先世所傳即我所學則邢朱如無害然不知古言而以字解之推諸它

天下之故

書有所不通學者察諸新者古人所不言先師所不傳也事變無窮非能知此則不足爲人師也

子曰君子不器

古 包氏曰器者各周其用至於君子無所不施

新 器者各適其用而不能相通成德之士體無不具故用無不周非特爲一材一藝而已

古義 器者用而有適之謂言君子之德可大用而不可小用君子雖道宏德卲無施不可然或有於事不能者若孔子不學軍旅不能辭命之類可謂不適其用矣然而論聖人之才之德則不在是故曰君子不可小知而可大受也若夫廣綜衆藝精幹小事者人之所悅而致遠恐泥不可以此論君子也

徵 君子不器包咸曰器者各周其用至於君子無

所不施朱註因之學記曰鼓無當於五聲五聲弗得不和水無當於五色五色弗得不章學無當於五官五官弗得不治師無當於五服五服弗得不親君子曰大德不官大道不器大信不約大時不齊察於此四者可以有志於本矣不器見于此大氐學以成器器以性殊故喻以切磋琢磨故用人之道器使之君子者長民之德所以用器者也故曰不器器者百官也君子者君與卿也譬諸良醫用藥良匠用椎鑿藥與椎鑿者器也醫匠者君子也故知包咸所謂無所不施者非矣究其說必至

於不用器而自用而極焉○元首叢脞哉○職此之由○宋儒乃曰○孟子唯可以爲賓師○孔子則無不可也○妄哉言○

子貢問君子子曰先行其言而後從之

古 孔安國曰疾小人多言而行之不周

新 周氏曰先行其言者行之於未言之前而後從之者言之於既行之後○范氏曰子貢之患非言之艱而行之艱故告之以此

古義 張氏栻曰君子主於行而非以言爲先也故言之所發乃其力行所至而言隨之也夫主於行而後言者爲君子則夫易於言而行不踐者是小人之歸矣

徵 君子長民之德也○仁以爲己任○在行之而已○故

先行其言而後從之。行之艱。豈易言之哉。故惡夫佞者。

子曰君子周而不比小人比而不周

古 孔安國曰忠信爲周阿黨爲比

新 周普徧也比偏黨也皆與人親厚之意但周公而此私耳○君子小人所爲不同如陰陽晝夜每每相反然究其所以分則在公私之際毫釐之差耳故聖人於周比和同驕泰之屬常對舉而互言之欲學者察乎兩閒而審其取舍之幾也

古義 周普徧也比偏黨也皆就所與人親厚而言之此言君子小人用心之別也學問之要在辨君子小人趣向如何否則欲爲君子而反爲小人之歸者多矣論語每以君子小人對舉而論之者蓋爲學者示其嚮方也

魯語曰忠信爲周　書泰誓

徵孔安國曰忠信爲周阿黨爲比本諸魯語又書曰雖有周親不如仁人皆古言也朱子既以普徧解之又云與人親厚之意但周公而比私耳蓋周訓普徧者一義訓親者一義可謂支矣蓋親厚之道勢難普徧必也爲人謀而忠與朋友交而信庶足以無比黨之私已古之道也朱子又謂君子小人之分在公私之際毫氂之差耳是誠然然亦未已蓋君子者在上之德其心在安民故公小人者細民之稱其心在營己故私若不求諸安民之道忠信之義而一意欲普徧其弊必至於鄉原一意

天地不仁聖人不仁老子第五章

欲公。其弊必至於老莊天地不仁聖人不仁而極焉。不可不察。

子曰學而不思則罔思而不學則殆

古 包氏曰學而不尋思其義理則罔然無所得也不學而思終卒不得徒使人精神疲殆也

新 不求諸心故昏而無得不習其事故危而不安○程子曰博學審問愼思明辨篤行五者廢其一非學也

古義 稽於古訓之謂學求于己心之謂思會天下之善而一之者學之功也極深研幾與鬼神同功者思之至也學之功也實思之至也神學而不思則實無所得故罔思而不學則師心自用故殆是故非思則無以能學非學則無以達思兩者相待而後得成也又曰古之學者所思多於所學今之學者所學多於所思而古人所謂學與今人所謂學者亦大異矣此亦不可不察也

皇疏一通曰罔誣罔也言旣不精思至於行用乖僻是誣罔聖人之道也多見闕殆本篇

【微】學而不思則罔罔誣也皇疏一通有之蓋學而不思則不知其義必至於非禮爲禮非義爲義上誣先聖下罔時人也思而不學則殆如多見闕殆之殆精思之至雖有所得苟不由先王之道迷而傾復時月榛棘不能坦然由之無疑也包咸罔然無所得何晏徒使人疲殆皆非古言

子曰攻乎異端斯害也已

【古】攻治也善道有統故殊塗而同歸異端不同歸也

【新】范氏曰攻專治也故治木石金玉之工曰攻異端非聖人之道而別爲一端如楊墨是也其率天下至於無父無君專治而欲精之爲害甚矣○程子曰佛氏之言比之楊墨尤爲近理所以其害爲

尤甚學者當如淫聲美色以遠之不爾則駸駸然入於其中矣

古義 攻治也異端古之方語謂其端相異而不一也言不用力於根本而徒治其端之所異則無益而有害也言學問之道用力其本則末自治焉徒脩其末則必遺其本必然之理也後世之學不用力於道德仁義而徒從事於記誦詞章爭其多寡較其短長此亦攻異端之類焉耳本末倒置輕重易所其害有不可勝言者也論曰異端之稱自古有之後人專指佛老之教爲異端者誤矣孟子之時或稱邪說暴行或直稱楊墨之徒可見其時猶未有異端之稱若夫佛老之教即所謂邪說暴行而亦在異端之上豈待攻而後有害耶

徵 攻乎異端古註攻治也善道有統故殊塗而同歸異端不同歸也異端雖無明解與善道對言故正義曰謂諸子百家之書也朱子因之旁及佛老

周禮考工記

鳴鼓而攻之先進篇

家語辯政篇

然孔子之時豈有諸子百家哉且攻治也本諸周禮攻金之工攻木之工謂治而成器也故攻字可用諸學者不可用諸道藝故治六經古無是言況有治諸子百家而成之之理哉蓋攻如鳴鼓而攻之之攻異端猶諸漢晉諸史多謂人懷異心者乃多岐之謂也人之懷異心遽以攻之必至激變故孔子誡之異端字不它見獨見論語家語而家語註猶多端也乃孔安國王肅輩必有此解故諸史所用依其解已魏篡漢祚以攻異端爲務何晏集解據序文非何氏私書孫邕鄭冲曹羲荀顗何晏

可謂好學也已 學而篇 孤樹裒談曰高廟看書議論英發且排朱文公集註每儒臣進論語等書必有辨說辨曰攻是攻城之攻己止也孔子之意蓋謂攻去異端則邪說之害止而正道可行宋儒乃以攻爲專治而欲精之爲害也甚豈不謬哉

署名則必奉魏帝勅而作者。如唐正義明大全耳。故避時忌諱。特設新義。後儒不察。遂爲定說也已。如可謂好學也已。明祖解已爲止。此方學者復有解已爲甚者。皆可謂誤矣。

子曰由誨汝知之乎知之爲知之不知爲不知是知也

古 孔安國曰弟子姓仲名由字子路

新 由孔子弟子姓仲字子路子路好勇蓋有強其所不知以爲知者故夫子告之曰我教女以知之之道乎但所知者則以爲知所不知者則以爲不知如此則雖或不能盡知而無自欺之蔽亦不害其爲知矣況由此而求之又有可知之理乎

【古義】由孔子弟子姓仲字子路子路性剛以盡知天下之事爲知故夫子告之曰汝所爲知之者未必眞知之今誨汝知之者乎其所知者自以爲知所不知者便以爲不知是謂之知也蓋知者務知其所當知者而知而無益者不必求知之以其不在盡知天下之事也天下之事無窮而一人之知有限況事之多端有可得而知者矣有不可得而知者矣欲知不可得而知者則失之鑿矣雖可得而知者欲盡知之則流于濫矣故曰君子於其所不知蓋闕如也不以盡知天下之事爲知故也孟子曰堯舜之知而不徧物急先務也是堯舜所以爲大聖而學者所當取法也後之儒者動欲盡知天下之事是欲能堯舜之所不能其得爲智哉

【徵】知之爲知之。不知爲不知。語知人之方也。蓋門人以意錄孔子之言。而不錄其所由。故後人難其解。遂鑿耳。此章之言。與答仲弓舉爾所知正相發矣。古來註家皆以爲孔子語學問之道。夫以不知爲知者。不知之失也。苟使其人知。豈有此病乎。且不知爲不知。止而不求知。則學問之道廢矣。且子路非好知之人也。孔子豈然乎。且知人者政事之所急。故強求知其所不知。勢之所必至。故孔子於仲弓於子路。以此告之耳。後世儒者與孔門諸子學問自別。故動求諸己。且如諸家說知之二字終不穩。皇侃本作不知之爲不知。

子張學干祿。子曰。多聞闕疑。愼言其餘。則寡尤。多見闕殆。愼行其餘。則寡悔。言寡尤。行寡悔。祿在其中矣。

古 鄭玄曰弟子姓顓孫名師字子張干求也祿祿位也」包氏曰尤過也疑則闕之其餘不疑猶慎言之則少過」包氏曰殆危也所見危者闕而不行則少悔」鄭玄曰言行如此雖不得祿亦同得祿之道

新 子張孔子弟子姓顓孫名師干求也祿仕者之奉也」呂氏曰疑者所未信殆者所未安程子曰尤罪自外至者也悔理自内出者也愚謂多聞見者學之博闕疑殆者擇之精慎言行者守之約凡言在其中者皆不求而自至之辭言此以救子張之失而進之也○程子曰脩天爵則人爵至君子言行能謹得祿之道也子張學干祿故告之以此使定其心而不爲利祿動若顏閔則無此問矣或疑如此亦有不得祿者孔子蓋曰耕也餒在其中惟理可爲者爲之而已矣

古義 子張孔子弟子姓顓孫名師干求也朱氏曰祿仕者之俸也」呂氏曰疑者所未信殆者所未安尤過也祿在其中者謂不爲人所棄而衣食自給也非必指受穀而言之也」得于學問者深而周得于見聞者近而實子張既知學故夫子舉得于見聞者告之蓋多見聞則足廣其智而有所則傚而

餕在見衛靈公篇直在子路篇仁在子張篇樂亦在其中述而篇請學農圃子路篇

亦必闕疑殆而慎言行則外無受人之尤内無生己之悔言行有實而足爲人之所信孰敢不服從亦孰敢不薦引是祿在其中也

徵 祿在其中。餕在其中。直在其中。仁在其中。皆謂爲此而得彼也。樂亦在其中。謂此彼皆有也。學干祿者。學干祿之道也。與請學農圃類同。孔子所答。以慎言行也。見君子之所行。聞君子之所言。疑與殆。以己言之。非謂所見聞君子之言行未善也。闕云者。姑闕之而竢己心之信焉安焉。不取諸先王之道而取諸君子之言行。雖君子之言行。其己心之所疑殆。尚且闕之。慎之至也。言行無玷。得

聞斯行之先進篇

祿之道也。程子曰。子張學干祿。故告之以此。使定其心而不爲利祿動。夫士無恒産。以何能存。故學而干祿。士子之常也。故先王設穀祿之制。孔子亦不責子張。而直答以此。子張亦豈不知世俗干祿之所爲乎。益於其心有不安者。故問君子亦有干祿之道耶。可謂善問矣。孔子所答。干祿之道也。它如聞斯行之。則非干祿之道矣。可以見已。宋儒之學。遠於人情。故曰定其心而不爲利祿動。果其說之是乎。則孔子當答以君子知命矣。孔子廼以此答之。故知君子亦有干祿之道也。道之不遠於人如此。不可不察。程子又曰。惟理可爲者爲之而已矣。殊不知君子遵道而行。而尚有不得祿者。則君子知命也。不求諸先王之道。而妄以己意求諸理。宋儒之病也。

哀公問曰何爲則民服孔子對曰舉直錯諸枉則民服舉枉錯諸直則民不服

【古】包氏曰哀公魯君諡包氏曰錯置也舉正直之人用之廢置邪枉之人則民服其上

【新】哀公魯君名蔣凡君問皆稱孔子對曰者尊君也錯捨置也諸衆也程子曰舉錯得義則人心服○謝氏曰好直而惡枉天下之至情也順之則服逆之則去必然之理也然或無道以照之則以直爲枉以枉爲直者多矣是以君子大居敬而貴窮理也

古義 哀公魯君名蔣時哀公失政而民不服故問之錯捨置也諸衆也言舉錯得當則民服否則不服○哀公意以爲服民必有術以能之孔子告之以舉錯得當則民服舉錯失當則不服也蓋好直而惡枉天下之同情順之則得逆之則不得非可以術能也故治國之道顧其所以處之者如何耳非可以私意小智濟之也

徵 舉直錯諸枉舉枉錯諸直蓋古言也而孔子引之也孝經曰非先王之法言不敢道古之道若是焉後儒不知廼謂聖人以意造言謬矣哉舉直錯諸枉諸之乎也枉與曲不同枉者材之反張者也直者材之良者也蓋以積材之道爲喻積材之道以直者置於枉者之上則枉者爲直者壓而自直

語樊遲顏淵篇

子夏曰已見

矣。故它日語樊遲而曰。能使枉者直。直謂材之良者。故喻諸善也。仁也。枉謂材之不良者。故喻諸惡也。不仁也。枉直喻也。故當不拘字義。以善與仁解之。宋儒不識其爲喻。曰好直而惡枉。天下之至情也。可謂謬矣。以錯爲廢置。包咸之陋也。宋儒因之。殊不知天下有善而無惡。惡者善之未成者也。先王之道。養以成之。惡皆化爲善。故孔子曰。能使枉者直。子夏曰。舜有天下。選於衆。舉皐陶。不仁者遠矣。湯有天下。選於衆。舉伊尹。不仁者遠矣。言舉而不言錯。可見錯非廢置之義已。故充包咸朱子之

季康子殺無道以就有道顏淵篇

易繫辭

孔子子產獲誚論見呂覽樂成代醉篇第十一曰舉直錯諸枉則民服言舉直而加諸枉之上則民服舉枉錯諸直則民不服言舉枉而加諸直之上則民不服錯猶置也

居敬雍也篇

說則季康子殺無道以就有道也其與先王孔子之道何啻霄壤哉又按易舉而錯之天下之民舉錯一義正如此章可以徵諸舉直錯諸枉則民服多謂舉錯當則民服小矣哉陋儒之見也舉直錯諸枉能使枉者直故民服苟取當於眼前衛鞅之所不爲也孔子子產何以獲誚按代醉編載孫繼和之說亦同予意祗未知積材之道爲喻耳又如大居敬而貴窮理居敬固孔子語仲弓者然以此爲窮理之本則其鑑空衡平之說也苟使鑑空衡平亦唯能見已之所見耳不若以先王之道爲規

鑑空衡平見雍也篇大全

易說卦曰昔者聖人之作易也幽贊於神明而生蓍參天兩地而倚數觀變於陰陽而立卦發揮於剛柔而生爻和順於道德而理於義窮理盡性以至於命

矩準繩也。雖良匠苟無規矩準繩，何以能審其曲直哉。窮理乃易贊聖人之言。宋儒強諸學者。可謂不知類已。皇侃本。何爲則民服下有也字。

季康子問使民敬忠以勸如之何子曰臨之以莊則敬孝慈則忠舉善而教不能則勸

古 孔安國曰魯卿季孫肥康謚也包氏曰莊嚴也君臨民以嚴則民敬其上也包氏曰君能上孝於親下慈於民則民忠矣包氏曰舉用善人而教不能者則民勸勉

新 季康子魯大夫季孫氏名肥莊謂容貌端嚴也臨民以莊則民敬於己孝於親慈於衆則民忠於己善者舉之而不能者教之則民有所勸而樂於爲善（）張敬夫曰此皆在我所當爲非爲欲使民敬忠以勸而爲之也然能如是則其應蓋有不期然而然者矣

古義季康子魯大夫季孫氏名肥時季氏僭濫民不心服亦不從其所令故問之包氏曰莊嚴也臨民以嚴則民敬其上上孝於親下慈於民則民忠矣舉用善人而教不能者則民勸勉此章亦與前章同意蓋王者之治以德而不以法其效若迂而其化無窮覇者之政以法而不以德其效若速而無益於治故知治國之本在自正其身而不得以智術爲之也康子之意在求速效而夫子之所答專在於自治若使康子達夫子之意其所以治魯國者豈有不得如其所欲邪禮曰君子不出家而成教於國孝者所以事君也弟者所以事長也慈者所以使衆也蓋述夫子之言者也

徵臨之以莊臨下之道也蓋天至高而不可企及矣至遠而不可窺測矣至大而不可盡矣日月星辰森羅於上焉君子之治民奉天道以行之故齊明盛服非禮不動以象之所以敬天也夫民曰天

民。不屬諸君而屬諸天。臣則皆君之臣也。古之道也。故奉天道以臨之。是謂之莊。然後孝慈。春風之行也。語哀公舉直而已矣。語季康子。舉善而教不能。益詳矣。君與大夫之分也。張敬夫曰。此皆在我所當爲。非爲欲使民敬忠以勸而爲之也。夫季康子問使民敬忠以勸。如之何。而孔子答之以此。是爲欲使民敬忠以勸而爲之者審矣。張敬夫迺欲勝孔子而上之。可謂刻矣。是其意惡其輟也。惡其輟乎。則莫若誠焉。故君子貴學。學以成德。自然不假勉強。不則雖使其心爲我所當爲。亦終輟耳。輟則不久。不久則不足以化民也。

或謂孔子曰子奚不爲政子曰書云孝乎惟孝友于兄弟施於有政是亦爲政奚其爲爲政

【古】包氏曰或人以爲居位乃是爲政包氏曰孝乎惟孝美大孝之辭友于兄弟善於兄弟施行也所行有政道與爲政同

【新】定公初年孔子不仕故或人疑其不爲政也書周書君陳篇書云孝乎者言書之言孝如此也善兄弟曰友書言君陳能孝於親友於兄弟又能推廣此心以爲一家之政孔子引之言如此則是亦爲政矣何必居位乃爲爲政乎蓋孔子之不仕有難以語或人者故託此以告之要之至理亦不外是

【古義】定公初年孔子不仕故或人疑其不居官爲政也書文今見古文尚書君陳篇而無孝乎二字

我死子爲政已見疇昔之羊左傳宣二年

當以此爲正孝乎惟孝者美孝之辭言善事父母者必友于兄弟而施及於有政孔子引之言如此則是亦爲政矣何必以居位爲爲政乎孝友者人之善行也夫孰不美焉亦孰不從焉以此心自脩則身脩以此心治人則人治雖家國天下莫不從焉而家居講學者每有不能有爲於世之歎殊不知居家理故治可移于官奚以不居官爲政爲慊乎孟子曰其子弟從之則孝弟忠信不素餐兮孰大於是與居官爲政者奚異

徵子奚不爲政。包咸曰。或人以爲居位乃是爲政。朱子因之。曰定公初年。孔子不仕。或人疑其不爲政也。皆不知古言。我死子爲政。謂秉柄於其國也。疇昔之羊。子爲政。今日之事。我爲政。謂秉柄於其事也。如此章。則孔子爲大夫時事也。未審其爲司空時邪。爲大司寇時邪。大夫服官政。謂一官之政、也。孔子爲大夫。不秉柄於其官。故或人疑而問之耳。如舊說。或人謂不仕爲不爲政。不情之甚矣。且奚其爲爲政。疊用爲字。極爲未穩。今解爲秉柄則奚其爲爲政。乃奚其爲秉柄。豈不穩乎。蓋聖人施爲。自不與常人同。於其官政。不必屑屑然有所更張。然其意所在。豈或人所能知。故引書答之。孝乎惟孝。四字句。包咸曰。美大孝之辭。爲得之。書今本無孝乎二字。脫耳。朱註解乎爲如此。大誤矣。施行也。有政。政也。言孝友之道。自然行於政事。是亦秉

家語事見始誅篇

柄於官政也。古註所行有政道○可謂強爲之解已○君陳代周公○爲政於成周○孔子引此極當○按家語○孔子爲魯大司寇○有父子訟者○夫子同狴執之○三月不別○其父請止○夫子赦之焉○以此觀之○孝友豈不行於官政乎○按蔡邕石經○孝乎作孝于○

子曰人而無信不知其可也大車無輗小車無軏其何以行之哉

【古】孔安國曰言人而無信其餘終無可」包氏曰大車牛車輗者轅端橫木以縛軛者小車駟馬車軏者轅端上曲鉤衡者

【新】大車謂平地任載之車輗轅端橫木縛軛以駕牛者小車謂田車兵車乘車軏轅端上曲鉤衡以

駕馬者車無此二者則不可
以行人而無信亦猶是也

古義 大車謂平地任載之車輗轅端橫木縛軛以
駕牛者小車謂田車兵車乘車軏轅端上曲鉤衡
以駕馬者言人而無信猶車無此二者豈可得行
乎信者人道之本人而無信則不可以一日立於
天地之間猶大車之無輗小車之無軏不可以行
也君不君臣不臣父不父子不子一皆由此夫子
就其最所易見者以
喻人必不可無信也

徵 輗軏在車與馬牛相接之際信亦在我與人相
接之際故引以爲喻車之行馬牛之力也道之行
人之力也豈不切乎言而無信則人不信我人不
信我則我言安能行哉事之行亦然道之行亦然
教之道亦然七十子深信孔子故孔子之教行於

七十子。不誒多言。孟子則欲使不信我之人由我言而信我。故徒詳其言。以欲人人之能曉。是訟之道也。徒聒之耳。是無它。不知無信之不可行故也。輗軏之制。皇疏具焉。註。包咸。曰大車。牛車。輗者。轅端横木以縛軛也。疏。端頭也。古作牛車二轅。不異即時車。但轅頭安軛。與今異也。即時車。枙用曲木。駕於牛脰。仍縛軛兩頭著兩轅。古時則先取一横木。縛著兩轅頭。又別取曲木爲枙。縛著横木。以駕牛脰也。即時一馬牽車。軏猶如此也。註。小車。駟馬車。軏者。轅端上曲鉤衡也。疏。衡。横也。四馬之車。唯中央有一輈○輈頭曲向上○此拘住於衡○名此曲者爲軶也○所以頭拘此衡者○輈駕四馬○故先橫一木於輈頭○而縛軶著此衡○此衡既爲四馬所載○恐其不堅○故特置曲軶裡○使牽之不脫也○猶卽時龍旂車○輈端爲龍○置衡在龍頭上曲處也○鄭玄曰○軏穿輈端著之○軏○因輈端著之○

子張問十世可知也子曰殷因於夏禮所損益可知也周因於殷禮所損益可知也其或繼周者雖百世可知也

古 孔安國曰文質禮變○馬融曰所因謂三綱五常所損益謂文質三統○物類相招世數相生其變有

常故可預知

新陸氏曰也一作乎○王者易姓受命爲一世子張問自此以後十世之事可前知乎馬氏曰所因謂三綱五常所損益謂文質三統愚按三綱謂君爲臣綱父爲子綱夫爲妻綱五常謂仁義禮智信文質謂夏尚忠商尚質周尚文三統謂夏正建寅爲人統商正建丑爲地統周正建子爲天統三綱五常禮之大體三代相繼皆因之而不能變其所損益不過文章制度小過不及之間而其已然之迹今皆可見則自今以往或有繼周而王者雖百世之遠所因所革亦不過此豈但十世而已乎聖人所以知來者蓋如此非若後世讖緯術數之學也○胡氏曰子張之問蓋欲知來而聖人言其旣往者以明之也夫自脩身以至於爲天下不可一日而無禮天叙天秩人所共由禮之本也商不能改乎夏周不能改乎商所謂天地之常經也若乃制度文爲或太過則當損或不足則當益益之損之與時宜之而所因者不壞是古今之通義也因往推來雖百世之遠不過如此而已矣

古義 陸氏曰也一作乎朱氏曰王者易姓受命爲一世子張見夫子聰明睿智無所不知故問十世之遠可以前知乎言三代之有天下雖各有一代之制然不能盡改人之觀聽故皆因前代之禮而作之惟其所損益者今皆可知而已既往已如此則將來亦不過如此此言古今之事不甚相遠不可好求迂怪不經不可窮詰之說蓋世道之變雖相尋無窮然本無有可愕可怪之事冠以加首屨以藉足舟以濟水車以行陸君尊而臣卑父老而子繼千古之前如此千古之後亦如此所謂禮也者亦不過因此而損益焉耳苟以此推之則雖千歲無窮之變皆可坐而致焉子張之問既涉於怪僻故夫子言此以斥之

徵 子張問十世可知也○陸氏曰也一作乎○不必爾○蓋十世可知也○古書之言○子張疑而問之○而孔子答其可前知也○朱註○王者易姓受命爲一世○非矣○

王者易姓受命爲一代。父子相受爲一世。孔子之意。蓋謂王者受命。制作禮樂。非預知數百年之後不能爲。是可前知之證也。殷因夏禮。周因殷禮。故知有雖萬世不異今日也。殷損益夏禮。其所損益者。在夏代可前知。周損益殷禮。其所損益者。在殷代可前知。是三代聖人。建一代之法。使數百年之人守之。則其前知數百年後者審矣。若有聖人繼周而興。則今之所前知何翅十世乎。雖百世者。謂其不止十世也。馬融曰。所因。謂三綱五常。所損益。謂文質三統。所因何啻三綱五常。所損益。何啻文質三統。朱註。其所損益。不過文章制度小過不及之間。而其已然之迹。今皆可見。是前二可知。與後可知。不同其義。可謂謬矣。且果其說之是乎。則秦漢以後。不與三代同。何孔子之言不驗邪。且子張不問禮。而孔子答以禮。是聖人所前知。僅禮而已。且其意謂聖人損益前代之禮。唯與時宜之。而不知一代禮樂維持數百年之後也。中庸曰。至誠之道。可以前知。不然。何以在其為聖人乎。

子曰非其鬼而祭之諂也見義不為無勇也

古 鄭玄曰人神曰鬼非其祖考而祭之者是諂以求福 孔安國曰義所宜為而不能為是無勇也

答樊遲雍也篇

新 非其鬼謂非其所當祭之鬼諂求媚也」知而不爲是無勇也

古義 非其鬼謂非其所當祭之鬼諂者諂瀆近鬼神也知義之所在而不爲是無勇也」陳氏櫟曰此章欲人不惑于鬼之不可知而惟用力于人道之所宜爲他日語樊遲曰務民之義敬鬼神而遠之亦以鬼神對義而言蓋嘗驗之天下之人其諂瀆鬼神者必不能專力於民義其專力於民義者必不諂瀆於鬼神

二者常相因云

徵 非其鬼而祭之。此孔子有所譏而言之。但未審其爲何人也。其義則與答樊遲務民之義敬鬼神而遠之相發。然彼則義圓。而此則言不倫。故知其有所爲而言之。

論語徵集覽卷之二 終

論語徵集覽卷之三

魏　　何晏　集解
宋　　朱熹　集註
大日本　藤維楨　古義
物茂卿　徵
從四位侍從源賴寬　輯

八佾第三

孔子謂季氏八佾舞於庭是可忍也孰不可忍也

古　馬融曰孰誰也佾列也天子八佾諸侯六卿大夫四士二八人爲列八八六十四人魯以周公故受王者禮樂有八佾之舞季桓子僭於其家廟舞之故孔子譏之

【新】季氏魯大夫季孫氏也佾舞列也天子八諸侯六大夫四士二每佾人數如其佾數或曰每佾八人未詳孰是季氏以大夫而僭用天子之禮樂孔子言其此事尚忍爲之則何事不可忍爲或曰忍容忍也蓋深疾之之辭○范氏曰樂舞之數自上而下降殺以兩而已故兩之間不可以毫髮僭差也孔子爲政先正禮樂則季氏之罪不容誅矣謝氏曰君子於其所不當爲不敢須臾處不忍故也而季氏忍此矣則雖弑父與君亦何所憚而不爲乎

【古義】季氏魯大夫季孫氏也佾舞列也天子八諸侯六大夫四士二每佾人數如其佾數言季氏以陪臣而敢僭用天子之禮樂是可敢忍爲之事哉而尚忍爲之則何事不可忍爲謝氏曰君子於其所不當爲不敢須臾處不忍故也而季氏忍此矣則雖弑父與君亦何所憚而不爲乎○夫子所論當時人物政治得失自今觀之似或有不甚切于學者然孔門弟子皆謹書之者何也夫子嘗曰載之空言不若著之行事親切著明也蓋學將以有爲也故泛論義理不若卽事卽物直辨其是非得

失之爲愈也如此等章實與春秋一經相表裏此當時諸子所以謹書而不遺也歟

徵 八佾舞於庭八佾舞連讀世人佾下斷句非也春秋隱公五年九月考仲子之宮初獻六羽左氏傳公問羽數於衆仲對曰天子用八諸侯用六大夫四士二夫舞所以節八音而行八風故自八以下公從之於是初獻六羽始用六佾也公羊傳初者何始也六羽者何舞也初獻六羽何以書譏何譏爾譏始僭諸公也六羽之爲僭奈何天子八佾諸公六諸侯四諸公者何諸侯者何天子三公稱公王者之後稱公其餘大國稱侯小國稱伯子男

始僭諸公昉於此乎。前此矣。前此則曷爲始乎此。僭諸公。猶可言也。僭天子。不可言也。穀梁傳。穀梁子曰。舞夏。天子八佾。諸公六佾。諸侯四佾。初獻六羽。始僭樂矣。尸子曰。舞夏。自天子至諸侯。皆用八佾。初獻六羽。始厲樂矣。何休杜預皆謂八八六十四人。六六三十六人。四四十六人。二二四人。服虔謂六八四十八人。四八三十二人。二八十六人。服虔蓋以襄十一年。鄭人賂晉侯以女樂二八。誤爲二佾也。何杜以爲舞勢宜方。是或然矣。且天子六十四人。則大夫三十二人。爲大過矣。況士豈能辦十六人乎。故何杜於理爲優。諸公六佾。諸侯四佾。恐傳譌也。左傳尸子爲可據。已杜預曰。魯惟文王周公廟得用八。而他公遂因仍僭而用之。今隱公特立此婦人之廟。詳問衆仲。因明大典。故傳亦因言始用六佾。其後季氏舞八佾於庭。知惟在仲子廟用六。由此觀之。他公僭用。而季氏遂僭之也。但明堂位無文王。則杜預亦誤矣。於庭古來無解邪。禺以爲家廟之庭。殊爲不通。竊疑成王賜伯禽以天子禮樂祀周公。天子之廟。八佾舞於庭。伯禽廼造臺以舞之。所以尊天子之樂也。後世有舞臺。或

不忍人之心孟子公孫丑篇

昉于是邪是誠臆説別無所據然於庭二字非此不通姑錄以俟後君子也是可忍也孰不可忍也邢昺曰季氏以陪臣而僭天子最難容忍集註范氏因之是於忍字之義爲得之然非聖人之言矣小人咬人激變者其言率如此不可從也謝氏曰季氏忍此矣則雖弒父與君亦何所憚而不爲乎是忍字本諸孟子孟子創言性善而與楊子之徒爭仁內外故引不忍人之心以爲仁之端遂又有不忍人之政然求諸古言以忍爲美德而未有以不忍爲貴者矣求諸理聖人亦有不忍之心而聖

小不忍亂大謀見衛靈公篇孝經語已見

人之思深遠焉。故未有以不忍爲教者矣。蓋其究必成婦人之仁故也。小不忍。亂大謀。此先王之法言。孝經曰。非先王之法言不敢道。故知非孔子之言矣。且責季氏以心術。豈不妥哉。此章之義。蓋爲昭公發之。昭公亦小不忍。以致乾侯之禍故云爾。季氏之僭。不啻一世。從前魯君所忍。是尚可忍也。僭之大者。尚可忍也。則無不可忍之事矣。魯君能以此爲心。季氏之僭可正。而魯可治焉。聖人之言。皆有作用。宋儒廼以理以心而已矣。不可不察。

三家者以雍徹子曰相維辟公天子穆穆奚取於三

家之堂

【古】馬融曰三家謂仲孫叔孫季孫雍周頌臣工篇名天子祭於宗廟歌之以徹祭今三家亦作此樂包氏曰辟公謂諸侯及二王之後穆穆天子之容雍篇歌此者有諸侯及二王之後來助祭故也今三家但家臣而已何取此義而作之於堂邪

【新】三家魯大夫孟孫叔孫季孫之家也雍周頌篇名徹祭畢而收其俎也天子宗廟之祭則歌雍以徹是時三家僭而用之相助也辟公諸侯也穆穆深遠之意天子之容也此雍詩之詞孔子引之言三家之堂非有此事亦何取於此義而歌之乎譏其無知妄作以取僭竊之罪○程子曰周公之功固大矣皆臣子之分所當爲魯安得獨用天子禮樂哉成王之賜伯禽之受皆非也其因襲之弊遂使季氏僭八佾三家僭雍徹故仲尼譏之

【古義】三家魯大夫孟孫叔孫季孫之家也雍周頌篇名徹祭畢而收其俎也天子宗廟之祭則歌雍

三子者先進篇

以微是時三家僭而用之相助也辟公諸侯及二王之後穆穆深遠之意天子之容也此雍詩之詞孔子引之言三家之堂非有此事亦何取於此義而用之乎譏其無知妄作之一端以明其僭禮大類如此此通上章共爲三家僭禮而發蓋夫子作春秋之意也當時之人視三家僭禮不徒不能規其非反舉之以爲美談故夫子斥之以明其僭妄之罪且欲其聞而改之也夫位愈盛則責愈重祿愈高則任愈大詩曰赫赫師尹民具爾瞻季氏魯之世卿衆之所倚賴而其無智妄作如此既不足取信當時又非所以垂裕後昆故爲人之上而不知學其蔽必至於此

徵三家者者字語助無意義如三子者之者古者歌詩皆有所取於其義而雍詩於三家之堂莫有所取焉於魯君之堂亦莫有所取焉孔子不斥其非禮但以詩言之若訝之者然所以開喻也集註

作者之謂聖禮記樂記

書洪範

爾雅釋詁

廼曰。識其無知妄作以取僭竊之罪。大失聖人之辭氣也。且無知妄作。本作者之謂聖之作。豈可引於此乎。相儐相也。訓助者。字義耳。其實相自相助自助。不可混矣。辟公。王肅以爲國君諸公。爲是。鄭玄以辟爲卿士。公謂諸侯。書惟辟玉食。豈卿士之謂乎。邢昺疏毛萇以爲諸侯及二王之後。然毛傳無之。可謂妄矣。曲禮天子穆穆。爾雅穆穆美也。穆穆蓋深遠意。天子行禮。有辟公爲之儐相。則天子廼若無所爲者。唯見其穆穆然美已。是雍詩之義也。

王弇州四部稿
成王賜伯禽禮樂辨

程子曰。周公之功固大矣。皆臣子之分所當為。魯安得獨用天子禮樂哉。成王之賜。伯禽之受。皆非也。弇州先生曰。叔子之為此語也。語於秦之君臣也。非三代之君臣也。唐虞之世。其為帝者茅茨不翦。土階三尺而已。都俞吁咈于其內。得一言則君臣交相拜而相咏嗟。非截然而不相及也。堯得舜而三載。命之陟位。受終類上帝。禋六宗。望山川。徧群神。輯五瑞。狩四嶽。不聞其以疑堯議也。舜得禹而命之終陟。受命於神宗。率百官若帝之初。不聞其以疑舜議也。堯舜之於舜禹。臣之者也。成王之

成王賜伯禽

於周公師之者也以尊則叔父也以親則爲其父弟者也存而負扆以行天子之事沒而崇以天子之禮樂夫誰曰不可且以周公之功與舜禹並而尊親過之不復子則禪而帝復子則祀而王聖人之所以崇德報功也而曰非者何也夫秦而始君朕也君父皇考也而臣弗與也其尊若天而臣若草芥也吾故曰叔子之爲此語也語於秦之君臣也茂卿曰大氐後儒謂禮萬世不易者是其心有自以爲禮者故妄意成王伯禽皆非矣夫禮爲一代之典周禮周公作而成王伯禽親受之故成王

伯禽非禮歟。則孰爲禮。豈不肆乎。故孔子所謂非禮者。謂其後也。

子曰人而不仁如禮何人而不仁如樂何

古 包氏曰言人而不仁必不能行禮樂

新 游氏曰人而不仁則人心亡矣其如禮樂何哉言雖欲用之而禮樂不爲之用也○程子曰仁者天下之正理失正理則無序而不和李氏曰禮樂待人而後行苟非其人則雖玉帛交錯鍾鼓鏗鏘亦將如之何哉然記者序此於八佾雍徹之後疑其爲僭禮樂者發也

古義 言仁者德之本禮樂者德之推人而不仁其本既無雖欲行禮樂豈爲其用哉其所見者徒威儀節奏耳禮儀三百威儀三千待其人而後行則不仁之人雖欲用禮樂而禮樂豈爲之用乎或曰仁者惻隱之心也何預於禮樂曰慈愛惻怛之心衆德之所由生萬事之所由立仁人之於天下何

事不成何行不得況於禮樂乎論曰七篇之書論語之義疏也故得孟子之意而後可以曉論語之義苟不本之於孟子而徒欲從論語字面求其意義則牽強不通必至致誤若宋儒所謂仁者天下之正理是已學者不可不知

徵禮樂者先王之道也先王之道安民之道也仁安民之德也故苟非仁人則禮樂不爲之用故曰如禮何如樂何此以在上之人言之也游氏曰人而不仁則人心亡矣程子曰仁者天下之正理失正理則無序而不和皆不知聖人之道爲先王之道也不知此章之言爲在上者發之也仁齋先生曰慈愛惻怛之心衆德之所由生萬事之所由立

仁人之於天下。何事不成。何行不得。况於禮樂乎。此不知禮樂者之言已。辟諸摶埴作器。雖器皆埴也。先王作禮樂。以仁而已矣。故孔子曰。夫仁者制禮者也。又曰。道二。仁與不仁而已矣。故不仁之人不能用禮樂也。

林放問禮之本。子曰。大哉問。禮與其奢也寧儉。喪與其易也寧戚。

古　鄭玄曰。林放魯人。包氏曰。易。和易也。言禮之本意。失於奢不如儉。喪失於和易。不如哀戚。

新　林放魯人。見世之爲禮者專事繁文而疑其本之不在是也。故以爲問。孔子以時方逐末而放獨有志於本。故大其問。蓋得其本則禮之全體無不在其中矣。易。治也。孟子曰。易其田疇。在喪禮則節文習熟而無哀痛慘怛之實者也戚則一於哀而文不足耳禮貴得中奢易則過於文儉戚則不及而質二者皆未合禮然凡物之理必先有質而後有文則質乃禮之本也○范氏曰夫祭與其敬不足而禮有餘也不若禮不足而敬有餘也喪與其哀不足而禮有餘也不若禮不足而哀有餘也禮失之奢喪失之易皆不能反本而隨其末故也禮奢而備不若儉而不備之愈也喪易而文不若戚而不文之愈也儉者物之質戚者心之誠故爲禮之本楊氏曰禮始諸飲食故汙尊而抔飲爲之簠簋籩豆罍爵之飾所以文之也則其本儉而已喪不可以徑情而直行爲之衰麻哭踊之數所以節之也則其本戚而已周衰世方以文滅質而林放獨能問禮之本故夫子大之而告之以此

古義林放魯人見世之爲禮者專務繁文而疑其本之不在是禮先王之所制時王之所用今放疑之故夫子大其問也易治也禮所以節制喪所以致哀故禮奢而備物不若儉而不備喪易而盡禮不若戚而不文得其本故也若夫徒務繁文而遺其本實者固非所以爲禮也故特問禮而夫子兼

言喪者蓋欲其意之備也」爲禮者必好備物好備物則必至文勝爲喪者必欲治而無失欲治而無失則必失其實故禮以儉爲本喪以哀爲本聖人之尚實也如此」論曰舊註謂禮貴得中其說本于禮記然非聖人之意嘗曰先進於禮樂野人也後進於禮樂君子也如用之則吾從先進又曰奢則不孫儉則固與其不孫也寧固及如此章自後世之學言之似有不及於中之病故以爲救時之論然聖人之道尚儉而惡奢其經世理民常戒盈滿而從退損雖以禮爲教而必以儉爲本其言及中者甚少蓋以儉可以守禮而中則不可執守也

徵孔子大林放之問。蓋世人所見者小。故徒以禮爲美觀。林放獨能疑禮之意本不在是而問之。是其所見者大。孔子所以嘆也。朱註蓋得其本則禮之全體無不在其中矣。是不得大哉之解。以全體

忠信爲禮之本
禮器語

言之。理學者流哉。又其言曰。世之爲禮者。專事繁文云云。殊不知禮之有繁文。乃其所以物爲之制。曲爲之防。豈可以爲非乎。大氐後儒迫急之見。未免直情徑行。戎狄之道。貴質賤文。亦本諸二精粗耳。禮與其奢也寧儉。喪與其易也寧戚。蓋古語。孔子不直語其本而引此使放思而得之。孔子之教皆爾。何以知其爲古語。答與問不正相値也。它如忠信爲禮之本。以人學禮言之。如恭敬以行禮之心言。如上章人而不仁。以在上之人言之。至於此章。則以人所行之禮言之。奢謂其心以禮爲美觀務求備其財物而不知侈其用也儉謂其心在節財用而不知物不稱其義也易去聲包咸曰和易也非矣朱註訓治得之但其說曰節文習熟而無哀痛慘怛之實者也非矣蓋謂富貴之家助喪之人多而百官皆備衣衾棺槨之用不乏一切治辦也戚謂貧賤之家無助喪之人衣衾棺槨不備事事艱難轉增哀戚之甚也夫喪之爲禮所以致哀也節文之詳豈損哀乎且喪不可屢豈有所謂習熟者哉大氐宋儒忽略字義遷就以成其說如儉字本謂節用也朱子以溫良恭儉讓爲聖人威儀

今也純儉子罕篇

遂解儉爲節制至於此章亦以質勝而文不足爲儉遂引禮運汙尊抔飲爲說夫任口言理莫不可言者然字失其義亦影耳易象曰山上有雷小過君子以行過乎恭喪過乎哀用過乎儉正與此章相發儉以用言之豈非財用乎戚易與奢儉對豈徒以節文言之哉夫禮以教中本文曰與其曰寧亦不得已以取儉戚者而非儉戚爲至也而孔子所以言之者何也禮器曰昔先王之制禮也因其財物而致其義焉故君子之行禮亦必視其財物爲之進退古之道爲爾如今也純儉吾從衆豈不

從曾子曰下至吾何慎哉共見禮記檀弓

然乎檀弓曰曾子曰晏子可謂知禮也已恭敬之有焉有若曰晏子一狐裘三十年遣車一乘及墓而反國君七个遣車七乘大夫五个遣車五乘晏子焉知禮曾子曰國無道君子恥盈禮焉國奢則示之以儉國儉則示之以禮子游問喪具夫子曰稱家之有亡子游曰有亡惡乎齊夫子曰有毋過禮苟亡矣斂首足形還葬縣棺而封人豈有非之者哉子路曰傷哉貧也生無以爲養死無以爲禮也孔子曰啜菽飲水盡其歡斯之謂孝斂首足形還葬而無槨稱其財斯之謂禮子思之母死於衛

柳若謂子思曰子聖人之後也四方於子乎觀禮子盖愼諸子思曰吾何愼哉吾聞之有其禮無其財君子弗行也有其禮有其財無其時君子弗行也吾何愼哉是皆言君子行禮視財物與世進退之有時乎取儉與戚也曲禮曰貧者不以貨財爲禮老者不以筋力爲禮禮器曰故天不生地不養君子不以爲禮鬼神弗饗也居山以魚鼈爲禮居澤以鹿豕爲禮君子謂之不知禮故必舉其定國之數以爲禮之大經禮之大倫以地廣狹禮之厚薄與年之上下是皆言先王制禮時亦已視財物

之所出。定其度數也。孔子曰夫仁者制禮者也。言先王之制禮。求以安民也。仁者愛物。謂其節用而不傷民也。今林放苟知君子有時乎取儉與戚而思以求之。則知先王所以制禮之意在仁焉。是所謂本也。是林放問本之所以爲大也。宋儒昧乎字義而不知道。乃以文質釋之。謬之大者也。遂至或謂孔子欲損周之文以就夏殷之質。殊不知奢儉皆謂同行斯禮。而其所以用財不同已。豈有文質之異哉。且林放豈與顏子同科。而足以語制作之意哉。可謂妄已。又仁齋先生以禮貴得中。非聖人之意蓋禮所以教中也禮者先王所立以爲極也所以使賢者俯就不肖者企及也是乃以聖人所立禮爲中也非使人以己意取夫中也世多欲以己意求夫中則仁齋先生言之者是矣然儉自用財之道不與中相關而乃以儉與中對論者非矣

子曰夷狄之有君不如諸夏之亡也

古 包氏曰諸夏中國亡無也

新 吳氏曰亡古無字通用程子曰夷狄且有君長不如諸夏之僭亂反無上下之分也○尹氏曰孔子傷時之亂而歎之也亡非實亡也雖有之不能盡其道爾

古義 諸夏中國也亡無也視有如無之謂此孔子傷時無上下之分而嘆之也夫子每視時俗之變

雖一事之小必重嘆之以其所關係大也今諸夏禮義之所在而曾夷狄之不若則其爲變亦甚矣此春秋所以作也當此時雖周衰道廢禮樂殘缺而典章文物尚未湮墜孰知諸夏之不若夷狄然夫子寧捨彼而取此則聖人崇實而不崇文之意可見矣其作春秋也諸侯用夷禮則夷之夷而進於中國則中國之蓋聖人之心即天地之心遍覆包涵無所不容善其善而惡其惡何有於華夷之辨後之說春秋者甚嚴華夷之辨大失聖人之旨矣

徵 夷狄之有君不如諸夏之亾也亾無也諸夏諸侯之國也是聖人之貴禮義也雖有君而無禮義是其去禽獸不遠焉孔子之時諸夏雖有君乎猶亾之然然先王之澤不斬禮義尚存故孔子以爲勝之矣程子解失於不如之詁不可從也

季氏旅於泰山子謂冉有曰汝弗能救與對曰不能子曰嗚呼曾謂泰山不如林放乎

【古】馬融曰旅祭名也禮諸侯祭山川在其封內者今陪臣祭泰山非禮也冉有弟子冉求時仕於季氏救猶止也包氏曰神不享非禮林放尚知問禮泰山之神反不如林放邪欲誣而祭之

【新】旅祭名泰山山名在魯地禮諸侯祭封內山川季氏祭之僭也冉有孔子弟子名求時爲季氏宰救謂救其陷於僭竊之罪嗚呼歎辭言神不享非禮欲季氏知其無益而自止又進林放以厲冉有也〇范氏曰冉有從季氏夫子豈不知其不可告也然而聖人不輕絶人盡己之心安知冉有之不能救季氏之不可諫也既不能正則美林放以明泰山之不可誣是亦教誨之道也

【古義】旅祭名也泰山山名在魯地禮諸侯祭山川在其封內者今季氏以陪臣祭之非禮也冉有孔子弟子名求時爲季氏宰嗚呼歎辭夫子欲冉有之救正其非既而知其不能則又美林放以勵之

亦教論之也季氏舞八佾歌雍徹夫子既斥其僭竊今亦欲旅於泰山故夫子欲冉有之救之也夫禮人之隄防也禮立則人心定人心定則上下安上下安則彝倫得以叙矣庶事得以成矣今季氏以臣僭君則是自壞其隄防也神不享非禮民不祭非類季氏爲魯國卿而所爲如此何以率其民不智亦甚矣

【徵】周禮大宗伯職國有大故則旅上帝及四望鄭玄註故謂凶烖旅陳也陳其祭事以祈焉禮不如祀之備也此章古註以爲譏僭朱子因之然觀其引林放則孔子之譏必在奢而不在僭則必季氏爲魯侯旅者而其行禮徒務美觀故爾後儒每言及季氏則輒謂僭也豈不泥乎

子曰君子無所爭必也射乎揖讓而升下而飲其爭也君子

【古】孔安國曰言於射而後有爭○王肅曰射於堂升及下皆揖讓而相飲○馬融曰多筭飲少筭君子之所爭

【新】揖讓而升者大射之禮耦進三揖而後升堂也下而飲謂射畢揖降以俟衆耦皆降勝者乃揖不勝者升取觶立飲也言君子恭遜不與人爭惟於射而後有爭然其爭也雍容揖遜乃如此則其爭也君子而非若小人之爭矣

【古義】言君子恭遜不與人爭其或有所爭者必也於射禮乎蓋明其所爭者亦皆以禮而他無所爭也按儀禮大射之禮耦進三揖而後升堂射畢揖降以俟衆耦皆降勝者乃揖不勝者升取觶立飲也照本文下而飲之語則與不勝者升取觶立飲不合竊謂不勝者下而獨飲無衆耦送觶之禮也

言雍容揖遜如此則其爭也便君子而非若小人之以利害與人爭也」此言君子唯於射有所爭則見君子於事總無與人爭也君子以仁存心以禮存心何爭之有其與人爭者皆小人不仁不禮之甚也讀論語者至於夫子言君子諸章則不可不潛心覃思佩服體取若此章最其切要者歟

徵 揖讓而升下而飲。中間不可句。王肅曰。射於堂。升及下。皆揖讓而相飲。按儀禮射時。升降皆揖讓。飲射爵時。亦揖讓升降也。朱註升句。非矣。蓋射之爭。爭於中禮。射不主皮。則所貴在和容。故其爭以揖讓行之。所以爲君子也。皇侃曰。它事無爭。而於射有爭。故云必也射乎。於射所以有爭者。古者生男。必設蓬矢桑弧於門左。至三日夜。使人負子出門而射。示此子方當必有事于天地四方。故云至年長以射進仕。禮王者將祭。必擇士助祭。故四方諸侯。並貢士於王。王試之於射官。若形容合禮節奏比樂而中多者。則得預於祭。得預於祭者。進其君爵土。若射不合禮樂而中少者。不預祭。不預祭者。黜其君爵土。此射事既重。非唯自辱。乃係累己君。故君子之人。於射而必有爭也。故顏延之曰。射許有爭。故可以觀無爭也。

子貢問曰。巧笑倩兮。美目盼兮。素以爲絢兮。何謂也

子曰。繪事後素。曰。禮後乎。子曰。起予者商也。始可與

言詩已矣

古 馬融曰倩笑貌盼動目貌絢文貌此上二句在衛風碩人之二章其下一句逸也」鄭玄曰繪畫文也凡繪畫先布衆色然後以素分布其間以成其文喻美女雖有倩盼美質亦須禮以成之」孔安國曰孔子言繪事後素子夏聞而解知以素喻禮故曰禮後乎」包氏曰予我也孔子言子夏能發明我意可與共言詩

新 此逸詩也倩好口輔也盼目黑白分也素粉地畫之質也絢采色畫之飾也言人有此倩盼之美質而又加以華采之飾如有素地而加采色也子夏疑其反謂以素爲飾故問之」繪事繪畫之事也後素後於素也考工記曰繪畫之事後素功謂先以粉地爲質而後施五采猶人有美質然後可加文飾」禮必以忠信爲質猶繪事必以粉素爲先起猶發也起予言能起發我之志意謝氏曰子貢因論學而知詩子夏因論詩而知學故皆可與言詩○楊氏曰甘受和白受采忠信之人可以學禮苟

無其質禮不虛行此繪事後素之說也孔子曰繪事後素而子夏曰禮後乎可謂能繼其志矣非得之言意之表者能之乎商賜可與言詩者以此若夫玩心於章句之末則其爲詩也固而已矣所謂起予則亦相長之義也

【古義】此逸詩也倩好口輔也盼目黑白分也言其美質也何氏曰絢文貌凡畫繢之事先布衆色然後以素分布其間以爲文蓋言身章之美也衞風竹竿之詩曰巧笑之瑳佩玉之儺又言顏色之美與服飾之麗相稱其語意正相類子夏適不知畫繢之事因讀此詩而有疑故爲問繪畫衣服也考工記云凡繪畫之事後素功是也子夏之所疑不在上二句而在素以爲絢故夫子專以繪事告之也子夏因夫子之言而悟凡物有其質而後可以加文然則人之於禮亦有其質而後可學乎起猶發也言能起發我之志意也夫子以其能會其意故以始可與言詩稱之此章子夏之所問夫子之所答初只尋常問談而本非有關於學問及乎子夏曰禮後乎而始爲至論也夫禮以儉爲本至於

風氣既開日趨繁文於是人惟視其繁文而不知其本之儉故曰禮與其奢也寧儉喪與其易也寧戚子夏知之故曰禮後乎苟非得聖人之意於言詞之表者其措詞豈能斷然若此乎林放聞夫子之論而初知禮之本子夏因論詩而自悟禮之後非放之所及也」論曰詩無形也因物而變爲圓爲方隨其所見或悲或歡因其所遭一事可以通千理一言可以達千義故非聞一而知二者不能盡詩之情子夏聞畫繢之事而悟禮後之說可謂亞聞滄浪之歌而知自取之道者也

徵倩。毛傳好口輔。馬融曰。笑貌。盼。毛傳白黑分。馬融曰。動目貌。義相通。蓋笑之美。在口輔。動目之美。在黑白分也。素以爲絢兮。何註以爲詩衛風碩人。逸此一句。朱子併上二句。直以爲逸詩。未詳孰是。絢。馬融曰。文貌。而不解一句之義。邢昺曰。莊姜既有巧笑美目倩盼之容。又能以禮成文絢然。果其說之是乎。詩之義本謂禮。而孔子引繪事爲迂。且詩之義本謂禮。而子夏曰禮後乎。豈足爲起予乎。朱註。素粉地。畫之質也。絢采色。畫之飾也。是因孔子引繪事。而謂詩本言畫。可謂泥矣。且後素失義。不可從矣。繪事後素。何晏註。鄭曰。繪畫文也。凡繪畫。先布衆色。然後以素分布其間。以成其文。此說與考工記凡畫繢之事後素功合。但鄭玄註曰。素白采也。後布之。爲其易漬汚也。義爲迂矣。朱註加一於字而曰。謂以粉地爲質。而後施五采。是其意。

書益稷

據禮器甘受和白受采耳。殊不知彼主行禮得忠信之人。此主學禮貴美質。其義自別也。且先素而謂之後素。後素廼以何措辭乎。且繪與畫不同。畫泛言之。繪則畫布。如虞書。予欲觀古人之象。日月星辰山龍華蟲作會。宗彝藻火粉米黼黻絺繡。曲禮。飾羔雁者以繢。深衣。具父母大父母。衣純以繢。皆爾。朱子以粉地爲解。則以爲畫圖。可謂不識字義已。蓋詩素以爲絢兮。謂傅粉也。絢者。謂爛然有光也。美人得粉。美益彰。繢事得布素分間。五采益明。美質學禮。其美益盛。非美人也。粉適成醜。非五釆也布素何施。非忠信之人也禮不可得而學。此章之義也。起予。朱註盡之。蓋聖人好學之篤。與羣弟子相答問。其意每謂藉此以廣己之意智。廼所以誨而不倦也。後人徒以謙虛無我贊之。抑末矣。

子曰夏禮吾能言之杞不足徵也殷禮吾能言之宋不足徵也文獻不足故也足則吾能徵之矣

古 包氏曰徵成也杞宋二國名夏殷之後夏殷之禮吾能說之杞宋之君不足以成也鄭玄曰獻猶賢也我不以禮成之者以此二國之君文章賢才不足故也

新 杞夏之後宋殷之後徵證也文典籍也獻賢也言二代之禮我能言之而二國不足取以爲證以其文獻不足故也文獻若足則我能取之以證吾言矣

戴記禮運

古義 杞宋二國名杞夏之後宋殷之後徵證也文典籍也獻賢也言二代之禮吾往既聞之而能言其詳欲證之於夏殷而之杞宋二國皆不足取以爲證以其文獻不足故也文獻若足則吾能相證而傳之後世蓋聖人不欲言無證之說也」先王之禮唯得夫子而後能傳於後世言之則存焉不言則亡焉苟以其文獻不足而不言之則豈非夏殷之禮自我亡之乎中庸曰上焉者雖善無徵無徵不信不信民不從故君子擇民之可信而言之見民之可從而行之苟不察民之信從與否而強爲之則是誣之也若老佛之說是已凡渺茫不經如存如亡之說皆足以起人之惑而啓其好異之心故無徵之言聖人不道焉仲尼祖述堯舜憲章文武是也而後世儒者動稱伏犧神農黃帝甚而至於論盤古燧人之世稱天皇地皇之名吾知其非聖人之意也

徵 夏禮吾能言之。仁齋先生據戴記。之訓適。文辭各殊。可謂泥矣。朱註盡之。古註。文獻爲二國之君

子貢所謂見子張篇

升庵外集經說部

文章賢才。徵訓成。誤矣。如子貢所謂賢者識其大者。不賢者識其小者。是獻足徵也。文獻不足徵者。言二國無識夏殷禮之人與典籍也。徵如中庸無徵不信也。蓋孔子洞知古聖人作禮樂之心。又熟知人情世變。故夏殷之禮雖殘缺。僅得一二。推知其餘。如眎諸掌。而謙曰吾能言之。豈唯言其義而已哉。然無徵則民不信。故孔子不傳夏殷禮。是此章之義也。升庵曰。左傳不徵辭。註徵音證。唐貞觀中。有唐九證。其名取莊子九徵說。而字作證。可以定其音矣。

子曰禘自既灌而往者吾不欲觀之矣

古孔安國曰禘祫之禮爲序昭穆故毁廟之主及羣廟之主皆合食於太祖灌者酌鬱鬯灌於太祖以降神也既灌之後列尊卑序昭穆而魯逆祀躋僖公亂昭穆故不欲觀之矣

新趙伯循曰禘王者之大祭也王者既立始祖之廟又推始祖所自出之帝祀之於始祖之廟而以始祖配之也成王以周公有大勳勞賜魯重祭故得禘於周公之廟以文王爲所出之帝而周公配之然非禮矣灌者方祭之始用鬱鬯之酒灌地以降神也魯之君臣當此之時誠意未散猶有可觀自此以後則浸以懈怠而無足觀矣蓋魯祭非禮孔子本不欲觀至此而失禮之中又失禮焉故發此歎也○謝氏曰夫子嘗曰我欲觀夏道是故之杞而不足徵也我欲觀商道是故之宋而不足徵也又曰我觀周道幽厲傷之吾舍魯何適矣魯之郊禘非禮也周公其衰矣考之杞宋已如彼考之當今又如此孔子所以深歎也

過此以往易繫辭

古義 按經傳稱禘者非一其義各殊此所謂禘者謂大廟之祭也蓋王者既立始祖之廟又推始祖所自出之帝祀之於始祖廟而以始祖配之也魯以周公之廟爲大廟而以文王爲所自出之帝祀之於大廟以周公配之也灌者方祭用鬱鬯之酒灌地以降神也自灌以前有禮之名而無禮之實及乎灌而降神始有其實故曰灌而往者吾不欲觀之若曰自始至終皆無可觀者也蓋魯僭用天子之禮故夫子歎之也」實本也文末也有此實而後有此文有此文而後有此禮苟無此實則禮文皆虛而已魯以侯國敢用天子之禮其亡實甚矣宜夫子之不欲觀之也其曰不欲觀之者甚嫉之之辭嘗曰居上不寬爲禮不敬臨喪不哀吾何以觀之哉亦甚嫉其無實也

徵 禘自既灌而往者。如過此以往未之或知也。故訓後。以天時言之。往爲前。來爲後。以人事言之。來者其所從來。往者由此而後也。禘禮失傳。故其詳

易上象傳

居上不寬本篇

不可得而知矣然灌所以降神也易曰觀盥而不薦有孚顒若下觀而化也王弼引此章祭統曰夫祭有三重焉獻之屬莫重於祼聲莫重於升歌舞莫重於武宿夜此周道也灌盥祼通用觀示也上之所以示下之所以觀在灌而不在薦重故也彖傳曰大觀在上蓋孔子之於禘欲觀其大者而不欲觀其小者貴本也孔子曰居上不寬爲禮不敬臨喪不哀吾何以觀之哉亦言所觀在本也但易觀盥凡祭皆然此特言禘者禘爲大祭故特言之歟禘所以享帝也祭義曰唯聖人爲能享帝此其

所以特言禘歟。何註以來。以魯郊禘非禮爲說。不知何以知其爲魯邪。以非禮而不欲觀。則灌以前何擇也。又如朱註以誠意未散浸以懈怠解之、大失其義矣。夫瀆而易能乎。則易何以言觀盥而不薦乎。且所謂禘者。禘嘗之禘邪。王者大祭之禘邪。何以必以非禮解之。可謂不通已。皇侃曰。先儒舊論灌法不同。案鄭二註。或神或尸。故解者或云。灌神是灌地之禮。灌尸是灌人之禮。而鄭註尚書大傳則云。灌是獻尸。尸乃得獻。乃祭酒以灌地也。

或問禘之說子曰不知也知其說者之於天下也其

如示諸斯乎指其掌

【古】孔安國曰答以不知者爲魯君諱」包氏曰孔子謂或人言知禘禮之說者於天下之事如指示掌中之物言其易了

【新】先王報本追遠之意莫深於禘非仁孝誠敬之至不足以與此非或人之所及也而不王不禘之法又魯之所當諱者故以不知答之示與視同指其掌弟子記夫子言此而自指其掌言其明且易也蓋知禘之說則理無不明誠無不格而治天下不難矣聖人於此豈眞有所不知也哉

【古義】禘禮之意至深遠矣且以王者之祭故以不知答之蓋爲魯諱也」示與視同指其掌謂明且易也弟子從傍見夫子言此自指其掌而記之也」禘者先王報本追遠之深意非仁孝誠敬之至不足以與此苟通其說則於治天下何難之有蓋治天下之本在感應之乎而難以政刑智數致之故非德之至誠之極則不足與知禘之說而於治天下亦不免以私意妄作幸其自治非見聞智慮之所

禮記禮運曰孔子曰我觀周道幽厲傷之吾舍魯何適矣魯之郊禘非禮也周公其衰矣

弇州論見成王賜伯禽天子禮

能及也

徵 我觀周道。幽厲傷之。孔子適周。禮皆殘缺。不可得而考也。吾舍魯何適矣。周禮盡在魯也。魯之郊禘非禮也。周公其衰矣。成王命魯公。世世祀周公以天子禮樂。故周公若是其隆焉。及後世惠公請郊廟。遂祀羣公皆用天子禮樂。是天子禮樂。不屬諸周公而屬諸魯。屬諸魯而後周公之隆不可見矣。故曰其衰矣。郊祀天配后稷。而不祀周公。天與后稷。非魯所得祀。則昉乎惠公之請者審矣。後世之禘。又非伯禽時之禘。故曰非禮。弇州先生以郊

樂辨

家語郊問

不王不禘禮記大傳

禘爲皆非後世之僭而謂晉文雄伯而有崇勳。襄辱王而郤請隧。魯弱國而未聞以僭禮樂討。且魯得僭之。齊晉先矣。奚待魯也。其言雖辨。孔子既曰非禮。則其非昉伯禽者審矣。且家語曰。魯無冬至大郊之事。降殺於天子。亦不深考已。夫祀周公以天子禮樂。既爲非常之典。則後世郊禘之非禮。亦得藉口。齊晉之不以僭討者。周公之餘威也。不王不禘之法。又魯之所當諱者。故以不知答之。此據程子之說。而以成王伯禽爲非禮。按明堂位。季夏六月。以禘禮祀周公於太廟。是祀周公用禘

呂覽當染篇

孟子公孫丑上

禮也。不曰禘周公。而曰以禘禮祀周公。則非禘者審矣。豈所謂天子禮樂者禘禮歟。抑將所謂天子禮樂者不必禘禮。而用禘禮者後世之僭歟。是未可知矣。意必因得用禘禮而遂禘焉耳。呂覽惠公所請郊廟之禮者。廟蓋謂禘歟。要之孔子所謂魯郊禘者。以當時言之。而非伯禽之舊也。

知其說者之於天下也。其如示諸斯乎。指其掌。古註。如指示掌中之物。言與易了。是不知示之爲眎也。其如示諸斯乎。如視天下於掌也。孟子曰。武丁朝諸侯有天下。猶運之掌也。語勢相同。

禘之說。朱子以仁孝誠敬之至言之。仁齋先生曰。治天下之本在感應之孚。是一端耳。夫禘禮弗傳。故後世自言知其說者皆妄矣。大氐古聖人之道。奉天道以行之。尊祖宗合諸天。禮樂刑政皆受其命。是其大端也。諸儒爭務高其議論。而遺其大端。我所不取也。

祭如在。祭神如神在。子曰。吾不與祭。如不祭。

【古】孔安國曰。言事死如事生。孔安國曰。謂祭百神。包氏曰。孔子或出或病而不自親祭。使攝者爲之。故不致肅敬於心。與不祭同。

【新】程子曰。祭。祭先祖也。祭神。祭外神也。祭先主於孝。祭神主於敬。愚謂此門人記孔子祭祀之誠意。

又記孔子之言以明之言已當祭之時或有故不得與而使他人攝之則不得致其如在之誠故雖已祭而此心缺然如未嘗祭也○范氏曰君子之祭七日戒三日齊必見所祭者誠之至也是故郊則天神格廟則人鬼享皆由己以致之也有其誠則有其神無其誠則無其神可不謹乎吾不與祭如不祭誠爲實禮爲虛也

古義祭祭先祖也祭神祭外神也朱氏曰此門人記孔子祭祀之誠意」夫子嘗言吾當祭之時或有故不得與而使他人攝之則此心缺然如未嘗祭也以與上文相類故附記之」夫子之於祭祀盡其誠如此」論曰祭祀之禮人道之本於是不盡其誠則人道缺焉其復何言夫人本於祖萬物本於天豺獺之賤皆知報本報本之心人之至情故聖人因其不得已之至情以立之宗廟具之犧牲陳之簠簋籩豆以伸其報本反始之情若於外神之祭或崇其德或報其功皆盡吾不得已之至情而已爾豈問其享與不享祭如在祭神如神在聖人事神之誠如此禮曰齊三日乃見其所爲齊者又曰

色斯舉矣鄉黨篇

祭之日入室僾然必有見乎其位周還出戶肅然必有聞乎其容聲出戶而聽愾然必有聞其嘆息之聲皆衰世失道之論而非聖人崇德之言也識者以祭義篇爲亂道之書可謂有見矣

徵祭如在古經之言也祭神如神在釋經之言也下引孔子之言以證之如色斯舉矣章也入氏後儒深泥論語爲孔子語錄殊不知一時門人以其意錄之或記孔子言行或記詩書之義故其例不同者如此也程子曰祭祭先祖也祭神祭外神也本諸孔安國然祭豈必先祖乎神豈必外神乎可謂不知而爲之解已范氏曰有其誠則有其神無其誠則無其神不曰至不至而曰有無宋儒之廢

易上繫辭

文獻通考宗廟考

鬼神尚矣。仁齋先生曰。盡吾不得已之至情而已爾。豈問其享與不享。大氐後之賢者。其所見不勝阮瞻而上之。悲哉。剖樹以求花於其中。烏能見之。謂之無花可乎哉。易曰。知鬼神之情狀。是聖人之事也。後世儒者皆理學。烏能知之。又按。不曰如親在而曰如神在。事死如事生。語其心也。禮則否。雖親亦神之。雖妻亦拜之。可以見已。後儒昧乎禮而不知此義。故文公作家禮。主事死如事生之義。可謂陋已。文獻通考載天寶詔宗廟祭引祭神如在。可見古來註家亦有不若孔安國說者矣。

王孫賈問曰與其媚於奧寧媚於竈何謂也子曰不然獲罪於天無所禱也

古 孔安國曰王孫賈衛大夫奧內也以喻近臣竈以喻執政賈執政者欲使孔子求暱之故微以世俗之言感動之也」孔安國曰天以喻君孔子拒之曰如獲罪於天無所禱於衆神

新 王孫賈衛大夫媚親順也室西南隅爲奧竈者五祀之一夏所祭也凡祭五祀皆先設主而祭於其所然後迎尸而祭於奧略如祭宗廟之儀如祀竈則設主於竈陘祭畢而更設饌於奧以迎尸也故時俗之語因以奧有常尊而非祭之主竈雖卑賤而當時用事喻自結於君不如阿附權臣也賈衛之權臣故以此諷孔子」天卽理也其尊無對非奧竈之可比也逆理則獲罪於天矣豈媚於奧竈所能禱而免乎言但當順理非特不當媚竈亦不可媚於奧也○謝氏曰聖人之言遜而不迫使王孫賈而知此意不爲無益使其不知亦非所以取禍

古義 王孫賈衛大夫朱氏曰媚親順也至西南隅爲奧竈者五祀之一夏所祭也凡祭五祀皆先設主而祭於其所然後迎尸而祭於奧畧如祭宗廟之儀如祀竈則設主於竈陘祭畢而設饌於奧以迎尸也故時俗之語因以奧有常尊而非祭之主竈雖卑賤而當時用事喻自結於君不如阿附權臣也賈衛之權臣故以此諷孔子」言天至尊矣非奧竈之可比也苟獲罪於天則媚於奧竈所能禱而免乎明非但不可阿權臣雖君亦不可阿」天之道直而已矣夫火上而水下鳥飛而魚潛草木植而華實時善者天下以爲善惡者天下以爲惡斯之謂直天地之間渾渾淪淪靡非斯道其欲以邪枉之道立於天地之間者猶投冰雪於湯火之中有遲有速必受其譴雖鬼神不能爲之福故曰獲罪於天無所禱也詩云

永言配命自求多福

徵 孔安國奧以喻近臣。竈以喻執政。天以喻君。而無五祀之說。觀於無所禱也。則朱註爲優。朱註五

福善禍淫書湯誥

祀之禮。據鄭玄月令註。又王孫賈意奧以喻君。竈以喻執政。而諷孔子。孔子直以天答之。若不知諷意者。然其言也厲。豈可謂之遜乎。王孫賈托禱祀言之。則孔子亦以禱祀答之。若不知諷意者。是所以爲孔子之言也。天道福善禍淫。故曰。獲罪於天。無所禱也。朱子乃曰。天卽理也。仁齋先生曰。天之道。直而已矣。其論非不美矣。然皆以已心言之。以知天自負。豈不倨乎。集註。凡祭五祀。皆設主而祭於其所。按鄭玄月令註。祀戶設主于戶內之西。竈在廟門外之東。中霤設主於牖下。祀門設主於門

鄭註周禮夏官大馭

左軷行在廟門外之西爲軷壤厚二寸廣五尺輪四尺祀行之禮北面設主于軷上是也其主鄭註周禮以菩芻棘柏爲之菩音員按字書菩陽宮漢書作萯陽宮萯音負之誤鄭註聘禮禮畢乘車轢之而遂行廼知其主皆權時設之祀畢弃之非若宗廟之主也

子曰周監於二代郁郁乎文哉吾從周

古 孔安國曰監視也言周文章備於二代當從之

新 監視也二代夏商也言其視二代之禮而損益之郁郁文盛貌○尹氏曰三代之禮至周大備夫子美其文而從之

大雅文王詩宜鑒于殷大學作儀鑒

【古義】監視也郁郁文盛貌言其視夏商之禮而損益之故文章燦然以致其盛也」聖人每惡奢而從儉今於周之禮則獨從其文之郁郁者何哉蓋道以得當爲貴自治之道不可不儉朝廷之禮不可不備夏商之禮質而不備周之禮文而得當此夫子所以特從周也聖人處事之權衡從而可知也

【徵】周監於二代孔安國曰監視也皇侃邢昺疏以比視迴視解之以余觀之如儀監於殷之監蓋以二代爲監戒曲爲之防故制度詳密所以文也孔子從之以備也以時也仁齋先生曰聖人每惡奢而從儉今於周之禮則獨從其文之郁郁者何哉蓋道得當爲貴自治之道不可不儉朝廷之禮不可不備夏商之禮質而不備周之禮文而得當此

麻冕見子罕

夫子所以特從周也。可謂不知而強爲之解者已。林放問禮本。何以知其爲自治之禮。周監於二代。何以知其爲朝廷之禮。本文所無。取諸臆。豈不妄乎。禮有財物奢儉。皆以用財言之。豈文質之謂乎。季子旅泰山。可謂非朝廷之禮哉。而孔子引林放。豈非惡其奢邪。夫朝廷之禮。其用財物豈不廣乎。朝廷而不貴儉。豈聖人之心哉。麻冕豈不用諸朝廷哉。且聖人之道。文也。夏以夏禮爲文。殷以殷禮爲文。周以周禮爲文。皆以其時也。當夏殷之時。豈有意於爲質乎。自後觀之。而後以周爲文耳。文即

古曰語見禮記檀弓

子思謂見中庸

中也非比並文質而取其中也且以周爲文者非就殷之質而加之以爲文也且道以當爲貴者出於何典是朱子以當然之理訓道之見也孰謂仁齋先生知道也又曰孔子於自治之道不取周禮於朝廷之禮則取之聖人處事之權衡也夫禮豈事之倫哉其人不知禮故輕視禮爾古曰先王制禮不敢不至是孔門之教也不然子思何謂憲章文武大氐後儒動輒曰萬世不易之禮斯見錮其胸中耳仁齋嘗謂宋儒先定豈非操戈入其室邪

此章之言孔子自言制作之意當其時俾孔子制

作。則從周者獨多也。亦知答顏子爲邦之問焉。

子入大廟每事問或曰孰謂鄹人之子知禮乎入大廟每事問子聞之曰是禮也

【古】包氏曰大廟周公廟孔子仕魯魯祭周公而助祭也。孔安國曰鄹孔子父叔梁紇所治邑時人多言孔子知禮或人以爲知禮者不當復問。孔安國曰雖知之當復問愼之至也

【新】大廟魯周公廟此蓋孔子始仕之時入而助祭也。鄹魯邑名孔子父叔梁紇嘗爲其邑大夫孔子自少以知禮聞故或人因此而譏之孔子言是禮者敬謹之至乃所以爲禮也〇尹氏曰禮者敬而已矣雖知亦問謹之至也其爲敬莫大於此謂之不知禮者豈足以知孔子哉

【徵義】大廟魯周公廟孔子始仕之時入而助祭也。鄹魯邑名孔子父叔梁紇嘗爲其邑大夫孔子自少以知禮聞或人因此譏之夫子言不知而問即是禮也蓋知之爲知之不知爲不知是知也之意

聖人之於禮固無所不知然但聞其名而於其器物事實則或有所未知者故始入大廟每事問耳亦謹之也或人未知道徒以講名物度數爲知禮故以此譏之夫子但曰是禮也其意以爲不知而問何禮如之夫闕疑好問者君子之心也苟以此爲心則智明識達於天下之事無所不得故曰是禮也猶曰是道也

徵子入大廟每事問古必有此禮故孔子曰是禮也孔安國曰雖知之當復問愼之至也是解禮意已朱註曰敬謹之至乃所以爲禮也是禮無之而孔子以口給禦人也烏在其爲孔子乎孔子曰是禮也豈不較然著明乎哉而猶云云者廼不信孔子之言而信或人之言也悲哉

武氏之子臧氏之子取證左傳顏氏之子易繫辭

鄹人之子。輕孔子之辭。它如武氏之子。臧氏之子。顏氏之子。皆指少年言之。

子曰射不主皮爲力不同科古之道也

【古】馬融曰射有五善焉一曰和志體和二曰和容有容儀三曰主皮能中質四曰和頌合雅頌五曰興武與舞同天子三侯以熊虎豹皮爲之言射者不但以中皮爲善亦兼取和容也」馬融曰爲力力役之事亦有上中下設三科焉故曰不同科

【新】射不主皮鄉射禮文爲力不同科孔子辨禮之意如此也皮革也布侯而棲革於其中以爲的所謂鵠也科等也古者射以觀德但主於中而不主於貫革蓋以人之力有強弱不同等也記曰武王克商散軍郊射而貫革之射息正謂此也周衰禮廢列國兵爭復尚貫革故孔子歎之◯揚氏曰中可以學而能力不可以強而至聖人言古之道所以正今之失

【古義】皮革也布侯而棲革於其中以爲的所謂鵠也科等也古者鄉黨習射之禮專主於中而不主於貫革以人之力有强弱也曰古之道也者嘆今之不然也按射不主於皮今見于儀禮鄉射禮蓋古射法之語也」射之爲藝其中可以學而能其力不可以强而至此古者之所以射不主皮也蓋世道之變治亂升降之所由而分替者不可以復興汙者不可以復隆每一變必一衰故雖服御器物民俗歌謡之小君子必察焉貫革之興其變小也然世道之不復古於是可見此夫子之所以深嘆也

【徵】射不主皮爲力不同科馬融曰射有五善焉一曰和志體和二曰和容有容儀三曰主皮能中質四曰和頌合雅頌五曰興武與舞同天子三侯以熊虎豹皮爲之言射者不但以中皮爲善亦兼取

和容也。爲力。力役之事。亦有上中下。設三科焉。故曰不同科。正義曰。二曰和容。衍和字。庶民無射禮。因田獵分禽。則有主皮者。張皮射之。無侯也。因按周禮。地官鄉大夫之職。各掌其鄉之政教禁令。正月之吉。受教法于司徒。退而頒之于其鄉吏。使各以教其所治。以攷其德行。察其道藝。以歲時登其夫家之衆寡。辨其可任者。國中自七尺以及六十。野自六尺以及六十有五。皆征之。其舍者。國中貴者賢者能者。服公事者老者疾者皆舍。以歲時入其書。三年則大比。攷其德行道藝而興賢者能者。

鄉老及鄉大夫帥其吏與其衆寡。以禮禮賓之。厥明。鄉老及鄉大夫群吏。獻賢能之書于王。王再拜受之。登于天府。內史貳之。退而以鄉射之禮五物詢衆庶。一曰和。二曰容。三曰主皮。四曰和容。五曰興舞。此謂使民興賢。出使長之。使民興能。入使治之。此馬融所本。力役與禮射相關者如此矣。又按鄉射記曰。禮射不主皮。主皮之射者。勝者又射。不勝者降。鄭玄註曰。禮射謂以禮樂射也。大射賓射燕射是矣。不主皮者。貴其容體比於禮。其節比於樂。不待中爲雋也。言不勝者降。則不復升射也。主皮者無侯張獸皮而射之。主於獲也。尚書傳曰。戰鬬不可不習。故於蒐狩以閑之也。閑之者貫之也。貫之者習之也。凡祭取餘獲陳於澤。然後鄉大夫相與射也。中者雖不中也取。不中者雖中也不取。何以然。所以貴揖讓之取也而賤勇力之取。嚮之取也於囿中。勇力之取。今之取也於澤宮。揖讓之取也。澤習禮之處。非所以行禮。其射又主中。此主皮之射與。朱子能引此而失其義。蓋疑爲力之爲力役。遂以主皮爲貫革耳。大氐後世儒者。徒識字而不知古言。爲力爲政古言也。主皮亦古言也。不知古言而欲以字解之。所以失也。古有禮射焉。有主皮之射焉。有貫革之射焉。禮射主禮樂。主皮之射主中的。貫革之射主力。凡言射者。如必也射乎類。皆禮射也。是君子之射也。主皮之射。庶民之射也。貫革之射。力士之射也。布侯而棲皮爲的。故中的爲主皮。朱子混皮革爲一。大誤矣。凡言革者。如衽金革及兵革。皆謂甲冑。故貫革者。謂其力穿甲札。豈不誤乎。又如揚氏。中可以學而能。力不可以強而至。其於後世演武之射。尚且不知之。況於上古禮射乎。可悲哉。

子貢欲去告朔之餼羊子曰賜也爾愛其羊我愛其禮

古 鄭玄曰牲生曰餼禮人君每月告朔於廟有祭謂之朝享魯自文公始不視朔子貢見其禮廢故欲去其羊」包氏曰羊存猶所以識其禮羊亡禮遂廢

新 告朔之禮古者天子常以季冬頒來歲十二月之朔于諸侯諸侯受而藏之祖廟月朔則以特羊告廟請而行之餼生牲也魯自文公始不視朔而有司猶供此羊故子貢欲去之」愛猶惜也子貢蓋惜其無實而妄費然禮雖廢羊存猶得以識之而可復焉若併去其羊則此禮遂亡矣孔子所以惜之○楊氏曰告朔諸侯所以稟命於君親禮之大者魯不視朔矣然羊存則告朔之名未泯而其實因可舉此夫子所以惜之也

古義 古者天子常以季冬頒來歲十二月之朔於諸侯諸侯受而藏之祖廟月朔則以特羊告廟請

文獻不足故也
本篇

賢者識其大者
子張篇

而行之謂之告朔之禮餼生牲也魯自文公始不視朔而有司猶供此羊故子貢以爲不行其禮徒供此羊此虛文耳故欲去之也」愛猶惜也夫子言若汝可謂愛羊今我所幸者在羊存耳禮雖廢猶得賴羊以識之若併去其羊則此禮遂亡此我所以惜之也」禮理也羊物也禮隆則物賤禮汚則物貴蓋禮隆則義爲之主用牛不可則用羊用羊不可則用豕故禮隆則物賤也禮汚則文爲之主循物則爲禮違物則非禮故禮汚則物貴也及乎其益衰也則人惟以物識禮而禮因物而存亡於是物益貴焉故存羊即所以存禮也

子貢欲去餼羊其未達於此義乎

徵 先王之禮。古未載簡。載簡自孔子始。蓋孔子有得諸遺文者。又有得諸聞見者。如文獻不足故也。賢者識其大者。不賢者識其小者。豈不然乎。去羊則禮不可得而見之。孔子所以愛也。且孔子求禮

禮記禮器曰禮也者猶體也

禮記仲尼燕居曰禮也者理也

古云書仲虺之誥

古曰已見

也艱故愛之且禮者體也道之體也禮亡則道隨亡豈不惜乎仁齋先生解曰禮理也羊物也禮隆則物賤禮汚則物貴蓋禮隆則義爲之主用牛不可則用羊用羊不可則用豕此其人尊孟子過於孔子蓋嫌此章之義似碍宣王以羊易牛之說故爲此言耳殊不知孔子惜周禮之垂亡孟子廼在禮亡之世誘宣王以仁政所主不同有何窒碍也且禮理也出戴記而理訓治其以義理解之謬矣古云以禮制心以義制事是禮與義殊也古曰先王制禮不敢不至如之何遽以義變之哉且子貢

之愛羊。豈憐其無罪就死地乎。亦惜費耳。孔子欲不廢羊。而已則欲易以豕。果何心乎。告朔之餼羊。僖三十三年左傳。餼牽竭矣。餼與牽相對。牽是牲。可牽行。則餼是已殺。哀二十四年左傳。晉師乃還。餼臧石牛。是以生牛賜之也。聘禮註及論語皆云牲生曰餼。由不與牽相對。故爲生也。告朔。周禮。大史職。頒告朔于邦國。鄭玄曰。天子頒朔于諸侯。諸侯藏之祖廟。至朔。朝于廟告而受行之。春秋文公六年。閏月不告月。猶朝于廟。左氏傳曰。閏月不告朔。非禮也。閏以正時。時以作事。事以厚生。生民之道。於是乎在矣。不告閏朔。棄時政也。何以爲民。文公十六年夏五月。公四不視朔。穀梁傳曰。天子告朔于諸侯。諸侯受乎禰廟。禮也。公四不視朔。公不臣也。以公爲厭政以甚矣。何休曰。禮。諸侯受十二月朔政于天子。藏于太祖廟。每月朔朝廟。使大夫南面奉天子命。君北面而受之。比時使有司先告朔。謹之至也。受於廟者。孝子歸美先君。不敢自專也。言朝者。緣生以事死。親在。朝朝莫夕。已死。不敢渫鬼神。故事必于朔者。感月始生而朝。僖公五年左傳曰。正月辛亥朔。日南至。公既視朔。遂登觀臺。

以望而書禮也杜註視朔親告朔也襄二十九年正月公在楚左傳曰釋不朝正于廟也玉藻曰天子聽朔於南門之外諸侯皮弁以聽朔於太廟釋例曰人君者設官分職以爲民極遠細事以全委任之責縱諸下以盡知力之用揔成敗以效能否執八柄以明誅賞故自非機事皆委任焉誠信足以相感事實盡而不擁故受位居職者思効忠善日夜自進而無顧忌也天下之細事無數一日二日萬端人君之明有所不照人君之力有所不堪則不得不借問近習有時而用之如此則六鄉六

遂之長雖躬履此事躬造此官當皆移聽於內官廻心於左右政之粃亂恒必由此聖人知其不可故簡其節敬其事因月朔朝遷坐正位會群吏而聽大政考其所行而決其煩疑非徒議將然也乃所以考已然又惡其密聽之亂公也故顯衆以斷之是以上下交泰官人以理萬民以察天下以治也文公謂閏非常月緣以闕禮傳因所闕而明言典制雖朝于廟則如勿朝故經稱猶朝于廟也經稱告月傳言告朔明告月必以朔也每月之朔必朝于廟因聽政事事敬而禮成故告以特羊合而

觀之告朔告月一也朝廟朝正一也視朔聽朔一也三者相因耳祇告朔據論語春秋則告于廟之義據穀梁則天子告于諸侯而周禮似亦同穀梁也意者天子既告于廟而以其所告于廟者頒之諸侯故曰頒告朔而穀梁字誤耳所告之廟穀梁以爲禰廟何休以爲太祖廟以理推之何休爲優也然漢儒又以司樽彝職朝享合諸祭法月祭而謂卽朝廟之事月祭唯考廟王考廟皇考廟故穀梁以爲禰廟歟其實經無明文漢儒以臆道之蓋告朔之羊因告而祭之非正祭也故朝享月祭恐

別矣。又按文公十六年公羊傳曰。公曷爲四不視朔。公有疾也。何言乎公有疾不視朔。自是公無疾不視朔也。然則曷爲不言公無疾不視朔。有疾猶可言也。無疾不可言也。解論語者。謂魯自文公不視朔。據公羊之文焉。又皇侃曰。鄭註論語云。諸侯用羊。天子用牛。

子曰事君盡禮人以爲諂也

【古】孔安國曰時事君者多無禮故以有禮者爲諂

【新】黃氏曰孔子於事君之禮非有所加也如是而後盡爾時人不能反以爲諂故孔子言之以明禮之當然也◯程子曰聖人事君盡禮當時以爲諂若他人言之必曰我事君盡禮小人以爲諂而孔

子之言止於如此聖人道大德宏此亦可見

【古義】魯之人士仰夫子之聖德久矣而夫子自以臣子之禮處之於事君之禮自莫不盡且春秋時人不知事君之禮故時人見夫子事君盡禮以爲諂也」此夫子傷當時之薄俗而歎之也人臣之於君以盡禮爲本譏夫子以爲諂者本非昏愚柔懦之人必是揚已敖物不知遜讓者之言其流必至於賊道故君子惡焉荀子之言曰道義重則輕王侯非也王侯豈可輕者耶其輕王侯者適其所以不知道義也

【徵】事君盡禮○人以爲諂也○爲魯發也○孔安國曰○時事君者多無禮○故以有禮者爲諂○此或然也○然秦以後君臣之禮與三代異焉○故後世讀春秋時之書○以爲無禮者未必皆爲無禮○且孔子未嘗事它

荀子修身篇

孟子盡心篇

國唯魯衛則爲魯發者審矣仁齋先生曰人臣之於君以盡禮爲本識夫子以爲諂者本非昏愚柔懦之人必是揚己敖物不知遜讓者之言其流必至於賊道故君子惡焉荀子之言曰道義重則輕王侯非也王侯豈可輕者邪其輕王侯者適其所以不知道義也予讀其書至此益知其操心之僻也孟子曰說大人則藐之在孟子則是之在荀子則非之果何心哉大氐山林之士召見於王侯之前廟堂之禮百官之儀皆其平生所不習見卒然遇之怯者氣奪而不能言勇者有所矜而言激是

匹它也積威之漸也入門執戟森如上殿執法威如抗聲大言則譙之濶武徐步則訶之初而傴中而僂卒而膝行不敢仰眎俯伏不敢興是世俗之禮也蓋先王之知其卒必至如此乃作人臣之禮進退有節佩玉鏘如者不欲若是其遽也拜興有度張拱翼如者不欲若是其卑也是豈翅爲美觀哉所以優人臣也夫然後君不以奴隸眎其臣而臣得盡其言此三代之禮也故先王之思淵矣哉士之見大人不能不見其巍巍然也是以制此優游不迫之禮使進退以之其心存乎禮樂而不見

其巍巍然者既以此爲禮君亦不尤其似乎慢焉
至矣哉如曲禮曰大夫見於國君國君拜其辱士
見於大夫大夫拜其辱君於士不答拜也非其臣
則答拜之大夫於其臣雖賤必答拜之國君不名
卿老世婦大夫不名世臣姪娣士不名家相長妾
故孔子見南子南子拜非以客禮也雖臣亦然又
如聘禮大夫使鄰國其君迎于門其所以異於國
君者以內外已君揖入每門每曲揖入廟門三揖
至于階三讓其所以異於國君者君一臣二已升
堂君受玉其所以異於國君者亦君一臣二已堂

不然乎。戰國之時。先王之禮廢。而君益倨。臣益卑。故孟荀之言興。究其弊。亦或有若仁齋之言者。及秦并天下。倨者益倨。卑者益卑。其所定以爲朝廷之制者。世俗之禮耳。後世不改。一沿其制。故秦漢以後。以無禮責其臣者。皆暗君也。獲無禮之譴者。多爲忠臣也。何者。喜則賞。怒則罰。賞罰之權在君。臣安得輕之。故能輕王侯藐大人者。秦漢而後。是爲君子。禮殊故也。段使後世人君視於三代人臣。則其不以爲無禮者幾希矣。仁齋不之知。而非荀子者。亦爲其不知禮故也。且下章曰。君使臣以禮。

臣事君以忠是臣之事君不患其無禮而患其不忠勢之必至也故孔子不言禮以此觀之予故知此章之言孔子爲魯發焉三家強而公室弱人皆附三家而輕公室習以爲常故以孔子爲諂者有之而孔子違俗而必盡其禮亦所以張公室抑三家也

定公問君使臣臣事君如之何孔子對曰君使臣以禮臣事君以忠

古 孔安國曰定公魯君謚時臣失禮定公患之故問之

新 定公魯君名宋二者皆理之當然各欲自盡而已〇呂氏曰使臣不患其不忠患禮之不至事君

不患其無禮患忠之不足尹氏曰君臣以義合者也故君使臣以禮則臣事君以忠

【古義】定公魯君名宋以尊臨卑易以簡故爲君之道在使臣以禮以下事上易以欺故爲臣之道在事君以忠君而無禮則失臣臣而不忠則身戮故聖人之言猶規矩繩墨乎從之則吉違之則凶所以爲天下之極也非若佛老異端之書可以高遠奇特求之而得也

【徵】君使臣以禮。則臣事君以忠。古文辭簡爾。何者。定公之問也。臣者君之所與共天職也。故君使臣以禮。臣者代君之事者也。故臣事君以忠。然施之必由君始焉。但以易簡易欺言之。補弊之言耳。

子曰關雎樂而不淫哀而不傷

【古】孔安國曰樂不至淫哀不至傷言其和也

【新】關雎周南國風詩之首篇也淫者樂之過而失其正者也傷者哀之過而害於和者也關雎之詩言后妃之德宜配君子求之未得則不能無寤寐反側之憂求而得之則宜其有琴瑟鐘鼓之樂蓋其憂雖深而不害於和其樂雖盛而不失其正故夫子稱之如此欲學者玩其辭審其音而有以識其性情之正也

【古義】關雎周南國風詩之首篇也淫者樂之過而失其正也傷者哀之過而害於和也蓋關雎之樂其聲雖樂而不至淫雖哀而不至傷使聞者自得性情之正故夫子贊之此專美關雎聲音之盛而言當與師摯之始關雎之亂章參看夫聲音之妙可以感動鬼神而況於人乎關雎之樂能合於中和之德而歸于性情之正夫子之所以取之也蓋樂者人情之所宜有而哀亦人情之所不免苟欲去人情之所宜有則至於絕物欲滅人情之所不免則至於害性但關雎之樂其音樂而不淫哀而不傷聞之者邪穢蕩滌查滓融化自得性情之正樂之至美者也然而詩言志歌永言聲依永律和

聲則詩其本也苟讀詩而善得其志則聲音自在其中矣按小序云關雎者后妃之德也本不言何王后妃蓋言后妃之德宜如此鵲巢關雎之應也其序云鵲巢者夫人之德也亦不的言何國夫人則所謂后妃亦不斥言何王后妃為是今觀小序之作其首句文辭古與實出於古人之手其為國史之作明矣其下云云者猥瑣鄙俚不足觀之且自相矛盾不可據以為信故今據小序首句為斷

徵 關雎樂而不淫哀而不傷語其聲也朱註關雎之詩言后妃之德宜配君子求之未得則不能無寤寐反側之憂求而得之則宜其有琴瑟鐘鼓之樂蓋其憂雖深而不害於和其樂雖盛而不失其正故夫子稱之如此欲學者玩其辭審其音而有以識其性情之正也是主辭義言之非矣主辭義

禮記雜記喪稱哀子
詩蓼莪篇哀哀父母
左傳襄公二十九年

言之。樂而不淫。尚可言矣。至於哀字。則如孤哀子之稱。及哀哀父母。皆施於死喪者。於關雎之詩實無其事。故朱子易以憂字。可見其謬已。樂記曰。治世之音。安以樂。亂世之音。怨以怒。亡國之音。哀以思。宮亂則荒。商亂則陂。角亂則憂。徵亂則哀。羽亂則危。其聲哀而不莊。樂而不安。絲聲哀。竹聲濫。左傳季札觀樂。爲之歌豳。曰美哉蕩乎。樂而不淫。爲之歌頌。曰哀而不愁。樂而不荒。皆以聲言之。可以見已。孔安國曰。樂不至淫。哀不至傷。言其和也。蓋言其得中和之聲也。古註之不可易如此。

哀公問社於宰我宰我對曰夏后氏以松殷人以柏周人以栗曰使民戰栗子聞之曰成事不説遂事不諫既往不咎

古 孔安國曰凡建邦立社各以其土所宜之木宰我不本其意妄爲之説因周用栗便云使民戰栗包氏曰事已成不可復解説」包氏曰事已遂不可復諫止」包氏曰事已往不可復追咎孔子非宰我故歷言此三者欲使慎其後

新 宰我孔子弟子名予三代之社不同者古者立社各樹其土之所宜木以爲主也戰栗恐懼貌宰我又言周所以用栗之意如此豈以古者戮人於社故附會其説與遂事謂事雖未成而勢不能已者孔子以宰我所對非立社之本意又啓時君殺伐之心而其言已出不可復救故歷言此以深責之欲使謹其後也○尹氏曰古者各以所宜木名其社非取義於木也宰我不知而妄對故夫子責

之

古義 宰我孔子弟子名予古者建邦立社必植樹以爲主王者受命王天下必改前代之制以新人之觀聽三木皆老蒼堅強薩地能生故三代建國自王朝至於侯國植之以爲社主至周兼寓使民畏刑之意蓋以古者戮人於社也戰栗恐懼貌宰我從解周人用栗之意如此言凡事既成矣不可復解說已遂矣不可復諫止已往矣不可復追咎孔子以宰我所對既啓時君殺伐之心而其言已出不可復救故歷言此以深責之欲使謹其後也人君之德莫大於愛民故古之君子與人君言必以愛民爲本救民爲急夫萠蘖之生灌漑培養之猶恐其或不得生剝可屈折剪伐之以殘其生乎故可啓人君殺伐之心者君子諱言之恐其傷仁義之良心也孟子曰君子遠庖廚蓋爲此也夫子之深責宰我宜矣

徵 哀公問社於宰我邢昺疏張包周本以爲哀公

傳記指公羊

問主於宰我杜元凱何休用之以解春秋皇侃疏亦曰鄭註論語爲問主今按練主用栗見於傳記則作主爲是使民戰栗敬也是宰我以意解之成事不說遂事不諫旣往不咎三句古語孔子誦之以責宰我蓋主用栗其義不傳若以意爲之解穿鑿傅會所由興也故孔子不取爾孔安國本主作社曰凡建邦立社各以其土所宜之木宰我不本其意妄爲之說因周用栗便云使民戰栗朱子曰豈以古者戮人於社故附會其說與孔子以宰我所對非立社之本意又啓時君殺伐之心故責之

仁齋曰。王者受命王天下。必改前代之制。以新人之觀聽。三木皆老蒼堅強。隨地能生。故三代建國。自王朝至于侯國。植之以爲社主。至周。兼寓使民畏刑之意。是仁齋意。謂社主之制。通於天下。故不取土宜之說。朱子求孔子所以責宰我之意不可得。則旁采戮人於社之義。是豈宰我之附會哉。夫周用栗。其義在當時。宰我既已不知。而數百載之後。孔安國言之。千有餘歲之後。朱子又言之。豈非臆斷乎。使孔子聞之。豈不以責宰我者責之邪。旁考它書。有枌榆社、櫟社。而不必皆松柏與栗。則社

枌榆社見漢書郊祀志

櫟社見莊子人
間世

主通於天下者非矣。且社豈有主哉。祀天於郊圓
丘地於方澤。名山大川與社稷。皆類焉耳。其無主
者審矣。且松柏栗之爲社。無徵也。練主用栗有徵
也。故舍彼而從是。

子曰管仲之器小哉或曰管仲儉乎曰管氏有三歸
官事不攝焉得儉然則管仲知禮乎曰邦君樹塞門
管氏亦樹塞門邦君爲兩君之好有反坫管氏亦有
反坫管氏而知禮孰不知禮

古言其器量小也。包氏曰或人見孔子小之以爲
謂之太儉。包氏曰三歸娶三姓女婦人謂嫁爲歸
攝猶兼也禮國君事大官各有人大夫兼并今管
仲家臣備職非爲儉。包氏曰或人以儉問故答以

安得儉或人聞不儉便謂爲得禮○鄭玄曰反坫反爵之坫在兩楹之間人君有別內外於門樹屏以蔽之若與鄰國爲好會其獻酢之禮更酌酌畢則各反爵於坫上今管仲皆僭爲之如是是不知禮

新 管仲齊大夫名夷吾相桓公霸諸侯器小言其不知聖賢大學之道故局量褊淺規模卑狹不能正身脩德以致主於王道」或人蓋疑器小之爲儉三歸臺名事見說苑攝兼也家臣不能具官一人常兼數事管仲不然皆言其侈」或人又疑不儉爲知禮屏謂之樹塞猶蔽也設屏於門以蔽內外也好謂好會坫在兩楹之間獻酬飲畢則反爵於其上此皆諸侯之禮而管仲僭之不知禮也○愚謂孔子譏管仲之器小其旨深矣或人不知而疑其儉故斥其奢以明其非儉或又疑其知禮故又斥其僭以明其不知禮蓋雖不復明言小器之所以然而其所以小者於此亦可見矣故程子曰奢而犯禮其器之小可知蓋器大則自知禮而無此失矣此言當深味也蘇氏曰自脩身正家以及於國則其本深其及者遠是謂大器揚雄所謂大器猶規矩準繩先自治而後治人者是也管仲三歸反

坫桓公內嬖六人而霸天下其本固已淺矣管仲死桓公薨天下不復宗齊楊氏曰夫子大管仲之功而小其器蓋非王佐之才雖能合諸侯正天下其器不足稱也道學不明而王霸之略混爲一途故聞管仲之器小則疑其爲儉以不儉告之則又疑其知禮蓋世方以詭遇爲功而不知爲之範則不悟其小宜矣

古義管仲齊大夫名夷吾相桓公霸諸侯器者所以成其用也春秋傳曰霸王之器是也器小謂管仲所執之具甚小不彌用也或人疑器小之爲儉三歸義未詳或曰臺名攝猶兼也家臣每一人必兼治數事管仲不然皆言其侈爲禮者好備物故又疑不儉之爲知禮屏謂之樹塞猶蔽也設屏於內以蔽內外也坫在兩楹之間獻酬飲畢則反爵於其上黃氏震曰反坫累土而爲之如今行在所之騏驥院牛羊司與凡管壘多於臺門內立土牆之類按汲冢周書云乃立五官咸有四阿反坫註云反坫外向室也豈兩君之好必欲容其儀備而爲此外向之室世遠不可知此皆諸侯之禮而管

氏僭之夫子所以譏其不知禮也兩說如此然近世多從黄氏之説以德行仁則王以力假仁則霸管仲相桓公霸諸侯自世俗觀之其施爲事業固爲赫赫焉然止於此耳若使管仲聞聖賢之學唐虞三代之治豈難致哉子游爲武城宰以禮樂爲治曰割雞焉用牛刀謂之物小而器大若管仲之相齊專尚霸術功利是務不能致主於王道是割牛用雞刀謂之物大而器小宜夫子譏管仲之器小也後之居宰職者不可不知所從也

徵孔子無尺土之有。亦異於湯與文武焉。使孔子見用於世邪。唯有管仲之事已。然其時距文武五百年。正天命當革之秋也。使孔子居管仲之位。則何止是哉。故孔子與其仁而小其器。蓋惜之也。亦自道也。夫孔子小之。而終不言其所以小之。可以

揚雄言見法言先知篇

說苑善說篇

見已。夫管仲以諸侯之相。施政於天下。可謂大器已。而孔子小之。或人之難其解。不亦宜乎。揚雄曰。大器猶規矩準繩。先自治而後治人。是書生常言。程朱諸家所祖述。是而爲大。咀宋儒糟魄者。皆能勝管仲而上之哉。程子曰。奢而犯禮。其器之小可知。是論經奪席者之言。可謂能言此章之義而縱橫無敵已。其不解孔子之言。亦何殊夫或人哉。仁齋曰。器小。謂管仲所執之具甚小。不濟用也。可謂不知字義已。大氐詩學不傳矣。後儒之不知微言也。三歸未詳何謂。說苑曰。桓公立仲父。致大夫曰。

左右中立馮厚齋說筭法金仁山說共見大全

晏子雜篇下

善吾者。入門而右。不善吾者。入門而左。有中門而立者。桓公問焉。對曰。管子之知。可與謀天下。其強可與取天下。君恃其信乎。內政委焉。外事斷焉。驅民而歸之。是亦可奪也。桓公曰。善。乃謂管仲。政則卒歸於子矣。政之所不及。唯子是匡。管仲故築三歸之臺。以自傷於民。是三歸之爲臺。審矣。至於所以名三歸之義者。或以左右中立。或引筭法。皆鑿矣。包咸謂娶三姓。而引婦人謂嫁爲歸。最非矣。按晏子春秋曰。晏子相景公。老辭邑。公不許曰。昔吾先君桓公。有管仲。恤勞齊國。身老。賞之以三歸。澤及子孫。今夫子亦相寡人。欲為夫子三歸。澤至子孫。豈不可哉。對曰。昔者管子事桓公。桓公義高諸侯。德備百姓。今嬰事君也。國僅齊於諸侯。怨積乎百姓。嬰之罪多矣。而君欲賞之。豈以其不肖父。其不肖子厚受賞。以傷國民。義哉。且夫德薄而祿厚。智惛而家富。是彰汙而逆教也。不可。公。不許。晏子出。異日朝。得間而入邑。致車一乘而後止。是三歸。桓公之所賜也。以澤及子孫及致車一乘觀之。豈如後世封戶之制歟。得食其入而不封戶。則不得役其民也。古者食采邑。亦得食其入。而車乘供公家之賦。其併車乘之賦。歸諸私家。賞之厚者也。其制蓋有三歸焉。而管仲以此造臺邪。然至於三歸之名。則終未可知已。反坫。鄭玄曰。反爵之坫在兩楹之間。皇侃曰。坫者築土爲之。形如土堆。又曰。兩楹者。古者屋當棟下隔之。棟後謂之室。棟前謂之堂。假三間堂。而中央之間。堂無東西壁。其柱盈盈而立。故謂柱爲楹。郊特牲曰。臺門而旅樹。反坫。繡黼丹朱中衣。大夫之僭禮也。明堂位曰。山節藻棁。復廟重檐。刮楹達鄉。反坫出尊。崇坫康圭。疏屏。天子之廟飾也。鄭玄曰。反坫。反爵之坫也。出尊。當尊南也唯兩君爲好既獻反爵於其上禮君尊于兩楹之間崇高也康讀爲亢龍之亢又爲高坫亢所受之圭奠于上焉孔頴達曰鄉飲酒是鄉大夫之禮尊於房戶間燕禮是燕己之臣子故尊於東楹之西若兩君相敵則尊於兩楹間邢疏因之然但釋鄭註在兩楹之間耳其實鄉飲酒禮燕禮皆無反坫之文士冠禮曰爵弁皮弁緇布冠各一匴執以待於西坫南大射禮曰取公之決拾於東坫上士喪禮曰牀笫夷衾饌于西坫南既夕禮曰設棜于東堂下南順齊于坫內則曰天子之閣左達五

右達五公侯伯於房中五大夫於閣三士於坫一

爾雅曰垝謂之坫郭註在堂隅坫端疏曰坫者堂角也說文曰坫屏也垝垣也汲冢周書作雒解曰五宮大廟宗宮考宮路寢明堂咸有四阿反坫孔鼂註廟四下曰阿反坫外向室也升菴外集引此作回阿而曰此外向之坫也合而觀之蓋坫在堂角其制如屏垣其上可庋物貴賤之室皆有之唯反坫爲天子廟飾已所以謂之反坫者豈其制外向有異於群下之坫歟曰邦君爲兩君之好有反坫則雖廟飾亦屏類已可移而撤之爲兩君之好

爾雅釋宮

升菴外集經說部

外集節略禮書
引之

則設之。否則撤之。若後世所傳之坫。則杔子類其物極小。豈可謂之廟飾乎。陳祥道禮書謂此反爵坫也。此庋食坫也。此堂隅坫也。者誤矣。

子語魯大師樂曰。樂其可知也。始作翕如也。從之純如也。皦如也。繹如也。以成

古 大師樂官名。五音始奏。翕如盛。從讀曰縱。言五音既發。放縱盡其聲。音純純和諧也。言其音節明也。縱之以純如皦如繹如言樂始翕如而成於三

新 語告也。大師樂官名。時音樂廢缺。故孔子教之翕合也。從放也。純和也。皦明也。繹相續不絶也。成樂之一終也。謝氏曰。五音六律不具。不足以爲樂。翕如言其合也。五音合矣。清濁高下。如五味之相濟而後和。故曰純如。合而和矣。欲其無相奪倫。故曰皦如。然豈宮自宮而商自商乎。不相反而相

連如貫珠可也故曰繹如也以成

【古義】語告也大師樂官名翕合也聚也言樂有八音初起氣聚而不舒矣從讀爲縱放也純和也言樂之既放和而不乖猶五味相濟以相和也皦明也五音六律明而不混也繹相續不絕如貫珠也成樂之一終也言樂之節奏如此故其感于人心者亦然當時音樂殘缺伶官唯知論五音六律而不知樂之節奏有自然之序而其和在於絲毫之間況於其通性情心術之微者乎夫樂之於天下猶柁之於船或左或右隨其所轉將之於卒或進或退從其指麾治亂盛衰每與聲音相通故夫子爲大師一一指點而示之也

【徵】樂其可知也樂至難知然伶人爲樂唯翕純皦繹而已故曰樂其可知也古註五音始奏翕如盛也莫以尚焉蓋凡樂之初起也貴盛不盛不繼猶

如詩之起句邪然必族放縱之然後和和則若一謂之純如謝氏曰五音六律不具不足以爲樂翕如言其合也朱註因之仁齋先生曰樂有八音初起氣聚而不舒也殊不知翕純皦繹皆語樂之物也如二家之説不善樂者亦爾且五音六律之具通樂之一終者也豈初起而皆具乎可謂不知而爲之解已皦如也古註言其音節明也莫以尚焉仁齋曰五音六律明而不混妄哉豈有五音六律並奏者乎以成古註縱之以純如皦如繹如言樂始作翕如而成於三莫以尚焉朱註成樂之一終

也非也。言始作至一終。唯此耳。本文唯言始作縱之二者。而純皦繹。節節皆爾。豈得謂若是而一成乎。

儀封人請見曰君子之至於斯也吾未嘗不得見也從者見之出曰二三子何患於喪乎天下之無道也久矣天將以夫子爲木鐸

【古】鄭玄曰儀蓋衛邑封人官名包氏曰從者弟子隨孔子行者通使得見」孔安國曰語諸弟子言何患於夫子聖德之將喪亡耶天下之無道已久矣極衰必盛」孔安國曰木鐸施政教時所振也言天將命孔子制作法度以號令於天下

【新】儀衛邑封人掌封疆之官蓋賢而隱於下位者也君子謂當時賢者至此皆得見之自言其平日

不見絕於賢者而求以自通也見之謂通使得見喪謂失位去國禮曰喪欲速貧是也木鐸金口木舌施政教時所振以警衆者也言亂極當治天必將使夫子得位設教不久失位也封人一見夫子而遽以是稱之其所得於觀感之間者深矣或曰木鐸所以狥于道路言天使夫子失位周流四方以行其教如木鐸之狥于道路也

古義儀衞邑封人掌封疆之官朱氏曰蓋賢而隱於下位者也君子謂當時賢者至此皆得見之自言其平日不見絕於賢者而求以自通也朱氏曰喪謂失位去國禮曰喪欲速貧是也木鐸金口木舌文教用之蓋施政教時所振以警衆者也言天下久亂道將自絕故天將使夫子爲木鐸詔道於萬世一時得喪豈足以爲患乎門人親愛夫子深矣故不得不以其失位爲患封人一見夫子遽以木鐸稱之其所以慰喻弟子者至矣蓋不以一時得喪爲患而以木鐸萬世爲幸其見可謂卓矣嗚呼異哉

徵 武事振金鐸。文事振木鐸。以狗道路爲義。朱註後說爲是。儀封人之言。知命之言。知孔子爲萬世師。蓋孔子取之。故錄以當得位爲解。非矣。

子謂韶盡美矣。又盡善也。謂武盡美矣。未盡善也。

古 孔安國曰。韶舜樂名。謂以聖德受禪。故盡善。孔安國曰。武。武王樂也。以征伐取天下。故未盡善。

新 韶舜樂。武武王樂。美者聲容之盛。善者美之實也。舜紹堯致治。武王伐紂救民。其功一也。故其樂皆盡美。然舜之德性之也。又以揖遜而有天下。武王之德反之也。又以征誅而得天下。故其實有不同者。○程子曰。成湯放桀。惟有慙德。武王亦然。故未盡善。堯舜湯武。其揆一也。征伐非其所欲。所遇之時然爾。

古義 韶舜樂。武武王樂。美者聲容之盛。善者美之實也。美者如鐘鼓管籥之音。干戚羽旄之容是也。

善則指其德而言所謂聞其樂而知其德是也舜以揖遜而有天下武王以征伐而得天下此韶之所以盡美盡善而武之未盡善也聖人右文而左武崇德而惡殺故其言如此蓋論其樂云然非論舜武之優劣也

徵韶盡善武未盡善孔安國以來以受禪征伐分其優劣而美善無明解朱子據邢昺以美爲聲及舞之美善爲美之實果其言之是乎武爲實不足而外飾聲容之美也且所謂美之實者將何以見之其說以揖遜放伐言之則不關樂但就舜武行事斷之也且不及夏濩而止舉韶武亦何意也且揖遜獨爲盡善則夏傳子者謂何放伐必爲未盡

善則何遺蔑也。要之後世儒者不識聖人與道。忽見孟子性之身之等言。妄生優劣。轉以解此章者已。夫善美皆謂樂。何關舜武行事哉。蓋美誠聲容之美。然亦德之美矣。微德之美。何以形諸聲容哉。和正以廣。極乎天而蟠乎地。泱泱渢渢。熙熙乎以盛。洋洋乎盈耳。是謂之美。故美者以其大者言之也。善歌善舞。善琴善笛。皆以善言之。善豈外聲容乎。一事一節之細。莫不曲當。律小大之稱。比終始之序。使親疏貴賤長幼男女之理皆形見於樂。是謂之善。故善者以其小者言之也。聖人之作樂。豈躬自作之。亦必有后夔之倫爲之輔。古今人才之盛。唯虞與周。故四代之樂。韶武獨盡美焉耳。至於武之未盡善。則有司之失傳也。不然。周工之不及后夔也。樂記曰。聲淫及商何也。對曰。非武音也。子曰。若非武音則何音也。對曰。有司失其傳也。若非有司失其傳。則武王之志荒矣。子曰。唯丘之聞諸萇弘。亦若吾子之言。是武未盡善之說也。

子曰居上不寬爲禮不敬臨喪不哀吾何以觀之哉

古註　無

新註　居上主於愛人。故以寬爲本。爲禮以敬爲本。臨喪以哀爲本。既無其本。則以何者而觀其所行之

得失
哉

古義 居上者以寬爲道而不欲好察禮以敬爲本而不在文飾喪以哀爲主而不在備物居上不寬則下無全人爲禮不敬臨喪不哀則本實既亡何所觀感邪

徵 居上不寬章朱註爲得之言本立而其所行得失可得而觀也本之不立雖有善不足觀耳觀政觀禮觀喪古有此事觀其得失善者效之不善戒之也蓋寬者謂有容也一國之君子畜一國之民天下之君子蓄天下之民唯寬也有所容焉有所容焉而後群下得措其身焉然後有所養而安焉故寬者仁之本也不曰仁者仁至矣不仁至矣苟

不仁邪。尚何須觀也。不曰慈惠者。慈惠而不寬者有之。未有寬而不慈惠者也。聖人之言。如遠而實近者。如是邪。禮以敬爲本。敬天與祖宗也。後儒或以寬假或以主一無適爲解者。皆不識古言也。不識聖人之道也。臨喪者吾臨他人之喪也。臨他人之喪必哭。故或謂哭爲臨。

論語徵集覽卷之三

論語徵集覽卷之四

魏　何晏　集解

宋　朱熹　集註

大日本　藤維楨　古義

物茂卿　徵

從四位侍從源賴寬　輯

里仁第四

子曰里仁爲美擇不處仁焉得知

【古】鄭玄曰里者仁之所居居於仁者之里是爲美〇鄭玄曰求居而不處仁者之里不得爲有知

【新】里有仁厚之俗爲美擇里而不居於是焉則失其是非之本心而不得爲知矣

我非生而知之者見述而篇先王法言已見

古義言里有仁厚之俗人猶以爲美而居之擇所以處身者而不於仁豈得爲知乎此言居之不美輒可遷徙處身一失其所則其害有不可勝言者矣然人皆知擇居而至於處身則不知辨其是非多失於不仁是不智之甚也斯之謂不知類也

徵里仁爲美古言孔子引之何者里訓居孟荀可徵焉居仁曰里仁非孔子時之言故知其爲古言也擇不處仁焉得知孔子之言也何以知之變里爲處也宋儒多謂孔子生知不假學取諸胸中以言殊不知孔子曰我非生而知之者又曰非先王法言不敢道也豈不較然著明乎哉而不與己心合則謂孔子自謙而勉人何其自信而不信聖人

孟子引此見公孫丑篇
居仁由義離婁篇
居天下之廣居滕文公篇
荀子大略篇

之言也。孟子引此章之言而曰。夫仁天之尊爵也。人之安宅也。又曰。居仁由義。又曰。居天下之廣居。數言而不已。蓋本於此。古之學問守先王之法言。至孟子雖多所發。尚有孔門之遺者若是焉。趙岐註孟子曰。里居也。可謂善解孟子者已。荀子曰。仁有里。義有門。仁非其里而虛之。非禮也。義非其門而由之。非義也。註。虛讀爲居。聲之誤也。豈不然乎。鄭玄解論語曰。居於仁者之里。是爲美。猶之可矣。求居而不處仁者之里。不得爲有知。古今言雖殊。安有謂仁者之里爲仁焉者乎。可謂謬矣。朱子里

三月不違仁雍也篇

道二孟子離婁篇

有仁厚之俗爲美。窘哉。苟能居仁。衆美皆臻。故曰里仁爲美。知其心三月不違仁。其餘則日月至焉而已矣。豈不然乎。後儒不識古文辭。就里仁上見美。殊不知要之將來也。擇不處仁。焉得知。與知者利仁。其義相發。孔子曰。道二。仁與不仁而已矣。故聖人之道。仁莫尚焉。知之而不疑。是謂知。孔門之教爲爾。凡知者必有所擇。故曰擇。非必擇居之謂也。且古人皆土著。擇居之事至少矣。且二十五家爲里。里有仁厚之俗。不近人情矣。

子曰不仁者不可以久處約不可以長處樂仁者安

仁知者利仁

古 孔安國曰久困則爲非乚孔安國曰必驕佚乚包氏曰唯性仁者自然體之故謂安仁乚王肅曰知仁爲美故利而行之

新 約窮困也利猶貪也蓋深知篤好而必欲得之也不仁之人失其本心久約必濫久樂必淫惟仁者則安其仁而無適不然知者則利於仁而不易所守蓋雖深淺之不同然皆非外物所能奪矣○謝氏曰仁者心無內外遠近精粗之間非有所存而自不亡非有所理而自不亂如目視而耳聽手持而足行也知者謂之有所見則可謂之有所得則未可有所存斯不亡有所理斯不亂未能無意也安仁則一利仁則二安仁者非顏閔以上去聖人爲不遠不知此味也諸子雖有卓越之才謂之見道不惑則可然未免於利之也

古義 約困也言不仁者久困則爲非久樂則必驕乚安謂安而不遷利謂以仁爲利而行之言安仁者

與道爲一故其處約樂自不足云利仁者堅守而不失故能處約樂也不仁之人雖一旦勉强然無其德故久處約則濫久處樂則驕唯仁者之於仁猶身之安衣足之安屨須臾離焉則不能樂是之謂安知者之於仁猶病者之利藥瘦者之利車雖不能常與此相安然深知其爲美而不捨是之謂利夫飽仁義者不願膏粱之味文繡之美萬物皆備於我而富貴貧賤不能撓於其心豈能處約樂之足云哉

徵 不仁者不可以久處約不可以長處樂貧賤事每減削故曰約富貴養可佚樂故曰樂不仁者志在己之安利故久困則爲非長樂必驕佚仁者之於仁如四體之欲安佚時或離之輒復思之知者之於仁如小人之見利雖有不便勉强求之朱註

仁人心也孟子告子篇
於我如浮雲述而篇

失其本心又曰非外物所能奪以仁爲本心以富貴爲外物本於仁人心也於我如浮雲然仁人心也孟子性善之説其實謂仁根於心也於我如浮雲謂不義之富貴耳宋儒之説流於老莊學者察諸

子曰惟仁者能好人能惡人

【古】孔安國曰惟仁者能審人之所好惡

【新】惟之爲言獨也蓋無私心然後好惡當於理程子所謂得其公正是也○游氏曰好善而惡惡天下之同情然人每失其正者心有所繫而不能自克也惟仁者無私心所以能好惡也

【古義】仁者以愛爲心故好惡得當而不失善善常不及惡惡必過人之通患也故以愛人之心待人

則善者固得當而不善者亦不至過惡若以惡人之心待人則善者未必得當而不善者必至於過惡此所以惟仁者能好人惡人也論曰宋儒以仁爲理故以好惡當理解之即明鏡止水之意也蓋以無情視仁無欲解仁而不知仁之爲德雖有淺深大小之差而未有不自愛人之心而出者也故唯仁愛之人而後能好惡得當而不至於有刻薄褊私之弊書曰罪疑惟輕功疑惟重此仁者之所以能好惡人而與好惡得理者不可同日而語也

徵 仁人之於民如和風甘雨之被物物得其養而莫不生長故其好人惡人皆有益於人也好之至用之惡之至退之用之使民被其澤退之使民免其害是好惡之有益於人也是謂之能好惡人言其盡好惡之用也朱子曰當理而無私心程子曰

得其公正。仁者之好惡人。誠公正而無私。然以公正無私求之者。所以求之愈遠焉。且其公正無私。豈能盡好惡之用哉。苟不盡好惡之用。可謂不能好惡已。孔安國曰。惟仁者能審人之所好惡。古來相傳之說。不可易者若是邪。大學曰。民之所好好之。民之所惡惡之。此之謂民之父母。是也。然豈從流俗之謂哉。以安民爲心之謂也。

子曰。苟志於仁矣。無惡也。

古 孔安國曰。苟誠也。言誠能志於仁。則其餘終無惡。

新 苟誠也。志者心之所之也。其心誠在於仁。則必無爲惡之事矣。○楊氏曰。苟志於仁。未必無過舉

也然而爲惡則無矣

【古義】言心之所向纔在於仁則自無爲人所惡也仁實德也纔志於仁則寬厚慈祥與物無忤故自無爲人人之所惡也論曰宋儒之學持論過高嫌乎恤人之怨惡爲枉道故解無惡以爲無爲惡之事矣此非聖人之意蓋已有可惡之實而爲人所惡者固其道也改之可也已無可惡之實而或見惡者雖君子所不得免然聖人每教人以無怨惡于人者何哉世議甚公人心甚直苟爲容悅則人必以容悅目之苟爲面諛則人必以面諛名之欲爲人所容而反爲人所賤其唯志於仁則不求爲人容而寬裕慈惠人自不怨惡焉此聖人之所以貴無怨惡也詩曰在彼無惡在此無射庶幾夙夜以永終譽夫子又嘗答仲弓問仁曰在邦無怨在家無怨又曰年四十而見惡焉其終也已聖人之意可見矣

【徵】苟志於仁矣。無惡也。孔安國曰苟誠也。言誠能

顔淵篇仲弓問仁子曰出門如見大賓使民如承大祭己所不欲勿施於人在邦無怨在家無怨

志於仁則其餘終無惡此古來相傳之說莫尚焉朱註苟誠也其心誠在於仁則必無爲惡之事矣誠字作誠實之解非也孔曰誠能審其爲語助矣朱子尚疑其人雖志仁而未免有惡故解苟爲誠實耳然苟訓誠實它絕無之可謂鑿矣仁齋先生曰纔志於仁則寬厚慈祥與物無忤故自無爲人之所惡也其解苟字得之然其所疑亦如朱子故發惡字去聲而引孔子答仲弓在邦無怨在家無怨然孔子曰出門如見大賓使民如承大祭己所不欲勿施於人則何翅志於仁而已乎故其所疑

終亦不能釋然焉。殊不知聖人之言。主教誨英才。故曰。苟能志於仁。則雖有惡亦終歸於無惡焉。後儒但見言之當否。而不知聖人教誨之道也。大氐去惡不如求善。罰惡人不如用善人。去疾不如養元氣。天下之理一矣。故教誨之道。不欲人之務自去其惡。唯心在善。則自然無惡。況仁者衆善之長。志於仁則無惡。要之其終之辭也。古註爲得之。

子曰富與貴是人之所欲也不以其道得之不處也貧與賤是人之所惡也不以其道得之不去也君子去仁惡乎成名君子無終食之間違仁造次必於是

顛沛必於是

【古】孔安國曰不以其道得富貴則仁者不處時有否泰故君子履道而反貧賤此則不以其道得之雖是人之所惡不可違而去之」孔安國曰惡乎成名者不得成名爲君子」馬融曰造次急遽顛沛偃仆雖急遽偃仆不違仁

【新】不以其道得之謂不當得而得之然於富貴則不處於貧賤則不去君子之審富貴而安貧賤也如此」言君子所以爲君子以其仁也若貪富貴而厭貧賤則是自離其仁而無君子之實矣何所成其名乎」終食者一飯之頃造次急遽苟且之時顛沛傾覆流離之際蓋君子之不去乎仁如此不但富貴貧賤取舍之間而已也○言君子爲仁自富貴貧賤取舍之間以至於終食造次顛沛之頃無時無處而不用其力也然取舍之分明然後存養之功密存養之功密則其取舍之分益明矣

【古義】欲富貴而惡貧賤者人之情也然君子之動必以其道故苟不以其道則雖得富貴而不處得

貧賤而不去也所謂道者卽仁也故下段終言之孟子稱伊尹曰非其義也非其道也祿之以天下不顧亦此意爾君子之所以名爲君子者以其存仁也若去仁則何所成其名乎造次急遽之意顚沛傴仆之貌此申言終食之間其無違仁如此非但富貴貧賤取舍之間而已此又言仁者安仁之意或曰仁之德大矣何獨以富貴貧賤言之耶曰自古之人固有見危授命犯顏諫爭奮然不顧身者然至於富貴貧賤取舍之間則不能不殉物而動心唯君子之心常安於仁故不處於不可處之富貴而不去於不可去之貧賤此其所以首而言之也而至於終食無違造次顚沛必於是則端言仁之成德也

徵不以其道得之。不處也。朱子曰。謂不當得而得之。是唯解字義已。苟唯解字義已。則未可以爲人之師矣。仁齋先生曰。所謂道者卽仁也。不處與不

陽貨曰見孟子
滕文公

去豈容一其解乎蓋不以其道得之不處也此言得富貴之道卽仁也不以其道得之不去也此言得貧賤之道卽不仁也仁則安富尊榮不仁則反之古聖人之教皆爾陽貨曰爲富不仁爲仁不富是小人之言孟子引此可謂好辨之過也夫小人之富千金萬金非取諸人則不積諸己君子之富千乘萬乘人服人從而安富尊榮均之皆有其道矣然君子之所以名富旣不與小人同故所爲其道亦殊也不仁而得富貴是不以其道也不可以爲君子故不處仁而得貧賤是不以其道也不害

不知命堯曰篇

富而可求也述而篇

於爲君子故不去君子者有在上之德者也故君尚諸子以名之爲人君止於仁是在上之德也君子而未仁是雖有君子之名而其實未成故曰惡乎成名後世儒者惑於陽貨之言而不知聖人之心故其道二字之義終然不明矣此章之言相承之序所以不順也唯仁齋先生之解可謂不得其辭而得其心者已孔子又曰不知命無以爲君子又曰富而可求也雖執鞭之士吾亦爲之與此章之言實相發焉蓋命也者自彼而至者也非我求之者也不以其道而得富貴是求富貴者也故不

處不以其道而得貧賤是不求而自至者也故不去知命而後其心一於仁一於仁而後君子之名可成此其所以相發也馬融曰造次急遽顛沛偃仆朱子解本諸但曰顛沛傾覆流離之際此其意以沛然流水貌故取流離之義殊爲牽強蓋古言於音而不於義者多矣顛沛或顛覆之轉音豈容以字解乎造次必於是顛沛必於是卽依於仁也

子曰我未見好仁者惡不仁者好仁者無以尚之惡不仁者其爲仁矣不使不仁者加乎其身有能一日用其力於仁矣乎我未見力不足者蓋有之矣我未

之見也

古 孔安國曰難復加也孔安國曰言惡不仁者能使不仁者不加非義於己不如好仁者無以尚之爲優也孔安國曰言人無能一日用其力修仁者耳我未見欲爲仁而力不足者也孔安國曰謙不欲盡誣時人言不能爲仁故云爲能有爾我未之見也

新 夫子自言未見好仁者惡不仁者蓋好仁者眞知仁之可好故天下之物無以加之惡不仁者眞知不仁之當惡故其所以爲仁者必能絶去不仁之事而不使少有及於其身此皆成德之事故難得而見之也言好仁惡不仁者雖不可見然或有人果能一旦奮然用力於仁則我又未見其力有不足者蓋爲仁在己欲之則是而志之所至氣必至焉故仁雖難能而至之亦易也蓋疑詞有之謂有用力而力不足者蓋人之氣質不同故疑亦容或有此昏弱之甚欲進而不能者但我偶未之見耳蓋不敢終以爲易而又歎人之莫肯用力於仁也○此章言仁之成德雖難其人然學者苟能實

用其力則亦無不可至之理但用力而不至者今亦未見其人焉此夫子所以反覆而歎息之也

【古義】尚加也言好仁者天下何善加之若夫惡不仁者誠知不仁之可惡猶惡惡臭亦可以爲仁矣然不使一毫不仁之事加於其身耳與好仁者固有間矣爲仁由己而由人哉苟能一日用其力則仁斯至矣唯人不肯用其力焉耳豈有用其力而不足者哉蓋疑辭言昏弱之甚欲進而不能者或有之矣然我未見之也耳再言此以斷無有力之不足者也好仁者德之至也惡不仁者有所不爲也好仁者視人之不善猶哀憫之而欲其與入于善也惡不仁者視人之不善猶鷹隼之搏鳥雀必痛拒絶之二者甚有逕庭俱謂之成德非也或曰夫子嘗曰仁遠乎哉我欲仁斯仁至矣而此亦曰我未見者何哉夫仁者人心也何遠之有但仁以誠爲本夫子難其人者蓋以非仁之難能而誠之難致也好仁者惡不仁者其等雖異然皆發於誠心非勉強之所能及此夫子所以言未見也

【徵】我未見好仁者。惡不仁者。表記曰。無欲而好仁者無畏而惡不仁者天下一人而已矣此上等之資質其於仁也皆不假用力能爲之上章仁者安仁智者利仁成德之人也此以好惡言之乃性質之異故不同矣朱註以成德解此章非矣蓋好仁者惡不仁者皆不假用力而我未見其人用其力而力不足者我亦未見其人是孔子所以勸人用力於仁也無以尚之孔安國曰難復加也此贊其爲上等資質也皇侃疏李充曰所好唯仁無物以尚之也朱註因之此釋好仁之心皆通但孔安國得諸辭爲勝其爲仁矣言其必能爲仁也不則其

字矣字皆不順也朱註非矣不使不仁者加乎其身孔安國曰言惡不仁者能使不仁者不加非義於己莫以尚焉朱註以不仁者爲不仁之事可謂強矣能不使不仁者加非義於己此伯夷之行也其不爲不仁之人所累此乃所以用力之易故曰其爲仁矣有能一日用其力於仁矣乎我未見力不足者乎猶則也言苟能用力則人人皆可至勸辭也朱子以爲歎辭非矣蓋有之矣我未之見也孔安國曰謙不欲盡誣時人爲得之葢語其極少也聖人族人之自信不欲與人爭故其語氣如此

朱子加一偶字語勢迥別。

子曰人之過也各於其黨觀過斯知仁矣

古孔安國曰黨黨類小人不能爲君子之行非小人之過當恕而勿責之觀過使賢愚各當其所則爲仁矣

新黨類也程子曰人之過也各於其類君子常失於厚小人常失於薄君子過於愛小人過於忍尹氏曰於此觀之則人之仁不仁可知矣○吳氏曰後漢吳祐謂掾以親故受汙辱之名所謂觀過知仁是也愚按此亦但言人雖有過猶可即此而知其厚薄非謂必俟其有過而後賢否可知也

古義黨朋類也指親戚僚友而言此爲以過棄人者發凡人之於過不有無由而妄生者必因其親戚僚友而過故曰各於其黨正見其不可深咎也曰觀過知仁則亦足見其就此而猶有可稱者也孟子曰管叔兄也周公弟也周公之過不亦宜乎是其所以爲周公也蓋聖人不深責人之過者以

人有自新之途而悔過自改則亦猶夫人故也論曰人之過也不生於薄而生於厚何也薄則防患遠害爲身之計全而趨人之患緩故得無過也因薄而過者間或有之然因薄而過過者直謂之惡而不得謂之過也非聖人之至仁則孰能知過之可宥而不可深咎

徵 觀過斯知仁矣盖古語而孔子釋之也言觀群下之所過以知國君之仁也人衆人也黨鄉黨也蓋朝廷宗廟之間君子所慎鮮有過矣但其於鄉黨親戚朋友所在其過不亦宜乎國人皆如此是可以知國君仁德之化也古註憒憒非改觀作恕則不通矣朱註黨類也非古言矣尹氏曰於此觀之則人之仁不仁可知矣然孔子豈曰知不仁乎

且仁人豈必竢其有過而知之乎。且觀者猶觀政觀俗觀人之觀。皆有歷觀意。可謂不穩已。果其言之是乎。當曰見過。皆不得其解。強爲之說者。不可從矣。

子曰朝聞道夕死可矣

古 言將至死不聞世之有道

新 道者事物當然之理。苟得聞之。則生順死安無復遺恨矣。朝夕所以甚言其時之近。○程子曰言人不可以不知道。苟得聞道。雖死可也。又曰皆實理也。人知而信者爲難。死生亦大矣。非誠有所得豈以夕死爲可乎。

古義 言人之不可不聞道。其急如此。此爲託老衰或罹微恙而不肯爲學者發。夫道者人之所以

子貢曰子張篇

爲人之道也爲人而不聞之則虛生耳非與雞犬共伍則草木與同朽可不悲哉苟一旦得聞之則得所以爲人而終故君子之死曰終言其不澌滅也或曰朝聞夕死不亦太急乎曰不然也人而不聞道則雖生而無益故夫子以朝聞夕死爲可者鼎示其不可不聞道之甚也何謂太急

徵朝聞道夕死可矣道者先王之道也子貢曰文武之道未墜於地在人謂孔子之時也孔子所至訪求汲汲乎弗已恐其墜於地也夕死可矣孔子自言其求道之心若是其甚也後人不學詩不知言語之道本若是故疑其過甚古註曰將至死不聞世之有道可謂誤矣朱註以道爲事物當然之理以聞爲眞知以生順死安爲說遂流於老佛不

可從矣。按蔡邕石經。矣作也。

子曰士志於道而恥惡衣惡食者未足與議也

古註無

新心欲求道而以口體之奉不若人爲恥其識趣之卑陋甚矣何足與議於道哉○程子曰志於道而心役乎外何足與議也

古義朱氏曰心欲求道而以口體之奉不若人爲恥其識趣之卑陋甚矣何足與議於道乎衣食以取足奉口體雖惡何足恥焉士而志于道其心旣知所嚮矣而又恥惡衣惡食則其終必至於枉道殉物其不足與議道也必矣

徵士志於道。言士必志於道也。不連下句。而恥惡衣惡食者。未足與議也。內則。四十始仕。方物出謀發慮。此士之職得與議政未足與議者。不足爲士也。君子從大體小人從小體故士志於先王之道。其心在安民。細民以營生爲事。其心在溫飽。故恥惡衣惡食者無志者也。宋註議於道士安得議於道乎。程子曰。心役乎外內外之說其家言已。

子曰君子之於天下也無適也無莫也義之與比

古註無

新適專主也春秋傳曰吾誰適從是也莫不肯也比從也。謝氏曰適可也莫不可也無可無不可苟無道以主之不幾於猖狂自恣乎此老佛之學所以自謂心無所住而能應變而卒得罪於聖人也聖人之學不然於無可無不可之間有義存焉然則君子之心果有所倚乎

集疏范甯曰適莫猶厚薄也

華嚴十行品

古義 朱氏曰適專主也莫不肯也比從也言君子於天下之事無適無莫可取則取可捨則捨可去則去可就則就唯義之所在非惟我之從義義亦與我相從而不離也義者天下至密者也故精義然後能得無適無莫非無適莫而義之與從也蓋無適則莫無莫必適不能不倚一偏其無適者異端之不立一法也無莫者俗士之不知所擇也唯君子精義之至無所偏倚而後自能得無適莫爲夫子嘗曰無可無不可蓋無可無不可之間自有義存非無可無不可而又以義爲主也其謂無道以主之幾於猖狂自恣者謬矣

徵 無適也無莫也何晏曰無所貪慕也今本脫之邢昺以爲厚薄朱註適專主也春秋傳曰吾誰適從是也爲有據莫不肯也未知何據記幼讀佛經似有此字因搜諸僧得無量壽經華嚴經皆有無

所適莫之文華嚴慧苑音義引蜀志諸葛亮曰事以覆疎易奪爲益無適無莫爲平人情苦親親而疎疎故適莫之道廢也人皆樂人從已不樂已從人故易奪之義廢也漢書註曰適主也爾雅曰莫定也謂普於一切無偏主親無偏定疎澄觀疏曰無主定於親疎無量壽經慧遠義疏曰無適適之親無莫莫之疎璟興連義述文贊曰適親也莫疎也乃知適莫爲親疎者古來相傳之說而邢昺本諸祇適莫無親疎之義慧苑引漢書爾雅爲確親疎之義由比字而生比者親也故以親疎爲解者

韓說見筆解
謝說見集註
無可無不可微
子篇

乃論語之意也。故適莫一意。如無偏無黨耳。何晏
以無所貪慕解之者以此。今儒者多不讀佛經。殊
不知孔穎達作正義。而古註多不傳。佛經疏釋。多
作於六朝隋唐之世。故苑觀遠輿輩。皆睹它古註。
援以解其書耳。如慧苑音義。鑿鑿乎有據。豈後世
朱子所能及乎。韓退之謝顯道皆曰。適可也。莫不
可也。殊不知無可無不可者。孔子之事。非常人之
所能及也。此章者君子之道。泛爲凡人設訓。豈可
混乎。祗韓愈解下句曰。惟有義者與相親比。得之。
蓋言君子之於天下也。孰去孰就。惟有義者與相

天下歸仁顏淵篇 行五者於天下陽貨篇

親比焉是此章之意也大氐天下歸仁行五者於天下凡以天下言者皆主仁其所也此章乃以義言之則以語去就之道矣至思孟以道與天下之人爭而後動輒曰天下天下不復主仁後儒不知古言故於古書言天下者漫不之省也朱子於此章作一切解乃至旁與佛老爭義之有無大謬矣嗚呼君子豈無親疏此特語去就之道耳

子曰君子懷德小人懷土君子懷刑小人懷惠

古 孔安國曰懷安也孔安國曰重遷孔安國曰安於法包氏曰惠恩惠

新 懷思念也懷德謂存其固有之善懷土謂溺其所處之安懷刑謂畏法懷惠謂貪利君子小人趣

向不同公私之間而已矣○尹氏曰樂善惡不善所以爲君子苟安務得所以爲小人

古義 懷歸也土者謂身之所安也刑法也惠恩惠也此言治君子與治小人其道自不同也懷於德者不以利動惟善是親也懷於土者有恒產者有恒心也懷於刑者心樂儀刑懷於惠者惟利是親君子小人存心不同故其所以懷之者自不同也

徵 君子懷德則小人懷土。君子懷刑。則小人懷惠。自然符也。君子小人。以位言。懷者思而弗措也。如有女懷春之懷。君上懷賢。則民安其土。其心不在政刑故也。民輕去鄉者。虐政所致也。德政無它。安民而已。使民安其生。是謂安民。民思恩惠者無恩惠故也。虐政之效也。朱註懷刑爲畏法。小人之事

有女懷春見詩召南

也。孔安國懷訓安，懷刑爲安於法。學齋佔僤以爲儀刑典刑之刑，皆非矣。皆不識古文辭。四句分爲四事故也。

子曰：放於利而行，多怨。

古 孔安國曰：放，依也。每事依利而行。孔安國曰：取怨之道。

新 孔氏曰：放，依也。多怨，謂多取怨。○程子曰：欲利於己，必害於人，故多怨。

古義 孔氏曰：放，依也。依利而行，言每事必依倣於利而行之也。多怨，謂多取怨也。無怨，德也；多怨，不祥也。君子以義爲主，故雖損於人，而人不我怨；小人以利爲本，故雖無損於人，亦多取怨。中庸曰：正己而不求于人，則無怨。

徵 放於利而行，多怨。利者，非君子之所貴也。主在上之人言之。放訓依。出檀弓。梁木其壞。哲人其萎。則吾將安放。

子曰能以禮讓爲國乎何有不能以禮讓爲國如禮何

古 何有者言不難」包氏曰如禮何者言不能用禮

新 讓者禮之實也何有言不難也言有禮之實以爲國則何難之有不然則其禮文雖具亦且無如之何矣而況於爲國乎

古義 禮讓以德而言禮以制度而言何有言不難也此言以禮讓爲國則人亦化之何難爲之有若不以禮讓爲國則禮文雖具亦且無如之何況於治國乎古者專以禮爲治國之要典猶後世之用律也

【徵】不能以禮讓爲國。如禮何。朱註。況於爲國乎。非矣。禮者。先王治國之具也。言先王爲治國故設此禮。而今不能以禮讓爲國。則以先王之禮爲何所用乎。是有禮而不能用之也。

子曰不患無位患所以立不患莫己知求爲可知也

【古】包氏曰求善道而學行之則人知己

【新】所以立謂所以立乎其位者可知謂可以見知之實。程子曰君子求其在己者而已矣

【古義】朱氏曰所以立謂所以立乎其位者可知謂可以見知人之實此章亦聖人之常言學者之準則不可不聽受佩服焉

徵無說

子曰參乎吾道一以貫之曾子曰唯子出門人問曰何謂也曾子曰夫子之道忠恕而已矣

古 孔安國曰直曉不問故答曰唯

新 參乎者呼曾子之名而告之貫通也唯者應之速而無疑者也聖人之心渾然一理而泛應曲當用各不同曾子於其用處蓋已隨事精察而力行之但未知其體之一爾夫子知其眞積力久將有所得是以呼而告之曾子果能默契其指即應之速而無疑也盡己之謂忠推己之謂恕而已矣者竭盡而無餘之辭也夫子之一理渾然而泛應曲當譬則天地之至誠無息而萬物各得其所也自此之外固無餘法而亦無待於推矣曾子有見於此而難言之故借學者盡己推己之目以著明之欲人之易曉也蓋至誠無息者道之體也萬殊之所以一本也萬物各得其所者道之用也一本之所以萬殊也以此觀之一以貫之之實可見矣或曰中心爲忠如心爲恕於義亦通○程子曰以己

及物仁也推己及物恕也違道不遠是也忠恕一以貫之忠者天道恕者人道忠者無妄恕者所以行乎忠也忠者體恕者用大本達道也此與違道不遠異者動以天爾又曰維天之命於穆不已忠也乾道變化各正性命恕也又曰聖人教人各因其才吾道一以貫之唯曾子爲能達此孔子所以告之也曾子告門人曰夫子之道忠恕而已矣亦猶夫子之告曾子也中庸所謂忠恕違道不遠斯乃下學上達之義

古義吾道猶曰我之所道也一者不二之謂貫統也言道雖至廣然一而不雜則自能致天下之善而無所不統非多學而可能得也唯者應辭曾子直受之以爲己之任猶顏子曰請事此語之謂盡己之謂忠忖人之謂恕自竭盡己之心則於人無物我之隔能忖度人之心則癢疴疾痛舉切於我身矣曾子以爲忠恕足以盡夫子之道也因爲門人述夫子一以貫之之旨如此夫道一而已矣雖五常百行至爲多端然同歸而殊塗一致而百慮天下之至一可以統天下之萬善故夫子不曰心

不曰理唯曰吾道一以貫之也而忠蓋盡己則接人必實而無欺詐之念恕以忖人則待物寬宥而無刻薄之弊既忠且恕則可以至於仁矣豈復有他岐之可惑者乎哉故夫子曰吾道一以貫之而曾子特以忠恕明之其有旨哉論曰聖人之道不過彝倫綱常之間而濟人爲大故曾子以忠恕發揮夫子一以貫之之旨嗚呼傳聖人之道而告之後學其旨明且盡矣夫子嘗答樊遲問仁曰與人忠子貢問曰有一言而可以終身行之者乎夫子唯曰其恕乎孟子亦曰強恕而行求仁無近焉可見忠恕二者乃求仁之至要而聖學之所成始成終者也蓋忠恕所以一貫之也非以忠恕訓一貫也先儒以爲夫子之心一理渾然而泛應曲當惟曾子有見於此而非學者之所能與知也故借學者忠恕之目以曉一貫之旨豈然乎哉

徵參乎、吾道一以貫之。吾道者。先王之道也。先王之道。孔子所由、故曰吾道。曾子曰唯、唯。然也。如男

然非與衛靈公篇 唯唯否否史記自叙傳 正唯述而篇 宋儒謂見衛靈公集註尹氏說

唯女俞俞訓然則唯亦然子貢曰然非與如漢文唯唯否否也又難經曰然皆如今人曰是公西華曰正唯弟子不能學卽後世政爾也皆可推宋儒謂曾子深喻之曰唯子貢不能如曾子之唯乃其優劣矣殊不知記者有詳畧也果其言之是乎其它諸章諸子問政問仁類唯錄孔子之答而已迺以爲諸子皆不深喻哉可謂鑿矣大氐宋世禪學甚盛其渠魁者自聖自智稱尊王公前橫行一世儒者莫之能抗盖後世無爵而尊者莫是過也儒者心羨之而風習所漸其所見亦似之故曰性曰

心。皆彼法所尚。豁然貫通。卽彼頓悟。孔曾思孟道統相承。卽彼四七二三。遂以孔門一貫大小大事。曾子之唯。卽迦葉微笑矣。豈不兒戲乎。過此以往。天理人欲。卽眞如無明。理氣。卽空假二諦。天道人道。卽法身應身。聖賢卽如來菩薩。十二元會。卽成住壞空。持敬卽坐禪。知行卽解行。陽排而陰學之。至於其流裔。操戈自攻。要之不能出彼範圍中。悲哉。如此章一貫之旨。誠非不能大知之者所及。然游夏以上。豈不與聞。特門人所錄。偶有參與賜耳。千載之後。據遺文僅存者。而謂二子獨得聞之。又

依於仁述而篇博文約禮兩見雍也顏淵

以其有詳畧而爲二子優劣可不謂鑿乎蓋孔子之道即先王之道也先王之道先王爲安民立之故其道有仁焉者有智焉者有義焉者有勇焉者有儉焉者有恭焉者有神焉者有人焉者有似自然焉者有似僞焉者有本焉者有末焉者有近焉者有遠焉者有禮焉有樂焉有兵焉有刑焉制度云爲不可以一盡焉紛雜乎不可得而究焉故命之曰文又曰儒者之道博而寡要然要其所統會莫不歸於安民焉者故孔門教人曰依於仁曰博文約禮謂學先王之道以成德於己也學先王之

錢緡之喻見大全朱說

道非博則不足盡之故曰博文欲歸諸已則莫如以禮故曰約禮然禮亦繁矣哉故又教之以仁仁先王之一德也故謂先王之道仁盡之則不可矣然先王之道統會於安民故仁先王之大德也依於仁則先王之道可以貫之矣故不曰一而曰一以貫之辟諸錢與緡仁緡也先王之道錢也謂錢卽緡可乎是一貫之旨也宋儒亦有錢緡之喻以一理爲緡然一理貫萬理則萬理一理之分豈容言貫乎一理貫萬事則岐精粗而二之依然老佛之見已可謂不成喻矣忠恕者爲仁之方也故曾

堯舜之道云云 孟子告子篇
後儒諸說散見 集註及大全

子云爾。然忠恕豈能盡先王之道乎。由此以往。庶幾可以盡之。示之以其方也。故而已矣者。非竭盡而無餘之辭。亦如堯舜之道。孝弟而已矣。孝弟豈盡於堯舜之道乎。亦言由此則可以盡之耳。此章之義。後儒或以爲一理。或以爲一心。或以爲誠其謂之一理者。昧乎貫字也。其謂之一心者。不知先王之道也。其謂之誠者。僅謂動容周旋中禮耳。不知孔子之所爲道也。忠者。爲人謀而委曲周悉。莫不盡己之心也。恕者。己所不欲。勿施於人之謂也。皆以與人交者言之。仁之爲道。亦在與人交之間。

三忠恕朱子說見大全

而長之養之匡之成之使各遂其生者也然仁道至大非門人之所能故以忠恕示其方也如舊註天道也人道也體也用也天之忠恕也聖人之忠恕也學者之忠恕也皆堅白類耳任口而言其理則莫有不可言者然求諸古言豈若是其恣乎可謂道之賊已皇侃本貫之下有哉字

子曰君子喻於義小人喻於利

【古】孔安國曰喻猶曉也

【新】喻猶曉也義者天理之所宜利者人情之所欲○程子曰君子之於義猶小人之於利也唯其深喻是以篤好楊氏曰君子有舍生而取義者以利言之則人之所欲無甚於生所惡無甚於死孰肯

舍生而取義哉其所喻者義而已不知利之爲利故也小人反是

【古義】喻曉也猶四體不言而喻之喻言觸物隨事自能通曉也此言君子小人所好不同故心之所趨從殊君子之所好在於義故其曉於義也甚速小人之所好在於利故其曉於利也亦甚速學者以此自省則庶乎不至爲小人之歸矣

【徵】君子喻於義。小人喻於利。君子者。在上之人也。雖在下而有在上之德。亦謂之君子。小人者。細民也。雖在上而有細民之心。亦謂之小人。義者詩書所載先王之古義也。古之人據先王之古義以裁決事之宜焉。古學既亡。人妄取諸己臆。謂之義。非義之義也。後儒解義以宜。以裁決。皆其一端耳。其

書曰已見
孟子曰離婁篇
傳曰已見
義以方外易文言
大義滅親左傳隱公四年
不仕無義微子篇
易曰繫辭

源昉於誤讀孟子。以羞惡之心爲義耳。朱子曰。義者天理之所宜。以此而贊義。何不可之有。苟不本諸先王之古義。將何所取乎。禮義一類。書曰。以義制事。以禮制心。孟子曰。非禮之禮。非義之義。傳曰。詩書義之府也。可以見已。歷觀經傳。有禮之義者。此先王所以制禮之義也。有以人臣言之者。如義以方外。大義滅親。不仕無義。及出處進退之義。是也。有以利對言者。如此章是也。易曰。理財正辭。禁民爲非。曰義。蓋民以營生爲心者也。其孰不欲利焉。君子者奉天職者也。理其財。使民安其生焉。是先王之道之義也。故凡言義者。雖不與利對言。然莫不歸於安民之仁者。爲是故也。故義者士君子之所務。利者民之所務。故喩人之道。於君子則以義。於小人則以利。雖君子豈不欲利乎。雖小人豈不悅義乎。所務異也。宋儒以爲語君子小人所自喩者。乃曰惟其深喩。是以篤好。是其意謂聖人洞見其心焉。果其說之是乎。君子小人。其心判然霄壤。雖聖人終不能化小人也。於是乎惡惡之心勝而先王孔子之仁斷焉。豈不悲乎。觀書盤庚專以生生喩之。喩民之道。自古爲爾。喩君子以利。而後張儀蘇秦之術行於天下也。宋儒貴心學。動求諸己。於義利之辨。剖毫剖釐。務探心術之微。究其歸。不過於徒評論是務耳。孔子之言。豈其然乎。學者察諸。

子曰。見賢思齊焉。見不賢而內自省也。

【古】包氏曰。思與賢者等。

【新】思齊者。冀己亦有是善。內自省者。恐己亦有是惡。○胡氏曰。見人之善惡不同。而無不反諸身者。則不徒羨人而甘自棄。不徒責人而忘自責矣。

【古義】朱氏曰。思齊者。冀己亦有是善。內自省者。恐己亦有是惡。此言見人之賢不肖。皆不可不反求之於己也。人之常情。見賢則必忌憚之。見不賢則必譏笑之。非惟不知反求於己。適足以害其德也。

夫見賢而不思齊無志者也見不賢而不內省無恥者也無志無恥者所謂自暴自棄者而不可與有爲也必矣

徵無說

子曰事父母幾諫見志不從又敬不違勞而不怨

古 包氏曰幾者微也當微諫納善言於父母」包氏曰見志見父母志有不從己諫之色則又當恭敬不敢違父母意而遂己之諫

新 此章與內則之言相表裏幾微也微諫所謂父母有過下氣怡色柔聲以諫也見志不從又敬不違所謂諫若不入起敬起孝悅則復諫也勞而不怨所謂與其得罪於鄉黨州閭寧熟諫父母怒不悅而撻之流血不敢疾怨起敬起孝也

古義 幾微也幾諫謂微詞以諷也」不違者謂姑順父母之意而不遂己之諫也勞慰勞也」諫父母之

道尤忌徑直要在微婉其詞以委曲諷導之焉耳若父母有過而不諫則陷親於不義諫而忤親之意則亦爲不孝唯能敬能勞不違不怨而後爲能得事父母之道也苟如此則父母之心亦有所感而諫得行也

徵 事父母幾諫。朱子引內則。大得古學之意。

子曰父母在不遠遊遊必有方

古 鄭玄曰方猶常也

新 遠遊則去親遠而爲日久定省曠而音問踈不惟己之思親不置亦恐親之念我不忘也遊必有方如己告云之東則不敢更適西欲親必知己之所在而無憂召己則必至而無失也范氏曰子能以父母之心爲心則孝矣

古義 鄭氏曰方猶常謂可遊之方也人子遠遊則爲日久廢養多而不能使父母無倚門之憂故曰

博學無方禮記內則

家語六本篇孔子曰發言不逆可謂知言矣

不遠遊其遊每有定所而不事漫遊則無所貽憂故曰遊必有方范氏曰子能以父母之心爲心則孝矣可謂能發孝子之心也

徵 遊必有方。如博學無方之方。鄭玄曰。方猶常也。爲得之。

子曰三年無改於父之道可謂孝矣

古 鄭玄曰孝子在喪哀戚思慕無改於父之道非心所忍爲

新 胡氏曰已見首篇此蓋複出而逸其半也

古義 此章重出凡諸章重出者蓋夫子屢言而門人互錄之意味深長學者宜深玩而詳思焉

徵 三年無改於父之道。可謂孝矣。胡氏曰。複出而逸其半。非也。孔子曰。知言。又曰。非先王之法言不

主忠信兩見學而子罕
君子不重章學而篇

敢道。故孔子多誦古言。論語所載。不皆孔子之言矣。蓋父在則觀其志。父沒則觀其行。古言也。三年無改於父之道。可謂孝。亦古言也。孔子或並引。或單誦。非複出矣。所以並引者。以見學貴博也。并二言而義圓矣。門人所以又錄其單者。以見孔子用古言之方也。如主忠信。亦非複出而逸半者矣。仁齋先生以君子不重章。非一時之言。可謂善讀書。然未識孔子誦古言。悲哉。

子曰父母之年不可不知也一則以喜一則以懼

【古】孔安國曰見其壽考則喜見其衰老則懼

新知猶記憶也常知父母之年則既喜其壽又懼其衰而於愛日之誠自有不能已者

古義知猶記憶此言常記父母之年則見其壽以爲喜見其衰以爲懼喜懼交臻而愛親之心不能自已其不可不知也如此聖人之言天下之至言理到此而盡矣教到此而極矣不可以其語平易而忽諸

徵無說

子曰古者言之不出恥躬之不逮也

古包氏曰古人之言不妄出口爲身行之將不及

新言古者以見今之不然逮及也行不及言可恥之甚古者所以不出其言爲此故也○范氏曰君子之於言也不得已而後出之非言之難而行之難也人惟其不行也是以輕言之言之如其所行行之如其所言則出諸其口必不易矣

【古義】逮及也。朱氏曰。言古者以見今之不然。此言出言之易而躬履之難也。夫言而不稱。可恥之甚也。古人尚實而不貴華。故恥之如此。

徵無說

子曰以約失之者鮮矣

【古】孔安國曰。俱不得中。奢則驕佚招禍。儉約則無憂患。

【新】謝氏曰。不侈然以自放之謂約。尹氏曰。凡事約則鮮失。非止謂儉約也。

【古義】約者檢束之謂。言修身處事皆當檢束也。聖人之言猶蓍龜神明。必應必驗。此言至淺。然從此則得。違此則失。必然之理也。不可不篤信而深守之。

【徵】以約失之者鮮矣。此生於憂患而死於安樂之意。古單言約者。困約與約束乎。孔安國朱子胥失之

生於憂患而死於安樂孟子告子篇

子曰君子欲訥於言而敏於行

古 包氏曰訥遲鈍也言欲遲而行欲疾

新 謝氏曰放言易故欲訥力行難故欲敏○胡氏曰自吾道一貫至此十章疑皆曾子門人所記也

古義 包氏曰訥遲鈍也此夫子言君子之心以勉學者也胡氏曰敏訥雖若出於天資然可習也言煩以訥矯之行緩以敏勵之由我而己自不能變其氣質奚貴於學哉

徵 無說

子曰德不孤必有鄰

古 方以類聚同志相求故必有鄰是以不孤

新 鄰猶親也德不孤立必以類應故有德者必有其類從之如居之有鄰也

古義 朱氏曰鄰猶親也德不孤立必以類應故有德者必有其類從之如居之有鄰也人不知而不

臣哉鄰哉書益稷

易曰文言

詩云大雅烝民

慍君子之心也然德不孤必有鄰必然之理也故夫子言德之既成必無孤立之理以定學者之志亦祿在其中之意學者惟當患德之不成而無以饑渴爲心害也

【徵】德不孤必有鄰。鄰如臣哉鄰哉之鄰。謂必有助也。易曰。敬義立而德不孤。亦謂多助者也。詩云。民之秉彝。好是懿德。是德之所以多助也。夫德而莫有助焉者。則湯與文王。豈七十里若百里而興乎哉。古註。引方以類聚。同志相求。可謂謬矣。仁齋先生引祿在其中矣。可謂鄙矣。

子游曰事君數斯辱矣朋友數斯疏矣

【古】數謂速數之數

新程子曰數煩數也胡氏曰事君諫不行則當去導友善不納則當止至於煩瀆則言者輕聽者厭矣是以求榮而反辱求親而反疏也范氏曰君臣朋友皆以義合故其事同也

古義數煩數也。此言事君交友皆當以禮進也若褻狎戲弄屢相往來至於煩數焉則爲臣取辱爲友見疏當自戒也故事君者非堯舜之道不敢以陳則不辱矣與朋友交以文會友以友輔仁則不疏矣

徵事君數。數必古言。謂屢諫也。朱註爲得之。蓋人不可以言喻也。貴自得之也。如憤悱啟發可以見已。自孟子以言語强聒。而後斯義遂泯矣。仁齋先生據古註爲煩數之義。曰褻狎戲弄。屢相往來。至於煩數焉。臣之於君。有職守在。豈可以屢相往來

百工居肆子張篇

言之哉。士之居學。比諸百工居肆。則朋友同筆硯者尚矣。何翅屢相往來已乎哉。其失亦坐不識古言。而徒以字義解已。

論語徵集覽卷之四終

論語徵集覽卷之五

魏　何晏　集解

宋　朱熹　集註

大日本　藤維楨　古義

物茂卿　徵

從四位侍從源賴寬　輯

公冶長第五

新此篇皆論古今人物賢否得失蓋格物窮理之一端也凡二十七章胡氏以爲疑多子貢之徒所記云

子謂公冶長可妻也雖在縲絏之中非其罪也以其

子妻之子謂南容邦有道不廢邦無道免於刑戮以其兄之子妻之

古孔安國曰治長弟子魯人也姓公冶名長縲黑索絏攣也所以拘罪人」王肅曰南容弟子南宮縚魯人也字子容不廢言見用

新公冶長孔子弟子妻爲之妻也縲黑索也絏攣也古者獄中以黑索拘攣罪人長之爲人無所考而夫子稱其可妻其必有以取之矣又言其人雖嘗陷於縲絏之中而非其罪則固無害於可妻也夫有罪無罪在我而已豈以自外至者爲榮辱哉」南容孔子弟子居南宮名縚又名适字子容謚敬叔孟懿子之兄也不廢言必見用也以其謹於言行故能見用於治朝免禍於亂世也事又見第十一篇◯或曰公冶長之賢不及南容故聖人以其子妻長而以兄子妻容蓋厚於兄而薄於己也程子曰此以己之私心窺聖人也凡人避嫌者皆内不足也聖人自至公何避嫌之有況嫁女必量其

才而求配尤不當有所避也若孔子之事則其年之長幼時之先後皆不可知唯以爲避嫌則大不可避嫌之事賢者且不爲况聖人乎

古義 公冶長孔子弟子縲黑索絏攣也古者獄中以黑索拘攣罪人長蓋以枉濫被繫故云然「南容孔子弟子居南宮名縚又名适字子容言有此德故必見用於治朝謹其言故又能免禍於亂世也」夫嫁女擇壻必求其良者天下之同情也若長之陷於縲絏人之所辱然以非其罪而妻之至於南容又以其可免於亂世而妻之正見夫子之取人惟是之從不拘于一也蓋編論語者併錄二子之事以明聖人之權度變化無方學者之所當盡心也

徵 聖人視其兄之子猶己之子也公冶長南容相等也雖在縲絏之中非其罪也雖未免於刑戮猶免也聖人之愛其子至矣然其擇壻止於是耳豈

曾子曰見泰伯篇

徽言徐儆絃曰一在縲絏之中一免於刑戮於此可識二子之高下

以爲奇貨可居而藉以爲榮乎。後人以爲有優劣者非也。南容數見於論語。而公冶長不復見焉。千載之下。豈容以此知其優劣乎。按曾子曰。啓予足。啓予手。吾知免夫小子。左傳多以全首領獲終於牖下爲願。中庸贊孔子。引旣明且哲。以保其身。此皆古之法言。蓋古之代。王世嗣。諸侯世嗣。士大夫之子爲士大夫。農工賈之子爲農工賈。貴賤分定也。故人皆以免於刑戮全其首領爲至焉。秦漢以後。始囂然人皆願爲三公。王澤斬故也。故後儒於聖人擇壻意。率多鑿耳。或謂南容免於刑戮。與公冶長非其罪也適相當而多不廢一言則優於長也殊不知南容爲三家之族三家者値有道則必廢而此不廢故多不廢一言者以其爲三家之族耳長有縲紲之事故夫子斷非其罪也業非顯者何必論其不廢哉且託女子於人以終其身其人能免刑戮則父母之願足矣雖聖人亦爾聖人所以異於常人者無奇貨可居藉以爲榮之心爾無臧無否婦人之德故程子所謂量才求配亦非古義也學者察諸程子又曰避嫌之事賢者且不爲況聖人乎此事誠然雖然聖人之道豈絶無避嫌

傳云禮記曲禮
又云坊記
柳下惠嫗女子
見毛萇詩傳及
家語

之事乎。傳云。夫禮者。所以定親疏決嫌疑別同異
明是非也。又云。夫禮者。所以章疑別微以爲民坊
者也。自陋儒傳柳下惠嫗女子之事。而唯問其心。
不問其禮。以此爲高者衆矣。則或將藉口程子也。
故詳之爾。南容。家語南宮縚字子容。王肅從之。世
本亦同。史記名括。左傳名說。鄭玄作閱。未知孰是。
皇侃疏。范甯曰。公冶長名芝。字子長。

子謂子賤。君子哉若人。魯無君子者。斯焉取斯。

古 孔安國曰。子賤。魯人。弟子宓不齊。包氏曰。若人
者若此人也。如魯無君子。子賤安得此行而學行
之

【新】子賤孔子弟子姓宓名不齊上斯斯此人下斯斯此德子賤蓋能尊賢取友以成其德者故夫子既歎其賢而又言若魯無君子則此人何所取以成此德乎因以見魯之多賢也○蘇氏曰稱人之善必本其父兄師友厚之至也

【古義】子賤孔子弟子姓宓名不齊若人猶言若此人也言有君子之德哉若此人也若魯無君子者斯人安得取斯德而成之哉美子賤能尊賢取友以成其德也」此贊賢師友薰陶之益甚大也夫子之取人每不稱其質美而深稱其好學若言顏子是也今於子賤先美其德而後專歸之於師友薰陶之功蓋生質之美有限而學問之功無窮苟資之於師輔之於友以取其善則何學不可至何德不可成哉後世無實好學者故恥下問遠善友學問之功終不能以勝其氣質之偏猶以一杯水救一車薪之火也而曰學之無益不亦誤哉吁

【徵】魯無君子者。斯焉取斯。仁齋先生曰。贊賢師友

說苑政理篇

舜之無爲衛靈公篇

舜之大智中庸

薰陶之益甚大也。勝朱註甚。說苑曰。宓子賤治單父。彈琴身不下堂。單父治。巫馬期亦治單父。以星出。以星入。日夜不處。以身親之。而單父亦治。巫馬期問其故。宓子曰。我之謂任人。子之謂任力。任力者勞。任人者佚。是子賤之於學於政。皆以能取諸人聞也。舜之無爲。任人也。舜之大智。好問好察邇言也。孔子謂其君子哉。以此。

子貢問曰。賜也何如。子曰。女器也。曰。何器也。曰。瑚璉也。

古 孔安國曰。言女器用之人。包氏曰。瑚璉黍稷之器。夏曰瑚。殷曰璉。周曰簠簋。宗廟之器貴者

【新】器者有用之成材夏曰瑚商曰璉周曰簠簋皆宗廟盛黍稷之器而飾以玉器之貴重而華美者也子貢見孔子以君子許子賤故以己爲問而孔子告之以此然則子貢雖未至於不器其亦器之貴者

歟

【古義】器者必備而不可闕之謂言子貢之材天下不可無也瑚璉宗廟盛黍稷之器夏曰瑚商曰璉周曰簠簋蓋器之貴重而非常用者言子貢之材之美可貴而不可常用也朱氏曰子貢見孔子以君子許子賤故以己爲問而孔子告之以此○瑚璉簠簋器之貴重而不可常用者也耒耜陶冶雖非貴重之器而常用不可闕者也夫子以子貢之材不比之於彼而比之於此其戒之深矣蓋耒耜陶冶之爲器戶戶皆有人雖不知貴重之而民生常用不可闕焉若聖人之德是也叔孫武叔曰子貢賢於仲尼子禽謂子貢曰仲尼豈賢於子乎豈非知尚瑚璉之華而不知耒耜陶冶之爲民生常用不可闕之器耶蓋賢人之材可見而聖人之德不可知也

欒肇晋人作論語駁三卷論語釋疑十卷

許行見孟子滕文公篇

樊遲請學農圃子路篇

徵 明堂位云。有虞氏之兩敦。夏后氏之四璉。殷之六瑚。周之八簋。註云。皆黍稷器。包咸鄭玄之解論語。賈逵服虔杜預之解左傳。皆云夏曰瑚。欒肇以爲未詳。然明堂位古矣。朱註云。宗廟盛黍稷之器而飾以玉。器之貴重而華美者。仁齋先生曰。器之貴重而非常用者。因謂孔子不比諸耒耜陶冶常用者。以戒子貢深也。夫天下不可無民。猶如耒耜陶冶常用不可一日闕也。孔子而以陶冶耒耜爲尚。則許行豈非乎哉。樊遲之請學農圃。孔子何謂之小人哉。仁齋務欲出奇。而不知其畔道遠矣。古

周禮司徒職以鄉三物教萬民而賓興之一曰六德知仁聖義忠和

者成德六焉。聖居其一。太宗伯之器也。瑚璉其是之謂邪。

或曰雍也仁而不佞子曰焉用佞禦人以口給屢憎於人不知其仁焉用佞

古 馬融曰雍弟子仲弓名姓冉。孔安國曰屢數也佞人口辭捷給數爲人所憎惡

新 雍孔子弟子姓冉字仲弓佞口才也仲弓爲人重厚簡默而時人以佞爲賢故美其優於德而病其短於才也禦當也猶應答也給辨也憎惡也言何用佞乎佞人所以應答人者但以口取辨而無情實徒多爲人所憎惡爾我雖未知仲弓之仁然其不佞乃所以爲賢不足以爲病也再言焉用佞所以深曉之◯或疑仲弓之賢而夫子不許其仁何也曰仁道至大非全體而不息者不足以當之如顔子亞聖猶不能無違於三月之後况仲弓雖賢未及顔子聖人固不得而輕許之也

巧言學而篇
剛毅子路篇

古義 雍孔子弟子姓冉字仲弓佞口才也時俗以佞爲賢故美仲弓優於德而病短於才也」禦猶抵當給辨也言佞人所以抵當於人者但隨口取辨而爲人所憎惡爾我雖未知仲弓之仁然其不佞乃非所以病仲弓也」愛人者人亦愛之仁之所以爲美德也若屢憎於人正見佞之爲凶德也夫子戒之宜矣當時實德日病讒風日盛人徒知重佞而不知重仁故夫子言此以深明不可用佞之意或曰仲弓之賢亞於顔子而夫子不許其仁者何哉曰仁實德也慈愛之德充實於中而無一毫殘忍刻薄之心其利澤恩惠遠被于天下後世而後謂之仁所以雖仲弓之賢夫子猶不與之也

徵 仲弓爲人。蓋慈惠而短於言。故時人仁之。朱子曰重厚簡默。此自其所見耳。豈然乎。夫以慈惠爲仁。世人所皆知。攷諸它書可見也。時人貴佞。每欲仁之兼佞。以爲全材。觀於巧言令色鮮矣仁。剛毅

孔子曰顏淵篇

又曰雍也篇

木訥近於仁。仁佞每並舉。可以見已。蓋能言者不能爲。能爲者不能言。自然之符也。故孔子曰。爲之難。言之得無訒乎。故孔子喜仲弓之不佞已。它日又曰。雍也可使南面。謂其仁也。是其進德非曩者之仲弓矣。朱子曰。仁道至大。非全體而不息者。不足以當之。是自理學之見耳。凡其德可以安民者。皆謂之仁。但孔子主學。學也者學先王之道也。故可以安天下之民者而後許其仁。是仁所以難其人也。

子使漆雕開仕對曰吾斯之未能信子說

【古】孔安國曰開弟子漆雕姓開名仕進之道未能信者未能究習」鄭玄曰善其志道深

【新】漆雕開孔子弟子字子若斯指此理而言信謂眞知其如此而無毫髮之疑也開自言未能如此未可以治人故夫子説其篤志〇程子曰漆雕開已見大意故夫子説之又曰古人見道分明故其言如此謝氏曰開之學無可考然聖人使之仕必其材可以仕矣至於心術之微則一毫不自得不害其爲未信此聖人所不能知而開自知之其材可以仕而其器不安於小成佗日所就其可量乎夫子所以説之也

【古義】漆雕開孔子弟子字子若開言吾於斯仕進之道未能無疑蓋欲學成而後仕其心未以自足也故夫子善其篤志而悅之」學者之於仕進雖其材未充然親戚責之朋友推之則未必不出仕況如開之學聖人使之仕則其材必可用而猶未肯之則其不自爲足而所以求之者可謂至深矣此雖賢哲之細事實學者之所難故聖人深悅之也

三子言志先進篇

【徵】吾斯之未能信。古註。仕進之道未能信者。未能究習。豈有所謂仕進之道乎。朱註。斯指此理而言。理學家之言也。孔子時豈有之乎。蓋吾學之可以從政。吾自信之。而後可以仕。開未自信。故云爾。孔子之勸仕。以其材可以從政也。孔子之悅之。以其志大而不欲小試也。朱註。聖人所不能知而開自知之。豈其然乎。聖人之所知者。其材也。所不能知者。其志也。如三子言志。或以兵賦。或以足民。或以賓客之禮。則志如其材。至於曾點。亦其志不欲小試也。後世變化氣質之說興。而聖人官人各其材之義泯焉。故於此章之旨。漫然不會其意耳。

子曰道不行乘桴浮于海從我者其由與子路聞之喜子曰由也好勇過我無所取材

【古】馬融曰桴編竹木大者曰栰小者曰桴」孔安國曰喜與己俱行」鄭玄曰子路信夫子欲行故言好勇過我無所取材者無所取於桴材以子路不解微言故戲之耳一曰子路聞孔子欲浮海便喜不復顧望故孔子歎其勇曰過我無所取哉言唯取於己古字材哉同

【新】桴筏也程子曰浮海之歎傷天下之無賢君也子路勇於義故謂其能從己皆假設之言耳子路以爲實然而喜夫子之與己故夫子美其勇而譏其不能裁度事理以適於義也

【古義】桴筏也」子路欲從夫子而行故言好勇過我也鄭氏曰無所取材言無所取於桴材也蓋子路有濟物之志而無濟物之材故戲之耳猶戲子游割雞焉用牛刀之意」此與欲居九夷章同意蓋夫

子之素志也當時君昏臣驕天下無所之往故欲乘桴浮海化島夷之民以為禮義之俗聖人以四海為一家之心於此可見矣子路好勇故欲從夫子而行無所顧慮夫子因戲之曰好勇過我無所取材蓋有具於己而後可以濟人子路之德未及于此則雖欲乘桴浮于海徒爾無益故美其好勇而進其所未及也

徵道不行乘桴浮于海從我者其由與此孔子之微言也易曰利涉大川謂涉艱難也而海之難涉非復大川之比蓋孔子所言其事之至難廼非獨力所能濟而所可與共者又難其人唯子路好勇故假設云爾非實許子路也子路不解假設之意喜其言與己共行故孔子又曰由也好勇過我是

廼無可慮者○祇恐其無所取桴材欲從而卒不能從耳○蓋言與大事涉艱難○非勇之所獨能○亦必有其具廼可爲也○無經濟之材則不能也○朱子材訓裁其不解微言○亦猶子路歟○宜其無所解於詩也○

且取字不明○謬矣○何註一說財哉同○恐非○

孟武伯問子路仁乎子曰不知也又問子曰由也千乘之國可使治其賦也不知其仁也求也何如子曰求也千室之邑百乘之家可使爲之宰也不知其仁也赤也何如子曰赤也束帶立於朝可使與賓客言也不知其仁也

【古】孔安國曰仁道至大不可全名也」孔安國曰賦兵賦」孔安國曰千室之邑卿大夫之邑卿大夫稱家諸侯千乘大夫百乘宰家臣」馬融曰赤弟子公西華有容儀可使爲行人

【新】子路之於仁蓋日月至焉者或在或亡不能必其有無故以不知告之」賦兵也古者以田賦出兵故謂兵爲賦春秋傳所謂悉索敝賦是也言子路之才可見者如此仁則不能知也」千室大邑百乘卿大夫之家宰邑長家臣之通號」赤孔子弟子姓公西字子華

【古義】仁實德也故雖子路之才猶難必其有所以夫子以不知告之」朱氏曰賦兵也古者以田賦出兵故謂兵爲賦言子路之才可見者如此仁則不可知也」千室大邑百乘卿大夫之家宰邑長家臣之通號」赤孔子弟子姓公西字子華」三子之材自他人觀之皆足以稱仁者然夫子不許之者蓋學有實材有實德孔門固貴乎實材而至於實德尤難其人故夫子於三子皆許其材之可用而一無以仁許之者若管仲雖非有實德者而素有濟天下之志又能成濟天下之功故夫子亦稱其仁至

於三子則未可預期其功又不見其慈愛之德全有於己故皆以不知答之」論曰世之務詞章記誦者多驁於空文而不知成德達材夫有實德而後實材可得而施有實材而後詞章記誦亦得爲吾之資若夫既無實德之可觀亦無實材之可取則雖議論可聞文章可觀皆無益之瑣事焉耳三子之爲人雖未可知其仁而其所自期者既如此夫子之所許者亦如此則雖未至有實德而亦可謂有實材者矣古人之學隨而可知矣

徵 千乘之國。可使治其賦也。千室之邑。百乘之家可使爲之宰也。束帶立於朝。可使與賓客言也。此孔子許三子者。與三子自言其志同也。非唯聖人能知人。而三子亦自知也。

子謂子貢曰女與回也孰愈對曰賜也何敢望回回

也聞一以知十賜也聞一以知二子曰弗如也吾與女弗如也

【古】孔安國曰愈猶勝也」包氏曰既然子貢不如復云吾與女俱不如者蓋欲以慰子貢也

【新】愈勝也」一數之始十數之終二者一之對也顏氏明睿所照即始而見終子貢推測而知因此而識彼無所不悅告往知來是其驗矣」與許也○胡氏曰子貢方人夫子既語以不暇又問其與回孰愈以觀其自知之如何聞一如十上知之資生知之亞也聞一知二中人以上之資學而知之之才也子貢平日以已方回見其不可企及故喻之如此夫子以其自知之明而又不難於自屈故既然之又重許之此其所以終聞性與天道不特聞一知二而已也

【古義】愈勝也子貢方人夫子問其與回孰愈以觀其自知如何」聞一知十謂聞一事而知十事蓋推類之所極而言也聞一知二謂因此而知彼胡氏曰聞一知十上知之資生知之亞也聞一知二中

家語在厄篇曰使爾多財吾爲爾宰

人以上之資學而知之之才也」與許也言女固弗如回然吾又與女所謂弗如之言蓋有合於夫子謙己服人之心故既然之又重許之也」此見服人之善之難也蓋知人之善固難而服人之善最難既知人之善而又不難於自屈天下之至難也子貢於是知其進德之深也人惟以穎悟觀子貢者未也

【徵】吾與女弗如也。中間不句斷。孔子自言己亦不如也。亦願爲其宰。意聖人好賢之誠也。亦喜子貢自知之明。且先王之道。散在天下。孔子無常師。訪求四方。廼集於我。可謂艱矣。而顏子得之於孔子。不須搜求。其聰明又如此。過此以往。殆不可測矣。故孔子自言不如者。要之將來也。古註慰子貢。非

皇疏秦道賓曰爾雅云與許也仲尼許子貢之不如也

是。朱註與訓許。女下句斷。本諸秦道賓。不知聖人之心也。且昧乎文辭也。

宰予晝寢子曰朽木不可雕也糞土之牆不可杇也於予與何誅子曰始吾於人也聽其言而信其行今吾於人也聽其言而觀其行於予與改是

【古】孔安國曰宰予弟子宰我」包氏曰朽腐也雕雕琢刻画」王肅曰杇鏝也此二者以喻雖施功猶不成」孔安國曰誅責也今我當何責於汝乎深責之」孔安國曰改是聽言信行更察言觀行發於宰我之晝寢

【新】晝寢謂當晝而寢朽腐也雕刻画也杇鏝也言其志氣昏惰敎無所施也與語辭誅責也言不足責乃所以深責之」宰予能言而行不逮故孔子自言於予之事而改此失亦以重警之也胡氏曰子

曰疑行文不然則非一日之言也○范氏曰君子
之於學惟日孜孜斃而後已惟恐其不及也宰予
晝寢自棄孰甚焉故夫子責之胡氏曰宰予不能
以志帥氣居然而倦是宴安之氣勝儆戒之志惰
也古之聖賢未嘗不以懈惰荒寧爲懼勤勵不息
自強此孔子所以深責宰予也聽言觀行聖人不
待是而後能亦非緣此而盡疑學者特因此
立教以警羣弟子使謹於言而敏於行耳
【古義】晝寢謂當晝而寢」朽腐也雕刻画也杇鏝也
言其志氣昏惰教無所施與語辭誅責也言不足
責乃是深責之也」宰予能言而行不逮故夫子自
言於予之事而改前之失乃所以重警之也胡氏
曰子曰疑衍文不然則非一日之言也」范氏曰君
子之於學惟日孜孜斃而後已惟恐其不及也宰
我晝寢自棄孰甚焉故夫子責之○聽言信行待
人之誠自當如此聽言觀行觀人之法亦當如此
二者並行而不相害初非聽其言而全信其行也
亦非緣此而盡疑學者也蓋聖人之心猶造化之
妙隨物賦形或培或覆各因其材其言
於予改是者適因宰我之事而發耳

公羊傳僖二年曰獻公朝諸大夫而問焉曰寡人夜者寢而不寐其意也何晉語曰獻公田見翟祖之氛歸寢不寐

檀弓語家語曲禮篇作康子晝居內寢孔子云云可備一證

左傳宣二年

徵 宰予晝寢古來以為晝寐非也古有寢不寐之文寢謂夜臥也然寢非臥也諸侯有正寢燕寢士唯有寢今之內堂也夜則臥于此故謂夜臥為寢也宰予晝寢晝處于寢也晝處于寢蓋有不可言者焉故孔子深責之檀弓曰夫晝居於內問其疾可也夜居於外弔之可也是故君子非有大故不宿於外非致齋也非疾也不晝夜居於內左傳載趙宣子驟諫靈公患之使鉏麑賊之晨往寢門闢矣盛服將朝尚早坐而假寐麑退歎而言曰不忘恭敬民之主也是晝寐豈可深責之乎後世儒者

聚童子講習。督其勤惰。妄意以謂孔子之責宰我。亦猶我也。故爲此解耳。皇侃本。朽作圬。王肅曰。朽鏝也。皇本亦作圬墁也。侃釋之曰。圬墁之使之平泥也。

子曰吾未見剛者或對曰申棖子曰棖也慾焉得剛

古　包氏曰申棖魯人」孔安國曰慾多情慾

新　剛堅强不屈之意最人所難能者故夫子歎其未見申棖弟子姓名慾多嗜慾也多嗜慾則不得爲剛矣○程子曰人有慾則無剛剛則不屈於慾謝氏曰剛與慾正相反能勝物之謂剛故常伸於萬物之上爲物揜之謂慾故常屈於萬物之下自古有志者少無志者多宜夫子之未見也棖之慾不可知其爲人得非悻悻自好者乎故或者疑以爲剛然不知此其所以爲慾爾

書皋陶謨

六言六蔽陽貨篇

古義剛堅強不屈之意申棖弟子姓名」孔氏曰慾多情欲蓋夫子發其隱微而明振之不可得剛之由」人多情慾則於一切世味眷戀不忘而於義所當爲逡巡畏縮欲進不能此慾之所以不得爲剛也孟子曰行有不慊于心則餒蓋多情慾則不慊于心不慊于心則不能剛其勢然也然世俗類以廉介狷直僅得其一端者爲剛而負氣好勝悻悻自好者亦以剛自居殊不知寬裕溫柔以道義自勝者而後可以爲眞剛者也

徵剛者邢昺曰謂質直而理者朱子曰剛堅強不屈之意仁齋先生曰寬裕溫柔以道義自勝者而後可以爲眞剛者也按書九德寬而栗柔而立愿而恭亂而敬擾而毅直而溫簡而廉剛而塞強而義是直剛強各殊也又孔子語子路六言六蔽曰

The header at top right "論語徵集覽" and page number "三六六" at bottom right.

好仁不好學其蔽也愚好知不好學其蔽也蕩好

信不好學其蔽也賊好直不好學其蔽也絞好勇

不好學其蔽也亂好剛不好學其蔽也狂是直勇

剛各殊也中庸北方之強南方之強謂勇則強卽

勇也邢昺以直解剛朱子以強解剛皆非矣仁齋

先生誤援中庸南方之強者亦沿朱子之誤耳大

氏勇與怯對以心不懼言強與弱對以力不屈撓

言故強勇一類故非寬裕溫柔以道義自勝者不

足爲強勇之至也剛與柔對以其質果烈言旣曰

溫柔烏得以爲剛乎辟諸物金剛木柔而木有強

有弱。火剛水柔。水似弱實強。然不得以水爲剛矣。是字義各有攸當也。至於直。則以不曲言。烏得混乎。孔安國曰。慾多情慾。易所謂懲忿窒慾。亦謂慾與色也。蓋剛之爲德。果烈。物莫能干之。至於惑色。則有時乎失其剛果。故曰焉得剛。朱註。慾。多嗜慾也。又曰。能勝物之謂剛。故常伸於萬物之上。是其天理人欲之説。果其説之是乎。則非聖人未足以爲剛也。然未聞以聖人爲剛者矣。大氐理學者流。任口言其理。莫有不可言者。而名於是乎紊焉。豈非堅白之論乎。

子貢曰我不欲人之加諸我也吾亦欲無加諸人子曰賜也非爾所及也

【古】馬融曰加陵也」孔安國曰言不能止人使不加非義於己

【新】子貢言我所不欲人加於我之事我亦不欲以此加之於人此仁者之事不待勉強故夫子以爲非子貢所及○程子曰我不欲人之加諸我吾亦欲無加諸人仁也施諸己而不願亦勿施於人恕也恕則子貢或能勉之仁則非所及矣愚謂無者自然而然勿者禁止之謂此所以爲仁恕之別

【古義】加諸我加諸人猶曰施諸己施於人也」博施於民而能濟衆堯舜其猶病諸而子貢謂我所不欲人之加諸我者吾亦欲無加諸人此仁者之所病而子貢以此自期夫子所以抑之也蓋學貴乎副實而嫌乎馳高聽明者其論每過高而實不相副子貢之病正坐此耳學若不及猶恐失之伯玉使者不曰欲無過而曰欲寡其過夫子稱之曰使乎使乎子貢曰吾亦欲無加諸人則是有自居其

位之弊而無深求進益之意其抑之者益進之也

徵我不欲人之加諸我也。吾亦欲無加諸人。此言能化其人使不爲非義之事也。故子曰。賜也非爾所及也。孔安國曰。言不能止人使不加非義於己。此古來相傳之說。不可易矣。前篇不使不仁者加乎其身。皆謂非義相干爲加。是古言也。蓋言人以非義之事加諸己。是己心之所不欲也。吾則欲使其人無加非義之事於他人也。自彼視己。己亦他人。故孔安國變人爲己。以明其義耳。本文人我相對。而下吾字不對人而言。其所以變文。可以見已。

楊升庵外集經說部曰吾我一也古人互用之于文取其便誦讀耳無二義也左傳云云莊子云云

楊升庵謂吾我無二義者非矣所引左傳我張吾三軍而被吾甲兵彼則懼我謀以協我及我爲吾家我食吾言莊子吾喪我及吾無糧我無食皆有差別也子貢知者其心謂吾能制止其人使無爲非義然子貢或能爲其一二豈能皆然乎且其用心如此必用知計流於譎詐以至於失己故孔子以非爾所及而遏之耳宋儒不識古文辭以謂此與施諸己而不願亦勿施於人一意但彼曰勿此曰無無者自然而然勿者禁止之謂爲仁恕之別孔子語子貢以恕而仁非所及故孔子云爾妄哉

古者勿無通用。孰爲自然。孰爲禁止。且子貢不曰無之。而曰欲無。與孔子所語者何別乎。可謂不能讀論語已。又可謂不能讀古註已。

子貢曰夫子之文章可得而聞也夫子之言性與天道不可得而聞也

古 章明也文彩形質著見可以耳目循」性者人之所受以生也天道者元亨日新之道深微故不可得而聞也

新 文章德之見乎外者威儀文辭皆是也性者人所受之天理天道者天理自然之本體其實一理也言夫子之文章日見乎外固學者所共聞至於性與天道則夫子罕言之而學者有不得聞者蓋聖門教不躐等子貢至是始得聞之而歎其美也○程子曰此子貢聞夫子之至論而歎美之言也

【古義】文章指禮樂典籍而言其事著明皆可得而聞也」性者人之生質皆可以進道天道者福善殃淫之常不可以知解而得聞也」夫子之教人也其禮樂文章粲然著明皆可得而聞也唯其言性與天道則不可得而聞焉蓋聖人之心篤于好善故知人性之皆可以進于善而天道之必佑善人也故其言性曰性相近也習相遠也其言天道曰天生德於我桓魋其如予何然驗之于人事則疑乎人性之不能皆以進于善而天道之不必佑善人也蓋有非信道好德之至不能輙信者矣此子貢之所以爲不可得而聞也」論曰聖人之道因人以爲教故其所謂性所謂天道皆世之所謂性與天道而本非有深昧隱微不易領解者也而子貢以爲不可得而聞者何哉蓋人徒知昏明强弱人性之萬差而不知民之秉彝好是懿德故人皆可以進善也徒知吉凶禍福天道之常而不知皇天無親惟善是親故天必佑善人也蓋其好善之不至故每致疑乎此子貢之德不及聖人故亦以夫子之言爲不可得而聞也其唯聖人乎其心一於善而視蓋天蓋地莫非斯善也故知人之皆可進善

而天之必佑善人也此夫子之所以爲聖人也及後世學鶩高遠求道虛玄乃謂性天之理非領悟之人不能輒解子貢學究精微而後始措詞如此豈其然哉聖人所謂性與天道皆後世所謂氣者而未嘗就理而言不可以此求之也必矣

語顏淵見衛靈公篇

徵 夫子之文章謂禮樂也孔子雖聖人不得位不得作禮樂然如語顏淵行夏時乘殷輅服周冕樂則韶舞及散見戴記者亦頗有論四代禮樂者則雖其所罕言猶可得而聞也夫子之言性與天道者今雖弗傳然如中庸喜怒哀樂之未發一段蓋其緒言子貢僅一聞之而深喜之故曰不可得而聞也朱註以可得而聞也爲學者所共聞仁齋以

不可得而聞也。爲絶口不言。皆可謂昧乎文辭已。朱註。文章。德之見乎外者。威儀文辭皆是也。殊不知聖人之文章豈止是乎。可得而聞。本喜聞之辭。威儀文辭而豈喜聞乎。故又有以爲非聞見之聞者。古書如聞道也晚之類。謂聞而得之。誠非淺言之者。然此乃高妙之說。流於老佛矣。又曰。性者人所受之天理。天道者天理自然之本體。仁齋先生辨之盡矣。皇侃本。不可得而聞也下有已矣二字。

子路有聞。未之能行。唯恐有聞。

古 孔安國曰。前所聞未及行故恐後有聞不得並行也

【新】前所聞者既未及行故恐復有所聞而行之不給也○范氏曰子路聞善勇於必行門人自以爲弗及也故著之若子路可謂能用其勇矣

【古義】前所聞者雖既行之然於心有所未滿則恐復有所聞而行之不給也子路好勇果於行善門人自以爲弗及故編者記之以爲學者之模範也○張氏栻曰有所聞而實未副勇者之所恥也唯恐有聞則其篤於躬行可知然比之得一善拳拳服膺而不失者則未免有强力之意耳

【徵】子路有聞未之能行唯恐有聞是門人之言○曰唯恐者門人之心勞之也以形子路之賢也古文辭之妙如此○

子貢問曰孔文子何以謂之文也子曰敏而好學不恥下問是以謂之文也

古 孔安國曰：「孔文子，衛大夫孔圉。文，謚也。」孔安國曰：「敏者，識之疾也。下問，謂凡在己下者。」

新 孔文子，衛大夫，名圉。凡人性敏者多不好學，位高者多恥下問，故謚法有以勤學好問爲文者，蓋亦人所難也。孔圉得謚爲文，以此而已。○蘇氏曰：孔文子使太叔疾出其妻而妻之，疾通於初妻之娣，文子怒，將攻之，訪於仲尼，仲尼不對，命駕而行。疾奔宋，文子使疾弟遺室孔姞。其爲人如此而謚曰文，此子貢之所以疑而問也。孔子不沒其善，言能如此，亦足以爲文矣，非經天緯地之文也。

古義 孔文子，衛大夫，名圉。文，其謚也。文者，謚之至美者，而圉之爲人不副，故子貢疑之。言人性敏者必不好學，位高者多恥下問，文子有如是之美，故得謚爲文也。」文之爲謚，不可復加，然敏而好學，不恥下問，人之所難，而進善之機甚速。雖以文子之爲人，而有如是之美，則其得謚爲文，不可謂不宜也。夫子不沒人之善，而其有所譽者，必有所試，則文子之賢可從而知矣。且文子能治賓客，而衛靈無道，得賴以不喪，則夫子之言非溢美，亦可知矣。左氏所記文子之事，恐未必然。

徵 敏而好學不恥下問是雖一行之美亦可以馴致聖賢之德故古昔立謚法亦以為文聖人開人善路者如此孔子稱之聖人不没人之善者如此蓋左傳所載孔文子之事不美故子貢疑其行謚不副仁齋先生遂疑左傳所記恐未必然也可謂不識聖人之道已亦不識聖人之心已且子貢既已疑之則左氏不可疑矣

子謂子產有君子之道四焉其行己也恭其事上也敬其養民也惠其使民也義

古 孔安國曰子產鄭大夫公孫僑

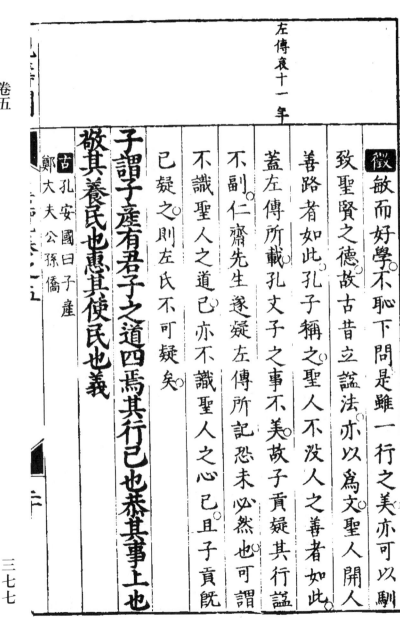

左傳襄三十一年

新 子產鄭大夫公孫僑恭謙遜也敬謹恪也惠愛利也使民義如都鄙有章上下有服田有封洫廬井有伍之類○吳氏曰數其事而責之者其所善者多也臧文仲不仁者三不知者三是也數其事而稱之者猶有所未至也子產有君子之道四焉是也今或以一言蓋一人一事蓋一時皆非也

古義 子產鄭大夫公孫僑」推賢讓能不矜其能」執君之事愼而不怠」生養其民惠而有恩」使之以義不拘其欲」君子之道謂萬世通行之道也行己以恭爲要事上以敬爲主養民以惠爲本使民以義爲則苟有此四者則可以治天下豈止鄭國子產雖爲春秋賢大夫然人未知其有君子之道故夫子表而出之」論曰稱君子之道與稱聖人之道甚別聖人之道者以其極而言君子之道者以平正中庸萬世通行之法而言若中庸所說諸章是也但費隱一章說者以高遠隱微之理解之失倫者之意甚矣

徵 左傳曰。鄭人游於鄉校。以論執政。然明謂子產曰。毁鄉校如何。子產曰。何爲。夫人朝夕退而游焉以議執政之善否。其所善者。吾則行之。其所惡者。吾則改之。是吾師也。若之何毁之。是可以見其恭也。

又曰襄二十六年

又曰。鄭伯賞入陳之功。三月甲寅朔。享子展。賜之先路三命之服。先八邑。賜子產次路再命之服。先六邑。子產辭邑曰。自上以下。降殺以兩。禮也。臣之位在四。且子展之功也。臣不敢及賞禮。請辭邑。公固予之。乃受三邑。是可以見其敬也。

又曰襄三十年

又曰。從政一年。輿人誦之曰。取我衣冠而褚之。取我田疇而伍之。孰殺子產。吾其與之。及三年。又誦之曰。我有子弟。子產誨之。我有田疇。子產殖之。子產而死。誰其嗣之。可以見其惠與義也。鄭介晉楚。子產相之。能以禮免。子產之功也。而孔子不稱。豈猶有不足於君子歟。

子曰晏平仲善與人交久而敬之

【古】周生烈曰齊大夫晏姓平謚名嬰

【新】晏平仲齊大夫名嬰程子曰人交久則敬衰久而能敬所以爲善

【古義】晏平仲齊大夫名嬰。陳氏櫟曰常人之交初則敬久而玩必不能全交久而不替初心所以爲善交也論曰中庸者天下之至難也蓋不在於行天下難行之事而乃在於能行平常易行之事始終不衰故曰中庸不可能也苟知此則識晏子之行不可及也

【徵】晏平仲善與人交。久而敬之。皇侃本。久而敬之。作久而人敬之。其疏曰。此善交之驗也。交久而人愈敬之也。邢昺本。無人字。非矣。蓋久而平仲敬之。豈可謂之善與人交乎。久而人敬之。而後善交之驗見矣。此蓋平仲孔子所素知。偶記其一善以稱之。以平仲爲先輩。故稱此而使人則之也。非以槩其人也。不與上章論子産一例。

子曰臧文仲居蔡山節藻梲何如其知也

【古】包氏曰臧文仲魯大夫臧孫辰文謚也蔡國君之守龜出蔡地因以爲名焉長尺有二寸居蔡僭也」包氏曰節者栭也刻鏤爲山梲者梁上楹畫爲藻文言其奢侈」孔安國曰非時人謂之爲知

新 藏文仲魯大夫臧孫氏名辰居猶藏也蔡大龜也節柱頭斗拱也藻水草名梲梁上短柱也蓋爲藏龜之室而刻山於節畫藻於梲也當時以文仲爲知孔子言其不務民義而諂瀆鬼神如此安得爲知春秋傳所謂作虛器卽此事也○張子曰山節藻梲爲藏龜之室祀爰居之義同歸於不知宜矣

古義 藏文仲魯大夫臧孫氏名辰蔡大龜也謂蔡室以藏蔡也節柱頭斗拱藻水草名梲梁上短柱言刻山於節畫藻於梲也朱氏曰當時以文仲爲知孔子言其不務民義而諂瀆鬼神如此安得爲知也蔡氏淸曰文仲居蔡其崇重如此則是一心倚著鬼神而有希福之心矣旣重於此必輕於彼而人道所當然必在所略此豈智者所爲乎

徵 居蔡○如居貨居室廢居之居○謂買蔡也○朱註○居猶藏也○以爲藏龜之室○與下山節藻梲相粘○非也○

漢書食貨志云。元龜爲蔡。家語稱漆雕平對孔子云。臧氏有守龜。其名曰蔡。文仲三年而爲一兆。武仲三年而爲二兆。鄭玄包咸皆云。出蔡地。因以爲名。未知何據。山節藻梲。按明堂位。天子之廟飾也。居蔡與山節藻梲。古註以爲二事。云居蔡僭也。山節藻梲。言其奢侈。今按二事皆僭也。朱註以爲一事。謂藏龜之室。山節藻梲。是不識居字也。又以爲山節藻梲。不關不知之事。故連諸居蔡以解之。殊不知孔子所謂不知。乃謂不知禮也。且古者蓍龜皆藏諸宗廟。故別無藏龜之室。何者。王者受命於

莊子秋水篇

天與祖宗。祀祖宗配之天。一之也。故國有大事。謀諸鬼神。謂祖宗之神也。鬼神不言。以卜筮告之也。故禮運曰。先王秉蓍龜。列祭祀。瘞繒。宣祝嘏辭說。設制度。莊子曰。吾聞。楚有神龜。死已三千歲矣。王巾笥而藏之廟堂之上。明其在宗廟也。故蓍龜蓋鬼神之紹介也。若不問諸宗廟。而問諸蓍龜。則先王可謂不知本已。故知山節藻梲。非藏龜之室也。朱子不知禮。故其筮儀曰。爲蓍室南戶。置牀于室中央。安蓍于其上。焚香讀祝而筮之。是以蓍爲神也。蓍龜雖靈。稟命於物。先王之道。豈若是其陋乎。

子張問曰令尹子文三仕爲令尹無喜色三已之無愠色舊令尹之政必以告新令尹何如子曰忠矣曰仁矣乎曰未知焉得仁崔子弒齊君陳文子有馬十乘棄而違之至於他邦則曰猶吾大夫崔子也違之之一邦則又曰猶吾大夫崔子也違之何如子曰清矣曰仁矣乎曰未知焉得仁

【古】孔安國曰令尹子文楚大夫姓鬭名穀於菟」但聞其忠事未知其仁也」孔安國曰皆齊大夫崔杼作亂陳文子惡之捐其四十匹馬違而去之」孔安國曰文子避惡逆去無道求有道當春秋時臣陵其君皆如崔子無有可止者

【新】令尹官名楚上卿執政者也子文姓鬭名穀於菟其爲人也喜怒不形物我無間知有其國而不

知有其身其忠盛矣故子張疑其仁然其所以三仕三已而告新令尹者未知其皆出於天理而無人欲之私也是以夫子但許其忠而未許其仁也崔子齊大夫名杼齊君莊公名光陳文子亦齊大夫名須無十乘四十匹也違去也文子潔身去亂可謂清矣然未知其心果見義理之當然而能脫然無所累乎抑不得已於利害之私而猶未免於怨悔也故夫子特許其清而不許其仁○愚聞之師曰當理而無私心則仁矣今以是而觀二子之事雖其制行之高若不可及然皆未有以見其必當於理而眞無私心也子張未識仁體而悅於苟難遂以小者信其大者夫子之不許也宜哉讀者於此更以上章不知其仁後篇仁則吾不知之語并與三仁夷齊之事觀之則彼此交盡而仁之爲義可識矣今以他書考之子文之相楚所謀者無非僭王猾夏之事文子之仕齊既失正君討賊之義又不數歲而復反於齊焉則其不仁亦可見矣

【古義】令尹官名楚上卿執政者也子文姓鬭名穀於菟子張以子文忘其身而忠於國故疑其仁夫

依於仁及欲仁共見述而篇

子以其未必出於至誠惻怛之心又無利澤及物之功故但許其忠而不許其仁也」崔子齊大夫名杼齊君莊公名光陳文子亦齊大夫名須無十乘四十匹也違去也子張以文子制行之潔又疑其仁夫子以文子亦子文之比故亦但許其清而不許其仁也○按春秋傳崔杼弑君之後文子屢見然觀夫子既許其清則左氏之說不可據信」先王有不忍人之心斯有不忍人之政故謂之仁政雖有仁心仁聞然民不被其澤謂之徒善以其不足爲仁也二子既無慈愛惻怛之德又不見有利澤恩惠遠及於物故夫子俱不許其仁蓋以德行之謂之仁以力勉之謂之節若二子之忠清可謂之節不可謂之仁何者無其德也若使仁人爲之固可謂之仁豈止忠與清哉

徵以仁爲慈愛世所皆知也獨孔子以依於仁教其門人及欲仁斯仁至之類皆非慈愛之謂也故子張疑之思求其人質諸孔子令尹子文喜怒不

孟子所謂見公孫丑篇

形物我無間有似盛德之士廼宋儒所謂天理之公無人欲之私者陳文子亦孟子所謂行一不義殺一不辜得天下不爲之意子張高邁之士故其所疑如此蓋仁者長人安民之德其心固在安天下之民而其所爲亦可以安天下之民者謂之仁焉如子文之不有己文子之潔身而無欲制行雖高止於淑身未見其可以安天下之民者故孔子不許之宋儒求之而不得其解旁引二子它行事以論之可謂窘矣殊不知二子非古人孔子特據子張所稱者斷之豈及其它行事乎延平先生當

於理而無私心。豈足以爲仁乎。仁齋先生以出於至誠惻怛之心論之。可謂刻矣。夫孔子之於二子。於三仁。或在它邦。或在上世。既不見其人。何以能知其出於至誠惻怛哉。且其說皆至於管仲而窮矣。可謂臆說已。

季文子三思而後行。子聞之曰。再斯可矣。

古 鄭玄曰。季文子。魯大夫季孫行父。文謚也。文子忠而有賢行。其舉事寡過。不必乃三思。

新 季文子。魯大夫。名行父。每事必三思而後行。若使晉而求遭喪之禮以行。亦其一事也。斯語辭程子曰。爲惡之人。未嘗知有思。有思則爲善矣。然至於再則已審。三則私意起而反惑矣。故夫子譏之。

○愚按。季文子慮事如此。可謂詳審而宜無過舉矣。而宣公簒立。文子乃不能討。反爲之使齊而納

黃氏說見升菴文集四書類及代醉編今按皇疏李彪曰君子之行謀其始思其中慮其終然後允合事機舉無遺筭是以曾子三省其身南

賂焉豈非程子所謂私意起而反惑之驗與是以君子務窮理而貴果斷不徒多思之爲尚

古義 季文子魯大夫名行父每事必三思而後行夫子曰再斯可者譏其必限三思而後行之非謂再則已審也此譏季文子爲魯國卿不知爲政之體也書曰思曰睿睿作聖孟子曰心之官則思思則得之弗思則不得思之有益于事也固大矣然爲政莫善於明決果斷莫不善於優游不決故曰由也果於從政乎何有夫事之千條萬緒固有不待一思而得者矣或有千思萬想而猶難決者矣而季文子每事必三思而後行則是徒爾思惟不知決斷夫子之所以譏之也

徵 季文子三思而後行是或季文子自言而魯人誦之者故曰子聞之也再斯可矣是孔子斷其妥己言季文子惡能三思苟能再思斯可矣黃東發爲是鄭玄曰不必乃三思此言文子既能舉事寡

容三復白圭夫子稱其賢且聖人敬愼於數訓之體但當有重耳固無緣有臧損之理也時人稱季孫名過其實故孔子矯之言季孫行事多闕許其再思則可矣無緣乃至三思也黃氏以前已有此說學而不思爲政篇又曰見衛靈公篇書曰堯典又曰洪範孟子告子篇又曰離婁篇

過則但再思之斯亦爲可也文例不合難可從矣程子曰爲惡之人未嘗知有思有思則爲善矣然至於再則已審三則私意起而反惑矣朱子曰君子務窮理而貴果斷不徒多思之爲尚是自宋儒之見矣曰學而不思則罔思而不學則殆又曰吾嘗終日不食終夜不寢以思無益不如學也皆勸學之言且其所謂學豈窮理之謂乎書曰欽明文思又曰思曰睿睿作聖孟子曰心之官則思又曰周公思兼三王以施四事其有不合者仰而思之夜以繼日幸而得之坐以待旦是古聖賢之貴思

也。故事有大焉。有小焉。有遠焉。有近焉。事之小而近。雖不思可也。大而遠。雖千百思之可也。何必再三之有。大氐宋儒之乏於深遠之思也。爲其所見誤之已。

子曰。甯武子邦有道則知。邦無道則愚。其知可及也。其愚不可及也。

古 馬融曰。衛大夫甯俞。武謚也。孔安國曰。佯愚似實。故曰不可及也。

新 甯武子衛大夫名俞。按春秋傳。武子仕衛。當文公成公之時。文公有道。而武子無事可見。此其知之可及也。成公無道。至於失國。而武子周旋其間。盡心竭力。不避艱險。凡其所處。皆知巧之士所深避而不肯爲者。而能卒保其身以濟其君。此其愚之不可及也。○程子曰。邦無道能沉晦以免患。故

曰不可及也亦有不當愚者比干是也

【古義】寗武子衛大夫名俞武子事衛成公事見春秋傳○此言寗武子處世之權自合于君子之道也人唯知邦有道則知之難而不知邦無道則愚之益難邦有道則上明下直是是非非無所忌憚方是時也固易用知以濟事邦無道則上昏下訣是非貿亂方是時也既不枉道以希合亦不悖直以取禍是爲難能也此所以其知可及而其愚不可及也○盧氏一誠曰古之豪傑善自韜晦以濟大事如留侯之爲韓梁公之爲唐皆不可及之愚也彼陳蕃王允非不烈然而死惟不能爲武子之愚故徒殺其身而甚國之難君子有遺議焉

【徵】甚矣哉人之喜以賢知自見也○以至殺其身○以至棄其百乘之富而不顧也○夫殺其身棄其百乘之富而不顧也○豈不難乎○然其喜以賢知自見也○

徒殺其身而已矣。徒棄其百乘之富而已矣。卒無以濟其事成其功者。無它故也。其心在賢知而不在忠也。其心在賢知者。止於淑其身而已矣。其心在忠者。仁之道也。甯武子之愚。見取於孔子者。以此歟。然其愚之不可及。亦甯武子之性也。孔子明言不可及也。人之至性。雖聖人亦不能及也。後世儒者不知此意。

子在陳曰歸與歸與吾黨之小子狂簡斐然成章不知所以裁之

【古】孔安國曰簡大也孔子在陳思歸欲去故曰吾黨之小子狂簡者進取於大道妄作穿鑿以成文

章不知所以裁制我當歸以裁制之耳遂歸

【新】此孔子周流四方道不行而思歸之歎也吾黨小子指門人之在魯者狂簡志大而略於事也斐文貌成章言其文理成就有可觀者裁割正也夫子初心欲行其道於天下至是而知其終不用也於是始欲成就後學以傳道於來世又不得中行之士而思其次以為狂士志意高遠猶或可與進於道也但恐其過中失正而或陷於異端耳故欲歸而裁之也

【古義】吾黨小子指門人之在魯者狂簡志大而略於事也斐文貌成章言其文理成就有可觀者裁割正也謂能裁義理而行之也」此門人記夫子之教大被萬世之由也夫子當初周流天下欲以行道至是而知其終不行故欲成就後學以詔道於來世而中行之士不可必得而吾黨之小子志大而略於事雖可與進於道然恐其或過中正於是欲歸魯而裁之是教法之所以始立也蓋三代聖人其德雖盛然與民共治因時為政其教不得大被于萬世之遠至於吾夫子而後教法始立道學

始明猶日月之麗天而萬古不墜也猗嗟盛哉此雖夫子之不幸然在萬世學者則實大至幸也

徵吾黨謂孔子鄉黨也狂簡蓋古言不可以簡略訓之孔安國曰簡大也詩簡兮毛萇亦訓大孟子引孔子在陳曰盍歸乎來吾黨之士狂簡進取不忘其初孟子又曰狂者進取皆無簡略之説蓋狂者志大故曰狂簡志大而進取其成也速故曰斐然成章言文采可觀棄之遠游自悔之言也不知所以裁之者孔子不知也自悔其不知而欲歸以裁之也所以裁之之謂方法孔子歸魯脩六經乃其方法也蓋孔子道不行於當世乃欲傳之後先王

詩簡兮邶風

孟子盡心篇

孟子盡心篇

家語七十二弟子解

史記仲尼弟子列傳載奚容蒧字子皙狄黑字皙併點爲三人

之道大。非狂簡不能負荷。所以思也。朱註以其不及中行。必欲見貶意。豈孔子思之意乎。如孟子不忘其初。思孔子不措也。趙岐以爲孔子思之。朱子以爲不改舊習。皆非矣。孟子以琴張牧皮曾皙狂也。家語有琴牢字子張。趙岐謂琴張顓孫子張也。其爲人踸踔譎詭。論語曰。師也僻。故不能純善而稱狂。又善鼓琴。號曰琴張。然稱仲由子路則顏路連姓以別之。字皙者三人。則曾點亦連姓。稱孔伋子思。則原憲亦連姓。是稱呼之常也。由是觀之。琴張自牢。子張自師。岐說似失。

子曰伯夷叔齊不念舊惡怨是用希

古 孔安國曰伯夷叔齊孤竹君之二子孤竹國名

新 伯夷叔齊孤竹君之二子孟子稱其不立於惡人之朝不與惡人言與鄉人立其冠不正望望然去之若將浼焉其介如此宜若無所容矣然其所惡之人能改即止故人亦不甚怨之也○程子曰不念舊惡此清者之量又曰二子之心非夫子孰能知之

古義 相傳伯夷叔齊孤竹君之二子孟子稱其不立於惡人之朝不與惡人言與鄉人立其冠不正望望然去之若將浼焉其介如此宜若無所容然其所惡之人能改即止故人亦不怨之也此明伯夷叔齊之仁蓋顯微闡幽之意夫清者之心必深念舊惡而至於絕物若清者而不念舊惡則非仁者不能也若夷齊之行自合於聖人與其絜也不保其往之心也其曰怨是用希者蓋稱其仁也孟子亦論伯夷伊尹柳下惠曰三子者不同道其趨一也一者何也曰仁也足以相發明焉

孟子所載見公孫丑篇

【徵】惡不仁。伯夷叔齊之性爲然也。不念舊惡。惡不仁之不已甚也。念。不忘也。舊惡。舊時之惡也。朱註。其所惡之人。能改即止。夫既改之。烏可爲惡。蓋舊時之惡。乃有時去事移。欲改而不可得者。是舊惡也。且如楚滅同姓。田氏簒齊。至於昭王宣王之時。既爲舊惡。孔子應聘。孟軻游事。是不念舊惡也。然此在他人。亦非難事。特夷齊惡惡之嚴。如孟子所載。則宜若念舊惡。然而乃洒然如忘者。孔子所以稱之也。亶父翦商。豈無奪人國侵人地之事。西伯之時。周益強大。豈必復奪國反侵地。亦世移事去。

孔子又曰述而篇

孟子萬章篇曰伯夷聖之清者也

孔子曰陽貨篇

匿怨本篇

凱風小弁之辨見孟子告子篇

史記伯夷傳

而不可如之何。而夷齊聞西伯作興。往而歸之。亦不念舊惡之一事耳。孔子又曰。求仁而得仁。又何怨。謂其得仁人而歸之。正與此章之義相發。怨者。伯夷之怨也。朱註。人亦不甚怨之。是其意據孟子。以伯夷爲聖人。又其所見聖人如達磨。故不屬諸伯夷。而屬他人耳。殊不知怨者人情之所不能無也。孔子曰。可以怨。又曰。怨而不怒。又曰。匿怨而友其人。丘亦恥之。舜之怨慕。凱風小弁之辨。豈不然乎。且子貢明曰。怨乎。史記列傳亦曰。怨邪非邪。是伯夷本有可怨之迹也。希。微也。謂怨之迹不可見

孟子論見離婁
及公孫丑篇

老子第十四章

也。怨之迹不可見。故子貢司馬遷皆疑之。老子曰。聽之不聞。名曰希。是希字之義也。蓋伯夷叔齊以孤竹君之二子見稱。不得於其父。棄千乘之國。去而隱於海濱於首陽之山。是伯夷叔齊之迹。爲孤臣孽子。故世人以怨疑之耳。然伯夷之不得於父。在惡不仁。蓋觀於武王戡商之後。以燕衛齊魯封其功臣。則紂同惡之國。多在東北。孤竹去燕不遠。必亦畿甸諸侯耳。伯夷乃不欲事紂。父知其心。欲立叔齊。而叔齊與兄同心。遂讓之仲子。故讓爲美德。而孔子不稱之。獨以不降志不辱身稱之。孟子

家語弟子行

文王敬忌見書康誥

王直著夷齊十辨載皇明文衡

亦明稱避紂及不立惡人之朝者原諸其心也。然餓於首陽隱於海濱。其迹似怨。及於西歸於周。享大老之養。而後怨之迹洗然矣。故孔子以不念舊惡表章之耳。家語曰。不克不忌不念舊怨者。伯夷叔齊之行也。不克者。不忮害也。不忌者。無所顧慮也。如文王敬忌。及無忌憚。皆此義。家語所載。益足想二子胸次脫灑。毫無帶芥也。扣馬諫武王事。明王氏辨其妄。盡矣。

子曰孰謂微生高直或乞醯焉乞諸其鄰而與之

古 孔安國曰微生姓名高魯人也」孔安國曰乞之四鄰以應求者用意委曲非爲直人

新 微生姓高名曾人素有直名者醯醋也人來乞時其家無有故乞諸鄰家以與之夫子言此譏其曲意狥物掠美市恩不得爲直也○程子曰微生高所枉雖小害直爲大范氏曰是曰是非曰非有謂有無謂無曰直聖人觀人於其一介之取予而千駟萬鍾從可知焉故以微事斷之所以教人不可不謹也

古義 微生姓高名曾人也素有直名者醯醋也人來乞時其家無有故乞諸鄰家而爲己之所蓄以與之故夫子譏其不得爲直也」人之乞物有則當與無則當辭倘再三乞而不止則旁乞諸人而與之亦豈不可而微生高方人之乞醯其家無有而乞諸其鄰以爲已物而與之不直甚焉聖人最嫉世之釣名掠美儌然以自高者若微生高是也彼曲意狥物其事雖小然不可與入君子之道也夫子識高之不直亦惡鄉原亂德之意也

徵 微生高蓋孔子鄉人○以直見稱於鄉○孔子亦愛

憲問篇曰微生畝謂孔子曰丘何爲是栖栖者與無乃爲佞乎

之孰謂微生高直似謂非直者蓋反言以戲之耳親之至也意者孔子家乞醯曰或者佯爲不知皆戲言也家偶無醯而乞諸其鄰以應人需干何直不直故知其爲戲也若使非孔子家乞之而他人乞之是自瑣事孔子何與聞其事乎以瑣事而譏人閭巷間匹夫匹婦之事豈可謂孔子有之乎故知孔子家乞之也微生畝待孔子甚倨高必其族故知其爲鄉人也門人錄之者蓋以見孔子處鄉黨愷悌親人也且高以直自持亦悻悻自好者一且孔子家乞醯而高不忍使其人空返乞諸其鄰

存疑一說孰誰也言今之人有誰謂微生高直者嘆人不知其直也因舉乞醯一事委曲用意如此宜狗迹不謂其直而諒心者深信其直也鄹人之子八佾篇

而與之者。是不與其平生所爲相似也。孔子戲言以喻之。使其知凡事不可徒直。亦教誨之道存焉。後儒不學詩。不知言。遂謂高用意委曲。衒名沽譽。故孔子譏之。陋哉。亦高儕輩耳。明儒又有以孰謂微生高直。爲人不識其直者。然此與孰謂鄹人之子知禮。語勢正同。則不可從矣。

子曰巧言令色足恭左丘明恥之丘亦恥之匿怨而友其人左丘明恥之丘亦恥之

古 孔安國曰足恭便僻貌孔安國曰左丘明魯太史孔安國曰心內相怨而外詐親

新 足過也程子曰左丘明古之聞人也謝氏曰二者之可恥有甚於穿窬也左丘明恥之其所養可

正字通足又御韻直去聲過也

知矣夫子自言丘亦恥之蓋竊比老彭之意又以深戒學者使察乎此而立心以直也

古義 朱氏曰足過也程子曰左丘明古之聞人也其所恥有深合于聖人之心故曰丘亦恥之亦竊比老彭之意此承上章之意而類記之其務飾於外而內實無誠者聖人之所深嫉也若左丘明之所恥實皆用意挾私不由直道在學者有甚於穿窬之盜者故聖人戒之

徵 足恭孔安國曰便辟貌其人去孔子時不甚遠必有所受邢昺解其義曰便習盤辟其足以為恭也未知是否又曰一說足將樹切成也謂巧言令色以成其恭取媚於人也朱註因其音而換其義曰足過也然二說皆無據字書將樹切又引管子足本法言足言足容殊為不類將樹切它無所用

足恭象恭也法言吾子篇足言足容又管子五行篇苗足本注足猶擁也

正考父鼎銘見左傳昭七年

大象易小過

吾與女不如本篇

願爲之宰已見

直在其中子路篇

亦爲謅音祗當從孔說讀如字而不必深求其義可也理學家妄以中爲妙道動以過不及爲說段使過恭果爲可恥則正考父一命僂再命傴三命而俯循墻而走豈非過恭耶大象曰山上有雷小過君子以行過乎恭豈不君子乎可謂妄說已此章意左丘明質直好義孔子美之其曰丘亦恥之者亦吾與女不如願爲之宰意聖人好賢之誠也仁齋先生乃觀此章及人之生也直類動拈直字殊不知直亦一德豈可槩一切乎如直在其中聖人不執一直字後世眛乎一貫之義遂爲一槩之

韓進學解左氏浮誇

後儒說見大全

朱子說及鄭夾漈氏族誌

宋玉曰登徒子好色賦

說耳○孔安國又曰左丘明魯太史則是作左傳者○豈有異人○程子乃泥韓愈浮誇之言以爲別人而曰古之聞人也○後儒遂曰○左丘姓○明名○皆無稽臆說○不足信矣○宋玉曰○口多微辭○所學於師也○豈可以其文而疑其人乎○且左傳之文○乃史之妙者○宋儒昧乎文○其以爲浮誇○宜矣○夫詩易列六經○而詩嫌誨淫○易類詭譎○假使不列六經○則程子謂之何○世微左傳○孰知春秋之意○丘明之功偉哉○大氐道學先生○妒心頗多○

顏淵季路侍○子曰○盍各言爾志○子路曰○願車馬衣輕

裘與朋友共敝之而無憾顏淵曰願無伐善無施勞子路曰願聞子之志子曰老者安之朋友信之少者懷之

【古】孔安國曰憾恨也」孔安國曰不自稱己之善」孔安國曰不以勞事置施於人」孔安國曰懷歸也

【新】盍何不也」衣服之也裘皮服敝壞也憾恨也」伐誇也善謂有能施亦張大之意勞謂有功易曰勞而不伐是也或曰勞勞事也勞事非己所欲故亦不欲施之於人亦通」老者養之以安朋友與之以信少者懷之以恩一說安之安我也信之信我也懷之懷我也亦通○程子曰夫子安仁顏淵不違仁子路求仁又曰子路顏淵孔子之志皆與物共者也但有小大之差爾又曰子路勇於義者觀其志豈可以勢利拘之哉亞於浴沂者也顏子不自私己故無伐善知同於人故無施勞其志可謂大矣然未免出於有意也至於夫子則如天地之化工付與萬物而已不勞焉此聖人之所爲也今夫

羈靮以御馬而不以制牛人皆知羈靮之作在乎人而不知羈靮之生由於馬聖人之化亦猶是也先觀二子之言後觀聖人之言分明天地氣象凡看論語非但欲理會文字須要識得聖賢氣象

【古義】盍何不也」衣服之也」伐猶黨同伐異之伐無伐善者言不毀害人之善也勞勞事也言勞事非己所欲故亦欲無施之於人也」老者志衰故安其意而使無憂虞也朋友易離故堅守信而不相遐棄也少者畏上故懷來之而爲其依歸也」聖門學者誠實端愨言卽其所行行卽其所言苟躬行有所未至則不敢輕以自許若諸子之言志是也子路欲篤於朋友而無一毫鄙吝之心顏子欲成人之善而不施勞事至於夫子則欲凡人之接我者無一不得其所若子路之言固善矣然徒有與人共之之意而未見及物之功顏淵之言固有及物之功然未見物各得其所之妙若夫子則如天地然一元之氣運於上而無一物不得其所不待物物著力然後能之蓋子路義也顏淵仁也夫子造化也猶人在於天地之中而不知天地之大也大矣哉

徵 車馬衣輕裘衣如字。朱註去聲。不識古文辭者矣。馬而言敝。亦有疲敝之義。無施勞。孔安國曰。不以勞事置施於人。置施蓋漢時言。未詳其義。豈已則憚勞不爲。留以施於人之意歟。朱註。施亦張大之意。不知何據。不施勞事於人。其義自美。何必改焉。邢昺疏。老者安己。事之以孝敬也。朋友信己。待之以不欺也。少者歸己。施之以恩惠也。是朱註後說。甚優。朱子更設前說者。其意謂季路顏淵皆以工夫。孔子獨以效驗。則似不倫故也。是自朱子意見。豈識孔子時語意乎。夫志者願也。欲得其所未

夫子與點先進篇

子路者曾子所畏孟子公孫丑篇或問乎曾西曰吾子與子路孰賢曾西蹴然曰吾先子之所畏也

得者也。如三子言志。則以出言。此則以處言。故有不同。程子曰。子路顏淵孔子之志。皆與物共者也。但有小大之差爾。此誠然。秖子路以輕財利言之。顏淵以輕功伐言之。皆主一端。至於孔子。則無事一端。是所謂大也。程子又謂子路勇於義。亞於浴沂者也。此睹夫子與點之言。而妄意曾點優子路夫子路者曾子所畏也。其材德何必不及曾點哉。夫子所與者與其志已。曾點之材不可考。則優劣之說皆臆斷已。又曰。顏子之志。未免出於有意也。至於夫子。則如天地之化工。付與萬物。是誠然然

或謂文林貫旨說

出於有意者豈必畀下哉顏子之志大禹之德也孔子之志堯舜之化也宋儒務佑佑乎有意無意之辨原其所由來亦莊禪之遺矣學者其察諸又按子路或稱季路季其字也或謂仕季氏故稱季路妄哉豈謂婁敬之陋昉自孔門邪

子曰已矣乎吾未見能見其過而內自訟者也

古 包氏曰訟猶責也言人有過莫能自責

新 已矣乎者恐其終不得見而數之也內自訟者口不言而心自咎也人有過而能自知者鮮矣知過而能內自訟者爲尤鮮能內自訟則其悔悟深切而能改必矣夫子自恐終不得見而歎之其警學者深矣

不貳過　雍也篇

古義　朱氏曰已矣乎者恐其終不得見而歎之也內自訟者口不言而心自咎也人之於過也憚改而必文苟能見其過而內自責如訟者之必許人之非而不少假借則其悔悟深切纖毫無遺非實好學者豈能然乎夫子歎其終不得見則可見天下非無好學者而眞好學者之甚尠也子路人告之以有過則喜稱爲百世之師宜矣

徵　已矣乎吾未見能見其過而內自訟者也顏子不貳過蓋顏子死後少見此人家語稱弟子之行顏子之外亦莫有此夫子所以嘆也

子曰十室之邑必有忠信如丘者焉不如丘之好學也

古注　無

新 十室小邑也忠信如聖人生質之美者也夫子生知而未嘗不好學故言此以勉人言美質易得至道難聞學之至則可以爲聖人不學則不免爲鄉人而已可不勉哉

古義 十室小邑也言美質之人無處而不有至於好學之人則天下鮮矣」此數美質之易得而好學者之甚難得也學問之至積小成大化舊爲新生乎千載之下而可以是非千載之上以七尺之軀而可與天地並立而參故好學之益不可量也夫子以生知之聖而復曰好學者益道本無窮故學亦無窮故聖人有聖人之學賢者有賢者之學學者有學者之學其造道愈深則好學愈篤唯夫子爲能好學而益見其度越乎群聖人也」論曰舊解有至道難聞之說亦一旦豁然之意益聖門之學以道德爲本而不離人倫日用之間故有進修之可驗而無一悟之可期後世專以理爲主而以一旦豁然爲的於是實德愈病而與聖門之旨日相背馳學者宜鑒焉

徵 十室之邑必有忠信如丘者句絕焉於處切屬

下句。此衞瓘讀。見邢昺疏。蓋孔子門人。或有仕爲邑宰而不與學。乃以人不好學爲辭者。故云爾。十室謂其極小者。必者懸斷詞。言雖極小之邑。必有忠信如我者。則豈無好學者哉。特未使其學焉耳。苟使學之。必能好之也。孔子屢以好學自稱。人亦以此稱之。故皆以我言之。夫學者。人之天性也。故詩曰。民之秉彝。好是懿德。凡有一美。人必做效。聖人循此性而建學問之道。學而時習之。不亦悅乎。悅好也。若使人性不好學。則焉能悅之。如舊說焉屬上句。則孔子以好學自負。而懸斷其必不好學。

詩大雅烝民篇

可謂謬矣朱註忠信如聖人生質之美者也忠信誠美質然孔子之意則不然孔子豈以美質自居乎蓋忠信者中庸之德乃非甚高難行之事故以自稱又曰必有耳忠謂爲人謀而忠也信謂與朋友言而信也後世忠信字義不明故詳之爾

論語徵集覽卷之五終

論語徵集覽卷之六

魏　何晏　集解

宋　朱熹　集註

大日本　藤維楨　古義

物茂卿　徵

從四位侍從源賴寬　輯

雍也第六

新 凡二十八章篇内第十四章以前大意與前篇同

子曰雍也可使南面仲弓問子桑伯子子曰可也簡仲弓曰居敬而行簡以臨其民不亦可乎居簡而行

簡無乃大簡乎子曰雍之言然

古 包氏曰可使南面者言任諸侯治王肅曰伯子書傳無見焉孔安國曰以其能簡故曰可也孔安國曰居身敬肅臨下寬略則可包氏曰伯子之簡大簡

新 君南面者人君聽治之位言仲弓寬洪簡重有人君之度也子桑伯子魯人胡氏以爲疑卽莊周所稱子桑戶者是也仲弓以夫子許己南面故問伯子如何可者僅可而有所未盡之辭簡者不煩之謂言自處以敬則中有主而自治嚴如是而行簡以臨民則事不煩而民不擾所以爲可若先自處以簡則中無主而自治踈矣而所行又簡豈不失之大簡而無法度之可守乎家語記伯子不衣冠而處夫子譏其欲同人道於牛馬然則伯子蓋大簡者而仲弓疑夫子之過許與仲弓蓋未喻夫子可字之意而其所言之理有默契焉者故夫子然之○程子曰子桑伯子之簡雖可取而未盡善故夫子云可也仲弓因言内主於敬而簡則爲要直内存乎簡而簡則爲踈略可謂得其旨矣又曰居

家語弟子行

敬則心中無物故所行自簡居簡則先有心於簡而多一簡字矣故曰大簡

古義 南面者臨民之稱言仲弓之德敬慎而不煩可以使爲人之君此門人以仲弓論伯子之言足見其可使南面之實故引以實夫子之言伯子未詳何人蓋有德而略於事者也可也者許之之辭簡約也簡則得要此夫子所以可之也臨民之道居之以敬則事立故民不慢行之以簡則得要故政易行所以爲可也若夫居之既簡而所行亦簡則上下交慢事無統紀豈不失之大簡乎故夫子以仲弓之言爲然也居人之上者衆之所倚賴故以敬事爲主執政之柄者亦易至叢脞故以易簡爲要故居敬而行簡則民有所效而政得其要夫子許之宜矣

徵 雍也可使南面包咸曰言任諸侯治家語以顏子爲王者相仲弓爲有土之君子包註蓋本諸朱註寬洪簡重有人君之度也本文止言可使南面

又家語同上

故朱子亦止謂有人君之度。而不取家語包註。然古所謂君者。皆諸侯之稱。儀禮諸書皆爾。仲弓德亞顏子。則家語包咸爲允。又家語曰。在貧如客。使其臣如借。不遷怒。不深怨。不錄舊罪。是冉雍之行也。朱註不取。而別創寬洪簡重四字。是睹下居敬行簡。而以己意言之。可謂無據已。在貧如客。使其臣如借。皆清高貴人之態。千載之下。可想其人。眞畫筆哉。不遷怒。不深怨。不錄舊罪。最足爲諸侯美德。然其材可爲諸侯。而不可爲大夫。故孔子以可使南面稱之。

可也簡。孔安國曰。以其能簡。故曰可也。古註不失古義如此。此冐上章。仲弓以爲伯子亦足使南面。孔子然之。故曰可也。而又曰。其所以可使南面者。以其能簡也。可也一句。簡一句。不爾。不成語。朱註可者。僅可而有所未盡之辭。簡者。不煩之謂。而仲弓未喻夫子可字之意。是其意如謂夫子雖許之。尚慮其失於簡。故曰可也簡。是大失孔子之意。蓋萬世人君。亾論愚騃。其聰慧皆失於苛細。故書曰。元首叢脞哉。此孔子所以簡取伯子也。聖人不没人善。其取人也不求備於一人。可以見已。且所謂

禮記雜記曰管仲遇盜取二人焉上以爲公臣曰其所與遊辟也可人也

僅可而有所未盡之辭。未知何據。可也。卽可使南面之可。有何差別。管仲曰。可人也。豈有僅可意哉。是無它。宋儒不知聖人取人不求備之義。忽見仲弓之問。亦疑夫子過許。故妄意穿鑿。欲就可字見聖人無過許之意耳。居敬而行簡。孔安國曰。居身敬肅。臨下寬略。則可。古註可謂盡矣。程子曰。內主於敬而簡。則爲要直。內存乎簡而簡。則爲疎略。豈有簡而不要者乎。伯子之簡。見取於聖人。亦以不失要也。且居字主身。而程子曰內。內者心也。故又曰。居敬則心中無物。故所行自簡。居簡則先有心

居處恭子路篇
齋明盛服中庸

聰明睿知中庸

於簡而多一簡字。夫敬之本。本諸敬天。而程子求諸心。豈古學哉。敬固在心。然必有所敬而後有敬之名。不然而求諸心。吾恐亦多一敬字。且敬則心無邪慝可也。所謂心中無物。非達磨而何。且伯子之居簡。謂其持身之簡。乃其爲人。然爾。豈先有心於簡乎。仁齋先生又以敬爲敬事。此其執拗不忍改其前言也。如居處恭。及齋明盛服。非禮不動。卽所謂居敬也。豈得爲敬事乎。行簡雖事乎。亦屬諸身之詞。以臨其民。如聰明睿知以有臨之臨。皆以其身言之。非施於政事者矣。

哀公問弟子孰爲好學孔子對曰有顏回者好學不遷怒不貳過不幸短命死矣今也則亡未聞好學者也

古 凡人任情喜怒違理顏回任道怒不過分遷者移也怒當其理不移易也不貳過者有不善未嘗復行

新 遷移也貳復也怒於甲者不移於乙過於前者不復於後顏子克己之功至於如此可謂眞好學矣短命者顏子三十二而卒也既云今也則亡又言未聞好學者蓋深惜之又以見眞好學者之難得也○程子曰顏子之怒在物不在己故不遷有不善未嘗不知知之未嘗復行不貳過也又曰喜怒在事則理之當喜怒者也不在血氣則不遷若舜之誅四凶也可怒在彼己何與焉如鑑之照物姸媸在彼隨物應之而已何遷之有又曰如顏子地位豈有不善所謂不善只是微有差失纔差失

便能知之纔知之便更不萠作張子曰慊於己者不使萠於再或曰詩書六藝七十子非不習而通也而夫子獨稱顏子爲好學顏子之所好果何學歟程子曰學以至乎聖人之道也學之道奈何曰天地儲精得五行之秀者爲人其本也眞而靜其未發也五性具焉曰仁義禮智信形既生矣外物觸其形而動於中矣其中動而七情出焉曰喜怒哀懼愛惡欲情既熾而益蕩其性鑿矣故覺者約其情使合於中正其心養其性而已然必先明諸心知所往然後力行以求至焉若顏子之非禮勿視聽言動不遷怒貳過者則其好之篤而學之得其道也然其未至於聖人者守之也非化之也假之以年則不日而化矣今人乃謂聖本生知非學可至而所以爲學者不過記誦文辭之間其亦異乎顏子之學矣

【古義】遷移也言其心寬平故當怒而怒亦不移於他也貳字書訓副訓重皆爲益物之義其智明睿故一改之則不復行也此足見顏子好學之篤也短命者顏子三十二而卒既言今也則亡而又言

未聞他有眞好學者重惜之也此言門弟子中唯
顏子爲能好學而舉其行事以實之也可見其專
以德行爲學而與他人用力於文學者自異也然
是在顏子則爲細事其心三月不違仁則不遷怒
不足云得一善拳拳服膺則不貳過亦不足論夫
子爲對哀公故略舉其微善而告之本非顏子之
極致也論曰程子曰顏子之怒在物而不在己故
不遷又曰若舜之誅四凶怒在四凶舜何與焉蓋
因是人有可怒之事怒之聖人之心本無怒也其
說流于虛無而非所以論聖人之心也夫喜怒者
人心之用也雖聖人亦無以異於人也唯衆人之
喜怒誘於一己之私而作聖人之喜怒乃由仁義
而發非在己在物之謂也四凶之在朝妨賢蠹民
常人尚怒聖人殊甚故雖誅之猶當有餘怒此其
所以爲聖人也蓋其愛人也深故其惡之也亦益
甚豈可謂在物而不在己乎哉且喜之遷與怒之
遷等耳夫子何以偏曰不遷怒耶蓋怒者逆德而
易遷而顏子不然夫子之所以稱之也可見正心
之說非聖人之意而聖
人之教專以仁爲宗也

易下繫辭
子曰公冶長篇

徵不遷怒何晏曰怒當其理不移易也非矣朱註盡之不貳過貳重也如貳膳之貳過而不改又從而文之是謂重過何晏引易大傳有不善未嘗不知知之未嘗復行朱註因之而貳訓復失字義不可從矣不重過如淺易大傳如深故後儒務欲深之然大傳所言亦不重過之事初非二矣子曰已矣乎吾未見能見其過而內自訟者也豈易事哉且過也者聖人猶有之故君子不貴無過而改之爲貴焉哀公以好學問而孔子對以此者學以成德成德之至和順積中故不遷怒清明在躬故不

家語已見

貳過不遷怒者居仁也不貳過者遷義也居仁遷義日新不已孔子所以稱之也此曰今也則亾而家語稱不遷怒不深怨不錄舊罪者冉雍之行也是兼伯夷顏淵之行亦可以見仲弓後來進德之盛鄰於顏子矣祇不貳過一事仲弓終身不能而顏子既先能之孔子所以重惜之也程子曰顏子之怒在物不在己又曰若舜之誅四凶也可怒在彼己何與焉殊不知聖人善用其怒不可謂無怒焉顏子善懲怒不可謂不在己焉仁齋先生譏之是矣然其言曰四凶之在朝妨賢蠹民常人尚怒

子曰泰伯篇

豈弟君子見詩泂酌卷阿諸篇

子於是日述而篇

聖人殊甚故雖誅之猶當有餘怒此其所以為聖人也蓋其愛人也深故其惡之也亦益甚果其言之是邪舜不及顏子遠甚孔子何以稱不遷怒且子曰人而不仁疾之已甚亂也此舜亦亂而已亦盍稽諸經大象曰山下有澤損君子以懲忿窒慾人之情喜怒哀樂愛惡欲雖皆為心之用而不可均視並用焉詩曰豈弟君子中庸曰寬柔以教不報無道故君子者慈愛樂易是其常而唯怒為君子之所重戒也常人亦爾雖聖人亦爾不求諸經而斷諸理程朱仁齋胥失之矣子於是日哭則不

鑑空衡平大全黃勉齋說程子義

三月不違仁本篇

歌。此聖人有餘哀也。有餘哀而無餘怒。則七情之不可均視也。程子槩言約其情者。流於老佛也。世人或謂事當怒則怒。殊不知聖人君子於事之當怒者。猶且不怒也。何也。怒之當懲。而君子樂易其常也。故顏子不遷怒。不以和順積中爲說。而以鑑空衡平約情合中爲說者。皆不知道者之言也。仁齋先生又曰。是在顏子則爲細事。其心三月不違仁。則不遷怒不足云。得一善拳拳服膺。則不貳過不足論。夫子爲對哀公。故略舉其微善而告之。本非顏子之極致也。殊不知三月不違仁。乃非顏子

拳拳服膺中庸

之事。而拳拳服膺者。學問中語也。豈哀公所與知乎。故止以此告之耳。然不遷怒。不貳過。豈得爲微善。渠爲宋儒盛推。故特爲此執拗之言夫。

子華使於齊冉子爲其母請粟子曰與之釜請益曰與之庾冉子與之粟五秉子曰赤之適齊也乘肥馬衣輕裘吾聞之也君子周急不繼富原思爲之宰與之粟九百辭子曰毋以與爾鄰里鄉黨乎

古 馬融曰子華弟子公西華赤之字六斗四升曰釜包氏曰十六斗曰庾馬融曰十六斛曰秉五秉合爲八十斛鄭玄曰非冉有與之太多包氏曰弟子原憲思字也孔子爲魯司寇以原憲爲家邑宰孔安國曰九百九百斗辭辭讓不受孔安國曰祿法所得當受無讓鄭玄曰五家爲鄰五鄰爲里萬

二千五百家爲鄉五百家爲黨

新子華公西赤也使爲孔子使也釜六斗四升庾十六斗秉十六斛乘肥馬衣輕裘言其富也急窮迫也周者補不足繼者續有餘原思孔子弟子名憲孔子爲魯司寇時以思爲宰粟宰之祿也九百不言其量不可考毋禁止辭五家爲鄰二十五家爲里萬二千五百家爲鄉五百家爲黨言常祿不當辭有餘自可推之以周貧乏蓋鄰里鄉黨有相周之義○程子曰夫子之使子華子華之爲夫子使義也而冉有乃爲之請聖人寛容不欲直拒人故與之少所以示不當與也請益而與之亦少所以示不當益也求未達而自與之多則已過矣故夫子非之蓋赤苟至乏則夫子必自周之不待請矣原思爲宰則有常祿思辭其多故又教以分諸鄰里之貧者蓋亦莫非義也張子曰於斯二者可見聖人之用財矣

古義子華公西赤也使爲孔子使也釜六斗四升十六斗曰庾十庾曰秉肥馬輕裘言其富也急窮

追也周者補不足繼者續有餘邇原思孔子弟子名憲孔子爲魯司寇時以思爲宰九百不言其量或曰九百斗毋禁止辭五家爲鄰二十五家爲里萬二千五百家爲鄉五百家爲黨言常祿不當辭有餘自可推之以周濟鄰里鄉黨貧乏者也此門人併記二子之事以見聖人之妙用雖一取予間自有道存也夫子華家富而爲夫子使固其分也冉子不達其義乃私與之粟故夫子告之以君子有周急之道而無繼富之義至於原思辭宰祿又告之以常祿不可辭有餘則可以與鄰里鄉黨蓋請者而不與辭者而與之其一與一否皆靡非道也聖人之於物有時措之宜而無一定之法於是而可見矣

徵子華非工作度日之人矣雖出使而母豈乏之粟邪出使宅邦所費必多冉求請粟實爲子華足所費而以母爲辭也正義曰六斗四升曰釜者昭三

年左傳晏子曰齊舊四量豆區釜鍾四升爲豆各自其四以登于釜杜註云四豆爲區區十六升四區爲釜釜六斗四升是也案聘禮記云十斗曰斛十六斗曰籔十籔曰秉鄭註云秉十六斛今江淮之間量名有爲籔者今文籔爲逾是庾逾籔其數同今按嘉量方徑一尺深一尺容一釜周一尺爲今七寸一分九釐六毫三絲夏商周尺皆同今尺則唐尺後世以三代異尺唐則商尺者非矣余别有考以今求周自相乘得五一七八六七三三六九又以深乘之得三七二六七二八七一六五三

三四七。是爲一釜之積。六十四歸之。得五八二三三零一三六一九五八三不盡。是一升之積也。今日本之升方四寸九分。自乘得二四零一。以深二寸七分乘之。得六四八二七。以 日本之升除周升。爲八勺九撮八二三八九四六六七不盡。則釜爲五升七合五勺弱。庾爲一斗四升三合七勺微強。冉子以爲少也可知矣。五秉爲七石一斗八升五合九勺有奇。乃五馬所馱。爲近於人情矣。九百。孔安國以爲九百斗。爲 日本之八石零八升。通一歲。爲九十七石。蓋中士之祿也。繼者繼絕也。富

予欲無言陽貨篇
不憤不啓述而篇下同
賢者識其大者子張篇
大德不踰閑同
不假蓋家語致思篇

而曰繼反言以形其非也。毋字句絶。古註以來皆然。稽諸書。大禹謨曰。帝曰。毋。惟汝諧。是其例也。此章之義。自今人觀之。孔子師也。冉子門人也。孔子何故不直斥其非也。蓋學之道。使人自喻。而不必一一明言。一也。故曰予欲無言。曰不憤不啓。不悱不發。曰默而識之。學之道。主其大者。而小者不必拘。二也。故曰賢者識其大者。不賢者識其小者。曰大德不踰閑。小德出入可也。君子不欲傷人之意。三也。故孔子行遇雨。不假蓋於子夏氏。後世諸儒不識是意。且冉子與粟五秉。由今人觀之。孔子爲

魯司寇而其門人猶不用其命豈有是事乎然論語所載豈妄哉大氐商鞅以後天下皆法家程朱以後天下皆理學豈足知君子愷悌之德哉

子謂仲弓曰犂牛之子騂且角雖欲勿用山川其舍諸

古 犂雜文騂赤也角者角周正中犧牲雖欲以其所生犂而不用山川寧肯舍之乎言父雖不善不害於子之美

新 犂雜文騂赤色周人尚赤牲用騂角角周正中犧牲也用用以祭也山川山川之神也言人雖不用神必不舍也仲弓父賤而行惡故夫子以此譬之言父之惡不能廢其子之善如仲弓之賢自當見用於世也然此論仲弓云爾非與仲弓言也○范氏曰以瞽叟爲父而有舜以鯀爲父而有禹古

左傳僖十九年宋公使邾文公用鄫子于次雎之社

之聖賢不繫於世類尚矣子能改父之過變惡以爲美則可謂孝矣

【古義】犂雜文騂赤色周人尚赤牲用騂角角周正中犧牲也朱氏曰用用以祭也山川山川之神也言人雖不用然神必不舍也仲弓父賤而行惡故夫子以此譬之言不可以父之惡廢其子之善如仲弓之賢自當見用於世也此夫子論仲弓之賢而言父之惡無害於其子之賢也范氏曰以瞽瞍爲父而有舜以鯀爲父而有禹古之聖賢不係於世類尚矣子能改父之過變惡以爲美則可謂孝矣○夫子嘗見互鄉之童又取犂牛之子不以其俗之惡而捨其人之材不以其父之醜而棄其子之美實天地之心也門人記此以見夫子取人之無方也

【徵】犂牛章舊註盡之矣但左傳宋公用鄫子於社是古曰用者謂以爲牲也山川不舍者譬天不舍也朱註自當見用於世也夫子之意乃謂天也雖

欲勿用者。人也。故知天不舍也。

子曰回也其心三月不違仁其餘則日月至焉而已矣

【古】餘人暫有至仁時唯回移時而不變

【新】三月言其久仁者心之德心不違仁者無私欲而有其德也日月至焉者或日一至焉或月一至焉能造其域而不能久也○程子曰三月天道小變之節言其久也過此則聖人矣不違仁只是無纖毫私欲少有私欲便是不仁尹氏曰此顏子於聖人未達一間者也若聖人則渾然無間斷矣張子曰始學之要當知三月不違與日月至焉內外賓主之辨使心意勉勉循循而不能已過此幾非在我者

【古義】三月言其久也其餘蓋指文學政事之類而言猶其餘不足觀也已之意日月至者謂以日月

自至也」此美顏子之心自能合於仁也言至於爲仁天下之至難也唯顏子之心能合於仁而至於三月之久亦自不違若其他文學政事之類彼雖不用力以日月自至焉而已矣豈不賢哉當時彼賢士大夫及門人弟子無許其仁者而獨美顏子如此大哉」論曰人人之於道也其猶規矩準繩乎故古之聖人使天下萬世以之由此而行之故曰以道修身又曰以仁存心以禮存心其資之美者心與之不違如顏子其心三月不違仁是也及其至也心與之一而不二如夫子從心所欲不踰矩是也世衰道微人安於暴棄不肯由焉而行之故孟子引而近之曰仁者人心也蓋明其本之在我而不假外求也及至後世求道過高乃謂心之於仁也猶明鏡之有光也苟如其說則有明暗之可言而無離合之可驗夫子之稱顏子何以不曰其心三月不昧而稱三月不違仁耶蓋嘗譬之心猶薪也仁猶火也薪得火而成其用火因薪而見其德然薪有能燃者有濕而難燃者而天下之薪無有不燃者此其性之雖有不同而其皆可以爲善則一也孟子之言性善是也故顏子三月不違仁燥而易燃

依於仁述而篇

知至大學

者也世之頑冥不仁者濕而難燃者也由是辨之則仁也心也性也其別分明不待辨矣

徵不違仁者依於仁也依與違反故有依違之言仁一德也先王之道所爲德者衆焉仁何以盡乎德然先王之道安民之道也安民之德謂之仁它德雖衆乎皆所以輔仁而成之也故孔子以依於仁教之謂其心苟能依於仁則其它衆德皆自然來集矣回也如賜也呼顏子告之也三月者假設而言其久也日月至焉而已者謂日日而至月月而至也至云者如知至之至也何註以此章爲顏子之事以其餘爲餘人泥三月而不知假設而言

子夏道戰之說
韓非子
莊子太宗師

我欲仁述而篇

其久也朱註因此語意殊不倫仁齋先生引其餘不足觀也而辨其誤可謂特見但猶以爲顏子之事而不知孔子泛言依於仁之盖呼顏子以語之故曰其心曰而已矣皆未穩矣且文學政事豈容言至乎且如孔子之意則文學政事皆依於仁豈容析而二之乎張子內外賓主之辨本於孟子雜以子夏道戰之說要之莊子所謂嗜欲深者天機淺此其學所淵源已叚使嗜欲淨盡苟不有仁德亦達磨已且三月不違仁是學之方未可謂之仁人也且仁豈有域乎如我欲仁斯仁至矣皆謂自

彼來至也非我往至彼也。又按論語。唯此章以心言之。聖門唯仁爲心法。一言一動。一事一物。皆欲與先王安民之德相應。是所謂依於仁也。不違仁也。它如居仁。亦居心於仁也。故又曰安宅。又曰仁人心也。後儒不識此義。而曰仁者心之德。其不流於老佛者幾希。

居仁孟子離婁篇安宅公孫丑篇仁人心告子篇

季康子問仲由可使從政也與。子曰由也果。於從政乎何有。曰賜也可使從政也與。曰賜也達。於從政乎何有。曰求也可使從政也與。曰求也藝。於從政乎何有

古 包氏曰果謂果敢決斷」孔安國曰達謂通於物理」孔安國曰藝謂多才藝

新 從政謂爲大夫果有決斷達通事理藝多才能○程子曰季康子問三子之才可以從政乎夫子答以各有所長非惟三子人各有所長能取其長皆可用也

古義 從政謂爲大夫果有決斷也」達謂穎悟通達」藝謂多才能」此言從政各有其才而不可以一節限也蓋果則能斷疑定事達則能理繁治劇藝則能隨機應變故皆可以從政○程子曰季康子問三子之才可以從政乎夫子答以各有所長非唯三子人各有所長取其長皆可用也

徵 賜也達孔安國曰謂通於物理朱子曰通事理蓋通於國體人情莫有滯礙如所謂疏通知遠書教也是達已若徒從事宋儒窮理之學而以通事理見稱授之以政難矣夫

疏通知遠禮記經解

季氏使閔子騫爲費宰閔子騫曰善爲我辭焉如有復我者則吾必在汶上矣

【古】孔安國曰費季氏邑季氏不臣而其邑宰數畔聞子騫賢故欲用之孔安國曰不欲爲季氏宰託使者善爲我辭焉說令不復召我孔安國曰復我者重來召我孔安國曰去之汶水上欲北如齊

【新】閔子騫孔子弟子名損費季氏邑汶水名在齊南魯北境上閔子不欲臣季氏令使者善爲己辭言若再來召我則當去之齊○程子曰仲尼之門能不仕大夫之家者閔子曾子數人而已謝氏曰學者能少知內外之分皆可以樂道而忘人之勢況閔子得聖人爲之依歸彼其視季氏不義之富貴不啻犬彘又從而臣之豈其心哉在聖人則有不然者蓋居亂邦見惡人在聖人則可自聖人以下剛則必取禍柔則必取辱閔子豈不能早見而豫待之乎如由也不得其死求也爲季氏附益夫豈其本心哉蓋既無先見之知又無克亂之才故也然則閔子其賢乎

【古義】閔子騫孔子弟子名損費季氏邑名以其邑數畔難治故欲得閔子而用之汶水名在齊南魯北境上閔子自知不能化季氏之惡故對使者使其委曲開陳而竊其召言若再來召我則當去之

齊人溫柔則少斷剛毅則不寬古今之通患也而閔子之爲人也柔順淵默與物無忤疑乎無剛果決烈之氣然觀其答使者之辭詞確意直毅然不可犯非仁熟義精有勇且直者則不能孔門之諸子愕然以爲不可跂及乃記此以爲學者之標準

論曰先儒謂仲尼之門能不仕大夫之家者閔子曾子數人而已非也蓋君臣之義人之大倫而貴賤之别位之定分也故當論其義不義如何而不可槩以仕大夫爲非也孔子曾仕季桓子孔門諸子亦仕大夫之門者有之矣豈可皆以爲非耶唯世有自抱道德不爲濁世所汙衊之士若閔子騫是也此所以可尚也蓋出于數子一等而未至聖人無可無不可耳故曰道並行而不相悖大德敦化小德川流若夫舁出崇處貴隱賤顯高蹈遠引無志於斯世者亦閔子之罪人也

徵程子曰仲尼之門能不仕大夫之家者閔子曾子數人而已仁齋先生乃曰不可槩以仕大夫之家爲非也然味程子之言豈必以此爲非乎蓋仕諸侯者有志於一國之治者也仕大夫者否矣其志瑣瑣焉者也程子乃與其大者已

伯牛有疾子問之自牖執其手曰亾之命矣夫斯人也而有斯疾也斯人也而有斯疾也

古馬融曰伯牛弟子冉耕包氏曰牛有惡疾不欲見人故孔子從牖執其手也孔安國曰亾喪也疾甚故持其手曰喪之包氏曰再言之者痛惜之甚

新伯牛孔子弟子姓冉名耕有疾先儒以爲癩也牖南牖也禮病者居北牖下君視之則遷於南牖

下使君得以南面視己時伯牛家以此禮尊孔子孔子不敢當故不入其室而自牖執其手蓋與之永訣也命謂天命言此人不應有此疾而今乃有之是乃天之所命也然則非其不能謹疾而有以致之亦可見矣〇侯氏曰伯牛以德行稱亞於顏閔故其將死也孔子尤痛惜之

古義 伯牛孔子弟子姓冉名耕有疾者有惡疾也牖南牖也朱氏曰禮病者居北牖下君視之則遷於南牖下使君得以南面視己時伯牛家以此禮尊孔子孔子不敢當故不入其室而自牖執其手蓋與之永訣也此孔子惜伯牛之死而言伯牛之賢不應有此疾而今乃有之是非其不能謹疾而有以致之實天之所命而雖賢者亦所不免也則知彼不盡其道而死者皆不可言命也

徵 自牖執其手包咸曰牛有惡疾不欲見人故孔子從牖執其手也理或然矣然不如朱子以禮斷之極確也亡之人多以亡爲死之義非也死與亡

異始死曰死既葬曰亾伯牛未死安得遽謂之亾也且伯牛未死孔子豈容言其當死乎古註孔曰亾喪也疾甚故持其手曰喪之按亾喪也三字孔安國之言也疾甚以下何晏不識孔意妄以己意解之耳蓋亾訓喪如亾人之亾也非死喪之義矣冉子有惡疾不可復用於世如失之然故孔子云爾朱註永訣亦失之乃親之也

子曰賢哉回也一簞食一瓢飲在陋巷人不堪其憂回也不改其樂賢哉回也

古 孔安國曰簞笥也孔安國曰顏淵樂道雖簞食在陋巷不改其所樂

【新】簞竹器食飯也瓢瓠也顏子之貧如此而處之泰然不以害其樂故夫子再言賢哉回也以深歎美之○程子曰顏子之樂非樂簞瓢陋巷也不以貧窶累其心而改其所樂也故夫子稱其賢又曰簞瓢陋巷非可樂蓋自有其樂爾其字當玩味自有深意又曰昔受學於周茂叔每令尋仲尼顏子樂處所樂何事愚按程子之言引而不發蓋欲學者深思而自得之今亦不敢妄爲之說學者但當從事於博文約禮之誨以至於欲罷不能而竭其才則庶乎有以得之矣

【古義】簞笥瓢瓠一簞食一瓢飲言其至貧也顏子居不堪憂之地而能處之泰然不改其樂故夫子再言賢哉回也以深嘆美之顏子不以貧窶爲憂而能不改其樂故夫子稱其賢也夫顏子之樂固雖不可以言語形容然外理義而豈別有所謂樂者乎蓋得於理則天下無可憂之事得於義則天下無可慕之物苟其如此則祿之以天下而弗顧繫馬千駟而弗視亦何貧窶之足憂先儒苦其難於形容者亦求之高遠而不知求之實德故也

賜不受命先進篇

伊尹樂堯舜之道孟子萬章篇

樂以忘憂述而篇

淵明歸去來辭

【徵】顏子不以貧窶累其心。信天命之篤也。它日孔子與賜不受命對言。可以見己。所謂其樂者。正如伊尹耕有莘之野。樂堯舜之道。孔子亦曰。發憤忘食。樂以忘憂。不知老之將至云爾。可見顏子教學爲事。以忘其憂。淵明樂琴書以消憂。亦不其相遠矣。祇其德相萬。樂亦相萬。要之皆樂先王之道也。宋儒所見如達磨。不欲惹一物。故以樂道爲非。是已。程子曰。其字當玩味。妥哉。不改其樂。與不堪其憂相對。憂者憂貧。豈可拘其字。則不改其樂。亦要在不改二字耳。

冉求曰非不說子之道力不足也子曰力不足者中道而廢今汝畫

【古】孔安國曰畫止也力不足者當中道而廢今女自止耳非力極

【新】力不足者欲進而不能畫者能進而不欲謂之畫者如畫地以自限也○胡氏曰夫子稱顏回不改其樂冉求聞之故有是言然使求說夫子之道誠如口之說芻豢則必將盡力以求之何患力之不足哉畫而不進則日退而已矣此冉求之所以局於藝

【古義】朱氏曰力不足者欲進而不能畫者能進而不欲謂之畫者如畫地以自限也氣質甚弱者雖黽勉爲之或至於半塗而廢是誠力不足者也若冉求者未必盡力向前只自限畫而不進而已何所成其材哉論曰聖人之道中庸而已矣高一分不得卑一分不得猶手持足行目視口食須臾離爲則不能樂古人悅道不啻如口之於芻豢以此也冉求之意徒見其高而不知初未嘗高徒見

其難而不知本無甚難空乎其有止心也公孫丑曰道則高矣美矣不可幾及亦冉求之見也

徵 中道而廢者雖廢亦在道之中也廢謂廢棄也在道之中謂之中道猶如中流中林古言爲爾孔子語意言古之力不足者中道而廢今汝以力不足自稱是如畫地而不進矣觀於今字則稱古者審矣表記曰鄉道而行中道而廢忘身之老也不知年數之不足也俛焉日有孳孳斃而後已蓋人之力有强弱故聖人不欲强之或作或輟皆從其力所能然後優游乎先王之道以底其成爲古之道爲爾孔子所以稱之舊註以半途解中道其義

可通而大失古言。學者察諸。仁齋先生曰冉求徒見道之高遠。而不知中庸之道。故有止心。是以中道爲半途。遂以中庸篇之言同觀。爾果使其言之是乎。則孔子何不說中庸之道使冉求無止心。廼孔子不及仁齋也。拘儒肆口。一至於斯。夫且聞有中庸之德也。未聞有中庸之道也。適見其不知道已。

子謂子夏曰女爲君子儒毋爲小人儒

【古】孔安國曰君子爲儒將以明道小人爲儒則矜其名。

【新】儒學者之稱。程子曰君子儒爲己小人儒爲人。○謝氏曰君子小人之分義與利之間而已然所

周禮太宰職以九兩繫邦國之民四曰儒以道得民司徒職以本俗六安萬民四曰聯師儒

荀子說見儒效篇

謂利者豈必殖貨財之謂以私滅公適已自便凡可以害天理者皆利也子夏文學雖有餘然意其遠者大者或昧焉故夫子語之以此

【古義】君子小人以位言君子之儒以天下爲己任而有志于濟物者也小人之儒纔取足善其身而已不能及物也子夏雖文學有餘然規模狹小故夫子恐其或爲小人之儒故語之以此後世記誦詞章之學蓋亦小人之儒焉耳

【徵】儒字見周禮迺有文學者之稱子夏長於文學孔子欲其所學施諸君子之事而不欲施於小人之事也君子之事者謂出謀發慮使其國治民安也小人之事者謂徒務籩豆之末以供有司之役也戰國時百家並起儒墨爭衡而後荀子始以堯

舜禹湯文武爲大儒。古所無也。孔安國明道矜名。

程子爲人爲己。謝氏義利之分。皆後世之說也。

子游爲武城宰子曰女得人焉耳乎曰有澹臺滅明者行不由徑非公事未嘗至於偃之室也

古 包氏曰武城魯下邑孔安國曰焉耳乎皆辭包氏曰澹臺姓滅明名字子羽言其公且方

新 武城魯下邑澹臺姓滅明名字子羽徑路之小而捷者公事如飲射讀法之類不由徑則動必以正而無見小欲速之意可知非公事不見邑宰則其有以自守而無枉己徇人之私可見矣○楊氏曰爲政以人才爲先故孔子以得人爲問如滅明者觀其二事之小而其正大之情可見矣後世有不由徑者人必以爲迂不至其室人必以爲簡非孔氏之徒其孰能知而取之愚謂持身以滅明爲法則無苟賤之羞取人以子游爲法則無邪媚之惑

古義 武城，魯下邑。澹臺姓，滅明名，字子羽，武城人。徑，路之小而捷者。公事，如飲射讀法之類。行不由徑，不事智巧也。非公事不見邑宰，有所自守也。揚氏曰：爲政以人才爲先，故孔子以得人爲問。如滅明者，觀其二事之小，而其正大之情可見矣。後世有不由徑者，人必以爲迂；不至其室，人必以爲簡。非孔子之徒，其孰能知而取之？

徵 無說

子曰：孟之反不伐，奔而殿，將入門，策其馬曰：非敢後也，馬不進也。

古 孔安國曰：魯大夫孟之側，與齊戰，軍大敗。不伐者，不自伐其功也。馬融曰：殿在軍後，前曰啓，後曰殿。孟之反賢而有勇，軍大奔，獨在後爲殿，人迎功之，不欲獨有其名，曰：我非敢在後距敵，馬不能前進。

新 孟之反，魯大夫，名側。胡氏曰：反即莊周所稱孟子反者是也。伐，誇功也。奔，敗走也。軍後曰殿。策，鞭

仁齋之意已見
高中玄說

也戰敗而還以後爲功反奔而殿故以此言自揜其功也事在哀公十一年○謝氏曰人能操無欲上人之心則人欲日消天理日明而凡可以矜己誇人者皆無足道矣然不知學者欲上人之心無時而忘也若孟之反可以爲法矣

古義 孟之反魯大夫名側伐誇功也奔敗走也軍後曰殿戰敗而還以後爲功策鞭也之反馬羸而不進故自爲殿耳按春秋傳齊師伐魯魯右師奔孟之側後入以爲殿抽矢策其馬曰馬不進也益恐人以爲功故自暴其實也奔而殿人之所美也若人稱之則謙默不言乃可矣之反爲人惡伐其功故恐人以功歸於己先自暴其實益見其出於天性也若使之反實自爲殿而又自揜其功則是僞焉耳非直道也聖人必不取焉

徵 孟之反不伐○仁齋先生曰○自暴其實○若使之反實自爲殿○而又自揜其功○則是僞焉耳○非直道也○

聖人必不取焉。殊不知不伐者美德，故聖人稱焉。孔子明曰孟之反不伐，不伐云者，有功而不伐也。大禹謨曰：汝惟不伐，天下莫與汝爭功。是禹以不伐見稱，豈得無功乎。仁齋務欲出奇，而不知其於一章之中自相矛盾也。

子曰：不有祝鮀之佞，而有宋朝之美，難乎免於今之世矣。

古 孔安國曰：佞，口才也。祝鮀，衛大夫子魚也。時世貴之。宋朝，宋之美人而善淫。言當如祝鮀之佞，而反如宋朝之美，難乎免於今之世害也。

新 祝，宗廟之官。鮀，衛大夫，字子魚，有口才。朝，宋公子，有美色。言衰世好諛悅色，非此難免，蓋傷之也。

孔子言憲問篇

古義 祝，宗廟之官。鮀，衛大夫，字子魚，有口才。朝，宋公之子，有美色。此夫子傷時俗之甚衰而不如古之尚德也。言衰世好諛悅色，非此難免其害。蓋時俗之衰雖小，其係天下之盛衰大矣，況衰之不小者乎？故聖人深嘆之。

徵 不有祝鮀之佞而有宋朝之美，孔安國曰當如祝鮀之佞，而反如宋朝之美。朱註以一不管二有，於辭不順，不可從矣。其所以不從孔註者，嫌於貴佞也。殊不知孔子言衛靈公所以無道而不喪之故，而取祝鮀，可見朱註之非也。蓋佞古稱口才，未有姦惡之意。觀於雍也仁而不佞，可見已。聖人所以惡之者，以行之不逮也。後世藉聖人惡之，遂以稱姦人謂之佞。是後世佞字與孔子時異。而宋儒輩不自覺也。孔門四科。稱言語宰我子貢。其所尊信孟子好辯。豈非佞人歟。詳按此章之意。祝鮀宋朝。皆衞大夫。是必孔子論衞靈公次及它國之事。其臣無祝鮀之才。而唯有宋朝之美。故孔子論其不免於患難耳。門人所以錄之者。以孔子平日惡佞。而有時乎有是言。故以見聖人道大。不沒人才。其論大非如曲士拘儒之類耳。按美亦主容觀之美。不必主色也。

子曰誰能出不由戶何莫由斯道也

上古穴居四句據易繫辭

【古】孔安國曰言人立身成功當由道譬由出入要當從戶

【新】言人不能出不由戶何故乃不由此道耶怪而歎之之辭○洪氏曰人知出必由戶而不知行必由道非道遠人人自遠爾

【古義】朱氏曰言人不能出不由戶何故乃不由此道耶怪而歎之之辭」道猶大路然由焉則安不由則危遵康莊之平則自忘其勞蹈荊棘之艱則不堪其苦苟知道如大路則孰有肯去其安而就其危者哉故學以知爲先而以行爲要

【徵】上古穴居而野處○後世聖人易之以宮室上棟下宇○以待風雨○於是乎有戶○是戶聖人所作也○道亦聖人所立也○於戶則由之○謂爲自然矣○於道則不由之○謂非自然矣○雖然○道之不可不由○其猶戶

乎。

子曰質勝文則野文勝質則史文質彬彬然後君子

古 包氏曰野如野人言鄙略也」包氏曰史者文多而質少」包氏曰彬彬文質相半之貌

新 野野人言鄙略也史掌文書多聞習事而誠或不足也彬彬猶班班物相雜而適均之貌言學者當損有餘補不足至於成德則不期然而然矣○楊氏曰文質不可以相勝然質之勝文猶言甘可以受和白可以受采也文勝而至於滅質則其本亡矣雖有文將安施乎然則與其史也寧野

古義 野野人言鄙畧也史史官言文多質少也彬彬文質適均之貌」此言質之勝文猶文之勝質其爲病也均矣故非文質彬彬則不足以爲君子也益文質偏勝本出於氣質使然而不免有野與史之病明學問之熟而後能至於彬彬若徒任氣質則必不能無病也

徵 文勝質則史○包咸曰○史者文多而質少○朱註史

先進先進篇
儉戚八佾篇

掌文書多聞習事而誠或不足也愚謂文謂禮樂史掌文書故朝廷制度朝會聘問儀節莫不通曉而德行不必皆有也楊氏曰與其史也寧野此睹先進後進儉戚之言而爲是言者也殊不知儉戚就行禮上言之先進後進及此章以人言之而此文質彬彬卽先進野人也大氐君子之所以爲君子者以文苟無文何足以爲君子乎後世道學先生多狃老莊之說析精粗而二之遂謂質本也文末也道德本也禮樂末也殊不知道無內外焉無精粗焉有德行而禮樂不足卽此章野人也豈不

加我數年述而篇史記孔子世家

陋乎彬彬說文作份份按加我數年五十以學易可以無大過史記引之可以無大過作彬彬也蓋彬彬乃無過之義大過過也小過不及也故無大過即無過也文質彬彬蓋文質不相過之義故曰文質適稱貌

子曰人之生也直罔之生也幸而免

古 馬融曰言人所生於世而自終者以其正直也包氏曰誣罔正直之道而亦生者是幸而免

新 程子曰生理本直罔不直也而亦生者幸而免爾

古義 生謂人之生在於世也罔者謂誣罔直道也言人而邪枉不可以一日生於天地之間也此章即斯民也三代之所以直道而行也之意言人之生在乎斯世雖若姦詐巧僞靡所不至然人心甚

直善以爲善惡以爲惡君子以爲君子小人以爲小人莫非直道也其誣枉直道蔑棄人理者妄其陷于刑戮懼于咎殃而不得生存于斯世也而亦得不死者是幸而獲免耳非當然也

徵 馬融曰。言人所生於世而自終者。以其正直也。程子因之曰。生理本直。是自理學之見。安睹所謂生理者乎。若謂人之性直。非直何以存於天地之間乎。猶之可矣。雖然何以能睹其理也。凡言理如此者。皆臆度耳。罔之生也。幸而免。包咸曰。誣罔正直之道。而亦生者。是幸而免。是解罔爲誣罔正直之道。可謂不善解已。程子曰。罔。不直也。是其意謂罔。誣罔也。罔之生。謂罔人者之生也。不直之事不

直在其中 子路篇

止一端皆欲誣罔人也。故罔訓不直。措辭之不善也。韓愈筆解直德字之誤。古書德作悳。爲是。言人皆有其德。中庸所謂夫婦之愚可與知可能行者是也。是其所以生存乎天地之閒也。罔無也。言無德也。於辭爲協。何則。直不可謂無矣。德可謂無矣。聞不直也。未聞無直也。故直字是。則罔不可訓無也。止可以誣罔解也。罔字以誣罔解。則罔之生也不成言矣。故韓愈爲是。且孔子曰。直在其中矣。謂直之不可執也。且德者性之德。德則有誠。誠者謂內外一也。後儒所謂直者。皆指誠言之。後儒所謂誠者皆指大至誠言之皆由古言不明而其意雖美乎未免郢書而燕說耳且專尚直豈孔子之意哉學者察諸免如免而無恥免於今之世知免夫之免謂免於刑戮也

免而無恥爲政篇免於今之世本篇知免夫泰伯篇

子曰知之者不如好之者好之者不如樂之者

古 包氏曰學問知之者不如好之者篤好之者不如樂之者深

新 尹氏曰知之者知有此道也好之者好而未得也樂之者有所得而樂之也○張敬夫曰譬之五穀知者知其可食者也好者食而嗜之者也樂者嗜之而飽者也知而不能好則是知之未至也好之而未及於樂則是好之未至也此古之學者所以自強而不息者與

古義 知之者知此道之不可不由也好之者好之之至天下之物無以加之也樂之者心安於道而

無入而不自得也知之者義理明白議論可聞人皆尚之然不如好之者之終身不衰愈進愈熟也好之者雖人皆信之然不如樂之者之與道爲一而無跡可尋之爲至也夫道一也唯有所行之生熟深淺耳夫子言之者欲其自生至熟自淺至深也

【微】知之好之樂之○尹氏張敬夫盡矣○

子曰中人以上可以語上也中人以下不可以語上也

【古】王肅曰上謂上知之所知也兩舉中人以其可上可下

【新】語告也言教人者當隨其高下而告語之則其言易入而無躐等之弊也○張敬夫曰聖人之道精粗雖無二致但其施教則必因其材而篤焉蓋中人以下之質驟而語之太高非惟不能以入且將妄意躐等而有不切於身之弊亦終於下而已矣故就其所及而語之是乃所以使之切問近思

而漸進於
高遠也

【古義】語告也言告人各因其材聖賢事業非中人以下之所能當也唯當以孝弟忠信威儀禮節告之耳此專爲教人者而發人之才質自有高下各隨其量而告語之則言者既不失言而聽者亦有所得若夫子答顏冉之問顏冉便對曰請事斯語是也若夫中人以下之質遽以聖賢事業告之則必有泛然不切之患而無益於其身也故君子之教也有勸而無抑有導而無強各隨其材而導之
亦非謂中人以下
者則必不語上也

【徵】王肅曰上謂上知之所知也兩舉中人以其可上可下盡矣道莫有上下故今此所謂上乃謂上智之所知也後世此章之義不明故理學興而欲窺聖人之心又聒之一切務欲開民知竇聖人之

道則不然。示諸行事。待其自喻。方其不喻。雖聒之何以能知乎。不自喻而得諸耳。均之不喻已。故聖人不強人以其知之所不及也。

樊遲問知子曰務民之義敬鬼神而遠之可謂知矣

問仁曰仁者先難而後獲可謂仁矣

古王肅曰務所以化道民之義包氏曰敬鬼神而不黷孔安國曰先勞苦而後得功此所以爲仁

新民亦人也獲謂得也專用力於人道之所宜而不惑於鬼神之不可知知者之事也先其事之所難而後其效之所得仁者之心也此必因樊遲之失而告之○程子曰人多信鬼神惑也而不信者又不能敬能敬能遠可謂知矣又曰先難克己也以所難爲先而不計所獲仁也呂氏曰當務爲急不求所難知力行所知不憚所難爲

瀆當作瀆古義行本恐誤

古義敬者不侮慢之謂遠者不褻瀆之意專用力於人道之所當爲而不求媚於鬼神之不可知知之至也」獲得也急事之難爲而不責其報仁者之心也」務人之義知之至而得其實者也敬鬼神而遠之能用其知而不惑者也若夫棄日用當務之事而用力於瀆茫不可知之地者豈可謂知哉先難而後獲則有爲人之實心而其德不可量也苟有求其報之心而爲之則雖天下之大勳勞亦非德也豈可謂仁哉夫子不泛論仁之德而必言仁者者蓋以仁之爲德難以空言喻故舉仁者之心而答之也凡言仁者諸章倣此

徵務民之義王肅曰務所以化道民之義得之但化道二字未切耳朱註民亦人也專用力於人道之所宜是訓民爲人訓義爲宜昧乎古言而恣作訓解從己所好可謂亂道矣禮與義古聖人所建

以禮制心以義制事書仲虺之誥　詩書義之府也左傳僖二十七年

道之大端也。故此二者每對言。如以禮制心。以義制事。是也。禮在經典。義存詩書。故曰詩書義之府也。仁義禮智之說興。而或以爲德。或以爲性。孔子以前所無也。仁智德也。存乎人焉。禮義道也。作乎聖焉。民之義者。義有種種。此謂其施諸治民者也。訓民爲人。其謬起自大學親民。而義訓宜。借以明其意者也。豈可直易以宜乎。可謂妄已。敬鬼神而遠之。包咸曰。敬鬼神而不黷。得之。葢人舁而鬼神尊。故敬之。幽明隔。故遠之。顓頊命重黎絕地天通。謂不黷也。如祀父母之神。建廟安厝之。祭必齋。血

顓頊命重黎見書呂刑及楚語

或謂指入全或人之問

幽明之故易繫辭

爲之難顏淵篇

先事後得顏淵篇

腥體薦。不以人所飮食。祭器殊。燕器類。所以遠之也。或謂鬼神之正者敬之。不正者遠之。殊不知凡經所謂鬼神。皆謂正者也。朱註。不惑於鬼神之不可知。如亡害然。然宋儒所見。歸於無鬼神。凡言無鬼神者。不知聖人之道者也。此章之旨。明於天人之分。達於幽明之故。故孔子曰可謂知矣。先難而後獲。孔安國曰。先勞苦而後得功。得之。它日孔子曰。爲之難。故此謂爲仁而曰難。獲者得其報也。記曰。用其仁而去其欲。故欲獲其利而爲仁。非君子所貴矣。朱註。後其效之所得。此本於先事後得。然

所謂得者亦謂得報也朱子加以効字乃孟子勿助長勿正之說道學先生動曰功夫功夫一如道士鍊丹故有此等之言豈孔門之舊乎學者察諸

子曰知者樂水仁者樂山知者動仁者靜知者樂仁者壽

【古】包氏曰知者樂運其才知以治世如水流而不知已仁者樂如山之安固自然不動而萬物生焉包氏曰日進故動孔安國曰無欲故靜鄭玄曰知者自役得其志故樂包氏曰性靜者多壽考

【新】樂喜好也知者達於事理而周流無滯有似於水故樂水仁者安於義理而厚重不遷有似於山故樂山動靜以體言樂壽以効言也動而不括故樂靜而有常故壽○程子曰非體仁知之深者不能如此形容之

孝經已見

古義 樂喜好也樂水樂山以其趣而言動靜以其才而言樂壽以其效而言水之爲物周流無滯盈而能平故智者樂之山之爲體安重不動萬物殖焉故仁者樂之可以見仁智之趣矣疏通不滯動之機也安固有常靜之體也可以知仁智之才矣無所迷苦故樂無所戕害故壽可以驗仁智之效矣仲尼亟稱水曰水哉水哉詩曰高山仰止景行行止可以見樂水樂山之一端也然此徒以智者仁者之量而言若夫聖人之德仕止久速變化無窮動而能靜靜而能動兼仁智而一之不可以一德名之也至矣

徵 知者樂水。仁者樂山。此二句。非孔子時辭氣。蓋古言也。而孔子誦之。下四句。乃孔子釋之也。蓋孔子多誦古之法言。故孝經曰。非先王之法言不敢道也。古書不傳者多。而後儒昧乎文辭。槩以爲孔子之言。非矣。樂山樂水。知者樂。皆音洛。朱註。上二字並五教反。古無此音。如牛山之樂。豈非音洛耶。仁知之於山水。與我心會。欣然以樂。故音洛爲是。水動山靜。樂如水之流。壽如山之不崩。豈非釋之之言耶。古註。知者樂運其才知以治世。如水流而不知已。仁者樂如山之安固。自然不動而萬物生焉。勝朱註萬萬。易大傳曰。知周乎萬物而道濟天下。故不過。旁行而不流。樂天知命。故不憂。安土敦乎仁。故能愛。與此章之義互相發焉。朱註達於事理。安於義理。咕咕於理。可醜之甚。

子曰齊一變至於魯魯一變至於道

【古】包氏曰言齊魯有太公周公之餘化太公大賢周公聖人今其政教雖衰若有明君興之齊可使如魯魯可使如大道行之時

【新】孔子之時齊俗急功利喜夸詐乃霸政之餘習魯則重禮教崇信義猶有先王之遺風焉但人亡政息不能無廢墜爾道則先王之道也言二國之政俗有美惡故其變而之道有難易○程子曰夫子之時齊強魯弱孰不以爲齊勝魯也然魯猶存周公之法制齊由桓公之霸爲從簡尚功之治大公之遺法變易盡矣故一變乃能至魯魯則脩舉廢墜而已一變則至於先王之道也愚謂二國之俗唯夫子爲能變之而不得試然因其言以考之則其施爲緩急之序亦畧可見矣

【古義】一變謂其易也道則先王之道也此爲魯而發也夫子之時諸夏衰亂皆無可論唯齊由桓公之霸政治修明非諸夏之比故一變便能至於魯而魯發政施仁則便能至於道葢言化之漸也論

曰強之勝弱人皆知之而禮樂之優於政刑則人未之知也當斯時齊強魯弱孰不以爲齊勝魯也哉然自聖人見之魯雖弱尚能守先王之法非齊之所能及也況強多暴而弱多德強者易折而弱者堪久齊至於簡公而田氏代之魯雖衰亂猶能保其國是其明效也惟仁能持強惟智能拯弱若仁以爲治智以御之田氏不能篡齊魯必爲政於天下也惜哉

徵 魯一變至於道○古註○魯可使如大道行之時○可謂明白○朱註至於先王之道○殊爲不通○

子曰觚不觚觚哉觚哉

古 馬融曰觚禮器一升曰爵二升曰觚」觚哉觚哉言非觚也以喻爲政不得其道則不成

新 觚稜也或曰酒器或曰木簡皆器之有稜者也不觚者蓋當時失其制而不爲稜也觚哉觚哉言不得爲觚也○程子曰觚而失其形制則非觚也舉一器而天下之物莫不皆然故君而失其君之

道則爲不君臣而失其臣之職則爲虛位范氏曰人而不仁則非人國而不治則不國矣

【古義】觚稜也酒器之有稜者一升曰爵三升曰觚朱氏曰不觚者蓋當時失其制而不爲稜也觚哉觚哉言不得爲觚也洪氏慶善曰古者獻以爵而酬以觚此夫子因獻酬之際有所感也程子曰觚而失其形制則非觚也舉一器而天下之物莫不皆然故君而失其君之道則爲不君臣而失其臣之職則爲虛位愚謂由此言之凡學而不本德則非學行而不由仁則非行人而失所以爲人則非人可不愼哉

升庵文集四書類

【徵】觚非木簡以觚爲簡起于秦漢以後升庵辨之是矣祇升庵引破觚爲圓而謂變其形制恐非矣蓋時俗湎于酒而獻酬之禮不可廢焉故大其觚以適其量是觚之所以不觚也蓋春秋之時先王

之禮尚存而凡百器物皆遵用古制觀於左傳諸書可以見已故不可遽易其制乃仍舊制而大之勢之所至也秦漢以後衣服器物皆無法制人任意爲之而新奇日出則何必用舊制與舊名乎儒者生於其世而不知三代時禮之圉世者若是其久也故謂變其形制豈不粗乎馬融曰觚禮器一升曰爵二升曰觚邢昺疏引韓詩說一升曰爵爵盡也足也二升曰觚觚寡也飲當寡少三升曰觶觶適也飲當自適也四升曰角角觸也不能自適觸罪過也五升曰散散訕也飲不自節爲人謗訕

總名曰爵其實曰觴觴者餉也觚亦五升所以罰不敬觚廓也所以著明之貌君子有過廓然著明非所以餉不得名觴今以日本之量求爵受八勺九觚受一合七勺八觶受二合六勺七角受三合六勺弱散與觚受四合五勺弱則古今人酒量亦不甚相遠矣聊附記

宰我問曰仁者雖告之曰井有仁焉其從之也子曰何爲其然也君子可逝也不可陷也可欺也不可罔也

古 孔安國曰宰我以仁者必濟人於患難故問有仁人墮井將自投下從而出之不乎欲極觀仁者

憂樂之所至」孔安國曰逝往也言君子可使往視之耳不肯自投從之」馬融曰可欺者可使往也不可罔者不可得誣罔令自投下

新 劉聘君曰有仁之仁當作人今從之從謂隨之於井而救之也宰我信道不篤而憂爲仁之陷害故有此問逝謂使之往救陷謂陷之於井欺謂誑之以理之所有罔謂昧之以理之所無蓋身在井上乃可以救井中之人若從之於井則不復能救之矣此理甚明人所易曉仁者雖切於救人而不私其身然不應如此之愚也

古義 朱氏曰有仁之仁當作人從謂隨之於井而救之也」逝謂使之往救陷謂陷之於井也罔猶羅網謂欺其不知也」宰我意以爲仁者急於救人而不私其身故設爲問曰若人之陷于井中是事出於倉卒而不得不急應者也仁者不辨其有無先自投井而救之乎夫子告之以其必不然也仁者先自治其身而後救人先自明其道而後定謀雖愛物之切而亦有燭理之智故雖可逝欺之而自

無陷罔之患矣蓋孔門諸子無徒問者若問是事則必欲爲是事若宰我之問是也其意蓋欲捨生以求仁非夫子爲之救藥則必將爲燒身禱大旱割肉飼餓虎之事此在宰我實切問也

徵 宰我井仁之問。慮孔子陷於禍。而以微言諷之也。古註新註。其義甚淺無味。宰我之智。豈不知之。宰我稱能言之士。豈如此乎。仁者暗指孔子也。井有仁焉。不必改作人。古註以井有仁焉之仁。解爲仁人。與仁者相犯。不可從矣。又曰。問有仁人墮井。將自投下。從而出之。不乎。是改也作乎。失於牽強。不可從矣。井有仁焉。假設之言。蓋言險難之中。有可爲仁之事也。宰我意孔子仁心之切。雖或人告之而曰險難之中有可爲仁之事亦必將從之矣孔子知宰我微意所在故承之以君子若使宰我明言其事則孔子必承之以丘也若使宰我泛問仁人則孔子亦當承之以仁人今宰我問以仁者而孔子答以君子故知宰我諷孔子也可逝也不可陷也者據井有仁言之可欺也不可罔也者言其所以然之故也孟子曰故君子可欺以其方難罔以非其道蓋朱註所本蓋罔者誑之使其迷惑也君子不逆詐故可欺也有所守故不可罔也言此以安宰我之心也大氐後人以宰我有短喪晝

寢之失。故視之甚卑。遂不深味其言耳。果使其說之是乎。作論語者。當刪前數句。止曰君子可欺也不可罔也。

子曰君子博學於文約之以禮亦可以弗畔矣夫

古 鄭玄曰弗畔不違道

新 約要也畔背也君子學欲其博故於文無不考守欲其要故其動必以禮如此則可以不背於道矣○程子曰博學於文而不約之以禮必至於汗漫博學矣又能守禮而由於規矩則亦可以不畔道矣

古義 文者先王之遺文道之所在非平生見聞之類故言博學也約束也博文以知而言約禮以行而言畔背也此孔門學問之定法也蓋博學於文則識達古今而事有所稽約之以禮則身由規矩

而動有所遵皆以有所取法故可以茀背道矣夫也之譚道者自以爲至言而實不免爲詖淫邪遁之流自以爲妙道而實不免有捕風捉影之病者皆無博文約禮之工而徒師己心也故聖人教人以博文約禮爲學問之定法若夫今之所謂博學者皆雜家者流之學而非聖門所謂博學者也蓋博學一本故愈博愈達雜學二本故愈岐愈紊學者審諸論曰三代聖人屢以中爲言而至於吾夫子則特以禮爲教觀此及克己復禮章可見矣蓋中有泛然難據之患而禮有秩然可執之則故在三代聖人則言中可矣教學者則非禮不可也

【徵】文者。詩書禮樂也。先王之道大矣。非博學之則不能知之也。約之者。納諸身也。欲約先王之道而納之其身。則非禮不能。故曰以禮。或疑文爲詩書禮樂。則禮已在文中矣。故或以文書解之。殊不知

禮與其奢八佾篇
五禮周禮大宗伯
據於德述而篇
六德周禮大司徒
泛愛衆學而篇
佛肸畔陽貨篇

詩書禮樂皆載於策。孔子而前無有也。蓋博學詩書禮樂。而約之身特在禮。禮卽詩書禮樂之禮非有二也。它如禮與其奢也寧儉。喪與其易也寧戚。喪亦吉凶軍賓嘉之一。據於德依於仁。仁亦六德之一。泛愛衆而親仁。仁亦衆中之一人。古言率如是。後人必欲判然相對。皆不知古言之失也。舊註約訓要。以學文爲考索。淺哉。且昧乎字義者矣。畔叛同。如佛肸以中牟畔之畔。言或學之不博。或不約於禮。其弊皆必至畔於先王之道而從邪說也。蓋孔子時。雖無諸子百家。亦有其漸已。仁齋先生

樂正四術禮記王制

曰。三代聖人屢以中爲言。而至於吾夫子。則特以禮爲教。殊不知樂正崇四術立。四教。順先王詩書禮樂以造士。是孔子以前已然。且中自中。禮自禮。豈可混乎。彼惑宋儒之說。而以爲中與禮一理。妄哉。

子見南子子路不說夫子矢之曰予所否者天厭之天厭之

古孔安國曰舊以南子者衛靈公夫人淫亂而靈公惑之孔子見之者欲因以說靈公使行治道矢誓也子路不說故夫子誓之行道旣非婦人之事而弟子不說與之呪誓義可疑焉

新南子衛靈公之夫人有淫行孔子至衛南子請見孔子辭謝不得已而見之蓋古者仕於其國有

見其小君之禮而子路以夫子見此淫亂之人爲辱故不悅矢誓也所誓辭也如云所不與崔慶者之類否謂不合於禮不由其道也厭棄絕也聖人道大德全無可不可其見惡人固謂在我有可見之禮則彼之不善我何與焉然此豈子路所能測哉故重言以誓之欲其姑信此而深思以得之也

古義 南子衛靈公夫人有淫行孔子至衛南子請見子路以夫子見此淫亂之人爲辱故不悅矢誓也否不通謂不由於道也厭絕也言我見南子若所不合於道者則天厭棄之以子路氣粗見褊其言難入故與之矢言欲姑信此而思得之也按史記孔子至衛靈公夫人南子使人謂孔子曰四方之君子不辱欲與寡君爲兄弟者必見寡小君蓋南子請見亦其善意而非徒請者故夫子見之夫雖惡人有悔非改過之心則在我無不可見之理若以其嘗爲惡而卒拒絕焉則是道自我絕者而非仁者之本心也聖人道大德宏猶天地包涵萬物自無所遺何於南子而拒之乎哉門人記之者蓋欲要求聖人之道者當知聖人之心也

傳曰禮記檀弓

徵子見南子。子路不說。孔子矢之。其義不傳。自孔安國時。既已疑之。朱子援禮爲斷。甚善。仁齋乃曰。雖惡人有悔非改過之心。則在我無不可見之理。殊不知段使有悔過改非之心。而在我無可見之禮。則不可見之矣。傳曰。先王制禮。不敢不至焉。此一事。其於今可見者止是矣。按蒯聵以南子故而失靈公之心以奔。出公乃嗣位。衛於是乎亂。子路事出公。而不悅孔子所爲。豈孔子之見南子。在出公之時。而南子如呂后邪。孔子見之。蒯聵出公父子之際。或惱乎。方是時。衛亂而臣下相疑。子路之

訓矢爲陳皇疏蔡謨及知新日錄袁了凡說

不悅。豈慮蒯聵之反國邪。則孔子矢之不亦宜乎。豈翅以安子路哉。亦將取信於國人也。誓之道皆然。不爾。使其在靈公時。孔子能化南子。亦不過一婦人。亦佛化韋提希耳。是何益也。雖然此事當時高第弟子如子路者。猶尚不能知孔子之心。何況千載之下乎。仁齋削朱子援禮之解而妄爾云云。可醜。後世又有訓矢爲陳者。是諱誓而曲爲之解已。觀孔子之答。其爲誓者審矣。

子曰中庸之爲德也其至矣乎民鮮久矣

【古】庸常也中和可常行之德世亂先王之道廢民鮮能行此道久矣非適今

新中者無過不及之名也庸平常也至極也鮮少也言民少此德今已久矣○程子曰不偏之謂中不易之謂庸中者天下之正道庸者天下之定理自世教衰民不興於行少有此德久矣

古義中庸之德謂無過不及而平常可行之道也至極也三代聖人所謂中者不過處事得當之意至夫子加庸字則爲不駭耳目不拂時俗萬世不易之常道其意敻別中庸之德天下至難也世之論道者或以高爲至或以難爲極然高者可以氣而至難者可以力而能皆有所倚而然唯中庸之德平易從容不可以氣而至不可以力而能此民之所以鮮能也蓋唐虞三代之盛民朴俗淳無所矯揉而莫不自合於道父父子子兄兄弟弟夫夫婦婦自無詭行異術相接於耳目之間者所謂中庸之德也至于後世則求道於遠求事於難愈騖愈遠欲補反破故曰民鮮久矣故夫子特建中庸之道以爲斯民之極論語之書所以爲最上至極宇宙第一之書者實以此也

徵中庸者樂德也。周禮樂六德孝友祇庸中和。古

舜用其中、中庸

賢者俯而就之 已見

書以六言者。皆兩兩相對。孝友一類。祇庸一類。中和一類。祇謂用之鬼神。故敬之。庸用也。謂用之民乃可常用者。故有平常之義。康誥有庸庸祇祇。可見祇庸相對已。就六德取二者而曰中庸。亦必古言。仁齋先生以爲孔子所創。蓋非也。中有二義。人受天地之中以生。謂不偏也。舜用其中於民。謂無過不及也。朱子解本此。不偏與無過不及在古歸於一義。段如王都在中。東西南北道途均而易可至。是不偏有易行之義。如賢者俯而就之。不肖企而及之。是無過不及亦有易行之義。故合不偏無過不及二義，皆謂不甚高而易行也。故中庸二字，乃謂人人可常用易行，而非甚高難及之德行也。如世所謂其才不及中庸，及中庸之主可以見已。至於朱註所言，亦極其精者。非無是理，然精之又精，以究其極，則有貴精賤粗之失，而不自覺其畔中庸者矣。如庸爲不易，亦唯贊之云爾，有何不可。若以不易求庸，則大失字義焉。究其所以謬之由，則本於子思之書，以此形老莊之奇僻。然子思亦以德行言之，言由中庸之德行，可以馴致仁聖之德，是登高自卑之意。祇後人睹其以形老莊之奇僻。遂以中庸爲道。動以命聖人之道耳。豈不謬乎。聖人之道。更有廣大焉者。有精微焉者。有高明焉者。故以中庸爲道者非也。然孔子以此爲德之至者。蓋先王之道。治天下之道也。天下之大。賢知常鮮。而愚不肖常衆。故非不甚高而易行之事。則無如愚不肖何矣。故唯中庸之德。而天下可得而一之。是其所以爲至也。君子由中庸以馴致仁聖之德。小人則唯由之而已矣。故此特以民言之。所以民鮮久矣者。禮樂教廢而風俗壞故也。鮮謂鮮其人

易繫辭

也。子思書作鮮能。仁齋先生從之。易大傳曰。君子

之道鮮矣。可見古言自殊也。何必中庸爲是。仁齋先生又以爲民不能久守。故爲德之至者。果其言之是乎。中庸之爲至德。乃爲其難行也。豈不謬乎。

子貢曰如有博施於民而能濟衆何如可謂仁乎子曰何事於仁必也聖乎堯舜其猶病諸夫仁者己欲立而立人己欲達而達人能近取譬可謂仁之方也已

【古】孔安國曰君能廣施恩惠濟民於患難堯舜至聖猶病其難孔安國曰更爲子貢說仁者之行方道也但能近取譬於己皆恕己所欲而施之於人

【新】博廣也仁以理言通乎上下聖以地言則造其極之名也乎者疑而未定之辭病心有所不足也

言此何止於仁必也聖人能之乎則雖堯舜之聖其心猶有所不足於此也以是求仁愈難而愈遠矣○以己及人仁者之心也於此觀之可以見天理之周流而無間矣狀仁之體莫切於此○譬喻也方術也近取諸身以己所欲譬之他人知其所欲亦猶是也然後推其所欲以及於人則恕之事而仁之術也於此勉焉則有以勝其人欲之私而全其天理之公矣○程子曰醫書以手足痿痹爲不仁此言最善名狀仁者以天地萬物爲一體莫非己也認得爲己何所不至若不屬己自與己不相干如手足之不仁氣已不貫皆不屬己故博施濟衆乃聖人之功用仁至難言故止曰己欲立而立人己欲達而達人能近取譬可謂仁之方也已欲令如是觀仁可以得仁之體又曰論語言堯舜其猶病諸者二夫博施者豈非聖人之所欲然必五十乃衣帛七十乃食肉聖人之心非不欲少者亦衣帛食肉也顧其養有所不贍爾此病其施之不博也濟衆者豈非聖人之所欲然治不過九州聖人非不欲四海之外亦兼濟也顧其治有所不及爾此病其濟之不衆也推此以求脩己以安百姓則

爲病可知苟以吾治已足則便不是聖人呂氏曰子貢有志於仁徒事高遠未知其方孔子教以於己取之庶近而可入是乃爲仁之方雖博施濟衆亦由此進

古義 博廣也事與此通言此何止於仁必聖人在位者而後能之乎然雖堯舜之聖其心猶有病其難也譬喻也方術也言仁者視人猶己己欲立而先立人己欲達而先達人故求仁者能近取諸身而以己所欲譬之他人則他人之所欲亦猶己之所欲情志相通慈愛及物無有間隔求仁之術莫近於此慈愛之心無所不至之謂仁至誠之德無所不達之謂聖蓋聖大而化之謂而仁者聖中之大德也故子貢曰仁且智夫子既聖中庸曰誠者非自成己而已也所以成物也成己仁也成物知也夫仁者己欲立而先立人己欲達而先達人若欲俟己之既立既達而後立人達人則卒無立人達人之日何則己之情願未易遽遂而施人之方隨力所及非舍己而徇人也子貢徒見仁之大而不識其實故以在上聖人之事當之而不察在己今日之所切所以夫子以能近取譬告之求仁之

方可謂明且盡矣

徵 朱子曰仁以理言通乎上下聖以地言則造其極之名也此昧乎字義下文明曰仁者孔子又曰若聖與仁則吾豈敢可見仁爲仁人聖爲聖人聖人作者有聰明睿知之德豈仁人之所能及哉故開國之君如堯舜禹湯文武是爲聖人繼世之君及臣雖有至德不得稱聖人故孔子以仁誨人也所以稱孔子爲聖人者其德與業可以比諸作者之聖也夫仁人可學而能焉如聖人聰明睿知之德禀諸天豈可學乎自孟子以伯夷柳下惠爲聖

孔子又曰述而篇

孟子萬章篇

人而後遂失其義焉宋儒之學專主天理人欲其意以人欲淨盡天理流行爲仁又以造極處爲聖人則仁聖無別故以仁爲通乎上下可謂窘已

論語徵集覽卷之十六終

中國典籍日本注釋叢書・論語卷

張培華 編

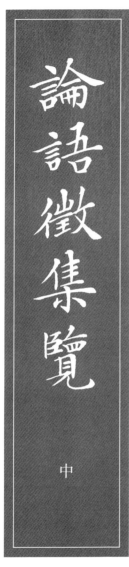

論語徵集覽

中

上海古籍出版社

論語徵集覽卷之七

魏　何晏　集解

宋　朱熹　集註

大日本　藤維楨　古義

物茂卿　徵

從四位侍從源賴寬　輯

述而第七

【新】此篇多記聖人謙己誨人之辭及其容貌行事之實

子曰述而不作信而好古竊比於我老彭

【古】包氏曰老彭殷賢大夫好述古事我若老彭但述之耳

否。公曰。教佗人則如何。子曰。否。丘則不能。昔商老彭及仲傀。政之教大夫。官之教士。技之教庶人。揚則抑。抑則揚。綴以德行。不任以言。庶人以言。猶以夏后氏之袝懷褐也。行不越境。袝蓋玉名。衣褐懷玉也。以此觀之。老彭古之善教人者也。而孔子以教學爲事。故以自比之也。舊註竊比尊之之辭。我親之之辭。殷世甚遠。孔子何以親之。邢昺疏老彭卽莊子所謂彭祖也。李云名鏗。堯臣。封於彭城。歷虞夏至商。年七百歲。故以久壽見聞。世本云姓籛名鏗。在商爲守藏史。在周爲柱下史。年八百歲。一云卽老子也。崔云堯臣仕殷世其人甫壽七百年。王弼云。老是老聃。彭是彭祖。凡此諸說。誕不足信然古來多壽必稱彭祖。則必其壽世所希有者。其以老見稱。必世享天子養老之禮者。它若老聃亦必屢享國老之養。故以老顯也。其以彭爲聃者。蓋孔子以我親之。親其所師也。然老彭大戴禮明言商。則不可從矣。古者學。祭先聖先師。文王世子曰。凡學。春官釋奠于其先師。秋冬亦如之。鄭註。若漢禮有高堂生。樂有制氏。詩有毛公。書有伏生。億可以爲之也。又曰。凡釋奠者。必有合也。有國故則否。

鄭註國無先聖先師則所釋奠者當與鄰國合也按彭城近魯則魯必祀老彭爲先師故孔子竊以尊之我以親之也述而不作有不能作者有能作而不敢作者能作而不敢作是以稱焉古者古之道也謂堯舜禹湯文武之道也信之故好之好之故博學而詳盡之是以能述焉老彭則不可得而考矣若孔子之聖可以作而可以述也命不至故不敢作故曰知命之言也朱子曰不惟不敢當作者之聖而亦不敢顯然自附於古之賢人蓋其德愈盛而心愈下不自知其辭之謙也殊不知孔子

不作禮樂故曰不作豈謙乎哉先師當尊豈可命以謙乎且其意以智自高俯視萬世如蟲蟻然以此其心而視孔子故以爲謙爾然則孔子非聖邪虞夏商周之道待孔子而載諸簡微孔子則古聖人之道若有若亾中庸曰苟不至德至道不凝是其所以聖邪

仁齋先生曰聖人之所以爲聖人者不在自用其智而在廣資衆智不好自我作古而好事必稽古是其意固執孟子賢於堯舜之言而謂古聖人之道孔子猶有所不取焉孔子貴中庸是其所以賢

舜之大智中庸

於古聖人也殊不知古聖人之道本非一聖之所能建乃歷數千載衆聖所成故雖孔子之聖不學則不能知之孔子深知其如此故深信而篤好之此孔子之意也若夫不在自用其智而在廣資衆智者可以解舜之大智已果仁齋之言是乎則孔子之於古聖人猶舜之於群下也抑揚之閒可不愼乎且中庸德也非道也孔子之言中庸乃登高必自卑意豈謂孔子之道爲中庸乎且宋儒合道德而一之仁齋亦狃其舊習乃莊老之遺謬康之大者也

子曰默而識之學而不厭誨人不倦何有於我哉

【古】鄭玄曰無是行於我我獨有之

【新】識記也默識謂不言而存諸心也一說識知也不言而心解也前說近是何有於我言何者能有於我也三者已非聖人之極至而猶不敢當則謙而又謙之辭也

【古義】識知也默而識之猶曰靜言思之言不待人言而自識之也學而不厭誨人不倦二句語孟中凡三出而他章皆無默而識之一句故不從舊說何有於我言此二者之外何德能有於我也蓋不厭不倦皆夫人所能外此別無可稱者此雖謙辭益見其德之盛也此二者雖常人皆可得而及故夫子每自當之然推其極則有非聖人不能至者子貢知之故曰學不厭智也教不倦仁也仁且智夫子既聖矣蓋道愈宏則其言愈卑德愈邵則其言愈謙何者道德自充足於己故自不敢事高遠若夫其言好爲高遠者皆以其所處之卑也

子欲無言陽貨篇

日出而作逸士傳擊壤歌

徵默而識之。不言而喻也。學之道。在默而識之。何者。先王之道禮樂是已。禮樂不言。欲識其義。豈言之所能盡哉。習之久。則自然有喻焉。故子欲無言。及門人問之。而曰。四時行焉。百物生焉。學之道其若斯乎。間或不得已而一言之。不憤不啓。不悱不發。皆欲其自得之也。故默而識之。則好。好則學而不厭。不厭則樂。樂則誨人不倦。之三者相因而至焉。故曰何有於我哉。言其不容我力也。我者我學者也。如日出而作。日入而息。鑿井而飲。耕田而食。帝之力。于我何有哉。人多謂不假帝力也。殊不知作息食力協韻力字句絶作息飲食皆帝所使也莫所容我力也正與此章同詁朱註以爲孔子自謙之言非矣孔子語學問之方何謙之有仁齋先生曰默而識之猶靜言思之倭人之言何容乎辨

子曰德之不脩學之不講聞義不能徙不善不能改是吾憂也

古孔安國曰夫子常以此四者爲憂

新尹氏曰德必脩而後成學必講而後明見善能徙改過不吝此四者日新之要也苟未能之聖人猶憂況學者乎

古義德因脩而進學因講而明徙義則善日長改不善則惡日消此四者聖人豈不能哉但夫子好

學之深體道之無窮故自以爲憂也修德謂養仁義之良心也學者所以明此也聞義則徙不善則改皆所以脩德也蓋德者本也其所以成始成終者總在于學此孔門學問之極則學者之所當遵守者也夫道之無窮猶四方上下之無際愈出愈高愈入愈深是以學者有學者之學賢者有賢者之學聖人有聖人之學雖有大小淺深之不同然其歸則一不爲聖人而加不爲愚人而損道無窮故學亦無窮若自以爲得則非知道者也故雖以夫子之聖尚爾云云此道之所以爲大而夫子之爲聖也

徵是吾憂也。孔子憂夫門人之不脩不講不徙不改也。誨人不倦之事焉。孔子不以天下爲憂。而以門人爲憂。知命之言焉。朱註以爲孔子自憂非矣。脩者。務美之也。如脩飾脩潔脩治之脩。性之德。未

周語曰三時務農而一時講武
王子淵四子講德論見文選
易繫辭曰夫易聖人所以崇德而廣業也
孔子答子張顔淵篇

必美故務美之也。講，習也。如講武之講。漢以後以問難爲講，如四子講德論及釋奠有講師讀師，可以見已。後世以明其理解之，益失之矣。易大傳曰：崇德廣業，是爲二事，則徙義改不善，崇德之目也。孔子答子張曰：主忠信徙義，崇德也。或以爲二，或以爲四，不必拘也。

子之燕居，申申如也，夭夭如也。

古 馬融曰：申申夭夭，和舒之貌。

新 燕居，閒暇無事之時。楊氏曰：申申，其容舒也；夭夭，其色愉也。程子曰：此弟子善形容聖人處也。爲申申字說不盡，故更著夭夭字。今人燕居之時，不怠惰放肆，必太嚴厲。嚴厲時著此四字不得，怠

惰放肆時亦著此四字不得唯聖人便自有中和之氣

【古義】燕居閒暇無事之時」此門人記夫子平居之容如此及乎其接人則亦自不同所謂君子有三變及子溫而厲威而不猛恭而安是也欲爲聖人之學者當先觀聖人氣象此卽學問之準則不可忽諸○程子曰此弟子善形容聖人處也爲申申字說不盡故更著夭夭字今人燕居之時不怠惰放肆必太嚴厲嚴厲時著此四字不得怠惰放肆時亦著此四字不得唯聖人便自有中和之氣

孔子曰見禮記雜記

【徵】申申夭夭居不容也孔子曰張而不弛文武弗能也弛而不張文武弗爲也一張一弛文武之道也是之謂乎程子謂申申夭夭中和氣象是誠然然是特和順積於中而英華發於外者盛德之至豈可學而爲乎宋儒輩多不學聖人之道而欲學

聖人故云爾。聖人豈可學而能乎。按博雅作卬卬

妖妖古字通用。

子曰甚矣吾衰也。久矣吾不復夢見周公

古 孔安國曰孔子衰老不復夢見周公明盛時夢見周公欲行其道也

新 孔子盛時志欲行周公之道故夢寐之間如或見之至其老而不能行也則無復是心而亦無復是夢矣故因此而自歎其衰之甚也○程子曰孔子盛時寤寐常存行周公之道及其老也則志慮衰而不可以有爲矣蓋存道者心無老少之異而行道者身老則衰也

古義 此門人常見夫子賢於堯舜而今聞其思慕周公如此之甚有竊異之心因知其慕古之篤好學之深也蓋夫子壯時切欲行周公之道於天下故夜夢屢見之及乎其老無復是夢而自知其衰之甚蓋歎此道之不行于世也論曰夢者心之動也夜之所夢卽晝之所思人心不能無思則不能

寐而無夢雖孩兒無知亦必有之但聖人無邪夢耳後儒惑於莊周至人無夢之說以夫子之夢爲寤寐常存行周公之道其弊至於強欲無夢而專務虛靜謬矣

徵孔子生于周之衰志於制作又人臣也故夢周公明王不作孔子五十而知天命故曰吾衰也天命不至天使孔子衰益知天命之不復至也故曰甚矣久矣程子曰寤寐常存行周公之道是其意寤則思寐則夢未嘗以爲無夢也仁齋先生乃謂惑於莊周至人無夢之說是果何所見也仁齋之於宋儒一如佛氏所謂有宿寃者邪世人多謂晝之所思夜則爲夢殊不知晝之思思而已矣夜之

思。乃爲夢焉。多思慮者多夢。其心慣乎動故也。或有晝之所思。滯而爲夢者。然不必皆爾。莊周所謂至人無夢者。謂莫非夢者也。

子曰志於道據於德依於仁遊於藝

【古】志慕也道不可體故志之而已據杖也德有成形故可據依倚也仁者功施於人故可倚藝六藝也不足據依故曰遊

【新】志者心之所之之謂道則人倫日用之間所當行者是也知此而心必之焉則所適者正而無他岐之惑矣據者執守之意德則行道而有得於心者也得之於心而守之不失則終始惟一而有日新之功矣依者不違之謂仁則私欲盡去而心德之全也功夫至此而無終食之違則存養之熟無適而非天理之流行矣遊者玩物適情之謂藝則禮樂之文射御書數之法皆至理所寓而日用之

不可闕者也朝夕遊焉以博其義理之趣則應務有餘而心亦無所放矣◎此章言人之爲學當如是也蓋學莫先於立志志道則心存於正而不他據德則道得於心而不失依仁則德性常用而物欲不行遊藝則小物不遺而動息有養學者於此有以不失其先後之序輕重之倫焉則本末兼該内外交養日用之間無少間隙而涵泳從容忽不自知其入於聖賢之域矣

【古義】志者心有所嚮望之謂志於道則心知所向矣據猶據其地之據謂身居其地也據於德則身有所持矣依者倚附不離之謂仁者道德之長依此而行則道立矣遊者玩物適情之謂六藝之法皆人事之不可闕者時而遊焉則其材有所達而事無廢闕也此孔門學問之條目當時弟子常所佩服者也道者人之所由行故曰志德者人之所執守故曰據仁則近而見於行者故曰依藝不可不講亦不可泥故曰遊此四者雖有大小之差然道之本末終始一以貫之故夫子次第言之非他答問之類也蓋古之學問必有條目顔子聞克己復禮之訓則請問其目及後篇興於詩等章皆是

九德書皐陶謨。六德周禮大司徒。易繫辭。

也。論曰道德仁藝本無二致此章大小始終立言自有其序大抵古人之書每言道德仁義而未嘗稱仁義道德何者謂之道德則自有仁義之實而未有仁義之名既謂之仁義則又各有其跡而不見道德之全此道德仁義之辨也

徵 學也者。學先王之道也。學先王之道者。志於先王之道得諸己以行世也。先王之道大矣哉。發育萬物。峻極于天。豈一旦所能得乎。故曰志於道德者。己之德也。德人人殊各以其性所近而成焉。虞書九德。周官六德。可以見已。易大傳曰。繼之者善。成之者性。是之謂也。據者。如據地而作。據城而戰也。我性之德。守而不失。可以進取。故曰據於德。依

聲依永書舜典

子曰里仁又曰雍也篇

者。違之反。不相違離也。如聲依永。謂絲竹之聲。與歌詠相上下不相離。亦此意。仁者。長人安民之德。先王之道爲安民設之。故其道主仁。然仁有所不及也。於是衆德以輔之。是先王之道所以爲美矣。雖然所主在仁。故凡道之在行者。始於孝弟。推而達諸天下。一皆以生之成之長之養之之心行之。而不與此心相離。是謂之依於仁。知仁勇三德之類。凡所謂仁者。皆指行言之。亦此意矣。蓋學問之道。在依於仁。苟能依於仁。則衆德皆成。故子曰。里仁爲美。又曰。其心三月不違仁。其餘則日月至焉而已矣謂其它衆美自然來至也藝六藝也游猶游旅有時乎游可以娱我耳目發其意智也人之於藝亦爾有游則有息不于常之謂也雖然依於仁游於藝豈異事哉依於仁莫有所事以游於藝爲其事不識不知順帝之則仁之所以成也周禮至德以爲道本謂志於道也敏德以爲行本謂據於德也孝德以知逆惡謂依於仁也朱註游藝則小物不遺而動息有養夫六藝有禮樂豈得謂之小物哉仁齋先生曰六藝之法皆人事之不可闕者二子皆不識先王之教全在禮樂故爾夫六藝

不可奪志子罕篇　玩物喪志書旅獒

大哉聖人之道三句即中庸語

者。聖人設此。以養人之德性。可不學乎。

朱子曰。志者心之所之之謂。道則人倫日用之間所當行者是也。是志字從心從之。故爲此解。殊不知倉頡制字。取義一端。以便記憶。豈容固拘偏傍解乎。志謂心所存主也。否則匹夫不可奪志。玩物喪志。皆不可通矣。心所存主。日夜嚮注。於是迺有之意耳。人倫日用之間。是涅乎中庸五達道也。殊不知五達道。謂其可通行者已。豈可以盡於道乎。太哉聖人之道。發育萬物。峻極于天。豈必日用乎。德則行道而有得於心。僅有得乎心。豈足爲德乎。

禮樂得於身據禮記樂記鄉飲酒義已見

古曰禮樂得於身謂之德得於身者能誠也能誠則不思而得不勉而中故凡道之一節誠于己皆謂之德或得諸性或得諸學故有九德六德種種之目朱子之解可謂陋已仁則私欲盡去而心德之全夫德既全矣尚何遵之有叚使私欲盡去苟不仁乎則違磨矣豈足論仁且何德非心德心德何必仁也皆不識仁者之言耳

子曰自行束脩以上吾未嘗無誨焉

【古】孔安國曰言人能奉禮自行束脩以上則皆教誨之

【新】脩脯也十脡爲束古者相見必執贄以爲禮束脩其至薄者蓋人之有生同具此理故聖人之於

人無不欲其入於善但不知來學則無往教之禮故苟以禮來則無不有以教之也

古義 束脩脯也十脡爲束古者相見必執贄以爲禮束脩其至薄者此見夫子誨人不倦之仁也言人不知來學則已苟以誠而來學則吾無不有以教之其欲人之入於善之心猶天地之徧萬物而一物不棄也

徵 檀弓曰古之大夫束脩之問不出竟少儀曰其以乘壺酒束脩一犬賜人穀梁傳曰束脩之問不行竟中言雖薄不出竟也孔安國曰言人能奉禮自行束脩以上則皆教誨之自從也蓋束脩者始見之贄也奉禮以見從此以往未嘗無誨也鹽鐵論桑弘羊曰臣結髮束脩得宿衛延篤曰吾自束

脩以來爲人臣。梁商曰。東脩勵節。賈堅曰。吾束脩自立。皆謂束帶修飾。然束帶修飾不可謂行。則舊說爲優。

子曰不憤不啓不悱不發舉一隅不以三隅反則不復也

古 鄭玄曰孔子與人言必待其人心憤憤口悱悱乃後啓發爲說之如此則識思之深也說則舉一隅以語之其人不思其類則不復重教之

新 憤者心求通而未得之意悱者口欲言而未能之貌啓謂開其意發謂達其辭物之有四隅者舉一可知其三反者還以相證之義復再告也上章已言聖人誨人不倦之意因并記此欲學者勉於用力以爲受教之地也。程子曰憤悱誠意之見於色辭者也待其誠至而後告之既告之又必待其見

元戎十乘以先啓行詩六月辭
發揮易文言

其自得乃復告爾又曰不待憤悱而發則知之不能堅固待其憤悱而後發則沛然矣

【古義】朱氏曰憤者心求通而未得之意悱者口欲言而未能之貌啓謂開其意發謂達其辭物之有四隅者舉一可知其三反者還以相證之義復再告也愚謂再告者再言而決之也朱氏曰上章已言聖人誨人不倦之意因幷記此欲學者勉於用力以爲受教之地也○聖人欲人之入于善之心固雖無窮然學者無受教之地則猶下種不毛之地雖有時雨降奈其不生萌何蓋聖人欲學者爲受教之地而云然非不輕施教之謂也

【徵】求而不得則憤○求之切也○啓謂微示其端緒也○如元戎啓行○亦謂開其端也○悱以口言之○腓痱皆訓萎○其義相通○謂其於辭猶有未達也○發如發揮謂達其枝葉也○舊註皆謂待其誠意告之○是誠爾○

止語其心耳學問之道欲其自喻故孔門之教爲
爾學記曰善歌者使人繼其聲善教者使人繼其
志其言也約而達微而臧罕譬而喻可謂繼志矣
又曰善待問者如撞鐘叩之以小者則小鳴叩之
以大者則大鳴待其從容然後盡其聲又曰力不
能問然後語之語之而不知雖舍之可也皆是道
也自孟子以言語聒人而後諸老先生皆務欲咸
輔頰舌謬哉夫君子之教如時雨化之大者大生
小者小生故譬諸天地之德至矣哉焦氏筆乘曰
曾見蜀有論語石經舉一隅下有而示之三字

子食於有喪者之側未嘗飽也子於是日哭則不歌

古 喪者哀戚飽食於其側是無惻隱之心一日之中或哭或歌是褻於禮容

新 臨喪哀不能甘也哭謂弔哭一日之內餘哀未忘自不能歌也○謝氏曰學者於此二者可見聖人情性之正也能識聖人之情性然後可以學道

古義 夫子在有喪者之側哀戚之情若已有之故雖食不能甘哭謂弔哭一日之內餘哀未歌自不能歌也聖人之心慈愛惻怛無所不至故凶變之事雖在他人而若己有之其事雖過而餘情不已可見聖人仁心之厚無時無處不然非可以明鏡止水湛然虛明之說求之也

徵 子食於有喪者之側未嘗飽也子於是日哭則不歌又稱顏子不遷怒是聖人之有餘哀而無餘怒也諸老先生粗鹵之甚其於七情也均視之故

不遷怒雍也篇

宋元通鑑哲宗紀載方司馬光之卒也百官方有慶禮事畢欲往弔頤不可曰子于是日哭則不歌或曰不言歌則不哭

程正叔乃欲慶之日不弔。

子謂顏淵曰用之則行舍之則藏唯我與爾有是夫子路曰子行三軍則誰與子曰暴虎馮河死而無悔者吾不與也必也臨事而懼好謀而成者也

古孔子言可行則行可止則止唯我與顏淵同〇孔安國曰大國三軍子路見孔子獨美顏淵以爲己勇至於夫子爲三軍將亦當誰與己同故發此問〇孔安國曰暴虎徒搏馮河徒涉

新尹氏曰用舍無與於己行藏安於所遇命不足道也顏子幾於聖人故亦能之萬二千五百人爲軍大國三軍子路見孔子獨美顏淵自負其勇意夫子若行三軍必與己〇暴虎徒搏馮河徒涉懼謂敬其事成謂成其謀言此皆以抑其勇而教之然行師之要實不外此子路蓋不知也〇謝氏曰聖人於行藏之間無意無必其行非貪位其藏非獨善也若有欲心則不用而求行舍之而不藏矣

是以惟顔子爲可以與於此子路雖非有欲心者然未能無固必也至以行三軍爲問則其論益卑矣夫子之言蓋因其失而救之夫不謀無成不懼必敗小事尚然而況於行三軍乎

古義 用之則有能行之道舍之則有能藏之德惟孔子與顔子爲然萬二千五百人爲軍大國三軍子路以爲行三軍別有其材非用舍行藏之人之所能爲也故問夫子倘行三軍將與囘歟亦與我歟暴虎徒搏馮河徒渉皆匹夫之勇非求全之道故夫子不與焉若夫敬事而不妄動悉慮而要其成者實君子之心衆之所倚賴夫子之所與必在于此蓋抑其血氣之勇而教之以義理之勇也馮氏去非曰道本期於用非獨善其身而已也然時不我用則有退藏而已用之而欲藏不仁也舍之而欲行不智也是時欲扶世立功名者知行而不知藏欲潔身遺世者知藏而不知行此夫子所以旁觀一世惟顔子與已同也説者乃謂淵不願仕是以其迹而不知其心也爲邦之問槩可見矣

徵 尹氏曰用舍無與於已行藏安於所遇命不足

內聖外王已見

道也是語孔顏之心雖眇乎無益於學者焉非孔子本意也行者行道於天下也藏者卷而懷之也謂知命也顏子知道之全故云爾仁齋先生曰用之則有能行之道舍之則有能藏之德是昧乎道德之字矣其意謂道德非二物行則道藏則德是宋儒舊套本於莊周內聖外王之說殊不知雖有至德苟不知先王之道㠯行㠯藏用之而莫有可行舍之而莫有可藏何以與于斯乎知道者鮮信哉且孔子以知天命自稱尹氏可謂駟不及舌已又據此章觀之顏子聖人也故孔子語以制作之

道。而後世以亞聖稱顏子是其意謂聖人如來亞聖補處菩薩於是乎妄以己意作爲階級謂後儒不僭。則吾不信矣。

臨事而懼。不驕之謂也。好謀者。有所營爲。而不必任勇直遂也。仁齋先生曰。悉慮而要其成失字義矣。蓋謀與慮殊。謀者心有所營爲也。慮者思之委曲也。如出謀發慮。可以見已。裨諶謀於野。豈必皆與人謀乎。大氐用兵主謀。驕而無謀。所以敗也。

出謀發慮禮記內則左傳襄三十一年曰裨諶能謀謀於野則獲

子曰。富而可求也。雖執鞭之士。吾亦爲之。如不可求從吾所好

【古】鄭玄曰富貴不可求而得之當修德以得之若於道可求者雖執鞭之賤職我亦爲之孔安國曰

所好者古人之道

【新】執鞭賤者之事設言富若可求則雖身爲賤役以求之亦所不辭然有命爲非求之可得也則安於義理而已矣何必徒取厚哉（蘇氏曰聖人未嘗有意於求富也豈問其可不可哉爲此語者特以明其決不可求爾揚氏曰君子非惡富貴而不求以其在天無可求之道也

【古義】執鞭之賤者之職言使富能長人之材益人之智有可求之義則雖爲賤職亦所不辭焉如求而無益則不若從吾所好之爲樂也奚必役役爲求之哉吾所好者卽謂學也有求而有益于得者矣有求而無益於得者矣仁義忠信則求無不得而有益於得富貴爵祿非惟不可必得而亦無益於得此富之所以不可求也嘗曰十室之邑必有忠信如丘者焉不如丘之好學也雖執鞭之士吾亦爲之者豈外學問而夫子云之乎

好古本篇

徵富而可求如不可求如問諸人而決之所以教命也吾亦爲之從吾所好如獨斷之於己所以教決也孔子所好孔安國以爲古人之道朱子以爲安於義理仁齋先生引不如丘之好學三子之所好殊焉且安於義理所以從吾所好耳若其所好何唯義理而已哉學學古人之道也孔子又曰好古仁齋舍古而取學其意謂孔子之道與先王殊矣豈不牽所見乎孰謂漢儒失於聖人之意也不言貴而言富春秋之時爵位唯世故人求貴者鮮矣如秦漢以後乃反此

故曰易上彖大觀

子之所慎齊戰疾

古 孔安國曰此三者人所不能慎而夫子獨能慎之

新 齊之爲言齊也將祭而齊其思慮之不齊者以交於神明也誠之至與不至神之饗與不饗皆決於此戰則衆之死生國之存亡繫焉疾又吾身之所以死生存亡者皆不可以不謹也○尹氏曰夫子無所不謹弟子記其大者耳

古義 齊之爲言齊也所以齊不齊也將祭而戒也齊所以交於神明固不可不慎戰則國之大事人命之所繫而疾則吾身之所以死生存亡皆不可不慎焉聖人平生維裕閑暇不見其迹惟於此三者慎之甚至故門人記之學者若於此苟焉則違天悖道可不謹乎

徵 子之所慎齊仁齋先生何以言鬼神非孔子所貴也○古者祀聖人配諸天○道之所出焉故曰聖人

以神道設教。夫戰者國之大事。疾者身之所以死生存亡。而齋乃冠是二者。聖人之心。其謂之何。尹氏曰。夫子無所不謹。弟子記其大者耳。宋儒可謂妄已。何以見孔子無所不謹。

子在齊聞韶。三月不知肉味。曰。不圖爲樂之至於斯也。

【古】周生烈曰。孔子在齊。聞習韶樂之盛美。故忽忘於肉味。王肅曰。爲。作也。不圖作韶樂至於此。此齊

【新】史記三月上有學之二字。不知肉味。蓋心一於是而不及乎他也。曰。不意舜之作樂至於如此之美。則有以極其情文之備。而不覺其歎息之深也。蓋非聖人不足以及此。○范氏曰。韶盡美又盡善。樂之無以加此也。故學之三月不知肉味。而歎美之如此。誠之至。感之深也。

古義不知肉味，言心一於是而不及乎他也。夫子仰聖之深，好古之篤，忽聞韶而三月之間不知肉味，嘆曰不意舜之作樂至於如此之美也，蓋誠之至，感之深，不學自發其嘆如此。〇按史記三月上有學之二字，蓋史遷以三月不知肉味爲甚固滯，故加學之二字以釋其意。觀夫子夢見周公，則聞韶而忘肉味亦奚容疑。舜以上聖之德當極治之時，故群聖之樂盡美盡善莫韶若也。夫子偶聞其音而如親見虞帝之聖，身在雍熙之時，契之以心而非徒聞之以耳也。論曰：大學曰心不在焉，視焉而不見，聽焉而不聞，食焉而不知其味。先儒會其義以爲人心之應物，各會其境，事過即平，不固滯住著，猶鏡之照物，應而無迹也。然聖人之所以異於衆人者，不在心之住不住，而在好善之篤與否焉。蓋其好善也篤，故其心之住于善也亦深，故聖賢之取人也，專稱其好善好學，而未嘗問心之住不住也。韶者，樂之盡美盡善者也，使衆人聞之，固非不悅也，而其好之之不篤，故其感之之不深。唯夫子願見聖人之心，不啻如饑之於食，故及聞其樂，心醉神怡，至三月之久不自知其味，此所以爲其

發憤忘食本篇 手舞足蹈禮記樂記 升庵外集經說 鄉

聖人也夫方食肉則食爲主而聞韶之心餘念未化不知其味若以正心說律之則不免爲心不正也先儒嫌其與此章相盭遷就牽合欲會于一然彼此扞格無奈其終不相入何予故謂大學蓋齊魯諸儒所撰而與孔門之旨異矣

徵子在齊聞韶三月句聞韶者學韶也朱註引史記三月上有學之二字爲是或謂論語脫二字者非矣師涓之於靡靡明皇之於霓裳聞輒得之深於樂者皆爾何必如小子學樂者受譜然乎故聞即學也不知肉味如發憤忘食如不知手之舞之足之蹈之聖人好樂之至也曰不圖爲樂之至於斯也升庵曰不意齊之爲樂至此耳如今之說則

孔子之視舜劣而小之甚矣爲是朱子曰極情文之備是何能盡乎樂樂記曰可以觀德矣孔子以此觀舜德故嘆之耳非聖人之深於樂安能然乎朱子以爲樂爲作樂故屬諸舜然爲樂與作樂殊矣故外庵爲是仁齋先生引夢見周公而謂三月忘肉味亦奚容疑以排大學食而不知其味也所見極是秪三月屬下句一聞而三月忘味豈有是理乎且大學別有所指排宋儒而及大學寃哉古註此齊不成言

冉有曰夫子爲衛君乎子貢曰諾吾將問之入曰伯

夷叔齊何人也曰古之賢人也曰怨乎曰求仁而得仁又何怨出曰夫子不爲也

古鄭玄曰爲猶助也衛君者謂輒也衛靈公逐太子蒯聵公薨而立孫輒後晉趙鞅納蒯聵於戚城衛石曼姑帥師圍之故問其意助輒不乎孔安國曰夷齊讓國遠去終於餓死故問怨邪以讓爲仁豈怨乎」鄭玄曰父子爭國惡行孔子以伯夷叔齊爲賢且仁故知不助衛君明矣

新爲猶助也衛君出公輒也靈公逐其世子蒯聵公薨而國人立蒯聵之子輒於是晉納蒯聵而輒拒之時孔子居衛衛人以蒯聵得罪於父而輒嫡孫當立故冉有疑而問之諾應辭也伯夷叔齊孤竹君之二子其父將死遺命立叔齊父卒叔齊遜伯夷伯夷曰父命也遂逃去叔齊亦不立而逃之國人立其中子其後武王伐紂夷齊扣馬而諫武王滅商夷齊恥食周粟去隱于首陽山遂餓而死怨猶悔也君子居是邦不非其大夫况其君乎故子貢不斥衛君而以夷齊爲問夫子告之如此則

其不爲衛君可知矣蓋伯夷以父命爲尊叔齊以天倫爲重其遜國也皆求所以合乎天理之正而即乎人心之安既而各得其志焉則視棄其國猶敝蹝爾何怨之有若衛輒之據國拒父而唯恐失之其不可同年而語明矣○程子曰伯夷叔齊遜國而逃諫伐而餓終無怨悔夫子以爲賢故知其不與輒也

古義 爲猶助也衛君出公輒也靈公逐其世子蒯聵公薨而國人立蒯聵之子輒於是晉納蒯聵而輒拒之冉有以爲輒以子拒父夫子之所不助故與子貢語而子貢諾之若此○舊說時孔子居衛按季桓子卒康子召冉求至哀公十一年猶在魯而孔子亦歸魯其間未有冉求過衛事今見冉求子貢問答則是時夫子恐當在魯也衛輒之罪固不待問然夫子之仁不棄物則未可知也伯夷叔齊疾惡之甚者也故子貢以此問夫子試其與不與如何以決其可助與否也怨恨也言夷齊之行雖高而其實皆出於慈愛惻怛之心而毫無所怨故曰求仁而得仁又何怨子貢見夫子以賢人許

王氏論已見

夷齊而尚疑其不免有怨，則夫子之所不與也。故又以怨乎發問，而夫子又許其仁，於是知其終不助輒也。○夷齊之事，傳記不詳。孟子稱非其君不事，非其友不友，不立於惡人之朝，不與惡人言。史記所載兄弟遜國之事，不足考信，故特依孟子爲斷。○子貢之問，若世所謂隱語者，而夫子初不解其意所在，直稱夷齊之賢且仁，子貢遂知夫子不助衛君，而不復以衛君之事爲問。非子貢深識聖人之心，則不能問之如此。而又足以觀聖人不假一言於人之誠，與其所言卽其所行，不少差違，猶日月星辰之運于天，而其進退躔度皆可測識於此也。

【徵】冉有曰夫子爲衛君乎。朱子曰，時孔子居衛，蓋以子貢不斥其事知之。伯夷叔齊諫伐之事，不可信矣，明王氏論之詳焉。二人以讓聞而不稱於孔門，獨以惡不仁稱，其迹似不得乎父而若怨，故子

史記伯夷傳

君子求於己衞靈公篇

貢以怨乎問之司馬遷亦曰怨邪非邪求仁而得仁求仁人而得之也謂歸西伯也不以喪位爲怨歸仁人而樂之人之有邦猶己有之故孔子曰又何怨孔安國曰以讓爲仁豈有怨乎朱註從之而曰求所以合乎天理之正而卽乎人心之安旣而各得其志焉則視棄其國猶敝蹝爾天理人心自其家言是則亾論祇求字不穩且解怨爲悔終失牽强它若君子求於己小人求於人迺責求之義自求於人來求古求道皆訪求之義豈容謂求仁乎宋儒以仁爲心之德又謂有一事之仁是其病

根加以昧乎古言不可從矣夷齊惡不仁孔子賢之其不爲輒可知焉然其迹似怨倘或怨邪則夷齊之行有不慊於心者矣故又問怨乎得仁人而歸之是其心雖喪位猶弗喪也然後不仁之人非孔子所歸者益明焉

子曰飯疏食飲水曲肱而枕之樂亦在其中矣不義而富且貴於我如浮雲

古 孔安國曰疏食菜食肱臂也孔子以此爲樂 鄭玄曰富貴而不以義者於我如浮雲非已之有

新 飯食之也疏食麤飯也聖人之心渾然天理雖處困極而樂亦無不在焉其視不義之富貴如浮雲之無有漠然無所動於其中也○程子曰非樂疏食飲水也雖疏食飲水不能改其樂也不義之

易繫辭

富貴視之輕如浮雲然

又曰須知所樂者何事

古義 飯食之也疏食麤飯也聖人之心純乎理義無有他念其視不義之富貴如浮雲漠然而無所動於其中也」論曰孟子曰理義之悅我心猶芻豢之悅我口也聖人之樂固雖不可以言語形容然外理義而豈有所謂樂者乎哉觀其曰不義而富且貴於我如浮雲則其所樂固可知矣然聖人之心理義渾融無跡可見故不得以理義二字形容之大矣哉

徵 樂亦在其中矣孔安國曰孔子以此爲樂非矣程子曰須知所樂者何事大似禪子言易大傳明言樂天知命豈謎乎朱子曰聖人之心渾然天理是其家言亾論也於我如浮雲鄭玄曰非己之有朱子曰如浮雲之無有皆非矣脩人爵而天爵至

者自天祐之故其福永矣不義而富且貴如浮雲之無根倏得而倏失之也疏食孔安國曰菜食也禮曰疏食水飲不食菜果朱註麤飯爲具

禮曰禮記間傳

子曰加我數年五十以學易可以無大過矣

古 易窮理盡性以至於命年五十而知天命以知命之年讀至命之書故可以無大過

新 劉聘君見元城劉忠定公自言嘗讀他論加作假五十作卒蓋加假聲相近而誤讀卒與五十字相似而誤分也愚按此章之言史記作假我數年若是我於易則彬彬矣加正作假而無五十字蓋是時孔子年已幾七十矣五十字誤無疑也學易則明乎吉凶消長之理進退存亡之道故可以無大過蓋聖人深見易道之無窮而言此以教人使知其不可不學而又不可以易而學也

古義 數年謂數年之功也五十字未詳史記世家亦無故今闕而不釋易之爲書窮陰陽消長之變

以明進退存亾之理其爲教也貴處退損而惡居盈滿故學之則能得無大過也故可無大過之一言實足以蔽六十四卦之義猶思無邪一言以蔽詩三百篇也○論曰古者包犧氏之王天下也仰觀俯察近取遠取始作八卦以類神明之德蓋示陰陽消長之變萬物生息之理也至於殷之末世周之盛德系辭以筮之故謂之周易及至夫子獨述先王之道而專崇仁義之德故其雅素與門人言諄諄然無非詩書仁義之說而言及於易者纔見此章而已蓋夫子以前固爲卜筮之書及夫子則專以義理斷之而不復襲舊套孟子亦每引詩書論春秋而未嘗有一言及乎易者其學以崇仁義務孝弟存心養性爲教而易中專言利故也惟其於處世之法委曲詳盡惕厲勸勉大有益於人故夫子亦取之欲學孔孟者專崇詩書春秋而於讀易則當以夫子可無大過之言求之而勿作卜筮之書看

徵 加我數年。朱子引史記加讀假。古音或然也。五

五十而知天命　爲政篇

史記孔子世家

十作卒。果其說之是乎。當曰以卒學易。終不通矣。古註以知命之年讀至命之書。可謂拘矣。且五十而知天命。是五十以後之言。此則未至五十之言。可謂牽強。蓋言學易比至五十乃始有成也。極言易之難學也。無大過。卽史記之彬彬。謂其於易無大謬也。孔子僅言無大過。而後人乃欲一一詳盡。則過孔子遠矣。可謂妄已。

子所雅言。詩書執禮。皆雅言也。

[古]孔安國曰。雅言。正言也。鄭玄曰。讀先王典法。必正言其音。然後義全。故不可有所諱。禮不誦。故言執

新雅常也執守也詩以理情性書以道政事禮以謹節文皆切於日用之實故常言之禮獨言執者以以人所執守而言非徒誦說而已也○程子曰孔子雅素之言止於如此若性與天道則有不可得而聞者要在默而識之也謝氏曰此因學易之語而類記之

古義雅常也執守也其執守禮者雖未必出於詩書皆常言之也詩以道情性書以道政事皆切於人倫日用之實故常言之若有守禮不渝者則雖未必出於先王之典亦皆常言之所以使學者固於聖賢之盛德而範乎前脩之懿行也論曰求道於高求事於遠學者之通病唯詩書之爲教近于人情達于日用初不遠人以爲道亦不遠人以爲言而執禮能守者亦可以範士風維世道所以夫子常言此三者也若夫佛老之學所以離世絶俗專事高遠而不能通乎天下者實不違詩書之理故也而後世儒者亦雖知誦詩讀書然求之甚過艱深而不知求之於平易近情故其著於言行者每有崎嶇艱深之憂而無正大從容氣象豈非所謂非讀書之難而善讀書之難乎

徵子所雅言詩書執禮皆雅言也句孔安國曰雅言正言也鄭玄曰讀先王典法必正言其音然後義全故不可有所諱是與曲禮詩書不諱合謂不避諱也執禮文王世子曰春誦夏弦大師詔之瞽宗秋學禮執禮者詔之冬讀書典書者詔之禮在瞽宗書在上庠是古稱教禮之官爲執禮言不啻孔子凡執禮者皆雅言以此証上句也何註禮不誦故言執已失其義矣朱註雅訓常非也雅常少殊且古所謂學者詩書禮樂而已其在孔門不言而可知矣故謂詩書禮爲孔子常言者後人之

詩書不諱禮記曲禮

見也且從其說則執禮二字終不明矣皆雅言也四字爲衍其意謂正字音瑣瑣塾師之事孔子大聖人不爾是其病根殊不知詩書不諱古之禮也或說雅與俗對謂不用土音也亦通然雅俗昉自樂及至後世乃用之一切孔子時所無故不可從矣仁齋先生解執禮謂若有守禮不渝者則雖未必出於先王之典亦皆常言之可謂牽強之甚

葉公問孔子於子路子路不對子曰汝奚不曰其爲人也發憤忘食樂以忘憂不知老之將至云爾

古 孔安國曰葉公名諸梁楚大夫食采於葉僭稱公不對者未知所以答

【新】葉公楚葉縣尹沈諸梁字子高僭稱公也葉公不知孔子必有非所問而問者故子路不對抑亦以聖人之德實有未易名言者與未得則發憤而忘食已得則樂之而忘憂以是二者俛焉日有孶孶而不知年數之不足但自言其好學之篤耳然深味之則見其全體至極純亦不已之妙有非聖人不能及者蓋凡夫子之自言類如此學者宜致思焉

【古義】葉公楚葉縣尹沈諸梁字子高僭稱公也子路知聖人之德實有未易名言者故不對云爾者無他之辭子路不對故夫子自代之曰惟能好學樂道而不知年歲之將窮而已知道之無窮而難得故發憤知道之可安而佗無所求故樂發憤故愈力樂故不倦此所以忘食與憂而不知老之將至也

【徵】未得則發憤而忘食已得則樂之忘憂但言其好學之篤耳朱註得之表記小雅曰高山仰止景

行行止子曰詩之好仁如此鄉道而行中道而廢忘身之老也不知年數之不足也俛焉日有孳孳斃而后已正與此相發知命之言也云爾云云爾爾古言相通

子曰我非生而知之者好古敏以求之者也

【古】鄭玄曰言此者勸人學

【新】生而知之者氣質清明義理昭著不待學而知也敏速也謂汲汲也尹氏曰孔子以生知之聖每云好學者非惟勉人也蓋生而可知者義理爾若夫禮樂名物古今事變亦必待學而後有以驗其實也

【古義】生而知之謂不待學而自知也敏速也言汲汲也當時之人有以夫子爲生知不由學者故言

周禮師氏

中庸所云據自仲尼祖述至其孰能知之

此以曉之夫古可以徵于今未有不由古而能爲于今者也故事稽古則猶以圖求鏡照其成敗得失之跡較然著明皆爲今日之摸措夫子以生知之聖猶汲汲乎求古者以其益有不可量者也蓋由學者見之固有生知之聖由聖人見之本無生知之質何者道無窮故學亦無窮苟欲盡無窮之道則不由學問之功不可得也此所以雖夫子之聖尚汲汲乎此也

徵敏以求之者也朱註敏速也謂汲汲也此解殊摸稜敏速也如敏疾敏給才敏是自一義謂汲汲也如周禮敏德以爲行本是黽勉亦自一義朱子混之非矣此章當以黽勉爲義孔子固聰明睿知稟諸天如中庸所云然先王之道非學則不能知之孔子學先王之道而莫不知是所以優群聖也

朱註生而知之者氣質清明義理昭著不待學而知也是其家言特以清明昭著言之乃陳北溪清水濁水之說耳其說雖巧哉宋儒之道辟則如有秋冬而無春夏也所言如所見不可不察又曰生而可知者義理爾若夫禮樂名物古今事變亦必待學而後有以驗其實也是又其意以當然之理爲道以考驗爲學淺乎其言之

子不語怪力亂神

古 王肅曰怪怪異也力謂若奡盪舟烏獲舉千鈞之屬亂謂臣弑君子弑父神謂鬼神之事或無益於教化或所不忍言

【新】鬼怪異勇力悖亂之事非理之正固聖人所不語鬼神造化之迹雖非不正然非窮理之至有未易明者故亦不輕以語人也○謝氏曰聖人語常而不語怪語德而不語力語治而不語亂語人而不語神

【古義】怪猶行怪之怪言非常可駭之行也力勇力亂悖亂神神異之事語之則必使人厭常而輕德故夫子皆不語之也此明聖人一語一默莫不有教存也○謝氏曰聖人語常而不語怪語德而不語力語治而不語亂語人而不語神以此防民猶有好怪力亂神者甚乎人之易惑也論曰夫子嘗曰敬鬼神而遠之又曰未能事人焉能事鬼蓋戒人不修人道而謟瀆鬼神也至此直稱不語則益見其妖異之說恐啟後世之惑而塞源拔本深絶諸言議以此觀之後世記禮之書稱孔子之言說鬼神妖異之事者皆附會之說也

【徵】子不語怪力亂神語誨言也○蓋謂召弟子語之○

周禮大司樂
戴記文王世子
顏淵仲弓問仁
顏淵篇

李充曰見邢疏

使其奉以行諸已者也周禮有樂語戴記有合語是也如顏淵仲弓問仁孔子云云皆曰請事斯語可見皆指孔子所答爲語亦此意怪異勇力悖亂之事非先王之典所尚故不以爲語鬼神之道微妙非所以喻人故亦不以爲語也語字之義不明漢儒以來乃謂不談此四者非矣聖人何殊常人平日閑談何嘗不一及之乎可謂拘矣鬼神天神人鬼也朱註謂造化之迹迹豈鬼神乎又曰非窮理之至有未易明者鬼神豈窮理之所能明乎李充曰力不由理斯怪力也神不由正斯亂神也非

孔子時語氣不可從矣仁齋先生曰怪猶索隱行怪之怪亦不識文者之言焉仁齋又據此章而排易中庸禮記言鬼神者爲非孔子之言果其說之是乎春秋無非亂亦非孔子之作

子曰三人行必有我師焉擇其善者而從之其不善者而改之

【古】言我三人行本無賢愚擇善從之不善改之故無常師

【新】三人同行其一我也彼二人者一善一惡則我從其善而改其惡焉是二人者皆我師也○尹氏曰見賢思齊見不賢而內自省則善惡皆我之師進善其有窮乎

【古義】此明得師之甚近而道之甚廣也言三人相聚則其善不善較然可見矣我但從其善而改其

老子二十七章

不善者則善不善皆莫非吾師也人每有無良師友之歎殊不知何時無師何處無師心誠求之必有眞師矣故曰歸而求之有餘師人惟病不求之耳

徵三人行必有我師古言也孔子誦之言三人至寡然三人相議而行必有可觀者焉孔子又釋之曰師之之道務擇其善而從之耳雖小善亦不棄也必其全不善者而後以爲己之鑒戒不以爲師也朱註一善一惡其一我也本諸何邢然巧甚非古義也不可從矣老子猶曰善人者不善人之師不善人者善人之資未嘗以不善爲師古言爲然且必有字而字不可通矣焦氏筆乘載蜀有石經

焉下有我

子曰天生德於予桓魋其如予何

古 包氏曰桓魋宋司馬天生德者謂授我以聖性德合天地吉無不利故曰其如予何

新 桓魋宋司馬向魋也出於桓公故又稱桓氏魋欲害孔子孔子言天既賦我以如是之德則桓魋其柰我何言必不能違天害己

古義 史記世家孔子適宋與弟子習禮大樹下宋司馬桓魋欲殺孔子拔其樹孔子去弟子曰可速矣故孔子有此語朱氏曰孔子言天既賦我以如是之德則桓魋其柰我何言必不能違天害己論曰或曰桓魋暴人也夫子旅人也魋欲殺孔子何憚而不爲在斯時恐難委之於天曰不然天有必然之理人有自取之道書曰作善降之百祥作不善降之百殃易曰積善之家必有餘慶積不善之家必有餘殃是謂天有必然之理也詩曰永言配命自求多福書曰天作孽猶可違自作孽不可逭

文王既沒子罕篇

是謂人有自取之道也非言論之所能盡也朱氏曰聖人雖知其不能害己然避患未嘗不深避患雖深而處之未嘗不閑暇所謂並行而不悖也可謂善論孔子者也

徵 天生德於予。包咸曰。謂授我以聖性。德合天地。吉無不利。故曰其如予何。朱註從之。然生字不穩。且非孔子辭氣。蓋德謂有德之人也。天命孔子。教育英才。而有德之人。由孔子生。是天方以此任孔子。而桓魋若能害孔子。則有德之人不復生於世。天命徒然矣。孔子以教學自任。故有是言。與文王既沒同意。

子曰二三子以我爲隱乎吾無隱乎爾吾無行而不

與二三子者是丘也

古 包氏曰二三子謂諸弟子聖人知廣道深弟子學之不能及以爲有所隱匿故解之包氏曰我所爲無不與爾共之者是丘之心

新 諸弟子以夫子之道高深不可幾及故疑其有隱而不知聖人作止語默無非教也故夫子以此言曉之與猶示也○程子曰聖人之道猶天然門弟子親炙而冀及之然後知其高且遠也使誠以爲不可及則趨向之心不幾於怠乎故聖人之教常俯而就之如此非獨使資質庸下者勉思企及而才氣高邁者亦不敢躐易而進也呂氏曰聖人體道無隱與天象昭然莫非至教常以示人而人自不察

古義 與猶示也此門弟子以夫子之道爲高深不可幾及而見其一言一行皆從容平易混然無迹而疑其有隱故夫子言此以曉之論曰論語二十篇其一言一行皆莫非吾師也故曰吾無行而不

不憤不啓四句本篇文

孟子盡心篇

與二三子者是丘也蓋聖人之道不高不卑非難非易通於天下達於萬世而不得須臾離實爲中庸之極也其以聖人爲高而不可學者固不知道爲爲近而不足學者亦異端之流益不知道者也

唯若顏子於夫子之言無所不悅而後爲善知論語也

徵不憤不啓不悱不發舉一隅不以三隅反則不復也故二三子以孔子爲隱也吾無隱乎爾乎爾語助辭如孟子無有乎爾則亦無有乎爾人多於此章解爾爲汝於孟子訓然皆非矣韓退之聽潁師彈琴詩穎乎爾誠能無以氷炭置我腸可見識文章者不與經生同也齊風著詩俟我於著乎而卽乎爾轉音吾無行而不與二三子者包咸曰我

天何言哉陽貨篇

所爲無不與爾共之者爲是言吾所行必與二三子共之莫有所隱而獨行者蓋欲二三子默而識之也是丘也言時師多所隱匿如學記曰隱其學而疾其師亦可見焉唯孔子不然故曰是丘也先王之教禮樂不言舉行與事而示之天何言哉四時行焉百物生焉皆在默而識之自孟子雄辨聒人而後儒者終莫識此意程子以此章爲聖人俯而就之是不識教之道本然强爲解事者

子以四教文行忠信

古 四者有形質可舉以教

射五物 周禮鄉大夫職

新程子曰教人以學文脩行而存忠信忠信本也

古義此孔氏之家法也文以致知行以踐善忠以盡己信以應物蓋萬世學問之程式也學者當謹守之而不得輙變其法也論曰四教以忠信爲歸宿之地即主忠信之意蓋非忠信則道無以明矣德無以成矣禮者忠信之推敬者忠信之發乃人道之所以立而萬事之所以成也凡學者不可不以忠信爲主也而後之諸儒別各立宗旨以爲學問之主意者何哉

徵文行忠信是孔門四科文文學行德行忠謂政事信謂言語政事而曰忠言語而曰信其物也如射五物古有之舊註不識古言如程子忠信爲本亦唯三耳如邢昺亦唯文行耳凡政事皆爲人謀者故貴忠善言而不信亦何貴乎是所以忠信爲

二科也

子曰聖人吾不得而見之矣得見君子者斯可矣子曰善人吾不得而見之矣得見有恆者斯可矣亾而爲有虛而爲盈約而爲泰難乎有恆矣

【古】疾世無明君也孔安國曰難可名之爲有常

【新】聖人神明不測之號君子才德出衆之名子曰字疑衍文恆常久之意張子曰有恆者不貳其心善人者志於仁而無惡○三者皆虛夸之事凡若此者必不能守其常也○張敬夫曰聖人君子以學言善人有恆者以質言愚謂有恆者之與聖人高下固懸絶矣然未有不自有恆而能至於聖者也故章末申言有恆之義其示人入德之門可謂深切而著明矣

【古義】聖人者仁智合一行至其極之名君子者有德之通稱朱氏曰子曰字疑衍文聖人君子以德

子賤見公冶長篇南容見憲問篇

言善人有恆者以質言朱氏曰三者皆虛夸之事凡若此者必不能守其常也其曰有恒之難者所以明善人君子與聖人之益難而不可易也此見夫子好賢之深也夫好善優乎天下矣好賢好善之實也夫子冀見賢者之心不啻若饑渴之於飲食知道之愈無竆而學之愈無盡也學者髣髴其萬一亦可以入聖域人君髣髴其萬一於治天下國家何難之有〇曾氏華曰當夫子時聖人固不可得而見豈無君子善人有恆者乎而夫子云然者蓋其人少而思見之也及其見則又悅而進之曰君子哉若人凡此類當得意而忘言

徵 聖人吾不得而見之矣何晏曰疾世無明君是古來相傳之說何則得見君子者斯可矣得見有恒者斯可矣皆願辭以人君言之不者子賤南容君子哉魯無君子斯焉取斯豈其言之牴牾也況

不踐迹先進篇

書太甲

聖人本開國先王之稱善人亦齊桓秦穆之倫故曰不踐迹謂其不拘先王之舊也是有大作用者亦世不恒有故曰不得而見之矣君子固學先王之道以成德者善人有恒者固無學問然張敬夫所謂以學言以質言張横渠所謂志於仁而無惡皆昧乎語勢及不識善人矣非有恒者雖或用孔子然不能久故願有恒者也且書曰罔克有終是人君之德以恒爲美也大氐宋儒以來陷於莊周内聖外王之説而怠於孔子之道爲先王之道故動輒作窮措大解可憫之至善人以下異日之言

以其相類故同居一章子曰何必衍也難乎有恒矣孔安國曰難可名之爲有常可謂善解古文辭已有亡以人言盈虛以倉廩言約泰以民生言亡人而以爲有人倉廩虛而以爲盈民困約而以爲泰務夸大以自憙是無所守者也故難可名之爲有常已

子釣而不綱弋不射宿

古 孔安國曰釣者一竿釣綱者爲大綱以横絶流以繳繫釣羅屬著綱弋繳射也宿宿鳥

新 綱以大繩屬網絶流而漁者也弋以生絲繫大而射也宿宿鳥○洪氏曰孔子少貧賤爲養與祭或不得已而釣弋如獵較是也然盡物取之出其不意亦不爲也此可見仁人之本心矣待物如此

待人可知小者如此大者可知

古義 綱以大繩屬綱絶流而漁者也弋以生絲繫矢而射也宿宿鳥洪氏曰孔子少貧賤爲養與祭或不得已而釣弋如獵較是也然盡物取之出其不意亦不爲也此可見仁人之本心矣待物如此待人可知小者如此大者可知此見夫子道德度越萬世然本不離世以爲高不違俗而獨立所以爲中庸之至也韓子所謂吐辭爲經舉足爲法唯聖人爲然論曰仁者天下之大德也義者天下之大用也非仁則萬物不育非義則萬事不行兩者相須而不得相離也見聖人之釣與弋而後知義之不可廢也見其不綱與不射宿而後又知仁之不可去也若夫焚林竭澤暴殄天物者固不得爲仁而至於斷屠戒殺宗廟不血食者則亦不知義之不可廢豈復得爲仁也哉其不可行于天下也均矣故聖人以天下爲道而不以一人強天下以萬世爲教而不以一時律萬世至矣

徵 釣而不綱綱不它見恐網字誤釣網事殊故著

而字宿是弋宿故無而字何註孔曰釣者一竿釣綱者爲大綱以横絶流以繳繫釣羅屬著綱邢昺疏曰此註文句交互故少難解耳殊不知孔註至流字而止以繳而下何晏也古者在禮士得弋釣至於綱宿則民之所爲也君子不爲矣何以知之天子諸侯爲祭及賓客則狩豈無虞人之供而躬自爲之所以敬也狩之事大而非士所得爲故爲祭及賓客則釣弋盖在禮所必當然焉古者貴禮不貴財不欲必獲故在天子諸侯則三驅在士則不綱不射宿後世儒者不知道不知禮故其於此

三驅易

章也不知求諸禮但言仁人之心耳故其論終有窮矣以禮言之仁義豈外哉朱註又引洪氏曰孔子少貧賤爲養與祭或不得已而釣弋是亦以不忍之心爲仁惑於孟子遠庖厨之説其視仁如浮屠氏故爲是言已是禮也豈在不得已哉大氐後世井田廢錢幣盛而物皆取諸市其於祭與賓客以貴價買物爲敬此俗所移遂致不識此章之義已

孟子説見梁惠王篇

子曰蓋有不知而作之者我無是也多聞擇其善者而從之多見而識之知之次也

古包氏曰時人有穿鑿妄作篇籍者故云然孔安國曰如此者次於天生知之

新不知而作不知其理而妄作也孔子自言未嘗妄作蓋亦謙辭然亦可見其無所不知也識記也所從不可不擇記則善惡皆當存之以備參考如此者雖未能實知其理亦可以次於知之者也

古義不知而作不知其理而創作也識記也多聞而擇善則有所法矣多見而識之則有所考矣皆不敢自作而取諸人之事可爲不待聞見而知者之次矣聖人之取廣資衆智而不敢自專如此也聞廣矣而善惡之實泛然故擇而從之見實矣而得失之跡較然故直記之皆足以備鑒戒廣知識也門人見夫子以生知之聖自居甚卑而後知其德之甚盛而聞見之功不可忽諸蓋聖人體道之深取善之周不自覺其辭之謙如此若夫其言誇大者其道必小其行過高者其德必淺唯中庸之德爲至也

徵蓋有不知而作之者。我無是也。孔子自謂知之

答子張爲政篇

次也。多聞多見。見于論語者二。答子張以言行言。此章多聞道之聞于人者。多見。己得諸簡策及它人所行者。乃述之事也。何則。對作而言之也。二知字皆去聲。智謂聖也。朱註不知其理。淺矣哉。僅知其理焉耳。豈能作之哉。緇衣多聞質而守之。多志質而親之。多志卽此多見也。

互鄉難與言童子見門人惑子曰與其進也不與其退也唯何甚人潔己以進與其潔也不保其往也

古 鄭玄曰互鄉鄉名也其鄉人言語自專不達時宜而有童子來見孔子門人怪孔子見之孔安國曰教誨之道與其進不與其退怪我見此童子惡惡一何甚鄭玄曰往猶去也人虛己自潔而來當

與之進亦何能保其去後之行

【新】互鄉鄉名其人習於不善難與言善惑者疑夫子不當見之也疑此章有錯簡人潔至往也十四字當在與其進也之前潔脩治也與許也往前日也言人潔己而來但許其能自潔耳固不能保其前日所爲之善惡也但許其進而來見耳非許其既退而爲不善也蓋不追其既往不逆其將來以其是心至斯受之耳唯字上下疑又有闕文大抵亦不爲已甚之意○程子曰聖人待物之洪如此

【古義】互鄉鄉名其俗習於不善難與言善惑猶疑也與許也夫子答門人言但許彼童子進而來見耳非許其既退而爲不善也子何已甚哉潔修治也往前日也言凡人潔己而來但許其自潔而不能保其前日所爲之善惡也聖人待物之仁猶天地之造化萬物生者自生殺者自殺而生物之心自無息於其間何其大哉孟子曰往者不追來者不拒苟以是心至斯受之而已矣可謂能發夫子之道而詔之萬世者也異端誘人而從已小儒惡人之逃已與聖人之道固天淵矣

始可與言詩已
學而篇

徵互鄉難與言鄭玄曰其鄉人言語自專不達時宜非矣朱註其人習於不善難與言善亦非矣觀於下文進退則童子見者來學也難與言者難與言道也子曰賜也始可與言詩已與言二字可以見焉不保其往也鄭玄曰往猶去也人虛己自潔而來當與之進亦何能保其去後之行可謂古人能解古書善識詞義邢疏朱註皆以往爲前日之義而保字不可得而解矣唯何甚古註解爲一何甚亦有何疑而朱子疑其有錯簡闕文亦不識古文之過耳與其進也不與其退也猶言喜來而惡

去門人之意也故曰一何甚言夫子不若是也夫子惟與其潔已而已朱註非許其旣退而爲不善也非也進退未言其善惡

子曰仁遠乎哉我欲仁斯仁至矣

古包氏曰仁道不遠行之即是

新仁者心之德非在外也故而不求故有以爲遠者反而求之則即此而在矣夫豈遠哉○程子曰爲仁由已欲之則至何遠之有

古義此言仁之甚近也學者以仁爲甚遠而難至殊不知欲之斯至何遠之有益仁者天下之美德而以吾性之善而求之則猶以薪投火其至甚迅何憚而弗求之邪論曰仁者天下之大德也而其事至近爲之在我故曰我欲仁斯仁至矣而先儒以仁爲具於性之理而以滅欲復初爲求仁之功

若然則仁之於人也猶四肢百骸之具於吾身人人皆有天下豈有不仁之人亦豈須言至譬諸心猶薪也仁猶火也薪之用在乎火而心之德在乎仁積而不燒則無以見薪之用放而不求則無以見心之德故聖賢常曰欲仁曰求仁而未嘗以滅欲復初爲至仁之工夫也横渠有内外賓主之説自合于夫子至字之義與以仁爲性爲理者大異矣學者審諸

徵 仁遠乎哉言仁至遠也仁以安天下爲功故至遠焉所以安天下者先王之道也孔子眷先王之道而懷之豈遠乎哉若使孔子居王侯之位乎下車而仁可得而行也故曰我欲仁斯仁至矣朱子以心之德爲解以欲仁爲反而求之之謂豈然哉心之德在我豈容言至哉反而求之則即此而在

是宋儒求放心之說出自浮屠焉不可從矣觀遠乎哉之言則仁字之義以安天下言之者章章明哉或曰宋儒以不遠爲解叚使從其解乎苟非遠也何不遠之有凡謂不遠者以遠故也

陳司敗問昭公知禮乎孔子曰知禮孔子退揖巫馬期而進之曰吾聞君子不黨君子亦黨乎君娶於吳爲同姓謂之吳孟子君而知禮孰不知禮巫馬期以告子曰丘也幸苟有過人必知之

古 孔安國曰司敗官名陳大夫昭公魯昭公孔安國曰巫馬期弟子名施相助匿非曰黨魯吳俱姬姓禮同姓不昏而君取之當稱吳姬諱曰孟子孔安國曰以司敗之言告也諱國惡禮也聖人道弘

故受以爲過

新　陳國名司敗官名卽司寇也昭公魯君名稠習於威儀之節當時以爲知禮故司敗以爲問而孔子答之如此巫馬姓期字孔子弟子名施司敗揖而進之也相助匿非曰黨禮不娶同姓而魯與吳皆姬姓謂之吳孟子者諱之使若宋女子姓者然孔子不可自謂諱君之惡又不可以娶同姓爲知禮之故受以爲過而不辭○吳氏曰魯蓋夫子父母之國昭公魯之先君也司敗又未嘗顯言其事而遽以知禮爲問其對之宜如此也及司敗以爲有黨而夫子受以爲過蓋夫子之盛德無所不可也然其受以爲過也亦不正言其所以過初若不知孟子之事者可以爲萬世之法矣

古義　孔氏曰司敗官名陳大夫昭公魯之先君嘗習於威儀之禮故以知禮答之巫馬期孔子弟子名施相助匿非曰黨魯吳俱姬姓於禮不可昏而昭公取之當稱孟姬而諱曰孟子使若宋女子姓者然司敗疑其非禮故先以知禮乎發問至此詰之○吳氏程曰疑謂之孟子者魯人諱之而謂之

吳孟子者當時識諷之語也夫子以人之知過爲幸此聖人之心也昭公嘗習於威儀之禮當時以爲知禮故孔子答之以知禮及於司敗再以取于吳諱之而夫子以爲過而不辭葢司敗之論甚傷急迫而夫子卒不顯其國惡其詞氣雍裕不少露圭角一應接之間衆善交集若此非盛德之至豈能然乎論曰舊註以爲諱國惡非也司敗有意問之夫子無意答之其以知禮爲答非不當也及乎司敗再詰之而夫子自知其爲過如使夫子有意諱國惡則非過也苟以非過自以爲過是僞焉耳非直也豈聖人之心乎哉或曰然則聖人亦有過乎曰君子之過也如日月之食焉過也人皆見之更也人皆仰之周公弟也管叔兄也周公不知其將叛而使之在周公則不免爲過故孟子曰周公之過不亦宜乎夫日月薄食五星逆行四時失序旱乾水溢則雖天地不能無過況人乎聖人亦人焉耳其復何容疑倘若木石器物一定不變焉則死物耳要不足貴焉故知道者不貴無過而貴能改焉聖人之道廣矣大哉

【徵】孔安國曰司敗官名陳大夫邢昺曰文十一年左傳云楚子西曰臣歸死於司敗也杜註云陳楚名司寇爲司敗也孔安國曰諱國惡禮也聖人道弘故受以爲過此言孔子不復言昭公而獨言己之幸所以爲道弘也非謂諱國惡爲道弘也過而不知則不能改之過而人知而告之則得改是幸也君子之過如日月之食在上之人人所具瞻孔子得此於此故曰幸也春秋哀十二年夏五月甲辰孟子卒左氏傳曰昭公娶於吳故不書姓邢昺疏此云君娶於吳爲同姓謂之吳孟子是魯人常

吳氏說見大全

孟子公孫丑篇曰陳賈曰然則聖人且有過與曰周公弟也管叔兄也周公之過不亦宜乎

直在其中子路篇直哉史魚衛靈公篇

言稱孟子也吳氏程以爲當時譏諷之詞或當然也仁齋先生論此章而曰聖人亦有過此言本於孟子可謂非若宋儒所謂一疵不存之比矣又曰苟以非過自以爲過是僞焉耳非直也豈聖人之心乎非矣諱君之惡禮也豈僞乎哉仁齋動輒曰直也非直也夫直豈足論聖人乎孔子曰直在其中矣又稱伯玉君子哉史魚直也可見直亦一德耳夫道在行之如何也而後世儒者以評論是非爲務故其所重在直也不貴禮而貴直職此之由小矣哉

子與人歌而善必使反之而後和之

古 樂其善故使重歌而自和之

新 反復也必使復歌者欲得其詳而取其善也而後和之者喜得其詳而與其善也此見聖人氣象從容誠意懇至而其謙遜審密不掩人善又如此蓋一事之微而衆善之集有不可勝既者焉讀者宜詳味之

古義 朱氏曰反復也必使復歌者欲得其詳而取其善也而後和之者喜得其詳而與其善也孟子曰大舜善與人同舍已從人樂取於人以爲善取於諸人以爲善是與人爲善者也夫歌小藝也乃於其善則夫子猶繾綣樂取聖人樂善無窮之意於是可見矣

徵 子與人歌而善善者善之也孔子善之也子與人管到此故知雖無之字亦爲善之也必使反之

賞其善也而後和之學之也與人歌之禮也若使反之而已則嫌乎以歌工待之也朱註云云雖詳且盡乎然不知其爲禮矣宋儒之學爲然

子曰文莫吾猶人也躬行君子則吾未之有得

古 莫無也文無者猶俗言文不也文不吾猶人者凡言文皆不勝於人 孔安國曰身爲君子已未能也

新 莫疑辭猶人言不能過人而尚可以及人未之有得則全未有得皆自謙之辭而足以見言行之難易緩急欲人之勉其實也 謝氏曰文雖聖人無不與人同故不遜能躬行君子斯可以入聖故不居猶言君子道者三我無能焉

古義 莫無也言文吾豈不能及人哉身行君子則吾未能也蓋言行之難 朱氏曰於文言其可以

及人足見其不難繼之意又見其不必工之意於行言其未之有得則見其實之難焉見其汲汲於此而不敢有毫髮自足之心焉一言之中而指意反覆更出互見曲折詳盡至於如此非聖人而能若此哉

升庵外集經說部

徵升庵外集曰晉書欒肇論語駁曰燕齊謂勉強爲文莫陳騤雜識云方言侔莫强也凡勞而勉若云努力者謂之侔莫故文莫罷勉也何訑莫無也文無者猶俗言文不也是古來相傳之說非何晏之言也文不吾猶人者凡言文皆不勝於人也是何晏之言也何以知之若使盡出於何晏則止當云莫不也文不吾猶人者凡言文皆不勝於人也

今解莫爲無解文無爲文不着是文無文不皆漢
時有是言與文莫侔莫同義故展轉作此解而何
晏不識其意也當歸一名文無一名蘼蕪蘼蕪無文
無音亦相近臨别贈之蓋相勉之意猶云加餐食
則知文無古有是言也按文莫吾猶人也者孔子
時諺也言凡事黽勉則可皆及於人也孔子誦之
而曰世人所言如此雖然至於躬行君子之道則
吾未得其人也嘆世少君子也大氐前儒視文甚
輕非聖人本意也且上有也下無也下有則上無
則是文與躬行君子對言者非也文莫二字舊註

不成解朱子又曰莫疑辭是援唐詩中莫字以解論語可謂不識古文辭已

子曰若聖與仁則吾豈敢抑爲之不厭誨人不倦則可謂云爾已矣公西華曰正唯弟子不能學也

【古】孔安國曰孔子謙不敢自名仁聖馬融曰正如所言弟子猶不能學況仁聖乎

【新】此亦夫子之謙辭也聖者大而化之仁則心德之全而人道之備也爲之謂爲仁聖之道誨人亦謂以此教人也然不厭不倦非己有之則不能所以弟子不能學也〇晁氏曰當時有稱夫子聖且仁者以故夫子辭之苟辭之而已焉則無以進天下之材率天下之善將使聖與仁爲虛器而人終莫能至矣故夫子雖不居仁聖而必以爲之不厭誨人不倦自處也可謂云爾已矣者無他之辭也公西華仰而歎之其亦深知夫子之意矣

【古義】無所不能之謂聖無所不愛之謂仁周禮以智仁聖義中和爲六德是也孟子以仁且智爲聖此以仁與聖相對並論其意自別爲之謂爲仁聖之道誨人亦謂以此教人也可謂云爾已矣者猶謂子路曰汝奚不曰云云也○晁氏曰當時有稱夫子聖且仁者以故夫子辭之○公西華蓋以其不厭不倦而知夫子實有仁聖之德非學者之所能及也門人以爲夫子之德賢於堯舜而見其言甚謙而驚且異焉而後又益知其德之盛不可加焉故於夫子謙讓之言皆謹錄而備記之可謂其智亦足以知聖人者也

【徵】若聖與仁則吾豈敢是或人贊孔子而孔子以謙承之也何以知之若使無人贊之孔子突然而言之是孔子以仁聖自處也且下文曰可謂云爾已矣云爾者云云也意舉或人之言而代之以云

爾也。故知此必孔子承人贊之者也。正與上葉公問孔子章同辭。聖者聖人。仁者仁人。聖者知之至。仁者行之至。朱子每謂聖者地位。仁者道稱通上下。非也。堯舜禹湯周公。豈知至而行不至哉。作者之謂聖。制作禮樂。必有所前知。故舉其功之大者以爲稱耳。成康以下。無制作之事。故以仁人稱之。而孔子每勉人以仁。爲是故也。正唯二字。馬融曰。正如所言。弟子猶不能學。況仁聖乎。蓋唯是也。是如是也。正唯如後世政爾。故馬融解以正如所言也。況仁聖乎四字。不當文意。蓋孔子自言吾非仁

聖也吾學仁聖也爲之不厭誨人不倦學之事也公西華深知孔子故嘆曰正如所云赤輩學亦不能也謂孔子非學也弟子自稱也

子疾病子路請禱子曰有諸子路對曰有之誄曰禱爾于上下神祇子曰丘之禱久矣

古包氏曰禱禱請於鬼神周生烈曰言有此禱請於鬼神之事孔安國曰子路失指誄禱篇名孔安國曰孔子素行合於神明故曰丘之禱久矣

新禱謂禱於鬼神有諸問有此理否誄者哀死而述其行之詞也上下謂天地天曰神地曰祇禱者悔過遷善以祈神之佑也無其理則不必禱既曰有之則聖人未嘗有過無善可遷其素行固已合於神明故曰丘之禱久矣又士喪禮疾病行禱五祀蓋臣子迫切之至情而不能自已者初不請於

病者而後禱也故孔子之於子路不直拒之而但告以無所事禱之意

【古義】疾甚曰病禱謂禱於鬼神本乃臣子不得已之至情然不宜請於病者而禱之蓋子路既禱之而欲伺夫子之意以白其實夫子亦知其既禱故問有諸誄古作讄說文曰禱也累功德以求福尚書金縢之詞是也上下謂天地天曰神地曰祇爾當作祠周禮曰禱祠于上下神祇子路爲夫子自誦其所作誄詞如此○舊說誄者哀死而述其行之詞也誤矣子路爲夫子禱疾不宜引哀死之詞且見禱爾神祇之詞則知行禱之語而非哀死之言也禱者悔過遷善以祈神之佑者也夫子言吾禱之非一日矣豈更用禱乎古者疾病有行禱五祀之禮子路之請禱固非無謂也唯夫子之道度越群聖特以道德爲教而不欲人之惑於鬼神故曰丘之禱久矣蓋明人當自盡其道而不可妄用禱其示子路也切矣○陳氏櫟曰聖人素履無愧少壯迨老無非對越神明之時豈待疾病而後禱哉所謂禱久矣乃因子路引禱爾而言蓋不禱之禱也

假爾泰筮儀禮
少牢饋食

【徵】誄孔安國曰禱篇名仁齋先生曰誄古作讄說文曰禱也朱子以爲死後之誄是其意訓爾爲汝而謂追言禱疾之事以見惜死之意然果如其意則當云禱疾不當云禱汝也且古文簡誄累功德豈及禱疾之事乎且假使古人不諱豈方疾革而舉死者之誄乎爾語辭如假爾泰筮有常之爾禱篇筮祝文當相類從孔說爲是子曰有諸問有此禮否也不註謂有此理否非矣古人動求諸禮宋儒動求諸理孔子所以問之者孔子不欲禱且未知其欲禱何神故反問以觀其意也士喪禮疾病

號泣于旻天書大禹謨

祭則受福禮記禮器

行禱五祀子路所以不引此而引誄者蓋此時孔子在他邦而無家故無五祀可禱也上下天地也唯天子得祭天地然祭與禱殊如號泣于旻天乎父母人窮呼天雖士庶必有禱天之禮也丘之禱久矣是止子路之禱而安慰其心也朱子曰臣子迫切之至情有不能自已者初不請於病者而後禱也故孔子之於子路不直拒之而但告以無所事禱之意夫旣當禱矣何請不請之有是其意諸實無鬼神祭與禱皆虛文唯致吾誠耳故歸諸不得已之情乎爾孔子旣曰祭則受福則禱豈無益

匡之畏子罕篇

哉禱苟有益乎請亦何害夫禱者所以敬天也仁人之事天如孝子之事親焉孝子之於親怒則謝豈問過之有無乎所以敬親也仁人之於天災眚則禱亦豈問過之有無乎所以敬天也而乃曰聖人未嘗有過無善可遷可謂不知敬天者已且子路當不請而請之是爲小節孔子而拒之豈聖人愷悌之態乎其亦如子路愛孔子之心何然則孔子所以止之者何聖人之心不可得而測焉然疾與兵其所以害生者同故吾得諸匡之畏也曰文王既没文不在兹乎天之將喪斯文也後死者不

書召誥肆惟王其疾敬德王其德之用祈天永命

得與於斯文也天之未喪斯文也匡人其如予何是孔子信天之知我命我以斯文故知其雖病不死是孔子所以不欲禱也而其所以曰丘之禱久矣者何凡祭禱皆有其事焉有其實焉丘之禱久矣其事之有無未可知矣且以其實言之書曰祈天永命亦言敬天耳孔安國曰孔子素行合於神明是自後世言之者也非孔子之心也學者察諸

子曰奢則不孫儉則固與其不孫也寧固

古 孔安國曰俱失之奢不如儉奢則僭上儉不及禮固陋也

新 孫順也固陋也奢儉俱失中而奢之害大晁氏曰不得已而救時之弊也

古義 孫順也固陋也此極言奢之害也葢固則無文彩不孫則無名分無文彩則徒無可觀者而已至於無名分則人道亾矣聖人之所深戒也論曰先儒謂奢儉俱失中而奢之害大非也葢崇本抑末聖人之心也故夫子每以儉教人而深戒奢之害苟仁熟義精則或豊或約無施而不可若有意執中則必至於執一而廢百故孔孟言禮而不言中也

徵 禮與其奢也寧儉奢則不孫儉則固與其不孫也寧固孔安國曰俱失之奢不如儉奢則僭上儉不及禮固陋也盖安上治民莫善於禮故僭上之失甚於固陋

子曰君子坦蕩蕩小人長戚戚

古 鄭玄曰坦蕩蕩寬廣貌長戚戚多憂懼

新 坦平也蕩蕩寬廣貌程子曰君子循理故常舒泰小人役於物故多憂戚○程子曰君子坦蕩蕩心廣體胖

古義 坦平也蕩蕩寬廣貌君子每要撿束故其心反寬廣小人自好放縱故不免長戚戚是學者之所當自省也○程子曰君子循理故常舒泰小人役於物故多憂戚

徵 君子知命故坦蕩蕩小人不知命故長戚戚程子以循理役於物爲解抑末矣

子溫而厲威而不猛恭而安

古注無

新 厲嚴肅也人之德性本無不備而氣質所賦鮮有不偏惟聖人全體渾然陰陽合德故其中和之氣見於容貌之間者如此門人熟察而詳記之亦可見其用心之密矣抑非知足以知聖人而善言

子夏曰君子有三變望之儼然卽之溫聽其言也厲見子張篇

德行者不能記故程子以爲曾子之言學者所宜反復而玩心也

古義 厲嚴肅也此言聖人盛德之容不待用力而自無偏倚也若學者唯當以仁存心以禮存心苟仁熟禮立則不期然而自然若夫不從事於仁禮而徒欲以力持守之則有恭而安不成者不可不知焉

徵 溫而厲卽之也溫聽其言也厲威而不猛恭而安望之儼然不然非言而曰厲吾未之聞焉子夏曰君子有三變者盛德之容也禮樂得諸身謂之德古之君子皆禮樂以成其德豈翅孔子焉已乎宋儒乃以氣質爲說不知禮樂者也

論語徵集覽卷之七 終

論語徵集覽卷之八

魏　何晏　集解

宋　朱熹　集註

大日本　藤維楨　古義

物茂卿　徵

從四位侍從源賴寬　輯

泰伯第八

子曰泰伯其可謂至德也已矣三以天下讓民無得而稱焉

古王肅曰泰伯周太王之長子次弟仲雍少弟季歷季歷賢又生聖子文王昌昌必有天下故泰伯

以天下三讓於王季其讓隱故無得而稱言之者所以爲至德也

新 泰伯周大王之長子至德謂德之至極無以復加者也三讓謂固遜也無得而稱其遜隱微無迹可見也蓋大王三子長泰伯次仲雍次季歷大王之時商道寖衰而周日彊大季歷又生子昌有聖德大王因有翦商之志而泰伯不從大王遂欲傳位季歷以及昌泰伯知之即與仲雍逃之荆蠻於是大王乃立季歷傳國至昌而三分天下有其二是爲文王文王崩子發立遂克商而有天下是爲武王夫以泰伯之德當商周之際固足以朝諸侯有天下矣乃棄不取而又泯其迹焉則其德之至極爲何如哉蓋其心即夷齊扣馬之心而事之難處有甚焉者宜夫子之歎息而贊美之也泰伯不從事見春秋傳

古義 泰伯周大王之長子次弟仲雍少弟季歷季歷賢又生聖子文王昌泰伯長而當立讓之不嗣逃之荆蠻於是季歷立至文王天下諸侯日歸其德武王遂克商而有天下號周三讓終遜也以天

下讓謂讓其國蓋因周有天下而追稱之也無得而稱謂其德至極不得以言語稱之也○按泰伯三讓之事諸儒之說紛然不一夫商周之事莫如取證於聖經故今特據詩大雅皇矣篇爲斷觀其言帝作邦作對自泰伯王季則知周至泰伯王季而始強大矣觀言維此王季則友其兄則知王季能事泰伯而得其歡心矣觀言載錫之光則知泰伯能知王季之賢而讓之王季又能勤王業而不辱泰伯之知矣觀言王此大邦則知以天下讓者乃追稱之辭也蓋大王既沒之後泰伯季歷兄弟友愛同當國布治位號未定泰伯以季歷之功日高又有聖子而讓之季歷季歷不可於是逃之荊蠻蓋泰伯直讓之季歷而本非豫料大王之心而逃也觀其不稱大王而特言自泰伯王季可見矣聖賢之心皆爲天下而不爲己也泰伯之讓季歷蓋爲斯民計也而其後文武之道大被於天下民陰受其賜而不知實爲泰伯之德此夫子所以歎其至德也

【徵】三以天下讓朱註三讓謂固遜○非也○聞謂三讓

本篇三年學 述而篇聞韶三月 公冶長篇季文子三思 季氏篇君子有三畏 子張篇君子有三變

左傳哀七年

、爲固遜矣。不聞謂固遜爲三讓矣。如三年三月三思三畏三變。皆實有其數。然其詳不傳焉。邢疏大王疾。泰伯因適吳越採藥。大王歿而不返。季歷爲喪主。一讓也。季歷赴之。不來奔喪。二讓也。免喪之後。遂斷髮文身。三讓也。是以禮爲說。非後人所及。必古來相傳之說。祇左傳。泰伯端委以治周禮。不與此同。則亦難從焉。要之古書殘缺。不的指其事可也。以天下讓者。言其讓爲天下故也。朱子以爲讓天下。故其言曰。以泰伯之德。當商周之際。固足以朝諸侯有天下矣。夫周至文王。乃三分天下有

允恭克讓書堯典

其二泰伯之時天下非周有豈可以讓天下言哉太王之心以文王有聖德故欲傳位季歷而泰伯亦知文王之必能安天下也故潛逃以讓之以濟其美是其讓爲天下故也凡論語稱至德者二泰伯以讓文王以恭稽諸書贊堯以允恭克讓則恭讓爲德之至而堯之讓舜爲天下故也舜禹相承道始立矣益以見其讓之莫大焉泰伯之讓亦爲天下故也歷昌相承文斯成矣豈不其讓之亦莫至焉哉蓋讓而無益于人者止潔身焉非堯舜泰伯之讓也讓而濟天下者克用其讓焉是其所以

書武成

爲至德也。民無得而稱焉。固泰伯之所以成其讓。然苟其讓之小也。豈足爲至德哉。孔子言之者。人多不知三讓之事。故發之耳。豈必以泯迹爲至德乎。大氐宋儒無作用。專求諸心。所以不通也。又所謂泰伯之德足有天下者。亦未知孔子所以稱至德之意。乃謂孔子既稱至德。則其德當如是矣。殊不知孔子止以讓與恭言之。何則。曰三以天下讓而已矣。曰三分天下有其二而已矣。未嘗言其它焉。宋儒不信孔子之言。而求至德於言外。豈不謬哉。今按。大王泰伯皆非文王之倫。書曰。大王肇基

詩魯頌閟宮
孟子梁惠王篇曰惟智者爲能以小事大故大王事獯鬻句踐事吳
詩並見大雅皇矣
孔叢子居衛篇
孟子公孫丑篇

王迹詩曰實始翦商孟子以爲智者而以句踐比之則周家克商之後以文武周召之德而殷頑民尚且不帖服者以大王之所爲有未慊於人意者故也泰伯逃而蠻夷奉之爲君其仁可知矣則大王所以有仁人之名者毋乃以有泰伯之故乎詩曰維此王季因心則友則友其兄又曰維此王季帝度其心貊其德音是王季恭謹之人乃能埋德韜光據孔叢子子思之言王季當帝乙之世爲西伯據屈原天問則文王尚作州牧況王季乎故鄭玄不從孔叢子孟子又曰武丁朝諸侯有天下猶

運之掌也以此觀之方其時殷運未移若使泰伯嗣大王則德音必昌周家必張而不臣之迹成矣季歷嗣而後韜晦承順斂周家方張之勢而傳諸文王以俟殷運之移此泰伯之讓所以成周家之美也蓋民之附泰伯如蟻慕羶泰伯之爲人不能自斂其羶唯古人克自知克自度故泰伯自度其材行而不嗣大王使王季嗣也不然父疾而不親養不視其死不奔其喪卉爲蠻夷之人何其甚矣

左傳僖五年

左傳曰泰伯不從蓋必有其事矣然不可知其所不從者何事也朱子以爲夷齊扣馬之心是或有

詩皇矣

似爲然三代時稱諸侯爲君其禮有不若秦漢後君臣之分者矣泰伯亦不身仕殷朝唯爲周國世子耳夷齊扣馬之事王氏旣辨之且泰伯爲是則湯武爲非其說終不可通也仁齋先生據詩帝作邦作對自泰伯王季而謂泰伯之逃不在大王之時而在王季之時其言甚辨然盡廢古書以已心說古之事非妄而何至於泰伯王季相並而治國則世豈有是事哉世豈有是事哉

子曰恭而無禮則勞愼而無禮則葸勇而無禮則亂直而無禮則絞君子篤於親則民興於仁故舊不遺

則民不偷

古 葸畏懼之貌言愼而不以禮節之則常畏懼」馬融曰絞絞剌也」包氏曰興起也君能厚於親屬不遺忘其故舊行之美者則民皆化之起爲仁厚之行不偷薄

新 葸畏懼貌絞急切也無禮則無節文故有四者之弊」君子謂在上之人也興起也偷薄也○張子曰人道知所先後則恭不勞愼不葸勇不亂直不絞民化而德厚矣○吳氏曰君子以下當自爲一章乃曾子之言也愚按此一節與上文不相蒙而與首篇愼終追遠之意相類吳説近是

古義 朱氏曰葸畏懼貌絞急切也無禮則無節文故有四者之弊」此章專言人之百行不可不以禮爲準則也當與博文約禮克己復禮等章參看夫制一器造一物莫不各有其法況天下之人剛柔進退有萬不同苟不有法以律之則過者益過不及者益不及此道之所以不明不行也人之於禮其猶規矩準繩乎蓋恭愼者柔之德勇直者剛之發皆人之善行也然不禮以裁之則恭而至勞愼

而至葸勇而至亂直而至絞其弊有不可勝言者矣故孔子常以禮爲人之規矩準繩而使人以此爲準大而經國御世近而修身齊家皆莫不以從事於禮焉後世之學亦雖以禮爲言而其說過高事求于己心至於以心爲法其亦乖夫子之旨矣興起也偷薄也此章舊連上章今從朱氏別爲一章陳氏櫟曰親親仁也上仁則下興仁不遺故舊厚也上厚則下歸厚上行下效也○以德爲政則民心服而其澤遠矣以法行政則民雖知畏然其澤淺矣故古先聖王治天下之道在德不在法所以保數百年宗社而不衰也後世非無英君碩輔然其所以御天下者皆反之故非不欲治而不得治聖賢之論治體皆以德不以法者爲此故也

荀子議兵篇

赤蛟篇漢書禮樂志

徵 葸何晏曰畏懼之貌博雅曰愼也荀子曰諰諰然常恐天下之一合而軋己漢刑法志曰鰓鰓常恐天下之一合而共軋己赤蛟篇曰靈禗禗左思

魏都賦曰。臨焦原而弗恍。誰勁捷而無𢜶。言城雉高峻。使人莫敢近也。王延壽魯靈光殿賦曰。魂悚悚其驚斯。心𢜶𢜶以發悸。註。言殿堂北入而西廂東序。深邃不測。見者悚驚也。是葸𢜶𢛆緦諰皆通。絞。馬融曰。絞。絞刺也。邢昺曰。絞刺人之非。左傳昭元年。叔孫絞而婉。註。絞。切也。韓詩外傳曰。堂衣若叩孔子之門曰。丘在乎。子貢曰。子何言。吾師名。堂衣若曰。子何言之絞。子貢曰。大車不絞則不成其任。琴瑟不絞則不成其音。子之言絞。是以絞之也。朱子曰。絞。急切也。按何朱非殊。蓋絞者。謂責讓人之非。毫無假借也。朱子又曰。無禮則無節文。故有四者之弊。張子曰。人道知所先後。則恭不勞。愼不葸。勇不亂。直不絞。是或以禮爲節文。或爲先後之序。皆僅言其一端者。已恭愼勇直。是人之性。禮者所以養人之德性也。任其性。不以禮養之。必有勞葸亂絞之疾也。君子篤於親以下。吳氏謂當自爲一章。是矣。又曰。曾子之言也。何以知其非孔子之言。可謂妥矣。興。起也。未是。興有興盛意。民興於仁。謂民之仁行興盛也。

曾子有疾。召門弟子曰。啓予足。啓予手。詩云。戰戰兢

兢如臨深淵如履薄冰而今而後吾知免夫小子

【古】鄭玄曰啓開也曾子以爲受身體於父母不敢毁傷故使弟子開衾而視之也孔安國曰言此詩者喻己常戒愼恐有所毁傷周生烈曰乃今日後我自知免於患難矣小子弟子也呼之者欲使聽識其
言

【新】啓開也曾子平日以爲身體受於父母不敢毁傷故於此使弟子開其衾而視之詩小旻之篇戰戰恐懼兢兢戒謹臨淵恐墜履冰恐陷也曾子以其所保之全示門人而言其所以保之之難如此至於將死而後知其得免於毁傷也小子門人也語畢而又呼之以致反復丁寧之意其警之也深矣○程子曰君子曰終小人曰死君子保其身以沒爲終其事也故曾子以全歸爲免矣尹氏曰父母全而生之子全而歸之曾子臨終而啓手足爲是故也非有得於道能如是乎范氏曰身體猶不可虧也況虧其行以辱其親乎

【古義】啓開也曾子以爲身體髮膚受之父母不敢毀傷故當其疾病之時使弟子開衾而視之也詩小旻之篇戰戰恐懼貌兢兢戒謹意臨淵恐墜履氷恐陷也曾子以其所保之全示門人而言其所以保之之難如此言至於將死而後知其得免於毀傷也小子門人也語畢而又呼之以致丁寧之意曾子之學以孝爲主忠信爲本其奉持身體不敢毀傷者蓋以孝弟忠信之實施之身體也夫孝莫大於愛親知愛親而後得能體其心能體其心而後知能愛其身父母之於子也幼則有湯火之慮壯則有倚門之望無一日不恤其有虧傷也曾子能以父母之心爲心故終身奉持遺體戒謹恐懼如此足見曾子之學臻其至極而道德茂以加也

【徵】鄭玄曰啓開也曾子以爲受身體於父母不敢毀傷故使弟子開衾而視之也此引孝經之文然孝經本謂免於刑戮也身謂劓與宮體謂刖髮謂

故曰並見孝經首章
孔子謂南容公冶長篇
子思贊孔子中庸言

髡。膚謂墨。故身體髮膚四字。指五刑而言之。古之道以免於刑戮爲先。故曰身體髮膚受之父母。不敢毀傷。孝之始也。以見用於世爲難。故曰立身行道。揚名後世。以顯父母。孝之終也。孔子謂南容曰。邦有道。不廢。邦無道。免於刑戮。子思贊孔子而曰。國有道。其言足以興。國無道。其默足以容。是其言皆足相發。又觀春秋時。諸侯大夫之言。每以獲全首領終於牖下爲幸矣。古時議論皆爾。後世士君子。驁桀自高。志氣如狂。乃以此等言爲卑不足行也。吾知免夫之免。亦謂免於刑戮也。論語中免字

皆然曾子在無道之世故以此爲幸焉若以保護身體爲說其說終有不可通者學者察諸戴記載樂正子春之事近迂矣亦必有所爲而發也

曾子有疾孟敬子問之曾子言曰鳥之將死其鳴也哀人之將死其言也善君子所貴乎道者三動容貌斯遠暴慢矣正顏色斯近信矣出辭氣斯遠鄙倍矣籩豆之事則有司存

古 馬融曰孟敬子魯大夫仲孫捷〇包氏曰欲戒敬子言我將死言善可用〇鄭玄曰此道謂禮也動容貌能濟濟蹌蹌則人不敢暴慢之正顏色能矜莊嚴栗則人不敢欺詐之出辭氣能順而說之則無惡戾之言入於耳〇包氏曰敬子忽大務小故又戒之以此籩豆禮器

【新】孟敬子魯大夫仲孫氏名捷問之者問其疾也言自言也鳥畏死故鳴哀人窮反本故言善此曾子之謙辭欲敬子知其所言之善而識之也貴猶重也容貌舉一身而言暴粗厲也慢放肆也信實也正顏色而近信則非色莊也辭言語氣聲氣也鄙凡陋也倍與背同謂背理也籩竹豆豆木豆言道雖無所不在然君子所重者在此三事而已是皆脩身之要爲政之本學者所當操存省察而不可有造次顛沛之違者也若夫籩豆之事器數之末道之全體固無不該然其分則有司之守而非君子之所重矣○程子曰動容貌舉一身而言也周旋中禮暴慢斯遠矣正顏色則不妄斯近信矣出辭氣正由中出斯遠鄙倍三者正身而不外求故曰籩豆之事則有司存尹氏曰養於中則見於外曾子蓋以脩己爲爲政之本若乃器用事物之細則有司存焉

【古義】孟敬子魯大夫仲孫捷來問其疾鳥獸愛生而無義故其將死鳴必哀人之將死氣消欲息故其言必善曾子欲敬子知其所言之善而識之故先以此告之暴粗厲也慢放肆也信實也辭言語

氣聲氣也鄙凡陋也倍與背同謂背理也籩竹豆豆木豆言君子之於道無所不得然其最可貴者有此三事動容貌則欲其遠暴慢也正顏色則欲其近信實也出辭氣則欲其遠鄙倍也若夫至於器數之末則自有司職守之所存而非君子之先務也欲敬子以是三者爲務而修德也」此章與恭近於禮遠恥辱之意同葢君子其養於中者篤故其見於外者自如此非若常人之用力持守而遂不得其所欲也捷死得謚敬豈有得於曾子之言歟

徵鳥之將死其鳴也哀二句必是時諺朱子謂曾子之謙辭非矣君子所貴乎道者三以下曾子語聘會之事也是在春秋時爲卿大夫重務何者周道衰禮樂征伐不自天子出而在方伯則諸侯之相與非聘會則兵車也安其國於是危其國亦於

孔子荅衞靈公篇

是孟敬子亦知其如此而學禮於曾子然徒留意於籩豆之末而不知其所重故曾子語之以是如孔子答衞靈公俎豆之事亦謂聘會焉後儒不知古言故其於二章一如癡人說夢可謂憒憒已鄭玄曰此道謂禮也動容貌能濟濟蹌蹌則人不敢暴慢之正顔色能矜莊嚴栗則人不敢欺詐之出詞氣能順而說之則無惡戾之言入於耳此古來相傳之說不可易矣道有君子所貴者有有司所貴者故曰所貴乎道者三暴害也暴慢者人害之人慢之也信者人信之也鄙倍者人鄙之背之也

發氣盈容儀禮聘禮記盛氣顛實禮記玉藻

出辭氣。氣者。如發氣盈容。盛氣顛實。揚休玉色。朱註。暴慢信鄙倍。皆以己言之。而曰脩身之要。爲政之本。可謂不知辭義者已。且解信爲實。大失古義。且容貌之失。豈翅暴慢。言語之失。豈翅鄙倍。且籩豆非爲政之具。豈容以爲政之本。解之。不可從矣

曾子曰以能問於不能以多問於寡有若無實若虛犯而不校昔者吾友嘗從事於斯矣

【古】包氏曰校報也言見侵犯不報馬融曰友謂顏淵

【新】校計校也友馬氏以爲顏淵是也顏子之心唯知義理之無窮不見物我之有間故能如此○謝氏曰不知有餘在己不足在人不必得爲在己失爲在人非幾於無我者不能也

古義 能不能以學之所造而言多寡以學之所得而言校計校也吾友指當時孔門之諸賢也蓋孔門以此五者爲學問之條目故曰從事於斯矣○學者必識孔門之風而後可以爲孔門之學苟不識孔門之風則必不能得其門庭所謂孔門之風者何以能問於不能以多問於寡有若無實若虛犯而不校是也爲學者多不知自省有一分工夫便有一分勝心有兩分工夫便有兩分勝心驕吝之念愈進愈牢故曰人之患在好爲人之師學道者先除其勝心而後聖賢之學可得而言也

徵 以多問於寡多者多聞也寡者寡聞也有無以能言實虛以學言是皆好學之事也包咸曰校報也朱子曰校計校也朱子爲是馬融曰友謂顏淵朱子從之仁齋先生曰吾友指當時孔門諸賢也蓋孔門以此五者爲學問之條目故曰從事於斯

家語弟子行曰滿而不盈實而如虛過之如不及是曾參之行也

此其意謂以此爲顏子事則人絶企望之念其意甚善然吾友二字似有所指祇未知其的爲顏子耳按家語以爲曾子之行曾子言此則曾子之從事於斯亦可見已然此五句非五事豈學問之條目哉

曾子曰可以託六尺之孤可以寄百里之命臨大節而不可奪也君子人與君子人也

古 孔安國曰六尺之孤幼少之君孔安國曰攝君之政令大節安國家定社稷奪不可傾奪

新 其才可以輔幼君攝國政其節至於死生之際而不可奪可謂君子矣與疑辭也決辭設爲問答所以深著其必然也程子曰節操如是可謂君子矣

古義六尺之孤謂幼少之君」謂攝君之政令」謂持危扶顚始終不變」與疑辭也決辭」此言當大任治大衆非忠信而有才者不能蓋忠信而無才則幹旋不足何以濟事有才而不忠信則衆心不服必至敗事故必忠信且有才而後可以爲君子矣○袁氏黃曰輔長君不難託孤爲難執國政不難攝政爲難託孤寄命不難臨大節而不負其寄託之重最爲難此非才節所能辨也唯有德者能之故斷其爲君子也

徵孔安國曰○六尺之孤幼少之君○邢昺曰○鄭玄註此云○六尺之孤年十五已下○言已下者○正謂十四已下亦可寄託○非謂六尺可通十四已下○鄭知六尺年十五者○以周禮鄉大夫職云○國中自七尺以及六十○野自六尺以及六十有五○皆征之○以其國

中七尺爲二十。對六十。野云六尺。對六十五。晚校五年。明知六尺與七尺早校五年。故以六尺爲十五也。茂卿按以七尺爲中人之度。周一尺當今曲尺七寸二分。則七尺當五尺四分。六尺當四尺三寸二分也。升庵引韓詩外傳。國中二十行役。則疏之所言信矣。可以寄百里之命。孔安國曰。攝君之政令。臨大節而不可奪也。何晏曰。大節安國家定社稷。奪不可傾奪。朱子曰。其節至於死生之際而不可奪。是何晏以事言。朱子以其人節操言。蓋節者謂禮義之大限也。節操在我。豈容言臨乎。禮義在外。故曰臨。禮義之大限。所指亦廣。然先王之道。安天下之道也。故安國家定社稷爲大節。何晏雖陋儒。亦生於宋儒未出之世。故其言有作用者如此。朱子以死生之際言之。可謂所見止其身已。朱子又曰。與。疑辭也。決辭設爲問答。所以深著其必然也。本於邢昺。是韓柳已後文法。豈可以解古文辭乎。君子人與。君子人也。反復言之。所以贊之。仲尼燕居曰。子貢越席而對曰。敢問夔其窮與。子曰。古之人與。古之人也。達於禮而不達於樂。謂之素。達於樂而不達於禮。謂之偏。夫夔達於樂而不達於禮。是以傳於此名也。古之人也。朱子豈不謬乎。

曾子曰士不可以不弘毅任重而道遠仁以爲己任不亦重乎死而後已不亦遠乎

古 包氏曰弘大也毅強而能斷也士弘毅然後能負重任致遠路」孔安國曰以仁爲己任重莫重焉死而後已遠莫遠焉

新 弘寬廣也毅強忍也非弘不能勝其重非毅無以致其遠」仁者人心之全德而必欲以身體而力行之可謂重矣一息尚存此志不容少懈可謂遠矣○程子曰弘而不毅則無規矩而難立毅而不弘則隘陋而無以居之又曰弘大剛毅然後能勝重任而遠到

古義 弘寬廣也毅強忍也士非弘毅則不能勝重任而遠到」仁之爲德大矣以此爲己任故曰重也以仁爲任終身不廢故曰遠也」士之所以必貴乎弘毅者以無此量則不能任重致遠也德徧乎四

海仁也澤及乎昆蟲仁也教被乎萬世仁也救患弭難亦仁也以此爲任不亦重乎一息尚存能持此志而不可失焉不亦遠乎故士不可以不弘毅者益貴其素養也

徵 古者學而爲士。故凡言士者。論學者之言也。非謂士當爾而大夫否也。弘大也。謂規摸宏遠也。毅勇也。謂強有力也。仁以安天下。可謂重任。故非規摸宏遠者不能焉。負重任而致遠。死而後已者。亦謂非死不舍重任也。故非強有力者不能焉。朱子曰。仁者人心之全德。自其家言。程子曰。弘而不毅。則無規矩而難立。不知何言。

子曰。興於詩。立於禮。成於樂。

古 包氏曰興起也言修身當先學詩」包氏曰禮者所以立身」包氏曰樂所以成性

新 興起也詩本性情有邪有正其爲言既易知而吟詠之間抑揚反覆其感人又易入故學者之初所以興起其好善惡惡之心而不能自已者必於此而得之」禮以恭敬辭遜爲本而有節文度數之詳可以固人肌膚之會筋骸之束故學者之中所以能卓然自立而不爲事物之所搖奪者必於此而得之」樂有五聲十二律更唱迭和以爲歌舞八音之節可以養人之性情而蕩滌其邪穢消融其查滓故學者之終所以至於義精仁熟而自和順於道德者必於此而得之是學之成也〇按內則十歲學幼儀十三學樂誦詩二十而後學禮則此三者非小學傳授之次乃大學終身所得之難易先後淺深也程子曰天下之英才不爲少矣特以道學不明故不得有所成就夫古人之詩如今之歌曲雖閭里童稚皆習聞之而知其說故能興起今雖老師宿儒尚不能曉其義況學者乎是不得興於詩也古人自洒掃應對以至冠婚喪祭莫不有禮今皆廢壞是以人倫不明治家無法是不得

立於禮也古人之樂聲音所以養其耳采色所以養其目歌詠所以養其性情舞蹈所以養其血脉今皆無之是不得成於樂也是以古之成材也易今之成材也難

古義 興起也詩出於人情而其美刺亦足以感人故可以興」禮人之隄防足以定其心志故可以立」樂以養人之性情而自和順於道德故可以成」此明學問得力功效之次第亦孔門學問之條目也言學不可以強爲得於詩則善心興起其進無窮故以興於詩先之德不可以自成莊敬持守以禮自修則德日立而不可搖動故曰立於禮道不可以小成浹洽融液其心和樂則道大成而不可過止故曰成於樂得詩之理則知道之在邇而可樂故有所興起得禮樂之理則知其不可斯須去身故德立而道成此學者終身所得之前後本末也」

論曰禮家專主禮樂之功而不知禮樂之本出於仁義先儒曰古之成材也易今之成材也難其說蓋出於禮家而非聖賢所以論禮樂之旨也夫子曰禮云禮云玉帛云乎哉樂云樂云鐘鼓云乎哉孟子曰仁之實事親是也義之實從兄是也禮之

實節文斯二者是也樂之實樂斯二者樂則生矣信能居仁由義和順積而英華發焉則詩禮樂之教自在其中矣尚何有於古之易而今之難况詩禮樂皆有本有末仁義之實其本也名物度數聲容節奏其末也聖人之教人皆專以其本而不取其末學者苟得其理則其末者雖未必與古人合然亦不遠矣

子路曰先進篇

徵興止訓起包咸之陋也朱子以起其好善惡惡之心解之是理學者流所見不越是非二者可謂不知詩已可謂不知學已興如興於仁興於孝弟之興皆謂有所鼓舞而振興興於衆也先王之教詩書禮樂書爲學者本業何者書道政事學而爲士不學則民仕以從政故子路曰何必讀書然後爲

易繫辭

學。而其所載皆先王大訓。奉以爲萬世法。其言正大。其義閎深。必以詩與禮樂爲輔。博學無方。而後可以睹先王之心。故易大傳曰。書不盡言。言不盡意。然則聖人之意。其不可見乎。是孔子所以屢言詩與禮樂而不及書之故也。興於詩云者。詩之爲言。人情世態。莫所不包。瑣細纖悉。婉而不直。其言初不可必以爲訓。又不可必以爲戒。而人各以其意取義。義類無常。展轉不窮。又以諷詠發之。使人不知覺。故必學詩而後有所鼓舞。觸類以長。意見益廣。新知紛生。乃能有所振起於衆人之中。斐然成章過此以往。庶可以成其材德也。立於禮云者。凡上自朝廷宗廟。下至鄉黨朋友。外則聘會軍旅蒐狩。內則閨門之中。以至言語容貌之間。器服制度之際。先王皆立之禮。以爲德之則。執而守之。習之之久。人皆有以立於道而不可移奪也。成於樂云者。樂亦德之則矣。禮以制之。樂以養之。禮以其敬。樂以其和。故樂者自驩欣悅豫之心導之者也。禮尚有所操。必有所知。至於樂之鼓動以養之。則有不知其然者焉。養之則樂。樂則油然以生。養之於其不知不覺之間。莫周焉。故人之成於道。必於是焉故興者興於道也。立者立於道也成者成於道也。言人之學道。詩禮與樂所以教者。其殊如此也。朱子曰。禮以恭敬辭遜爲本。而有節文度數之詳。可以固人肌膚之會筋骸之束。是亦宋儒所見主獨善。不知道德之分。故言禮者專在曲禮。而遺經禮也。又曰。蕩滌其邪穢。消融其查滓。是其變化氣質之說已殊不知古之成於道者。大者大成。小者小成。皆各以其材成焉。豈必變化其氣質哉。學者察諸

子曰民可使由之不可使知之

古 由用也可使用而不可使知者百姓能日用而不能知

新 民可使之由於是理之當然而不能使之知其所以然也○程子曰聖人設教非不欲人家喻而戶曉也然不能使之知但能使之由之爾若曰聖人不使民知則是後世朝四暮三之術也豈聖人之心乎

古義 此言治民之道當爲之建學設教使其自由吾陶冶之中若欲使彼知恩之出于己則不可矣孟子曰霸者之民驩虞如也王者之民皞皞如也殺之而不怨利之而不庸民日遷善而不知爲之者蓋可使由而不可使知王者之心也欲使知之霸者之心也此王霸之所以分歟

徵 人之知有至焉有不至焉雖聖人不能強之故能使民由其教而不能使民知其所以教也自然之勢矣至其俊秀則使學以知之亦唯禮樂不言

故曰述而篇

又曰同

以行與事示之而已。故其知之也自知之也。故曰

默而識之。又曰。不憤不啟。不悱不發。舉一隅不以

三隅反。則不復也。自孟子以雄辯聒之人。而後斯

義亾焉。後世儒者之師。專務講說。說之益詳。而其

惑益深。皆不自知之故也。夫人之性殊。知愚不得

而一之矣。苟以使知爲教。則天下有不被其化者。

可謂小已。仁齋先生昧乎可字之義。曰。不使彼知

恩之出于己。可謂坦坦聖言。忽生疣瘠。

子曰。好勇疾貧。亂也。人而不仁。疾之已甚。亂也。

古 包氏曰。好勇之人。而患疾己貧賤者。必將爲亂。包氏曰。疾惡太甚。亦使其爲亂。

新 好勇而不安分則必作亂惡不仁之人而使之無所容則必致亂二者之心善惡雖殊然其生亂則一也

古義 好勇善矣然而不安分則必自作亂惡不仁之人可矣然而過甚則激而致亂善惡雖殊然其生亂則一皆不可不戒

徵 好勇疾貧者。已爲亂也。人而不仁疾之已甚者。使人爲亂也。雖已不爲亂。猶之已爲亂。故均之曰亂也。則聖人之思遠矣哉。後儒短見。豈能及之乎。

子曰如有周公之才之美使驕且吝其餘不足觀也已

古 孔安國曰周公者周公旦

周公吐哺史記魯世家

【新】才美謂智能技藝之美驕矜夸吝鄙嗇也○程子曰此甚言驕吝之不可也蓋有周公之德則自無驕吝若但有周公之才而驕吝焉亦不足觀矣又曰驕氣盈吝氣歉愚謂驕吝雖有盈歉之殊然其勢常相因蓋驕者吝之枝葉吝者驕之本根故嘗驗之天下之人未有驕而不吝吝而不驕者也

【古義】朱氏曰才美謂智能技藝之美驕矜夸吝鄙嗇也」此專戒驕吝之害也蓋驕則有自滿之意吝則無爲人之意驕則德不進吝則道不弘如是之人雖有他美而不足觀之觀其曰有周公之才之美不足觀也則聖人惡驕吝之甚可見矣

【徵】驕且吝。無德者也。苟無其德。則才美豈足觀哉。蓋驕則失君子。吝則失小人。故驕且吝。所以失人心也。治天下。以得人心爲先。故孔子云爾。傳稱周公吐哺。與此章之義正相發耳。宋儒不知聖人之

孔子時有周公見左傳

道者先王安天下之道。故不達此章之義。徒以氣盈氣歉爲説。可謂不知類已。孔安國曰。周公者周公旦。蓋孔子時。周猶有周公。漢儒精細如此。

子曰三年學不至於穀不易得也

古 孔安國曰穀善也言人三歲學不至於善不可得言必無也所以勸人學

新 穀祿也至疑當作志爲學之久而不求祿如此之人不易得也○楊氏曰雖子張之賢猶以干祿爲問況其下者乎然則三年學而不至於穀宜不易得也

古義 穀祿也志小者其得則小志大者其成必大爲學之久而志不至於祿必不爲汩汩於流俗而終其身聖人所以嘉尚之也

徵 三年。讀謂學三年也。學不至於穀。句。學屬上者

邦有道穀憲問篇

非也。至者。謂學而成材也。穀。祿也。不曰祿而曰穀。如邦有道穀。皆謂祿之薄者。葢廩俸也。學三年。而其所學未成可祿之才。是志大而學博者也。故曰不易得也。學記曰。君子知至學之難易而知其美惡。可以徵已。孔安國訓穀爲善。朱子至爲志。皆非。

子曰篤信好學守死善道危邦不入亂邦不居天下有道則見無道則隱邦有道貧且賤焉恥也邦無道富且貴焉恥也

【古】包氏曰言行當常然危邦不入始欲往亂邦不居今欲去亂謂臣弑君子弑父危者將亂之兆

【新】篤厚而力也不篤信則不能好學然篤信而不好學則所信或非其正不守死則不能以善其道

然守死而不足以善其道則亦徒死而已蓋守死者篤信之效善道者好學之功」君子見危授命則仕危邦者無可去之義在外則不入可也亂邦未危而刑政紀綱紊矣故潔其身而去之天下舉一世而言無道則隱其身而不見也此惟篤信好學守死善道者能之」世治而無可行之道世亂而無能守之節碌碌庸人不足以爲士矣可恥之甚也○晁氏曰有學有守而去就之義潔出處之分明然後爲君子之全德也

【古義】篤信而好學則學必成守死而善道則道必達」危者將亂之兆亂則臣弑君子弑父危邦不入擇其地也亂邦不居避其害也亂重於危故危邦在外者不可入也若亂邦則仕者猶不可居況在外未仕者乎」治世而貧賤則無可行之道亂世而富貴則無自守之節皆可恥之甚也」此章與首篇君子不重則不威章同例蓋門人綴輯夫子平日格言以爲一章而傳誦之也夫學者所以求造夫道也故好學以致知善道以無闕則終身之事業備矣而出處隱見之分富貴貧賤之道則道之淺

莊子養生主

深德之大小繫焉
故君子尤重之

徵 篤信好學守死善道古言一也危邦不入亂邦不居古言二也天下有道則見無道則隱古言三也孔子引古言者三以証邦有道之貧賤邦無道之富貴皆可恥也守死善道者守死於善與道也雖非先王之道亦有善者故曰善道邪疏如謂道之善者然道豈有不善朱註以善其道解之是如莊子庖丁善刀之善六經未之有故皆不可從矣本言篤信好學則能守死於善與道而孔子引之唯取下句朱子連不入不居見與隱皆爲篤信好

胡氏春秋之義見憲問篇陳成子弑簡公章集註

學之效。非也。世雖非篤信好學之人。亦有能不入不居見與隱者。豈可拘乎。故曰古言而孔子引之唯取下句耳。守死者。謂守死而弗去也。從善與道則死。否則生。於是乎君子守死而弗去也。仁齋先生以爲終身之義。可謂不知字義已。危邦者。將亡之邦也。何註。危者將亂之兆。非也。亂邦。謂臣弑君子弑父。豈翅是哉。朱註。亂邦未危而刑政紀綱紊矣。亦豈翅是哉。蓋二者皆亂邦也。朱子乃不取何義者。必據胡氏輩春秋之義。而謂臣弑君子弑父人皆得討。不當輒去。然其勢有不得討者。豈可一槩論哉。朱子曰。天下舉一世而言。是矣。朱子又以篤信與好學分屬守死與善道。是自其家伎倆。古書所無。不可從矣。

子曰不在其位不謀其政

古 孔安國曰欲各專一於其職

新 程子曰不在其位則不任其事也若君大夫問而告者則有矣

古義 人各有其分而不能自盡必好越位犯官于預其政故夫子言此以爲戒○輔氏廣曰不在其位而謀其政不義而不可爲也問而不以告不仁而不可爲也

徵 不在其位。不謀其政。謀者。有所營爲也。營爲其施設之方。非在其位者所不爲。亦所不能也。是必有其事焉不會論其理也辟如登浮屠愈高則所見愈廣矣故不在其位而謀其政也必有昧乎事而誤焉者也且身不任而輒言之非所以敬天也自宋而後儒者昧乎此章之義故經濟之說盛而天下愈不可治悲哉

子曰師摯之始關雎之亂洋洋乎盈耳哉

古 鄭玄曰師摯魯太師之名始猶首也周道既衰微鄭衛之音作正樂廢而失節魯太師摯識關雎之聲而首理其亂者洋洋盈耳聽而美之

新 師摯魯樂師名摯也亂樂之卒章也史記曰關雎之亂以爲風始洋洋美盛意孔子自衛反魯而正樂適師摯在官之初故樂之美盛如此

古義 師摯魯樂師名摯也始指未適齊之前關雎說見前亂樂之卒章也洋洋美盛意言今則人去樂湮洋洋之音不可復聞矣夫子之歎其思深矣關雎成周之雅樂其詩言后妃之德其聲樂而不淫哀而不傷乃三百篇之首篇而合于中和之德使聽者自得性情之正樂之最至美者也而師摯魯之妙工嘗其初年爲夫子奏之故夫子歎之如此

徵 鄭玄曰師摯魯大師之名始猶首也周道衰微鄭衛之音作正樂廢而失節魯大師摯識關雎之聲而首理其亂者洋洋盈耳聽而美之殊爲不通朱註亂樂之卒章也以師摯之始爲在官之初按始初義殊朱子混之誤矣且孔子美其在官之初則豈末年耄廢邪其以亂爲樂之卒章者以賦卒

史記孔子世家

史記夏本紀
漢書禮樂志

有亂也殊不知亂可歌而賦不可歌亂乃賦卒章已安得爲樂之卒章乎按詩大序關雎麟趾鵲巢騶虞是謂四始說者不知古文辭或以爲關雎鹿鳴文王清廟或以爲大明四牡嘉魚鳴雁皆非矣史記曰關雎之亂以爲風始益稷曰予欲聞六律五聲八音在治忽史記作來始滑漢書房中歌曰七始華始肅倡和聲是始與亂皆樂中名目今樂有亂聲可以見已益言師摯之奏四始也其關雎之亂最盛美也鄭朱晉失之

子曰狂而不直侗而不愿悾悾而不信吾不知之矣

【古】孔安國曰狂者進取宜直」孔安國曰侗未成器之人宜謹愿」包氏曰悾悾慤也宜可信」孔安國曰言皆與常度反我不知之

【新】侗無知貌愿謹厚也悾悾無能貌吾不知之者甚絕之之辭亦不屑之教誨也〇蘇氏曰天之生物氣質不齊其中材以下有是德則有是病有是病必有是德故馬之蹄齧者必善走其不善者必馴有是病而無是德則天下之棄才也

【古義】狂者意高而無檢束之謂」侗無知貌愿謹厚也」悾悾無能貌」吾不知之者甚絕之之辭」此言意高者不事矜飾宜直矣無知者有所畏憚宜愿矣無能者不解作爲宜信矣而今皆不然則是棄才也雖聖人不知所以教之人其可不知所恥哉

【徵】孔安國曰。狂者進取。宜直。侗未成器之人。宜謹愿。包咸曰。悾悾慤也。宜可信。朱註。侗無知貌。悾悾

揚子法言學行篇　莊子山木

無能貌書顧命在後之侗敬迓天威嗣守文武大訓孔安國訓穉揚子法言倥侗顓蒙莊子侗乎其無識皆童蒙之義故註未成器之人朱子訓無知亦是矣而倥倥訓無能是其意謂侗倥似無差別故以無知與無能二之可謂無據矣倥倥慤也慤謂愿朴無文禮器七介以相見也不然則已慤檀弓殷既封而弔周反哭而弔孔子曰殷已慤吾從周朱子以慤爲美德故不從包說殊不知慤是一鄙野人故與狂侗並言狂者有大志而不拘常度若多詐則一妄男子不可得而教之矣童蒙無知

而不謹愿鄙野無文而不信師皆不可得而教之矣吾不知之矣者謂不可教也孔子以教人自任故曰不知之矣孔安國曰言皆與常度反我不知之朱註不知之者甚絶之之辭皆非矣是皆性劣者其何罪而孔子絶之哉朱子引蘓氏之言誠確論也然不言其以教人自任亦失之矣又按博雅曰悾悾誠也亦與訓慤同義

子曰學如不及猶恐失之

古 學自外入至熟乃可長久如不及猶恐失之

新 言人之爲學既如有所不及矣而其心猶竦然惟恐其或失之警學者當如是也程子曰學如

不及猶恐失之不得放過纔說姑待明日便不可也

【古義】言爲學者其用心當若追亡者之恐不能及而竟失之也夫人不知學則已苟知學之爲美而懈怠不勤則是無勇也故非智不進非勇不成學者其可不知所務哉

【徵】學如不及猶恐失之何晏曰學自外入至熟乃可長久如不及猶恐失之是非學也習也朱子曰言人之爲學既如有所不及矣而其心猶竦然惟恐其或失之是以誠意正心爲學也失云者謂失時與人也日月逝矣歲不我與豈不惜乎良晤一散邈如河山豈不惜乎

子曰巍巍乎舜禹之有天下也而不與焉

【古】美舜禹也言己不與求天下而得之巍巍高大之稱

【新】巍巍高大之貌不與猶言不相關言其不以位爲樂也

【古義】巍巍高大之貌而如古通用舜禹皆受禪而有天下然其德最盛雖見與猶不與也故不稱堯舜而特言舜禹舊解以爲不與猶曰不相關此蓋出于老莊蔑棄天下之意而非聖人之旨故改之此言舜禹之有天下皆自以其功德隆盛而致雖堯與之舜舜與之禹然而猶不與也蓋以其功德之大度越尋常而不可謂之與也子禽問於子貢曰夫子至於是邦也必聞其政求之與抑與之與子貢曰夫子溫良恭儉讓以得之又明不可謂之與也

【徵】何晏曰美舜禹也言己不與求天下而得之巍巍高大之稱是帶求字而與字之義始見可謂謬矣朱子曰不與猶言不相關言其不以位爲樂也

本孟子詳于離婁萬章篇稱論舜禹後仁齋所本同此

是本孟子。乃其意謂聖人之心。渾然天理。故不以位爲樂。果其說之是乎。聖人皆爾。何特舜禹哉。且以心而論聖人。非孔門之意焉。且不與不相關殊義。不與云者。謂忘己之有天下也。不相關云者。謂己自己天下自天下。不相關涉也。仁齋先生而訓如與。讀上聲。曰雖見與。猶不與也。是本孟子。然殊不成文義。蓋舜禹之所以不與有天下者。以堯故也。舜禹皆纘堯而成堯之道。故忘己之有天下。而猶謂堯之天下焉。是其所以巍巍然高大也。堯舜禹禪讓之義。自孟子而不明。故此章及下章註家皆失之。

子曰大哉堯之爲君也巍巍乎唯天爲大唯堯則之蕩蕩乎民無能名焉巍巍乎其有成功也煥乎其有文章

古 孔安國曰則法也美堯能法天而行化」包氏曰蕩蕩廣遠之稱言其布德廣遠民無能識其名焉」功成化隆高大巍巍」煥明也其立文垂制又著明

新 唯猶獨也則猶準也蕩蕩廣遠之稱也言物之高大莫有過於天者而獨堯之德能與之準故其德之廣遠亦如天之不可以言語形容也」成功事業也煥光明之貌文章禮樂法度也堯之德不可名其可見者此爾〔一〕尹氏曰天道之大無爲而成唯堯則之以治天下故民無得而名焉所可名者其功業文章巍然煥然而已

古義朱氏曰則猶準也蕩蕩廣遠之稱也言物之高大莫有過於天者而獨堯之德能與之準故其德之廣遠亦如天之不可以言語形容也」朱氏曰成功事業也煥光明之貌文章禮樂法度也堯之德不可名其可見者此爾」言民涵育於堯之德化而不知其德化之所以然猶人在於天地之中而不知天地之所以爲大也故曰民無能名焉唯其所見者功業文章巍然煥然而已達巷黨人徒見孔子之大而其所稱謂纔在於博學而無所成名是以益知孔子之德之大矣是堯孔之所以爲大聖也

徵巍巍乎稱堯也非稱天也唯天爲大唯堯則之故曰巍巍乎朱註言物之高大莫有過於天者而獨堯之德能與之準是高大二字貼巍巍乎非矣巍巍本以山言之豈可以贊天邪孔安國曰則法

大全饒雙峰引易與天地準補朱註意

書語並見舜典大禹謨

也。美堯能法天而行化。朱子曰。則猶準也。是其意謂人君皆法天。而堯大聖人也。不可以法天言。故引易與天地準而言。堯與天齊也。理學者流以渾然天理立說。以爲聖人胸中別有天。故諱言法天耳。其究歸於佛氏三界唯一心。豈古聖人敬天畏天之意乎。堯典所載。唯有欽若昊天。是堯則天之事也。又曰。欽明文思。夫在天曰文。在地曰理。文者天之道也。謂禮樂也。堯思所以安天下萬世。非禮樂不可也。禮樂俟其人而後興。堯雖生知。不能獨作。故舉舜而讓焉。是所謂文思也。故書頌舜而曰

允恭克讓書堯典

文明禹而曰文命敷于四海是禮樂俟舜而興俟禹而洽舜而曰協于帝禹而曰承于帝帝皆謂堯也舜禹皆成堯之道故孔子曰有天下也而不與焉堯之思苞舜育禹故孔子曰大哉堯之爲君也稱其大者獨堯而已矣是之謂則天蕩蕩乎民無能名焉朱註其德之廣遠亦如天之不可以言語形容也非矣乃謂允恭克讓也其見於堯典者咨四岳而用鯀恭也登庸虞舜讓也不自賢不自能民唯見舜禹之功故曰民無能名焉巍巍乎其有成功也煥乎其有文章上有也字下無也字言其

利用厚生及正德三事據書大禹謨

所以有成功者乃以文章也文章者禮樂也苟非禮樂則成功不能若是其巍巍也是堯之思也且禮樂之功不期然而然亦民之所以無能名也朱註謂其可見者此爾非矣尹氏以功業文章並言亦非矣夫成功禹已文章舜已使堯無文思何稱堯哉蓋自開闢以來至於堯而後道立矣伏羲神農黃帝之所以爲聖也其所爲不過於利用厚生之事已及堯時利用厚生之道大備而正德未興也堯之思其在茲乎正德之教至於禮樂而極焉繹舜典之文其昉茲乎堯之有文思故不與之子

仲尼祖述堯舜據中庸

二典三謨總命夏書據左傳

而傳之賢以使成其思焉舜纘堯之思而其功未成故又不與之子而傳之賢以使成堯之思焉至禹而成則傳之子故堯舜所以官天下者以道爲己任也故道至堯舜而立焉仲尼之所祖述删書斷自唐虞而二典三謨總命之曰夏書皆爲是故也殷因夏禮周因殷禮三代聖人皆不外堯之思是又堯之所以獨稱其大邪

舜有臣五人而天下治武王曰予有亂臣十人孔子曰才難不其然乎唐虞之際於斯爲盛有婦人焉九人而已三分天下有其二以服事殷周德其可謂至

德也已矣

古孔安國曰禹稷契皐陶伯益」馬融曰亂治也治官者十人謂周公旦召公奭太公望畢公榮公太顛閎夭散宜生南宫适其一人謂文母」孔安國曰唐者堯號虞者舜號際者堯舜交會之間斯此也言堯舜交會之間比於周周最盛多賢才然尚有一婦人其餘九人而已人才難得豈不然乎」包氏曰殷紂淫亂文王爲西伯而有聖德天下歸周者三分有二而猶以服事殷故謂之至德

新五人禹稷契皐陶伯益」書泰誓之辭馬氏曰亂治也十人謂周公旦召公奭太公望畢公榮公太顛閎夭散宜生南宫适其一人謂文母劉侍讀以爲子無臣母之義蓋邑姜也九人治外邑姜治内或曰亂本作乿古治字也」稱孔子者上係武王君臣之際記者謹之才難蓋古語而孔子然之也才者德之用也唐虞堯舜有天下之號際交會之間言周室人才之多惟唐虞之際乃盛於此降自夏商皆不能及然猶但有此數人爾是才之難得也」春秋傳曰文王率商之畔國以事紂蓋天下歸文

王者六州荆梁雍豫徐揚也惟青兖冀尚屬紂耳范氏曰文王之德足以代商天與之人歸之乃不取而服事焉所以爲至德也孔子因武王之言而及文王之德且與泰伯皆以至德稱之其旨微矣

或曰宜斷三分以下别以孔子曰起之而自爲一章

古義五人禹稷契皋陶伯益」亂治也十人謂周公旦召公奭太公望畢公榮公太顛閎夭散宜生南宫适其一人益邑姜也」才難蓋古語而孔子然之古者人才之盛唯唐虞交會之際爲最其後降自夏商獨周爲盛雖有亂臣十人之稱然其間有婦人則亦不能正十人故孔子嘆才之難也」三分天下有其二先儒謂有荆梁雍豫徐揚六州而唯青兖冀三州屬紂周之德通文王及武王未伐商之前而言蓋武王初年專承文王之心服事殷而未敢有誅伐之心及其惡稔虐極不得已而後伐之然非其本心故曰至德也」此言堯舜文武之道德事業萬世之法程也蓋夫子博稽於古先聖王而獨稱唐虞與周其所祖述堯舜憲章文武之意歟夫唐虞之德如天之高遠不可名狀文武之心猶

天之至公不容少私不然夫子奚以與堯舜併論而祖述憲章之哉且其寄心于五臣十亂則雖聖人之治亦必資賢佐以成其功可從而知矣○按三分天下有其二春秋傳云文王率商之叛國以事紂然孟子曰文王百年而崩猶未洽於天下武王周公繼之然後大行則知文王之時恐未至於有天下三分之二也且上文引武王之言而繼之曰周之德則其通文武二王而言明矣諸儒專斥文王而不兼武王者蓋臆說也

徵 舜有臣五人○孔安國曰○禹○稷○契○皐陶○伯益○武王曰○予有亂臣十人○馬融曰○亂治也○治官者十人○謂周公旦○召公奭○太公望○畢公○榮公○太顛○閎夭○散宜生○南宮适○其一人謂文母○朱註劉敞以爲子無臣母之義○蓋邑姜也○九人治外○邑姜治內○或曰亂本

作亂。古治字也。按亂治也。釋詁文。虞書九德亦有亂而敬。作亂之說。未可從矣。但清汙爲汙。轉去聲。豈亂本上聲。訓治轉去聲耶。馬融謂治官者十人。朱子謂治內治外。皆非矣。葢謂戡亂之才。故下文曰。才難。唐虞之際。於斯爲盛。孔安國曰。唐者堯號。虞者舜號。際者堯舜交會之間。斯此也。言堯舜交會之間。比於周。周最盛。多賢才。然尚有一婦人。其餘九人而已。人才難得。豈不然乎。朱子曰。言周室人才之多。惟唐虞之際。乃盛於此。降自夏商。皆不能及。然猶但有此數人爾。是才之難得也。按孔子之言。本以人數爲說。則不容言五人盛於十人焉。且朱子翻顛作解。謂爲盛於斯。未見文例。不可從矣。孔安國添比字最字。亦未是。葢言唐虞之際至此而後爲盛也。三分天下有其二。以服事殷。左傳曰。文王率商之畔國以事紂。朱註。葢天下歸文王者六州。荆梁雍豫徐揚也。惟青兗冀尚屬紂耳。此說本於鄭玄。亦以意言爾。豈可的指其某某邪。周之德。包咸朱子皆謂指文王。仁齋先生獨以爲通指武王未克商以前。朱子曰。孔子因武王之言而及文王之德。且與泰伯皆以至德稱之。其旨微矣。是

孟子盡心篇
武未盡善八佾篇

後世儒者。不知前聖後聖其揆一也。誤解孟子性之身之。孔子武未盡善。强生優劣耳。孔子不曰文王之德而曰周之德。豈外武王哉。仁齋先生爲是然三分天下有其二。以服事殷。文王以此終其身。是自文王之事。武王別有克商之事。則古來不以此稱武王。故此章以爲稱文王。亦可矣。武王繼其志述其事。則言文王而武王自在其中。豈可生差別乎。且必謂通指武王未克商之前。則克商之後。豈非至德邪。是仁齋先生特爲未圓矣。蓋泰伯者讓也。周之德恭也。堯典贊堯以允恭克讓。是德雖

左傳襄二十八年

多乎。唯恭與讓爲最盛。泰伯文王極恭讓之至。故稱至德。豈有意於君臣之義哉。湯武之事。亦唐虞官天下之心也。儒者滔滔。悲哉。按左傳叔孫穆子亦曰。武王有亂十人。無臣字。予聞諸先太夫。吾邦明經家講論語者。皆除臣字。不讀。蓋文毋不可爲臣。故臣爲衍文。

子曰。禹吾無間然矣。菲飲食而致孝乎鬼神。惡衣服而致美乎黻冕。卑宮室而盡力乎溝洫。禹吾無間然矣

【古】孔安國曰。孔子推禹功德之盛美。言己不能復間廁其間。馬融曰。菲薄也。致孝鬼神。祭祀豐潔。孔

安國曰損其常服以盛祭服」包氏曰方里爲井井間有溝溝廣深四尺十里爲成成間有洫洫廣深八尺

【新】間罅隙也謂指其罅隙而非議之也非薄也致孝鬼神謂享祀豐潔衣服常服黻蔽膝也以韋爲之冕冠也皆祭服也溝洫田間水道以正疆界備旱潦者也或豐或儉各適其宜所以無罅隙之可議也故再言以深美之○揚氏曰薄於自奉而所勤者民之事所致飾者宗廟朝廷之禮所謂有天下而不與也夫何間然之有

【古義】朱氏曰間罅隙也謂指其罅隙而非議之也」非薄也致孝乎鬼神謂享祀豐潔」黻蔽膝也以韋爲之冕冠也謂損其常服以盛朝服」溝洫田間水道以正疆界備旱潦者也」儉德之所以聚也禮由此而興焉民賴此而庇焉禹薄於自奉而愼祭祀致朝禮勤民事此其所以能致數百年之太平也豈可間然哉

閔子騫章先進論人不間於其父母昆弟之言

書益稷

徵禹吾無間然矣。孔安國曰。孔子推禹功德之盛美。言己不能復間廁其間。非矣。孔子之於古聖人深尊而敬之。豈望間廁其間哉。且以間廁解。未見文例也。朱子曰。間罅隙也。謂指其罅隙而非議之也。是與閔子騫章字義相同。爲是菲飲食而致孝乎鬼神。馬融曰。菲薄也。致孝鬼神。祭祀豐潔。惡衣服而致美乎黻冕。孔安國曰。損其常服。以盛祭服。楊龜山曰。所致飾者。宗廟朝廷之禮。是以黻冕爲朝服。皆通。然致美乎黻冕者。奉古聖人之道也。書曰。予欲觀古人之象。日月星辰山龍華蟲作會。宗彝藻火粉米黼黻絺繡以五采彰施于五色作服。汝明是也。卑宮室。考工記曰。殷人堂崇三尺。周人堂崇一筵。鄭玄註。周堂高九尺。殷三尺。則夏一尺矣。相參之數。禹卑宮室。謂此一尺之堂與。大氐此章孔子贊禹。所主在恭儉。恭儉帝王之盛德故也。而致孝乎鬼神。言敬祖先也。致美乎黻冕。言敬聖人也。盡力乎溝洫。言敬民也。敬此三者。則先王之道盡矣。此孔子所以無間然也。後世儒者不知先王之道。故於此章之言。有所未悉。其底蘊學者察諸。溝洫。包咸曰。方里爲井。井間有溝。溝廣深四尺。

十里爲成。成間有洫。洫廣深八尺。邢昺曰。案考工記。匠人爲溝洫。耜廣五寸。二耜爲耦。一耦之伐。廣尺深尺。謂之畎。田首倍之。廣二尺。深二尺。謂之遂。九夫爲井。井間廣四尺。深四尺。謂之溝。方十里爲成。成間廣八尺。深八尺。謂之洫。方百里爲同。同間廣二尋。深二仞。謂之澮。鄭注云。此畿内采地之制。九夫爲井。井者方一里。九夫所治之田也。采地制井田。異於鄉遂及公邑。三夫爲屋。屋具也。一井之中。三屋九夫。三三相具。以出賦稅。共治溝也。方十里爲成。成中容一甸。甸方八里。出田稅。緣邊一里治洫。方百里爲同。同中容四都六十四成。方八十里出田稅。緣邊十里治澮。是溝洫之法也。以今尺求之。五寸爲三寸六分。一尺爲七寸二分。二尺爲一尺四寸四分。四尺爲二尺八寸八分。八尺爲五尺七寸六分。二尋爲一丈一尺五寸二分。一里爲三百步。則二百四十丈。爲今百七十二丈八尺。乃四町四十八間也。十里爲今千七百二十八丈。乃一里十二町也。百里爲今萬七千二百八十丈。乃十三里十二町也。八里爲今千三百八十二丈四尺。乃一里二町二十四間也。八十里爲今萬三千八百二十四丈。乃十里二十四町也。

論語徵集覽卷之八　終

論語徵集覽卷之九

魏　何晏　集解
宋　朱熹　集註
大日本　藤維楨　古義
物茂卿　徵
從四位侍從源賴寬　輯

子罕第九

子罕言利與命與仁

【古】罕者希也利者義之和也命者天之命也仁者行之盛也寡能及之故希言也

【新】罕少也程子曰計利則害義命之理微仁之道大皆夫子所罕言也

【古義】罕者希也言利則害義然利國利民之事則不可不言焉命之理微矣遽語之則必忽人事之近仁之德大矣驟告之則必生輕忽之心故皆罕言之也夫子之謹教而尊德也如此或曰論語諸章言及於仁者甚多矣今稱罕言者何也蓋觀詩書執禮皆夫子所雅言而今存者鮮則其嘗刪去者亦多矣至於言仁則門人弟子謹錄而備記之可知也

【徵】子罕言利絕句與命與仁蓋孔子言利則必與命俱必與仁俱其單言利者幾希也舊註利命仁皆孔子所罕言是八字一句中間不絕失於辭矣且聖人之道安民之道也而敬天爲本故孔子曰不知命無以爲君子又曰君子去仁惡乎成名是命與仁君子所以爲君子孔子豈罕言之哉何晏

孔子曰堯曰篇

又曰里仁篇

舜三事書大禹謨

易文言

小人喻於利里仁篇

以來諸儒不得於辭而强爲之解不可從矣至於程朱謂命爲天道賦物之理仁爲本心之德以成其罕言之義是自其家學古時所無也夫聖人安民之道天下莫利焉舜三事利用厚生居其二易大傳曰以美利利天下不言所利大矣哉而孔子罕言者何蓋聖人智大思深能知眞利之所在於是爲天下後世建之道俾由此以行之後王後賢遵道而行不必求利而利在其中若或以求利爲心凡人心躁智短所見皆小利耳其心以爲利而不知害從之矣故孔子曰君子喻於義小人喻於

放於利而行里仁篇
無見小利子路篇

利又曰放於利而行多怨又曰無見小利大學曰
不以利爲利以義爲利夫心躁則不知命智短則
不知仁舍命與仁唯利是視所以蹈禍故孔子與
命與仁立之防也原思琴張之徒熟視而深識之
所錄如此章豈後世所能及哉世有以此章與孟
子梁惠王首章並按嚴於義利之辨者甚乃至以
大學以義爲利謂戰國術士啗人以利之言妄哉
如孟子時百家競興以功利立說故孟子應聘初
謁之日以此一言杜絕管商之流以明唐虞三代
之德要之爭宗門之言是孟子所以爲儒家者流

安富尊榮孟子盡心篇

之祖非復孔子之舊也大學之言果啗人以利乎則孟子亦何曰安富尊榮安富尊榮非利而何夫天下熙熙爲利而來凡人之大情也人之爲道而遠人豈足以爲道乎道而不利民亦豈足以爲道乎孔子所以罕言之者所爭在所見大小而非聖人之惡利也且所謂義者先王之古義也後世儒者不知道又不知義而謂道者當行之理義者心之制事之宜是其所謂道義皆取諸其臆不過其所創天理人欲之説耳是其源佛老之習淪於骨髓視聖人若達磨惠能乃曰唯見義理所在而利

害非所間焉其究必至於離世絕物槁死於山林而後充其蚯蚓之操悲哉是又讀此章者所當識也

達巷黨人曰大哉孔子博學而無所成名子聞之謂門弟子曰吾何執執御乎執射乎吾執御矣

【古】鄭玄曰達巷者黨名也五百家爲黨此黨之人美孔子博學道藝不成一名而已鄭玄曰聞人美之承之以謙吾執御欲名六藝之卑也

【新】達巷黨名其人姓名不傳博學無所成名蓋美其學之博而惜其不成一藝之名也執專執也射御皆一藝而御爲人僕所執尤卑言欲使我何所執以成名乎然則吾將執御矣聞人譽己承之以謙也〇尹氏曰聖人道全而德備不可以偏長目之也達巷黨人見孔子之大意其所學者博而惜

其不以一善得名於世蓋慕聖人而不知者也故孔子曰欲使我何所執而得爲名乎然則吾將執御矣

【古義】鄭氏曰達巷者黨名也五百家爲黨此黨之人見孔子博學道無一名之聞于世而歎其廣大也執專執也射御皆一藝而御最卑其言執御者蓋反言以見道無可執也道無成體德無成名故知道者雖極天下之博而不敢自有其道知其無窮也蓋得於內者愈深則其形於外者愈泯然無跡凡聳人之觀聽勝人之口說者皆有所未至也夫子稱堯曰蕩蕩乎民無能名焉亦夫子自道也達巷黨人所稱夫子者惟止於博學無所成名之間而至於聖人之所以爲聖人者則不知形容亦宜矣

【徵】鄭玄曰達巷者黨名後註家因之然曰巷曰黨達巷豈黨名乎如儀封人封人是官名其人以官

行故不著姓名黨人豈官名亦豈與春秋人微者一例乎且其人能知孔子豈容沒姓名蓋疑達巷是姓黨人是名春秋蔡桓侯名封人鄭語字子人齊懿公名商人又有賓媚人魯有公冉務人陳有公孫佗人臧孫氏有漆雕馬人列子有伯昏瞀人可以例焉大哉孔子博學而無所成名其人能知孔子而贊之也何註美孔子博學道藝不成一名而已得之矣彥明曰見孔子之大意其所學者博而惜其不以一善得名於世蓋慕聖人而不知者也可謂瞭見已果爾何曰大哉大氐宋儒以知聖

戴記文王世子

人自負而不與人知聖人必欲見貶意此見一生其心不平其失於辭者不亦宜乎且當時所謂博學豈後世朐藏二酉之謂乎止謂博學道藝故孔子承之以射御韓愈未出儒者尚不失古執謂朱子勝何晏乎執御執射如執禮執經之執謂以一藝自名而教人者也後世昧古言何朱皆不識其義故不穩執禮見戴記執經見開元禮孔子於六藝而取乎射御於射御而又取乎御蓋禮樂道之大者君子之事故謙不敢當書數府史胥徒所先故君子不任是其所以取乎射御也而射義曰射

者射爲諸侯也。是以諸侯君臣盡志於射。以習禮樂。曲禮曰。問大夫之子。長曰能御矣。幼曰未能御也。少儀曰。問國君之子長幼。長則曰能從社稷之事矣。幼則曰能御。未能御。是古者以御爲子弟之職。孔子亦自言執御以爲子弟之師耳。

子曰。麻冕禮也。今也純儉。吾從衆。拜下禮也。今拜乎上泰也。雖違衆。吾從下。

【古】孔安國曰。冕緇布冠也。古者績麻三十升布以爲之。純絲也。絲易成。故從儉。王肅曰。臣之與君行禮者。下拜。然後成禮。時臣驕泰。故於上拜。今從下。禮之恭也。

【新】麻冕緇布冠也。純絲也。儉謂省約。緇布冠以三十升布爲之。升八十縷。則其經二千四百縷矣。細

密難成不如用絲之省約」臣與君行禮當拜於堂下君辭之乃升成拜泰驕慢也○程子曰君子處世事之無害於義者從俗可也害於義則不可從矣

古義 麻冕緇布冠也純絲也緇布冠以三十升布爲之升八十縷則其經二千四百縷細密難成不如用絲之儉」臣與君行禮當拜於堂下君辭之乃升成拜泰驕慢也」此章門人記之以明聖人處事之權衡也蓋麻冕從衆而違禮拜下違衆而從禮其一從一違皆道之所在而聖人之行變化無方不拘一偏如此學者所宜潛心也」論曰先儒曰事之無害於義者從俗可也可謂謬矣夫事苟無害於義則俗卽是道外俗更無所謂道者故曰君子之道造端於夫婦故堯舜授禪從衆心也湯武放伐順衆心也衆心之所歸俗之所成也故惟見其合於義與否可矣何必外俗而求道哉若夫外俗而求道者實異端之流而非聖人之道也

徵 吾從衆吾從下是孔子深知先王之禮也蓋禮

君子曰禮記檀弓

雖先王所定。然亦有有義者。有無義者。其無義者。則先王一時從俗者。故今又從俗改之。不爲違禮。若其有義者。則不得不謹守之也。故君子曰。先王制禮。而不敢過也。先王制禮。不敢不至焉。仁齋解此章。以爲聖人處事之權衡。禮豈事之倫哉。其人之不知禮也。又譏程子事之無害於義者從俗可也。而曰事苟無害於義。則俗卽是道。外俗更無所謂道。是其人又不知道也。道者古聖人之所建。豈謂世俗所爲卽道可乎。亦佛氏法身徧法界之見耳。且所謂從衆者。本謂從儉也。儉謂節用也。禮器曰昔先王之制禮也因其財物而致其義焉爾是先王制禮定其度數時既以財爲之節然世久時移而古之儉亦有今變爲奢者如麻冕是也故孔子從衆爲深得於禮不違先王之心後儒不知以禮論之而唯理是言可謂亂道已拜下禮也王肅註臣之與君行禮者下拜然後成禮按邢昺疏成字上脫一升字疏云案燕禮君燕卿大夫之禮也其禮云公坐取大夫所媵觶興以酬賓賓降西階下再拜稽首公命小臣辭賓升成拜鄭註升成拜復再拜稽首也先時君辭之於禮若未成然又覲

禮天子賜侯氏以車服諸公奉篋服加命書于其上升自西階東面大史是右侯氏升西面立大史述命侯氏降兩階之間北面再拜稽首升成拜皆是臣之與君行禮下拜然後升成禮也朱註臣與君行禮當拜於堂下君辭之乃升成拜非矣蓋禮君若不辭之則再拜稽首於下而已君辭之則旣再拜稽首於下又升而再拜稽首於上朱註曰當拜於堂下則似謂君辭之則不拜於下止拜於上而已然本文不言其爲何禮則亦不可識其爲何禮已後世僅於燕禮而得其一二故王肅援以解

之。今學者固執其說。而謂孔子語君臣之禮。亦鑒矣。

子絶四毋意毋必毋固毋我

【古】以道爲度故不任意用之則行舍之則藏故無專必無可無不可故無固行述古而不自作處群萃而不自異唯道是從故不有其身

【新】必絶無之盡者毋史記作無是也意私意也必期必也固執滯也我私己也四者相爲終始起於意遂於必留於固而成於我也蓋意必常在事前固我常在事後至於我又生意則物欲牽引循環不窮矣○程子曰此毋字非禁止之辭聖人絶此四者何用禁止張子曰四者有一焉則與天地不相似楊氏曰非知足以知聖人詳視而默識之不足以記此

【古義】毋無通意者心有所計較也必期必也固執滯也我私己也此言聖人道全德宏混融無跡也

孟子盡心篇下故曰同

無意者事皆自道出而無計較之私也無必者行其所當行止其所當止也無固者唯善是從無所凝滯無我者善與人同舍己從人蓋聖人之心猶天地之變化莫知其所以然也

徵 毋意毋必毋固毋我朱註毋史記作無是也此朱子每執毋禁止辭故云爾殊不知古書毋無通用本無差別也按孟子曰大而化之之謂聖此章乃語化境也不啻孔子凡妙一藝者皆有化境孔子之化其可得見者乃在禮故曰動容周旋中禮盛德之至是此章之義也事至則以禮應之若初不經意故曰毋意變則禮從而變前無期待後無固滯故曰毋必毋固唯有先王之禮而已無復有

何有於我哉述而篇

子思贊孔子中庸言

孔子。故曰毋我何有於我哉。可併証矣。大氐一部論語。可爲後世心學之祖者。唯此耳。然當孔子時。豈有心學哉。子思贊孔子曰。優優大哉。禮儀三百。威儀三千。鄉黨形容孔子。唯禮耳。夫孔子之智。豈門人之所能測哉。故當時之觀孔子。皆在禮也。故毋意必固我。以孔子行禮解之。而後爲不失琴張意焉。後世儒者。不知孔子之道。卽古聖人之道。古聖人之道。唯禮盡之。其解論語。皆以義理。義理無憑。猖狂自恣。豈不謬乎。且動容周旋中禮。盛德之至者。雖非聖人亦能之。故此章所言。非贊孔子之至者。孔子之所以爲孔子。乃以其聖德。已學者察諸。朱子解意爲私意。猶如其解格物。私字重意字輕。可謂妄已。解我爲私己。私意私己何別。仁齋又以意爲計較。夫聖人亦人耳。豈無計較乎。又解無固曰。唯善是從。無所凝滯。解無我曰。善與人同。舍己從人。是無固無我何別。皆專尚知見。而不識聖人之道爲禮。故殊致不通耳。何晏解毋意曰。以道爲度。故不任意。猶之可矣。毋必曰。用之則行。舍之則藏。故無專必。毋固曰。無可無不可。故無固行。可謂憒憒已。毋我曰。述古而不自作。處群萃而不自異。唯道是從。故不有其身。此其書實不出一手。故四句三意叢然。而第一句猶爲近古。

子畏於匡曰文王既没文不在茲乎天之將喪斯文也後死者不得與於斯文也天之未喪斯文也匡人其如予何

古 包氏曰匡人誤圍夫子以爲陽虎陽虎曾暴於匡夫子弟子顏剋時又與虎俱行後剋爲夫子御至於匡匡人相與共識剋又夫子容貌與虎相似故匡人以兵圍之」孔安國曰茲此也言文王雖已死其文見在此此自謂其身」孔安國曰文王既没故孔子自謂後死言天將喪此文者本不當使我知之今使我知之未欲喪也」馬融曰其如予何者猶言奈我何也天之未喪此文則我當傳之匡人欲奈我何言其不能違天以害己也

【新】畏者有戒心之謂匡地名史記云陽虎曾暴於匡夫子貌似陽虎故匡人圍之」道之顯者謂之文蓋禮樂制度之謂不曰道而曰文亦謙辭也玆此也孔子自謂」馬氏曰文王既沒故孔子自謂後死者言天若欲喪此文則必不使我得與於此文今我既得與於此文則是天未欲喪此文也天既未欲喪此文則匡人其奈我何言必不能違天害己也

【古義】朱氏曰畏者有戒心之謂匡地名史記云陽虎嘗暴於匡夫子貌似陽虎故匡人圍之」文者謂先王之遺文道之所寓也玆此也孔子自謂」孔氏曰文王既沒故孔子自謂後死者言天將喪斯文不當使我知之今已使我知之則未欲喪之也」馬氏曰天既未欲喪此文則匡人其奈我何言必不能違天害己也」天道福善殃淫是謂天有必然之理禍福無不自己求之是謂人有自取之道智者信之昏者疑焉夫子嘗曰桓魋其如予何此曰匡人其如予何此非好爲自矜亦非姑爲自解也蓋知天之至達命之極自信之如此夫由文王至於孔子其間生幾多聖賢然而斯文之傳不在他人

而獨在孔子則天之生孔子其意爲如何哉其愛護保全扶翼佑助之固宜無所不至矣天之視聽自我民視聽其理驗之於人事可矣圍於陳蔡畏於匡聖人之遇厄也亦屢矣然卒不能加害則天之佑聖人豈不信然

【徵】文王既沒。文不在茲乎、文者道之别名。謂禮樂也。朱註、道之顯者謂之文。猶之可矣。不曰道而曰文。亦謙辭。夫道之顯者。豈容謙乎。是其意貴隱賤顯。貴精賤粗。依然老莊之遺。故有此言耳。仁齋曰。先王之遺文。道之所寓也。殊不知承文王既沒之文。文王之文。豈遺文之義乎。孔安國曰。文王既沒故孔子自謂後死者。非也。此孔子對其先輩自謂耳。並生同學而後死。是謂之後死者。上距文王五百年。豈得謂後死者乎。大氐此章之意。所重在文王之道。天未欲喪文王之道。孔子被害。則文王之道喪。故知匡人不能害我也。解者多歸重孔子。大失孔子語氣。不可不察。

太宰問於子貢曰夫子聖者與何其多能也子貢曰固天縱之將聖又多能也子聞之曰太宰知我乎吾少也賤故多能鄙事君子多乎哉不多也牢曰子云吾不試故藝

古 孔安國曰太宰大夫官名或吳或宋未可分也疑孔子多能於小藝孔安國曰言天固縱大聖之

德又使多能」包氏曰我少小貧賤常自執事故多能爲鄙人之事君子固不當多能」鄭玄曰牢弟子子牢也試用也言孔子自云我不見用故多技藝

新孔氏曰太宰官名或吳或宋未可知也與者疑辭太宰蓋以多能爲聖也」縱猶肆也言不爲限量也將殆也謙若不敢知之辭聖無不通多能乃其餘事故言又以兼之」言由少賤故多能而所能者鄙事爾非以聖而無不通也且多能非所以率人故又言君子不必多能以曉之」牢孔子弟子姓琴字子開一字子張試用也言由不爲世用故得以習於藝而通之○吳氏曰弟子記夫子此言之時子牢因言昔之所聞有如此者其意相近故并記之

古義孔氏曰太宰官名或吳或宋未可知也太宰見其多能以爲聖人也」朱氏曰縱猶肆也言不爲限量也將殆也謙若不敢知之辭」言太宰能知我事乎我由少賤故多能而所能者鄙事耳然若君子之學豈在於多哉亦不必多也」鄭氏曰牢孔子弟子子牢也試用也言孔子自云我不見用故多

技藝。吳氏曰：弟子記夫子此言之時，子牢因言昔之所聞有如此者，其意相近，故并記之。君子固有多能者，若周公之多材多藝是也。然論其所以爲君子者，則不在於此，何者？道德實也，多能其餘事也。故古者有其才且自好之，則爲其事，如無其才，又非其好，則不必爲焉，不繫於學之得失故也。蓋一則專，多則岐，專則成，岐則敗，夫子所以戒其多能者，欲學者當專務力於道德，而不可馳心於多能也。

徵夫子聖者與。何其多能也。何註：疑孔子多能於小藝。是其意謂太宰疑世稱孔子爲聖人，故曰夫子世所謂聖人歟，果其言之是乎，何其多能也。此解與太宰知我乎相應。孔子聞其譏己，而謂太宰可謂善知我也。然君子多乎以下，殊不相應，故不可從矣朱註太宰蓋以多能爲聖此解得之然太宰知我乎知去聲言太宰豈以我爲智者故多能邪是不然也吾賤故多能多能非君子所貴焉太宰以聖孔子以智此太宰以智爲聖故孔子承之以智不復深辨已固天縱之將聖又多能也固又相喚文法爲爾縱束之反作者之謂聖孔子雖聰明睿知文武之道未墜地故未能制作猶如天束之然然天若或縱之必將當制作之任朱註將殆也謙若不敢知之辭非矣吾不試故藝言由閒暇故得兼習藝觀牢曰則上論爲琴張所錄

子曰吾有知乎哉無知也有鄙夫問於我空空如也我叩其兩端而竭焉

古 知者知意之知也知者言未必盡今我誠盡孔安國曰有鄙夫來問於我其意空空然我則發事之終始兩端以語之竭盡所知不爲有愛

新 孔子謙言己無知識但其告人雖於至愚不敢不盡耳叩發動也兩端猶言兩頭言終始本末上下精粗無所不盡○程子曰聖人之教人俯就之若此猶恐衆人以爲高遠而不親也聖人之道必降而自卑不如此則人不親賢人之言則引而自高不如此則道不尊觀於孔子孟子則可見矣尹氏曰聖人之言上下兼盡卽其近衆人皆可與知極其至則雖聖人亦無以加焉是之謂兩端如答樊遲之問仁知兩端竭盡無餘蘊矣若夫語上而遺下語理而遺物則豈聖人之言哉

古義 空空無知識之意叩發動也叩兩端而竭者言終始本末無所不盡也夫子謙言己無知識但

其告人雖至愚不敢不盡耳聖人仁天下之心固無窮矣推其心蓋思一夫不入於善猶已拒之而不誨故鄙夫之空空猶竭盡其所知不敢有所隱仁之至也而夫子以生知之聖亦曰吾有知乎哉無知也者何也蓋物外無道道外無物無內外無隱見故實知道者不自有其知以其無有可有者也不實知道者自有其知以其猶有可有者也故曰吾有知乎哉無知也大哉論曰舊註載程子曰聖人之道必降而自卑不如此則人不親賢人之言則引而自高不如此則道不尊愚以爲非也苟如其說則聖賢之待人皆以僞而不以誠也豈謂之無意乎豈謂之直道乎蓋聖人之心猶天地之大人在於其中而不知其大也非降而自卑也賢者之行猶泰山喬嶽自守其高耳非引而自高也此賢者之所以不及乎聖人也

徵 吾有知乎哉。無知也。知去聲。何註。知者。知意之知也。知者言未必盡。今我誠盡。孔曰。有鄙夫來問

憤悱四句述而篇

於我其意空空然我則發事之終始兩端以語之竭盡所知不爲有愛可謂善解古文辭已盖孔子平日答門弟子之問不憤不啟不悱不發舉一隅不以三隅反則不復也門弟子或以夫子爲隱故孔子又有此言大氐自智者多愛惜其所知不欲輒告諸人孔子自言我豈有自智之心而惜其所知哉鄙夫問於我則竭兩端門人則否教誨之道也吾有知乎哉無知也如朱子解豈難事哉何晏何故作此迂曲解當知是古來相傳之說古時之言蓋有之宋儒不識古文辭又蔑視漢儒故弗察

耳。空空與悾悾同。博雅悾悾誠也。

子曰鳳鳥不至河不出圖吾已矣夫

古 孔安國曰聖人受命則鳳鳥至河出圖今天無此瑞吾已矣夫者傷不得見也河圖八卦是也

新 鳳靈鳥舜時來儀文王時鳴於岐山河圖河中龍馬負圖伏羲時出皆聖王之瑞也已止也○張氏曰鳳至圖出文明之祥伏羲舜文之瑞不至則夫子之文章知其已矣

古義 鳳靈鳥舜時來儀文王時鳴於岐山河圖舊相傳伏羲時河中龍馬負圖出皆聖人之瑞也已止也邢氏曰此章言孔子傷時無明君也聖人受命則鳳鳥至河出圖今天無此瑞則時無聖人也故歎曰吾已矣夫傷不得見也○有君而無時有矣有臣而無君時有矣若使孔子遇堯舜之君其能爲唐虞之治猶俯地而拾芥耳奈其時當衰季而無是君何夫子言之者蓋感慨之極不能自已也論曰或曰聖人不言祥瑞此言鳳鳥河圖者何也曰此非說祥瑞也假鳳鳥河圖以歎時無明

孔子又曰述而篇

主也蓋聖人與人而不以立異同世而不敢驚聽凡事之無大得失者皆從舊套而不敢爲紛紛之說以汨人之聽聞鳳鳥河圖古來相傳以爲聖人御世之瑞故聖人假之以寓其歎焉耳

徵鳳鳥不至河不出圖吾已矣夫。邢昺曰。傷時無明君也。得之。孔子又曰。聖人吾不得而見之矣。亦此意。蓋鳳鳥河圖。制作之瑞。聖王出。則孔子得當制作之任。而盡其所學。聖王不出。孔子不能竭其才。所以嘆也。祇制作必在革命之世。故孔子不欲顯言之。乃以鳳鳥河圖言之耳。後世儒者昧乎聖字之義。故不知此意。又歐陽脩破祥瑞之說。其言辯而如可觀。殊不知聖人以神道設教。豈凡人所能識哉。宋儒出而古先聖王之道壞矣。其禍殆甚於佛老。悲哉。

子見齊衰者、冕衣裳者與瞽者，見之雖少必作，過之必趨。

〔古〕包氏曰：冕者，冠也，大夫之服。瞽，盲也。○包氏曰：作，起也；趨，疾行也。此夫子哀有喪，尊在位，恤不成人。

〔新〕齊衰，喪服。冕，冠也。衣，上服；裳，下服。冕而衣裳，貴者之盛服也。瞽，無目者。作，起也。趨，疾行也。或曰：少，當作坐。○范氏曰：聖人之心，哀有喪，尊有爵，矜不成人，其作與趨，蓋有不期然而然者。尹氏曰：此聖人之誠心，內外一者也。

〔古義〕齊衰，喪服。冕，冠也。冕而衣裳，貴者之盛服也。瞽，無目也。作，起也。趨，疾行也。或曰：少，當作坐。○范氏曰：聖人之心，哀有喪，尊有爵，矜不成人，其作與趨，蓋有不期然而然者。此言聖人之仁，無物不至

無時不然下師冕見章倣此

徵子見齊衰者句冕衣裳者與瞽者見之句何本見之屬下句非也有喪者多不來見人故以見諸它處爲辭不言斬衰者以輕包重也冕衣裳盛服者也古註曰大夫之服此固然然此非貴爵矣彼盛服來見故起敬不爾何言冕衣裳乎若必以大夫之服而起敬則孔子亦嘗爲大夫雖大夫以燕服來見何必起敬彼盛服則吾起敬禮當然也瞽者謂師也古者教人以禮樂詔禮者謂之執禮者詔樂者爲瞽者般學曰瞽宗可以見爾故瞽者爲

人師者也故又謂之師孔子所以起敬是已後世不知古徒以爲瞽子之稱故舊註恤不成人非也恤而起敬果何謂乎少去聲雖年少者必起敬朱註或曰少當作坐是必欲以坐對作可謂昧乎古文辭葢見齊衰者以見諸它處爲辭故曰過之必趨冕衣裳者與瞽者見之以來見爲辭故曰雖少必作是互文見意其實不拘非識古文辭亦不能讀已

顔淵喟然歎曰仰之彌高鑽之彌堅瞻之在前忽焉在後夫子循循然善誘人博我以文約我以禮欲罷

不能既竭吾才如有所立卓爾雖欲從之末由也已

【古】喟歎聲」言不可窮盡」言恍惚不可爲形象」循循次序貌誘進也言夫子正以此道勸進人有所序」孔安國曰言夫子既以文章開博我又以禮節節約我使我欲罷而不能已竭我才矣其有所立則又卓然不可及言已雖蒙夫子之善誘猶不能及夫子之所立

【新】喟歎聲仰彌高不可及鑽彌堅不可入在前在後恍惚不可爲象此顔淵深知夫子之道無窮盡無方體而歎之也」循循有次序貌誘引進也博文約禮教之序也言夫子道雖高妙而教人有序也侯氏曰博我以文致知格物也約我以禮克己復禮也程子曰此顔子稱聖人最切當處聖人教人惟此二事而已」卓立貌末無也此顔子自言其學之所至也蓋悅之深而力之盡所見益親而又無所用其力也吳氏曰所謂卓爾亦在乎日用行事之間非所謂窈冥昏默者程子曰到此地位功夫尤難直是峻絶又大段著力不得楊氏曰自可欲之謂善充而至於大力行之積也大而化之則非

力行所及矣此顏子所以未達一間也○程子曰此顏子所以爲深知孔子而善學之者也○胡氏曰無上事而喟然歎此顏子學既有得故述其先難之故後得之由而歸功於聖人也高堅前後語道體也仰鑽瞻忽未領其要也惟夫子循循善誘先博我以文使我知古今達事變然後約我以禮使我尊所聞行所知如行者之赴家食者之求飽是以欲罷而不能盡心盡力不少休廢然後見夫子所立之卓然雖欲從之末由也已是蓋不怠所從必求至乎卓立之地也抑斯歎也其在請事斯語之後三月不違之時乎

古義 喟歎聲顏子喜得夫子之善誘而學問有所成就非歎高堅前後也鑽穿也仰之彌高不可及也鑽之彌堅不可入也在前在後不可執之也此顏子自叙其未受夫子之教之前徒見道之至高至堅恍惚變現無所摸擬而未得道之實處也循循有次序貌誘進也博文以廣知也約禮以修行也顏子於是得領夫子之教自言向無所摸擬者始有所據而不能自已也卓立貌有所立卓爾猶

參前倚衡之意末無也顏子於是見道甚明而後知夫子之道從容平易若易及而實不可以力到也此顏子自敘其終身學問之履歷也高堅前後言其初徒視道高遠而未得其實也博文約禮言受夫子之教而學問始就平實也欲罷不能以下言其所自得也凡天下之人資稟聰敏者必游心高遠用力艱深而不知道本在日用常行之間平平蕩蕩甚至近也其卒也必爲異端虛無寂滅之流唯顏子資稟聰明又能擇乎中庸是以得領夫子之善誘而弗畔乎道此其所以卒造於亞聖之地也

徵 顏淵喟然嘆。雖無上事。載在論語。嘆孔子之不可及也。宋儒謂嘆道體。是所嘆止在高堅前後。殊不知包盡一章矣。仁齋謂喜得夫子之善誘而學問有所成就。是所嘆止在後文。殊不知雖欲從之

用之則行述而篇

孔子亦曰里仁篇

楊雄法言問神篇

末由也已亦謂不可及也則高堅前後亦謂不可及何別乎且道體二字古所無也宋儒專尚知見故有此言殊不知用之則行舍之則藏孔子卽道道卽孔子故孔門本無道體之說志道者求諸孔子孔子亦曰吾道一以貫之楊雄曰顏子潛心孔子爲得之矣仁齋眛乎嘆字嘆是嘆息豈容以喜解之乎朱子曰仰彌高不可及鑽彌堅不可入見其高而仰之雖仰不見其絶頂故曰彌高用力而求入堅而不可入謂閫奧之不可到也瞻之在前忽焉在後朱註恍忽不可爲象本何註然此道體

孔子所謂述而篇

之說終墮佛老仁齋曰不可執之也猶是道體之見殊不知二句謂夫子所爲出已意外也故合四句皆謂孔子之不可及而不易窺已是潛心夫子不如遵夫子之教故次曰夫子循循然善誘人博我以文約我以禮博我者博我智見也約我者納我於道也文本合指詩書六藝則禮在其中此與禮對言則禮特謂守諸已者其實文非外禮而言之也欲罷不能既竭吾才即孔子所謂默而識之學而不厭何有於我哉同意祇此二句可見顏子隣孔子也如有所立卓爾見孔子之所立也何註

朱註皆得之仁齋以爲見道甚明依舊道體之見已雖欲從之末由也已言孔子之終不可及也是顔子深知孔子之所立也如侯氏胡氏以格物致知知古今達事變釋博文皆宋儒不知學也仁齋以高玅平實爲說亦子思以後之說也要皆非顔子時意學者察諸又徒潛心孔子雖顔子亦不能學孔子必遵孔子之教而後見其所立則後世學者欲學聖人而不遵聖人之教法徒以其心學之安能得之乎

子疾病子路使門人爲臣病間曰久矣哉由之行詐

也無臣而爲有臣吾誰欺欺天乎且予與其死於臣之手也無寧死於二三子之手乎且予縱不得大葬予死於道路乎

【古】包氏曰疾甚曰病」鄭玄曰孔子嘗爲大夫故子路欲使弟子行其臣之禮」孔安國曰小差曰間言子路久有是心非今日也」馬融曰無寧寧也二三子門人也就使我有臣而死其手我寧死於弟子之手乎」孔安國曰君臣禮葬」馬融曰就使我不得以君臣禮葬有二三子在我寧當憂棄於道路乎

【新】夫子時已去位無家臣子路欲以家臣治其喪其意實尊聖人而未知所以尊也」病間少差也病時不知既差乃知其事故言我之不當有家臣人皆知之不可欺也而爲有臣則是欺天而已人而欺天莫大之罪引以自歸其責子路深矣」無寧寧也大葬謂君臣禮葬死於道路謂棄而不葬又曉之以不必然之故○范氏曰曾子將死起而易簀曰吾得正而斃焉斯已矣子路欲尊夫子而不知

無臣之不可爲有臣是以陷於行詐罪至欺天君子之於言動雖微不可不謹夫子深懲子路所以警學者也楊氏曰非知至而意誠則用智自私不知行其所無事往往自陷於行詐欺天而莫之知也其子路之謂乎

古義 孔子嘗爲魯大夫故子路欲使弟子爲家臣而治其喪少差曰間言臣之有無皆人之所知今無臣而爲有臣非欺人是欺天也甚言其罪之大也無寧寧也馬氏曰就使我不得以君臣禮葬有二三子在我寧當憂棄言其自安之意以明不願得非禮之葬也此言聖人之心至誠明白一言之微一事之細俯仰天地無所愧怍素其位而行不願其外死生患難無入而不自得也但其言平易和緩無迹可尋可見其道愈高而其德愈大也

徵 子路使門人爲臣鄭玄曰子路欲使弟子行其臣之禮欲字可删蓋子路既使爲臣孔子病間而

悟之故曰久矣哉何註子路久有是心非今日也非矣按後世學者尚義自無此過古之學者尚禮子路亦以禮大夫有臣而欲孔子之葬備大夫之禮耳其過在泥禮而未達豈可深咎乎此不特子路其它門人皆有是惑故孔子深責之所以喻之也後世儒者由此輕視子路亦坐不知古學耳又按是時子路猶在焉則孔子不以此時卒也以此觀之曾子啓手足亦未必曾子以此時卒也而宋儒謂論語記曾子臨終之言未深思耳

曾子啓手足泰伯篇

子貢曰有美玉於斯韞匵而藏諸求善賈而沽諸子

曰沽之哉沽之哉我待賈者也

【古】馬融曰韞藏也匵匱也藏諸匵中沽賣也得善賈寧肯賣之邪」包氏曰沽之哉不衒賣之辭我居而待賈

【新】韞藏也匵匱也沽賣也子貢以孔子有道不仕故設此二端以問也孔子言固當賣之但當待賈而不當求之耳○范氏曰君子未嘗不欲仕也又惡不由其道士之待禮猶玉之待賈也若伊尹之耕於野伯夷太公之居於海濱世無成湯文王則終焉而已必不枉道以從人衒玉而求售也

【古義】韞藏匵匱也子貢以孔子有道不仕故設此二端以問之也」朱氏曰言固當賣之但當待賈而不當求之耳」范氏曰君子未嘗不欲仕也又惡不由其道士之待禮猶玉之待賈也若伊尹之耕於野伯夷太公之居於海濱世無成湯文王則終焉而已必不枉道以從人衒玉而求售也」論曰范氏之論當矣然後世道微德衰其爲世者皆知獨善其身之爲義而不知兼仁天下之爲德爲最大也

詳于儀禮聘禮

子曰隱居以求其志行義以達其道記曰儒有席上之珍以待聘皆待賈之謂而學者之本分也若夫韞匵而藏者乃異端之流猶介之士所好而非儒者之道也

【徵】善賈者賈人之善者也賈音古何註蓋亦爾自邢昺以爲善價而朱子因之音嫁殊不知善琴善笛及良農良工一類語當謂賈人未聞貴價謂之善價可謂謬矣求良賈謂求先容之人也待賈亦待人之先容也甚嘗求價待價語殊未穩且鄙俚甚豈君子之言乎且聘禮執玉必有賈人從之是玉難識故必待賈人古之道也按蔡邕石經沽諸沽之哉皆作賈可見賈發平聲卽沽已

子欲居九夷或曰陋如之何子曰君子居之何陋之有

古 馬融曰九夷東方之夷有九種 馬融曰君子所居則化

新 東方之夷有九種欲居之者亦乘桴浮海之意 君子所居則化何陋之有

古義 九夷未詳其種徐淮二夷見經傳若我日東後漢書已立傳及扶桑朝鮮等名皆見于史傳夫子所謂九夷者恐當指此類夷狄之地無文飾之僞故或人以爲陋也 言彼九夷之地當有君子而居則必是不若或人之所稱彼所謂陋者及是忠實之所致必不凡陋也 ○按禮載孔子之言曰小連大連善居喪東夷之子也又古稱東方有君子之國則夫子之語蓋據其實而稱之舊解以爲君子所居則化非也如此則夫子有自居君子之位之嫌也 論曰夫子嘗曰夷狄之有君不如諸夏之亡也由此見之夫子寄心於九夷久矣此章及浮海之歎皆非偶設也夫天之所覆地之所載鈞是人也苟有禮義則夷即華也無禮義則雖華不免爲夷舜生於東夷文王生於西夷無嫌其爲夷也

九夷雖遠固不外乎天地亦皆有秉彝之性況朴則必忠華則多僞宜夫子之欲居之也吾 太祖開國元年實丁周惠王十七年到今君臣相傳綿綿不絕尊之如天敬之如神實中國之所不及夫子之欲去 華而居夷亦有由也今去聖人既二千有餘歲吾 日東國人不問有學無學皆能尊吾夫子之號而宗吾夫子之道則豈可不謂聖人之道包乎四海而不棄又能先知千歲之後乎哉

徵 子欲居九夷馬融曰九夷東方之夷有九種邢昺引東夷傳畎夷于夷方夷黃夷白夷赤夷玄夷風夷陽夷又玄菟樂浪高麗滿節息臾索家東屠倭人天鄙仁齋因之又疑爲 日本此自謏言不容辨謬竊疑九夷必是一夷猶如大湖名五湖不爾欲居九夷何其言之漫也且此必孔子經過其

淮安府贛榆縣孔望山地志

得見君子者斯可矣述而篇

地因欲居之不爾當欲適九夷而曰欲居其非遥望者審矣贛榆有孔望山相傳孔子適郯登此乃東夷地恐是即九夷君子居之何陋之有馬融曰君子所居則化文意極是仁齋乃謂東方有君子國故曰君子居之而不容孔子自稱君子以濟其訣殊不知何陋之有語意不相承適見其不識文辭已且君子士大夫通稱孔子未嘗避之但得見君子者斯可矣指人君耳若夫　吾邦之美外此有在何必傳會論語妄作無稽之言乎夫配祖於天以神道設教刑政爵賞降自廟社三代皆爾是

吾邦之道卽夏商古道也今儒者所傳獨詳周道遽見其與周殊而謂非中華聖人之道亦不深思耳自百家競起孟子好辯而後學者不識三代聖人之古道悲哉

子曰吾自衛反魯然後樂正雅頌各得其所

【古】鄭玄曰反魯哀公十一年冬是時道衰樂廢孔子來還乃正之故雅頌各得其所

【新】魯哀公十一年冬孔子自衛反魯是時周禮在魯然詩樂亦頗殘缺失次孔子周流四方參互考訂以知其說晚知道終不行故歸而正之

【古義】魯哀公十一年冬孔子自衛反魯是時周禮在魯然詩樂頗殘缺失次孔子周流四方參互考訂以知其說晚知道終不行故歸而正之門人記此以見教之所由始也論曰德隆則人尊人尊則

言傳夫雅頌之叙雖非孔子或亦可能之然在孔子則傳在他人則否詩書之行至于與天地並立而不墜焉則夫子之功豈不偉乎然詩書易之名初見於魯論而孟子獨言作春秋其定書傳禮記繫易之說未有明據葢司馬遷輩以著述見聖人而未知夫子之道猶日月之繫天而不關删述之功故叨云云耳夫夫子未開教之前猶水之在於地中其一開教之後附託有人傳傳相續猶泉源之經疏鑿之功流派混混不舍晝夜放於四海也豈待著述之功哉

徵 樂正雅頌各得其所詩風雅頌唯雅頌播諸樂風唯二南與頌同豳風有雅頌其它皆徒歌此言雅頌則南豳在其中矣故此章主樂言之葢先是雅頌之聲或混孔子正之而後各得其所也朱註不識此義詩樂並言非也鄭玄曰反魯哀公十一

子貢曰子張篇

年冬。是時道衰樂廢。孔子來還。乃正之。故雅頌各得其所。此蓋古來相傳之說。後儒不識。妄作新解。豈不謬乎。仁齋論此章而謂雅頌之敘。它人或能之。然在孔子則傳。在他人則否。德隆則言傳。司馬遷輩以著述視聖人。而未知夫子之道猶日月之繫天。而不關刪述之功。此誠奇論。然其人好奇而昧乎事。要之理學之歸耳。殊不知孔子之前。六經無書。書唯書耳。故謂之書。詩存諷咏。禮樂皆在人。故子貢曰。文武之道。未墜於地。在人。賢者識其大者。不賢者識其小者。孔子周流四方。訪求具至。然後門弟子傳其書。故戴記云。士喪禮於是乎書。可以見已。然其在人者。非孔子孰識其眞。故中庸曰。苟不至德至道不凝。故雖有堯舜禹湯文武微孔子其道泯滅弗傳。所以傳者。以孔子也。後儒不察。妄謂孔子之前亦有六經。孔子删述而已。又孔子而後諸子紛然著作。皆倣孔子。而其書汗牛充棟。藉是仁齋輩輕視著作者。不識孔子之世。徒以今世視之故也。且其人獨尊論語而輕六經。坐是不欲獨以删述稱孔子。可謂强已。

子曰出則事公卿入則事父兄喪事不敢不勉不爲

酒困何有於我哉

古 馬融曰困亂也

新 說見第七篇然此則其事愈卑而意愈切矣

古義 此言出事入事卽子弟之職喪事人倫之本最不可不勉不爲酒困又不足爲難皆夫人之所能此外別無可稱何德有於我哉說又見第七篇其智愈大則自處愈卑而其言愈謙實知道之無窮也於是益見夫子之所以爲大也

徵 出則事公卿入則事父兄。古註無解朱子以爲孔子自謙之言。此不知而妄爲之解者也出則事公卿。入則事父兄與邇之事父遠之事君。語勢正同。朱子乃以爲與入則孝出則弟同義。果爾。何無

邇之事父陽貨篇

三子言志先進篇

孝弟之字且公卿連言乃王國之辭若在魯則公是君卿是臣豈容連言蓋論語之書門弟子以意記之故有有序者有無序者如三子言志章序其事甚詳其它有所爲之言及如此章省略無序是本出門弟子一時筆故千載之下難識其所由者極多矣如此章孔子贊禮勸人學禮之言也出則事公卿以之入則事父兄以之禮之在喪品節甚詳由之而行自然不敢不勉獻酬之禮終日百拜自然不爲酒困皆無容我力禮之力也故曰何有於我哉

子在川上曰逝者如斯夫不舍晝夜

【古】包氏曰逝往也言凡往也者如川之流

【新】天地之化往者過來者續無一息之停乃道體之本然也然其可指而易見者莫如川流故於此發以示人欲學者時時省察而無毫髮之間斷也〇程子曰此道體也天運而不已日往則月來寒往則暑來水流而不息物生而不窮皆與道爲體運乎晝夜未嘗已也是以君子法之自強不息及其至也純亦不已焉又曰自漢以來儒者皆不識此義此見聖人之心純亦不已也純亦不已乃天德也有天德便可語王道其要只在謹獨

愚按自此至終篇皆勉人進學不已之辭

【古義】逝往也謂日進而不舍止也此言君子之德日新而不息猶川流之混混不已也論曰孟子解夫子稱水之意曰原泉混混不舍晝夜盈科而後進放乎四海有本者如是所謂本者何仁義禮智有於其身而終身用之不竭猶川流之不舍晝夜日新而無窮故曰日新之謂盛德夫子取水之

君子無入而不自得焉中庸

意蓋如此或曰孔子之稱水其旨微矣孟子特因門人之病而藥之非也孟子取喻流水不一而足蓋其常言而述夫子之旨云爾豈皆因門人之病而發之邪

徵 逝者如斯夫不舍晝夜何註包曰逝往也言凡往也者如川之流邪昺疏孔子感嘆時事既往不可追復也漢至六朝詩賦所援皆止斯義無復異說蓋孔子嘆年歲之不可返以勉人及時用力或於學或於事親或於拮据國家皆爾至於宋儒始以道體解之殊失逝字義是其人淑性理談精微欲於論語中見斯意而不可得矣故穿鑿爲之爾且其意謂嘆年歲之不可返者常人之情也君子

易乾象曰天行健君子以自強不息

無入而不自得焉則不當有此嘆也吁聖人亦人耳豈遠人乎且固執中庸之言乎則聖人之喪親豈自得乎故曰彼一時也此一時也中庸乃言道之無不可行耳夫宋儒道體之說乃據易乾健及中庸至誠無息而引誠者天之道也以成其說是已夫健以釋乾耳豈可以盡於天乎健恃天之一德也假使天唯以健爲其德則天之德亦小矣哉中庸之誠性之德也性稟諸天故曰天之道也本非以誠爲天之德矣至誠無息亦謂習以成性則無息已子思之意在語學問之道而不論天道也

宋儒之學理氣耳貴理而賤氣氣有生滅而理無生滅是其道體之說豈不佛老之遺乎又謂氣有形而理無形故以道之粲然者皆爲氣之所使而欲執一無色相者以御之是其道體之說所以與亦豈不佛老之遺乎至於仁齋引孟子以求勝宋儒亦豈識逝字乎

子曰吾未見好德如好色者也

古 疾時人薄於德而厚於色故發此言

新 謝氏曰好好色惡惡臭誠也好好德如好色斯誠好德矣然民鮮能之○史記孔子居衛靈公與夫人同車使孔子爲次乘招摇市過之孔子醜之故有此言

古義 學而至於好德，則其學已實矣。然無眞好者，夫子之所以數也。其苟好德如好色，則學之也眞，得之也實，始不負聖賢之言矣。

子謂南容憲問篇

徵 吾未見好德如好色者也。天下豈果無好德之人乎？子謂南容「尚德哉若人」，可以見已。故此有所爲之言，朱註引史記爲是。但好德者，好有德之人也，後儒不識古言。謝氏曰：「好好色，惡惡臭，誠也。好德如好色，斯誠好德矣，然民鮮能之。」鮮能字本諸中庸，分明失之。古來好色之君不好賢，好賢之君不好色，二者每每相反，自然之符也，故孔子云爾。大氐孔子之言多爲人君言之者焉，後世窮措大

之解遂失之爾○

子曰譬如爲山未成一簣止吾止也譬如平地雖覆一簣進吾往也

古 包氏曰簣土籠也此勸人進於道德爲山者其功雖已多未成一籠而中道止者我不以其前功多而善之見其志不遂故不與也馬融曰平地者將進加功雖始覆一簣我不以其功少而薄之據其欲進而與之

新 簣土籠也書曰爲山九仞功虧一簣夫子之言蓋出於此言山成而但少一簣其止者吾自止耳平地而方覆一簣其進者吾自往耳蓋學者自彊不息則積少成多中道而止則前功盡棄其止其往皆在我而不在人也

古義 簣土籠也朱氏曰言山成而但少一簣其止者吾自止耳平地而方覆一簣其進者吾自往耳

蓋學者自强不息則積少成多中道而止則前功盡棄其止其往皆在我而不在人也○天下之事進退之差雖小而成壞之跡甚大纔進則雖未遽成然成之機已著纔退則雖未驟壞然壞之端已萌其進其止皆在己而已耳可不自勉哉

徵 譬如爲山蓋孔子解書之言。詩書禮樂。先王四術。孔子當有解詩書之言其自言亦多稱引古語。觀顏淵仲弓請事斯語。可以見已。故曰。非先王之法言。不敢道也。人多不知此意。此下五章以類錄之。

書旅獒言朱註引之

請事斯語顏淵篇

先王法言已見

子曰語之而不惰者其回也與

古 顏淵解故語之而不惰餘人不解故有惰語之時

新 惰懈怠也范氏曰顏子聞夫子之言而心解力行造次顛沛未嘗違之如萬物得時雨之潤發榮滋長何有於惰此羣弟子所不及也

古義 惰懈怠也夫子之言一也聞之而有惰有不惰正在於信道之篤與否耳今讀夫子之語乍作乍輟若存若亡者非惟志倦氣餒之所致實信道不篤故也苟心之悅道猶口之悅芻豢則何有於惰

徵說 無

子謂顏淵曰惜乎吾見其進也未見其止也

古 包氏曰孔子謂顏淵進益未止痛惜之甚

新 進止二字說見上章顏子既死而孔子惜之言其方進而未已也

古義 朱氏曰顏子既死而夫子惜之言其方進而未已也人之於學其止多而其進少若顏子之方

進而不已非全智仁勇之德者則不能大哉

徵說　無

子曰苗而不秀者有矣夫秀而不實者有矣夫

古　孔安國曰言萬物有生而不育成者喻人亦然

新　穀之始生曰苗吐華曰秀成穀曰實蓋學而不至於成有如此者是以君子貴自勉也

古義　穀之始生曰苗吐華曰秀成穀曰實」此以穀譬學猶周詩所謂比者勉人之及時而進脩以期其成也言穀必期於實不然則雖至苗而秀不如蔑稗也況乎未苗以爲旣秀未秀以爲旣實者學者之通患也可不戒也

徵說　無

子曰後生可畏焉知來者之不如今也四十五十而

無聞焉斯亦不足畏也已

古 後生謂年少

新 孔子言後生年富力彊足以積學而有待其勢可畏安知其將來不如我之今日乎然或不能自勉至於老而無聞則不足畏矣言此以警人使及時勉學也曾子曰五十而不以善聞則不聞矣蓋述此意○尹氏曰少而不勉老而無聞則亦已矣自少而進者安知其不至於極乎是可畏也

古義 言後生雖年少然自彊不止則其勢不可禦焉豈容謂將來之賢者不如今乎然不能自勉至於老而無聞則亦不足畏言此以警人使及時自勉也此戒人方年富力彊之間當夙興夜寐惕厲勤勉苟悠悠歲月至於老大則徒自悔焉而不可及故爲學者苟不及時而勤則猶草木當發生之時而欠灌培之功雖未遽枯槁然幹瘦枝瘁終不能暢茂焉此學者之所當深慮也

徵 四十曰彊仕五十而爵故四十五十德立名彰

四十曰强仕禮記內則

之時也

子曰法語之言能無從乎改之爲貴巽與之言能無說乎繹之爲貴說而不繹從而不改吾末如之何也已矣

古孔安國曰人有過以正道告之口無不順從之能必自改之乃爲貴」馬融曰巽恭也謂恭孫謹敬之言聞之無不說者能尋繹行之乃爲貴

新法語者正言之也巽言者婉而導之也繹尋其緒也法言人所敬憚故必從然不改則面從而已巽言無所乖忤故必悅然不繹則又不足以知其微意之所在也○楊氏曰法言若孟子論行王政之類是也巽言若其論好貨好色之類是也語之而不達拒之而不受猶之可也其或喻焉則尚庶幾其能改繹矣從且說矣而不改繹焉則是終不改繹也已雖聖人其如之何哉

樂語合語已見

古義 法語禮法之語人不能不從然不改焉則無益故改之爲貴巽與遜順而與也巽言順人之意而導之故莫不說懌然不尋繹之則莫知其意之所在故繹之爲貴言非遂過成而無可復望也末如之何也已矣者舍之之辭所以甚警學者也不從法語不說巽與者不可與言者而固不足論矣其或雖從且說而不知改繹焉則與夫不從不說者同其歸可不戒乎

徵 法語之言先王之法言也謂之語者如樂語合語之語○巽與未詳○

子曰主忠信無友不如己者過則勿憚改

古 慎所主友有過務改皆所以爲益

新 重出而逸其半

古義 重出

徵無說

子曰三軍可奪帥也匹夫不可奪志也

古 孔安國曰三軍雖衆人心不一則其將帥可奪而取之匹夫雖微苟守其志不可得而奪也

新 侯氏曰三軍之勇在人匹夫之志在己故帥可奪而志不可奪如可奪則亦不足謂之志矣

古義 此言人之不可無志也夫三軍雖衆人心不一則其帥可奪而取之匹夫雖微苟守其志則不可得而奪也志之可尚也如此○黃氏榦曰共姜一婦人也而以死自誓其志之不可奪如此況志於仁志於道可得而奪乎

徵 三軍可奪帥也。匹夫不可奪志也。此爲人君而言之。欲其不侮匹夫匹婦焉。後儒不知。誤謂欲學者之立其志。儱侗哉。

子曰衣敝緼袍與衣狐貉者立而不恥者其由也與不忮不求何用不臧子路終身誦之子曰是道也何足以臧

古 孔安國曰緼枲著馬融曰忮害也臧善也言不忮害不貪求何用爲不善疾貪惡忮害之詩馬融曰臧善也尚復有美於是者何足以爲善

新 敝壞也緼枲著也袍衣有著者也蓋衣之賤者狐貉以狐貉之皮爲裘衣之貴者子路之志如此則能不以貧富動其心而可以進於道矣故夫子稱之忮害也求貪也臧善也言能不忮不求則何爲不善乎此衛風雄雉之詩孔子引之以美子路也呂氏曰貧與富交彊者必忮弱者必求終身誦之則自喜其能而不復求進於道矣故夫子復言此以警之○謝氏曰恥惡衣惡食學者之大病善心不存蓋由於此子路之志如此其過人遠矣然以衆人而能此則可以爲善矣子路之賢宜不止

此而終身誦之則非所以進於日新也故激而進之

古義 縕枲著也縕袍衣之賤者狐貉裘之貴者言子路之志如此則能不以貧富動其心可知矣」忮害求貪臧善也言能不忮不求則何爲不善乎此衛風雄雉之詩孔子引之以美子路也」夫子恐子路或有其善故言是道當然也何足以爲善」輔氏廣曰忮者嫉人之有而欲害之也求者恥己之無而欲取之也是皆爲事物之所累者也能於事物一無所累焉則何往而不善哉然義理無窮此特一事之善若遽自以爲喜則不復求進於道蓋喜心生於自足而息心生於自喜故夫子又言此以警之

徵 不忮不求。當別爲一章。子路誦此詩。而孔子抑之。是別事已。孔子之於子路。或稱或抑。所以成材也。故聯而記之。俾學者知孔子教育英材之意。朱

無改父之道里仁篇

子不知。而謂。孔子引詩而美子路。非也。是道也。指詩而言。猶云此詩未足以爲臧也。與下未之思也同例。葢詩書禮樂。皆先王之道也。故一言片句。皆稱爲道。古言爲爾。自老氏說大道。而後儒者特拈道字尊大之。其意非不美矣。然古言終微。如三年無改父之道。道字。學者難其解。亦坐不識古言故也。

子曰歲寒然後知松柏之後彫也

古 大寒之歲衆木皆死然後知松柏小彫傷平歲則衆木亦有不死者故須歲寒而後別之喻凡人處治世亦能自修整與君子同在濁世然後知君子之正不苟容

【新】范氏曰小人之在治世或與君子無異惟臨利害遇事變然後君子之所守可見也○謝氏曰士窮見節義世亂識忠臣欲學者必周於德

【古義】此言君子之在平世或與小人無異惟臨利害遇事變然後君子之所守可見也由是觀之君子之在亂世不待賢者而後知之唯方其在平世自能知其爲君子而後謂之明也

【徵】何晏曰大寒之歲衆木皆死然後知松柏小彫傷平歲則衆木亦有不死者故須歲寒而後別之新註無解故特標之世主多悅小人之易使而謂君子不必勝人故孔子有此言

子曰知者不惑仁者不憂勇者不懼

【古】包氏曰不惑亂孔安國曰無憂患孔安國曰無畏懼

新明足以燭理故不惑理足以勝私故不憂氣足以配道義故不懼此學之序也

古義此贊智仁勇之爲達德也知者達理故不惑仁者心寬故不憂勇者善斷故不懼此三者道德之全體而學問之要領也論曰中庸曰智仁勇三者天下之達德也可見此更無可成德達材者也故聖人舉此三者而使學者由此而行之蓋本於知全於仁決於勇固爲學之次第成德之全體始終本末盡矣先儒專以大學篇爲古人爲學之次第而論孟次之者誤矣

徵知者不惑仁者不憂勇者不懼此孔子稱成德之人也朱註以爲學之序蓋本諸中庸然中庸言達德與此不同達德者謂德之通衆人皆有之者非謂知者仁者勇者也或以此知者在先仁者在次爲說是據安仁利仁而固執仁者優知者耳殊

不知德各以性殊。知者仁者。亦隨其性以成德已。夫仁知皆大德。故有時乎知在仁上。或可固執乎。如管仲。固孔子許其仁。然非桓公知而任之。安能成其仁。桓公爲管仲君。是知之德亦大矣。豈必亞仁。大氐宋儒不知孔子之道爲先王治天下之道。故其論仁知。亦不知從治天下上起見。所以鑿也。知者所見明。是以不爲物眩惑。故曰不惑。朱註明足以燭理。仁齋曰。達理。理學哉。夫言理則更有事。有人情。有時勢。豈理之所能盡乎。仁者不憂。朱註。理足以勝私。是其渾然天理之說耳。仁齋曰。仁者

義本孟子據盡心上篇首端數章

心寬故不憂。可謂不識其解已。夫仁者有長人安民之德者也。故仁人以安民爲心。以安民爲心者事天者也。事天者樂天。故不憂。是義本諸孟子。誠孔門傳授之說也。後儒不知仁爲安民之德。而安民本於敬天。故於仁者不憂。不得其解耳。勇者不懼。無須乎解。仁齋曰。善斷。故不懼。一端哉。

子曰可與共學未可與適道可與適道未可與立可與立未可與權

古 適之也。雖學或得異端。未必能之道。雖能之道。未必能有所立。雖能有所立。未必能權量其輕重之極。

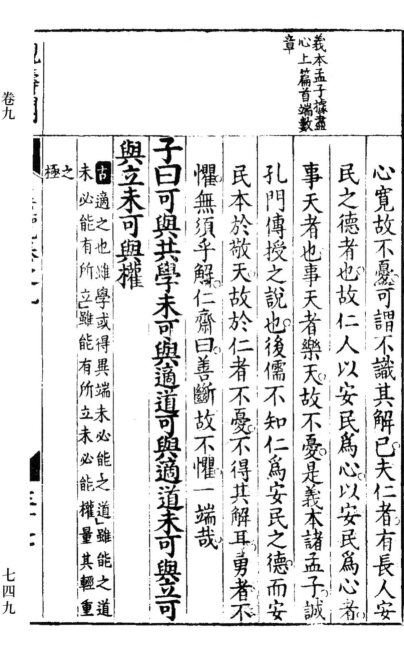

【新】可與者言其可與共爲此事也程子曰可與共學知所以求之也可與適道知所往也可與立者篤志固執而不變也權稱錘也所以稱物而知輕重者也可與權謂能權輕重使合義也○楊氏曰知爲已則可與共學矣學足以明善然後可與適道信道篤然後可與立知時措之宜然後可與權洪氏曰易九卦終於巽以行權權者聖人之大用未能立而言權猶人未能立而欲行鮮不仆矣程子曰漢儒以反經合道爲權故有權變權術之論皆非也權只是經也自漢以下無人識權字愚按先儒說以此章連下文偏其反而爲一章故有反經合道之說程子非之是矣然以孟子嫂溺援之以手之義推之則權與經亦當有辨

【古義】可與者許其人之辭未可與者難其事之辭程子曰可與共學知所以求之也可與適道知所往也可與立者篤志固執而不變也權稱錘也所以稱物而知輕重者也可與權謂能權輕重使合義也○楊氏曰知爲已則可與共學矣學足以明善然後可與適道信道篤然後可與立知時措之宜

然後可與權論曰漢儒以經對權謂反經合道爲權非也權字當以禮字對不可以經字對孟子曰男女授受不親禮也嫂溺援之以手者權也蓋禮有一定之則而權制其宜者也故孟子以權對禮而言不對經而言漢儒蓋以湯武放伐爲權故謂反經合道殊不知經卽道也旣反經焉能合道天下之所同然之謂道制一時之宜之謂權湯武之放伐蓋順天下之心而行之誅一夫紂矣非弑君也乃仁之至義之盡而非制一時之宜者也故當謂之道而不可謂之權也先儒又謂權非聖人不可用尤非也夫權學問之至要道之不可無權也猶臨敵之將應變制勝操舟之工隨風轉柁若否則必覆師而致溺矣故謂權不可輒用則可矣謂非聖人不可用則不可也孟子曰執中無權猶執一也言學之不可無權也

徵可與共學。謂信道者也。未可與適道。謂雖信道其志止一經一藝者也。可與適道者。謂其志大而

三十而立爲政篇　四十曰强禮記內則

爲天下國家有九經中庸

畏聖人之言季氏篇

求至於先王之道者也立如三十而立謂學之成也權如四十曰强發謀出慮謂成而能用之也如程子篤志固執而不變楊氏知時措之宜皆不知倫之言耳宋儒以權爲聖人之大用仁齋先生識之是矣又引孟子識漢儒反經合道而謂權當以禮對亦是矣祗如謂經即道也殊未然蓋經者以持緯言是道之大綱處如爲天下國家有九經是也至於以湯武放伐爲道者則大不然矣何者湯武聖人也聖人者道之所出也孔子曰畏聖人之言言猶畏之況其所爲乎故孔子而上無論聖人

誅一夫紂孟子梁惠王篇

者夫湯武者開國之君也開國之君配諸天舉一代之人尊而奉之孰敢間之戰國時諸子興而後有非薄聖人者是天下之罪人也孟子生其時欲以口舌勝之遂有誅一夫紂之說湯武豈孟子所私哉孟子不自揣妄謂我道之祖務欲分疏其爲聖人是其過也爾後世有論湯武放伐者眆孟子也故漢儒以爲權仁齋以爲道皆僭妄已

唐棣之華偏其反而豈不爾思室是遠而子曰未之思也夫何遠之有

古 逸詩也唐棣移也華反而後合賦此詩者以言權道反而後至於大順思其人而不自見者其室

遠也以言思權而不得見者其道遠也夫思者當思其反反是不思所以爲遠能思其反何遠之有

言權可知唯不知思耳思之有次序斯可知矣

【新】唐棣郁李也偏晉書作翩然則反亦當與翻同言華之搖動也而語助也此逸詩也於六義屬興上兩句無意義但以起下兩句之辭耳其所謂爾亦不知其何所指也夫子借其言而反之蓋前篇仁遠乎哉之意○程子曰聖人未嘗言易以驕人之志亦未嘗言難以阻人之進但曰未之思也夫何遠之有此言極有涵蓄意思深遠

【古】何氏曰逸詩也唐棣移也華反而後合朱氏曰偏晉書作翩言華之搖動也而語助也愚按角弓之詩又有翩其反矣之句則從晉書爲是上兩句無意義但以起下句之辭耳夫子借詩之言而反之曰道甚迩其以爲遠者未之思也夫子嘗曰仁遠乎哉我欲仁斯仁至矣又曰人之爲道而遠人不可以爲道皆言道之甚迩也蓋道外無人人外無道聖人之設教也因人以立教而不立教以人

驅人亦何遠之有第不知道者自以爲高爲美爲若升天然故視道甚遠而人益難入慨哉

徵唐棣之華朱子別爲一章引晋書偏作翩爲是子曰以下孔子解詩之言古之解詩豈解其辭哉詩辭豈難解哉觀此章則於古人學詩之方思過半矣

論語徵集覽卷之九終

論語徵集覽卷之十

魏　何晏　集解

宋　朱熹　集註

大日本　藤維楨　古義

物茂卿　徵

從四位侍從源賴寛　輯

鄉黨第十

【新】楊氏曰聖人之所謂道者不離乎日用之間也故夫子之平日一動一靜門人皆審視而詳記之尹氏曰甚矣孔門諸子之嗜學也於聖人之容色言動無不謹書而備錄之以貽後世今讀其書卽其事宛然如聖人之在目也雖然聖人豈拘拘而爲之者哉蓋盛德

之至動容周旋自中乎禮耳學者欲潛心於聖人宜於此求焉舊說凡一章今分爲十七節

古義 此門人記夫子之言動以狀一生之行者也其一言一動固雖不足以盡聖人之德然卽此可以觀其動容周旋從容中道之妙猶昆蟲草木之微雖不足以觀天地之化然卽此可以識造化發育之功也○尹氏曰甚矣孔門諸子之嗜學也於聖人之容色言動無不謹書而備錄之以貽後世今讀其書卽其事宛然如聖人之在目也雖然聖人豈拘拘而爲之者哉蓋盛德之至動容周旋自中乎禮耳

孔子於鄉黨恂恂如也似不能言者其在宗廟朝廷便便言唯謹爾朝與下大夫言侃侃如也與上大夫言誾誾如也君在踧踖如也與與如也

新註至此爲一節

又至此爲一節

古義至闇如也爲一節君在屬

古王肅曰恂恂温恭之貌」鄭玄曰侃侃辯也雖辯而謹敬」孔安國曰侃侃和樂之貌」孔安國曰誾誾中正之貌」馬融曰君在視朝也踧踖恭敬之貌與與威儀中適之貌

新恂恂信實之貌似不能言者謙卑遜順不以賢知先人也鄉黨父兄宗族之所在故孔子居之其容貌詞氣如此」便便辯也宗廟禮法之所在朝廷政事之所出言不可以不明辯故必詳問而極言之但謹而不放爾◯此一節記孔子在鄉黨宗廟朝廷言貌之不同」此君未視朝時也王制諸侯上大夫卿下大夫五人許氏說文侃侃剛直也誾誾和悅而諍也」君在視朝也踧踖恭敬不寧之貌與與威儀中適之貌張子曰與與不忘向君也亦通◯此一節記孔子在朝廷事上接下之不同也

古義恂恂朱氏曰信實之貌鄉黨長老之所居故夫子敬之見其不以賢知教人也」便便辯也古者大事必謀之於廟朝廷亦政事之所出故必正言而極論之但謹而不放爾」說文曰侃侃剛直也誾誾和悅而諍」右記孔子在鄉黨宗廟朝廷言語之不同以見聖人盛德之至隨處變化各當其可也」

下

君在謂在位之時在朝在廟燕見皆然
踧踖恭敬之貌與與威儀中適之貌

徵 恂恂如。王肅曰溫恭貌。莫以尚焉。朱註。信實之貌。此以心言。不如以外貌之勝。且觀大學恂慄連言。則訓恭爲是。朱註。宗廟禮法之所在。朝廷政事之所出。本諸邢疏。今人多以祭祀釋禮法。豈翅祭祀乎。如下文聘禮。亦行之於廟。他邦之賓。皆接於廟。凡禮多行諸廟者。且祭祀豈尚言語乎。皆不知禮之失也。孔安國曰。侃侃和樂之貌。誾誾中正之貌。亦莫以尚焉。朱註。侃侃剛直也。誾誾和悅而諍也。誾誾之解。與中正或同。至於以侃侃爲剛直。蓋未解其意何則下大夫孔子儕輩也故和樂上大夫爲卿當衆事故中正而無所阿也上大夫而和悅下大夫而剛直大似勢利之人孔子豈然乎又如閔子闇闇冉有子貢侃侃閔子齒尊且中正可以見德行也冉有子貢齒卑齒卑者儕輩自伍獨推尊者使先生言故和樂耳舊註亦極是

閔子闇闇先進篇

君召使擯色勃如也足躩如也揖所與立左右手衣前後襜如也趨進翼如也賓退必復命曰賓不顧矣

古鄭玄曰君召使擯者有賓客使迎之孔安國曰必變色包氏曰足躩盤辟貌鄭玄曰揖左人左其手揖右人右其手一俛一仰衣前後襜如也孔安國曰言端好也鄭玄曰復命白君賓已去矣

古義自君在至此爲一節

新 擯主國之君所使出接賓者勃變色貌躩盤辟貌皆敬君命故也所與立謂同爲擯者也擯用命數之半如上公九命則用五人以次傳命揖左人則左其手揖右人則右其手襜整貌疾趨而進張拱端好如鳥舒翼紓君敬也○此一節記孔子爲君擯相之容

古義 擯君所使出接賓者周禮上公九介侯伯七介子男五介各隨其命數主國之君曰擯用命數之半下於賓以示謙也勃變色貌躩盤辟貌皆敬君命故也鄭氏曰揖左人左其手右人右其手一俛一仰衣前後襜如也襜整貌翼如鳥舒翼謂張拱端好舒君敬也右記孔子侍君及爲君擯相之容皆禮文之至末者聖人動容周旋無不中禮於此可知矣

徵 邢昺曰○云揖左人左其手揖右人右其手者○謂傳擯時也○案諸侯自相爲賓之禮凡賓主各有副○賓副曰介○主副曰擯○若諸侯自行○則介各從其命

數。至主國大門外。主人及擯出門相接。若主君是公。則擯者五人。侯伯則擯者四人。子男則擯者二人。所以不隨命數者謙也。故並用強半之數也。賓若是公。來至門外。直當闑西。去門九十步而下車。當軹北嚮而立。鄭註考工記云。軹轂末也。其侯伯立當前疾胡下。子男立當衡。註衡謂車轅。其君當軨。而九介立在君之北。邐迤西北。並東嚮而列。主公出直闑東南。西嚮立。擯在主人之南。邐迤東南立。並西嚮也。使末擯與末介相對。中間傍相去三丈六尺。列擯介既竟。則主君就擯求辭。所以須求辭者。不敢自許人求諸己。恐爲他事而至。故就求辭。自謙之道也。求辭之法。主人先傳求辭之言與上擯。上擯以至次擯。次擯繼傳以至末擯。末擯傳與賓末介。末介以次繼傳。上至於賓。賓答辭隨其來意。又從上介而傳下至末介。末介又傳與末擯。末擯傳相次而上。至於主人。傳辭既竟。而後進迎賓至門。知擯介朝位如此者。大行人職文。又知傳辭拜迎賓前至門者。司儀職文。其傳辭。司儀之交擯也。其列擯介傳辭委曲。約聘禮文。若諸侯使卿大夫相聘。其介與主位。則大行人云。卿大夫之禮。

各下其君二等。鄭註云。介與朝位是也。主君待之
擯數。如待其君。其有異者。主君至大門而不出限。
南面而立也。若公之使。亦直闑西北鄉。七介而去
門七十步。侯伯之使。列五介。而去門五十步。子男
之使三介。而去門三十步。上擯出闑外闑東南西
鄉。陳介西北東面邐迤。如君自相見也。而末介末
擯相對。亦相去三丈六尺。陳擯介竟。則不傳命。而
上擯進至末擯間。南揖賓。賓亦進至末介間。上擯
與賓相去。亦三丈六尺。而上擯揖而請事。入告君。
君在限內。後乃相與入也。知者約聘禮文。不傳辭。

司儀及聘禮謂之旅擯。君自來所以必傳命者。聘義云。君子於其所尊弗敢質。敬之至也。又若天子春夏受朝宗則無迎法。受享則有之。故大行人云。廟中將幣三享。鄭云。朝先享不言朝者。朝正禮不嫌有享也。若秋冬覲遇。一受之於廟。則亦無迎法。故郊特牲云。覲禮天子不下堂而見諸侯。明冬遇依秋也。以爲擯之禮。依次傳命。故揖左人左其手。揖右人右其手。一俛一仰。使衣前後襜如也。右邢疏之文如此。但曰侯伯立前疾胡下者。裁大行人職與鄭註之文。大行人職曰立當前疾。鄭註曰。前疾謂駟馬車轅前胡下垂在地者。賈公彥疏曰。謂若輈人輈深四尺七寸軾前曲中是也按輈人職曰。凡揉輈。欲其孫而無弧深。弧音胡。木弓也。又曰輈欲弧而無折。此謂輈之曲處似弓者爲弧鄭註胡。卽弧也。是邢昺不善裁之失已。邢疏又曰。其君當軫。軫卽軹之誤也。大行人職鄭註曰。王立當軫歟。則賓豈得當軫乎。邢又曰。所以須求辭者。不敢自許人求諸己。恐爲他事而至。故就求辭。自謙之道也。非也。聘禮鄭註曰。既知其所爲來之事復請之者。賓來當與主君爲禮。爲其謙不敢斥尊者。啓發以進之。可以見已。邢又曰。不傳辭。司儀及聘禮謂之旅擯。按聘禮無旅擯之文。司儀職有交擯有旅擯。旅擯。鄭註曰。旅讀爲鴻臚之臚。臚陳之也。陳擯位不傳辭也。交擯。鄭註曰。各陳九介。使傳辭也。是邢昺時理學未興。故猶引禮釋之。然其說粗鹵。已不及賈公彥輩也。程朱出而禮樂掃地。故今學者徒讀新註。至此等章。茫然不識其所言之意矣。又按介擯之間所以相去三丈六尺者。聘禮註曰。門容二轍參个。旁加各一步也。賈疏曰。轍廣八尺。參个三八二十四。門容二丈四。云傍加各一步也者。此無正文。但人之進退周旋不過再舉足一步。故門傍各容一步。丈二添二丈四尺爲三丈六尺。今按周一尺直今曲尺七寸二分。則二丈四尺爲一丈七尺二寸八分。三丈六尺爲二丈五尺九寸二分。

賓不顧矣。是聘禮之文也。古人之言。皆有力言。可以見已。邢疏曰。案聘禮。行聘享私覿禮畢。賓出。公再拜送。賓不顧。鄭註曰。公旣拜。客趨辟。君命上擯送賓出。反告賓不顧矣。於此君可以反路寢矣。朱註曰。紓君敬也。可謂不知禮已。學者熟三禮而後論語可得而言焉。不然。其不任臆自恣者幾希矣。

入公門鞠躬如也如不容立不中門行不履閾過位色勃如也足躩如也其言似不足者攝齊升堂鞠躬如也屏氣似不息者出降一等逞顏色怡怡如也沒階趨進翼如也復其位踧踖如也

古 孔安國曰斂身」孔安國曰閾門限也」包氏曰過君之空位也」孔安國曰皆重愼也衣下曰齊攝齊者摳衣也」孔安國曰先屏氣下階舒氣故怡怡如也」孔安國曰沒盡也下盡階」孔安國曰來時所過位也

新 鞠躬曲身也公門高大而若不容敬之至也」中門中於門也謂當棖闑之間君出入處也閾門限也禮士大夫出入君門由闑右不踐閾謝氏曰立中門則當尊行履閾則不恪」位君之虛位謂門屏

之間人君宁立之處所謂宁也君雖不在過之必敬不敢以虛位而慢之也言似不足不敢肆也」攝摳也齊衣下縫也禮將升堂兩手摳衣使去地尺恐躡之而傾跌失容也屏藏也息鼻息出入者也近至尊氣容肅也」陸氏曰趨下本無進字俗本有之誤也（）等階之級也逞放也漸遠所尊舒氣解顔怡怡和悅也没階下盡階也趨走就位也復位踧踖敬之餘也（）此一節記孔子在朝之容

【古義】鞠躬曲身也如不容敬之至也」君門中央有闑兩旁有棖棖闑之中君出入處閾門限也復閾則不敬」邢氏曰過位過君之空位也謂門屏之間人君宁立之處君雖不在人臣過之宜敬也言似不足不敢肆也」攝摳也齊衣下縫也朱氏曰禮將升堂兩手摳衣使去地尺恐躡之而傾跌失容也息鼻息出入者也近至尊氣容肅也」等階級也逞放也出下階一級則漸遠所尊故解其顔色怡怡和悅也没階下盡階也趨走就位也復位復堂下班列之位也踧踖不忘敬也」右記孔子在朝進退之容

荀子大略篇曰平衡曰拜下衡曰稽首至地曰稽顙楊註曰平衡謂磬折頭與腰如衡之平禮記平衡與此義殊

【徵】入公門鞠躬如也。如不容。聘禮記曰執圭入門。鞠躬焉如恐失之。與此相類。彼以聘執圭言之。故曰如恐失之。此則泛言之。故如不容。孔安國曰斂身。盡之矣。曰鞠躬如也。可見形容之言。後世儀註以鞠躬爲拜揖一類。贊唱曰鞠躬拜興。可謂謬已。大氐後世之禮。多不與古同者。如拜稽首稽顙。自周禮鄭玄註既失。蓋秦以後之禮已。予徵諸荀子。乃得古拜禮。併及此焉。立不中門。邢昺曰中門謂棖闑之中央。門中央有闑。兩旁有棖。棖謂之門梐。棖闑之中。是尊者所立處。故人臣不得當之而

爾雅釋宮

儀禮聘禮註疏

立也按玉藻曰閏月則闔門左扉立于其中是立者尊右坐者尊左故也曲禮曰爲人子者立不中門註不敢當其尊是以私門言之邪據此等之文已祇棖爲門梐梐者行馬也爲誤爾雅曰橛謂之闑棖謂之楔方言曰棖隨也註棖柱令相隨也則今之貼方也字書闑爲門梱閾爲門楔橛爲門梱皆非矣棖者門兩旁長木闑者門中央短木儀禮註疏有東闑西闑蓋闑所以止扇扇有二故闑亦有二註疏猶多可采其說當是又按曲禮曰大夫士出入君門由闑右不踐閾玉藻曰賓入不中門

不履閾是不唯立不中門凡出入皆然玉藻又曰君入門介拂闑大夫中棖與闑之間士介拂棖是謂君朝它邦時大夫從君後君中門故大夫亦中門也行不履閾邢疏曰一則自高二則不淨並爲不敬過位包咸曰過君之空位邢疏曰謂門屛之間人君宁立之處按曲禮曰天子當宁而立諸公東面諸侯西面曰朝孔疏爾雅云門屛之間謂之宁郭註云人君視朝所宁立處李巡云正門內兩塾間曰宁謂天子受朝於路門外而宁立以待諸侯之至故云當宁而立也然路門外有屛者即樹

塞門是也。爾雅云。正門謂之應門。又云。屏謂之樹。李巡云。垣當門自蔽。名曰樹。郭云。小牆當門中。今案李郭二註。以推驗禮文。諸侯內屏在路門之內。天子外屏在路門之外。而近應門者也。是邢疏以路門內言之。按聘禮記曰。下階發氣。怡焉再三舉足。又趨。註引論語升堂鞠躬如以下。蓋聘禮記之發氣。乃以嚮升堂時屏氣也。復其位。孔安國曰。來時所過位也。蓋復訓踐。踐君之空位。故踧踖不寧。朱註以爲己之位。是泥其字耳。殊不知古文辭不若是拘拘也。就己之位踧踖。殊爲無意。謂陸氏曰。

趨下本無進字。俗本有之。誤。蓋沒階趨者退也。豈得謂之進乎。

執圭。鞠躬如也。如不勝。上如揖。下如授。勃如戰色。足蹜蹜如有循。享禮有容色。私覿愉愉如也。

【古】包氏曰。爲君使聘問鄰國。執持君之圭。鞠躬者敬愼之至。鄭玄曰。上如揖。授玉宜敬。下如授。不敢忘禮。戰色。敬也。足蹜蹜如有循。舉前曳踵行。鄭玄曰。享。獻也。聘禮旣聘而享。用圭璧有庭實。鄭玄曰。覿。見也。旣享。乃以私禮見。愉愉。顏色和。

【新】圭。諸侯命圭。聘問鄰國。則使大夫執以通信。如不勝。執主器。執輕如不克。敬謹之至也。上如揖。下如授。謂執圭平衡。手與心齊。高不過揖。卑不過授也。戰色。戰而色懼也。蹜蹜。舉足促狹也。如有循。記所謂舉前曳踵。言行不離地。如緣物也。享。獻也。旣聘而享。用圭璧。有庭實。有容色。和也。儀禮曰。發氣滿容」私覿以私禮見也愉愉則又和矣○此一節記孔子爲君聘於鄰國之禮也。晁氏曰孔子定公九年仕魯至十三年適齊其間絕無朝聘往來之事疑使擯執圭兩條但孔子嘗言其禮當如此爾

古義 圭諸侯之命圭聘問鄰國則使大夫執以通信還則納之於君如不勝如重不能舉慎之至也上下言上下堂之際鄭氏曰上如揖謂授玉時宜敬故如揖也下如授謂既授玉而降猶如授玉不敢忘禮戰色戰而色懼也蹜蹜舉足促狹也有循言行不離地如緣物也」鄭氏曰享獻也聘禮既聘而享用圭璧有庭實有容色不復戰栗也」鄭氏曰覿見也既享乃以私禮見之愉愉顔色之和」右記孔子爲君聘於鄰國之禮也黄氏榦曰此章言出使有三節執圭禮之正也享禮則稍輕私覿則又輕矣故其容節之不同也如此○按孔子聘問鄰國之事雖不載經傳然當時門人親見而直記之則鄉黨一篇尤可信據也

徵 執圭鞠躬如也。是諸侯聘之事。使大夫執圭以

圭璋特達聘義言

通信其禮先聘次享次私覿聘者致命授圭聘于夫人以璋無幣故曰圭璋特達享者束帛加璧庭實虎豹之皮享于夫人以琮覿者奉束錦執馬君醴賓有籩豆脯醢此三者皆一日行之聘享公事覿私事故曰私覿爲人臣者無外交但由使而見古有此禮也次君送賓饔餼次問次面問者賓以其君命致束帛四皮于主國之卿公事也面者賓自致儷皮四馬私事也次饋夫人送之如饔餼次壹食再饗主君烹大牢以飲賓也次主國大夫饗賓次還玉謂還其圭璧璋琮也次公館賓主君詣

賓館訪之也。然後賓行。其詳見于聘禮。今學者唯
讀論語註。而不知其顚末。故略言之。兩。聘禮記曰。
上介執圭如重。授賓。賓入門皇。升堂讓。將授志趨。
授如爭承。下如送。君還而后退。下階發氣怡焉。再
三舉足。又趨。及門正焉。又曰。執圭入門鞠躬焉。如
恐失之。及享發氣焉盈容。衆介北面蹌焉。私覿愉
愉焉。出如舒雁。又曰。皇且行。入門主敬。升堂主慎。
皆與論語互相發。但入門皇。註皇自莊盛也。非矣。
與下文入門主敬及論語鞠躬不合。皇當是惶。古
字通用。升堂讓。註謂舉手平衡也。非矣。此經所謂

至于階三讓。公升二等。是也。將授志趨。註志猶念
也。念趨謂審行步也。疏以徐趨解之。即曲禮所謂
執主器操幣圭璧則尚左手。行不舉足。車輪曳踵。
又所謂執玉不趨。堂上接武。堂下布武。又玉藻所
謂圈豚行不舉足。齊如流。執龜玉舉前曳踵。蹜蹜
如也是也。授如爭承。註爭爭鬬之爭。重失隊也。疏
謂就東楹授玉於主君時。如與人爭接取物。恐失
墜也。下如送。疏謂聘享每訖。君實不送。而賓之敬
如君送。非矣。授如爭絕句。承下如送絕句。既授圭
不敢放手。其狀如爭物然也。承下如送者。既放手

而猶以手承于下。君旋則隨旋。其狀如送然也。君還則退。還音旋。如周還折還之還。君轉身畢而後退。皆爲重玉恐其失墜故也。鄭註引論語此文。其意以升堂讓爲上如授。以下如送爲下如授。故論語鄭註曰。上如揖授玉宜敬。下如授。不敢忘禮。邢疏曰。既授玉而降。雖不執玉。猶如授時。不敢忘禮也。皆非矣。凡升堂下堂。禮皆以升下言之。其以上下言之者。未之有也。且下文别有下階。則其誤可知已。朱註。謂執圭平衡。手與心齊。高不過揖。卑不過授也。得之。祗徒言高卑。而不言所以高卑。則似執圭時或有高卑爲粗已夫執圭時高時卑可謂不敬按曲禮執天子之器則上衡是如揖也執國君之器則平衡是如授也發氣焉盈容即論語有容色也私覿愉愉焉以其有醴賓之事也今學者徒以聘享覿禮有輕重解之粗也夫私覿亦禮也非與其君有素也其所以愉愉者爲其不執玉又有醴故也享亦執璧以其非命圭故發氣焉盈容是其鞠躬容色愉愉之差皆以玉也又按何註享用圭璧非也享用璧而已矣又按何註享獻也是釋詁之文蓋圭璋璧琮宅日皆還之祇束帛四皮

公用亨于天子 易大有九三
王用亨于岐山 易升六四
亨者嘉之會也 嘉會足以合禮 據文言
觀其會通行其典禮 據繫辭
左傳定十五年

則不還。故古者以獻訓之。學者多疑。故詳爾。又按享。諸儒皆許兩反。則聘享壹食再饗。其在當時言之者何以別之。因考易亨虛庚反。訓通。公用亨于天子。王用亨于岐山。皆訓通。殊不成意義。蓋此皆聘享之享。古作亨。故曰亨者嘉之會也。嘉會足以合禮。觀其會通。行其典禮。皆聘享之享也。五禮吉凶軍賓嘉。聘享在五禮爲賓。然如左傳子貢論執玉高卑而曰嘉事不體。何以能久。是或稱賓禮爲嘉。故曰嘉會。兩國之所以合禮。故曰足以合禮。聘享以通萬國。故訓通。其音當依易虛庚反。食饗之饗許兩反。然後二者音不相混。在古當爾。其在文。古虛庚反者作亨。許兩反者作享。後世許兩反者作饗。而虛庚反者借享。遂致併誤其音爾。學者審諸。又按此章孔子言禮也。非記孔子之事也。朱子爲是。仁齋先生乃不信春秋經傳。固據此篇記孔子之行。而謂孔子必有聘鄰國之事。可謂執拗已。下文曰。君子不以紺緅飾。其非皆孔子之事者。豈不章章乎。邢昺陋儒。以君子爲孔子。仁齋又以爲衍文。夫不信六經而信論語。猶之可矣。至於論語不與己合者。則斥爲衍文。是論語亦不足信。而唯

問禮於老聃家語觀周篇

已是信。豈不橫乎。仁齋又曰。聖人之一身。動容周旋。自中於禮。故門人審視熟察。則倣矜式傳以爲禮。若前篇所記。食於有喪者之側。未嘗飽。及此篇所記。今多見于禮記。皆爲是也。蓋自孔子發之。非盡舉古禮而行之也。其以爲雜記曲禮者。不深考耳。此仁齋先有此見。橫其胸中。種種強詞。由此而出。夫禮者古聖人之所作。孔子學之。故曰問禮於老聃。中庸曰。優優大哉。禮儀三百。威儀三千。待其人而後行。語先王之道也。故曰苟不至德。至道不凝。語孔子也。夫孔子學古聖人之道。以成其德。是

故曰述而篇

孟子盡心篇曰動容周施中禮

以先王之道。即孔子之行。孔子之行即先王之道。故曰吾無行而不與二三子者。是丘也。何則其所言與其所行一也。故門弟子作論語。既記孔子之所行。又記孔子之所嘗言。無復差別者。爲是故也。則所謂雜記曲禮者。庸何傷乎。仁齋乃固執論語爲孔子語録。鄉黨一篇。必記孔子之行者。獨何心哉。其說至於色斯舉矣而一窮焉。至於邦君之妻而再窮焉。且所謂動容周旋中禮者。何謂也。謂中於先王之禮也。中也者。喻諸射。發於此而中於彼也。其心所不知覺。而自然合於禮。故曰盛德之至。

者盛德之至也

若以爲非先王之禮。則亦當如宋儒之説。以天理節文解之。而後其義始通矣。是其人識宋儒而終不能出於宋儒之範圍。吾謂之理學者流。豈不然乎。

君子不以紺緅飾紅紫不以爲褻服當暑袗絺綌必表而出之緇衣羔裘素衣麑裘黄衣狐裘褻裘長短右袂必有寢衣長一身有半狐貉之厚以居去喪無所不佩非帷裳必殺之羔裘玄冠不以弔吉月必朝服而朝齊必有明衣布

古 孔安國曰一入曰緅飾者不以爲領袖緣也紺者齋服盛色以爲飾衣似衣齋服緅者三年練以

緅飾衣爲其似衣喪服故皆不以爲飾衣」王肅曰
褻服私居服非公會之服皆不正褻尚不衣正服
無所施」孔安國曰暑則單服絺綌葛也必表而出
之加上衣」孔安國曰服皆中外之色相稱也私家
裘長主温短右袂便作事」孔安國曰今之被也」鄭
玄曰在家以接賓客」孔安國曰去除也非喪則備
佩所宜佩也」王肅曰衣必有殺縫唯帷裳無殺也」
孔安國曰喪主素吉主玄吉凶異服」孔安國曰吉
月月朔也朝服皮弁服」孔
安國曰以布爲沐浴衣
新君子謂孔子緅深青揚赤色齊服也緅絳色三
年之喪以飾練服也飾領緣也」紅紫間色不正且
近於婦人女子之服也褻服私居服也言此則不
以爲朝祭之服可知」袗單也葛之精者曰絺麤者
曰綌表而出之謂先著裏衣表絺綌而出之於外
欲其不見體也詩所謂蒙彼縐絺是也」緇黑色羔
裘用黑羊皮麑鹿子色白狐色黃衣以裼裘欲其
相稱」長欲其温短右袂所以便作事」齊主於敬不
可解衣而寢又不可著明衣而寢故别有寢衣其
半蓋以覆足程子曰此錯簡當在齊必有明衣布

新註至朝服而朝爲一節明衣屬下

之下愚謂如此則此條與明衣變食既得以類相從而褻裘狐貉亦得以類相從矣」狐貉毛深溫厚私居取其適體」君子無故玉不去身觿礪之屬亦皆佩也」朝祭之服裳用正幅如帷要有襞積而旁無殺縫其餘若深衣要半下齊倍要則無襞績而有殺縫矣」喪主素吉主玄弔必變服所以哀死」吉月月朔也孔子在魯致仕時如此()此一節記孔子衣服之制蘇氏曰此孔氏遺書雜記曲禮非特孔子事已」齊必沐浴浴竟即著明衣所以明潔其體也以布爲之此下脫前章寢衣一簡

古義 邢氏曰君子謂孔子或曰衍文紺深青揚赤色緅考工記曰染纁者三入而成又再染以黑則爲緅如雀頭色也飾緣也蔡氏清曰齊服用紺飾喪服用緅飾此謂不以齋服喪服之飾飾常服也」紅紫間色不正褻服私居服也褻猶不衣則不以爲朝祭之服可知邢氏曰袗單也葛精曰絺麤曰綌朱氏曰表而出之謂先著裏衣表絺綌而出之於外欲其不見體也」緇黑色羔裘黑羊裘也麑鹿子色白玉藻曰羔裘緇衣以裼之邢氏曰中衣外裘皆相稱也緇衣羔裘之上必用布衣爲裼緇衣

古義節同新註

羔裘諸侯君臣日視朝之服也素衣麑裘視朔之服卿大夫亦然或受外國聘享黄衣狐裘則大蜡息民之祭服也孔氏曰私家裘長主溫短右袂便作事」程子曰此錯簡當在齊必有明衣布之下朱氏曰齊主於敬不可解衣而寢又不可著明衣而寢故別有寢衣其半蓋以覆足」狐貉毛深而溫在家主溫故厚爲之」邢氏曰去除也居喪無飾故不佩除喪則備佩所宜佩也」朱氏曰朝祭之服裳用正幅如帷要有襞積而旁無殺縫其餘若深衣要半下齊倍要則無襞積而有殺縫矣」羔裘朝服玄冠祭服用之于吉故不以弔」吉月月朔也朱氏曰孔子在魯致仕時如此」右記孔子衣服之制蓋聖人之一身動容周旋自中於禮故門人審視熟察則傚矜式傳以爲禮若前篇所記食有喪者之側未嘗飽及此篇所記今多見于禮記皆爲是也自孔子發之非盡舉古禮而行之也其以爲雜記蓋曲禮者不深考耳禮記諸篇與此篇事同者當以此意看」齊必沐浴浴竟即著明衣所以明潔其體也以布爲之朱氏曰此下脫前章寢衣一簡

徵 君子不以紺緅飾。孔安國曰。一入曰緅。飾者不以爲領袖緣也。朱註。脱袖字。粗鹵矣。邢疏引考工記云。三入爲纁。五入爲緅。七入爲緇。註云。染纁者三入而成。又再染以黑則爲緅。緅今禮俗文作爵。言如爵頭色也。又復再染以黑。乃成緇矣。爾雅曰。一染謂之縓。再染謂之竀。三染謂之纁。今孔氏云。一入曰緅者。未知出何書。按觀於下文齋必變食。居必遷坐。則齋之所用。它不用之。所以重齋也。

紅紫不以爲褻服。王肅曰。皆不正。褻尚不衣。正服無所施。朱註因之。然當孔子之時。朝祭之服。皆有先王之禮。故不須言。褻服獨宜若從俗然。故云爾。
此本文所以止言褻服而義自足也。王朱及於朝
祭之服。可謂不知孔子之時爾。夫朝祭服一依禮。
何得謂是正色是間色。而以己意取舍之爲哉。且
玉藻玄冠紫緌。自魯桓公始也。註。蓋僭宋王者之
後服也。此此間色亦非不用已。
當暑。袗絺綌。必表而出之。孔安國曰。暑則單服。絺
綌葛也。必表而出之。加上衣。按曲禮曰。袗絺綌不
入公門。註。袗單也。爲其形褻。此與論語正同。故表
謂加上衣。出之謂絺綌之末見于外。猶如衣裘之

詩鄘風

碩人詩衛風丰

詩鄭風

相稱然。玉藻疏載皇氏之說。中衣之上加葛。葛上加朝服。可以見已。朱註。先著裡衣。表絺綌而出之於外。欲其不見體。引詩蒙彼縐絺。可謂不知禮矣。所引君子偕老。婦人之詩也。它如碩人詩衣錦褧衣。丰詩裳錦褧裳。皆豈君子之服乎。

緇衣羔裘。素衣麑裘。黃衣狐裘。孔安國曰。服皆中外之色相稱也。邢疏謂中衣外裘。非也。蓋中指裘。外指衣。何則。玉藻曰。君衣狐白裘。錦衣以裼之。君子狐青裘豹褎。玄綃衣以裼之。麛裘青豻褎。絞衣以裼之。羔裘豹飾。緇衣以裼之。狐裘黃衣以裼之。

是取其色稱者。爲裼故也。郊特牲曰。丹朱中衣。而古外衣無朱。可見中衣不拘己。邢又曰。緇衣羔裘。朝服也。而引士冠禮。主人玄冠朝服緇帶素韠。爲是。素衣麑裘。視朔之服也。而引鄭玄論語註。黃衣狐裘。大蜡息民之祭服也。而引郊特牲。黃衣黃冠而祭。息田夫也。爲是。又按玉藻孔頴達正義。載皇氏之說。云。先加明衣。次加中衣。冬則次加袍繭。夏則不袍繭。用葛也。次加祭服。若朝服布衣。亦先以明衣親身。次加中衣。冬則次加裘。裘上加裼衣。裼衣之上加朝服。夏則中衣之上。不用裘而加葛。葛

司服職周禮春官

上加朝服。論語邢疏又引之。按明衣齋時所用。豈祭朝用之乎。司服職云。祀昊天大裘。則祭服無裘者亦非矣。裼衣上加朝衣。亦經傳所無。不可從矣。

必有寢衣。孔安國。曰今之被也。程子以爲當在明衣布之下。觀必有字。則程子爲是。

狐貉之厚以居。鄭曰。在家以接賓客。朱註。狐貉毛深溫厚。私居取其適體。仁齋乃曰。狐貉毛深而溫。在家主溫。故厚爲之。豈謂以爲褥耶。則倭人不識居字也。

去喪無所不佩。孔安國曰。去除也。非喪則備佩所宜佩也。朱註。觿礪之屬。亦皆佩也。此據本文無所不。孔安國備字。而遂及觿礪之屬耳。然玉藻曰。古之君子必佩玉。右徵角。左宮羽。趨以采齊。行以肆夏。周還中規。折還中矩。進則揖之。退則揚之。然後玉鏘鳴也。故君子在車則聞鸞和之聲。行則鳴佩玉。是以非辟之心無自入也。凡帶必有佩玉。唯喪否。君子無故玉不去身。君子於玉比德焉。是喪所不佩者。主玉以其有聲似樂也。則無所不佩。亦謂朝祭及見賓客皆佩耳。如觿礪。乃子弟事父母之禮。豈君子所必佩乎。升菴文集引王逸曰。行清潔

升菴外集經說部

者佩芳。德光明者佩玉。能解結者佩觿。能决疑者佩玦。故孔子無所不佩。是亦自旁人言之。豈孔子自謂乎。

羔裘玄冠不以弔。孔安國曰。喪主素。吉主玄。吉凶異服。可謂善解已。朱註。弔必變服。所以哀死。非也。豈禮所無。而孔子爲哀其死故然乎。宋儒不問禮。動求諸心。妄哉。

吉月必朝服而朝。孔安國曰。吉月月朔也。朝服皮弁服。邢疏曰。士冠禮云。皮弁服素積緇帶素韠。鄭註此與君視朔之服也。皮弁者。以白鹿皮爲冠。象

我愛其禮八佾篇

上古也。積猶辟也。以素爲裳。辟蹙其要中。皮弁之衣用布亦十五升。其色象焉。按玉藻。天子皮弁以日視朝。故亦謂之朝服也。邢疏曰。魯自文公不行視朔之禮。孔子恐其禮廢。故每於月朔。必衣此視朔之服而朝於君。所謂我愛其禮也。可謂善解已。朱註曰。孔子在魯致仕時如此。臆說哉。

齊必變食居必遷坐食不厭精膾不厭細食饐而餲魚餒而肉敗不食色惡不食臭惡不食失飪不食不時不食割不正不食不得其醬不食肉雖多不使勝食氣唯酒無量不及亂沽酒市脯不食不撤薑食不

多食祭於公不宿肉祭肉不出三日出三日不食之矣食不語寢不言雖疏食菜羹瓜祭必齊如也

古 孔安國曰改常饌 孔安國曰易常處 孔安國曰饐餲臭味變 魚敗曰餒 孔安國曰失飪失生熟之節 鄭玄曰不時非朝夕日中時 馬融曰魚膾非芥醬不食 孔安國曰撤去也齊禁葷物薑辛而不臭故不去 孔安國曰不過飽 周生烈曰助祭於君所得牲體歸則頒賜不留神惠 鄭玄曰自其家祭肉過三日不食是褻鬼神之餘 孔安國曰齊嚴敬貌三物雖薄祭之必敬

新 變食謂不飲酒不茹葷遷坐易常處也○此一節記孔子謹齊之事 楊氏曰齊所以交神故致潔變常以盡敬 食飯也精鑿也牛羊與魚之腥聶而切之爲膾食精則能養人膾麤則能害人不厭言以是爲善非謂必欲如是也 饐飯傷熱濕也餲味變也魚爛曰餒肉腐曰敗色惡臭惡未敗而色臭變也飪烹調生熟之節也不時五穀不成果實未熟之類此數者皆足以傷人故不食 割肉不方正

者不食造次不離於正也漢陸續之母切肉未嘗不方斷葱以寸爲度蓋其質美與此暗合也食肉用醬各有所宜不得則不食惡其不備也此二者無害於人但不以嗜味而苟食耳」食以穀爲主故不使肉勝食氣酒以爲人合歡故不爲量但以醉爲節而不及亂耳程子曰不及亂者非惟不使亂志雖血氣亦不可使亂但浹洽而已可也」沽市皆實也恐不精潔或傷人也與不嘗康子之藥同意」薑通神明去穢惡故不撤」適可而止無貪心也」助祭於公所得胙肉歸即頒賜不俟經宿者不留神惠也家之祭肉則不過三日皆以分賜蓋過三日則肉必敗而人不食之是褻鬼神之餘也但比君所賜胙可少緩耳」答述曰語自言曰言范氏曰聖人存心不他當食而食當寢而寢言語非其時也楊氏曰肺爲氣主而聲出焉寢食則氣窒而不通語言恐傷之也亦通」陸氏曰魯論瓜作必○古人飲食每種各出少許置之豆間之地以祭先代始爲飲食之人不忘本也齊嚴敬貌孔子雖薄物必祭其祭必敬聖人之誠也○此一節記孔子飲食之節謝氏曰聖人飲食如此非極口腹之欲蓋養氣

自食不厭精至不多食爲一節下又爲一節

體不以傷生當如此然聖人之所不食窮口腹者或反食之欲心勝而不暇擇也

古義變食謂不飲酒不茹葷遷坐易常處也」右記孔子謹齊之事齊所以交神也不可不致潔焉」食飯也精鑿也牛羊與魚之腥聶而切之爲膾食精能養人膾麤必害人不厭言以是爲善非謂必欲若此也」饐飯傷熱濕也餲味變也魚爛曰餒未敗而色臭變也」飪烹調生熟之節也」五穀不成果實未熟之類以上五件皆足以傷人故不食」割肉不方正者不食造次不離於正也」饒氏魯曰古之制飲食者使人食其物則用其醬不是氣味相宜必是相制不得人之則必有害故不食也」食以穀爲主故不使肉勝食氣」酒以爲人合歡故以醉爲度而不使血氣亂也」沽市皆買也恐不精潔或傷人也」按本草薑性辛溫開胃益脾能通心肺食中之要藥也故每食必設但不多食耳或曰薑性辛辣能制魚肉毒故必設其謂通神明者蓋依孔子附會之耳也」右記孔子飲食之節蓋身者道之所在養身卽所以修道也欲修道而先輕其身非知道者也飲食養身之大者故聖人謹之」助祭於公所得

莊子人閒世曰顏回曰回之家貧唯不飲酒不茹葷數月矣若此則可以爲齋乎

膳夫職周禮天官

玉府職同

胙肉或自食或頒賜不俟經宿者不留神惠也」家之祭肉則不過三日皆自食或以分賜若出三日則雖祭肉不食之恐傷人也」食食祭肉也荅述曰語自言曰言當食祭肉則不爲人荅述當齊則寢不自言亦所以敬神也」陸氏曰魯論瓜作必朱氏曰古人飲食每種各出少許置之豆閒之地以祭先代始爲飲食之人不忘本也齊嚴敬貌孔子雖薄物必祭其祭必敬聖人之誠也」右記孔子受胙及雖微物必祭之誠意

徵 齊必變食。居必遷坐。孔安國曰。改常饌。易常處。朱氏曰。謂不飲酒。不茹葷。其說本於莊子。莊子古書。可以徵已。然齊之變食。不唯此耳。膳夫職曰。以樂侑食。膳夫授祭。品嘗食。王乃食。卒食。以樂徹于造。王齋日三舉。玉府職曰。王齋則共食玉。鄭司農云王齋當食玉屑曲禮曰齋者不樂不弔陸氏樂音洛按此曰王齋日三舉則天子之齋日三大牢又有供玉屑之事但不奏樂不飲酒不茹葷爲異耳群下之齋未聞也然亦嘗盛饌此所謂變食也朱氏唯以不茹葷不飲酒解之可謂昧乎古已但曲禮之不樂陸氏音洛者乃據三舉之文誤以爲舉樂故也祭統曰耳不聽樂故記曰齋者不樂言不敢散其志也可以見已大行人職食禮九舉註鄭司農曰舉舉樂也鄭玄曰九舉舉牲體九飯也賈疏曰先鄭云舉舉樂也者按襄二十六年左氏

大司樂職周禮春官

傳云將刑爲之不舉不舉則徹樂後鄭易之以爲舉牲體者但此經食禮九舉與饗禮九獻相連故以食禮九舉爲舉牲體其實舉中可以兼樂以其彼傳亦因舉食而言也此賈公彥亦不知鄭玄之意蓋禮舉牲體者多奏樂是舉牲奏樂多相仍也故左傳云爾然諸經之文舉自舉奏自奏如膳夫職亦唯曰以樂侑食而不曰舉又大司樂職曰王大食三侑皆令奏鐘鼓亦不曰舉可以見已且以舉爲舉樂則曲禮祭統不與膳夫職合於是知漢儒精禮後世不能及焉居必遷坐居者燕居也燕

居必不沿齋時之坐所以重齋也所以不言齋遷坐者齋以立爲主故也又按所謂葷者世多以五辛當之非矣五辛之名出于浮屠爾後醫家道家亦有之亦倣浮屠者已玉藻曰膳於君有葷桃茢於大夫去茢於士去葷鄭註云膳美食也葷桃茢辟凶邪也大夫用葷桃士桃而已葷薑及辛菜也茢菼帚也葷或作焄士相見禮之記膳葷請退可也註膳葷謂食之葷辛物葱薤之屬古文葷作薰此葷辟惡之物凡芬芳之類皆謂之葷故或作焄豈惡其穢乎檀弓曰喪有疾食肉飲酒必有艸木

其臭如蘭易繫辭
爾雅釋器

之滋焉以爲姜桂之謂也註增以香味爲其疾不嗜食通雅引此以爲葷是矣所以齋不茹葷不飲酒者以其芬芳奪人意故也何註連下不多食爲皆齋之事而曰姜辛而不臭故不去非也後人又據何註臭字而疑齋忌臭穢故不茹葷殊不知臭字在古爲五臭總稱其臭如蘭可以見已

食饐而餲孔安國曰饐餲臭味變釋器曰食饐謂之餲是饐餲無別未知本文何故加而字也朱註饐飯傷熱濕也餲味變也未知何據魚餒而肉敗肉謂牲肉非謂魚之肉也不時鄭玄以爲非朝夕

食醫職周禮天官

日中時非矣朱註爲是王制曰五穀不時果實未熟不粥於市故君子不食也食醫職曰食醫掌和王之六食六飲六膳百羞百醬八珍之齊凡食齊眡春時羹齊眡夏時醬齊眡秋時飲齊眡冬時凡和春多酸夏多苦秋多辛冬多鹹調以滑甘凡會膳食之宜牛宜稌羊宜黍豕宜稷犬宜粱雁宜麥魚宜苽凡君子之食恒放焉疏曰雖以王爲主君子大夫已上亦依之蓋天子敬天故攝養其體以共天職君子大夫雖賤乎其所以共天職乃不殊故古有此禮論語食饐以下亦當以是意觀之

不得其醬不食。馬融曰。魚膾非芥醬不食。此舉一例其餘已。內則曰。濡雞醢醬實蓼。濡魚卵醬實蓼。濡鼈醢醬實蓼。魚膾芥醬。麋腥醢醬。

肉雖多不使勝食氣。何晏無解。朱註以爲飯之氣。此甚似後世文辭。邢疏曰。氣小食也。是解氣爲餼。蓋邢昺時他古註尚存。而昺取其說耳。據其說。則食爲食饗之食。餼爲餼牢之餼。言肉雖多不得過食餼之數也。古文辭當如此。王制曰。庶羞不踰牲。是其禮也。

惟酒無量不及亂。按燕禮大射禮鄉射禮鄉飲酒

湛露詩小雅白華之什　有駜詩魯頌　賓之初筵詩小雅桑扈之什

禮。其終皆無筭爵。無筭樂。以至執燭。是古禮爲然。故湛露詩曰。厭厭夜飲。不醉無歸。有駜詩曰。鼓咽咽。醉言舞。于胥樂兮。鼓咽咽。醉言歸。于胥樂兮。賓之初筵曰。賓之初筵。溫溫其恭。其未醉止。威儀反反。曰既醉止。威儀幡幡。舍其坐遷。屢舞僊僊。其未醉止。威儀抑抑。曰既醉止。威儀怭怭。是曰既醉。不知其秩。賓既醉止。載號載呶。亂我籩豆。屢舞僛僛。是曰既醉。不知其郵。側弁之俄。屢舞傞傞。既醉而出。並受其福。醉而不出。是謂伐德。飲酒孔嘉。維其令儀。此以失威儀爲亂也。朱註引程子云云。莫道

葛覃詩周南
采蘋詩召南
谷風詩邶風
七月詩豳風
斯干詩小雅祈父之什
周禮天官內宰

學先生哉豈謂以獨飲言邪
沽酒市脯不食王制曰衣服飲食不粥於市此君子所以不食先王之道爲爾至於其所以然之故則葛覃詩曰葛之覃兮施于中谷維葉莫莫是刈是濩爲絺爲綌服之無斁采蘋詩曰于以奠之宗室牖下誰其尸之有齊季女谷風詩曰我有旨蓄亦以御冬七月詩曰八月載績載玄載黃我朱孔陽爲公子裳斯干詩曰乃生女子載寢之地載衣之裼載弄之瓦無非無儀唯酒食是議易家人曰在中饋貞吉周禮王后六宮皆事蠶織王食各有

艷妻以下四句亦據詩解

沽之哉子罕篇

其官至於士庶則衣服出於宮飲食出其厨皆婦女之事也此制壞而艷妻煽方處休其蠶績不績其麻市也婆娑然後衣服飲食有粥於市者故先王禁之君子之不食恐犯先王之制也朱子乃曰恐不精潔或傷人也可謂不知而爲之解已夫衣服飲食不粥於市先王之仁也沽酒市脯不食知其解者亦可以依於仁矣不知其解者徒使人養其奢侈之心噫又按沽邪訓賣是矣沽之哉亦訓賣朱子訓買非矣何則賣酒不食則不買也買酒不食則人買酒飲我豈可不飲乎亦非禮意也

文王嗜昌歜未考曾晳嗜羊棗孟子

子夕嗜芰楚語

禮記祭義曰齊之日思其所嗜

不撤薑食何註以爲蒙齋文。然齋豈飲酒。故朱註爲勝。然朱子引本草姜通神明。鑿矣。仁齋先生以爲姜辟邪惡食中要品。故與不得其醬不食同。然食撤而獨留薑。豈其然。蓋孔子嗜薑。如文王嗜昌歜。曾晳嗜羊棗。人之性所不免也。故孔子亦有所嗜。然不多食。所以爲君子。是而已矣。自後世儒者論尚苛刻。乃始諱有所嗜。以爲欲也。豈人情乎。如子夕嗜芰。子木撤之。而柳宗元作非國語。引君子之齋思其所嗜之義。豈不然乎。故不多食連上爲是。何朱皆不連上。作一切之解。果其說之是乎。則當在不得其醬不食之下。祭肉不出三日。出三日不食之矣。此傳論語者以解上句。而後來傳寫。誤入正文。觀矣字可以見已。且但曰祭肉。何以知其爲家祭肉乎。蓋泛言之辭。故鄭玄曰。自其家祭肉。過三日不食。是褻鬼神之餘。其意謂自其家祭肉而外。以至鄉里所饋。皆不出三日。祗祭於公者較急耳。此所以援以解上句也。上曰祭於公。而此但曰祭肉。不復識別。其辭不相應。故知其爲註解也。朱子不知古文辭。其爲儱侗解亦宜。

樂語合語已見

高宗三年不言憲問篇

食不語寢不言邢疏荅述曰語直言曰言朱註因之邢釋其義曰食不可語語則口中可憎猶之可矣寢息宜靜故不言也人皆然何必君子已哉然若有事雖卧豈不言乎當食而人與之言豈容不答述乎朱註引范氏作主一無適解是聖人爲道遠人也楊氏作養生解窘哉皆不知而爲之解者也蓋語者誨言也如樂語合語之語古者飲食之禮如養老有乞言合語然當食之時不語食訖乃語所以尊道也故君子平日亦依其禮當食不誨言也寢者内寢也言者言政事也如高宗三年不

其言足以興中庸

言。國有道。其言足以興。國無道。其默足以容。皆以言政事爲言。內寢不言政事。所以敬天職也。又如雜記曰。三年之喪。言而不語。對而不問。可見語非答述也。然是古言也。非孔子之時言也。琴張引古言。以見孔子行之已。

雖疏食菜羹瓜。絶句。祭必齊如也。絶句。孔安國曰。齊嚴敬貌。三物雖薄。祭之必敬。此祭字。非祭祖先也。祭上世始爲飲食者也。舉瓜包乜果已。玉藻曰。瓜祭上環。又曰。唯水漿不祭。若祭爲已傢卑。朱子從陸氏瓜作必。非矣。陸氏所見魯論。必寫誤耳。孔安國魯人，豈不讀魯論乎。蓋食必祭，古人之常，何必記。下文曰：有盛饌，必變色而作。此嫌於盛膳、疏食，敬有降差，故記。其意專在齊如也耳。

席不正不坐。鄉人飲酒，杖者出，斯出矣。

古 孔安國曰：杖者，老人也。鄉人飲酒之禮，主於老者，老者禮畢出，孔子從而後出。

新 謝氏曰：聖人心安於正，故於位之不正者，雖小不處。「杖者，老人也，六十杖於鄉。未出不敢先，旣出不敢後。

古義 謝氏曰：聖人之心安於正，故於位之不正者，雖小不處。「杖者，老人也，六十杖於鄉。未出不敢先，旣出不敢後。其敬長如此。

徵 席不正不坐，是恐齋時之禮，或錯簡，或脫字耳。

司儀職周禮秋官

何則下文明言君賜食必正席先嘗之是亦有席不正之時也且在宗廟朝廷則豈有席不正者乎燕居不容豈必正其席乎適他人而席不正不坐則君子難爲人豈有此事乎故恐是齋時之禮耳且司儀職曰凡行人之儀不朝不夕不正其主面亦不背客則禮不正其席者亦必有之謝氏曰聖人心安於正可謂任其臆而語聖人已

鄉人飲酒杖者出斯出矣鄉飲酒之禮所以明長幼之序也故唯杖者是視

鄉人儺朝服而立於阼階

新註自鄉人飲酒至此爲一節

【呂】孔安國曰儺驅逐疫鬼恐驚先祖故朝服而立於廟之阼階

【新】儺所以逐疫周禮方相氏掌之阼階東階也儺雖古禮而近於戲亦必朝服而臨之者無所不用其誠敬也或曰恐其驚先祖五祀之神欲其依己而安也○此一節記孔子居鄉之事

【古義】儺所以驅逐疫鬼雖近於戲然古禮所沿孔子本不欲違俗且鄉人行之故朝服立于主人位加敬於鄉人禮記有安室神之說蓋漢儒依孔子而附會也

【徵】鄉人儺。朝服而立於阼階。蓋古禮爲爾。故孔子行之。而其禮之義。不可得而知之矣。孔安國曰。恐驚先祖。郊特牲曰。鄉人裼。孔子朝服立于阼。存室神也。鄭註云。裼強鬼也。謂時儺索室毆疫逐強鬼也。裼或爲獻。或爲難。音曰。裼音傷。難或作儺。蓋本諸朱註儺雖古禮而近於戲亦必朝服而臨之者無所不用其誠敬也妄哉是其意謂先王之禮有不合孔子之心者宋儒持敬乃不合其心爾雜記曰子貢觀於蜡孔子曰賜也樂乎對曰一國之人皆若狂賜未知其樂也子曰百日之蜡一日之澤非爾所知也張而不弛文武弗能也弛而不張文武弗爲也一張一弛文武之道也苟識此義則莫怪儺之近乎戲也

問人於他邦再拜而送之

古 孔安國曰拜送使者敬也

問事詳于儀禮聘禮邢疏曰問猶遺也謂因問有物遺之也曲禮云凡以弓劍苞苴簞笥問人者操以受命如使之容

新 拜送使者如親見之敬也

古義 再拜而送之非拜使者敬所問之人也○宋楊簡嘗作書與人書楊其再拜附之僕既發忽自思不親拜而書拜是僞也急呼僕追置書案上設拜而後遣暗合于孔子拜送使者之意學者有若此忠信而後可以言學不則高談性命無益

徵 問人於他邦再拜而送之問遺也聘禮有問禮之重者也故再拜而送之朱註問無解但謂如親見之敬也豈謂訪問邪若徒如親見之敬已矣則斯邦他邦何別觀他邦之文則爲聘禮之問者審矣宋儒不知禮故懞懂焉乎爾

康子饋藥拜而受之曰丘未達不敢嘗

新註自問人至此爲一節

醫師職周禮天官

古包氏曰饋孔子藥孔安國曰未知其故故不敢嘗禮也

新范氏曰凡賜食必嘗以拜藥未達則不敢嘗受而不飲則虛人之賜故告之如此然則可飲而飲不可飲而不飲皆在其中矣楊氏曰大夫有賜拜而受之禮也未達不敢嘗謹疾也必告之直也○此一節記孔子與人交之誠意

古義大夫之賜禮當嘗其不嘗者愼疾也以實告者不匿其情也

徵康子饋藥拜而受之曰丘未達不敢嘗孔安國曰未知其故故不敢嘗禮也古人解古文辭可謂盡之矣祗其辭簡與讀者未易解也故故實也謂禮也未知其故故不敢嘗是解孔子之言也禮也者言孔子所以言者禮也醫師職曰醫師掌醫之

左傳襄二十三年

記曰禮記曲禮

政令聚毒藥以共醫事是古之藥多毒藥故鄭註曰藥之物恒多毒說命曰藥弗瞑眩其疾弗瘳左氏傳曰美疢不如惡石皆謂其毒也故古者無饋藥之禮以其毒也慎之也故記曰醫不三世不服其藥醫師職又曰凡邦之有疾病者疕瘍者造焉則使醫分而治之豈毒而饋之乎故饋毒於人而令死古者謂之饋藥焉是所以無饋藥之禮也孔子時禮失俗變貴人聞疾或饋之藥時人亦必嘗之依賜食之禮也皆非禮也康子饋藥孔子以爲非禮而卻之不恭也不恭亦非禮也故曰丘未達

也。言必有是禮。然丘未之聞也。故時人雖嘗而不敢嘗焉。不斥其非禮。而謙以己之未學。旣不傷其心。亦不踐非禮。故孔安國曰禮也。贊孔子也。宋儒不知之。而曰禮也。謹疾也。直也。豈不妄哉。且范氏曰。受而不飮。是解嘗爲飮。可謂不知字已。如下文君賜食。必正席先嘗之。皆謂食其少許。如嘗試然。故曰先也。飮食有節。烏知君之賜不在我食時也。豈能食而盡之哉。故對使而先嘗少許。以示不虛君之賜。然後聚親戚以共食之。以榮其賜。禮必有之矣。故曰先嘗。此嘗亦然。雖時人豈必服其藥乎。

亦對其使而嘗少許。以示不虛其賜已。

廄焚子退朝曰傷人乎不問馬

古 鄭玄曰重人賤畜退朝自魯君之朝來歸

新 非不愛馬然恐傷人之意多故未暇問蓋貴人賤畜理當如此

古義 廄孔子家廄也張氏栻曰仁民愛物固有間方退朝初聞之時惟恐人之傷故未暇及馬耳右記孔子平生居家之雜儀

古義自席不正至不問馬爲一節

徵 曰傷人乎。不問馬。朱註。貴人賤畜。是誠然也。且家人及鄰里救火者。必焦其額爛其膚者有之矣。故曰傷人乎。救火者豈徒救廄而不救馬乎。故不必問。然子張曰。陳文子有馬十乘。數馬以稱富則

子張曰公治長篇

它人或有問馬而不問人者故門人記之爾

君賜食必正席先嘗之君賜腥必熟而薦之君賜生必畜之侍食於君君祭先飯

古 孔安國曰敬君惠也旣嘗之乃以頒賜」孔安國曰薦其先祖」鄭玄曰於君祭則先飯矣若爲君嘗食然

新 食恐或餒餘故不以薦正席先嘗如對君也言先嘗則餘當以頒賜矣腥生肉熟而薦之祖考榮君賜也畜之者仁君之惠無故不敢殺也」周禮王日一舉膳夫授祭品嘗食王乃食故侍食者君祭則已不祭而先飯若爲君嘗食然不敢當客禮也

古義 朱氏曰食恐或餒餘故不以薦正席先嘗如對君也言先嘗則餘當以頒賜矣腥生肉熟而薦之祖考榮君賜也畜之者仁君之惠無故不敢殺也」禮賜之食而君客之則命之祭而後祭今祭而

先飯以似君之客已
故若爲君嘗食然

徵 君賜生必畜之畜以爲牲也何則黨上賜食之文其非犬馬審矣且謂之生者對腥之言也有牲曰祭無牲曰薦牲必舉牲體非特殺不可矣故賜腥而薦之以其不可以祭也故止薦之邢疏必畜養之以待祭祀之用也得之矣註畜之者仁君之惠孟子觳觫佛氏慈悲浹其沛膓哉無故不殺者謂非祭與賓客也用牲者重禮也戒非重禮而殺也豈語其仁哉

侍食於君君祭先飯玉藻曰若賜之食而君客之

孟子梁惠王篇
無故不殺禮記
玉藻

則命之祭然後祭謂雖君以客禮待然必命祭而後祭否則不祭也又曰先飯辯嘗羞飲而俟辯音徧此正與論語同先飯徧嘗羞飲者先飯也俟者俟君之祭畢也雖先飯而少嘗之耳必竢君之祭畢而食而後食也又曰若有嘗羞者則俟君之食然後食飯飲而俟此謂別有嘗羞者則已不敢嘗必俟君之食然後食飯飲而俟者註曰飯飲利將食也疏曰利喉以俟君也蓋謂不敢越次迭食必利喉以俟君之食也少儀曰燕侍食於君子則先飯而後已亦與論語同已者即玉藻之俟也

疾君視之東首加朝服拖紳

古 包氏曰夫子疾處南牖之下東首加其朝服拖紳紳大帶不敢不衣朝服見君

新 東首以受生氣也病卧不能著衣束帶又不可以褻服見君故加朝服於身又引大帶於上也

古義 禮寢當東首然常時或隨意卧故及君視疾東首也紳大帶也病時不能著衣束帶故加朝服於身又引大帶於上也

徵 疾君視之東首包咸曰夫子疾處南牖之下東首是必古來相傳之說何則南牖之下本文所無也邢疏曰病者常居北牖下為君來視則暫時遷鄉南牖下東首令君得南面而視之是亦解包咸南牖之下耳東首終無解朱註曰東首以受生氣

也。果其説之是乎。則雖君不視當爾受生氣何關君視乎。按玉藻曰。君子之居。恒當戶。註。鄉明。又曰。寢恒東首。註。首生氣。是寢必東首者禮也。君來視之。故正其禮。非關疾也。而寢之所以必東首者。鄭玄解其義而曰。首生氣也。未知其説當否。朱子剿以入論語註。以傳會疾欲生之意。可謂妄已。蓋古人室制。戶在東南。寢恒東首者。亦與居恒當戶同義。皆取鄉明也。所謂首生氣者。漢儒好言五行之失也。

君命召不俟駕行矣

新註自君賜食至此爲一節

古義自君賜食至每事問爲一節

古 鄭玄曰急趨君命行出而車駕隨之

新 急趨君命行出而駕車隨之

○新 此一節記孔子事君之禮

古義 急趨君命行出而駕車隨之

徵 君命召不俟駕行矣○玉藻曰○凡君召以三節○二節以走○一節以趨○在官不俟屨○在外不俟車○是也○

入大廟每事問

古無註

新 出重

古義 此篇本係夫子平生之行事故此一節前雖彙備記之於是又錄之非重出右記孔子受君賜及事君之禮

徵無說

朋友死無所歸曰於我殯

【古】孔安國曰重朋友之恩無所歸言無親暱

【新】朋友以義合死無所歸不得不殯

【古義】聖人之待朋友與至親無異

【徵】朋友死無所歸。謂朋自遠方來者也。斯邦之人。必有親戚也。古人必歸葬其鄉。觀於檀弓曰。太公封於營丘。比及五世。皆反葬於周。君子曰。樂樂其所自生。禮不忘其本。古之人有言曰。狐死正丘首。仁也。獨美太公者。以其既封營丘。不必歸葬可也。

季子葬子嬴博亦據檀弓

新註自朋友死至此爲一節

古義同新註

季子葬其子于嬴博間。亦以異於人表之也。故此不曰葬而曰殯也。檀弓又曰。賓客至無所館。夫子曰。生於我乎館。死於我乎殯。其爲它邦人者審矣。

朋友之饋雖車馬非祭肉不拜

【古】孔安國曰。不拜者有通財之義。

【新】朋友有通財之義。故雖車馬之重不拜。祭肉則拜者。敬其祖考。同於己親也。○此一節記孔子交朋友之義。

【古義】朋友有通財之義。故不拜。祭肉則拜者。尊神惠也。右記孔子交朋友之義。

【徵】朋友之饋。雖車馬。非祭肉。不拜。朱註。敬其祖考。同於己親也。非矣。敬神也。何則。雖妻祭必拜也。祭

必惟祖考已哉

寢不尸居不容

【古】包氏曰偃卧四體布展手足似死人 孔安國曰為家室之敬難久

【新】尸謂偃卧似死人也居居家容容儀范氏曰寢不尸非惡其類於死也惰慢之氣不設於身體雖寢舒布其四體而亦未嘗肆耳居不容非惰也但不若奉祭祀見賓客而已申申夭夭是也

【古義】尸謂偃卧似死人也居私居寢不尸惡其惰也居不容嫌矜持大過也右記孔子平生之容

【徵】寢不尸。居不容。包咸曰。偃卧四體。布展手足。似死人。是不知而為之解者也。言在內寢坐。不必如尸也。曲禮曰。坐如尸。鄭註。視貌正。正與居不容一類。故此連言耳。包咸以來。解寢為卧。古書固有之。

然此卧之容也。旣曰居不容。居旣不容。卧豈有容乎。故知其誤也。居不容。孔安國曰。爲室家之敬難久。可謂善解已。勝朱註萬萬。何則。道不遠人。聖人之道。不强人以其所難久也。且朱註曰。居居家。非也。仲尼閒居。今文作仲尼居。居卽閒居也。何必加家字。且居家亦有祭祀賓客之事。豈不容乎。

見齊衰者雖狎必變見冕者與瞽者雖褻必以貌凶服者式之式負版者有盛饌必變色而作迅雷風烈必變

【古】孔安國曰。狎者素親狎也。周生烈曰。褻謂數相見必當以禮貌之也。孔安國曰。凶服送死之衣物。負版

新註自寢不尸至此爲一節

者持邦國之圖籍孔安國曰作起也敬主人之親饋也鄭玄曰敬天之怒風疾雷爲烈

【新】狎謂素親狎褻謂燕見貌謂禮貌餘見前篇式車前橫木有所敬則俯而憑之負版持邦國圖籍者式此二者哀有喪重民數也人惟萬物之靈而王者之所天也故周禮獻民數於王王拜受之況其下者敢不敬乎敬主人之禮非以其饌也迅疾也烈猛也必變者所以敬天之怒記曰若有疾風迅雷甚雨則必變雖夜必興衣服冠而坐○此一節記孔子容貌之變

【古義】狎謂素親褻謂數相見貌禮貌也此亦門人記之以具于此篇非重出也式車前橫木有所敬則俯而憑之負版持邦國圖籍者式此二者哀有喪重民數也孔氏曰作起也敬主人之厚禮也迅急疾也烈猛也雷者陰陽之氣激爲天之怒風烈亦非常之變故孔子必變容以敬之蓋以事天之誠也右記孔子容貌之變

【徵】雖狎必變。孔安國曰。狎者素親狎。雖褻必以貌。

周禮獻民秋官司民

周氏曰褻謂數相見是狎褻何別朱註褻謂燕見爲是如褻衣之褻可以見已

式負版者此註誤入正文不爾張公合三論時註異文者當時必朱墨別書後世混之也何則負版在凶服豈別物乎何註孔安國曰凶服送死之衣物負版者持邦國之圖籍是負版以下何晏不知而强爲之解也凶服與吉服對卽喪服也戶籍曰版出周禮小宰職然謂持版籍者爲負版豈有之乎周禮獻民數於王王拜受之以民者君之天也君之職當然爲下倣之僭也豈有之乎且途遇負

易下象傳

易經震

版籍者何以識而式之乎迅雷風烈必變玉藻曰若有疾風迅雷甚雨則必變雖夜必興衣服冠而坐鄭玄曰敬天之怒朱註因之然以雷爲天怒者古未之聞也大象傳曰洊雷震君子以恐懼脩省是君子象洊雷也言其奮作也非懼雷也雷果天之怒乎易曰雷驚百里不喪匕鬯豈不爲抗天乎說卦曰帝出乎震孔子閒居曰地載神氣神氣風霆風霆流形庶物露生皆言神之行也君子所以敬者值神之行也夫天生萬物上天之載雷始發聲天之仁也豈可以爲怒

乎。月令曰。先雷三日。奮木鐸以令兆民曰。雷將發聲。有不戒其容止者。生子不備。必有凶災。疏曰小人不畏天威。懈慢褻瀆。或至夫婦交接。君子制法不可指斥言之。故曰有不戒其容止者。是其義也。

升車必正立執綏車中不內顧不疾言不親指

古 周生烈曰必正立執綏所以爲安 包氏曰車中不內顧者前視不過衡軛傍視不過輢轂

新 綏挽以上車之索也范氏曰正立執綏則心體無不正而誠意肅恭矣蓋君子莊敬無所不在升車則見於此也內顧回視也禮曰顧不過轂三者皆失容且惑人〇此一節記孔子升車之容

古義 綏上車之索也正立執綏所以戒顛仆也內顧回視也禮曰顧不過轂三者皆失容且惑人右記孔子升車之容

徵車中不內顧不疾言不親指曲禮曰國君不乘奇車車上不廣欬不妄指立視五巂式視馬尾顧不過轂與此正同又曰登城不指城上不呼頫相似也

色斯舉矣翔而後集曰山梁雌雉時哉時哉子路共之三嗅而作

古馬融曰見顏色不善則去之周生烈曰迴翔審觀而後下止言山梁雌雉得其時而人不得其時故歎之子路以其時物故共具之非本意不苟食故三嗅而作作起也

新言鳥見人之顏色不善則飛去回翔審視而後下止人之見幾而作審擇所處亦當如此然此上下必有闕文矣邢氏曰梁橋也時哉言雉之飲啄得其時子路不達以爲時物而共具之孔子不食

共訓拱大全董氏說

三嗅其氣而起晁氏曰石經嗅作戞謂雉鳴也劉聘君曰嗅當作臭古闃反張兩翅也見爾雅愚按如後兩說則共字當爲拱執之義然此必有闕文不可彊爲之說姑記所聞以俟知者

古義 言鳥見人之顏色不善則飛去回翔審視而後下止吳氏澄曰下文山梁雌雉四字當在色斯舉矣上 梁橋也時哉言雉之舉集得其時也共與衆星共之之共同向也嗅晁氏曰石經作戞謂雉鳴也吳氏曰嗅當作歎字亦篆文之誤也此夫子見雉之色舉翔集因指顧之以示從者子路共之終鳴而作亦有君子見幾而作之意門人以其事深合乎聖人之意故詳記其本末云此一條與前所記不相類似不可入于此篇豈門人以夫子出遊之間觀物有感而附記於此歟

徵 色斯舉矣翔而後集逸詩也曰以下解詩之言引孔子之事以解之韓詩外傳多此類不可疑矣共訓拱爲是衆星共之可以徵已朱子訓拱執非

衆星共之爲政篇

矣。嗅劉説爲是。爾雅可以徵巳舊註泥鄉黨必記孔子之行。又眼不識古書。故以爲有闕文。不學之失也。

論語徵集覽卷之十終

論語徵集覽卷之十一

魏　何晏　集解
宋　朱熹　集註
大日本　滕維禎　古義
物茂卿　徵
從四位侍從源賴寬　輯

先進第十一

【新】此篇多評弟子賢否凡二十五章胡氏曰此篇記閔子騫言行者四而其一直稱閔子疑閔氏門人所記也

子曰先進於禮樂野人也後進於禮樂君子也如用

之則吾從先進

古 孔安國曰先進後進謂仕先後輩也禮樂因世損益後進與禮樂俱得時之中斯君子矣先進有古風斯野人也」將移風易俗歸之淳素先進猶近古風故從之

新 先進後進猶言前輩後輩野人謂郊外之民君子謂賢士大夫也程子曰先進於禮樂文質得宜今反謂之質朴而以爲野人後進於禮樂文過其質今反謂之彬彬而以爲君子蓋周末文勝故時人之言如此不自知其過於文也」用之謂用禮樂孔子既述時人之言又自言其如此蓋欲損過以就中也

古義 先進後進猶言前輩後輩野人謂郊外之民君子謂賢士大夫也此夫子據時人之意而述之也」用之謂用禮樂也」周末文勝時人專知崇文而不知尚實故以先進之禮樂謂之野人不知其本出於實以後進之禮樂謂之君子亦不知其既過於華夫子之言亦與其不遜也寧固之意蓋雖爲

當時言之然實萬世不易之定法也」論曰世道之升降雖細所關甚大矣故夫子於風俗變革每深寄慨歎焉學者所當詳之也由是觀之世所傳逸禮戴記等書頗傷繁縟且有與論孟不合者謂之有先王之遺意則可謂之先進之禮則未可也

徵 先進後進。孔安國曰。謂仕先後輩也。朱子删仕字。非矣。蓋是進士之進。王制曰。命鄉論秀士。升之司徒。曰選士。司徒論選士之秀者而升之學。曰俊士。升於司徒者不征於鄉。升於學者不征於司徒。曰造士。大樂正論造士之秀者。以告于王而升諸司馬。曰進士。司馬辨論官材。論進士之賢者。以告于王而定其論。論定然後官之。任官然後爵之。位

中庸曰非天子不議禮不制度不考文今天下車同軌書同文行同倫雖有其位苟無其德不敢作禮樂焉雖有其德苟無其位亦不敢作禮

定然後祿之是士之由鄉黨升于官謂之進仕字豈可刪乎先進於禮樂野人也後進於禮樂君子也是時人或先輩之言而孔子稱之曾先輩如臧丈仲或有是言朱註為是何註禮樂因世損益後進與禮樂俱得時之中斯君子矣先進有古風斯野人也將移風易俗歸之淳素先進猶近古風故從之非矣所謂禮樂因世損益者開國君制作禮樂時事今先進後進皆以周人言之夫禮開國君所定孰敢損益雖孔子亦謹奉之耳中庸所言可見矣而孔子欲以區區議論而移風易俗豈有此

樂焉

告顏子四代禮樂衛靈公篇

事乎。如告顏子四代禮樂。及戴記所載。頗有謂殷何如周何如者。乃以孔子時當制作之秋。故時或與門人私相論者有之已。何晏不識其意。妄謂先進後進既已以己意肆損益周禮。而孔子又以不得其位而欲移風易俗。妄之甚者也。故朱註爲得之。但其引程子之言曰。周末文勝。故時人之言如此。不自知其過於文也。孔子既述時人之言。又自言其如此。蓋欲損過以就中也。是睹本文野人君子而合諸雍也篇質勝文則野文勝質則史文質彬彬然後君子者。以爲是說。殊不知質謂質行文

晏子事見禮記檀弓

林放問禮本八佾篇

謂禮樂。凡言文質者皆爾。故彼以人之學禮樂成德者言之。此曰於禮樂。曰如用之。則以人之爲禮樂言之。蓋世人徒以禮樂爲美觀。而不知其義所在。務備其物、以侈其數。鮮麗其服飾。華美其器用。玉帛交錯。鐘鼓鏗鏘。耀其視聽。以相夸示。謂爲君子。至於先進之士。如晏子其國奢而示之以儉者。則賤以爲野人。故孔子曰。從先進。是與林放問禮本章其義相發也。後世儒者不知古言。以文質論之。夫禮樂文也。文卽中也。豈有所謂文質者乎。

子曰從我於陳蔡者皆不及門也德行顔淵閔子騫

冉伯牛仲弓言語宰我子貢政事冉有季路文學子游子夏

【古】鄭玄曰言弟子從我而厄於陳蔡者皆不及仕進之門而失其所

【新】孔子嘗厄於陳蔡之間弟子多從之者此時皆不在門故孔子思之蓋不忘其相從於患難之中也」弟子因孔子之言記此十人而并目其所長分爲四科孔子教人各因其材於此可見○程子曰四科乃從夫子於陳蔡者爾門人之賢者固不止此曾子傳道而不與焉故知十哲世俗論也

【古義】昔日弟子從孔子厄於陳蔡者或仕或死亡皆不在門故孔子憶當時相信之難得而歎之也」弟子因孔子之言記此十人而并目其所長分爲四科」論曰德行者聖學之全體兼言語政事文學三者豈可作一科言之哉而三者亦不本於德行則言語雖可聞徒辨而已矣政事雖可見徒法而已矣文學雖可取徒博而已矣不足以爲學也孟子稱冉牛閔子顏淵則具體而微而三子皆在德

行。斯則聖人之學者可知矣。後世之論學或異乎此，不知所謂學者果何事哉。

徵 不及門，鄭玄解，不及仕進之門，殊爲不通。蓋仕乃後字之誤。謂十哲不及後進之門也。朱子解不在孔子之門，及字不穩，不可從矣。蓋上章後進必有所指，如臧文仲輩，而時人稱爲君子也。孔子不取。又言從我陳蔡者，皆不及其門，然其人皆可用。故作論語者記顏淵以下以實之。不及門者，言後進君子皆既沒，而顏淵輩生不同時，不及詣其門以受業也。

孔子不取臧文仲，見公冶長、衛靈公篇及左傳文公二年。

唐以十哲從祀，誠失考。後世乃躋四配，而公之次

子雖齊聖不先父食見左傳文公二年家語七十二弟子解

十哲而侯之甚矣哉後王之驕其貴也僭矣哉後儒之驕其聖也以一人之見而泝乎千百歲之上以黜陟之傳其道守其教吾豈敢神穆乎不言而吾任意陟降之神若或言乎其謂之何古者朝廷尚爵鄉黨學校尚齒未有外是二者而爲之序矣以己意秩其德亦佛氏菩薩羅漢是傚已孔子坐門人侍皆以齒千載之下孰能易之夫子之神如在也且子雖齊聖不先父食思孟之於十哲子行也神其享乎今據家語子路少孔子九歲漆雕開十一歲仲弓冉求二十九歲顔淵三十歲子貢三

史記仲尼弟子傳

顔淵季路侍公冶長篇閔子侍側本篇

子路曾晳冉有公西華侍坐同

諸子欲師事有若孟子滕文公

十一歲。子游三十五歲。有若原憲三十六歲。子羔四十歲。公西華四十二歲。子夏四十四歲。曾子四十六歲。子張四十八歲。子賤澹臺滅明四十九歲。閔子五十歲。史記乃謂有若少孔子十三歲。閔子十五歲。澹臺滅明三十九歲。子游四十五歲。徵諸論語。顔淵季路侍。是顔子長季路。閔子侍側。誾誾如也。子路行行如也。冉有子貢侃侃如也。德行顔淵閔子騫。是顔閔齒在子路之上。子路曾晳冉有公西華侍坐。政事冉有季路。其它或子路在先。或冉有在先。當是子路曾晳冉有三人同年也。諸子

篇　子游蔿滅明雍也篇　曾無君子公冶長篇

欲師事有若。年齒當尊。子游蔿滅明。且曰。文學子游子夏。是子游當長。曾無君子者。斯焉取斯。是子賤當卑。檀弓曰。有子與子游立。是有子長子游。仲尼燕居曰。子張子貢言游侍。子貢越席而對。是子張長子貢也。今妄意更定。顏子少孔子三十歲。當是十三歲。字倒。顏路少孔子六歲。當是長孔子六歲。閔子亦字倒。從史記爲是。子路少九歲。脫二十字。有若。史記爲是。子張少四十八歲。誤。二爲四。子游滅明。家語爲是。檀弓載曾子責子夏曰。商。女是齒當相若也。

子曰回也非助我者也於吾言無所不說

古 孔安國曰助益也言回聞言卽解無發起增益於已

新 助我若子夏之起予因疑問而有以相長也顏子於聖人之言默識心通無所疑問故夫子云然其辭若有憾焉其實乃深喜之○胡氏曰夫子之於回豈真以助我望之蓋聖人之謙德又以深贊顏氏云爾

古義 助我若子夏之起予因疑問而有相長也此聖人得顏子而深喜之辭蓋顏子於夫子之道神會妙契不止若芻豢之悅口而終日所言無所違逆故夫子云然○夫聖人之言猶天地之大也高者知其高卑者知其卑若子路樊遲猶或疑或不悅況其他者乎唯顏子之賢爲能於夫子之言無所不說故凡讀論語者於夫子之言當反省其悅與否以自驗其所造之淺深也

徵 人各有資質雖聖人不能強之○故因其材而篤

六德九德數見

微生畝識見憲問篇

焉及其成也德以性殊故有六德九德之目材以性殊故有四科之目苟不殊何以官之天地無棄物明時無棄材器使之謂也故教之方苟不因其材而篤焉則與官人之道相反豈古道哉若回也非助我者也亦顏子爲人沈嘿其性然如孔子則微生畝識其爲佞不然也是其於吾言無所不說不與非助我者也相關已後儒乃言大聰明故如愚不知雖聖人亦性殊故也

子曰孝哉閔子騫人不間於其父母昆弟之言

古 陳羣曰言子騫上事父母下順兄弟動靜盡善故人不得有非間之言

新胡氏曰父母兄弟稱其孝友人皆信之無異詞者蓋其孝友之實有以積於中而著於外故夫子歎而美之

古義間離間也按韓詩外傳閔子早喪母父再娶生二子其處於異母兄弟之間宜間言之所易入也而閔子誠孝惻怛有孚於人者故人亦不以異母兄弟之言間之於閔子孝之至也

徵孝哉閔子騫外人稱閔子之言也而孔子誦之人不間於其父母昆弟之言人謂外人也父母昆弟以爲孝外人亦以爲孝此所謂不非間也大氐父母昆弟內或相右外必向人稱其善人之情爲然也故人多不信其父母昆弟相稱美之言唯閔子孝孚於邦故外人稱其孝而不非間其父母昆

弟之言也○仁齋以閒爲讒亦不知孔子之於弟子○不容稱其字也○

南容三復白圭孔子以其兄之子妻之

【古】孔安國曰詩云白圭之玷尚可磨也斯言之玷不可爲也南容讀詩至此三反復之是其心愼言也

【新】詩大雅抑之篇曰白圭之玷尚可磨也斯言之玷不可爲也南容一日三復此言事見家語蓋深有意於謹言也此邦有道所以不廢邦無道所以免禍故孔子以兄子妻之○范氏曰言者行之表行者言之實未有易其言而能謹於行者南容欲謹其言如此則必能謹其行矣

【古義】詩大雅云白圭之玷尚可磨也斯言之玷不可爲也南容一日三次反復此言有意謹言者也孔門賢者不爲不多而孔子以南容之謹言妻之以其兄之女何哉夫言者君子之樞機興戎出好

皆其所招進德修行亦其所致苟易其言則雖聰
明才辨超出於人然難保其能修身飭行不陷於
禍此夫子之所
以取於南容也

抑詩大雅蕩之什

徵 南容三復白圭○抑詩也○不言抑而言白圭○其所
三復唯一章已○

季康子問弟子孰爲好學孔子對曰有顏回者好學
不幸短命死矣今也則亡

古注無

新 范氏曰哀公康子問同而對有詳畧者臣之告
君不可不盡若康子者必待其能問乃告之此教
誨之道也

古義 詳見前篇哀公問章

【徵】哀公康子問同而對有詳畧。古之道也。大戴禮虞戴德曰。子曰。丘於君。唯無言。言必盡於他人則否。朱子曰。必待其能問乃告之。此教誨之道也。此誠然。然孔子行古之道者也。古之道是不問。一歸諸孔子。不知孔子者也。

顏淵死。顏路請子之車以爲之椁。子曰。才不才。亦各言其子也。鯉也死。有棺而無椁。吾不徒行以爲之椁。以吾從大夫之後。不可徒行也。

【古】孔安國曰。路。淵父也。家貧。故欲請孔子之車賣以作椁。孔安國曰。鯉。孔子之子伯魚也。孔子時爲大夫。言從大夫之後不可以徒行。謙辭也。

新顏路淵之父名無繇少孔子六歲孔子始教而受學焉椁外棺也請爲椁欲賣車以買椁也」鯉孔子之子伯魚也先孔子卒言鯉之才雖不及顏淵然已與顏路以父視之則皆子也孔子時已致仕尚從大夫之列言後謙辭○胡氏曰孔子遇舊館人之喪嘗脫驂以賻之矣今乃不許顏路之請何耶葬可以無椁驂可以脫而復求大夫不可以徒行命車不可以與人而鬻諸市也且爲所識窮乏者得我而勉強以副其意豈誠心與直道哉或者以爲君子行禮視吾之有無而已夫君子之用財視義之可否豈獨視有無而已哉

古義孔氏曰路淵父也家貧欲請夫子之車賣以作椁」鯉孔子之子伯魚也孔子時已致仕尚從大夫之列故言後」顏路請車想非請其必不可請者而夫子之於顏子奚惜一車葢喪可以稱家之有無而朝廷威等不可少損此夫子之所以不許其請也顏路之請夫子之不許一毫無所顧慮葢師弟子間其誠心質行如此後世之所不見也

徵無說

顏淵死子曰噫天喪予天喪予

古 包氏曰噫痛傷之聲」天喪予者若喪己也再言之者痛惜之甚

新 噫傷痛聲惜道無傳若天喪己也

古義 噫傷痛之聲」此悼顏子死而歎學之將絕若天喪予也」論曰自古王者之興與天必興之賢佐聖賢之興天亦必生之羽翼兩者必有奇遇夫發聖人之蘊而萬世無窮者顏子其人也今而早死夫子之發嘆也宜矣嘗曰文王既沒文不在茲乎天之未喪斯文也匡人其如予何顏子之死實係于道之興廢而非惟厥躬之不幸故夫子同其歎顏子亦大矣哉

徵 天喪予。朱註悼道無傳。宋儒哉。夫聖人之興。必有毗輔。苟無毗輔。雖聖人何能以一人為乎。故顏公羊傳哀公十四年曰。顏淵死。子曰。噫。天喪予。子路死。子曰。噫。天祝予。

子之死。天意可知。是所以傷也。不爾。子路之死。天祝之嘆。其謂之何。何必謂公羊皆妄乎。

顏淵死。子哭之慟。從者曰。子慟矣。曰。有慟乎。非夫人之爲慟而誰爲。

古 馬融曰。慟。哀過也。孔安國曰。不自知己之悲哀過。

新 慟。哀過也。哀傷之至。不自知也。夫人謂顏淵。言其死可惜。哭之宜慟。非他人之比也。○胡氏曰。痛惜之至。施當其可。皆情性之正也。

古義 慟。哀過也。哀傷之至。不自知也。夫人謂顏淵。此夫子哭顏子。不自覺其慟。言其死可惜。哭之宜慟。非他人之比也。論曰。宜哀而哀。宜樂而樂。皆人情之所不能已。而雖聖人。無以異于人。故人情者。聖人之所不廢也。苟中其節。則爲天下之達道。不中其節。則爲一人之私情。求之人情而所不安者。

聖人不爲也故滅情與縱情其爲罪也均矣大學書曰心不在焉視而不見聽而不聞食而不知其味宋儒繇此遂以聖人之心爲靜虛爲無欲爲明鏡止水而不知聖人之心以仁愛爲體禮義爲所爲天下萬世人倫之至也若以大學視之則夫子哭顏子不自覺其慟不免爲心不在焉故予嘗以大學爲非孔氏之遺書者爲此也

徵無說

顏淵死門人欲厚葬之子曰不可門人厚葬之子曰回也視予猶父也予不得視猶子也非我也夫二三子也

古 禮貧富有宜顏淵貧而門人欲厚葬之故不聽馬融曰言回自有父父意欲聽門人厚葬我不得割止非其厚葬故云耳

【新】喪具稱家之有無貧而厚葬不循理也故夫子止之」蓋顏路聽之」歎不得如葬鯉之得宜以責門人也

【古義】喪具稱家之有無貧而厚葬非禮也」此歎不得如葬鯉之得宜以責門人也言非我之所當爲亦猶夫二三子也蓋夫子自貶之辭」以上五章門人記之以見顏子默契夫子之道非他人比也蓋喪具稱家之有無禮與其奢也寧儉君子之愛人以德細人之愛人以財門人徒知愛顏子而不知所以愛顏子惜哉顏子門人猶不免於厚葬之非則後之行禮者其可不監哉

【徵】非我也夫句絕二三子也句絕檀弓曰人豈有非之者哉非字正同言二三子鬧厚葬必咎孔子之不能止也二三子指門人在它邦者也蓋孔子自悔其不痛禁厚葬也或疑聖人宜無悔殊不知

悔之者哀之深也○人情之常也○舊註謂非我之罪也○顏子門人之罪也○大失孔子口氣○

季路問事鬼神子曰未能事人焉能事鬼曰敢問死曰未知生焉知死

古 陳羣曰鬼神及死事難明語之無益故不答

新 問事鬼神蓋求所以奉祭祀之意而死者人之所必有不可不知皆切問也然非誠敬足以事人則必不能事神非原始而知所以生則必不能反終而知所以死蓋幽明始終初無二理但學之有序不可躐等故夫子告之如此○程子曰晝夜者死生之道也知生之道則知死之道盡事人之道則盡事鬼之道死生人鬼一而二二而一者也或言夫子不告子路不知此乃所以深告之也

古義 問事鬼神者疑祭祀得饗與否也夫子抑之使專盡事人之道也子路未達故又問死以爲人

死而爲鬼若死而無知則祭祀無益夫子又抑之使專務知生之道也生者謂生存之道也此言能事人則得事鬼能知生則得知死其意蓋若曰務事人而勿諂鬼神盡生存之道而勿求死之理也夫子抑之深矣蓋仁者務用力於人道之所宜而智者不求知其所難知苟用力於人道之宜而又能盡生存之道則人倫立矣家道成矣於學問之道盡矣何謂生存之道凡人上有父母下有妻子而身之成敗家之存亡事固百端能識其不可不務而戒謹恐懼勿敢荒廢則謂之知生也論曰夫子於鬼神之理未嘗明說及乎答樊遲子路略露其意而於死生之說終未嘗之言蓋非不言之本非所以爲教故不言也此夫子之所以度越群聖而爲萬世生民之宗師也記禮之書屢載夫子論鬼神之言繫詞又曰原始反終故知死生之說可知皆非聖人之言也

嘗曰爲政篇

徵 事鬼神之道。孔子何嘗不言。嘗曰生事之以禮。死葬之以禮。祭之以禮。是也。至於子路問事鬼神。

禮記祭義曰宰我曰吾聞鬼神之名不知其所謂子曰氣也者神之盛也魄也者鬼之盛也合鬼與神教之至也

大傳易繫辭

孔子所以不告者，蓋子路之心在知鬼神，故曰未能事人，焉能事鬼，所以抑之也。子路果問死，孔子曰未知生，焉知死。蓋死者不可言者也。夫人之知有至焉，有不至焉。孔子未死，子路未死，叚使孔子言之，不能俾子路信，子路亦不能信，是無益之事也，故孔子不言焉。然人之知有至焉，有不至焉，它日宰我問之，則言之。易大傳又曰原始反終，故知死生之說；精氣爲物，游魂爲變，是故知鬼神之情狀。且聖人不知鬼神，不知死，則安能制作？故曰未知生，焉知死，言知生則知至焉。宋儒紛紛欲以理

神道設教易上彖大觀

明之其説終歸無鬼矣務騰口舌之失也仁齋輩又因此而疑繫辭誣三代聖人可不謂妄乎且其言曰鬼神非所以爲教也夫聖人以神道設教鬼神豈非所以爲教乎葢其人亦以騰口舌爲教故有此言陋矣哉

閔子侍側誾誾如也子路行行如也冉有子貢侃侃如也子樂若由也不得其死然

古 鄭玄曰樂各盡其性行行剛強之貌 孔安國曰不得以壽終

新 行行剛強之貌子樂者樂得英材而教育之 尹氏曰子路剛強有不得其死之理故因以戒之其後子路卒死於衛孔悝之難洪氏曰漢書引此句上有曰字或云上文樂字卽曰字之誤

羿奡不得其死然憲問篇

古義 行行剛強之貌子樂者樂得英才而教育之子路剛强無含蓄氣象故有不得其死之理〇洪氏曰漢書引此句上有曰字誾誾和也行行剛也侃侃直也夫子之於門弟子道並行而不相悖各因其材而成之於是可見矣但如子路之行行非聖門中和之氣象故因以戒之〇夫子嘗有才難之歎蓋朝廷之治學問之傳必得藉英才以振其頹綱尋其墜緒而四子之賢皆任道之器有待之材有慰乎夫子欲反唐虞三代之盛之意故樂焉

徵 不得其死然然邪曷曰〇然猶焉也得之羿奡不得其死然可以徵已

魯人爲長府閔子騫曰仍舊貫如之何何必改作子曰夫人不言言必有中

古 鄭玄曰長府藏名也藏財貨曰府仍因也貫事也因舊事則可也何乃復更改作〇王肅曰言必有

中者善其不欲勞民改作

【新】長府藏名藏貨財曰府爲蓋改作之」仍因也貫事也王氏曰改作勞民傷財在於得已則不如仍舊貫之善」言不妄發發必當理惟有德者能之

【古義】長府藏名藏貨財曰府」仍因也貫事也改作府藏意必有何已而不已者故閔子以是諷之」夫子蓋善其不欲勞民改作也」言貴乎中而不貴乎華其中者不妄發妄發則不必中改作長府不見經傳未必不由閔子一言之助也夫言激而發露者能竦人之聽然必有弊温而含蓄者雖未遽竦人之聽然人不能不服故言不患不激而患不温閔子之氣象可想見矣

【徵】貫事也。釋詁文。史漢謂舊例爲故事。舊貫亦謂舊例也。魯人爲長府。其詳不可知矣。蓋財貨之入。有倍常年。而府不能容也。故魯人別作長府。舊例

仲尼曰左傳定公十五年　動容周旋中禮孟子盡心篇　言中倫四句微子篇

必別有錯置而不必作府故閔子云爾其後益有灾而人皆悔作長府故孔子曰有中後人解爲中理非也如左傳載子貢懸斷魯定邾隱之死亡而仲尼曰賜不幸言而中是也皆謂其言有驗也如射中正鵠亦發於此而中於彼也如動容周旋中禮亦暗合於先王之禮也如言中倫行中慮身中清廢中權亦古聖人之道有倫有慮有清有權而其所爲暗合也如刑罰中亦謂古典也理在我思而得之豈得謂中乎是皆坐不知古言已

子曰由之瑟奚爲於丘之門門人不敬子路子曰由

也升堂矣未入於室也

古 馬融曰子路鼓瑟不合雅頌」馬融曰升我堂矣未入於室耳門人不解謂孔子言爲賤子路故復解之

新 程子曰言其聲之不和與已不同也家語云子路鼓瑟有北鄙殺伐之聲蓋其氣質剛勇而不足於中和故其發於聲者如此」門人以夫子之言遂不敬子路故夫子釋之升堂入室喻入道之次第言子路之學已造乎正大高明之域特未深入精微之奧耳未可以一事之失而遽忽之也

古義 子路氣質勇剛不足乎中和故其發於聲音者亦如此蓋惡其不類聖門之氣象」門人以夫子之言遂不敬子路故夫子以此解之言不可以此忽之也升堂未入室喻子路之學雖造高明正大之地然未入從容自得之域也」夫子論人每因瑕索美就有過而求無過故編者並記此以示夫子之意夫聲音之失微矣然夫子遽聞而深警之則遊於聖人之門者可以想見其氣象也

善人不入於室本篇

徵由之瑟奚爲於丘之門家語云子路鼓瑟有北鄙殺伐之聲中庸以北方之强爲子路之强可想其爲人矣子曰由也升堂矣於是乎益知後世變化氣質之說妄已升堂入室葢古言朱註已造乎正大高明之域特未深入精微之奥耳未可以一事之失而遽忽之也叚使變化氣質果爲聖門之學則豈足以爲一事之失乎且正大高明精微之奥徒以虚字形容之而未詳言其何所指焉仁齋懲理學而惡精微之奥代以從容自得之域善人不入於室豈從容自得之謂乎是皆不知而爲之

解者也。蓋身通六藝。而其材足以爲大夫。是升堂者也。通禮樂之原。而知古聖人之心。是入室者也。夫身通六藝。德以性殊。雖殊乎。皆足以長民。苟能長民。則謂之升堂。不亦宜乎。仁齋又曰。聲音之失微矣。既曰氣質勇剛。不足乎中和。則豈特聲音之失乎。可見逐文爲解者。其言支已。

子貢問師與商也孰賢。子曰。師也過。商也不及。曰。然則師愈與。子曰。過猶不及。

古孔安國曰。言俱不得中。「愈猶勝也。

新子張才高意廣。而好爲苟難。故常過中。子夏篤信謹守。而規模狹隘。故常不及。「愈猶勝也。」道以中

堂堂乎張可者與之共見子張篇

庸爲至賢智之過雖若勝於愚不肖之不及然其失中則一也○尹氏曰中庸之爲德也其至矣乎夫過與不及均也差之毫釐繆以千里故聖人之教抑其過引其不及歸於中道而已

古義朱氏曰子張才高意廣而好爲苟難故常過中子夏篤信謹守而規摸狹隘故常不及」愈猶勝也」人皆以過爲優不及爲劣故夫子告之如此蓋人以中行爲至二子之行雖有過不及然其失中行則一也」此以師商二子其品相等而其才相反故子貢爲問而夫子答之如此中庸曰道之不行也我知之矣知者過之愚者不及也道之不明也我知之矣賢者過之不肖者不及也人徒知不及之爲不及而未知過之爲愚也若二子失於過與不及亦局於其氣質之偏而學問之功不有以勝之也

徵師也過○商也不及○如堂堂乎張也○可者與之○其不可者拒之○可以見已○朱子曰○道以中庸爲至○中

庸豈以名道乎

季氏富於周公而求也爲之聚斂而附益之子曰非吾徒也小子鳴鼓而攻之可也

古 孔安國曰周公天子之宰卿士」孔安國曰冉求爲季氏宰爲之急賦稅」鄭玄曰小子門人也鳴鼓聲其罪以責之

新 周公以王室至親有大功位冢宰其富宜矣季氏以諸侯之卿而富過之非攘奪其君刻剝其民何以得此冉有爲季氏宰又爲之急賦稅以益其富」非吾徒絶之也小子鳴鼓而攻之使門人聲其罪以責之也聖人之惡黨惡而害民也如此然師嚴而友親故已絶之而猶使門人正之又見其愛人之無已也○范氏曰冉有以政事之才施於季氏故爲不善至於如此由其心術不明不能反求諸身而以仕爲急故也

宣公税畝左傳
宣公十五年

【古義】周公王室至親位百官上其富宜矣今季氏以魯國之卿富過於周公而冉求又爲季氏宰爲之急賦斂以益其富也此不言季氏富於魯公而言富於周公者蓋記者微意也」小子鳴鼓而攻之使門人聲其罪以責之也」孟子曰無政事則財用不足夫國家之所以足財用者亦爲民而已冉有以政事所稱其爲季氏聚斂而附益處置調度當有其方未必如後世貪吏所爲然季氏富於周公則爲冉有者宜爲之散粟施財以救其民爲急而反附益之此夫子之所以深責之也夫損下以益上適所以損夫上也冉有之意本在於爲季氏而不知所以爲季氏不亦可惜乎

【徵】季氏富於周公不言魯公而言周公者以全魯言之也當是時三桓四分公室而季氏有其二則魯公豈足言乎魯自宣公税畝而季氏之二適與周公之富相當而又大夫不具官則季氏之富過

於周公全魯之時矣或曰周公非旦也謂東西二周公也以諸侯之卿而富過於天子之卿亦通季氏至附益之十七字亦孔子之言故曰求也子曰在中古文辭宜若是乎爾朱註冉有至矣仁齋先生曰冉有以政事所稱其爲季氏聚斂而附益處置調度當有其方未必如後世貪吏所爲然季氏富於周公則爲冉有者宜爲之散粟施財以救其民爲急而反附益之此夫子之所以深責之也夫損下以益上適所以損夫上也冉有之意本在於爲季氏而不知所以爲季氏不亦可惜乎可謂

子曰雍也篇
子路曰子路篇
孔子曰季氏篇

善解論語已然猶有言焉蓋唐宋以後世無政事之才矣世之言政事者知而無不言爲宰相者知而無不爲殊不知政事有先後之序緩急之施也子曰齊一變至於魯魯一變至於道子路曰衛君待子而爲政子將奚先可以見古之道已當是時冉有之所先未可知矣然必別有所先而未暇及賦稅也而孔子以此爲急則冉有可謂過已其實豈有聚斂附益之心乎然孔子曰虎兕出於柙龜玉毀於櫝中是誰之過與是所以歸罪於冉有也歸罪於冉有者所以警季氏也首以富於周公起

端可以見已」

柴也愚參也魯師也辟由也喭

古 弟子高柴字子羔愚愚直之愚」孔安國曰魯鈍也曾子性遲鈍」馬融曰子張才過人失在邪辟文過」鄭玄曰子路之行失於畔喭

新 柴孔子弟子姓高字子羔愚者知不足而厚有餘家語記其足不履影啓蟄不殺方長不折執親之喪泣血三年未嘗見齒避難而行不徑不竇可以見其爲人矣」魯鈍也程子曰參也竟以魯得之又曰曾子之學誠篤而已聖門學者聰明才辨不爲不多而卒傳其道乃質魯之人爾故學以誠實爲貴也尹氏曰曾子之才魯故其學也確所以能深造乎道也」辟便辟也謂習於容止少誠實也」喭粗俗也傳稱喭者謂俗論也○楊氏曰四者性之偏語之使知自勵也吳氏曰此章之首脫子曰二字或疑下章子曰當在此章之首而通爲一章

趙岐註見孟子盡心篇

古義 柴孔子弟子姓高字子羔朱氏曰愚者知不足而厚有餘」魯鈍也」朱氏曰辟便辟也謂習於容止少誠實也」朱氏曰喭粗俗也傳稱喭者謂俗論也○吳氏曰此章之首脫子曰二字今從之」此責備賢者之意學者不可以夫子之言少四子也輔氏廣曰愚者知不明魯者才不敏便辟則遺其內粗俗則略乎外皆生質之偏也夫子所以言之者欲使四子自覺其偏而歸於中耳凡聰明者所見雖快所造則淺方涉其藩而自謂入其奧者多矣曾子魯鈍初苦其難入而不敢有易心故其造反深矣

徵 師也辟馬融曰子張才過人失在邪辟文過朱子曰辟便辟也謂習於容止少誠實也是皆未得其解者也何則邪辟便辟豈子張而若是乎果爾孔子何曰師也過乎趙岐註孟子曰琴張顓孫子

賜也達雍也篇

張也其爲人踸踔譎詭論語曰師也辟故不能純善而稱狂學記曰燕朋逆其師燕辟廢其學樂記曰齊音敖辟喬志踸踔一足行貌譎詭謂不拘常度也以此合觀則子張有好敖之失也由也喭鄭玄曰子路之行失於畔喭邢昺曰舊註作吸喭字書吸喭失容也言子路性行剛強常吸喭失於禮容也今本吸作畔王弼云剛猛也朱註乃云粗俗本諸諺俗語也則鄙俚之義也子路升堂豈容以鄙俚品之乎且況喭諺字殊乎大氐此章與賜也達由也果求也藝者殊焉彼稱諸外故揚其善此

稱諸內。故言其失。以使自知之。或使朋友傳之耳。
程子曰。曾子卒傳其道。此何所據。韓愈原道。何足爲據。

子曰回也其庶乎屢空賜不受命而貨殖焉億則屢中

古 言回庶幾聖道雖數空匱而樂在其中賜不受教命唯財貨是殖億度是非蓋美回所以勵賜也一曰屢猶每也空猶虛中也以聖人之善道教數子之庶幾猶不至於知道者各內有此害其於庶幾每能虛中者唯回懷道深遠不虛心不能知道子貢雖無數子之病然亦不知道者雖不窮理而幸中雖非天命而偶富亦所以不虛心也

新 庶近也言近道也屢空數至空匱也不以貧窶動心而求富故屢至於空匱也言其近道又能安

貧也」命謂天命貨殖貨財生殖也億意度也言子貢不如顏子之安貧樂道然其才識之明亦能料事而多中也程子曰子貢之貨殖非若後人之豐財但此心未忘耳然此亦子貢少時事至聞性與天道則不爲此矣〇范氏曰屢空者簞食瓢飲屢絕而不改其樂也天下之物豈有可動其中者哉貧富在天而子貢以貨殖爲心則是不能安受天命矣其言而多中者億而已非窮理樂天者也夫子嘗曰賜不幸言而中是使賜多言也聖人之不貴言也如是

古義 庶近也言近道也空匱也言其近道乎不然何能屢至於空匱而不改其樂也」命言天命也殖生也貨殖謂貨財自生也子貢雖不務求富然其才自能致富故曰不受命也億意度也中謂中理也言其才識亦能料事而多中也」人之於貧富有義而已矣苟合於義則可以富可以貧然亦有命非超于貧富之表者則不能泰然自安焉夫莫之致而至者命也苟有所致而至者雖義而非命也若子貢之貨殖固非世之豐財者比然不免有所致而至故可謂之不受命而不可謂無義也是子

易繫辭子曰顏氏之子其殆庶幾乎告四代禮樂衛靈公篇

孔子知其不可而爲之憲問篇

貢之所以不及顏子也

徵回也其庶乎顏氏之子其殆庶幾乎言其必受命而興也左傳諸書可以徵已孔子告以四代禮樂亦可以徵已顏子不幸短命而死孔子之言不驗故魏晉間王弼何晏更其訓而謂庶幾聖道失於古言非矣是孔子語其常已雖不驗而猶驗矣且以賜不受命並言可以見已有必興之德而屢空此不欲小用其才故也世儒多謂顏子樂於陋巷有孔子在焉不知孔子知其不可爲而爲之者也顏子則異於此焉顏子不欲小用其才卽伊呂

之志也。賜不受命而貨殖焉，喜用其才也。億則屢中，喜用其智也。喜用其才智者，不及顏子也。顏子雖屢至匱乏，而必將興。子貢則用其才於治生，雖不受命而不至乏絶，是其所以殊也。孔門唯顏子、子貢以聰明稱，故孔子嘗以孰愈問之。此章亦並言者，其故爲爾。殖，升庵以爲與膾通，引考工記説文、毛詩註、韓文。然中庸曰貨財殖焉，則其説非矣。

孰愈問公冶長篇

升庵外集經説部

子張問善人之道。子曰：不踐迹，亦不入於室。

古 孔安國曰：踐，循也。言善人不但循追舊迹而已，亦少能創業，然亦不入於聖人之奧室。

新 善人，質美而未學者也。程子曰：踐迹，如言循途守轍。善人雖不必踐舊迹，而自不爲惡，然亦不能

入聖人之室也○張子曰善人欲仁而未志於學者也欲仁故雖不踐成法亦不蹈於惡有諸已也由不學故無自而入聖人之室也

【古義】善人之道者謂善人之所道也不踐迹不欲循古之成法也不入於室不求入道之精微也善人之所道如此善人者行善而不倦其德有足稱焉者故舉世仰慕焉子張好聞故以善人之道爲問夫子言善人之所道惟欲其自善而不好踐古之成法亦不求入道之蘊奧以是爲道是其所以止爲善人而其德不足法也葢雖以善人之資然不由學焉則其卒也必不免於自私用智此葢論善人之道云爾非論善人也

【徵】世人不識善字是後世佛氏言善而人狃其說一聽善則輒作佛氏之解故朱子謂善人質美而未學者也欲仁而未志於學者也仁齋曰行善而

不倦。其德有足稱焉者。故舉世仰慕焉。皆爲未識善人之解。孔安國曰。善人不但循追舊迹而已。亦少能創業。然亦不入於聖人之奧室。此漢時猶不失古言矣。蓋孔子嘗以聖人並言。可見豪傑之士如管仲輩是也。故孔安國以創業言之。踐迹如王者之迹。王迹。蓋先王禮樂有所以統理天下者存焉。是王者已行之舊迹。故謂之迹。如王者之迹熄而詩亡。言禮樂征伐不自天子出也。如大王肇基王迹。言至大王而始踐古先聖王經營天下之迹也。如管仲爲仁於天下。不循聖人之迹。變化縱横。

王者之迹熄。孟子離婁篇

大王肇基王迹。尚書武成文

可欲之謂善盡心篇

或似能入聖人之閫奥。故孔子斷以不入室耳。如管仲輩。亦有其道。故子張以善人之道爲問。如孟子可欲之謂善。亦謂其爲天下之人所好也。五霸假仁。故置諸信之下。大氐後世説古書。皆作窮措大解。可笑之甚。

子曰論篤是與君子者乎色莊者乎

古 論篤者謂口無擇言君子者謂身無鄙行色莊者不惡而嚴以遠小人言此三者皆可以爲善人

新 言但以其言論篤實而與之則未知其爲君子者乎爲色莊者乎言不可以言貌取人也

古義 朱氏曰言但以其言論篤實而與之則未知其爲君子者乎爲色莊者乎言不可以言貌取人也○袁氏黄曰人知浮言不可信乃不知論篤亦不可信此夫子警切之詞

徵論篤未得其解。何註謂口無擇言。朱註言論篤實。豈其然。按諸史籍。多稱評論之至者爲篤論。意者論篤必謂時人之論也。是者是非之是。與平聲。言以時論爲是歟。豈知其爲君子者爲色莊者乎。與答子貢問鄉人皆好之同意。古註以爲善人之事。失之。

答子貢見子路篇

子路問聞斯行諸。子曰有父兄在。如之何其聞斯行之。冉有問聞斯行諸。子曰聞斯行之。公西華曰由也問聞斯行諸。子曰有父兄在。求也問聞斯行諸。子曰聞斯行之。赤也惑。敢問。子曰求也退。故進之。由也兼

人故退之

古 包氏曰賑窮救乏之事」孔安國曰當白父兄不得自專」孔安國曰惑其問同而答異」鄭玄曰言冉有性謙退子路務在勝尚人各因其人之失而正之

新 兼人謂勝人也張敬夫曰聞義固當勇為然有父兄在則有不可得而專者若不稟命而行則反傷於義矣子路有聞未之能行惟恐有聞則於所當為不患其不能為矣特患為之之意或過而於所當稟命者有闕耳若冉求之資稟失之弱不患其不稟命也患其於所當為者逡巡畏縮而為之不勇耳聖人一進之一退之所以約之於義理之中而使之無過不及之患也

古義 凡為子弟者當務體父兄之心而謙卑遜順不可自專子路性剛故戒之若冉有之資則失之於弱故從其所問而不抑之也」兼猶兼食兼道之兼謂加倍於人也」此言聖人之教人或進或退各有其權猶天地之道陽舒陰慘各當其時萬物自生成長育於大化之中也由求之問未必同時亦

未必互問但問同而答異故子華偶見而疑之非其能問則聖人造就二子之意孰能識之後世爲人之師者大類欲以己性之所能而施之于天下之材亦異乎夫子之道矣故不知爲師之道而爲人之師則必賊夫人之子可不謹哉

徵 子曰求也退故進之由也兼人故退之大戴禮虞戴德子曰昔商老彭及仲傀政之教大夫官之教士技之教庶人揚則抑抑則揚綴以德行不任以言孔子蓋以是道也

子畏於匡顏淵後子曰吾以女爲死矣曰子在回何敢死

古 孔安國曰言與孔子相失故在後包氏曰言夫子在己無所敢死

新後謂相失在後何敢死謂不赴鬭而必死也胡氏曰先王之制民生於三事之如一惟其所在則致死焉况顔淵之於孔子恩義兼盡又非他人之爲師弟子者而已卽夫子不幸而遇難回必捐生以赴之矣捐生以赴之幸而不死則必上告天子下告方伯請討以復讎不但已也夫子而在則回何爲而不愛其死以犯匡人之鋒乎

古義朱氏曰後謂相失在後何敢死謂不赴鬭而必死也」觀此言足見夫子若不幸遇難顔子必敢死而不顧身夫子愛護之厚顔子契合之深俱在於道而非恩義兼盡而已也

徵子畏於匡顔淵後孔安國曰言與孔子相失故在後朱註因之然此不徒相失而已蓋顔子故在後以護孔子蓋鬭也故及其至也子曰吾以女爲死矣顔子曰子在回何敢死包咸曰言夫子在已

無所敢死。是徒解文句耳。蓋顏子不言其鬬以護夫子。而曰夫子無恙。回不敢鬬。一以無伐其勞。一以安夫子之心。藹然君子之言也。故記焉。曰死者。皆謂犯死也。如史殊死戰也。朱子不知古言。懞憧哉。且顏子方其後之時。豈知子在乎。故知是與孔子相見之言也。且所謂夫子不幸而遇難。必捐生以赴之矣。是豈待遇難之後乎。亦豈翅顏子哉。餘子皆能之。上告天子。下告方伯。胡氏動作其春秋之解。何必然。

季子然問仲由冉求可謂大臣與子曰吾以子爲異

之問曾由與求之問所謂大臣者以道事君不可則止今由與求也可謂具臣矣曰然則從之者與子曰弑父與君亦不從也

古 孔安國曰子然季氏子弟自多得臣此二子故問之」孔安國曰謂子問異事耳則此二人之問安足爲大乎」孔安國曰言備臣數而已」孔安國曰問爲臣皆當從君所欲邪」孔安國曰言二子雖從其主亦不與爲大逆

新 子然季氏子弟自多其家得臣二子故問之」異非常也曾猶乃也輕二子以抑季然也」以道事君者不從君之欲不可則止者必行己之志」具臣謂備臣數而已」意二子既非大臣則從季氏之所爲而已」言二子雖不足於大臣之道然君臣之義則聞之熟矣弑逆大故必不從之蓋深許二子以死難不可奪之節而又以陰折季氏不臣之心也○尹氏曰季氏專權僭竊二子仕其家而不能正也

子亦有異問乎 季氏篇

知其不可而不能止也可謂具臣矣是時季氏已有無君之心故自多其得人意其可使從己也故曰弑父與君亦不從也其庶乎二子可免矣

古義 子然季氏子弟自多其家得臣二子故問之」異非常也曾猶乃也輕二子以抑季然也」以道事君謂能格君心之非而非道不敢陳也止卽致爲臣而去」具臣謂備臣數而已」言然則二子可從君之所欲耶」言小事雖未必不從然大義所在亦決不從也」朱氏曰二子雖不足於大臣之道然君臣之義則聞之熟矣弑逆大故必不從之蓋深許二子以死難不可奪之節而又以陰折季氏不臣之心也○觀夫子論大臣以人品而不以位道伸矣雖位在一命不失爲大臣道屈矣雖位在三公不免爲具臣楊雄以大臣許魯兩生則知雖韋帶之士苟有其器則亦可以爲大臣也

徵 吾以子爲異之問。異之問異問也與子亦有異聞乎之異同矣。朱子訓非常非矣。

子路使子羔爲費宰子曰賊夫人之子子路曰有民人焉有社稷焉何必讀書然後爲學子曰是故惡夫佞者

【古】包氏曰子羔學未熟習而使爲政所以爲賊害孔安國曰言治民事神於是而習之亦學也」孔安國曰疾其以口給應遂已非而不知窮

【新】子路爲季氏宰而舉之也」賊害也言子羔質美而未學遽使治民適以害之」言治民事神皆所以爲學」治民事神固學者事然必學之已成然後可仕以行其學若初未嘗學而使之卽仕以爲學其不至於慢神而虐民者幾希矣子路之言非其本意但理屈詞窮而取辨於口以禦人耳故夫子不斥其非而特惡其佞也○范氏曰古者學而後入政未聞以政學者也蓋道之本在於脩身而後及於治人其說具於方冊讀而知之然後能行何可以不讀書也子路乃欲使子羔以政爲學失先後

本末之序矣不知其過而以口給禦人故夫子惡其佞也

【古義】賊害也言子羔質美而學不足遽使之為政適足以害之」言費之邑有民人有社稷可以為政此即學也豈特以讀書為學哉」佞者變亂是非使人迷惑子路之言似有理而實足賊人故夫子深斥之也」范氏曰古者學而後入政未聞以政學者也蓋道之本在於修身而後及於治人其說具於方冊讀而知之然後能行何可以不讀書也子路乃欲使子羔以政為學失先後本末之序矣不知其過而以口給禦人故夫子惡其佞也」論曰夫書所以載前修之嘉言懿行也故不讀書則昧於得失之迹而無應今日之務蓋依舊則易為新學古則能制今不多畜前言往行而能治國安民者未之有也但讀書之法有正有俗有善有不善學者不可不察焉

【徵】夫人之子少之之辭子羔長曾子六歲齒甚卑而學未成故云爾何必讀書然後為學書謂尚書

盡信書孟子盡心篇　易大傳繫辭　莊子天下篇曰詩以道志書以道事

孟子盡信書。易大傳書不盡言。皆謂尚書。莊子曰。書道政事。故子路云爾。後世以爲黃卷都名。不識古言也。

子路曾皙冉有公西華侍坐子曰以吾一日長乎爾毋吾以也居則曰不吾知也如或知爾則何以哉子路率爾而對曰千乘之國攝乎大國之間加之以師旅因之以饑饉由也爲之比及三年可使有勇且知方也夫子哂之求爾何如對曰方六七十如五六十求也爲之比及三年可使足民如其禮樂以俟君子赤爾何如對曰非曰能之願學焉宗廟之事如會同

端章甫願爲小相焉點爾何如鼓瑟希鏗爾舍瑟而作對曰異乎三子者之撰子曰何傷乎亦各言其志也曰暮春者春服既成冠者五六人童子六七人浴乎沂風乎舞雩咏而歸夫子喟然歎曰吾與點也三子者出曾皙後曾皙曰夫三子者之言何如子曰亦各言其志也已矣曰夫子何哂由也曰爲國以禮其言不讓是故哂之唯求則非邦也與安見方六七十如五六十而非邦也者唯赤則非邦也與宗廟會同非諸侯而何赤也爲之小孰能爲之大

古 孔安國曰晳曾參父名點 孔安國曰言我問汝汝無以我長故難對 孔安國曰汝常居云人不知

已」孔安國曰如有用汝者則何以爲治」率爾先三人對」包氏曰攝迫也迫於大國之間」方義方」馬融曰哂笑」求性謙退言欲得方六七十如五六十里小國治之而已」孔安國曰求自云能足民而已謂衣食足也若禮樂之化當以待君子謙也」鄭玄曰我非自言能顧學爲之宗廟之事謂祭祀也諸侯時見曰會衆覜曰同端玄端也衣玄端冠章甫諸侯日視朝之服小相謂相君之禮」孔安國曰思所以對故音希」孔安國曰置瑟起對撰具也爲政之具鏗者投瑟之聲」孔安國曰各言己志於義無傷」包氏曰暮春者季春三月也春服既成衣單袷之時我欲得冠者五六人童子六七人浴乎沂水之上風涼於舞雩之下歌詠先王之道而歸夫子之門」周生烈曰善點獨知時」包氏曰爲國以禮禮貴讓子路言不讓故笑之」孔安國曰明皆諸侯之事與子路同徒笑子路不讓」孔安國曰赤謙言小相耳誰能爲大相

【新】晳曾參父名點」言我雖年少長於汝然汝勿以我長而難言蓋誘之盡言以觀其志而聖人和氣

謙德於此亦可見矣」言汝平居則言人不知我如或有人知汝則汝將何以爲用也」率爾輕遽之貌攝管束也二千五百人爲師五百人爲旅因仍也穀不熟曰饑菜不熟曰饉方向也謂向義也民向義則能親其上死其長矣哂微笑也」求爾何如孔子問也下效此方六七十里小國也如猶或也五六十里則又小矣足富足也俟君子言非己所能冉有謙退又以子路見哂故其詞益遜」公西華志於禮樂之事嫌以君子自居故將言己志而先爲遜詞言未能而願學也宗廟之事謂祭祀諸侯時見曰會衆頫曰同端玄端服章甫禮冠相贊君之禮者言小亦謙辭」四子侍坐以齒爲序則點當次對以方鼓瑟故夫子先問求赤而後及點也希間歇也作起也撰具也暮春和煦之時春服單袷之衣浴盥濯也今上巳祓除是也沂水名在魯城南地志以爲有溫泉焉理或然也風乘涼也舞雩祭天禱雨之處有壇墠樹木也詠歌也曾點之學蓋有以見夫人欲盡處天理流行隨處充滿無少欠闕故其動靜之際從容如此而其言志則又不過卽其所居之位樂其日用之常初無舍己爲人之

意而其胷次悠然直與天地萬物上下同流各得其所之妙隱然自見於言外視三子之規規於事爲之末者其氣象不侔矣故夫子歎息而深許之而門人記其本末獨加詳焉蓋亦有以識此矣」點以子路之志乃所優爲而夫子哂之故請其説」夫子蓋許其能特哂其不遜」曾點以冉求亦欲爲國而不見哂故微問之而夫子之答無貶詞蓋亦許之」此亦曾晳問而夫子答也孰能爲之大言無能出其右者亦許之之詞（　）程子曰古之學者優柔厭飫有先後之序如子路冉有公西赤言志如此夫子許之亦以此自是實事後之學者好高如人游心千里之外然自身卻只在此又曰孔子與點蓋與聖人之志同便是堯舜氣象也誠異三子者之撰特行有不掩焉耳此所謂狂也子路等所見者小子路只爲不達爲國以禮道理是以哂之若達卻便是這氣象也又曰三子皆欲得國而治之故孔子不取曾點狂者也未必能爲聖人之事而能知夫子之志故曰浴乎沂風乎舞雩詠而歸言樂而得其所也孔子之志在於老者安之朋友信之少者懷之使萬物莫不遂其性曾點知之故孔

子喟然歎曰吾與點也又曰曾點漆雕開已見大意

古義 皙曾參父名點」言我雖年少長於女然女勿以我長而難言蓋誘之盡言以觀其志也」言女居常則言人不知我如有用女者則何以爲治」攝管束也二千五百人爲師五百人爲旅因仍也穀不熟曰饑菜不熟曰饉方義方也哂微笑也」求爾何如孔子問也足富足也冉求承子路之言而言若諸侯之國則吾不能得方六七十或五六十里之地而治之自能富足其民若禮樂固非已所能當待有德君子以任其責焉夫子於冉求之言無貶詞者蓋許之也下倣此」赤又承冉有之言而言非曰能之願學焉者將述下事先叙謙辭也宗廟之事謂祭祀諸侯時見曰會衆頫曰同端玄端服章甫禮冠相贊君之禮者有大相有小相」希間歇也鏗爾投瑟之聲舍置作起也撰具也猶言素蘊」暮春季春今之三月也曾點言志蓋適當暮春時也春服單袷之衣禮二十而冠未冠曰童沂水名在魯城南朱氏曰地志以爲有溫泉焉理或然也風乘涼也舞雩祭天禱雨之處有壇墠樹木也詠歌

也點蓋深厭周末之膠擾而有慕治古之淳風故其所言有唐虞三代之民含哺鼓腹各遂其性氣象故夫子喟然歎曰吾與點也蓋有合於夫子願見唐虞三代之盛之意也」三子同對而夫子特哂子路故曾點疑而問也」治國以禮而子路之對無遜讓之辭故夫子哂其不相稱」此以下亦夫子之言明所以不哂二子之意言冉有志於治國而其辭謙讓不敢斥言邦故不哂之也」公西華不敢斥言諸侯且願爲小相皆其言之謙也孰能爲之大言無能出其右者亦許之之詞」程子曰古之學者優柔厭飫有先後之序如子路冉有公西赤言志如此夫子許之亦以此自是實事後之學者好高如人游心千里之外然自身卻只在此」論曰聖人之學有用之學也苟於經濟之務有所不足則讀書雖多辨理雖明不足爲貴也三子之言自後世觀之固似規規于事爲之末而不要其極者然所志所言皆其實事而非後世鶩空文遺實用者比乃有用之實材也若夫點之言志悠然自得從容暇豫實有鑿井而飲耕田而食帝力何有於我之氣象夫子嘗曰老者安之朋友信之少者懷之禮

左傳隱公三年

易曰文言

記載夫子之語亦曰三代之英丘未之逮也而有志焉若點者蓋雖非中行之事而亦與夫放浪物外者固不同矣暗有合於聖人之意故夫子不覺發歎而深與之

徵 以吾一日長乎爾。乎爾語助辭。朱註以汝解爾。失古言也。孔安國曰。言我問女。女無以我長故難對。是豈以汝解乎。如或知爾。爾汝也。勇且知方。何註。方義。朱註。方向也。何註爲勝。義方出左傳。謂爲人下之道。各有所守。不可轉易。如方隅然。方主於義。故曰義方。易曰。義以方外是也。鼓瑟希。孔安國曰。思所以對。故音希。古人之解。可謂善得其態已。朱子不用之。希訓間歇。主一無適錮於中耳。孔

奕小數孟子告子篇

家語弟子解曰曾點疾時禮教不行欲修之孔子善焉論語所謂浴于沂風于

安國又曰鏗者投瑟之聲朱子弗取亦謂不敬邪三子者之撰孔安國曰撰具也爲政之具易韓康伯解數也仁齋曰猶言素蘊非矣蓋古言猶言三子者之道也孟子曰奕小數也孔安國孝經傳曰廢此二義則萬世不恊父子相怨其數然也又曰孝者德之本數之所由生也是安國韓康伯所謂數者可以見已亦當時之言也按曾點浴沂之答微言也後世詩學不明故儒者不識微言尠得其解者按曾點有志於禮樂之治見于家語是必有所傳授矣孟子稱點狂者其言曰古之人古之人

舞雩孟子稱點狂者見盡心篇

顏子問爲邦衞靈公篇

其志極大有志於制作禮樂陶冶天下何也所謂古者豈非三代之盛時乎古之人豈非文武周公乎大者豈非治天下乎外此而語大非老莊則理學也然制作禮樂者天子之事革命之秋也故君子諱言之顏子問爲邦可以見已且公西華謙于禮樂而曾點承其後則不容言禮樂且其意小三子志諸矦之治也而難言之故不言志而言已今之時也是微言耳夫子識其意所在故深嘆之也觀其鼓瑟希則久已思所以對也投瑟鏗爾原思備錄其英氣勃勃不可過者狀也暮春者春服既

子貢答爲衛君之問見述而篇

南容所言見憲問篇

成數語高朗爽快超然高視狂者之象也大氐孔門諸子顏利不可當觀子貢答爲衛君之問者豈尋常之人哉然朱子人欲淨盡天理流行固其家學仁齋乃言有唐虞三代之民含哺鼓腹各遂其性氣象則老莊之見矣蓋曾點所志乃伊呂之事方其未出則釣渭耕莘若欲終其身者也待明王興而出出則道大行於天下制作禮樂以陶冶天下焉是其志安可言哉且孔子其人也故不言其志而言已今之時則志自可知耳比諸南容則曾點大穎利南容所言亦曾點之志但露其機故孔

曾點倚門而歌禮記檀弓

有是哉子之迂也子路篇有民人焉有社稷焉本篇

子所以不對也。曾點穎悟，以不言而言之，所以深與之也。又觀於季氏之喪，曾點倚其門而歌，此必其喪不中禮，與無喪者同已，故曾點之歌所以諷刺之也。此皆狂者之事，其作用與尋常逈異焉。或曰：果若子言，孔子使言志，而曾點不言，是宜若不祇孔子之命。然曰：諸子之於孔子，猶如家人父子，豈後世尊師道者比哉。觀於子路有是哉子之迂也，及有民人焉有社稷焉，可以見已。不啻此也，觀於堯舜禹皐陶吁嗟咈俞于一堂上者，則師弟子之際可知也已，古之道也。

論語徵集覽卷之十一 終

論語徵集覽卷之十二

魏　何晏　集解
宋　朱熹　集註
大日本　藤維楨　古義
物茂卿　徵
從四位侍從源賴寬　輯

顏淵第十二

顏淵問仁子曰克己復禮爲仁一日克己復禮天下歸仁焉爲仁由己而由人乎哉顏淵曰請問其目子曰非禮勿視非禮勿聽非禮勿言非禮勿動顏淵曰

回雖不敏請事斯語矣

【古】馬融曰克己約身孔安國曰復反也身能反禮則爲仁矣」馬融曰一日猶見歸況終身乎」孔安國曰行善在己不在人」包氏曰知其必有條目故請問之」鄭玄曰此四者克己復禮之目」王肅曰敬事此語必行之

【新】仁者本心之全德克勝也己謂身之私欲也復反也禮者天理之節文也爲仁者所以全其心之德也蓋心之全德莫非天理而亦不能不壞於人欲故爲仁者必有以勝私欲而復於禮則事皆天理而本心之德復全於我矣歸猶與也又言一日克己復禮則天下之人皆與其仁極言其效之甚速而至大也又言爲仁由己而非他人所能預又見其機之在我而無難也日日克之不以爲難則私欲淨盡天理流行而仁不可勝用矣程子曰非禮處便是私意既是私意如何得仁須是克盡己私皆歸於禮方始是仁又曰克己復禮則事事皆仁故曰天下歸仁謝氏曰克己須從性偏難克處

克將去」目條件也顏淵聞夫子之言則於天理人欲之際已判然矣故不復有所疑問而直請其條目也非禮者己之私也勿者禁止之辭是人心之所以爲主而勝私復禮之機也私勝則動容周旋無不中禮而日用之間莫非天理之流行矣事如事事之事請事斯語顏淵默識其理又自知其力有以勝之故直以爲己任而不疑也〇程子曰顏淵問克己復禮之目子曰非禮勿視非禮勿聽非禮勿言非禮勿動四者身之用也由乎中而應乎外制於外所以養其中也顏淵事斯語所以進於聖人後之學聖人者宜服膺而勿失也因箴以自警其視箴曰心兮本虛應物無迹操之有要視爲之則蔽交於前其中則遷制之於外以安其內克己復禮久而誠矣其聽箴曰人有秉彝本乎天性知誘物化遂亡其正卓彼先覺知止有定閑邪存誠非禮勿聽其言箴曰人心之動因言以宣發禁躁妄內斯靜專矧是樞機興戎出好吉凶榮辱惟其所召傷易則誕傷煩則支己肆物忤出悖來違非法不道欽哉訓辭其動箴曰哲人知幾誠之於思志士勵行守之於爲順理則裕從欲惟危造次

克念戰兢自持，習與性成，聖賢同歸。愚按此章問答乃傳授心法切要之言，非至明不能察其幾，非至健不能致其決，故唯顏子得聞之，而凡學者亦不可以不勉也。程子之箴發明親切，學者尤宜深玩。

古義 此夫子以仁天下之道告之也。克，勝也。己者對人之稱。復，反復也。克己者，猶舍己從人之意，言不有己也。克己則汎愛衆，復禮則有節文，故能汎愛人而亦能有節文，則仁斯行矣」。一日，謂志初與起之日也。言能一日克其己而反復行禮，則天下歸其仁，沛然不可禦也。末復言我欲仁斯仁至矣之意以決之」。目，條目也，若六言六蔽五美四惡之類也。朱氏曰：事，如事事之事。顏子既得聞大綱，故復問其條目，蓋欲兼其詳而盡之也。故夫子舉此四者告之，言能如此則仁為己有而不失焉，即易所謂君子以非禮不履之意。於是顏子速契其旨，又自知其力有以勝之，故直以為己任而不疑也」。顏子王佐之材，故以仁天下之道而告之，實與損益四代之禮樂以答為邦之問者相表裏焉。蓋仁

脩己以安人憲問篇

之爲德慈愛惻怛之心內外遠近無所不至在家則行于家在邦則行于邦在天下則行于天下雍裕和穆之風浹乎肌膚淪乎骨髓若堯之光被四表格于上下舜之百揆時叙四門穆穆是也益克己仁之本復禮仁之地非克己則無以得仁非復禮則無以存仁中庸曰齊明盛服非禮不動所以脩身也脩身卽所以存仁也孔子曰脩己以安百姓堯舜其猶病諸脩身之功其大矣哉

【徵】克己復禮者。納身於禮也。爲仁者行安民之道也。非謂克己復禮卽仁也。欲行安民之道。必先納身於禮而後可得而行也。脩己以安人。及中庸爲天下國家有九經首修身。射義曰。射者仁之道也。求正諸己。己正而后發。發而不中。則不怨勝己者。反求諸己而已矣。皆是意。古昔聖賢相告戒。皆不

子張問見陽貨篇

左傳昭公十二年

過此意。而顏子於爲仁之方。不待教而知之。故孔子以此告之。一日克己復禮。天下歸仁。言苟不脩其身。則雖行仁政。民不歸其仁。是顏子才大。故以行仁政於天下言之。故曰天下歸仁。門人問仁。唯於顏子子張。孔子以天下言之。二子才大故也。爲仁由己。而由人乎哉。言雖行仁於彼。而行之在己。故不脩身不可以行仁也。觀由字。則克己復禮所以行仁。而非仁。審矣。左傳曰。克己復禮仁也。古書之言。有若是者。孔子特加爲字。可以見已。馬融曰。克己約身。此古來相傳之說。不可易矣。訓己爲身。

約我以禮子罕篇

湯武反之孟子盡心篇

言可復學而篇

與下文由己相應。約身如約我以禮。觀於下文非禮勿視聽言動。則復禮之外更無復克己者。章章乎明哉。宋儒析以爲二。可謂謬已。勝私欲而復天理。浮屠之遺習。與斷無明証眞如何別乎。且訓己爲私欲。未知何據。又不與由己相應。凡言禮者皆先王之禮也。豈容以天理解之乎。如仁齋以舍己從人解克己。亦強己。舍己豈得謂克己乎。朱註復反也。本諸孔安國。然至於以復初爲說。亦老氏之意。不可從矣。孔安國之意。如反身湯武反之之反。蓋禮在外。反之於己而踐之。猶之可矣。然言可復

高明柔克書洪範　温克詩小雅小宛篇　子克家易蒙　非禮之禮孟子離婁篇

也○復訓踐○故不如訓踐之勝也○如克敵戰克○克固訓勝○然如高明柔克○沈潛剛克○飲酒温克○子克家○豈容訓勝乎○克家者○謂治家而家莫有不可制者也○克己者○治己而己莫有不可制者也○故馬融訓約身○莫以尚焉○謂撿束其身也○非禮者○謂似禮而非禮者也○孟子所謂非禮之禮○非義之義○可以見已○朱子外先王之禮○而別以天理之節文爲禮○仁齋亦取諸其臆○皆可謂非禮已○學者察諸○仁齋又曰○能汎愛人而亦能有節文○則仁斯行矣○淺矣哉子弟之行○豈可引乎○

仲弓問仁子曰出門如見大賓使民如承大祭己所不欲勿施於人在邦無怨在家無怨仲弓曰雍雖不敏請事斯語矣

古 孔安國曰爲仁之道莫尚乎敬也」包氏曰在邦爲諸侯在家爲卿大夫

新 敬以持己恕以及物則私意無所容而心德全矣內外無怨亦以其效言之使以自考也○程子曰孔子言仁只說出門如見大賓使民如承大祭看其氣象便須心廣體胖動容周旋中禮唯謹獨便是守之之法或問出門使民之時如此可也未出門使民之時如之何曰此儼若思時也有諸中而後見於外觀其出門使民之時其敬如此則前乎此者敬可知矣非因出門使民然後有此敬也愚按克己復禮乾道也主敬行恕坤道也顏冉之學其高下淺深於此可見然學者誠能從事於敬恕之間而有得焉亦將無己之可克矣

古義 出門所謂出則事公卿也如承大祭卽民不可慢之意言以禮存心則仁爲己之有也」此言求仁之要也」此言得仁之效也詩所謂自西自東自南自北無思不服卽此意」仲弓亦直受夫子之言而不敢疑故門人錄之以與顔子儷矣」仲弓之材亞於顔子故夫子亦以仁天下之道告之如見大賓如承大祭執事而敬也已所不欲勿施於人行恕之方也旣敬且恕則仁斯行矣所以在邦無怨在家無怨也」論曰孔門諸子於仁之義知之熟矣然於爲仁之方則或未也故弟子之所問夫子之所答皆其爲仁之方而一無論仁之義者譬諸種花仁則花也爲仁之方則其灌漑培植之法也凡弟子之所問夫子之所答皆其灌漑培植之法而未嘗有言形狀色芳者也後儒專從論語字面求仁之理是以灌漑培植之法想像花之形狀色芳也故其於仁或流于虛靜或陷于把捉益以此也及孟子時道衰學廢天下之人非惟不得其方亦且併與其名義而不知之故孟子爲之諄諄然指示之曰惻隱之心仁之端也羞惡之心義之端也又曰人皆有所不忍達之於其所忍仁也人皆有

所不爲達之於所爲義也故欲求爲仁之方者當本之論語而欲明其義者參之孟子可矣

【徵】出門如見大賓言政莫非王事也使民如承大祭言民莫非天民也二句言敬己所不欲勿施於人恕也敬行仁之本恕行仁之要在邦謂在邦之人卿大夫是也在家謂在家之人鄉人是也君爽曰在家不知可以見已二句行仁之效或以在邦在家爲仲弓在邦在家非矣克己復禮與此章皆古語故皆曰請事斯語孔子非先王之法言不敢道者可以見焉按仲弓南面之器故孔子所告諸侯之仁也如見大賓如承大祭與克己復禮同而

敬以直內易文言傳曾指通義金仁山說

彼舉其全。此提其要。至於己所不欲勿施於人。則顏子不須告。天下歸仁。與在邦在家無怨其言效者亦有廣狹之異。此仲弓之所以不及顏子歟。然如朱子以乾道坤道解之。鑿矣。又有以敬以直內。義以方外傳會此章者。易語臣之道。而此語君道。且義恕不同。皆妄言已。

司馬牛問仁。子曰。仁者其言也訒。曰。其言也訒。斯謂之仁已乎。子曰。爲之難。言之得無訒乎。

古 孔安國曰。訒難也。牛宋人也。弟子司馬犂。孔安國曰。行仁難。言仁亦不得不難。

新 司馬牛。孔子弟子。名犂。向魋之弟。訒忍也。難也。仁者心存而不放。故其言若有所忍而不易發。蓋其德之一端也夫子以牛多言而躁故告之以此使其於此而謹之則所以爲仁之方不外是矣」牛意仁道至大不但如夫子之所言故夫子又告之以此蓋心常存故事不苟事不苟故其言自有不得而易者非强閉之而不出也楊氏曰觀此及下章再問之語牛之易其言可知○程子曰雖爲司馬牛多言故及此然聖人之言亦止此爲是愚謂牛之爲人如此若不告之以其病之所切而泛以爲仁之大槩語之則以彼之躁必不能深思以去其病而終無自以入德矣故其告之如此蓋聖人之言雖有高下大小之不同然其切於學者之身而皆爲入德之要則又初不異也讀者其致思焉

古義 司馬牛孔子弟子史記曰名犂訒難也仁者德全于內故言不易于外蓋牛之爲人多言而躁故夫子告之以此」牛意仁道至大不但如夫子所言故再問之而夫子又告之以此言仁者專務力行而不以易爲之故其言不得無訒苟易其言則無由以入德矣」夫子每答門弟子問仁必擧仁者之行而告之何也蓋仁無形也泛論仁之體不若就仁者之行而諭之之明而易知也故或擧仁者

之心而告之或就仁者之行而言之如此章是也〇朱氏曰牛之爲人如此若不告之以其病之所切而泛然以爲仁之大槪語之則以彼之躁必不能深思以去其病而終無自以入德矣故其告之如此

史記仲尼弟子傳

徵孔子答司馬牛。以仁者其言也訒。邢昺引史記。司馬牛多言而躁。故孔子答之以此。是誠聖人善誘也。朱子曰。仁者心常存。故事不苟。事不苟。故其言自有不得而易者。是自其心學之說。不可從矣。叚使其心常存不放。苟無安民之德。安得謂之仁者乎。仁齋曰。仁者專務力行而不以易爲之。亦未免窮措大之見矣。蓋仁者安民長人之德也。仁人者以其爲心者也。民與人亦衆哉。爲此則害彼施彼則此怨人與人相因時與事相推。我謂是足以利民而爲之。而害生於吾所不知者。不勘焉。故仁人之爲仁每難之。佞者則否。取其可言而言之。不復問其所爲何如。故其言每可聽。而害乎道。此巧言所以鮮仁也。而爲之難。言之訒。以此。

司馬牛問君子。子曰。君子不憂不懼。曰。不憂不懼。斯謂之君子已乎。子曰。內省不疚。夫何憂何懼。

古 孔安國曰。牛兄桓魋將爲亂。牛自宋來學。常憂懼。故孔子解之。包氏曰。疚病也。自省無罪惡。無可憂懼

仁者不憂憲問篇

【新】向魋作亂牛常憂懼故夫子告之以此」牛之再問猶前章之意故復告之以此疚病也言由其平日所爲無愧於心故能內省不疚而自無憂懼未可遽以爲易而忽之也〇晁氏曰不憂不懼由乎德全而無疵故無入而不自得非實有憂懼而強排遣之也

【古義】不憂不懼非仁且勇者不能此所以爲君子也」疚病也言反觀於己心無所病則胸中灑然理直氣強何憂懼之有」晁氏曰不憂不懼由乎德全而無疵故無入而不自得非實有憂懼而強排遣之也朱氏曰有憂懼者內有所慊也自省其內而無所病則心廣體胖何憂懼之有

【徵】君子不憂不懼。仁齋曰。非仁且勇者不能。是本諸仁者不憂勇者不懼。可謂奪席之雄已。然孔子曰。內省不疚。夫何憂何懼。此孔子言而孔子解之。此外復何言。舍此而作解。此豈欲勝孔子而上之

邪○矣君子成德之稱也○德成於己○故內省不疚○其意或謂仁者勇者皆成德之稱○皆君子也○則孔子何遺知者○

司馬牛憂曰人皆有兄弟我獨亡子夏曰商聞之矣死生有命富貴在天君子敬而無失與人恭而有禮四海之內皆兄弟也

【古】鄭玄曰牛兄桓魋行惡死亡無日我爲無兄弟」包氏曰君子疏惡而友賢九州之人皆可以禮親」

【新】牛有兄弟而云然者憂其爲亂而將死也」蓋聞之夫子」命稟於有生之初非今所能移天莫之爲而爲非我所能必但當順受而已」既安於命又當修其在己者故又言苟能持己以敬而不間斷接人以恭而有節文則天下之人皆愛敬之如兄弟矣蓋子夏欲以寬牛之憂故爲是不得已之辭讀

者不以辭害意可也○胡氏曰子夏四海皆兄弟之言特以廣司馬牛之意意圓而語滞者也唯聖人則無此病矣且子夏知此而以哭子喪明則以蔽於愛而昧於理是以不能踐其言爾

古義按左氏傳宋有司馬牛杜預以爲桓魋之弟今據此章牛實無兄弟明矣左氏所稱別是一人也家語謂孔門司馬牛即是也蓋依左氏而誤也莫之爲而爲者天也莫之致而至者命也言死生存亡富貴利達皆天之所爲命之所至非人力之所能遷何爲妄憂」敬以事而言君子敬其事而無失接人恭而有禮則人必親我天下之人皆吾兄弟也何以無兄弟爲患」天命不可不順人事不可不自盡故知命者自盡其在己者而無有一毫期望之心又無有一毫怨悔之意若子夏之言可謂達天知命矣

徵人皆有兄弟○我獨亡○是司馬牛憂桓魋之將爲亂○出於孔安國古來相傳之說○仁齋乃曰司馬

牛實無凡弟是其人不學詩故不知言語之道也有凡弟而曰無言語之道爲爾且子夏曰死生有命富貴在天若僕牛實無凡弟是言何所關涉也且憂者憂未然也甚哉仁齋之不識字也死生有命言其不可辭也富貴在天言其不可求也朱子曰命稟於有生之初泥矣凡言命者以其來至爲言者也孔子曰道之將行也與命也道之將廢也與命也是豈稟於有生之初哉如天命之謂性則語性故謂之稟於有生之初可也謂命必稟於有生之初者其究必至於廢學違道不可不辨敬而

無失○無過失也○朱子以不間斷解無失○以有節文
解有禮○是自其家學○不可從矣○

子張問明子曰浸潤之譖膚受之愬不行焉可謂明
也已矣浸潤之譖膚受之愬不行焉可謂遠也已矣

古 鄭玄曰譖人之言如水之浸潤漸以成之馬融
曰膚受之愬皮膚外語非其內實○馬融曰無此二
者非但爲明其德
行高遠人莫能及

新 浸潤如水之浸灌滋潤漸漬而不驟也譖毀人
之行也膚受謂肌膚所受利害切身如易所謂剝
牀以膚切近災者也愬愬己之冤也毀人者漸漬
而不驟則聽者不覺其入而信之深矣愬冤者急
迫而切身則聽者不及致詳而發之暴矣二者難
察而能察之則可見其心之明而不蔽於近矣此
亦必因子張之失而告之故其詞繁而不殺以致
丁寧之意云○楊氏曰驟而語之與利害不切於

身者不行焉有不待明者能之也故浸潤之譖膚受之愬不行然後謂之明而又謂之遠遠則明之至也書曰視遠惟明

【古義】齊氏曰水之潤物其浸以漸故游揚以誣善者曰浸潤之譖膚受芒刺痛痒立見故激以切己利害曰膚受之愬也譖毀人之行也愬愬己之寃也」夫子以二者不行最難其人故兼遠而言之」朱氏曰毀人者漸漬而不驟則聽者不覺其入而信之深矣愬寃者急迫而切身則聽者不及致詳而發之暴矣二者難察而能察之則可見其心之明而不蔽于近矣

【徵】浸潤之譖。膚受之愬。鄭玄曰。譖人之言。如水之浸潤漸以成之。馬融曰。膚受之愬。皮膚外語。非其內實。朱註。謂肌膚所受。利害切身。然古言皆以淺爲膚。馬融得之。邢昺曰。愬亦譖也。變其文耳。朱註。

譖毀人之行也。愬愬己之寃也。蓋愬己之寃者必兼譖人。譖人者不必皆愬己之寃。朱註得之。明者爲人上之德也。故古言明者。以爲人上者言之。此章是也。朱子以爲因子張之失而告之。此自後世明理之説與。而人昧古言。故或疑此章之無味耳。大氐人君喜察。察之明者。必疑其大臣而不任。以近習爲其耳目。古今通弊也。故孔子以不蔽於近臣爲人君之明。可謂萬世之至言已。浸潤之譖。譖之巧者也。膚受之愬。恃寵者也。受寃之淺。輒愬諸君。狎恩所使也。近臣不狎恩。不得用其譖。人君之

書曰太甲

明也。中庸曰。敬大臣則不眩。正與此相表裡。蓋不敬大臣。則下伺上意。結交近臣。明之所以蔽也。既曰明又曰遠者。書曰。視遠惟明。子張蓋問書於孔子也。夫所以不能視遠者。蔽於近故也。大臣得其人。則九牧而萬國。如綱舉而目張。如以臂使指也。不然而欲燭萬里之外。豈可得乎。庸君則疑大臣而任近習。遠之所以不燭也。是視遠之道。亦在不蔽于近耳。

子貢問政子曰足食足兵民信之矣子貢曰必不得已而去於斯三者何先曰去兵子貢曰必不得已而

去於斯二者何先曰去食自古皆有死民無信不立

古孔安國曰死者古今常道人皆有之治邦不可失信

新言倉廩實而武備修然後教化行而民信於我不離叛也」言食足而信孚則無兵而守固矣」民無食必死然死者人之所必不免無信則雖生而無以自立不若死之爲安故寧死而不失信於民使民亦寧死而不失信於我也〇程子曰孔門弟子善問直窮到底如此章者非子貢不能問非聖人不能答也愚謂以人情而言則兵食足而後吾之信可以孚於民以民德而言則信本人之所固有非兵食所得而先也是以爲政者當身率其民而以死守之不以危急而可棄也

古義民有恒產則非心不生武備克修則民心不搖教民以信則國本固矣」言兵者保國之要不可去然食足而信孚則無兵而可守故兵可去而食與信不可去也言食者人之天無食則死然死者人之所必有無信則人道不立故食可去而信不可去也」張氏栻曰生則有死人之常理至於無信

則欺詐相奪無復人理是重於死也夫食與兵固爲急務然信爲之本無信則雖有粟而誰與食雖有兵而誰與用哉〇程子曰孔門弟子善問直窮到底如此章者非子貢不能問非聖人不能答也

徵 足食足兵民信之矣是子貢爲邊邑宰而問政故孔子告以此民信之者言民信其爲民之父母不疑也是非由足食足兵而信之然非足食足兵則民亦不信之故足食足兵在前耳民無信不立者上無信則民不立也爲民之父母仁也上仁而民信之是信之在民故曰民無信不立其實信者上之所爲也孔安國曰治邦不可失信得之矣不立者民心動搖無所措其身也朱子曰以民德而

詁則信本人之所固有。是不得其解而動爲五常之說。經生哉。仁齋曰教民以信。講師哉

棘子成曰君子質而已矣何以文爲子貢曰惜乎夫子之說君子也駟不及舌文猶質也質猶文也虎豹之鞟猶犬羊之鞟

古 鄭玄曰舊說云棘子成衞大夫」鄭玄曰惜乎夫子之說君子也過言一出駟馬追之不及」孔安國曰皮去毛曰鞟虎豹與犬羊別者正以毛文異耳今使文質同者何以別虎豹與犬羊邪

新 棘子成衞大夫疾時人文勝故爲此言」言子成之言乃君子之意然言出於舌則駟馬不能追之又惜其失言也」鞟皮去毛者也言文質等耳不可相無若必盡去其文而獨存其質則君子小人無以辨矣夫棘子成矯當時之弊固失之過而子貢矯子成之弊又無本末輕重之差胥失之矣

古義 棘子成衛大夫疾時人文勝故爲此言」言子成之所以論君子者失之一偏而不能無害夫君子之言爲世模楷不可不謹焉而其舌一動則雖駟馬不能追此可惜也」皮去毛曰鞟言文質兩者不可相無而文貴質賤君子小人之所以分者在文而不在質譬如虎豹之鞟與犬羊之鞟無以異也若盡去文而獨存質則君子小人何所分哉」夫君子之所以爲君子者文而已矣而所謂文者謂文質適均之文非對質之文也所謂郁郁乎文哉是也禮儀三百威儀三千貴賤尊卑各有等威謂之文非文質彬彬則不可以謂之文也若盡去其文而獨存其質則與野人無異豈足主張風教維持世道哉此子貢所以惜子成之言也

徵 惜乎夫子之說君子也。九字一句。朱註謂子成之言。乃君子之意。是折爲二句非矣。文猶質也。質猶文也。言文質之不可相無也。虎豹之鞟猶犬羊

郁郁乎文哉八佾篇

之鞹言文之可貴也言苟以鞹則虎豹猶犬羊也上下意殊何註今使文質同者何以別虎豹與犬羊邪是作一意相承文猶質也質猶文也子成之意而虎豹之鞹猶犬羊之鞹子貢之意也然子成分明貴質故何註非矣朱子曰棘子成矯當時之弊固失之過而子貢矯子成之弊又無本末輕重之差胥失之矣是朱子不知言語之道吹毛求疵仁齋曰夫君子之所以爲君子者文而已矣而所謂文者謂文質適均之文非對質之文也所謂郁郁乎文哉是也禮儀三百威儀三千貴賤尊卑各

有等威謂之文非文質彬彬則不可謂之文也若盡去其文而獨存其質則與野人無異豈足主張風教維持世道哉是與其平生議論大殊豈欲殊朱子爲其病根邪夫質者質行也謂孝弟忠信也文者謂禮樂也如質勝文則野文勝質則史文質彬彬然後君子及此章皆以質行禮樂對言孝弟忠信者君子野人皆不可無而禮樂則君子之所獨其義甚明矣夫文一而已皆對質言之豈有所謂文質適均之文者哉後儒昧乎古言乃欲就禮樂上分文質是古書所無妄之甚者也仁齋又踵

文王既沒 子罕篇

其誤而謂此爲文質適均之文。彼爲對質之文。其人嘗譏宋儒有理之命氣之命。而今又倣其尤者。何哉。至於主張風教維持世道之言。最可笑之甚。夫文者禮樂也。禮樂者先王之道也。先王之道治人之道也。君子治人者也。野人治於人者也。故君子之所以爲君子者。文而已矣。徒以主張風教維持世道。則孔子何曰。文王既沒。文不在茲乎。中庸何曰。文王之所以爲文也乎。

哀公問於有若曰。年饑用不足。如之何。有若對曰。盍徹乎。曰。二吾猶不足。如之何其徹也。對曰。百姓足。君

孰與不足百姓不足君孰與足

古 鄭玄曰盍者何不也周法什一而稅謂之徹徹通也爲天下通法」孔安國曰二謂什二而稅」孔安國曰孰誰也

新 稱有若者君臣之詞用謂國用公意蓋欲加賦以足用也」徹通也均也周制一夫受田百畝而與同溝共井之人通力合作計畝均收大率民得其九公取其一故謂之徹魯自宣公稅畝又逐畝什取其一則爲什而取二矣故有若請但專行徹法欲公節用以厚民也」二節所謂什二也公以有若不諭其旨故言此以示加賦之意」民富則君不至獨貧民貧則君不能獨富有若深言君民一體之意以止公之厚斂爲人上者所宜深念也○揚氏曰仁政必自經界始經界正而後井地均穀祿平而軍國之需皆量是以爲出焉故一徹而百度舉矣上下寧憂不足乎以二猶不足而教之徹疑若迂矣然什一天下之中正多則桀寡則貉不可改也後世不究其本而唯末之圖故征斂無藝費出

無經而上下困矣又惡知盍徹之當務而不爲迂乎

【古義】用謂國用鄭氏曰周法什一而稅謂之徹徹通也爲天下之通法愚按周禮鄉遂用貢法都鄙用助法皆一夫授田百畝蓋通貢助二法而用之其實皆什一也故謂之徹有若以爲一行徹法則上下均足不至饑乏魯自宣公初稅畝又每畝十取其一故曰二哀公因有若之言又言其不能徹之意君以民立無民則無君故百姓足則君自足百姓不足則君亦不足有若深言君民一體之意以止公之厚歛詩云經始靈臺經之營之庶民攻之不日成之經始勿亟庶民子來是謂君民一體有若所謂百姓足君孰與不足是也○揚氏曰仁政必自經界始經界正而後井地均穀祿平而軍國之需皆量是以爲出焉故一徹而百度舉矣上下寧憂不足乎以二猶不足而教之徹疑若迂矣然什一天下之中正多則桀寡則貉不可改也後世不究其本而唯末之圖故征歛無藝費出無經而上下困矣又惡知盍徹之當務而不爲迂乎

税畝已見

徵年饑用不足。哀公之意。言其所以自供不足也。有若以爲所以振濟民不足也。是用字。哀公以其好用言之。而有若以國用視之。故曰盍徹乎。魯自宣公稅畝。則民習於二者久矣。今值年饑而復徹。則民不困於饑也。及其曰二吾猶不足而有若悟哀公之意。故言君民一體之義以喻之。爲其國君而急民故也。不爾。問答不相應。豈不誠迂乎。舊註皆不得其解矣。古註。周法什一而稅。謂之徹。徹通也。爲天下之通法。貢助豈不爲天下之通法乎。仁齋曰。通貢助二法而用之。故謂之徹。亦非命名之義。蓋夏貢殷助。周兼用二法。而皆通耕均收。故謂之徹耳。夏貢殷助。不必皆通耕均收。而周創通耕均收之制。是周制所以益詳也。楊氏之言。朱註收之。雖非有若盍徹之意。所謂一徹而百度舉矣者。亦至論也。蓋周禮壞而徹廢。何則。量入以爲出。什一之稅。僅足以行周官之制度耳。

子張問崇德辨惑。子曰主忠信徙義崇德也愛之欲其生惡之欲其死既欲其生又欲其死是惑也誠不以富亦祗以異

古孔安國曰辨別也」包氏曰徙義見義則徙意而從之」包氏曰愛惡當有常一欲生之一欲死之是

心惑也」鄭玄曰此詩小雅也祇適也言此行誠不可以致富適足爲異耳取此詩之異義以非之

【新】主忠信則本立徙義則日新」愛惡人之常情也然人之生死有命非可得而欲也以愛惡而欲其生死則惑矣既欲其生又欲其死則惑之甚也」此詩小雅我行其野之詞也舊說夫子引之以明欲其生死者不能使之生死如此詩所言不足以致富而適足以取異也程子曰此錯簡當在第十六篇齊景公有馬千駟之上因此下文亦有齊景公字而誤也○楊氏曰堂堂乎張也難與並爲仁矣則非誠善補過不蔽於私者故告之如此

【古義】主忠信則崇德之基立矣徙義則崇德之功速矣」死生之命由天非人之所能短長也而常人之情愛人之甚欲其常生及其惡之也亦欲其死此非惑乎苟辨之則凡似此之類皆不肯爲」此詩小雅我行其野之詞也程子曰此錯簡當在第十六篇齊景公有馬千駟之上因此下文亦有齊景公字而誤也」非崇德則無以得學問之實非辨惑則無以見學問之功皆學者之切務也

易曰文言
詩書義之府也二句數見上
戴記曰見禮器
詩小雅瞻彼洛矣又曰巷伯

徵 崇德。俾德崇也。易曰。忠信所以進德也。主之云者。以此而學也。古之學。詩書禮樂。詩書義之府也。禮樂德之則也。戴記曰。忠信之人。可以學禮。此曰徙義。皆加之以學。是主字之義也。學而曰過則勿憚改。亦徙義也。愛之欲其生。惡之欲其死。人之情也。非惑。詩曰。君子萬年。又曰。投畀豺虎。可以見已。宋儒以欲生欲死爲惑。是佛老之見耳。又昧乎惑字之義矣。惑者。無定見而爲人眩惑也。善人當愛。不善人當惡。是其人之善不善素定。然嚮所愛之人。今則惡之。是我無定見。而爲物眩惑。故孔子極言愛惡之至以明之○愛之甚○欲其生○惡之甚○欲其死○是愛惡豈可遽變乎○可見其爲物眩惑○是孔子之意也○後儒昧乎辭而不得其解○以陷於佛老悲哉○誠不以富二句○程子以爲當在第十六篇○齊景公有馬千駟之上○今從之○

齊景公問政於孔子孔子對曰君君臣臣父父子子公曰善哉信如君不君臣不臣父不父子不子雖有粟吾得而食諸

古 孔安國曰當此時陳恆制齊君不君臣不臣父不父子不子故以對○孔安國曰言將危也陳氏果滅齊

新齊景公名杵臼魯昭公末年孔子適齊」此人道之大經政事之根本也是時景公失政而大夫陳氏厚施於國景公又多內嬖而不立太子其君臣父子之間皆失其道故夫子告之以此」景公善孔子之言而不能用其後果以繼嗣不定啓陳氏弑君簒國之禍○楊氏曰君之所以君臣之所以臣父之所以父子之所以子是必有道矣景公知善夫子之言而不知反求其所以然蓋悅而不繹者齊之所以卒於亂也

古義景公名杵臼」爲政以彛倫得叙爲本當是之時齊國君臣父子皆失其道故夫子以此告之」言必至危亡不得享其祿」朱氏曰景公善孔子之言而不能用其後果以繼嗣不定啓陳氏弑君簒國之禍○爲政之本在於君臣父子各得其所而不紊苟不求其本而唯末之圖則施爲雖當條令雖明豈足以善其國乎蓋夫子爲景公問政而對故其責成專在君上惜乎景公知善夫子之言而不知反求于其身此齊之所以卒于亂也若後之人君讀此而不知反求於其身則又一齊景公也

徵無說

子曰片言可以折獄者其由也與子路無宿諾

古 孔安國曰片猶偏也聽訟必須兩辭以定是非偏信一言以折獄者唯子路可也」宿猶豫也子路篤信恐臨時多故故不豫諾

新 片言半言折斷也子路忠信明決故言出而人信服之不待其辭之畢也」宿留也猶宿怨之宿急於踐言不留其諾也記者因夫子之言而記此以見子路之所以取信於人者由其養之有素也○尹氏曰小邾射以句繹奔魯曰使季路要我吾無盟矣千乘之國不信其盟而信子路之一言其見信於人可知矣一言而折獄者信在言前人自信之故也不留諾所以全其信也

古義 片孔氏曰猶偏也片言半言折斷也」此言子路之爲人氣質明決能得聽人之片言以斷其誠僞可見其有政事之才也故曰由也果於從政乎何有」朱氏曰宿留也猶宿怨之宿急於踐言不留

其諾也記者因夫子之言而類記之。古本或以此別爲一章至於邢氏連合上章今又別爲一章以復其舊云。子路忠信剛果急於踐言而不慢人之約小者如此大者可知

徵片言可以折獄蓋古語也。孔子誦以美子路。片言者聽訟者之片言也。朱註得之。古註謂不具兩造。豈有聽訟而不待兩造者乎。可謂謬矣。子路無宿諾。古註。宿。猶豫也。如豫約來年是也。事不可豫知。故無豫諾。欲不爽諾也。朱註。宿。留也。迫急之甚。是自宋儒之見耳。此因唯恐有聞而生此解。然學問之事。自不與已諾同也。

唯恐有聞公冶長篇

子曰聽訟吾猶人也必也使無訟乎

【古】包氏曰：言與人等。

王肅曰：化之在前。

【新】范氏曰聽訟者治其末塞其流也正其本清其源則無訟矣○楊氏曰子路片言可以折獄而不知以禮遜爲國則未能使民無訟者也故又記孔子之言以見聖人不以聽訟爲難而以使民無訟爲貴

【古義】此言治民者皆以聽訟爲能而不知使民無訟之爲至故門人記之以明正其本清其源則自無訟也○陳氏櫟曰聽訟者決民之爭無訟者躬行化民而民自不爭無訟之可聽非禁之使然默化潛孚若使之耳

【徵】聽訟吾猶人也聖人之不貴聰明也必也使無訟乎言若必欲見我之材則使民無訟是或可能若聽訟則非我所長也蓋世貴才諝以善聽訟誇

其能者有之然人之情僞萬端訟之不易聽必欲於此見其長則其害有不可勝道者故孔子云爾

學者多昧必也二字之解

子張問政子曰居之無倦行之以忠

【古】王肅曰言爲政之道居之於身無得懈倦行之於民必以忠信

【新】居謂存諸心無倦則始終如一行謂發於事以忠則表裏如一○程子曰子張少仁無誠心愛民則必倦而不盡心故告之以此

【古義】朱氏曰居謂存諸心行謂發於事不顧乎其外則自無倦視之猶己事則必以忠無倦則見功速矣以忠則事必成矣此二者爲政之至要也

【徵】王肅曰言爲政之道居之於身無得解倦行之

居仁孟子離婁篇

於民必以忠信似小失矣居者如居仁之居身居於政也謂視政如其家事也是以心言之忠者盡己之心委曲詳悉是以事言之

子曰博學於文約之以禮亦可以弗畔矣夫

【古】鄭玄曰弗畔不違道

【新】重出

【古義】重出例見前篇

徵無說

子曰君子成人之美不成人之惡小人反是

古無注

新　成者誘掖獎勸以成其事也君子小人所存既有厚薄之殊而其所好又有善惡之異故其用心不同如此

古義　成者謂成全其事也君子之心善善長而惡惡短故人之有美名也襃稱揄揚以欲成全其事其有惡名也分疏恕宥使其不終爲惡人舜之隱惡而揚善其事亦相類小人之心刻薄而忌善人有美名則發擿隱伏以沮壞其事有惡聲則文致羅織以證成其罪君子小人用心不同每每如此

徵　仁齋先生曰君子之心善善長而惡惡短故人之有美名也襃稱揄揚以欲成全其事其有惡名也分疏恕宥使其不終爲惡人有味哉其言之學者忽觀此章必欲沮壞其惡是見一生所見無善天下之人皆惡人則其人一生以沮壞人事爲務

是聖人之心哉。朱子之解或有是弊，學者察諸。

季康子問政於孔子。孔子對曰：政者正也，子帥以正，孰敢不正？

【古】鄭玄曰：康子，魯上卿，諸臣之帥也。

【新】范氏曰：未有己不正而能正人者。○胡氏曰：魯自中葉，政由大夫，家臣效尤，據邑背叛，不正甚矣。故孔子以是告之，欲康子以正自克，而改三家之故。惜乎康子之溺於利欲而不能也。

【古義】君者本也，民者末也。表正則影直，源清則流澄。故曰：其身正，不令而行；其身不正，雖令不從。記曰：堯舜帥天下以仁，而民從之；桀紂帥天下以暴，而民從之。其所令反其所好，而民不從。大凡聖賢之論政，反其本皆如此。通下二章皆此意云。

徵說 無

季康子患盜問於孔子孔子對曰苟子之不欲雖賞之不竊

古 孔安國曰欲多情欲言民化於上不從其令從其所好

新 言子不貪欲則雖賞民使之爲盜民亦知恥而不竊○胡氏曰季氏竊柄康子奪嫡民之爲盜固其所也盍亦反其本耶孔子以不欲啓之其旨深矣奪嫡事見春秋傳

古義 治民之方在德不在術凡民之非心皆上之所使苟爲上者帥之以廉恥則民皆感化雖賞之使爲盜而民亦知恥而不竊又何患盜康子徒意弭盜之有術而不知反其本夫子正其本而告之其意切矣

公綽之不欲憲問篇

徵 苟子之不欲○公綽之不欲○皆謂廉也○猶言無欲古言爲爾○不知者乃謂不欲與無欲殊矣○故詳諸○

季康子問政於孔子曰如殺無道以就有道何如孔子對曰子爲政焉用殺子欲善而民善矣君子之德風小人之德艸艸上之風必偃

古孔安國曰就成也欲多殺以止姦」孔安國曰亦欲令康子先自正偃仆也加艸以風無不仆者猶民之化於上

新爲政者民所視效何以殺爲欲善則民善矣上一作尚加也偃仆也◯尹氏曰殺之爲言豈爲人上之語哉以身教者從以言教者訟而況於殺乎

古義就成也」言子爲政安用刑殺子欲善則民皆善」上一作尚加也偃仆也亦欲康子先自正也」善善惡惡二者固不可無然善善則不用惡惡而惡者自善矣若夫不善善而徒欲必去惡則惡惡者不可勝去而善者亦不得成矣康子蓋欲殺惡人以成善人而不知成善人則惡人自化故曰子欲

民德歸厚學而篇 三達德中庸 六德周禮大司徒 九德書皋陶謨

善而民善矣末又設譬以言民之易化而感乎甚速也

【徵】君子之德風小人之德草君子在上之稱小人謂民古書每然德字如民德歸厚之德謂自然有若是者也如其它三達德六德九德雖與是不同亦當由此轉觀庶可以識古言已

子張問士何如斯可謂之達矣子曰何哉爾所謂達者子張對曰在邦必聞在家必聞子曰是聞也非達也夫達也者質直而好義察言而觀色慮以下人在邦必達在家必達夫聞也者色取仁而行違居之不疑在邦必聞在家必聞

【古】鄭玄曰言士之所在皆能有名譽」馬融曰常有謙退之志察言語見顏色知其所欲其志慮常欲以下人」馬融曰謙尊而光卑而不可踰」馬融曰此言佞人假仁者之色行之則違安居其僞而不自疑」馬融曰佞人黨多

【新】達者德孚於人而行無不得之謂子張務外夫子蓋已知其發問之意故反詰之將以發其病而藥之也」言名譽著聞也」聞與達相似而不同乃誠僞之所以分學者不可不審也故夫子既明辨之下文又詳言之」內主忠信而所行合宜審於接物而卑以自牧皆自修於內不求人知之事然德修於己而人信之則所行自無窒礙矣」善其顏色以取於仁而行實背之又自以爲是而無所忌憚此不務實而專務求名者故虛譽雖隆而實德則病矣○程子曰學者須是務實不要近名有意近名大本已失更學何事爲名而學則是僞也今之學者大抵爲名爲名與爲利雖清濁不同然其利心則一也尹氏曰子張之學病在乎不務實故孔子告之皆篤實之事充乎內而發乎外者也當時門

人親受聖人之教而差失有如此者況後世乎

古義 達者謂內有其實名譽自達也夫子疑子張所謂達者未必達之本意故反詰之將以發其病而藥之子張之所言達者如此也聞者謂致飾乎外以致名聞也質直好義則不事矯飾察言觀色則不自滿假慮以下人則不敢自高此皆修己自謙不求人知之事然能如此則德修于己而人必信之聲名自達于四方也善顏色以取於仁而行實違其本心又自以爲是而無所忌憚故名譽雖著聞於時而實德則病矣夫聞達之辨明而後學者之志定矣聞者虛于中而聲于外不務于實而務于名達者足于此而通于彼自修於中而不求人知乃誠僞之所在而君子小人之所以分也凡後世所謂達者皆聞也而非達也學者宜審擇焉

徵 聞達之分聞者主名之聞於世而言之也達者主我道之行於世而言之也質直不事矯飾也朱

子以忠信解之。似而非矣。好義。不苟阿也。察言而觀色。察人之言。觀人之色也。慮以下人。慮者謂用心委曲也。皆有遜志柔順意。雖不矯飾不苟阿。而亦必柔順謙卑。乃達之道也。辟如風乎。巽以入。是以達於宇內而莫之能過焉。如亢簡絶物。雖質直好義乎。不能達也。色取仁者。唯顔色學仁者也。取者。謂取之於仁者也。行違者。謂行與顔色違也。仁齋謂行實違其本心。非也。蓋其意謂色取仁者亦非有意於爲不善矣。但其學仁而不得其道。故唯以善顔色。而其所行非仁。乃有違其初心。是亦善

靜言庸違書堯典

得孔子言之之意矣。然是與靜言庸違義同，則不得於辭者已。居之不疑，是又色取仁者之所以聞也。久假而不歸，有似其有也。

樊遲從遊於舞雩之下，曰：敢問崇德、脩慝、辨惑。子曰：善哉問！先事後得，非崇德與？攻其惡，無攻人之惡，非脩慝與？一朝之忿，忘其身以及其親，非惑與？

古 包氏曰：舞雩之處有壇墠樹木，故下可遊焉」孔安國曰：慝，惡也。脩，治也。治惡爲善。孔安國曰：先勞於事，然後得報。

新 胡氏曰：慝之字從心從匿，蓋惡之匿於心者。脩者，治而去之」善其切於爲己」先事後得，猶言先難後獲也。爲所當爲而不計其功，則德日積而不自知矣。專於治己而不責人，則己之惡無所匿矣。知一朝之忿爲甚微而禍及其親爲甚大則有以辨惑而懲其忿矣樊遲麤鄙近利故告之以此三者皆所以救其失也○范氏曰先事後得上義而下利也人惟有利欲之心故德不崇惟不自省己過而知人之過故慝不脩感物而易動者莫如忿忘其身以及其親惑之甚者也惑之甚者必起於細微能辨之於早則不至於大惑矣故懲忿所以辨惑也

古義 慝隱惡也脩者治而去之遲當從遊之際忽發切身之問故夫子善其問先勞於事而後得其報則其德日進以極高明矣專於治己之惡而無意攻人之惡則視其惡分明而無所匿矣此惑之甚易知者而人情之所或不免若辨其爲惑則其他似此之類皆得能辨之此雖因樊遲之病而告之然聖人之言實萬世之典則學者之懿範人人所當佩服者也而視前所告子張者其言切其旨厲益由樊遲之所問益切於爲己也學者其可不深味之哉

徵 樊遲從遊於舞雩之下。門人詳録是者。何謂也。

未見顏色而言
季氏篇

樊遲聞夫子之教而謹録焉。書其地者，謹之道也。且古者侍於君子，未見顏色而言，謂之瞽。見顏色者，見顏色之愉也。樊遲從遊於舞雩之下，見夫子之暇而愉也，故問其所欲問，尊師之道也。且古者君子，惡舉人之過，而欲聞其過，惡舉人之過也。弟子有問於稠人之中，則師或不斥其過焉。故弟子欲聞其過者，必於無人之處焉，如舞雩之下是也。非不欲暴己之過也，恐君子之難言之也。學之道也。夫子善其問，朱子曰：善其切於爲己，是或然矣。然以樊遲之難問，故夫子奬臾之，亦善誘之道也。

樊遲録而地焉。後君子從而弗削焉。其諸以是乎。崇德脩慝辨惑。蓋古書之文也。先事後得。朱子曰。猶言先難後獲也。孔安國曰。先勞於事。然後得報。爲是。朱子以得爲効。辨見于上。大氐古人所謂學在應事接物之際。而非如後世動求諸心者。故謂之事。可以見已。以得其報爲心。則必有作輟。德之所以不崇也。攻其惡。無攻人之惡。唯其心之所嚮而慝可見也。惑者。知爲物奪也。一事輕而身與親重。凡人所見之常皆然。然有時乎一朝之忿忘其身以及其親者。非知爲物奪邪。

樊遲問仁子曰愛人問知子曰知人樊遲未達子曰舉直錯諸枉能使枉者直樊遲退見子夏曰鄉也吾見於夫子而問知子曰舉直錯諸枉能使枉者直何謂也子夏曰富哉言乎舜有天下選於衆舉皋陶不仁者遠矣湯有天下選於衆舉伊尹不仁者遠矣

古 包氏曰舉正直之人用之廢置邪枉之人則皆化爲直」孔安國曰富盛也」孔安國曰言舜湯有天下選擇於衆舉皋陶伊尹則不仁者遠矣仁者至矣

新 愛人仁之施知人知之務」曾氏曰遲之意蓋以愛欲其周而知有所擇故疑二者之相悖爾」舉直錯枉者知也使枉者直則仁矣如此則二者不惟不相悖而反相爲用矣」遲以夫子之言專爲知者之事又未達所以能使枉者直之理」歎其所包者廣不止言知」伊尹湯之相也不仁者遠言人皆化

而爲仁不見有不仁者若其遠去爾所謂使枉者直也子夏蓋有以知夫子之兼仁知而言矣○程子曰聖人之語因人而變化雖若有淺近者而其包含無所不盡觀於此章可見矣非若他人之言語近則遺遠語遠則不知近也尹氏曰學者之問也不獨欲聞其說又必欲知其方不獨欲知其方又必欲爲其事如樊遲之問仁知也夫子告之盡矣樊遲未達故又問焉而猶未知其何以爲之也及退而問諸子夏然後有以知之使其未喻則必將復問矣既問於師又辨諸友當時學者之務實也如是

古義 遲於仁則既達其理矣但疑知之德不止知人也」此言知人之德甚廣也」此專疑夫子論知之語而問之」富盛也言夫子論知之一言甚富盛無所不該也」皋陶舜時爲士官伊尹湯相朱氏曰不仁者遠言人皆化而爲善不見有不仁者若其遠去爾所謂使枉者直也」此章知人以下專言知之德甚大也樊遲之所疑夫子之所答子夏之所述皆在於知矣遲初非疑仁知之相悖夫子亦非兼

仁知而言也夫子嘗答哀公又曰舉直錯諸枉則民服意哀公徒知舉錯得當則人心服焉而不知一言之中亦自有舜湯治天下之盛如此其大也由是觀之則凡聖人之言皆隨觀者之淺深而爲之廣狹如此學者其可不盡心哉

徵樊遲問仁。子曰。愛人。謂仁人也。蓋仁爲安民之德。然徒以安民爲仁。則小子欲爲仁而不可得焉。故告以仁者之愛人也。知人。亦謂知者也。知者之事。豈止知人哉。然徒求於廣遠。則非所以便於學者焉。故告以知者之知人也。然孔子所謂愛人。亦謂能成其愛也。則安之也。知人。亦謂能成其知。則用之也。後儒泥孟子。而以惻隱視仁。以是非視知。

動求諸心。故言愛而不及安之言知而不及用之。愛不能成其愛。知不能成其知。以貽有體無用之誚者。乃坐溺乎流而昧乎源。是以不識古言。失於孔子之心也。學者察諸。

舉直錯諸枉。蓋古語。言積材之道者也。直者材之良者也。枉者材之不良者也。謂舉直而措之乎枉之上。枉者爲直者所厭而自直也。以木材之良不良喻人材焉。不爾。曲直豈足語臯陶伊尹乎。且衆枉豈可悉廢乎。不仁者遠矣。朱子曰。言人皆化而爲仁。不見有不仁者。若其遠去爾。所謂使枉者直

焉知賢才而舉之子路篇

也。得之。但樊遲未達。朱註以爲疑仁知之相悖。仁齋先生曰。知人以下。專言知之德甚大也。樊遲之所疑。夫子之所答。子夏之所述。皆在於知矣。遲初非疑仁知之相悖。夫子亦非兼仁知而言也。爲是。如朱子富哉之解。失於巧矣。樊遲蓋疑人之不可悉知也。猶如仲弓焉知賢才而舉之也。能使枉者直。樊遲未之信。所以問子夏也。子夏引舜湯之事以証之已。犬氏後人以知人爲知人之賢不賢。殊不知聖人之意。唯言知賢人也。唯賢人爲難知焉。非知者不能知之矣。故以知人爲知者之事。學者思諸。

子貢問友。子曰：忠告而善道之，不可則止，無自辱焉。

古 包氏曰：忠告，以是非告之，以善道道之，不見從則止。必言之，或見辱。

新 友所以輔仁，故盡其心以告之，善其說以道之。然以義合者也，故不可則止。若以數而見疏，則自辱矣。

古義 此言交友之道，在於能盡其心而告之，又善其說以道之。然其人不可，則暫止不言，亦俟其自悟。若數而無節，則返致嫌厭，勿自取辱可也。○朱氏曰：與之處而不告其過，非忠也。要使誠意交通，在未言之前，則言出而人信矣。不信，誠之不至也。

徵 忠告而善道之，不可則止。仁齋先生曰：其人不可，則暫止不言，俟其自悟。有味乎其言之矣。人多

以爲交於是乎可絶矣小人哉

曾子曰君子以文會友以友輔仁

古 孔安國曰友以文德合 孔安國曰友有相切磋之道所以輔成己之仁

新 講學以會友則道益明取善以輔仁則德日進

古義 言君子不徒會友其會之也必取講磨之益無友不如己者其友之也必取輔仁之人此君子之所以日新其德也

徵 以文會友古者宴會皆用禮樂文者禮樂也友直友諒友多聞所以輔仁也不言輔德而言輔仁是道也者先王之道也而學者依於仁

友直諒多聞季氏篇

論語徵集覽卷之十二 終

中國典籍日本注釋叢書・論語卷

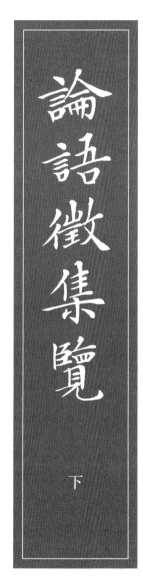

論語徵集覽

下

張培華 編

上海古籍出版社

論語徵集覽卷之十三

魏　何晏　集解
宋　朱熹　集註
大日本　滕維楨　古義
物茂卿　徵
從四位侍從源賴寛　輯

子路第十三

子路問政子曰先之勞之請益曰無倦

古 孔安國曰先導之以德使民信之然後勞之易曰說以使民民忘其勞　孔安國曰子路嫌其少故請益曰無倦者行此上事無倦則可

【新】蘇氏曰凡民之行以身先之則不令而行凡民之事以身勞之則雖勤不怨」吳氏曰勇者喜於有爲而不能持久故以此告之○程子曰子路問政孔子既告之矣及請益則曰無倦而已未嘗復有所告姑使之深思也

【古義】治民在於先修其身使民在於躬勤其事」爲政之道先之勞之二言盡之矣故及其請益以無倦告之胡氏炳文曰子張堂堂子路行行皆易銳於始而怠於終故答其問政皆以無倦告之子張少誠心故又加之以忠」道在邇而事在易故知道者不求諸遠而必求諸邇不求諸難而必求諸易知其要在此而不可易也以身先之則民勸矣否則事廢以身勞之則効速矣否則功不成若夫子之言可謂邇且易也然勤而不倦焉則治必定功必成矣其要唯在堪煩積久不求近効若求近効則怠心必生前功盡廢故及子路請益唯曰無倦眞藥石也哉

【徵】文武之政在於方策豈待問乎故諸人問政皆

易兌彖使作先

非爲其異日從政而預問之也其人方從政而問其所當務也故孔子答之亦非泛言從政之道也皆隨其人其時及其所治之土各殊焉故讀者當據其文義以觀孔子所以答之之意可也如先之勞之極難讀耳孔安國曰先導之以德使民信之然後勞之易曰說以使民民忘其勞其意極美然先之勞之二者對言而安國一之且用功全在先之爲不穩矣朱子謂以身先之以身勞之似矣但加以身二字義始通矣且謂勤爲勞似非古義矣蓋政必有所先之謂勿遽也則民不驚矣勞去聲

答子張見前篇

政必有所勞之。如勞來之勞。則民不怨矣。蓋子路勇於義。如以身先之。以身勞之。皆其所素能。則孔子未必以此告之也。大氐勇於義之人。以己視民。必有發政不以漸。而遽責其從己者。故曰先之。又必有以義責民而不恤其勞苦者。故曰勞之。無倦云者。亦非謂從事先勞而不倦也。亦如答子張居之無倦焉。

仲弓爲季氏宰。問政。子曰。先有司。赦小過。舉賢才。曰焉知賢才而舉之。曰舉爾所知。爾所不知。人其舍諸。

古 王肅曰。言爲政當先任有司而後責其事。孔安國曰。汝所不知者。人將自舉其所知。則賢才無遺。

【新】有司衆職也宰兼衆職然事必先之於彼而後考其成功則己不勞而事畢舉矣過失誤也大者於事或有所害不得不懲小者赦之則刑不濫而人心悅矣賢有德者才有能者舉而用之則有司皆得其人而政益修矣仲弓慮無以盡知一時之賢才故孔子告之以此程子曰人各親其親然後不獨親其親仲弓曰焉知賢才而舉之子曰舉爾所知爾所不知人其舍諸便見仲弓與聖人用心之大小推此義則一心可以興邦一心可以喪邦只在公私之間爾○范氏曰不先有司則君行臣職矣不赦小過則下無全人矣不舉賢才則百職廢矣失此三者不可以爲季氏宰況天下乎

【古義】有司屬吏也宰衆職所視傚故躬先率作則下無廢職過失誤也赦之則人得舒展而衆心悅舉賢才則人有所勸而政治明仲弓謙言吾明不足以知人之賢否所交亦不廣安知賢才而舉之夫子言且舉爾所知者苟實好賢而欲舉之則爾所不知者亦將有人以舉之而自無遺賢矣此三者爲政之大要也夫上者下之綱也綱不舉則目自弛上無所倡則下必怠故以先有司先之過誤

書益稷

不宥則刑罰濫而衆心畔故赦小過次之賢才國家之所倚賴苟不舉之則家扰不可治況國乎況天下乎故欲治天下者當與天下之人共治之欲治一國者當與一國之人共治之欲治一家者當與一家之人共治之仲弓知專求於己而不知與人共焉苟不與人共則季氏小邑猶不可治況天下乎此所以舉賢才而終之也」論曰夫以無人材爲憂者庸主之通患也天下之廣不患無人材不在於上必在於下不在於朝必在於野苟好賢甚則群賢彙征如拔茅茹豈有無人材之患乎嗚呼若夫子之言意直心廣足以牢籠天下之人材尚何無人材之爲患哉郭隗說燕昭王意近之

【徵】先有司王肅曰言爲政當先任有司而後責其事朱子因之仁齋曰宰衆職所視效故躬先率作則下無廢職大非聖賢相傳之意元首叢脞哉見于書凡爲人上者所重在委任其下矣亡論其庸

一駑。後世有意於治者皆喜用已才智而不任人才。是萬世通弊焉。其病蓋在小矣。觀於下文焉知賢才而舉之。則雖仲弓亦有未免此病者。故先有司。從古註爲是。夫宰誠衆職所視效也。衆職所視效則以德率之。是古今通義也。仁齋乃曰率作。又曰。上無所倡則下必怠。此賈人之家其老奴率群奴之事耳。鄙哉。

子路曰衛君待子而爲政子將奚先子曰必也正名乎子路曰有是哉子之迂也奚其正子曰野哉由也君子於其所不知蓋闕如也名不正則言不順言不

順則事不成事不成則禮樂不興禮樂不興則刑罰不中刑罰不中則民無所措手足故君子名之必可言也言之必可行也君子於其言無所苟而已矣

【古】包氏曰問往將何所先行」馬融曰正百事之名」包氏曰迂猶遠也言孔子之言遠於事」孔安國曰野猶不達」包氏曰君子於其所不知當闕而勿據今由不知正名之義而謂之迂遠」孔安國曰禮以安上樂以移風二者不行則有淫刑濫罰」王肅曰所名之事必可得而明言所言之事必可得而遵行

【新】衛君謂出公輒也是時魯哀公之十年孔子自楚反乎衛」是時出公不父其父而禰其祖名實紊矣故孔子以正名爲先謝氏曰正名雖爲衛君而言然爲政之道皆當以此爲先」迂謂遠於事情言非今日之急務也」野謂鄙俗責其不能闕疑而率爾妄對也」揚氏曰名不當其實則言不順言不順

則無以考實而事不成」范氏曰事得其序之謂禮物得其和之謂樂事不成則無序而不和故禮樂不興禮樂不興則施之政事皆失其道故刑罰不中」程子曰名實相須一事苟則其餘皆苟矣○胡氏曰衞世子蒯聵恥其母南子之淫亂欲殺之不果而出奔靈公欲立公子郢郢辭公卒夫人立之又辭乃立蒯聵之子輒以拒蒯聵夫蒯聵欲殺母得罪於父而輒據國以拒父皆無父之人也其不可有國也明矣夫子爲政而以正名爲先必將具其事之本末告諸天王請于方伯命公子郢而立之則人倫正天理得名正言順而事成矣夫子告之之詳如此而子路終不喻也故事輒不去卒死其難徒知食焉不避其難之爲義而不知食輒之食爲非義也

古義 衞君謂出公輒」名者實之表名一違則其實畢差故政以正名爲先」迂猶遠也言非今日之急務」責子路不能闕疑蓋君子以知爲知不知爲不知而不質言之」此言名不正之弊也事不成猶曰不成事體蓋百事順成而後禮樂可興若事不成則禮樂不興而政治乖繆刑罰不中」此言名之不

可不正也於其言猶云於其名稱也」爲政固多術矣然在衛國則莫急於正名若名一不正則下五者流弊自至百不可爲方是時衛世子蒯聵恥其母南子之淫亂欲殺之不果而出奔靈公欲立公子郢郢辭公卒乃立蒯聵之子輒以拒蒯聵輒乃仇其父而禰其祖名之不正孰甚焉孔子正名之言在是時實爲急務」論曰冉有曰夫子爲衛君乎子貢曰諾吾將問之入曰伯夷叔齊何人也曰古之賢人也出曰夫子不爲也而觀此章則夫子亦非不爲輒者蓋子貢之言語其常也佛肸弗擾之召夫子皆欲往此聖人不棄物之仁也向使輒誠心以待之虛己以委之則夫子豈不可助之乎正名之舉亦豈有難爲者乎胡氏以爲夫子爲政必將告諸天王請于方伯命公子郢而立之其論正矣而非人情不可從也中庸曰君子不動而敬不言而信不賞而民勸不怒而民威於鈇鉞蓋聖人神化之妙不可以言議意測之也

徵 必也正名乎。言必使我爲政。則正名爲先也。有

魯衛之政本篇

是哉子之迂也蓋時人有以孔子爲迂者子路始以爲不然今聞孔子之言而謂誠有如時人之言者也禮樂不興聖人之治必用禮樂孔子嘗曰魯衛之政兄弟也衛此時禮樂尚在而廢墜不舉猶如魯耳使孔子爲政必興之而自正名始苟不正名禮樂不可興故謂子路野哉者爲禮樂故也蓋名不正言不順事不成者它人或能言之而禮樂不興刑罰不中非孔子不能言之也出公仇其父禰其祖父而名以仇祖而名以禰名不正也告廟以子自稱如昭穆何告鄰國以子人孰識之以孫

則內外異稱，拒其父命，國中興師，將以何號令。皆言不順也。於是乎祭祀賓旅朝聘軍旅事皆廢，事不成也。先王禮樂，孝莫尚焉，孝道不立，禮樂不可得而興也。先王之禮樂，爲民立防，隄防不立，放辟邪侈之行生焉，非嚴刑則不可得而治焉，故刑罰不中，民無所措其手足也。此勢之所至，豈不然乎。宋儒不知禮樂，徒以序和爲說，可謂空言已。

樊遲請學稼。子曰：吾不如老農。請學爲圃。曰：吾不如老圃。樊遲出。子曰：小人哉樊須也。上好禮，則民莫敢不敬；上好義，則民莫敢不服；上好信，則民莫敢不用

情夫如是則四方之民襁負其子而至矣焉用稼

【古】馬融曰樹五穀曰稼樹菜蔬曰圃」孔安國曰情情實也言民化上各以實應」包氏曰禮義與信足以成德何用學稼以教民乎負者以器曰襁

【新】種五穀曰稼種蔬菜曰圃」小人謂細民孟子所謂小人之事者也」禮義信大人之事也好義則事合宜情誠實也敬服用情蓋各以其類而應也襁織縷為之以約小兒於背者〇揚氏曰樊遲遊聖人之門而問稼圃志則陋矣辭而闢之可也待其出而後言其非何也蓋於其問也自謂農圃之不如則拒之者至矣須之學疑不及此而不能問不能以三隅反矣故不復及其既出則懼其終不喻也求老農老圃而學焉則其失愈遠矣故復言之使知前所言者意有在也

【古】【義】種之曰稼斂之曰穡圃種菜之處」小人謂細民」禮以別上下辨貴賤故民敬」義以制可否明取舍故民服」情猶實也信以劃虛偽黜浮飾故民用情實」襁織縷為之廣八寸長丈二以約小兒於背」

多能鄙事子罕篇

漢文事見賈誼傳李商隱詩可

禮義信三者大人之事也蓋上好之則下亦以類而應速於桴鼓疾於置郵可以鼓舞萬民可以風動四方第患好之不篤耳若夫管心細務而不知道以維持天下者乃世俗之所務而非聖門之所謂學也夫子不面責其非而必待其出而言者蓋面責其非則彼固不得不從然或恐拂其意而聽信之不篤彼若聞夫子竊議己之非則羞惡之心生於內而悔悟親切自改之也必矣是亦夫子之仁也論曰聖門之學經世之學也古之聖賢隱於漁釣者有矣隱於版築者有矣若稼圃之事固士之所不羞爲者然在孔孟則鄙樊遲稼圃之問斥陳相並耕之說專以繼往聖開來學爲教濟天下立綱常爲道若版築漁釣之事固不得已之事也可知遯世爲高者非知孔孟之心者也

【徵】孔子多能鄙事。方其不仕家居。而家人有以稼圃稟者。孔子或指授其一二。必有常人不及者。故樊遲請學之。其失亦如漢文不問蒼生問鬼神焉。

憐夜半虛前席
不問蒼生問鬼
神

孔子所以不答也。然其意則如包咸說。曰禮義與信。足以成德。何用學稼以教民乎。觀於四方之民襁負其子而至矣。則包咸得之。昔在唐虞。后稷勤稼穡。孔子何以謂之小人也。蓋唐虞立民極。則壤定賦。立萬世之法。非稷益不能焉。如春秋時所乏君子之人。而樊遲乃不君子是學。而學細民之事。豈不謬乎。且稼穡瑣事。人皆諳練。豈如上古時哉。若夫窮陬之民。或昧其事。苟擇其人任之。何必躬教之也。大氐後世精藝殖者。多爲其君殖利已。其志卑。不知君子之道故也。仁齋引古聖賢隱於漁釣版築。而以樊遲爲遯世自高者。吁。遯世爲高者。豈學稼圃哉。孔子曰。四方之民襁負其子而至矣。何問答之不相値也。上好義則民服。措置當故也。用情云者。謂不匿其情也。情如軍情病情之情。民之所以難治者。以其情不可識也。其情所以不可識者。以疑其上也。所以疑其上者。以上無信也。故曰。上好信則民莫敢不用情。又孔子多不面斥其非。待其出而言者。師嚴而友親。故使朋友傳其言。禮爲爾。

子曰誦詩三百授之以政不達使於四方不能專對

雖多亦奚以爲

古 專猶
獨也

新 專獨也詩本人情該物理可以驗風俗之盛衰
見政治之得失其言溫厚和平長於風諭故誦之
者必達於政而能言也○程子曰窮經將以致用
也世之誦詩者果能從政而專對乎然則其所學
者章句之末耳此學者之大患也

古義 專獨也言政大事也使難事也讀詩而有得
則達於政而能使事也。詩之用廣矣可以興則足
觀可以觀則足以察人情識事變可以群則溫厚和
心可以觀則足以怨則爭戻褊急之心消好善惡不善之
平之心生爲政之本立矣則爭戻褊急之心消則達於政言事乘戻褊急對
善則溫厚和平之心生則爭戻褊急之心消好善惡不善之用
備矣溫厚和物不忤故可以達於政言事使獨對
心消則與物不忤故可以奉使獨對
從也○政而專對乎然則其所學者章句之誦詩者果能

者之大
患也

徵專對何晏曰專猶獨也雖多亦奚以爲以訓用

言其無所用詩也孔子曰不學詩無以言故不能

專對不善學詩者也聘禮記曰辭無常鄭玄註大

夫使受命不受辭是使四方所以貴能專對也朱

子曰詩本人情該物理可以驗風俗之盛衰見政

治之得失其言溫厚和平長於風諭故誦之者必

達於政而能言也可謂善解已然朱子之解詩以

義理故此曰本人情言主人情而教義理是其所

以下本字也其意謂非義理不可以爲教故不能

詩書義之府數
見

書道政事莊子
己見

離義理而解詩矣是不知詩者也夫詩悉人情豈
有義理之可言乎然古所以謂詩書義之府者何
也古之所謂義者殊於朱子所謂義焉蓋書者聖
賢格言詩則否其言無可以為教者焉然悉人情
莫善於詩故書正而詩變非詩則何以善用書之
義乎故所以謂詩書義之府者合詩書而言之也
如書道政事然必學詩而後書之義神明變化故
孔子謂達於政事者亦於此焉大氐詩之為言零零
碎碎繁繁雜雜凡天下之事莫不言者唯詩耳凡
天下之理莫不知者亦唯詩耳是豈理學者流所

人之二句詩鄘風鶉之奔奔篇人而二句相鼠篇取彼四句小雅巷伯篇讒人二句青蠅篇知我二句苕之華篇

能知哉故朱子所謂該物理者亦唯指草木鳥獸耳如驗風俗之盛衰見政治之得失豈不可乎然亦終異於知詩者所驗見已至於其言温厚和平者則大不然矣如人之無良我以爲兄人而無禮胡不遄死取彼譖人投畀豺虎豺虎不食投畀有北讒人罔極構我二人知我如此不如無生類豈温厚和平哉是朱子見經解其爲人也温柔敦厚詩教也而爲此言耳殊不知經解之言語學詩而成德者已非謂詩也學詩者之温柔敦厚爲悉性情故也如長於風諭豈啻詩乎亦在用之者焉是

朱子之所不知也。學者察諸。

子曰其身正不令而行其身不正雖令不從

古 令教令也

新 無註

古義 此聖賢治人之常法，不如此而能治人者，未之有也。蓋先王之治，詳于德而略于法，知法之不足恃也。孟子曰：人有恒言，皆曰天下國家。天下之本在國，國之本在家，家之本在身。故能修其本，則末自從之，天下無難爲者。故聖人論治平之道，其言每皆甚易而近者，蓋爲此也。

徵 古書所謂身。皆謂己也。對人對事而言。如其身正。不令而行。對人者也。禮樂得於身。對事者也。身心似相對。唯大學耳。然實不然也。宋儒動以身心

禮樂得於身禮記

苟非其人道不虛行易繫辭

內聖外王莊子天下篇

相對立工夫。浮屠之學也。學者察諸。又凡言正邪者。以先王之道言之者也。取諸其臆以爲正。何以能合先王之道也。孟子以規矩準繩爲喻。取正於先王也。此章之言。亦苟非其人道不虛行之意。若使無道乎。則其身雖正。亦不可行矣。何則。孔子之時。先王之道雖亡乎猶在。故特言此以責人君己。後儒不知先王之道也。徒睹此等之言。動求諸己。內聖外王之說。所以興也。學者察諸。

子曰魯衛之政兄弟也

古 包氏曰魯周公之封衛康叔之封周公康叔既爲兄弟康叔睦於周公其國之政亦如兄弟

魯一變雍也篇

左傳襄公二十九年季札曰衛多君子

新 魯周公之後衛康叔之後本兄弟之國而是時衰亂政亦相似故孔子嘆之

古義 魯周公之後衛康叔之後本兄弟之國而是時二國雖衰亂之甚然猶有二公之遺風故曰兄弟也亦魯一變至於道之意其在當時誰謂齊晉之強不如魯衛之弱然魯後齊晉而亡衛之子孫至漢猶在則王澤之遠亦不可誣也聖人之言可信也夫

徵 魯衛之政。兄弟也。仁齋先生曰。亦魯一變至於道之意。可謂善解論語已。蓋孔子去魯。而居衛之日獨多。門人亦多衛人。而衛多君子。豈不然乎。予竊疑大學亦衛人作。故其書動引康誥以及淇奧也。

子謂衛公子荊善居室始有曰苟合矣少有曰苟完

左傳昭公十三年

朱子曰見大全注

富有曰苟美矣

古 王肅曰荊與蘧瑗史鰌並爲君子

新 公子荊衛大夫苟聊且粗略之意合聚也完備也言其循序而有節不以欲速盡美累其心○揚氏曰務爲全美則累物而驕吝之心生公子荊皆曰苟而已則不以外物爲心其欲易足故也

古義 公子荊衛大夫「合聚也完備也」朱子曰言其循序而有節不以欲速盡美累其心」此夫子稱公子荊以示居室之道也○朱氏曰常人居室不極其華麗則榻傾壁倒全不理會子荊自合而完而美循循有序而又皆曰苟而已初不以此累其心故聖人稱之

徵 善居室。居者。如居貨之居。室者如左傳奪其室之室。蓋謂家財也。凡百器財服玩車馬奴僕合名爲室。何註無解。邢疏猶曰。善居室者。言居家理也。

朱子曰。常人居室。不極其華麗。則墻傾壁倒。全不理會。可謂不知古言。已有者。謂貯有之也。如有國家有天下之有。始有者。有之始基也。少有者。有之稍備也。富有者。有之富完也。始有者未合。故曰苟合之矣。少有者合而未完。故曰苟完之矣。富有者完而未美。故曰苟美之矣。美者謂有文采也。孔子之所善。在不遽而不在不欲。朱子以不欲爲解。大氐後儒義利之辨大過耳。

子適衛冉有僕子曰庶矣哉冉有曰既庶矣又何加焉曰富之曰既富矣又何加焉曰教之

【古】孔安國曰孔子之衛冉有御」孔安國曰庶衆也言衛人衆多

【新】僕御車也」庶衆也」庶而不富則民生不遂故制田里薄賦斂以富之」富而不教則近於禽獸故必立學校明禮義以教之〇胡氏曰天生斯民立之司牧而寄以三事然自三代之後能舉此職者百無一二漢之文明唐之太宗亦云庶且富矣西京之教無聞焉明帝尊師重傅臨雍拜老宗戚子弟莫不受學唐太宗大召名儒增廣生員教亦至矣然而未知所以教也三代之教天子公卿躬行於上言行政事皆可師法彼二君者其能然乎

【古義】僕御車也」庶衆也」民不至匱乏則老幼得其養而民生遂」民知孝弟之義則上下得其所而民心正」此見聖人仁天下之心也夫子適衛見其庶而嘆之蓋有悅其國無沴戾生齒繁殖故及冉有之問而欲富之而教之也人之生也既庶矣而不富之則民無恒產因無恒心故加之以富既富矣而不教之則父不父子不子兄不兄弟不弟違於禽獸幾希故加之以教夫庶矣而不知富之則是

以草芥視之也富矣而不知教之則是以禽獸畜之也豈聖人仁天下之心哉

徵 胡氏曰：三代之教，天下公卿躬行於上，言行政事皆可師法，豈非哉？亦不知其事已。朱子曰：必立學校，明禮義以教之，豈非哉？亦謂餼稟生員講解義理，已殊不知學校行禮之所，明禮義亦以禮樂明之，是宋儒所不知也，況仁齋乎？學者察諸。

子曰：苟有用我者，期月而已可也，三年有成。

古 孔安國曰：言誠有用我於政事者，期月而可以行其政教，必三年乃有成功。

新 期月，謂周一歲之月也。可者，僅辭，言綱紀布也。有成，治功成也。○尹氏曰：孔子歎當時莫能用己也，故云然。愚按史記，此蓋爲衛靈公不能用而發。

古義 朞月謂周一歲之月也許氏謙曰朞月而可謂興衰撥亂綱紀粗立三年有成謂治定功成治道大備」此蓋夫子爲門人釋其疑也當時佛肸之召夫子嘗欲往公山弗狃之召夫子又欲往門人多疑之故言此以明其意當與後篇吾其爲東周乎章參看

徵 朞月而已可也已訓既世多以而已爲耳非矣蓋先王之政有月令焉可見未周朞則施設猶有未周者也古者居官皆三年一考可見三年而必成也但所謂三年者再朞耳再朞而成豈不速乎世儒不知出於此故其解皆空言耳

子曰善人爲邦百年亦可以勝殘去殺矣誠哉是言也

善人不踐迹見先進篇

古 王肅曰勝殘殘暴之人使不爲惡也去殺不用刑殺也」孔安國曰古有此言孔子信之

新 爲邦百年言相繼而久也勝殘化殘暴之人使不爲惡也去殺謂民化於善可以不用刑殺也蓋古有是言而夫子稱之程子曰漢自高惠至于文景黎民醇厚幾致刑措庶乎其近之矣〇尹氏曰勝殘去殺不爲惡而已善人之功如是若夫聖人則不待百年其化亦不止此

古義 爲邦百年言相繼而久也勝殘化殘暴之人使不爲惡也去殺不用刑殺也」古有此言孔子善之」夫子言勝殘去殺乃非以善人仁厚之至而百年相繼之久則不能非可旦夕奏其效也故曰誠哉是言也是非卑善人而遲其化蓋門人記之以起下章之意

徵 善人爲邦百年亦可以勝殘去殺矣誠哉是言也孔安國曰古有此言孔子信之是矣然孔子必有所指豈謂楚先君邪善人不踐迹則不用禮樂

之教故其化遲矣

子曰如有王者必世而後仁

【古】孔安國曰三十年曰世如有受命王者必三十年仁政乃成

【新】王者謂聖人受命而興也三十年爲一世仁謂教化浹也程子曰周自文武至于成王而後禮樂興卽其效也○或問三年必世遲速不同何也程子曰三年有成謂法度紀綱有成而化行也漸民以仁摩民以義使之浹於肌膚淪於骨髓而禮樂可興所謂仁也此非積久何以能致

【古義】必世者指其世而言此承上章之意而言謂之必世則非子孫相繼之比謂之仁則亦非止勝殘去殺而已蓋王道以仁爲本一夫不得其所非仁也一物不得其所非仁也上自朝廷及於海隅之遠歡欣愉悅合爲一體百官都俞吁咨於上黎民相愛相安於下融如溢如莫不自涵濡於王澤之中是仁之至王道之成也

文王之所以爲文中庸

徵如有王者必世而後仁孔安國曰三十年曰世是古來相傳之說也仁齋先生疑之而曰世者指其世而言果其說之是乎後字衍矣可謂好奇已仁者謂禮樂之化洽也程子曰周自文武至於成王而後禮樂興非矣文王之所以爲文語禮樂也豈待成王也然古亦曰周公制作禮樂者語其備也故古稱文武周公皆聖人者以作者也善人與王者之分在踐迹與不踐已

子曰苟正其身矣於從政乎何有不能正其身如正人何

左傳襄公二年子罕當國子駟爲政

古新無註

【古義】饒氏魯曰從政與爲政不同爲政是人君事從政是大夫事夫子此言蓋爲大夫而發」此又言治人之常道故編論語者不厭其屢見而數出也

【徵】饒氏魯曰從政與爲政不同。爲政是人君事。從政是大夫事非矣。爲政者謂秉政也。左氏春秋可徵。

冉子退朝子曰何晏也對曰有政子曰其事也如有政雖不吾以吾其與聞之

【古】周生烈曰謂罷朝於魯君」馬融曰政者有所改更匡正」馬融曰事者凡行常事」馬融曰如有政非常之事我爲大夫雖不見任用必當與聞之

【新】冉有時爲季氏宰朝季氏之私朝也晏晚也政國政事家事以用也禮大夫雖不治事猶得與聞國政是時季氏專魯其於國政蓋有不與同列議於公朝而獨與家臣謀於私室者故夫子爲不知者而言此必季氏之家事耳若是國政我嘗爲大夫雖不見用猶當與聞今既不聞則是非國政也語意與魏徵獻陵之對略相似其所以正名分抑季氏而教冉有之意深矣

【古義】冉有時爲季氏宰朝季氏之私朝」晏晚也」以用也古者大夫雖致仕國有大政必與聞之」在君爲政在臣爲事是時季氏專魯其於國政蓋有不與同列議於公朝而獨與家臣謀于私室者故夫子爲不知者而曰其事也當時非惟季氏恬然不知其僭而已雖冉有與聞夫子之教亦睽然不以爲非夫子知其漸不可長故特顯白言之不獨警季氏教冉有亦欲使此義不晦於天下萬世蓋春秋之意云

【徵】馬融曰○政者有所改更匡正○事者凡行常事○是

千乘云云 學而篇

司馬 周禮夏官

古來相傳之說不可易矣。朱註曰。政國政。事家事。非矣。如千乘之國。敬事而信。豈家事哉。按司馬典邦政。則爵賞刑罰田獵出師之類。凡大事皆謂之政也。

定公問一言而可以興邦有諸孔子對曰言不可以若是其幾也人之言曰爲君難爲臣不易如知爲君之難也不幾乎一言而興邦乎曰一言而可喪邦有諸孔子對曰言不可以若是其幾也人之言曰予無樂乎爲君唯其言而莫予違也如其善而莫之違也不亦善乎如不善而莫之違也不幾乎一言而喪邦

乎

古王肅曰以其大要一言不能正興國幾近也有
近一言可以興國」孔安國曰事不可以一言而成
如知此則可近也」孔安國曰言無樂於爲君所樂
者唯樂其言而不見違」孔安國曰人君所言善無
違之者則善也所言不善而無
敢違之者則近一言而喪國

新幾期也詩曰如幾如式言一言之間未可以如
此而必期其效」當時有此言也」因此言而知爲君
之難則必戰戰兢兢臨深履薄而無一事之敢忽
然則此言也豈不可以必期於興邦乎爲定公言
故不及臣也」言他無所樂惟樂此耳」范氏曰如不
善而莫之違則忠言不至於耳君日驕而臣日諂
未有不喪邦者也○謝氏曰知爲君之難則必敬
謹以持之惟其言而莫予違則讒諂面諛之人至
矣邦未必遽興喪也而興喪之源分於
此然此非識微之君子何足以知之

古義朱氏曰幾期也言一言之間未可以如此而
期必其效」當時有此言也」夫子言若因此言惕然

警省則豈不可以期必興邦乎」言他無所樂惟樂其此耳」謝氏曰知爲君之難則必敬謹以持之惟其言而莫予違則讒諂面諛之人至矣邦未必遽喪也而興喪之端分於此然非識微之君子何足以知之○愚謂爲君難之戒專在守成之君爲切矣若創業之君本起自寒微備嘗艱難不須深戒第守成之君素藉祖宗之業生長安富之中優游暇豫不知自戒故此言專戒守成之君也凡人主之憂最在於不得聞善言臣之於君亦直言難進諫言易入故古之明君必自導其臣而使得盡其言若不然則雖有剛直之臣而不得盡其能況樂其言而莫予違也則嘉謀在前而不知敗亡在後而不覺一言而喪邦不其然乎

徵 言不可以若是其幾也。朱子引詩訓期是矣。何註訓近。不通矣。觀孔子是言。則知後人喜簡喜易喜要喜徑。直皆非聖人之意也。孔子答爲政爲仁之問。人人而殊焉。後人則或性善。或性惡。或格物。或致良知。或中庸。皆執一說以欲盡乎聖人之道。難矣哉。蓋亦不知一貫之義耳。夫一可以言盡。則孔子豈謂之一乎。不思之甚。

葉公問政。子曰近者說。遠者來。

古註　無

新　音義並見第七篇。被其澤則說。聞其風則來。然必近者說而後遠者來也。

古義　近則其釁易見。故實惠及民。則近者說。至誠能感物。故誠意積久。則遠者來。夫爲政以得人心爲本。故夫子欲葉公以此驗民情而自考其得失也。

徵　近者說。則遠者來。葉公唯務來遠。而不知使近

邢疏曰當施惠於近者使之喜說則遠者當慕化而來也

者說。故孔子以此語之。後人不知古言。故無則字則爲對說非矣。邢昺疏尚不失古義。

子夏爲莒父宰問政子曰無欲速無見小利欲速則不達見小利則大事不成

古 鄭玄曰舊說云莒父魯下邑。孔安國曰事不可以速成而欲其速則不達矣小利妨大則大事不成

新 莒父魯邑名欲事之速成則急遽無序而反不達見小者之爲利則所就者小而所失者大矣○程子曰子張問政子曰居之無倦行之以忠子夏問政子曰無欲速無見小利子張常過高而未仁子夏之病常在近小故各以切己之事告之

古義 莒父魯邑名。張氏栻曰欲速則期于成而所爲必苟故反不達。見小利則徇目前而忘久遠之

謀故反害大事胡氏寅曰聖人之言雖救子夏之失然天下後世皆可以爲法兩漢以來爲政者皆未免欲速見小利之病也

徵 見小利欲速小人之心也聖人知大而思遠故人以爲迂矣然聖人之所以爲聖人是已孔子之言雖藥子夏之病然後人之過每於此

葉公語孔子曰吾黨有直躬者其父攘羊而子證之孔子曰吾黨之直者異於是父爲子隱子爲父隱直在其中矣

古 孔安國曰直躬直身而行

周生烈曰有因而盜曰攘

新 直躬直身而行者有因而盜曰攘父子相隱天理人情之至也故不求爲直而直在其中 ◯ 謝氏

曰順理爲直父不爲子隱子不爲父隱於理順邪瞽瞍殺人舜竊負而逃遵海濱而處當是時愛親之心勝其於直不直何暇計哉

古義直躬直身而行者有因而盜曰攘」隱非直也然父子相隱人情之至也人情之至卽道也故謂之直苟於道有合則無往而不得故曰直在其中矣入大廟每事問曰是禮也亦此類也」論曰舊註謂父子相隱天理人情之至也此以人情天理岐而爲二夫人情者天下古今之所同然五常百行皆由是而出豈外人情而別有所謂天理者哉苟於人情不合則藉令能爲天下之所難爲實豺狼之心不可行也但在禮以節之義以裁之耳後世儒者喜說公字其弊至於賊道何者是是而非非不別親疎貴賤謂之公今夫父爲子隱子爲父隱非直也不可謂之公也然夫子取之者父子相隱人之至情禮之所存而義之所在也故聖人說禮而不說理說義而不說公若夫外人情離恩愛而求道者實異端之所尚而非天下之達道也

徵葉公曰。吾黨有直躬者。孔子唯曰吾黨之直者而無躬字。可見直躬者欲暴己之直者。已。朱子曰。父子相隱。天理人情之至也。仁齋先生非之。而曰。人情者天下古今之所同然。五常百行。由是而出。豈外人情而別有所謂天理者哉。是執拗之説耳。天理誠宋儒家言。然欲富。欲貴。欲安佚。欲聲色。皆人情之所同。豈道乎。要之道自道。人情自人情。豈容混乎。至道固不悖人情。人情豈皆合道乎。理學家率推一以廢萬。其言如可聽也。其實皆一偏之説耳。予嘗以仁齋先生爲理學者流。爲是。故夫孔

樂在其中述而篇

餒在祿在共見衞靈公篇

呂氏春秋當務篇

子曰學則不固惡執一而廢萬也故曰父爲子隱子爲父隱直在其中矣可見非命之爲直也如樂在其中本非可樂之事也餒在其中本非致餒之道也祿在其中本非得祿道也父子主孝不主直君子求道不求祿安命不求樂然不可謂直者非君子所尚也不可謂君子欲貧也不可謂君子求憂也故孔子云爾直躬呂氏春秋以爲人姓名非矣

樊遲問仁子曰居處恭執事敬與人忠雖之夷狄不可棄也

【古】包氏曰：雖之夷狄無禮義之處，猶不可棄去而不行。

【新】恭主容，敬主事。恭見於外，敬主乎中。之夷狄不可棄，勉其固守而勿失也。○程子曰：此是徹上徹下語，聖人初無二語也。充之則睟面盎背，推而達之則篤恭而天下平矣。胡氏曰：樊遲問仁者三，此最先，先難次之，愛人其最後乎。

【古義】之夷狄不可棄，勉其固守而勿失也。」恭則不敢肆，敬則不敢慢，與人忠則不敢忽人之事，此所以求仁也。蓋仁者實德也，由規矩則得，不由規矩則不得，故夫子以君子脩身之常法告之，於求仁之方至爲深切。

【徵】樊遲問仁○問行仁政也○居處恭○執事敬○與人忠○猶如以敬恕告仲弓也○非孔子謂之仁矣○言行仁政先脩其身也○亦爲天下國家有九經首脩身意○

敬恕告仲弓顏淵篇

九經中庸已見

後世仁之訓詁不明。如此章皆作鶻突解。居處謂居之於己也。執事謂行事也。恭主容。敬主事。是矣。恭見於外。敬主乎中。非矣。事者天職也。故敬。朱子創持敬。而不知敬之爲敬天。故誤耳。夫恭敬皆在心。恭敬皆見於外。豈容析乎。雖之夷狄不可棄也。非謂夷狄不棄我也。謂行仁政者。雖之夷狄。必由此道也。言此以使樊遲不疑焉。但不可猶不能也。舍此而仁政不可行。故不能棄也。以爲勿棄之義者。過也。

子貢問曰。何如斯可謂之士矣。子曰。行己有恥。使於四方不辱君命可謂士矣曰敢問其次曰宗族稱孝焉鄉黨稱悌焉曰敢問其次曰言必信行必果硜硜然小人哉抑亦可以爲次矣曰今之從政者何如子曰噫斗筲之人何足算也

古 孔安國曰有恥有所不爲」鄭玄曰行必果所欲行必果敢爲之硜硜者小人之貌也抑亦其次言可以爲次」鄭玄曰噫心不平之聲筲竹器容斗二升算數也

新 此其志有所不爲而其材足以有爲者也子貢能言故以使事告之蓋爲使之難不獨貴於能言而已」此本立而材不足者故爲其次」果必行也硜小石之堅確者小人言其識量之淺狹也此其本末皆無足觀然亦不害其爲自守也故聖人猶有取焉下此則市井之人不復可爲士矣」今之從政者蓋如魯三家之屬噫心不平聲斗量名容十升筲竹器容斗二升斗筲之人言鄙細也算數也子

貢之問每下故夫子以是警之○程子曰子貢之意蓋欲爲皎皎之行聞於人者夫子告之皆篤實自得之事

古義 其志有所不爲而其材足以有爲則所以爲士者備矣」宗族鄉黨之間俱稱其孝弟則其行之善可見矣」朱氏曰果必行也硜小石之堅確者謂之小人者蓋以其識量拘泥而所見甚小也」子貢又問若今之從政者於士何如」噫心不平聲斗量名容十升筲竹器容斗二升量之小者筭數也毀其無一善之見於世也」子貢以行已有恥不辱君命難其人以爲以此爲士則自此以下者不足爲士然則人或有棄材故再問其次至於今之從政者如何蓋舉其所不滿意者而質之夫子也孔門之學者不敢自是已意輕可否人也如此」論曰孝弟實德也忠信實心也故聖門之教必以孝弟爲本忠信爲主而今以此爲士之次者何哉蓋聖門之學有用之實學也苟德之不弘材之不宏則設令孝弟可稱忠信可取然徒善其身而已不足以及人故爲士之次也

士而懷居憲問篇見危授命憲問篇士見危致命子張篇子貢方人後篇

【微】行己。以己之所爲言之。使於四方。不辱君命。以奉使爲士重務也。不唯以子貢能言故告之也。它如士而懷居。見危授命。可以見已。子貢之問每下。子貢方人。蓋知者也。知者知人。其意謂今之從政者。不必皆棄材。夫子必有所用之。故問也。大氐世主之用人。皆喜其才譎。而其以爲有才者。皆小才也。孔子所答。至於言必信行必果。雖謂之小人。亦取其行而不取其才也。如今之從政者。乃小才也。小人而有才。可賤之至。故曰斗筲之人。言其近利也。朱註。如魯三家之屬。可謂不曉語意。且魯三家爲政者也。非從政者也。

子曰：不得中行而與之，必也狂狷乎！狂者進取，狷者有所不爲也。

【古】包氏曰：中行，行能得其中者。言不得中行則欲得狂狷者。」包氏曰：狂者進取於善道，狷者守節無爲。欲得此二人者，以時多進退，取其恒。

【新】行，道也。狂者志極高而行不掩，狷者知未及而守有餘。蓋聖人本欲得中道之人而教之，然旣不可得，而徒得謹厚之人，則未必能自振拔而有爲也。故不若得此狂狷之人，猶可因其志節而激厲裁抑之以進於道，非與其終於此而已也。○孟子曰：孔子豈不欲中道哉？不可必得，故思其次也。如琴張、曾晳、牧皮者，孔子之所謂狂也。其志嘐嘐然，曰古之人古之人，夷考其行而不掩焉者也。狂者又不可得，欲得不屑不潔之士而與之，是狷也，是亦其次也。

古義 行道也進取進而取道也朱氏曰狂者志極高而行不掩狷者知未及而守有餘任道之重非中道之士則不能然既不可得則必欲得狂狷之士而教之蓋狂者志意高邁欲直入于聖域可與進道之量而次于中道者也若狷者行潔節苦雖一毫不義之事不敢爲又可與守道之器而次于狂者也此夫子之所以取之也若夫庸常之才委靡不振不堪任此道之重也

徵 不得中行而與之包咸曰中行行能得其中者得之朱子行訓道據孟子然孟子中道亦謂中行當以論語爲正夫道一而已矣豈別有所謂中道乎且是謂其人耳

子曰南人有言曰人而無恒不可以作巫醫善夫不恒其德或承之羞子曰不占而已矣

古 孔安國曰南人南國之人鄭玄曰言巫毉不能治無恒之人」包氏曰善南人之言也」孔安國曰此易恒卦之辭言德無常則羞辱承之」鄭玄曰易所以占吉凶無恒之人易所不占

新 南人南國之人恒常久也巫所以交鬼神毉所以寄死生故雖賤役而尤不可以無常孔子稱其言而善之」此易恒卦九三爻辭承進也」復加子曰以別易文也其義未詳楊氏曰君子於易苟玩其占則知無常之取羞矣其爲無常也蓋亦不占而已矣意亦略通

古義 南人南國之人恒常也無恒謂有始而無卒也巫爲人祈禱毉爲人療病若其心無恒則無爲人之實故雖巫毉之賤役猶不可爲之夫子所以善其言也」此易恒卦九三爻辭承進也此又言自受其羞也」張氏栻曰不占謂理之必然不待占決而可知也」常久不易之謂恒有始有卒之謂恒其事雖易而守之甚難若反此則百事不足恃焉故雖巫毉之賤役猶不可爲況爲聖人之道者其可不自恒其德乎

緇衣禮記

詩小雅小旻篇

得見有恒者述而篇

可以人而不如鳥乎見大學

徵人而無恒不可以作巫醫。鄭玄曰：言巫醫不能治無恒之人。緇衣有之曰：子曰：南人有言曰：人而無恒，不可以爲卜筮。古之遺言與？龜筮猶不能知也，而況於人乎？詩云：我龜旣厭，不我告猶。故知鄭玄之解，古來相傳之說。已作巫醫者，謂爲其人卜筮且醫疾也。非謂以其人爲巫醫之人也。何則？無恒之人，不能守卜筮之占，亦不能守醫人之言。故云爾。正與得見有恒者斯可矣同義。主人君而言之。蓋朱子不識古文辭，疑作字耳。且古書不可以三字相連。以字不可屬下。如可以人而不如鳥乎。

可以見己不恒其德或承之羞子曰不占而已矣此孔子解易當别作一章人欲爲其事而占之吉則務爲之不已久之功成而後占驗焉此所以用占筮也若或中止而不爲則雖占得吉果何益之有故曰不占而已矣故易者成務之道也楊氏張氏皆未得其解

子曰君子和而不同小人同而不和

【古】君子心和然其所見各異故曰不同小人所嗜好者同然各爭利故曰不和

【新】和者無乖戾之心同者有阿比之意○尹氏曰君子尚義故有不同小人尚利安得而和

【古義】君子心和故與物不忤從義故不得必同小人反之君子之事仁義而已矣和則不失物不同

則不失已此可以見仁之成德而義自在其中矣

○朱氏曰君子之和乃以其同寅協恭而無乖爭忌克之意其不同者乃以其守正循理而無阿諛黨比之風小人反是此二者外相似而內實相反乃君子小人情狀之隱微自古至今如出一軌如韓富范公上前議論不同或至失色至卒未嘗失和氣王呂章曾蔡氏父子兄弟同惡相濟而其隙無不至亦可以驗聖言之不可易矣

晏子春秋外篇
左傳昭公二十年

徵 晏子春秋及左傳曰景公至自畋晏子侍於遄臺梁丘據造焉公曰維據與我和夫晏子曰據亦同也焉得爲和公曰和與同異乎對曰異和如羹焉水火醯醢鹽梅以烹魚肉燀之以薪宰夫和之齊之以味濟其不及以洩其過君子食之以平其心君臣亦然君所謂可而有否焉臣獻其否以成

其可君所謂否而有可焉臣獻其可以去其否是以政平而不干民無爭心故詩曰亦有和羹既戒且平鬷嘏無言時靡有爭先王之濟五味和五聲也以平其心成其政也聲亦如味一氣二體三類四物五聲六律七音八風九歌以相成也清濁小大短長疾徐哀樂剛柔遲速高下出入周流以相濟也君子聽之以平其心心平德和故詩曰德音不瑕今據不然君所謂可據亦曰可君所謂否據亦曰否若以水濟水誰能食之若琴瑟之專一誰能聽之同之不可也如是公曰善此和同之義也

何晏曰：君子心和，朱子曰：無乖戾之心，皆徒求諸心而失其義焉。蓋古之君子學先王之道，譬諸規矩準繩，故能知其可否。苟不知可否之所在，其心雖和乎，烏能相成相濟如羹與樂乎？亦可謂之同已。

子貢問曰：鄉人皆好之，何如？子曰：未可也。鄉人皆惡之，何如？子曰：未可也。不如鄉人之善者好之，其不善者惡之。

古 孔安國曰：善人善己，惡人惡己，是善善明，惡惡著。

新 一鄉之人，宜有公論矣，然其間亦各以類自爲好惡也。故善者好之而惡者不惡，則必其有苟合

之行惡者惡之而善者不好則必其無可好之實

【古義】輔氏廣曰鄉人皆好恐是同流合汙之人鄉人皆惡恐是詭世戾俗之人故皆以爲未可惟鄉人之善者以其同乎己而好之則有可好之實矣不善者以其異乎己而惡之則無苟容之行矣方可必其人之賢也

【徵】無說

子曰君子易事而難說也說之不以道不說也及其使人也器之小人難事而易說也說之雖不以道說也及其使人也求備焉

【古】孔安國曰不責備於一人故易事」孔安國曰度才而官之

【新】器之謂隨其材器而使之也君子之心公而恕小人之心私而刻天理人欲之間每相反而已矣

古義 器之謂隨其材器而使之末二句乃解易事難悅之意下文做此 韓氏廣曰君子持己之道甚嚴而待人之心甚恕小人治己之方甚寬而責人之意甚刻君子說人之順理小人說人之順己君子貴重人材隨才器而使之而天下無不可用之人小人輕視人才故求全責備而卒至無可用之人

徵 無說

子曰君子泰而不驕小人驕而不泰

古 君子自縱泰似驕而不驕小人拘忌而實自驕矜

新 君子循理故安舒而不矜肆小人逞欲故反是

古義 君子守己儉而不以能先人故泰而不驕小人恃其有而不以約撿己故驕而不泰

徵 驕與奢侈不同義仁齋以儉解不驕以不以約

撿己解驕未免倭訓讀字抗志解古文可謂不自揣之甚

子曰剛毅木訥近仁

【古】王肅曰剛無欲毅果敢木質樸訥遲鈍有此四者近於仁

【新】程子曰木者質樸訥者遲鈍四者質之近乎仁者也楊氏曰剛毅則不屈於物欲木訥則不至於外馳故近仁

【古義】木者質樸訥者遲鈍爲仁在乎立誠誠立則不敢欺人故其質剛毅木訥者雖未至仁而與色取而行違者異故曰近仁蓋巧言令色外似而內實僞剛毅木訥外野而內可取聖人所以辨仁不仁者於是可見矣○胡氏炳文曰四者天資之近仁者也加之以學則不止於近矣

【徵】王肅曰剛無欲毅果敢木質樸訥遲鈍楊氏曰

棖也慾公冶長篇

知所先後大學好學近乎知三句見中庸

剛毅則不屈於物欲木訥則不至於外馳皆非矣剛無欲是據棖也慾章殊不知其謂剛者有時乎失其剛以慾耳豈謂無欲爲剛乎訥訥於言耳豈遲鈍乎剛毅木訥蓋古之成言剛毅之人多是質樸而拙於言故曰剛毅木訥猶如巧言必帶令色言之而所重在巧言耳近仁者言易成仁也如知所先後則近道矣及好學近乎知力行近乎仁知恥近乎勇可以見已蓋仁在力行剛毅木訥之人必能力行故云爾後儒析以爲四而謂剛以何故近仁毅以何故近仁木與訥各以何故者皆不識

古言爾○

子路問曰何如斯可謂之士矣子曰切切偲偲怡怡如也可謂士矣朋友切切偲偲兄弟怡怡

〔古〕馬融曰切切偲偲相切責之貌怡怡和順之貌

〔新〕胡氏曰切切懇到也偲偲詳勉也怡怡和悅也皆子路所不足故告之又恐其混於所施則兄弟有賊恩之禍朋友有善柔之損故又別而言之

〔古義〕切切懇到偲偲詳勉皆相責之貌怡怡和順之貌言士之行欲如此然朋友有相責之義兄弟有相友之道激末復以其所重分而言之此三者皆有忠愛之意蓋士之行雖不可以一盡然以忠愛爲本苟不足於茲則其行必不能遠達故夫子以此三者答子路之問可謂親切矣○黄氏榦曰所謂士者涵泳於詩書禮義之澤必有温良和厚之氣此士之正也至於發強剛毅則亦隨事而著

黄說大全小註
發强剛毅中庸
文

由也喭先進篇

見耳子路負行行之氣而不能以自克則切偲怡怡之意常少故夫子箴之

微 黃勉齋曰所謂士者涵泳於詩書禮義之澤必有溫良和厚之氣此士之正也至於發强剛毅則亦隨事而著見耳子路負行行之氣而不能以自克則切偲怡怡之意常少故夫子箴之可謂善解論語已然其所以然之故則聖人之教尚仁仁者相生相長相養相育之道也學而成德然後可以臨民故仁必以脩身爲本威儀德之符也故君子慎其容祗士未可以臨民也故以朋友兄弟言之由也喭未免失其容焉故特以此告之不爾子路

問士而孔子徒以此告之，豈不少乎？學者思諸。又按博雅曰：「切切，敬也偲偲蔥邪。則切切偲偲，敬而怡怡，和也。」馬融曰：「切切偲偲，相切責之貌。」似逐字爲解矣。胡氏曰：「切切，懇到也。偲偲，詳勉也。」未知何所本。自

子曰善人教民七年亦可以卽戎矣

古 包氏曰：卽，就也。戎，兵也。言以攻戰。

新 教民者，教之孝弟忠信之行，務農以講武之法。卽，就也。戎，兵也。民知親其上，死其長，故可以卽戎。○程子曰：七年云者，聖人度其時可矣。如云朞月、三年、百年、一世、大國五年、小國七年之類，皆當思其作爲如何乃有益。

古義 即就也戎兵也教民謂以善教之也所謂脩其孝弟忠信是也善人之道本以慈仁化導爲務而不以形殺威嚴爲心然至七年之久則民亦有所感化自能爲長上死善之易入于人如此孟子所謂得民心即此意

徵 善人教民七年七年言其久也雖善人教民非久則不可以即戎也後儒狃聞佛氏善男子善女人而以善柔之人其解皆謬哉

子曰以不教民戰是謂棄之

古 馬融曰言用不習之民使之攻戰必破敗是謂棄之

新 以用也言用不教之民以戰必有敗亡之禍是棄其民也

古義 教教民以戰陣之法也馬氏曰用不習之民使之攻戰必破敗是謂棄之○古者教民之法三

時務農一時講武耳目習于旌旗手足練于干戈自無敗亡之禍若不然則與措之于死地無異矣
此蓋承上章而言亦不可以不講武也君子重民命如此

徵無說

論語徵集覽卷之十三　終

論語徵集覽卷之十四

魏　何晏　集解

宋　朱熹　集註

大日本　藤維楨　古義

物茂卿　徵

從四位侍從源賴寛　輯

憲問第十四

新 胡氏曰此篇疑原憲所記凡四十七章

憲問恥子曰邦有道穀邦無道穀恥也

古 孔安國曰穀祿也邦有道當食祿 孔安國曰君無道而在其朝食其祿是恥辱

【新】憲原思名穀祿也邦有道不能有爲邦無道不能獨善而但知食祿皆可恥也憲之狷介其於邦無道穀之可恥固知之矣至於邦有道穀之可恥則未必知也故夫子因其問而幷言之以廣其志使知所以自勉而進於有爲也

【古義】憲原思名穀祿也言出而不能有爲處而不能有守唯知食祿是可恥也朱氏曰邦有道不能有爲邦無道不能獨善而但知食祿皆可恥也憲之狷介其於邦無道穀之可恥固知之矣至於邦有道穀之可恥則未必知也故夫子因其問而幷言之以廣其志使知所以自勉而進於有爲也○愚謂上之於世獨善其身易兼善天下難其於可恥之中自知所輕重可也

【徵】邦有道穀邦無道穀恥也孔安國曰穀祿也邦有道當食祿君無道而在其朝食其祿是恥辱古人善解古文辭者如是夫後世儒者不知古文辭。

且秦漢而後人皆可以爲宰相故士急功名於是乎有朱子之說豈孔子時之意哉且曰憲之狷介是果何所據宋儒恣以己意品目古人僭哉但古言穀與祿殊士曰穀廩穀也大夫以上曰祿食土毛也故王制曰論定然後官之任官然後爵之位定然後祿之爵非大夫不稱是以知之論語曰祿之去公室亦言魯侯不能以地與人也然亦有通用者不必拘焉

克伐怨欲不行焉可以爲仁矣子曰可以爲難矣仁則吾不知也

【古】馬融曰克好勝人伐自伐其功怨忌小怨欲貪欲也」包氏曰四者行之難未足以爲仁

【新】此亦原憲以其所能而問也克好勝伐自矜怨忿恨欲貪欲」有是四者而能制之使不得行可謂難矣仁則天理渾然自無四者之累不行不足以言之也○程子曰人而無克伐怨欲惟仁者能之有之而能制其情使不行斯亦難能也謂之仁則未也此聖人開示之深惜乎憲之不能再問也或曰四者不行固不得爲仁矣然亦豈非所謂克己之事求仁之方乎曰克去己私以復乎禮則私欲不留而天理之本然者得矣若但制而不行則是未有拔去病根之意而容其潛藏隱伏於胸中也豈克己求仁之謂哉學者察於二者之間則其所以求仁之功益親切而無滲漏矣

【古義】此亦原憲以其所希望而問也馬氏曰克好勝人伐自伐其功怨小忿欲貪欲憲蓋以四者自不行爲仁故爲問」言能制克伐怨欲而使不行則固人之所難爲矣然至於以此爲仁則吾不知也蓋慈愛之德能及物無一毫殘忍之心而後可以謂之仁矣豈止無克伐怨欲之謂哉」論曰心一也

不知其仁焉得仁共見公冶長篇

仁則爲溫和慈良不仁則爲克伐怨欲在其所存如何耳故知德者務用力於仁而不强事防閑知德之可尊而欲之不足惡也不知德者徒惡欲之累其心而專用力於克治殊不知苟脩其德則其欲自退聽徒惡欲之累已而强欲無之則併其良知良能斲喪遏絶不復得存是不可不知也若後世無欲主靜之説者實虛無寂滅之學而非孔門爲仁之旨矣

徵 克伐怨欲不行焉可以爲仁矣此句之上必有脫文蓋時人舉當時賢大夫如管仲者稱之非門弟子問之故曰矣而不曰乎克伐怨欲不行謂不行於其國中也何也仁則吾不知也與不知其仁焉得仁語勢正同誠使原思問仁則孔子豈曰仁則吾不知也乎且果如其説乎則所謂不行云者

亦謂不行於其身邪。古豈有是言哉。人之不知文章。一至是極。吁。然則克伐怨欲不行於其國中。何以不得爲仁。曰未知其人有安民之德。故曰仁則吾不知也。

子曰士而懷居不足以爲士矣

【古】士當志道不求安而懷其居非士也

【新】居謂意所便安處也

【古義】居謂居室居處富足無所憂苦乃世俗之所樂然爲士者當有經營四方之志而不可專求安逸之樂苟於此戀戀不能棄去則於義之所當爲者必畏避退縮不能勇爲豈足以爲士耶

【徵】士而懷居。不足以爲士矣。謂求安其居也。男子生而有四方之志。故懸弧於門。禮也。朱註。居謂意所便安處。此其天理人欲之說。豈不刻乎。益使於四方。士之重務也。大夫亦使於四方。然其在邦從政。是大夫之重務也。故孔子於士。多以使事言之。春秋人微者。皆士也。可以見已。

子曰邦有道危言危行邦無道危行言孫

【古】包氏曰危厲也邦有道可以厲言行也」孫順也厲行不隨俗順言以遠害

【新】危高峻也孫卑順也」尹氏曰君子之持身不可變也至於言則有時而不敢盡以避禍也然則為國者使士言孫豈不殆哉

【古義】危厲也孫順也洪氏曰危非矯激也直道而已孫非阿諛也遠害而已」此言君子持身之法其

處有道則當直言勵行以明正道範士風若處無道則行固不可遜也至于其言則不可不稍收鋒刄以避其禍焉君子固不當狂道亦不當好盡言以取禍唯有道者能焉

徵無說

子曰有德者必有言有言者不必有德仁者必有勇勇者不必有仁

古德不可以億中故必有言

新有德者和順積中英華發外能言者或便佞口給而已仁者心無私累見義必爲勇者或血氣之強而已○尹氏曰有德者必有言徒能言者未必有德也仁者志必勇徒能勇者未必有仁也

古義此專言有德者必有言仁者必有勇也蓋有德者不貴乎言宜無言矣而必有之仁者不專於勇宜無勇矣而必有之若夫徒有言者務飾於外豈必有德哉徒有勇者血氣用事豈必有仁哉其

大小輕重斷而可知矣徵無說

南宮适問於孔子曰羿善射奡盪舟俱不得其死然禹稷躬稼而有天下夫子不答南宮适出子曰君子哉若人尚德哉若人

古 孔安國曰适南宮敬叔魯大夫」孔安國曰羿有窮國之君篡夏后相之位其臣寒浞殺之因其室而生奡奡多力能陸地行舟爲夏后少康所殺」孔安國曰此二子者皆不得以壽終」馬融曰禹盡力於溝洫稷播百穀故曰躬稼禹及其身稷及後世皆王适意欲以禹稷比孔子孔子謙故不答也」孔安國曰賤不義而貴有德故曰君子

新 南宮适卽南容也羿有窮之君善射滅夏后相而篡其位其臣寒浞又殺羿而代之奡春秋傳作

澆浞之子也力能陸地行舟後爲夏后少康所誅禹平水土暨稷播種身親稼穡之事禹受舜禪而有天下稷之後至周武王亦有天下适之意蓋以羿奡比當世有權力者而以禹稷比孔子也故孔子不答然适之言如此可謂君子之人而有尚德之心矣不可以不與故俟其出而贊美之

古義 适卽南容孔氏曰羿有窮國之君篡夏后相之位其臣寒浞殺之因其室而生奡奡多力能陸地行舟爲夏后少康所殺皆不得以壽終适以此二子比當時有權力者」馬氏曰禹盡力於溝洫稷播百穀故曰躬稼禹及其身稷及後世皆王天下适以禹稷比當時有德而無名位者意蓋在孔子」禹稷躬稼而有天下之言在所當諱故夫子不答唯稱适有君子之行又能尚德之人也」尚權力而輕道德世俗之常態人皆不知其非也今适生於魯卿僭亂之家而其言如此則其得於聖門者深矣蓋有見權力之不可恃而道德之效非有所求而其流自遠也

徵 君子哉若人。尚德哉若人。德者有德之人也。君子必尚德。具詞者。所以深贊之也。

子曰君子而不仁者有矣夫未有小人而仁者也

古 孔安國曰雖曰君子猶未能備

新 謝氏曰君子志於仁矣然毫忽之間心不在焉則未免爲不仁也

古義 君子之不仁謂雖有愛人之心而無愛人之實也言雖有君子而不仁者然小人而仁者決無之也」此專爲小人假仁者而發也夫仁愛而已矣君子固宜仁也然一有害人倫妨政事者則不免爲不仁孔子以臧文仲置六關子產鑄刑書爲不仁是已小人非不愛人也然無利於己焉則雖父子兄弟猶不能全其恩況他人乎是君子之所以或不仁而小人之必不仁也

徵無說

子曰愛之能勿勞乎忠焉能勿誨乎

【古】孔安國曰：言人有所愛，必欲勞來之；有所忠，必欲教誨之。

【新】蘇氏曰：愛而勿勞，禽犢之愛也；忠而勿誨，婦寺之忠也。愛而知勞之，則其爲愛也深矣；忠而知誨之，則其爲忠也大也。

【古義】眞愛能勞，眞忠能誨。愛矣而勿勞，則爲不慈；忠矣而勿誨，則爲不忠。然則父兄之於子弟，臣之事君，朋友之相交，可不自盡其心乎。

【徵】無說。

子曰：爲命，裨諶艸創之，世叔討論之，行人子羽脩飾之，東里子產潤色之。

【古】孔安國曰：裨諶，鄭大夫氏名也。謀於野則獲，於國則否。鄭國將有諸侯之事，則使乘車以適野而謀作盟會之辭」。馬融曰：世叔，鄭大夫游吉也。討，治也。裨諶旣造謀，世叔復治而論之，詳而審之。行人

掌使之官子羽公孫揮子產居東里因以爲號更此四賢而成故鮮有敗事

新裨諶以下四人皆鄭大夫艸略也創造也謂造爲艸藁也世叔游吉也春秋傳作子太叔討尋究也論講議也行人掌使之官子羽公孫揮也脩飾謂增損之東里地名子產所居也潤色謂加以文采也鄭國之爲辭命必更此四賢之手而成詳審精密各盡所長是以應對諸侯鮮有敗事孔子言此蓋善之也

古義命辭命也裨諶鄭大夫草創謂造爲草藁也」世叔鄭大夫游吉也討尋究也論講論也」行人掌使之官子羽公孫揮也脩飾謂增損之」東里子產所居也潤色謂加以文采也子產國相故於其終又潤色之也鄭國之辭命雖出於三子而至其成則子產獨專其美也」此夫子美子產執鄭國之政能用衆材而且言賢材之有益於國也當時詞命雖不可悉見然以此章見之則其脩好興戎成敗離合之機頓分可謂重矣叔向亦云子產有詞諸侯賴之則可見詞命之所係甚大而子產能用三

子之長也」論曰古之稱良相者不在專用己之善而在能用人之善益己之善有限而天下之善無窮故能用天下之善而後能成天下之善也按左傳裨諶等三人皆子產之所薦而子產執鄭國之政四十餘年國不受兵應對諸侯無有敗事非能用人之善之效乎

徵 脩飾潤色。其義不同。蓋裨諶作草。世叔討論而未定。經子羽之手而後定。於是乎文成矣。故曰脩飾。子產之潤色。乃在文成之後也。討論二字。人或不知其解。多謂尋討也。非古義矣。蓋聲其罪曰討。故討論者。駁其非之謂也。

或問子產子曰惠人也問子西曰彼哉彼哉問管仲曰人也奪伯氏駢邑三百飯疏食沒齒無怨言

【古】孔安國曰惠愛也子産古之遺愛」馬融曰子西鄭大夫彼哉彼哉言無足稱或曰楚令尹子西」猶詩言所謂伊人」孔安國曰伯氏齊大夫駢邑地名齒年也伯氏食邑三百家管仲奪之使至疏食而没齒無怨言以當其理也

【新】子産之政不專於寛然其心則一以愛人爲主故孔子以爲惠人蓋舉其重而言也」子西楚公子申能遜楚國立昭王而改紀其政亦賢大夫也然不能革其僭王之號昭王欲用孔子又沮止之其後卒召白公以致禍亂則其爲人可知矣彼哉者外之之詞」人也猶言此人也伯氏齊大夫駢邑地名齒年也蓋桓公奪伯氏之邑以與管仲伯氏自知已罪而心服管仲之功故窮約以終身而無怨言荀卿所謂與之書社三百而富人莫之敢拒者卽此事也○或問管仲子産孰優曰管仲之德不勝其才子産之才不勝其德然於聖人之學則槩乎其未有聞也

【古義】惠愛也」馬氏曰子西鄭大夫或曰楚令尹子西彼哉彼哉言無足稱」人當作仁按家語載子路

問管仲之爲人如何子曰仁也則人字本仁字之誤明矣而前篇宰我問井有仁章又誤以人作仁蓋人仁同音故互相誤耳孔氏曰伯氏齊大夫駢邑地名齒年也伯氏食邑於駢邑三百家管仲奪之伯氏至飯疏食沒齒而無怨言夫子引之以明管仲之仁也」子產之事見論語者三見孟子者三皆見其爲篤厚君子至于管仲則夫子稱其器小孟子譏其功烈之卑則視之子產如有所弗及者何哉夫論醫則期其活人論人則取其適用若管仲之才之功以王道律之則固不免有器小霸術之譏然至於其利世澤民有功於天下後世則非子產之所能及也蓋其才愈高則其望愈重其名愈盛則其責愈深是所以責備管仲而不畏子產也夫子論人物或與或奪皆學者之所宜潛玩也

【徵】問子西曰彼哉彼哉按郭忠恕佩觿集云。彼彼。上甫委翻彼此。下甫委水義二翻論語子西彼哉。又小補韻會引廣韻云云。是必孔安國王肅輩有之解。而今何朱專行。他解遂泯。今按從人爲優。
問管仲曰。人也奪伯氏駢邑三百。飯疏食没齒無
怨言。此問也子曰。貧而無怨難。富而無驕易。是孔
子答也。何則。以貴賤爲心者。君子之事也。故中庸
曰。居上不驕。爲下不倍。在上位不陵下。在下位不
援上。是矣以貧富爲心者。小人之事也。故坊記云。
小人貧斯約。富斯驕。約斯盜。驕斯亂。禮者。因人之
情而爲之節文。以爲民坊者也。故聖人之制富貴
也。使民富不足以驕。貧不至於約。故亂益亡。是矣。
故此章及子貢問貧而樂富而好禮。皆言使民如

子貢問貧而樂
學而篇

詩秦風蒹葭篇

家語致思篇

論語本篇

此也管仲能使伯氏貧而無怨是治邦者之所難耳。故孔子云爾。不爾。孔子之答。未有徒舉其事而無斷者也。且何晏解人也。而曰。猶詩言所謂伊人。是必古來相傳之說。且下章無解。是必連無怨言爲一章。而邢昺不知之。分屬上章。斷自子曰別爲一章耳。大氐貧而無怨。吾見其人。富而無驕。吾亦見其人。皆世所多有也。孔子何必以此教學者乎。仁齋先生曰。人當作仁。按家語。載子路問管仲之爲人如何。子曰仁也。則人字本仁字之誤明矣。然如家語所云。亦論語如其仁之意。豈足以証此章哉。且使伯氏無怨言。以此爲仁。仁亦小矣哉。

子曰貧而無怨難富而無驕易

古無註

【新】處貧難處富易人之常情然人當勉其難而不可忽其易也

【古義】此專爲貧而無怨者發富而無驕其事則順不矜於外者能之貧而無怨其境則逆非內有所得者不能也然此夫子就常人處貧富上論若學者工夫前告子貢者盡之矣

徵說已見

子曰孟公綽爲趙魏老則優不可以爲滕薛大夫

【古】孔安國曰公綽魯大夫趙魏皆晉卿家臣稱老公綽性寡欲趙魏貪賢家老無職故優滕薛小國大夫職煩故不可爲

【新】公綽魯大夫趙魏晉卿之家老家臣之長大家勢重而無諸侯之事家老望尊而無官守之責優有餘也滕薛二國名大夫任國政者滕薛國小政繁大夫位高責重然則公綽蓋廉靜寡欲而短於才者也○楊氏曰知之弗豫枉其才而用之則爲棄人矣此君子所以患不知人也言此則孔子之用人可知矣

【古義】公綽魯大夫趙魏晉卿之家老家臣之長優有餘也滕薛二國名大夫任國政者此言人各有能有不能若能用其長而棄其短則人各得盡其能而天下無棄才也公綽蓋廉靜寡欲短於才者而趙魏家大勢重無諸侯之事滕薛國小政繁有會盟戰爭之事故使公綽爲彼則可而爲此則不可此用人之權度也

徵無說

子路問成人子曰若臧武仲之知公綽之不欲卞莊

子之勇冉求之藝文之以禮樂亦可以爲成人矣曰今之成人者何必然見利思義見危授命久要不忘平生之言亦可以爲成人矣

【古】馬融曰魯大夫臧孫紇」馬融曰孟公綽」周生烈曰卞邑大夫」孔安國曰加之以禮樂文成」馬融曰義然後取不苟得」孔安國曰久要舊約也平生猶少時

【新】成人猶言全人武仲魯大夫名紇莊子魯卞邑大夫言兼此四子之長則知足以窮理廉足以養心勇足以力行藝足以泛應而又節之以禮和之以樂使德成於內而文見乎外則材全德備渾然不見一善成名之迹中正和樂粹然無復偏倚駁雜之蔽而其爲人也亦成矣然亦之爲言非其至者蓋就子路之所可及而語之也若論其至則非聖人之盡人道不足以語此」復加曰字者既答而復言也授命言不愛其生持以與人也久要舊約也平生平日也有是忠信之實則雖其才知禮樂

有所未備亦可以爲成人之次也〇程子曰知之明信之篤行之果天下之達德也若孔子所謂成人亦不出此三者武仲知也公綽仁也卞莊子勇也冉求藝也須是合此四人之能文之以禮樂亦可以爲成人矣然而論其大成則不止於此若今之成人有忠信而不及於禮樂則又其次者也又曰臧武仲之知非正也若文之以禮樂則無不正矣又曰語成人之名非聖人孰能之孟子曰惟聖人然後可以踐形如此方可以稱成人之名胡氏曰今之成人以下乃子路之言蓋不復聞斯行之之勇而有終身誦之之固矣未詳是否

【古義】成人謂有所成就之人」武仲魯大夫名紇莊子魯卞邑大夫言若四子之長皆足以立世成名而復以禮樂文之則救偏補闕足以當成人之名此節胡氏以爲子路之語今按與前篇有民人焉有社稷焉何必讀書語意相類故從之授命猶言致命也久要舊約也平生之言謂其非大故而平生相諾之言也子路以爲若四子之長皆擬古今之美遽難企及苟節義忠信若此則亦可以爲成

人也論語取之者蓋以其言亦合理而夫子許之也成人之名雖矣苟知廉勇藝身實有之若四子之長而文之以禮樂則可以爲成人矣蓋無禮則慢易之心生矣無樂則鄙詐之心作矣殊能異材獨步古今者必氣滿意抗揚己陵人自傷其德故非以禮樂文之則不足以爲成人矣舊註以謂兼四子之長非也是蓋聖人所不能豈可望之於學者乎

徵若臧武仲之知公綽之不欲下莊子之勇冉求之藝文之以禮樂亦可以爲成人矣仁齋先生曰若四子之長皆足以立世成名而復以禮樂文之則救偏補闕足以當成人之名舊註以謂兼四子之長非也是蓋聖人之所不能豈可望之於學者乎可謂善解論語已後世變化氣質之說興而欲

禮記曲禮曰二十而冠冠義曰冠而字之成人之道也

傳曰又曰共見禮記樂記

必兼四子之長焉。蓋古者二十而冠。曰成人。則成人猶言成器也。朱子求之太過。其學爲爾。但救偏補闕。是仁齋亦不識禮樂也。文之以禮樂。納諸先王之道也。傳曰。君子蓋禮樂云。又曰禮樂皆得。謂之德。故非禮樂不足以成其德。文之云者。非以丹青塗其樸之謂也。養之成器。而後煥然可觀也。是豈翅救偏補闕之謂乎。曰今之成人者何必然云云。是亦孔子之言也。若果使爲子路之言。則子路之自用也。論語豈載之哉。胡氏可謂謬已。祇可疑者。有曰字。語勢不甚相承耳。是子路又問。而孔子

子張曰子張篇

子貢問士前篇

又答記者刪子路之問故致曰字碍目耳以今之成人觀之上文乃古之成材足以爲大夫也孔子時大夫皆世爵它人雖學以成材然不得爲大夫故今之成人以士言之子張曰見危致命見得思義子貢問士子曰行已有恥使於四方不辱君命皆與此同致命卽使於四方不辱君命也謂致君命於它邦也授亦致也或疑授字不順然奉使授王亦於它邦之君古言可見已謂見危則兵爭之世有不測之難方其時不辱君命最可見其材已致命孔安國以不愛其身爲解朱子因之然解命

爲身命。古未之有也。如不幸短命。亦短於稟命也。洪範考終命。亦終天命也。豈身命之謂乎。久要。孔安國曰。舊約也。是約要古音相通。故以約訓要耳。然舊約不忘平生之言。不成言。蓋在久約而不忘師友平生之言。言其不濫也。曰危曰約。亦有衰世之感。

子問公叔文子於公明賈曰。信乎夫子不言不笑不取乎。公明賈對曰。以告者過也。夫子時然後言。人不厭其言。樂然後笑。人不厭其笑。義然後取。人不厭其取。子曰。其然。豈其然乎。

古 孔安國曰公叔文子衛大夫公孫枝文諡」馬融曰美其得道嫌不能悉然

新 公叔文子衛大夫公孫枝也公明姓賈名亦衛人文子爲人其詳不可知然必廉靜之士故當時以三者稱之」厭者苦其多而惡之之辭事適其可則人不厭而不覺其有是矣是以稱之或過而以爲不言不笑不取也然此言也非禮義充溢於中得時措之宜者不能文子雖賢疑未及此但君子與人爲善不欲正言其非也故曰其然豈其然乎蓋疑之也

古義 公叔文子衛大夫公孫枝也公明賈亦衛人文子蓋廉靜之士故當時以三者稱之」厭者苦其多而惡之之謂」許貫之言也」深不然其言也」朱氏曰此言也非禮義充溢於中得時措之宜者不能文子雖賢疑未及此但君子與人爲善不欲正言其非也故曰其然豈其然乎蓋疑之也

徵 時然後言學記當其可之謂時是其訓也

子曰臧武仲以防求爲後於魯雖曰不要君吾不信

也

古 孔安國曰防武仲故邑也爲後立後也魯襄公二十三年武仲爲孟氏所譖出奔邾自邾如防使爲以大蔡納請曰紇非能害也知不足也非敢私請苟守先祀無廢二勳敢不避邑乃立臧爲紇致防而奔齊此所謂要君

新 防地名武仲所封邑也要有挾而求也武仲得罪奔邾自邾如防使請立後而避邑以示若不得請則將據邑以叛是要君也○范氏曰要君者無上罪之大者也武仲之邑受之於君得罪出奔則立後在君非己所得專也而據邑以請由其好智而不好學也楊氏曰武仲卑辭請後其跡非要君者而意實要之夫子之言亦春秋誅意之法也

古義 防地名武仲所封邑也要有挾而求也武仲得罪奔邾如防使請立後而避邑也直道者聖人之所深與也而其跡似直而其心實不直者是枉曲之大甚者聖人之所以譏之也○范氏曰要君

者無上罪之大者也武仲之邑受之於君得罪出奔則立後在君非己所得專也而據邑以請由其好知而不好學也

徵 求爲後於魯爲猶立也仁齋解此章以不直非之是豈直不直之謂乎可謂不知倫已要孔安國孝經傳曰約勒也可謂善詁已

子曰晉文公譎而不正齊桓公正而不譎

古 鄭玄曰譎者詐也謂召天子而使諸侯朝之仲尼曰以臣召君不可以訓故書曰天王狩於河陽是譎而不正也馬融曰伐楚以公義責包茅之貢不入問昭王南征不還是正而不譎也

新 晉文公名重耳齊桓公名小白譎詭也二公皆諸侯盟主攘夷狄以尊周室者也雖以其力假仁心皆不正然桓公伐楚仗義執言不由詭道猶爲彼善於此文公則伐衛以致楚而陰謀以取勝其

譎甚矣。二君佗事亦多類此，故夫子言此以發其隱。

【古義】晉文公名重耳。譎，詭也。齊桓公名小白。」此專爲齊桓公而發之。世皆以桓文並稱，而不知有彼善於此者，故曰正而不譎。蓋桓文之事莫大於會盟，會盟莫大於葵丘、踐土，而葵丘之會定太子以安王室，踐土之會挾天子以令諸侯，有公私義利之別，其佗行事可推知也。」論曰：知人固難矣，論人亦不易。蓋知道明而後能知人，能知人而後能論人，能論人而後是非邪正定矣。唯聖人之言猶權衡尺度，一懸而輕重長短無所逃焉。傳曰：善善長，惡惡短。若齊桓、晉文，自王道視之，固非純乎正者，然以二公論之，有彼善於此者，故聖人之於桓公，獨不没其不譎之善，所以爲聖人之言也。若後世儒者之論人，可謂嚴而正矣，然纖惡不恕，片纇不掩，吹毛索疵，古今無全人，不恕之太甚也。聖人之言則不然，小過必赦，一善不没，實天地之心也。

【徵】晉文公譎而不正，齊桓公正而不譎。正與譎兵

踸踔譎詭已見五諫家語辨政篇

穀梁傳隱公八年

趙鵬飛說詳于升菴外集三十六此節略

家之辭也譎訓詭爲是鄭玄訓詐者非矣如琴張踸踔譎詭及五諫有譎諫豈詐僞之謂哉大氐奇變百出謂之譎堂堂正正謂之正奇變百出者求勝於人者也堂堂正正者求不見勝者也孔子所以云爾者固褒桓而貶文矣亦語軍旅之道也豈必評二君之爲人如通鑑綱目哉穀梁傳曰交質子不及二霸趙鵬飛引之而曰春秋之世無五霸之說孔子但稱桓文至于荀孟而後沿時俗之稱曰五霸五霸非孔門之舊得之

子路曰桓公殺公子糾召忽死之管仲不死曰未仁

乎子曰桓公九合諸侯不以兵車管仲之力也如其仁如其仁

古 孔安國曰齊襄公立無常鮑叔牙曰君使民慢亂將作矣奉公子小白出奔莒襄公從弟公孫無知殺襄公管夷吾召忽奉公子糾出奔魯齊人殺無知魯伐齊納子糾小白自莒先入是爲桓公乃殺子糾召忽死之」孔安國曰誰如管仲之仁

新 按春秋傳齊襄公無道鮑叔牙奉公子小白奔莒及無知弑襄公管夷吾召忽奉公子糾奔魯魯人納之未克而小白入是爲桓公使魯殺子糾而請管召召忽死之管仲請囚鮑叔牙言於桓公以爲相子路疑管仲忘君事讎忍心害理不得爲仁也」九春秋傳作糾督也古字通用不以兵車言不假威力也如其仁言誰如其仁者又再言以深許之蓋管仲雖未得爲仁人而其利澤及人則有仁之功矣

古義 齊襄公立無道鮑叔牙曰君使民慢亂將作矣奉公子小白出奔莒襄公從弟公孫無知殺襄公管夷吾召忽奉公子糾出奔魯齊人殺無知魯伐齊納子糾小白自莒先入是爲桓公乃殺子糾召忽死之管仲請囚鮑叔受之告於桓公而相之九春秋傳作糾督也當時諸侯會盟有兵車之會有衣裳之會不以兵車言不假威力也如其仁言誰如管仲之仁管仲不死於子糾之難而遂事桓公而相之子路疑于其不仁固也然管仲之於子糾非挾貳心以徼功也嘗射桓公中其鉤其所以爲子糾者亦盡矣及其事卒也不避偷生之名遂佐桓公以匡天下故夫子不論其當死與否但舉九合之功以稱其仁何者其能脩舉王法輓回風俗利澤恩惠遠被于天下後世則其爲德甚大矣故曰如其仁如其仁蓋仁大德也非慈愛之心頃刻不忘則固不可許而濟世安民之功能被于天下後世則亦可以謂之仁矣故孟子以伯夷伊尹柳下惠君於百里之地皆能朝諸侯有天下爲仁是也此所以雖高第弟子不許其仁而反於仲許之歟

子貢曰管仲非仁者與桓公殺公子糾不能死又相之子曰管仲相桓公覇諸侯一匡天下民到于今受其賜微管仲吾其被髮左衽矣豈若匹夫匹婦之爲諒也自經於溝瀆而莫之知也

古馬融曰匡正也天子微弱桓公帥諸侯以尊周室一匡天下」受其賜者爲不被髮左衽之惠」馬融曰微無也無管仲則君不君臣不臣皆爲夷狄」王肅曰經經死於溝瀆之中也管仲召忽之於公子糾君臣之義未正成故死之未足深嘉不死未足多非死事既難亦在於過厚故仲尼但美管仲之功亦不言召忽不當死

新子貢意不死猶可相之則已甚矣」覇與伯同長也匡正也尊周室攘夷狄皆所以正天下也微無也袵衣衿也被髮左袵夷狄之俗也」諒小信也經縊也莫之知人不知也後漢書引此文莫字上有

人字(　)程子曰桓公兄也子糾弟也仲私於所事輔之以爭國非義也桓公殺之雖過而糾之死實當仲始與之同謀遂與之同死可也知輔之爭爲不義將自免以圖後功亦可也故聖人不責其死而稱其功若使桓弟而糾兄管仲所輔者正桓奪其國而殺之則管仲之與桓不可同世之讎也若計其後功而與其事桓聖人之言無乃害義之甚啓萬世反覆不忠之亂乎如唐之王珪魏徵不死建成之難而從太宗可謂害於義矣後雖有功何足贖哉愚謂管仲有功而無罪故聖人獨稱其功王魏先有罪而後有功則不以相掩可也

古義 子貢意管仲之不死既不可言況亦相之則能忍其所不能忍者也故疑其非仁者」匡正也尊周室攘夷狄皆所以正天下也受賜者謂不爲夷狄而君臣父子之義尚存也微無也衽衣衿也被髮左衽夷狄之俗也」諒信也言豈肯若庶人之爲小信自經死於溝瀆中而人莫知其名也」天之生豪傑豈偶然哉其可無所自任不愛其身乎當春秋之時生民之塗炭極矣得一管仲斯民猶中國

薄昭曰齊桓殺其弟以反國漢書淮南厲王傳韋昭注云子糾

之民不得一管仲斯民即夷狄之民管仲豈可無乎其不死蓋有所抱負而然故曰豈若匹夫匹婦之諒也論曰按管子及莊周荀卿韓非越絕等書皆以子糾爲兄桓公爲弟然則桓公之於子糾是以弟殺兄不義之甚者也管仲亦不得免黨不義之罪夫子何故深與其功而不一論其不死之非耶蓋春秋之義子以母貴故於嫡庶之辨則甚嚴而於衆妾之子亦不以兄弟之義論之況管仲之於子糾盡其心而已矣運窮力屈遂囚于魯不避事讎之嫌而成齊桓之業是夫子之所以不言其非也

徵 桓公公子糾孰兄孰弟議論紛如孔子之取管仲以其仁而已矣必以小白兄子糾弟者不知道者也蓋以子糾爲弟者自薄昭始其言出於一時諱避之爲而後人弗之察已子糾兄而小白弟章

兄也言弟者諱也

章乎明哉宋儒陋見因孔子仁管仲而固執薄昭之言遂以罪王魏王魏亦管仲耳祗其人不及管仲而太宗委任亦不及桓公未免有優劣焉然管仲自擇其主而王魏高祖所命則王魏豈可罪哉仁齋先生乃謂春秋之義子以母貴故嫡庶之辨甚嚴而於衆妾之子亦不以兄弟之義論之此皆強爲之說以求通者已夫鄉人猶且序齒推兄弟之序也而謂衆妾之子無兄弟之義可乎孔子未嘗仁桓公而唯仁管仲則桓公之罪可知已然使管仲不遇桓公則濟世安民之功豈能被天下後

孔子曰顏淵篇

孟子告子篇

世哉是管仲之不可尤也且管仲之前無覇自管仲始豈非豪傑之士邪且古之人皆能量已之力以爲之後儒皆言其可言耳孔子曰爲之難言之得無訒乎宜其不知聖人之心也仁齋又以慈愛之心頃刻不忘爲仁是孟子内外之説所囿豈非心學邪段使信能慈愛之心頃刻不忘然若無安民長人之德烏得爲仁乎

公叔文子之臣大夫僎與文子同升諸公子聞之曰可以爲文矣

古 孔安國曰大夫僎本文子家臣薦之使與己並爲大夫同升在公朝孔安國曰言行如是可謚爲

文

【新】臣家臣公公朝謂薦之與已同進爲公朝之臣也」文者順理而成章之謂謚法亦有所謂錫民爵位曰文者○洪氏曰家臣之賤而引之使與已竝有三善焉知人一也忘已二也事君三也

【古義】僎本文子之家臣文子薦之與已竝爲大夫同升在公朝」文者謚之至美者言其行如此則謚曰文亦可以無媿矣」文之爲謚惟舜文之聖足以當之如文子之薦僎纔一事之善耳然其得美謚如此則忘已薦賢之爲美德從而可知矣

【徵】洪氏曰家臣之賤而引之使與已竝有三善焉知人一也忘已二也事君三也仁齋先生曰文之爲謚惟舜文之聖足以當之如文子之薦僎纔一事之善耳然其得美謚如此則忘已薦賢之爲美

不恥下問公冶長篇

德從而可知矣有味乎其言之也洪氏規規計其三善可謂陋已果其言之是乎如不恥下問更有何善夫文者道之别名故謚莫大於文焉雖有它善皆止已之善而獨薦賢之益莫有窮盡故於謚法得稱文焉

子言衛靈公之無道也康子曰夫如是奚而不喪孔子曰仲叔圉治賓客祝鮀治宗廟王孫賈治軍旅夫如是奚其喪

【古】孔安國曰言雖無道所任者各當其才何爲當亾

【新】喪失位也」仲叔圉卽孔文子也三人皆衛臣雖未必賢而其才可用靈公用之又各當其才〇尹

氏曰衛靈公之無道宜喪也而能用此三人猶足以保其國而況有道之君能用天下之賢才者乎

詩曰無競維人四方其訓之

【古義】喪亾也」仲叔圉即孔文子」此見爲國者在能用人之長又能當其用也苟各用其長能當其才則雖以三子之才猶能存無道之國況有德之人乎雖以衛靈之無道猶能保其國況有道之君乎後世用人者或以一眚而棄人之長或用之而不盡其能此天下國家所以不免喪亾也

【徵】無說

子曰其言之不怍則其爲之也難

【古】馬融曰怍慙也內有其實則言之不慙積其實者爲之難

【新】大言不慙則無必爲之志而不自度其能否矣欲踐其言豈不難哉

【古義】怍慙也」馬氏曰人若內有其實則其言之不慙然則內積其實者爲之也甚難○係詞云將叛

者其辭慙中心疑者其辭枝誣善之人其辭游失其守者其辭屈夫其言之不怍非其行之無瑕者不能豈不難乎

徵其言之不怍。則爲之也難。邪疏曰。人若內有其實。則其言之不慙。然則內積其實者。爲之也甚難。是汪仁者爲之難之言。然失於辭。不如朱註之勝矣。

爲之難見上

陳成子弑簡公孔子沐浴而朝告於哀公曰陳恒弑其君請討之公曰告夫三子孔子曰以吾從大夫之後不敢不告也君曰告夫三子者之三子告不可孔子曰以吾從大夫之後不敢不告也

【古】馬融曰成子齊大夫陳恒也將告君故先齋齋必沐浴」孔安國曰謂三卿也」馬融曰我禮當告君不當告三子君使我往故復往也」馬融曰孔子由君命之三子告不可故復以此辭語之而止

【新】成子齊大夫名恒簡公齊君名壬事在春秋哀公十四年」是時孔子致仕居魯沐浴齋戒以告君重其事而不敢忽也臣弑其君人倫之大變天理所不容人人得而誅之况鄰國乎故夫子雖已告老而猶請哀公討之」三子三家也時政在三家哀公不得自專故使孔子告之」孔子出而自言如此意謂弑君之賊法所必討大夫謀國義所當告君乃不能自命三子而使我告之耶」以君命往告而三子魯之强臣素有無君之心實與陳氏聲勢相倚故沮其謀而夫子復以此應之其所以警之者深矣〇程子曰左氏記孔子之言曰陳恒弑其君民之不予者半以魯之衆加齊之半可克也此非孔子之言誠若此言是以力不以義也若孔子之志必將正名其罪上告天子下告方伯而率與國以討之至於所以勝齊者孔子之餘事也豈計魯人之衆寡哉當是時天下之亂極矣因是足以正

之周室其復興乎魯之君臣終不從之可勝惜哉胡氏曰春秋之法弒君之賊人得而討之仲尼此舉先發後聞可也

古義成子齊大夫名恒成其謚簡公齊君名壬事在春秋哀公十四年」是時孔子致仕居魯沐浴齋戒以告君者重其事而不敢忽也」三子三家也」孔子自言如此意謂吾禮當告君不當告三子君乃不能自謀其事而使吾往三子告之何耶」三子素有無君之志故拒其謀而夫子復以此應之」弒君父之賊人人得而誅之古之法也凡爲君爲臣者之所必討而不釋者也豈可量其力之强弱哉魯之於齊言其近則爲隣國言其親則爲同盟而魯之君臣坐縱其賊耳如不聞可謂無人心矣故夫子雖在告老之列猶不得已而告之夫公義之在於人心一也一人唱之萬人隨和哀公若聽夫子之言而唱討賊之義天下孰不應之惜乎哀公不能舉其事三子亦懷其私而夫子之志終不得就蓋臣弒其君子弒其父非惟其一身之惡實風俗人心之所係在一國則一國之恥也在天下則天

左傳哀公十四年

仁者先難雍也篇

下之恥也夫子自任萬世之道故恐斯義之不明于天下請正其罪非徒疾陳恒之惡而已也

徵左氏記孔子之言曰陳恒弑其君民之不予者半以魯之衆加齊之半可克也程子曰此非孔子之言誠若此言是以力不以義也宋儒之論每每如此唯論其義而不問事之可爲與不可爲眞經生哉果其言之是乎叚使孔子不從大夫之後而未嘗見魯侯則亦將操弑君之賊人得而討之以獨往豈理乎是固執仁者先難而後獲耳殊不知獲者謂得報於己豈不問成敗乎葢孔子請討陳恒道固然而聖人之作用不可得而測矣方是時

魯臣民尊信孔子。不啻君父。而陳恒之事。有志者所切齒。秖患無倡義者耳。若使哀公聽孔子之請。則魯之霸。可計日而待。而聖人之興。亦未必不在斯舉焉。此三家者之所恐也。仁齋論此章而曰。非唯一身之惡。實風俗人心之所係。又曰。夫子自任萬世之道。故恐斯義之不明于天下。此可以論丈丈山方孝孺之徒耳。非所以論孔子矣。且此豈容以風俗言之邪。又其論樊遲小人哉而曰。營心細務。而不知道以維持天下者。乃世俗之所務。而非聖門之所謂學也。夫道者所以平治天下也。所以

胡氏繼之曰鄭有殺逆聲罪致討雖先發後聞可也

陶冶天下也。經生輩平日以講說爲事。而謂聖人之道止是焉。故其言如此耳。按朱註所引胡氏所謂先發後聞可也。本在胡傳。宋公陳侯蔡人衛人伐鄭之事。引孔子此事。而繼之曰云云。詳其文。非謂孔子。而朱子剿其說載此。可謂謬矣。

子路問事君子曰勿欺也而犯之

【古】孔安國曰事君之道義不可欺當能犯顏諫爭

【新】犯謂犯顏諫爭○范氏曰犯非子路之所難也而以不欺爲難故夫子告以先勿欺而後犯也

【古義】孔氏曰事君之道義不可欺當能犯顏諫爭○事君之道以不欺爲本然不知犯之之義則或至於阿其所好故又曰犯之

孟子離婁篇

徵 勿欺也而犯之。人多以欺爲詐。亦有欺侮之意。子路行行。未免此失耳。孔安國曰。事君之道。義不可欺。當能犯顏諫爭。此以犯之爲勿欺之事。孟子曰。責難於君謂之恭。蓋古義也。後儒多爲勿欺與犯相反之說。非矣。

子曰君子上達小人下達

古 本爲上末爲下

新 君子循天理故日進乎高明小人徇人欲故日究乎汙下

古義 上者指道德仁義而言下者指流俗鄙賤之事而言。此猶君子喻義小人喻利之意。言君子小人各有所達。而君子之所達在道德。小人之所達在鄙事。在鄙事。故爲人之所賤。在道德。故爲人之

喻於義里仁篇

下學而上達本篇

小雅北山之什小明篇

圭璋特達禮記聘義

所貴皆其所自取可不慎乎

【徵】上達下達何註本爲上末爲下不知何謂邢昺謂君子達於德義小人達於財利是以喻於義喻於利作解朱子因此而曰君子循天理故日進高明小人徇人欲故日究汙下天理人欲自其家言然皆不穩它如下學而上達者與下學對其義自見因按表記曰事君不下達不尚辭非其人弗自小雅曰靖共爾位正直是與神之聽之式穀以女是蓋以事君言之與上章相比如圭璋特達之達謂通於君也何晏蓋言君子之通於君以德義小

人之通於君以財利也小人謂民也德者本也財者末也是亦古來相傳之說然攷諸儀禮昏禮下達納采用鴈鄭註將欲與彼合昏姻必先使媒氏下通其言女氏許之乃後使人納其采擇之禮是謂內通爲下達也葢君子之通於君以禮故曰上達小人則無通於君之禮故私通謂之下達何邪朱皆誤耳大氐論語言禮者多矣而後人不知之解以義理是古今學問之異也

子曰古之學者爲己今之學者爲人

古 孔安國曰爲己履而行之爲人徒能言之

【新】程子曰為已欲得之於已也為人欲見知於人也（）程子曰古之學者為已其終至於成物今之學者為人其終至於喪已愚按聖賢論學者用心得失之際其説多矣然未有如此言之切而要者於此明辨而日省之則庶乎其不昧於所從矣

【古義】古人之學求之實矣故其所學無不為已之益是為已也後世之人專為利名而志道之心踈矣然人或有資其學而用之則隨其大小為人之助是為人也然於已之身心則無益豈足為學乎為已者必能成物所謂誠者非自成已而已也所以成物也若夫釣名于譽誇多鬬靡而不知用力於已之身心者既不能成已焉能成物或雖有為人之益然無為已之功其為人也亦鄙書燕説可鄙之甚

【徵】古之學者為已今之學者為人孔安國曰為已履而行之為人徒能言之古人善解論語者如此

夫孔子之言以語學也學謂學詩書禮樂也君子學詩書禮樂以成德於己小人徒爲人言之孔子所言止此耳至於宋儒以此爲心術則其弊必不免於弁髦天下獨善其身者深之失也學者察諸

蘧伯玉使人於孔子孔子與之坐而問焉曰夫子何爲對曰夫子欲寡其過而未能也使者出子曰使乎使乎

【古】孔安國曰伯玉衛大夫蘧瑗」言夫子欲寡其過而未能無過」陳羣曰再言使乎者善之也言使得其人

【新】蘧伯玉衛大夫名瑗孔子居衛嘗主於其家既而反魯故伯玉使人來也」與之坐敬其主而及其

使也夫子指伯玉也言其但欲寡過而猶未能則其省身克己常若不及之意可見矣使者之言愈自卑約而其主之賢益彰亦可謂深知君子之心而善於詞令者矣故夫子再言使乎以重美之按莊周稱伯玉行年五十而知四十九年之非又曰伯玉行年六十而六十化蓋其進德之功老而不倦是以踐履篤實光輝宣著不惟使者知之而夫子亦信之也

古義 蘧伯玉衛大夫名瑗」夫子指伯玉朱氏曰與之坐敬其主而及其使也」此言伯玉爲己之功常如不及」凡爲使者必飾詞侈言舉其主之賢而伯玉之使不稱其德而以其心之所不足者而答其主之賢愈足信故夫子再言使乎以重美之」知道之無窮而後識人之不能無過有爲己之實心而後知過過之不能寡故曰過而不改是謂過矣蓋言過之不可深咎而至於不改然後爲實過也伯玉之使不曰其欲無過而曰欲寡過不曰能寡過而曰未能蓋深有合乎聖人之心宜乎夫子之深歎之也」論曰後世之學甚過緊密務絶斯心欲一毫不容人指摘殊不知人非木石不能無過但在能

知其過則速改以從善也若欲强無過則不至死灰其心槁木其身必至於把捉矜持外飾内非故曰君子不貴乎無過而貴乎能改過焉

過而不改衛靈公篇

徵 仁齋先生解蘧伯玉使人於孔子章而曰知道之無窮而後識人之不能無過有爲已之實心而後知過之不能寡故曰過而不改是謂過矣蓋言過之不可深咎而至於不改然後爲實過也伯玉之使不曰其欲無過而曰欲寡過不曰能寡過而曰未能益深有合乎聖人之心宜乎夫子之深歎之也有味乎其言之

子曰不在其位不謀其政

古註無

新重出

古義重出

徵無說

曾子曰君子思不出其位

古孔安國曰不越其職

新此艮卦之象辭也曾子蓋嘗稱之記者因上章之語而類記之也○范氏曰物各止其所而天下之理得矣故君子所思不出其位而君臣上下大小皆得其職也

古義朱氏曰此艮卦之象辭也曾子蓋嘗稱之弟子因上章之語而類記之也上章專爲謀政者言此章泛言君子平日之所期范氏曰物各止其所而天下之理得矣故君子所思不出其位而君臣

孔子思周公述而篇

患無位里仁篇

上下大小皆得其職也

徵 君子思不出其位。是艮卦之象辭。然孔子思周公而至於夜夢之。故君子之道。不可執一以廢百焉。宋儒主一無適。原於此。執一以廢百者也。蓋此章必有所指。何則。後世多以官位並稱。而古者曰官爵而已矣。上位下位。亦謂位列而已矣。非官位之謂也。凡謂之位者。皆謂其所立之位也。皆以行禮言之。故此章之言。亦必以祭言之。宗廟之中。思不出其位。語敬也。如患無位。亦謂朝廷之上。無己所立之位也。

子曰君子恥其言而過其行

古註無

新 恥者不敢盡之意過者欲有餘之詞

古義 邢氏曰有言而行不副君子所恥也」言顧行行顧言故言浮其實君子所恥嘗曰古者言之不出恥躬之不逮也君子之務實也如此

徵 君子恥其言而過其行。邢昺疏君子言行相顧若言過其行謂有言而行不副君子所恥也。仁齋從之。然文法乖。朱註恥者不敢盡之意過者欲有餘之辭。分作兩截亦失。而字。葢謂君子之所以過其行者恥其所已言故也。

子曰君子道者三我無能焉仁者不憂知者不惑勇者不懼子貢曰夫子自道也

古註無

【新】自責以勉人也」道言也自道猶云謙辭○尹氏曰成德以仁爲先進學以知爲先故夫子之言其序有不同者以此

【古義】君子道者言君子由此而行之也此三者皆進學成德之要與仁義禮智之目自異矣責己以明道之無窮又以此勉人也」道言也此記子貢之言以明夫子之實爲聖人言夫子所謂君子道者非佗卽夫子之所自有也」此言君子成德之目以勸勉學者也其曰我無能焉者雖若謙辭然本以道之愈無窮而聖人之知益隆故也子貢知之故曰夫子自道也猶曰夫子旣聖也

【徵】君子道者三言君子所道者有三也蓋性之德

人人而殊。唯知仁勇爲達德。故君子所皆由也。夫子自道也。仁齋曰。猶曰夫子既聖也。爲是。朱子以爲謙辭。非是。

子貢方人子曰賜也賢乎哉夫我則不暇

古 孔安國曰比方人也」孔安國曰不暇比方人也

新 方比也乎哉疑辭比方人物而較其短長雖亦窮理之事然專務爲此則心馳於外而所以自治者疎矣故褒之而疑其詞復自貶以深抑之。謝氏曰聖人責人辭不迫切而意已獨至如此。

古義 方比也言比方人物而較其短長」賢乎哉似褒之而實所以深抑之也夫子言我則自脩之不暇而何暇方人」子貢方人自是有才識者之常態然好比方人物則其自治必疎矣是以君子含容沈默自治深切不以比方人物爲事益知自治之難而方人之無益也」論曰舊註曰比方人物而較

其短長雖亦窮理之事然專務爲此則心馳于外而所以自治者疎矣夫臧否人物聖人固有之矣然其論之也將以爲巳之鑒戒而非以比人爲學也若不如此而徒論人物之短長則益騖多言而於道無分毫益晦菴之學專主窮理以論人物爲格物之一端故遷就其說而不自知其盭于孔子之意也

徵子貢方人。朱註。比方人物。而較其短長。雖亦窮理之事。然專務爲此。則心馳於外。而所以自治者疎矣。仁齋曰。夫臧否人物。聖人固有之矣。然其論之也。將以爲巳之鑒戒。而非以比方人爲學矣。又曰。子貢方人。自是有才識者之常態。愚按朱子窮理及心馳於外。皆其家言。而方人者知者之事。豈

翅有才識者常態哉且聖人亦豈翅以爲鑒戒哉
亦將以用之也其所以抑子貢者其自以爲賢知
也故曰賜也賢乎哉世儒多昧乎聖人之道即王
者之道動爲窮措大解故其言皆無作用也

子曰不患人之不己知患其不能也

古 王肅曰徒患己之無能

新 凡章旨同而文不異者一言而重出也文小異者屢言而各出也此章凡四見而文皆有異則聖人於此一事蓋屢言之其丁寧之意亦可見矣

古義 朱氏曰凡章旨同而文不異者一言而重出也文小異者屢言而各出也此章凡四見而文皆有異則聖人於此一事蓋屢言之其丁寧之意亦可見矣

徵無訛

子曰不逆詐不億不信抑亦先覺者是賢乎

古 孔安國曰先覺人情者是寧能爲賢乎或時反怨人

新 逆未至而迎之也億未見而意之也詐謂人欺已不信謂人疑已抑反語辭言雖不逆不億而於人之情僞自然先覺乃爲賢也○楊氏曰君子一於誠而已然未有誠而不明者故雖不逆詐不億不信而常先覺也若夫不逆不億而卒爲小人所罔焉斯亦不足觀也已

古義 逆未至而迎之也億未見而意之也詐謂人欺已不信謂人疑已抑語辭言不逆不億則可謂誠直也而又有先覺之明焉則無爲人欺罔可謂賢矣不逆詐不億不信唯誠直之人能之然未爲至也加之有先覺之明而無誣罔之失則非明睿之君子不能眞賢者也

徵 抑亦先覺者是賢乎○孔安國曰先覺人情者是

堯試鯀具書二典

視觀察爲政篇

寧能爲賢乎。古人之解。不失於辭者如是。不逆詐。不億不信。蓋古語也。孔子引此以戒先覺以爲智者。孔門若宰我子貢之流。有流于詐黠之漸矣。聖人誠意待物。觀於堯之於鯀。必試而後正其罪。孔子必以視觀察。故以先覺爲智者。非君子之道也。後儒昧乎辭。亦不知抑亦字是字未穩已。

微生畝謂孔子曰。丘何爲是栖栖者與。無乃爲佞乎。孔子曰。非敢爲佞也。疾固也。

古 包氏曰。微生姓。畝名。包氏曰。疾世固陋。欲行道以化之。

新 微生姓。畝名也。畝名呼夫子而辭甚倨。蓋有齒德而隱者。栖栖依依也。爲佞言其務爲口給以悅

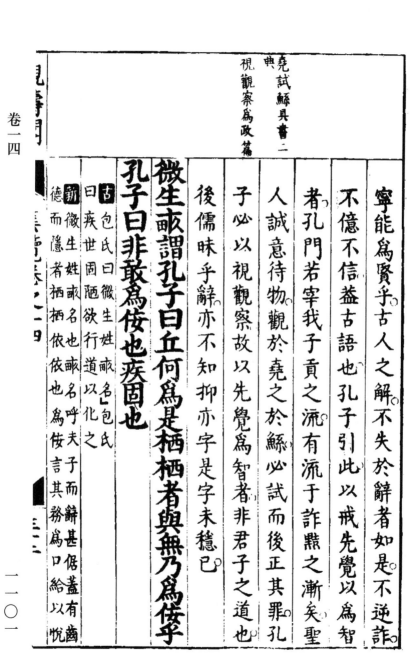

人也」疾惡也固執一而不通也聖人之於達尊禮恭而言直如此其警之亦深矣

古義 微生姓畝名栖栖依依也爲佞謂務爲口給以悅人畝蓋以夫子論人不倦爲爲佞也」固執一而不通也言我似此栖栖于世者疾夫遺世長往之士以天下爲終不可爲而堅執不返也夫子雖不斥其非然其警之亦深矣」畝蓋有齒德而隱者絕聖棄智之流故以夫子爲爲佞而夫子答之意直義明不少著形跡豈非和氣充溢觸處皆道邪蓋聖人可仕則仕可止則止欲與天下共同斯善而不敢爲過高之行豈隱者執一而不通者所能知乎哉○夫道通則行周則滯通則舉一而百順固則執一而百廢孔子曰疾固也孟子曰固哉高叟之爲詩也蓋爲此也推之學術摸之政事其是非得失成敗通塞皆自此而判可不察乎

徵 微生畝不知何人。蓋亦鄉先生。於孔子爲先輩。何也。以其名孔子也。以孔子所答爲學問之事也。

學則不固學而篇　固哉高叟孟子告子篇　好勇疾貧泰伯篇　疾沒世而名不稱衛靈公篇

棲棲者。訪求弗已貌。孔子之訪求弗已。畝以爲欲博學以騰口舌。故曰無乃爲佞乎。疾固者。疾固執一說也。是孔子語所以訪求弗已故云爾。凡固字。如學則不固。固哉高叟之爲詩也。皆以學問言之。後儒不知之。爲一切之解。乃謂孔子欲行道以化固陋非矣。疾字不必疾人。如好勇疾貧。疾沒世而名不稱焉。皆自疾也。

子曰驥不稱其力稱其德也

【古】鄭玄曰德者調良之謂

【新】驥善馬之名德謂調良也。尹氏曰驥雖有力其稱在德人有才而無德則亦奚足尚哉

古義 驥善馬之名。德謂調良也」此章如詩六義之比。蓋馬之有驥，猶人之有君子也。驥非無力而不以力稱，君子非無才而不以才稱。然則有才而無德，其爲小人也必矣。

徵無說

或曰：以德報怨，何如？子曰：何以報德？以直報怨，以德報德。

古 德，恩惠之德。

新 或人所稱，今見老子書。德謂恩惠也」言於其所怨既以德報之矣，則人之有德於我者，又將何以報之乎」於其所怨者，愛憎取舍，一以至公而無私，所謂直也。於其所德者，則必以德報之，不可忘也。○或人之言，可謂厚矣。然以聖人之言觀之，則見其出於有意之私，而怨德之報皆不得其平也。必如夫子之言，然後二者之報各得其所。然怨有不讐，而德無不報，則又未嘗不厚也。此章之言明白

簡約而其指意曲折反復如造化之簡易易知而微妙無窮學者所宜詳玩也

古義 德謂恩惠」報以得其當爲是旣以德報所怨者則於其有德於我者將以何報之乎」是非邪正各隨其實不增不減曰直以此待所怨者可矣若於其有德于我者必以德報之不可忘焉若此而後兩者各得其當」以直報怨猶秦人視越人之肥瘠漠然無所用心也以德報德謂善則揚之不善則藏之也〇朱氏曰或人之言可謂厚矣然以聖人之言觀之則見其出有意之私而怨德之報皆不得其平也必如夫子之言然後二者之報各得其所然怨有不讎而德無不報則又未嘗不厚也」

論曰以德報怨則害義不可行也以怨報德則賊仁不可爲也唯如夫子之言而後仁義兼盡各得其當譬諸天地之化賦與萬物而物各得其所也又曰怨與讎自不同如君父之讎不共戴天者不在此限

徵 以德報怨。何晏曰。德恩惠也。朱註盡之矣。仁齋曰。以直報怨。猶秦人視越人之肥瘠。漠然無所用心也。以德報德。謂善則揚之。不善則藏之也。妄哉。以直報怨者。當怨則怨。不當怨則不怨。當其怨之時。豈漠然無所用心乎。以德報德者。謂以恩惠報恩惠已。豈別有精微之解哉。如仁齋之言。則必在上之人而後可矣。且舜之於群下。豈皆有德於舜乎。

子曰莫我知也夫子貢曰何爲其莫知子也子曰不怨天不尤人下學而上達知我者其天乎

古 子貢怪夫子言何爲莫知己故問」馬融曰孔子不用於世而不怨天人不知己亦不尤人」孔安國

曰下學人事上知天命」聖人與天地合其德故曰唯天知已

【新】夫子自嘆以發子貢之問也」不得於天而不怨天不合於人而不尤人但知下學而自然上達此但自言其反已自脩循序漸進耳無以甚異於人而致其知也然深味其語意則見其中自有人不及知而天獨知之之妙蓋在孔門惟子貢之智幾足以及此故特語以發之惜乎其猶有所未達也○程子曰不怨天不尤人在理當如此又曰下學上達意在言表又曰學者須守下學上達之語乃學之要蓋凡下學人事便是上達天理然習而不察則亦不能以上達矣

【古義】此夫子自道以嘆默契者之難」下學者習人事之近也上達者造道德之奧也」朱氏曰不得於天而不怨天不合於人而不尤人但知下學而上達此但自言其反己自脩循序漸進耳無以甚異於人而致其知也然深味其語意則見其中自有人不及知而天獨知之之妙」論曰何謂天知之乎曰天無心以人心爲心直則悅誠則信理到之言人不能不服此天下之公是而人心之所同然以

此自樂故曰知我者其天乎斯理也磨而不磷推而不毀雖不赫著于當時然千載之下必有識之者矣此聖人之所以自恃而忻然樂以終其身也

徵莫我知也夫謂世主無知孔子者也凡古書言人不知者皆言在上之人不知也故曰不知則其不能用者可知已仁齋乃曰嘆默契者之難道學先生哉不怨天不尤人下學而上達是孔子自道也其爲人也若是故天命孔子以傳先王之道於後世而不使行道於當世是天之知孔子也下學而上達者下謂今上謂古也謂學先王之詩書禮樂而達於先王之心也達如中庸達天德之達是

孔子知命之言。漢儒以來。知孔子之心者尠矣。務作奥妙之解。故此章之義皆失之矣。仁齋曰。天無心。以人心爲心。直則悦。誠則信。理到之言。人不能不服。此天下之公是。而人心之所同然。以此自樂。故曰知我者其天乎。斯理也。磨而不磷。摧而不毁。雖不赫著于當時。然千載之下。必有識之者矣。此聖人之所以自恃而忻然樂以終其身也。果若其言。則聖人亦唯子雲耳。且徒以公是以理到之言而論孔子之心。可謂陋已。且其不貴鬼神。故亦昧乎孔子稱天之意。孰謂仁齋先生非理學乎。

公伯寮愬子路於季孫，子服景伯以告，曰：「夫子固有惑志於公伯寮，吾力猶能肆諸市朝。」子曰：「道之將行也與，命也；道之將廢也與，命也。公伯寮其如命何！」

古 馬融曰：「愬，譖也。伯寮，魯人，弟子也。」孔安國曰：「魯大夫子服何忌也。告，告孔子。」孔安國曰：「季孫信讒恚子路。」鄭玄曰：「吾勢力猶能辨子路之無罪於季孫，使之誅寮而肆之。有罪既刑，陳其尸曰肆。」

新 公伯寮，魯人。子服氏，景謚，伯字，魯大夫子服何也。夫子指季孫，言其有疑於寮之言也。肆，陳尸也。言欲誅寮。」謝氏曰：「雖寮之愬行，亦命也。其實寮無如之何。」愚謂言此以曉景伯，安子路，而警伯寮耳。聖人於利害之際，則不待決於命而後泰然也。

古義 公伯寮，魯人。愬，譖也。」子服氏，景謚，伯字，魯大夫子服何也。夫子指季孫，言其有疑於寮之言也。肆，陳尸也。言欲誅寮。」言道之行廢，皆繫於命，而非寮之所能爲也。」聖人之於事，有言命者，有不言命者蓋於道之行廢世之治亂每必言命爲其在天而不在人也至于出處進退利害取捨之際則必言義而不言命爲其由己而不由人也夫衆人雖決於命而不堪其憂苦不知命也賢者雖能委命而不能安焉又以其不真知命也唯聖人富貴貧賤夷狄患難無入而不自得蓋知命之至泰然自安亦靡所動于心故曰不知命無以爲君子也

徵 肆諸市朝。邢疏。引應劭曰。大夫已上於朝。士以下於市。

子曰賢者辟世其次辟地其次辟色其次辟言

古 孔安國曰世主莫得而臣」馬融曰去亂國適治邦」孔安國曰色斯舉矣」孔安國曰有惡言乃去

新 天下無道而隱若伯夷太公是也」去亂國適治邦」禮貌衰而去」有違言而後去也○程子曰四者雖以大小次第言之然非有優劣也所遇不同爾

古義 世者舉一世而言辟世者天下無道則隱蓋與世推移不露形跡非有道之士和而不流者不能故稱賢者不可斥長沮桀溺之流而言也」去亂國適治邦雖見機之速然不如辟世者之超然自得也故曰其次」不善之色見於顏面則去此辟地者則迫矣」不善之言發於口則去視辟色者則亦著矣故以此終之」君子之仕也將以其行所學也然苟有所不合則不肯枉其志以取禍也故曰君子見幾而作不俟終日辟世者隱見關于天下辟地者出處系于一國辟色者禮貌衰而去辟言者有違言而去皆雖不失身于亂世而有大小遲速之異故次第而言之

徵 無說

子曰作者七人矣

古 包氏曰作爲也爲之者凡七人謂長沮桀溺丈人石門荷蕢儀封人楚狂接輿

新 李氏曰作起也言起而隱去者今七人矣不可知其誰何必求其人以實之則鑿矣

作者之謂聖 禮記樂記

古義 作起也言起而隱去者今七人矣原文恐有七人之姓名今不可考此又上章之意（）輔氏廣曰凡書所載有當深索者不深索之則失之略有不必過求者過求之則失之鑿所謂當深索者義理是也不必過求者此處是也

徵 作者七人矣。作者之謂聖。述者之謂明。七人者。堯舜禹湯文武周公也。堯舜之前。雖有聖人。孔子不取焉。所以不取者。以其所作止利用厚生之事也。是孔子刪書斷自唐虞之意。曰七人矣而不斥其名者。人皆知之也。橫渠有是說。先後諸儒以介於辟世晨門之間。故以爲見幾而作之義。然見幾而作。謂之作者。古未之聞焉。

子路宿於石門晨門曰奚自子路曰自孔氏曰是知其不可而爲之者與

【古】晨門者閽人也」包氏曰言孔子知世不可爲而強爲之

【新】石門地名晨門掌晨啓門蓋賢人隱於抱關者也自從也問其何所從來也胡氏曰晨門知世之不可而不爲故以是譏孔子然不知聖人之視天下無不可爲之時也

【古義】石門地名晨門掌晨啓門蓋賢而隱者也自從也問其何所從來也」晨門知世之不可爲而不爲故以是譏孔子」此知夫子之德而未知夫子之道者也人之不得不與人爲群猶鳥獸之與鳥獸共群人將去人而何適故曰鳥獸不可共同群吾非斯人之徒與而誰與蓋道有顯晦而無可泯之理世有升降而無不可爲之時夫子皇皇於斯世者蓋又有可爲之理而不忍坐視斯民之塗炭故也其爲仁也亦大矣晨門之徒何足以知之

徵是知其不可而爲之者與。蓋知其不可而不爲之者。不恭也。知其不可而爲之。孔子之所以爲至德也。晨門知之。以贊孔子。故錄之。舊註謂譏孔子也。非矣。人之譏孔子。論語豈載之哉。其載之者。必有斷焉。而是無斷焉。故知其爲贊孔子已。

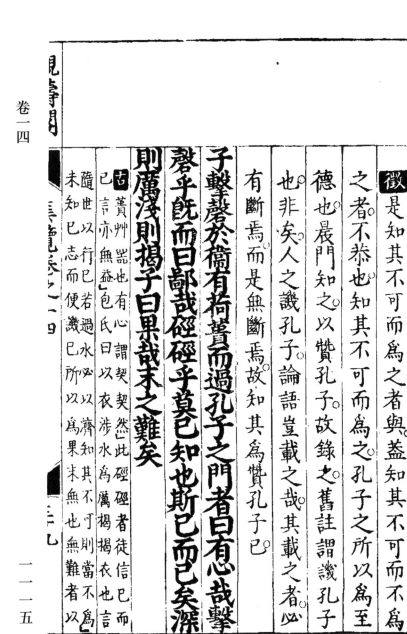

子擊磬於衛。有荷蕢而過孔子之門者。曰。有心哉。擊磬乎。既而曰。鄙哉。硜硜乎。莫己知也。斯已而已矣。深則厲。淺則揭。子曰。果哉。末之難矣。

古蕢艸器也。有心謂契契然。此硜硜者徒信己而已。言亦無益。包氏曰。以衣涉水爲厲。揭揭衣也。言隨世以行己。若過水。必以濟。知其不可則當不爲。未知己志而便譏己。所以爲果。末無也。無難者。以

其不能解已之道

新 磬樂器荷擔也蕢艸器也此荷蕢者亦隱士也聖人之心未嘗忘天下此人聞其磬聲而知之則亦非常人矣」硜硜石聲亦專確之意以衣涉水曰厲攝衣涉水曰揭此兩句衛風匏有苦葉之詩也識孔子人不知已而不止不能適淺深之宜」果哉歎其果於忘世也末無也聖人心同天地視天下猶一家中國猶一人不能一日忘也故聞荷蕢之言而歎其果於忘世且言人之出處若但如此則亦無所難矣

古義 磬樂器蕢草器也荷蕢者聞磬之聲知其有憂世之心而嘆之」朱氏曰硜硜石聲亦專確之意以衣涉水曰厲攝衣涉水曰揭此兩句衛風匏有苦葉之詩也識孔子人不知已而不止不能適淺深之宜」果哉謂徃而不返歎其果於忘世也末無也言苟不可其意則不肯有爲於世此亦無難爲者矣」夫子憂世之心不能一日忘于懷故其心自發于磬而荷蕢者聞而知之則亦非凡人但於聖

人仁天下之心則未之知也蓋聖人視天下猶一身視其痌瘝猶痒痾疾痛之切于我身豈欲離世絶俗而獨善其身乎世衰學廢人不知大道之所在故高視隱者而難其所行殊不知人之所難者在於周旋人事維持世道使不至于禽獸若夫絶世離俗獨善其身何難之有

徵蕢說文引論語作臾庾也庾蓋蕢所受爲今一斗四升三合餘故蕢又稱庾爾有心哉何晏曰有心謂契契然邢昺引小雅大東契契寤歎毛萇云契憂苦也朱氏所以不取者嫌以憂苦視孔子也殊不知聖人亦人耳豈不憂苦乎且聞磬而識其有心於天下非憂苦之聲而何又按升庵曰何晏註曰硜硜猶碌碌也晉范弘之傳雖有硜硜之稱

而非大雅之致。一作踁踁。今何晏註無碌碌之解。

子張曰書云高宗諒陰三年不言何謂也子曰何必高宗古之人皆然君薨百官總己以聽於冢宰三年

【古】孔安國曰高宗殷之中興王武丁也諒信也陰猶默也」馬融曰已百官」孔安國曰冢宰天官卿佐王治者三年喪畢然後王自聽政

【新】高宗商王武丁也諒陰天子居喪之名未詳其義」言君薨則諸侯亦然總己謂總攝己職冢宰大宰也百官聽於冢宰故君得以三年不言也〇胡氏曰位有貴賤而生於父母無以異者故三年之喪自天子達於庶人子張非疑此也殆以爲人君三年不言則臣下無所稟令禍亂或由以起也孔子告以聽於冢宰則禍亂非所憂矣

【古義】高宗商王武丁也諒陰鄭氏讀作諒闇言天子居倚廬不言謂不論議政事也」古者世淳氏忠

其孰親之喪三年悲哀未嘗言家事故曰古之人皆然諸侯死曰薨豈啟之時天子之死亦言薨而夫子仍稱之微總已謂總攝已職冢宰大宰也百官聽於冢宰故君得三年不言也」商道中衰諒陰之禮久廢不行獨武丁能舉而行之見哀戚之深能盡人子之道宜乎其中興商道而得稱高宗也

○按三年不言者謂專委冢宰不敢言事非緘口而不言也孔子曰予欲無言子貢曰子若不言則小子何述焉亦非曰欲緘口無言也蓋欲無與門人論道也古文書云既免喪其惟不言又曰王言惟作命不言臣下罔攸稟令出於後世之附會明矣

徵 君薨百官總已以聽於冢宰三年蓋殷天子久無三年之喪高宗特行之故喪服四制曰載之書中而高之故孔子引諸侯之禮其禮弗傳故也凡古書曰君者諸侯也中庸曰周公成文武之德追

王大王王季上祀先公。以天子之禮。斯禮也達乎諸侯大夫及士庶人。父爲大夫。子爲士。葬以大夫。祭以士。父爲士。子爲大夫。葬以士。祭以大夫。期之喪。達乎大夫。三年之喪。達乎天子。父母之喪無貴賤一也。是三年之喪達乎天子。周公所定也。蓋殷天子禮。所以廢三年喪者。以節文不備故也。周公備其節文。而後不可得而廢焉。故屬諸周公。如舊說。則武王周公所以爲達孝者。至於祭以大夫而止。期之喪已下。爲贅言。且殷世及周之孫則昭穆之禮亦昉於周公。是中庸之外。它書不載也。可以

禮記檀弓子張問曰書云高宗三年不言言乃讙有諸仲尼曰胡爲其不然也古者天子崩王世子聽於冢宰三年

商女子夏喪其子章

見已檀弓載此而引天子之禮記者之不善也世儒多謂諸書直記孔子之言殊不知言也者不可筆者也故諸書記孔子之言皆脩辭者也脩辭隨記者之意故不同焉不必皆異時之言也諸書但論語中庸其辭如精金美玉可以爲據已人或執檀弓文之美者也是誠然然其書後子思曰商女亦異於論語諸子相字者也曰廢其祀刎其人先王之禮豈有之哉是吾於檀弓所以亦有不取者也祇此章主意在不言而不在三年故孔子以百官總已聽於冢宰以明之學者其察諸仁齋先生

疑殷之時。天子之死。亦曰薨歟者。蓋未識君字耳。

子曰上好禮則民易使也

古 民莫敢不敬故易使

新 謝氏曰禮達而分定故民易使

古義 上之於民莫不欲其易使也然每不得若其所欲者蓋不得其道也夫治國平天下一以禮爲本而後上下辨而民志定昔者先王之御民也一號令之發一政事之出其應之猶水之就下不敢後者民能知上下之辨而莫敢不敬故也故治民之要在禮而不在法」論曰夫子之教人曰德曰學曰禮曰義必以好爲上嘗曰上好禮則民莫敢不敬上好義則民莫敢不服上好信則民莫敢不用情又曰吾未見好德如好色者也蓋好則熟熟則驗驗則其應無窮矣漢唐以來莫不置禮閣設禮官以講儀文度數之詳然而徒爲虛器不達於天下者豈非纔供文具而好之之心未至故乎孟子

曰上有好者下必有甚焉者矣亦謂好之之益甚大也

【徵】孔子每曰好古好學好德好仁好禮好義而無好知之教故知仁義禮智孔子時所無也蓋禮義者道也道者古之道也學者學之也德者有德之人也仁者仁德也觀其所好而孔子之心可知矣

子路問君子子曰脩己以敬曰如斯而已乎曰脩己以安人曰如斯而已乎曰脩己以安百姓脩己以安百姓堯舜其猶病諸

【古】孔安國曰敬其身」孔安國曰人謂朋友九族」孔安國曰病猶難也

【新】脩己以敬夫子之言至矣盡矣而子路少之故再以其充積之盛自然及物者告之無他道也人

者對己而言，百姓則盡乎人矣。堯舜猶病，言不可以有加於此，以抑子路，使反求諸近也。蓋聖人之心無窮，世雖極治，然豈能必知四海之內果無一物不得其所哉？故堯舜猶以安百姓爲病。若曰吾治已足，則非所以爲聖人矣。○程子曰：君子脩己以安百姓，篤恭而天下平。唯上下一於恭敬，則天地自位，萬物自育，氣無不和，而四靈畢至矣。此體信達順之道，聰明睿知皆由是出，以此事天饗帝。

古義 已者對人之稱。脩己者安民之本，以此治國平天下亦無難爲者。敬者無衆寡、無小大、無敢慢之謂」百姓者盡人之稱。蓋脩己以敬則既盡矣，然以子路猶少之，故再三言之，以明其脩己之外無復餘法也」此極言脩己之效，而以堯舜其猶病諸明其功之甚大而難及也」脩己者治人之本，仁以體之，禮以存之，而後可以脩己。敬者治民之要，安者功用之盛，皆無出于脩己之外。益推脩己之極功，則堯舜之盛亦不過此。舜之恭己而正南面，子思所謂篤恭而天下平，皆此義也」論曰：古人言敬者多矣，或就天道而言，或就祭祀而言，或就尊長而言，或就政事而言，皆有所敬而然。曰脩己以敬

克己顔淵篇

九經中庸

曰居敬而行簡皆以敬民事而言未有無事而徒言敬者也若後世之言敬者異哉

【徵】脩己以敬。不言所敬。敬天也。仁齋曰敬民事。君子豈無王事乎。要之民事王事皆天職也。故敬天爲本。脩己以安人。脩己以安百姓。克己復禮爲仁。九經首脩身。一也。

原壤夷俟子曰幼而不孫弟長而無述焉老而不死是爲賊以杖叩其脛

【古】馬融曰原壤魯人孔子故舊夷踞俟待也踞待孔子「賊謂賊害」孔安國曰叩擊也脛脚脛

【新】原壤孔子之故人母死而歌蓋老氏之流自放於禮法之外者夷蹲踞也俟待也言見孔子來而蹲踞以待之也述猶稱也賊者害人之名以其自幼至老無一善狀而久生於世徒足以敗常亂俗

則是賊而已矣脛足骨也孔子旣責之而因以所曳之杖微擊其脛若使勿蹲踞然

古義 原壤魯人孔子故舊夷踞俟待也見孔子來而蹲踞以待之也」述猶循也賊害也幼而不孫弟不順上也長而無述無善狀也老而不死久偷生也故曰賊也孔子歷責其已往者以警其將來也」敗風俗害人倫惡之大者也以聖人之盛德於故舊之人其責之猶無所恕如此孟子曰飽食煖衣逸居而無教則近於禽獸其原壤之倫乎

徵 原壤孔子之故舊也檀弓曰孔子之故人曰原壤其母死夫子助之沐槨原壤登木曰久矣予之不託於音也歌曰貍首之斑然執女手之卷然夫子爲弗聞也者而過之從者曰子未可以已乎夫子曰丘聞之親者毋失其爲親也故者毋失其爲

故也益孔子爲其人親治其母之椁則知其在鄉黨爲故相親狎之人也孔子以杖叩其脛亦以戲行之苟非親狎豈如此乎亦可以見君子愷悌之德已原思記之具悉爲是故也今人遽見以爲孔子撻之大非矣

闕黨童子將命或問之曰益者與子曰吾見其居於位也見其與先生竝行也非求益者也欲速成者也

【古】馬融曰闕黨之童子將命者傳賓主之語出入」包氏曰先生成人也童子隅坐無位成人乃有位」竝行不差在後違禮欲速成人者則非求益也

【新】闕黨黨名童子未冠者之稱將命謂傳賓主之言或人疑此童子學有進益故孔子使之傳命以

寵異之也」禮童子當隅坐隨行孔子言吾見此童子不循此禮非能求益但欲速成爾故使之給使令之役觀長少之序習揖遜之容蓋所以抑而教之非寵而異之也

古義 闕黨黨名童子未冠者之稱將命謂傳賓主之言益童子初入門不待夫子之命自進而將命也」將命長者之職也童子而行之故或疑其為益者也」禮童子當隅坐父之齒隨行兄之齒雁行孔子言吾見此童子不循此禮求益者自卑以牧今此童子如此則欲速成者爾」此因上章而類記之猶前篇公冶長可妻及子華使於齊章之意益原壤嚴以論之也童子寬以育之也聖人之道溫威並行而不拘于一如此亦編者之微意也」論曰夫子之於童子豈無甚過寬乎蓋聖人之教人也以開導誘掖為務而不以束縛羈紲為事譬諸植樹屈幹蟠枝者雖足悅其觀然不見其達材生於岑蔚間者不煩人力自有棟梁之材所謂如時雨化之者是也夫子之於童子欲長育其材而不欲強成之也實造化涵育之功不可以過寬目之也

徵闕黨章。仁齋先生曰。夫子之於童子。豈無甚過寬乎。益聖人之教人也。以開導誘掖爲務。而不以束縛羈紲爲事。譬諸種樹。屈幹蟠枝者。雖足悅其觀。然不見其達材。生於岑蔚間者。不煩人力。自有棟梁之材。所謂如時雨化之者是也。夫子之於童子。欲長育其材。而不欲強成之也。實造化涵育之功。不可以過寬目之也。有味乎其言之。豈翅闕黨童子乎。孔門之教。皆使人自得之。而不強聒之。故其於童子也。亦使之習與性成。是孔子之教也。又按曲禮曰。問士之子。長曰能典謁矣。幼曰未能典

益者三友季氏篇

謁也童子將命亦古之道也朱子謂或人疑此童子學有進益故孔子使之傳命以寵異之非也或人在孔子之時亦必知典謁爲童子之職豈以此爲寵異之乎亦見其居於位也見其與先生並行也故疑其以益者故先生長者進而與之友是所以問也孔子曰吾見其居於位也見其與先生並行也非求益者也可見或人所以疑者適足見其非益者已益者卽益者三友也求益者取於友也非進益之義言其不知取於友之道則其非益者不言自明矣宋儒不知古文辭故解非其解也

論語徵集覽卷之十四終

論語徵集覽卷之十五

魏　何晏　集解

宋　朱熹　集註

大日本　藤維楨　古義

物茂卿　徵

從四位侍從源賴寬　輯

衛靈公第十五

衛靈公問陳於孔子孔子對曰俎豆之事則嘗聞之矣軍旅之事未之學也明日遂行

古　孔安國曰軍陳行列之法也孔安國曰俎豆禮器也鄭玄曰萬二千五百人爲軍五百人爲旅軍旅末

管仲九合前篇

晏子折衝於樽俎見內篇

曾子所謂泰伯篇

子貢云爾子張篇

事本未立不可教以末事

【新】陳謂軍師行伍之列俎豆禮器尹氏曰衞靈公無道之君也復有志於戰伐之事故答以未學而去之

【古義】陳謂軍師行列之法俎豆禮器軍旅之事夫子非不知也特非所以爲訓故曰未之學也

【徵】俎豆之事則嘗聞之矣軍旅之事未之學也管仲九合諸侯不以兵車孔子深與之其志可見耳俎豆猶樽俎謂衣冠之會如晏子折衝於樽俎曾子所謂籩豆之事亦以朝聘會同言之蓋以兵威服鄰國不如以禮率之方是時文武之道未墜地而在人子貢云爾是豈後世儒者所謂道乎亦言

禮耳以禮率之諸侯欲不從之豈可得乎仁齋先生引以禮讓爲國是其意謂孔子荅靈公猶孟子說齊梁君耳殊不知明日遂行方是時必有事矣不爾一言不合孔子豈遽去哉况俎豆之爲朝聘會同者彰彰乎且使孔子見用於當時則必有事事焉不然而曰吾修吾德天下必率服則宋襄徐偃之類耳可謂不知時務已孔子而豈如是其拙哉或曰軍旅之事末之學也孔子果不知歟將知之爲不知歟曰孔子何不知也何則孔子見用必爲卿矣三卿出則將三軍焉是軍旅之事君子所

禮記哀公問篇

顏子告一而知十公冶長篇

當學也。而孔子所以云爾者。恭也。對君之詞也。小戴記哀公問於孔子曰。大禮何如。君子之言禮。何其尊也。孔子曰。丘也。小人不足以知禮。大戴記公曰。教他人則如何。子曰。否。丘則不能。凡此之類。不一而足。知而曰不知。能而曰不能。皆禮也。何則。曰知曰能。未嘗有所窮極者也。凡論孔子之事者。不求諸禮。皆失之矣。且先王之道在人。雖孔子豈徧得天下之人而悉學之乎。故君子知之而曰不知。是其所矣。顏子告一而知十。孔子之知之。亦猶如是夫。故其於文武之道。非學而盡之者。亦審矣。故

孔子曰未之學也而謂孔子無所不知者它人之言耳

在陳絶糧從者病莫能興子路慍見曰君子亦有窮乎子曰君子固窮小人窮斯濫矣

【古】孔安國曰從者弟子興起也孔子去衛如曹曹不容又之宋遭匡人之難又之陳會吳伐陳陳亂故乏食濫溢也君子固亦有窮時但不如小人窮則濫溢爲非

【新】孔子去衛適陳興起也何氏曰濫溢也言君子固有窮時不若小人窮則放溢爲非程子曰固窮者固守其窮亦通○愚謂聖人當行而行無所顧慮處困而亨無所怨悔於此可見學者宜深味之

【古義】孔子去衛適陳糧絶從者困病莫能興濫溢也言富貴在天故君子固有時而窮然不若小人窮則放溢爲非也或曰在春秋戰國之時軍旅之事宜在所先而俎豆之事疑若不急者殊不知國

以孔子爲迂子路篇

之所以爲國者以有夫天敘天秩者實維持之也苟以禮讓爲國則孝順和睦之風興君民上下之情親協力一心尊君親上其強孰禦焉不然三綱淪九法斁人有離心國誰與立軍旅雖精果何所用哉故曰威天下不以兵革之利言王道易易也靈公得夫子之大聖而失其所問惜哉

徵君子固窮古註君子固亦有窮時得之程子爲固守其窮失乎辭矣且謂貧賤爲窮後世之言也乃道窮之謂已不爾子路何曰君子亦有窮乎蓋謂君子當知時務豈有狼狽之時乎慍非怒孔子矣怫鬱之至發此言故曰慍見亦以孔子爲迂也遭難而怫鬱方寸將亂故告以小人窮斯濫矣何則以孔子爲迂其究必至濫也

子曰賜也汝以予爲多學而識之者與對曰然非與曰非也予一以貫之

古 孔安國曰然謂多學而識之」孔安國曰謂今不然」善有元事有會天下殊塗而同歸百慮而一致知其元則衆善舉矣故不待多學一以知之

新 子貢之學多而能識矣夫子欲其知所本也故問以發之」方信而忽疑蓋其積學功至而亦將有得也說見第四篇然彼以行言而此以知言也○謝氏曰聖人之道大矣人不能徧觀而盡識宜其以爲多學而識之也然聖人豈務博者哉如天之於衆形匪物物刻而雕之也故曰予一以貫之德輶如毛毛猶有倫上天之載無聲無臭至矣尹氏曰孔子之於曾子不待其問而直告之以此曾子復深喻之曰唯若子貢則先發其疑而後告之而子貢終亦不能如曾子之唯也二子所學之淺深於此可見愚按夫子之於子貢屢有以發之而他人不與焉則顏曾以下諸子所學之淺深又可見

矣

古義子貢嘗務多識而未知其要故夫子問以發之。子貢因夫子之言而略悟其非也。説見第四篇。夫子之學極其廣大猶天地之包含萬物而無所不在也豈多學而識之者乎哉蓋一與多學正相反一則得二三則失一則成二三則敗故爲學者不馳旁蹊不求多岐一而又一至於至一之地焉則五常百行禮樂文章合湊會歸不須外求斯之謂一以貫之與夫多學而識之者不啻霄壤矣

徵宋儒謂孔子告一貫曾子以行子貢以知非也。古之學皆教之以事。而不言其理欲學者之自得之也。習於事而自知之。曾子子貢一也。分知行者宋儒家學耳。又以一貫爲孔門傳授心法者。傚聾浮屠拈華微笑者已。又謂唯二子得聞而它人不

吾無隱述而篇

升庵外集經說

大史公曰史記自序傳

與焉豈其然蓋孔子言一以貫之而不謂一爲何矣難以言明也故非通六藝者則固不可與聞是言然如吾無隱乎爾亦此意也豈如後世以爲大小大事哉又如以然非與爲方信而忽疑亦謬矣升庵曰子貢非不知也蓋辭讓而對事師之禮也鬻子對文王武王成王皆曰唯疑豈方唯而亦疑乎對君之體也大史公曰唯唯否否蓋古之對友亦如此亦可以證矣

子曰由知德者鮮矣

古 王肅曰君子固窮而子路慍見故謂之少於知德者

新由呼子路之名而告之也德謂義理之得於己者非己有之不能知其意味之實也〇自第一章至此疑皆一時之言

此章蓋爲慍見發也

古義此亦夫子呼子路之名而言知德之難以歎學者之不能自勉也夫子嘗歎好德不如好色凡事知其爲美則必好好之人苟知德之爲美如口之於芻豢則夫誰不好其不知好者皆不知德故也

論曰古人以德行爲學問外德行別無所謂學問者故學問成則德自立身自脩而措之家國天下亦無難焉後世以德行爲德行以學問爲學問而不知以德行爲學問故有志於脩身則以力把捉有意於經世則以法維持而其少有知者亦專務依傚假借而不免於德愈荒也

徵由知德者鮮矣謂人多不知有德之人也朱註謂非己有之不能知其意味之實也可謂不知古言已夫知人帝所難故曰鮮矣南容引羿奡禹稷

書皐陶謨皐陶曰都在知人在

安民禹曰咸若時惟帝其難之南容引前篇

孔子以尚德稱之子路慍見之不知德可以見已蓋有德之人自天祐之一時之厄豈足憂哉所謂知德豈翅知孔子爲有德之人乎亦知有德之人天不棄之也

子曰無爲而治者其舜也與夫何爲哉恭己正南面已矣

【古】言任官得其人故無爲而治

【新】無爲而治者聖人德盛而民化不待其有所作爲也獨稱舜者紹堯之後而又得人以任衆職故尤不見其有爲之迹也恭己者聖人敬德之容旣無所爲則人之所見知此而已

【古義】無爲而治者言無所作爲而自致治平也恭己南面人君之象此夫子贊舜之德獨度越于群

聖人也夫聖堯舜爲盛若堯唯天爲大唯堯則之固不待贊焉舜則納賓巡狩封山濬川亦多事矣然不見其有爲之迹所謂立之斯立道之斯行綏之斯來動之斯和是也所以獨稱舜爲無爲而治也

徵 無爲而治。古來以得人言。故舜特以此稱之。如文王獨以無憂稱。已仁齋乃引立之斯立道之斯行。綏之斯來動之斯和。是凡聖人皆爾。豈特舜而已哉。是其意謂得人而無爲。以此稱舜。非其至焉者。殊不知堯蕩蕩之大。以允恭克讓。而允恭克讓所以得人也。皋陶之謨。安民知人。盡萬古帝王之道。而安民非知人則不得。故虞廷賡歌。專言任下

文王以無憂稱中庸

允恭克讓書堯典

皋陶之謨見上

虞廷賡歌書益稷篇

意而虞書以此終焉故萬古治天下之道以此爲至焉者而舜之爲大聖豈出此外邪恭己正南面亦惟形容其無所爲耳正南面者南面也如正墻面及司儀職不正其主面之正古言也猶謂正面南正面墻不正面其主也

正墻面陽貨篇

子張問行子曰言忠信行篤敬雖蠻貊之邦行矣言不忠信行不篤敬雖州里行乎哉立則見其參於前也在輿則見其倚於衡也夫然後行子張書諸紳

古 鄭玄曰萬二千五百家爲州五家爲鄰五鄰爲里行乎哉言不可行包氏曰衡軛也言思念忠信立則常想見參然在目前在輿則若倚衡軛孔安國曰紳大帶

【新】猶問達之意也」子張意在得行於外故夫子反於身而言之猶答干祿問達之意也篤」厚也蠻南蠻貊北狄二千五百家爲州」其者指忠信篤敬而言參讀如毋往參焉之參言與我相參也衡軛也言其於忠信篤敬念念不忘隨其所在常若有見雖欲頃刻離之而不可得然後一言一行自然不離於忠信篤敬而蠻貊可行也」紳大帶之垂者書之欲其不忘也○程子曰學要鞭辟近裏著己而已博學而篤志切問而近思言忠信行篤敬立則見其參於前在輿則見其倚於衡即此是學質美者明得盡渣滓便渾化卻與天地同體其次惟莊敬以持養之及其至則一也

【古義】子張憂事多沮滯不如己意故問行」篤厚也蠻南蠻貊北狄無禮義之國二千五百家爲州州里謂己之鄉里」此勉爲忠信篤敬之無間斷也朱氏曰參讀如毋往參焉之參言與我相參也衡軛也言其於忠信篤敬念念不忘隨其所在常若有見雖欲頃刻離之而不可得然後蠻貊可行也」紳大帶之垂者書之欲其不忘也」學問之要在乎專與熟不專則無功不熟則無驗凡有志於道者孰

不知忠信篤敬之爲美然未見其功驗如此者不專不熟故也其必用志之專用力之熟而後見其參于前倚于衡而其行沛然孰能禦焉子張問行丁又猶問達之意皆學問之難事故夫子之所答寧反復不厭其言之繁學者不可不熟察而深體焉」論曰忠信學問之本篤敬學問之地始終全體盡之矣後世儒者以爲忠信篤敬是日用常行之務非窮遠極高之論而別立一般宗旨殊不知道者實理也學者實務也豈外忠信篤敬而別有所謂高遠者哉故知道者其言近而實故用之而愈不竭不知道者其言遠而虛故無益於日用離忠信篤敬而言道者非知道者也但要忠信者必流於硜硜務篤敬者必陷於把捉此亦學者之所當慮也

【徵】篤與敬別非篤其敬也。大氏丁寧懇到之意。接人爲忠。在己爲篤。仁齋先生以忠信篤敬爲學問之道。豈學問之道乎。君子之道所以行也。故子張

孔子所謂述而篇

詩衛風淇奧篇

問行而孔子告之以此後儒皆謂學作聖人是自孔子所不言故外孔子而別立宗旨耳孔子所謂學而不厭者謂誦習詩書禮樂以終其身也豈忠信篤敬之謂乎哉設使其人果能忠信篤敬不學先王之道亦鄉人耳仁齋之言亦宋儒鞭辟近裏著之遺耳立則見其參於前也在輿則見其倚於衡也此二句古語也言不相離也參韓愈筆解古驂字得之前周禮大行人職曰立當前疾鄭玄以轅前解之倚輢也詩衛風猗重較兮孔穎達以倚此重較之車解之非矣考工記輿人鄭註較兩輢

上出式者是輢兩邊植木較横輢上輢兩而較一
衡風猗卽輢重平聲君子有金錫圭璧之美加之
以寬綽如輢上加較故曰猗重較兮驂之於𩌏前
輢之於衡皆不相離之喻也立與在輿互文耳蓋
主安車言之故在輿言坐耳車中立則見驂與前
之不相離也坐則見輢與衡之不相離也是兩見
字無意但以不相離爲義孔子引此以謂己與人
不相離然後道行也而其所以不相離之道則忠
信篤敬焉如鞔軏之喻然此孔子之意也如朱子
解一如禪子提撕話頭古豈有之哉可笑之甚

鞔軏之喻爲政篇

子曰直哉史魚邦有道如矢邦無道如矢君子哉蘧伯玉邦有道則仕邦無道則可卷而懷之

【古】孔安國曰衛大夫史鰌」孔安國曰有道無道行直如矢言不曲」包氏曰卷而懷謂不與時政柔順不忤於人

【新】史官名魚衛大夫名鰌如矢言直也史魚自以不能進賢退不肖既死猶以尸諫故夫子稱其直事見家語」伯玉出處合於聖人之道故曰君子卷收也懷藏也如於孫林父甯殖放弑之謀不對而出亦其事也○楊氏曰史魚之直未盡君子之道若蘧伯玉然後可免於亂世若史魚之如矢則雖欲卷而懷之有不可得也

【古義】史官名魚衛大夫名鰌如矢言直也」伯玉出處合於聖人之道故曰君子卷收也懷藏也」此言二子皆衛賢臣而其行自不同也若子魚能伸而不能屈知正已而不知成物惟可謂之直伯玉因

用舍行藏述而篇

大東詩小雅小旻之什

時屈伸卷舒隨宜可以成己可以成物故謂之君子也

徵 楊氏曰若史魚之如矢則雖欲卷而懷之有不可得也是固爾然孔子所以稱伯玉云爾者謂其有道也卷其道而懷之也是正與用舍行藏同意古人以矢諭直故大司寇職曰以兩造禁民訟入束矢於朝然後聽之大東詩曰周道如砥其直如矢噬嗑曰得金矢可以見已

子曰可與言而不與之言失人不可與言而與之言失言知者不失人亦不失言

古新無注

古義 失人則善不周矣失言則道必瀆矣

徵 知者不失人。亦不失言。或曰。不失人。仁也。不失言。知也。聖人言知。必有仁在。然不失人者。知者之事也。非仁也。知者利仁。豈全不相關乎。

知者利仁里仁篇

子曰志士仁人無求生以害仁有殺身以成仁

古 孔安國曰無求生而害仁死而後成仁則志士仁人不愛其身也

新 志士有志之士仁人則成德之人也理當死而求生則於其心有不安矣是害其心之德也當死而死則心安而德全矣◯程子曰實理得之於心自別實理者實見得是實見得非也古人有損軀隕命者若不實見得惡能如此須是實見得生不重於義生不安於死也故有殺身以成仁者只是成就一箇是而已

去仁惡乎成名里仁篇下孔子嘗曰同

【古義】志士有志之士仁人則成德之人也求生謂求生路也志士其志有所不爲仁人其德足以成物其德雖不同而其於仁也一也生乎以之死乎以之君子違仁惡乎成名志士之所期仁人之所立大矣哉

【徵】志士仁人無求生以害仁有殺身以成仁謂龍逢比干之徒也仁齋先生引君子去仁惡乎成名可謂善解已孔子嘗曰造次必於是顛沛必於是至於此則死生必於是究言之也蓋先王之道安民之道也志士志於此焉仁人成德於此焉朱子曰理當死而求生則於其心有不安矣是害其心之德也當死而死則心安而德全矣是其心學之

仁管仲前篇

天下無不是底父母孟子離婁篇瞽瞍厎豫朱註引羅仲素語

說吁亦小矣哉豈得以爲仁乎程子曰殺身以成仁者只是成就一箇是而已是宋儒汩沒是非海裏也成就一箇是豈可以爲仁哉夫成就一箇是以爲仁則召忽仁矣而孔子不仁召忽而仁管仲其妄可知已如天下無不是底父母宋儒以爲至言夫使舜以瞽瞍爲是豈足以爲舜乎孝子之心是則是不是則不是未嘗以親之不是爲是矣雖以爲不是其無怨怒之心是孝子也宋儒汩沒是非海裏故終不能離是非以言之悲哉

子貢問爲仁子曰工欲善其事必先利其器居是邦

克己復禮爲仁 顏淵篇

也事其大夫之賢者友其士之仁者

古 孔安國曰言工以利器爲用人以賢友爲助

新 賢以事言仁以德言夫子嘗謂子貢悅不若己者故以是告之欲其有所嚴憚切磋以成其德也

○程子曰子貢問爲仁非問仁也故孔子告之以爲仁之資而已

古義 爲猶助也猶爲衛君之爲大夫從政故以其才而言士未與政故以其德而言工不利其器則其事不善人無賢師友則其德不成薰陶漸磨之益可謂甚大所謂魯無君子者斯焉取斯是也曾子亦曰以友輔仁蓋言不可不以賢友爲助也

徵 子貢問爲仁爲仁如克己復禮爲仁謂行仁政也程子曰非問仁也故孔子告之以爲仁之資而已仁齋又因資字而訓爲爲助夫爲衛君之爲訓

子賤事見說苑

助者明其爲去聲也豈異義乎可謂倭人哉蓋子貢多智有自用之失故告之欲行仁政必須人才也事其大夫之賢者友其士之仁者據子貢之今日而言之耳子賤爲單父宰所父事者三人所兄事者五人所友者十一人豈不然乎且先王安民之道仁盡之矣然有勇智忠和種種之德者仁必待衆德而後成焉故先王之道仁盡之矣而未嘗言仁盡之者爲是故故王者之治天下必須人才而後治又按孔子少許仁則仁者宜若少而此曰其士之仁者是仁者亦易得也蓋事其大夫之賢

者。友其士之仁者。亦古語。而孔子稱之耳。

顏淵問爲邦。子曰：行夏之時，乘殷之輅，服周之冕，樂則韶舞。放鄭聲，遠佞人。鄭聲淫，佞人殆。

【古】據見萬物之生以爲四時之始取其易知馬融曰殷車曰大輅左傳曰大輅越席昭其儉也包氏曰冕禮冠周之禮文而備取其黈纊塞耳不任視聽」韶舜樂也盡善盡美故取之」孔安國曰鄭聲佞人亦俱能惑人心與雅樂賢人同而使人淫亂危殆故當放遠之

【新】顏子王佐之才故問治天下之道曰爲邦者謙辭」夏時謂以斗柄初昏建寅之月爲歲首也天開於子地闢於丑人生於寅故斗柄建此三辰之月皆可以爲歲首而三代迭用之夏以寅爲人正商以丑爲地正周以子爲天正也然時以作事則歲月自當以人爲紀故孔子嘗曰吾得夏時焉而說者以爲謂夏小正之屬蓋取其時之正與其令之善而於此又以告顏子也」商輅木輅也輅者大車

之名古者以木爲車而已至商而有輅之名蓋始異其制也周人飾以金玉則過侈而易敗不若商輅之朴素渾堅而等威已辨爲質而得其中也」周冕有五祭服之冠也冠上有覆前後有旒黃帝以來蓋已有之而制度儀等至周始備然其爲物小而加於衆體之上故雖華而不爲靡雖費而不及奢夫子取之蓋亦以爲文而得其中也」取其盡善盡美」放謂禁絶之鄭聲鄭國之音佞人卑諂辨給之人殆危也○程子曰問政多矣惟顔淵告之以此蓋三代之制皆因時損益及其中也不能無弊周衰聖人不作故孔子斟酌先王之禮立萬世常行之道發此以爲之兆爾由是求之則餘皆可考也張子曰禮樂治之法也放鄭聲遠佞人法外意也一日不謹則法壞矣虞夏君臣更相戒飾意蓋如此又曰法立而能守則德可久業可大鄭聲佞人能使人喪其所守故放遠之尹氏曰此所謂百王不易之大法孔子之作春秋蓋此意也孔顔雖不得行之於時然其爲治之法可得而見矣

【古義】爲者創爲之謂創造紀綱法度也周禮冢宰掌邦治以佐王均邦國是也與問治國自異也」時

謂春夏秋冬周以斗柄初昏建子之月爲歲首殷以建丑之月爲歲首夏以建寅之月爲歲首然春者蠢蠢然物自發生故唯夏之正爲得天時之正也」殷輅木輅也儉素渾堅而等威易辨是以質爲尚」冕禮冠周冕華而有飾蓋其爲物小而加於衆體之上故以文爲尚」韶舞之樂取其盡善盡美上文既損益三代之禮而論之故此特舉舜之樂而示之顏子王佐之材故以治天下之法告之也」鄭聲鄭國之音佞佞人辨給之人淫聲能蕩人志佞人能危人國故放而遠之」治天下以仁爲本而夫子告顏子特以四代之禮樂者何哉蓋因其問爲邦故折衷四代之制以示之此其所以異也夫法必有弊道則無弊先王之制雖因時勢順民心而立之然及其久也不能無弊夫子於是就四代之制各舉其一事以示其梗槩蓋行夏之時取其正也乘殷之輅貴其質也服周之冕從其文也樂則韶舞者尚美善之極也放鄭聲遠佞人者防害治之本也所謂萬世不易之常道兼文質存法戒治天下之道盡矣

用舍述而　天縱子罕語

徵制作禮樂。革命之事。君子諱言之。故顏子止問爲邦。而孔顏之時。革命之秋也。且顏子用舍行藏。與孔子同。若天縱之。亦聖人矣。故孔子以制作禮樂告之。後儒必曰亞聖。亦浮屠補處菩薩之見耳。此章。先儒以爲萬代不易之制。豈知此正以孔顏之時言之耳。若果有所謂萬代不易之制者。則堯舜禹湯文武周公。皆非聖人焉。且孔子所告。豈容行之於今世哉。豈在其爲萬世不易之制哉。世儒之不知禮樂。一至斯極邪。夏時。殷輅。周冕。禮也。韶。樂也。聖人之治天下。禮樂盡焉。鄭聲害乎樂。佞人

升菴文集禮樂部

害乎禮佞人有口才者朱註畀諂辨給之人謬矣聖人之立禮也使天下之人固守之而變亂法制者必口才之人也故遠之後儒之不知先王禮樂之意者皆以己之所見而變亂先王之教法要之不免佞人之歸哉吾所以不取孟子以下者爲是故國風徒歌也故存鄭備鄭聲者被之於聲樂故放之世有鄭聲則民不好樂所以放也升菴說水溢於平曰淫水雨過於節曰淫雨聲濫於樂曰淫聲考工記曰善坊者水淫左傳曰歲在星紀而淫於玄枵後世解鄭風皆爲淫詩謬矣此說爲是大

氏聲樂可娛之甚。謂之淫已。

子曰人而無遠慮必有近憂

【古】王肅曰君子當思患而預防之

【新】蘇氏曰人之所履者容足之外皆爲無用之地而不可廢也故慮不在千里之外則患在几席之下矣

【古義】慮不及久遠之外則憂心起於至近之地家國天下莫不皆然此言甚近然從之則吉違之必凶神明所不如蓍蔡所不及其可不謹畏佩服也哉（）宋李文靖公治居第廳事前僅容旋馬或言其太隘公笑曰居第當傳子孫此爲宰輔廳事誠隘爲太祝奉禮廳事則已寬矣此亦可謂遠慮之一事矣

【徵】人無遠慮。必有近憂。大矣哉。此言。可以盡聖人之道已。聖人智大思深。故其道深遠焉。當世之人。豈不尊孔子哉。其所以不能用孔子者。皆以爲迂耳。後世諸儒。豈乏聰明哉。其所以不能知聖人之道者。皆爲見近耳。

子曰已矣乎吾未見好德如好色者也

古注無

新 已矣乎歎其終不得而見之也

古義 重出之義見前

徵 已矣乎吾未見好德如好色者也。此主人君言之。不爾。豈有已矣乎三字哉。是嘆世無用孔子者

也

子曰臧文仲其竊位者與知柳下惠之賢而不與立也

古 孔安國曰柳下惠展禽也知賢而不舉爲竊位

新 竊位言不稱其位而有愧於心如盜得而陰據之也柳下惠魯大夫展獲字禽食邑柳下謚曰惠與立謂與之並立於朝范氏曰臧文仲爲政於魯若不知賢是不明也知而不舉是蔽賢也不明之罪小蔽賢之罪大故孔子以爲不仁又以爲竊位

古義 柳下惠魯大夫展獲字禽食邑柳下謚曰惠與立謂與之並立于朝薦賢舉能居位者之任也若不知其賢而不舉之則固不稱其職況知而不舉之則猶盜竊非其有者而陰自有之故曰竊位甚言其罪之大也後之在位者宜監於此

孔叔文子可以爲文前篇

樊遲問知顔淵篇

孟子曰離婁篇

徵 孔子以臧文仲爲竊位者，其識之者至矣。是乃孔叔文子可以爲文意。臯陶之謨以安民知人，盡乎萬古治天下之道。而安民非知人則不可得矣。樊遲問知，孔子以知人答之，唯知人可以盡知之道焉。故蔽賢者，聖人所惡也。孟子曰不祥之實，蔽賢者當之，是亦孔門傳授之說，可以見已。

子曰躬自厚而薄責於人則遠怨矣

古 孔安國曰責己厚責人薄所以遠怨咎

新 責己厚故身益脩責人薄故人易從所以人不得而怨之

古義 自治厚而責人薄者仁者之用心何往而有怨哉小人反此蓋遠怨者德之符多怨者讎之招

故君子謹焉。昔宋呂祖謙性太褊急適讀論語至此大自感悟後來一向寬厚和易也可謂善讀論語者矣

【徵】躬自厚而薄責於人則遠怨矣。孔安國曰。責己厚。責人薄。所以遠怨咎。是補一責字亦古來相傳之說也。仁齋曰。自治厚而責人薄。是其意以爲無責字。故易以治。然亦豈有治哉。亦不知古文辭之失已。

子曰不曰如之何如之何者吾末如之何也已矣

【古】孔安國曰不曰如之何如之何者猶言不曰奈是何」孔安國曰如之何者言禍難已成吾亦無如之何

【新】如之何如之何者熟思而審處之辭也不如是而妄行雖聖人亦無如之何矣

古義 朱氏曰如之何如之何者熟思而審處之詞也不如是而妄行雖聖人亦無如之何矣慮事欲審操心欲危苟不如此則其非妄則必不智也

徵 如之何如之何問辭是孔子之貴問也大氐古書之字無意義如之何如何一也朱子曰熟思而審處之辭豈亦泥之字邪

子曰羣居終日言不及義好行小慧難矣哉

古 鄭玄曰小慧謂小小之才知難矣哉言終無成

新 小慧私智也言不及義則放辟邪侈之心滋好行小慧則行險僥倖之機熟難矣哉者言其無以入德而將有患害也

古義 小慧私智也難矣哉言其難以入德也」此言燕朋之害也群居終日則徒曠時日本無肆業之

務言不及義則游談無根好行小慧則機心日熟故辟邪侈無所不至乃衆惡之所由而生可不戒乎

徵方其群居也雖終日言其言不及先王之義觀其行事則好行小慧自以爲此足以收人心是似仁而非仁然亦以此而頗有聞望故自以爲足不復學道故曰難矣哉是必指當時卿大夫言之慧惠音同故誤爾舊註可謂盡小人之情態然是不足言矣聖人豈有是言哉且慧豈可以行言乎按韓非說林惠子作慧子文選安陸王碑振平慧以字小人又慧露霑呉仁風扇越可以見已

子曰君子義以爲質禮以行之孫以出之信以成之君子哉

【古】鄭玄曰義以爲質謂操行孫以出之謂言語

【新】義者制事之本故以爲質幹而行之必有節文出之必以退遜成之必在誠實乃君子之道也○程子曰義以爲質如質幹然禮行此孫出此信成此此四句只是一事以義爲本又曰敬以直内則義以方外義以爲質則禮以行之孫以出之信以成之

【古義】義者制事之本故以爲質幹然發強剛毅之氣多而寛裕温柔之意少故行之必以節文出之必以退遜成之必在誠實而後爲君子也論曰聖門以仁義並稱而仁爲大焉而此曰義以爲質者何也蓋義者聖人之大用萬事之所以得其理而人道之别於禽獸也有時而重於仁故曰義以爲上又曰義之與比若夫佛老之徒所以差道者不知義之至重故也

出辭氣泰伯篇

君子哉稱子賤見公冶長篇蘧伯玉見本篇

徵君子義以爲質。君子指卿大夫而以朝聘之事言之。蓋朝聘之事。當時卿大夫重務也。仁者。君道也。義者臣道也。故語政則言仁。朝聘奉君命以行。臣之事也。故曰義以爲質。質體質也。鄭玄曰。謂操行。失之矣。君子朝聘之事。皆以義爲其體質而朝聘有禮。故禮以行之。言辭不可以不遜順。故孫以出之。鄭玄曰。孫以出之。謂言語。得之矣。如出辭氣凡曰出。皆言語也。朝聘之事貴信。故信以成之。能行此四者。雖無君子之德。亦可以爲君子。故曰君子哉。此與稱子賤蘧伯玉。語勢自殊。行之出之成之。三之字明有所指而後儒以爲行義出義成義。可謂不識文辭已。朱子又以孫爲退孫。信爲誠實。皆非矣。仁齋曰。聖門以仁義並稱。而仁爲大焉。而此曰義以爲質者。何也。蓋義者聖人之大用。萬事之所以得其理。而人道之别於禽獸也。有時而重於仁。故曰義以爲上。又曰義之與比。殊不知仁義並稱。昉自孟子。而孔門至子思。禮義並稱矣。夫禮義皆先王之道也。後儒不知義爲先王之古義。自取諸其臆爲義。謬矣哉。且所謂義爲聖人之大用者。果何所本自。

賜之達云云雍也篇

子曰君子病無能焉不病人之不己知也

古 包氏曰君子之人但病無聖人之道不病人之不知己

新註 無

古義 此聖門之家法學者之所當務也

徵 君子病無能焉能謂才能也包咸曰君子之人但病無聖人之道是嫌才能之爲小故爲是解後儒多以爲鮮能之能亦皆有是意殊不知賜之達由之果求之藝皆能也大禹謨曰天下莫與汝爭能豈小哉周官曰推賢讓能又曰舉能其官是官人以能古之道也學以成德各有其能所以仕而

行其義也。道學先生之徒。其意多貴德而賤能。欲人人爲聖人。豈有是理。其究至於以有體無用見誚者。宜哉。夫人各有其性。故雖以一技一藝聞於世。亦孔子之所取也。

子曰君子疾没世而名不稱焉

古 疾猶病也

新 范氏曰君子學以爲己不求人知然没世而名不稱焉則無爲善之實可知矣

古義 張氏栻曰此勉人及時進脩也有是實則有是名名者所以命其實也終其身而無實之可名君子疾之非疾其無名也疾其無實也

徵 疾没世而名不稱焉。没世。終身也。荀子曰。末世

荀子曰勸學篇

孔子又曰子罕篇

窮年末世卽沒世也孔子又曰四十五十而無聞焉斯亦不足畏也已主後生以言之然大器晚成人之資質亦多品又有少壯放逸至中年悔悟者故孔子亦有此言耳

子曰君子求諸己小人求諸人

【古】君子責己小人責人

【新】謝氏曰君子無不反求諸己小人反是此君子小人所以分也○楊氏曰君子雖不病人之不己知然亦疾沒世而名不稱也雖疾沒世而名不稱然所以求者亦反諸己而已小人求諸人故違道干譽無所不至三者文不相蒙而義實相足亦記言者之意

【古義】此亦孔子之家法中庸云射有似乎君子失諸正鵠反求諸其身孟子曰愛人不親反其仁治

滄浪之歌孟子離婁篇

人不治反其智禮人不答反其敬古之君子其自修如此故德日修而家邦無怨〇楊氏曰君子雖不病人之不己知然亦疾沒世而名不稱也雖疾沒世而名不稱然所以求者亦反諸己而已三者文不相蒙而義實相足亦記言者之意

徵 君子求諸己所以能成其德也如孔子聞滄浪之歌則曰自取之也可以見已

子曰君子矜而不爭羣而不黨

古 包氏曰矜矜莊也孔安國曰黨助也君子雖衆不相私助義之與比

新 莊以持己曰矜然無乖戾之心故不爭和以處衆曰羣然無阿比之意故不黨

古義 莊以持己曰矜和以處衆曰羣君子道德自持非立異以爲高故矜而不爭物我一視非苟同以狥俗故群而不黨小人惟知有己而已豈能不爭惟知有勢利而已豈能不黨

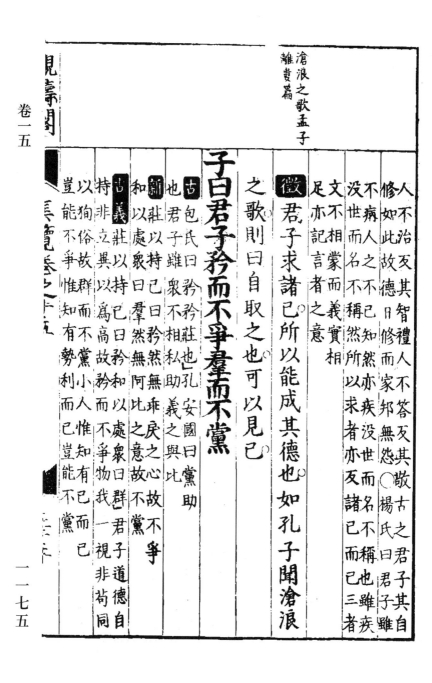

徵　矜而不爭群而不黨朱子曰莊以持己曰矜然無乖戾之心故不爭和以處衆曰群然無阿比之意故不黨可謂善解已仁齋乃曰君子道德自持非立異以爲高故矜而不爭物我一視非苟同以徇俗故群而不黨吁道德自持物我一視道學先生哉大氐君子者在上之名士大夫通稱方孔子時豈有是意哉是其欲刪朱註別成一家者豈非立異以爲高哉悲哉蓋君子守禮禮貴讓故矜而不爭君子居仁仁者長人之德故群而不黨

子曰君子不以言擧人不以人廢言

古包氏曰有言者不必有德故不可以言舉人王肅曰不可以無德而廢善言

新注無

古義以言舉人則恐得小人以人廢言則恐遺善言不以言舉人智也不以人廢言仁也

徵不以言舉人不以人廢言雖有德者必有言然有言者不必有德也君子之恥其言而過其行亦以此舜之好問而好察邇言亦以此聖人之言何其如合符契也

有德必有言耻其言共見憲問篇

舜好問中庸

子貢問曰有一言而可以終身行之者乎子曰其恕乎己所不欲勿施於人

古言己之所惡勿加施於人

告子貢雍也篇

新 推己及物其施不窮故可以終身行之○尹氏曰學貴於知要子貢之問可謂知要矣孔子告以求仁之方也推而極之雖聖人之無我不出乎此終身行之不亦宜乎

古義 夫子既以恕答子貢而又以行恕之要告之夫人之惡易見而人之憂難察處己則寬而待人必刻此人之通患也故以恕爲心則不深咎人而能宥過救難其效有不可勝言者矣故曰可以終身行之子貢嘗聞一貫之旨而未知其方故問有一言而可以終身行之者乎而夫子答之曰其恕乎猶曾子答門人曰夫子之道忠恕而已矣之意

徵 己所不欲勿施於人此解入正文也何則孔子何必解恕字乎恕在孔子時豈待解乎仁齋乃曰夫子既以恕答子貢而又以行恕之要告之豈有是哉孔子告子貢曰能近取譬可謂仁之方也已

告仲弓顏淵篇

又告仲弓曰。己所不欲勿施於人。與此正同。皆恕也。孔子或以彼或以此豈拘哉仁齋之意以後二句未盡恕之義。故以爲行恕之要。豈非泥乎。

子曰吾之於人也誰毀誰譽如有所譽者其有所試矣斯民也三代之所以直道而行也

【古】包氏曰所譽輒試以事不空譽而已」馬融曰三代夏殷周用民如此無所阿私所以云直道而行

【新】毀者稱人之惡而損其眞譽者揚人之善而過其實夫子無是也然或有所譽者則必嘗有以試之而知其將然矣聖人善善之速而無所苟如此若其惡惡則已緩矣是以雖有以前知其惡而終無所毀也」斯民者今此之人也三代夏商周也直道無私曲也言吾之所以無所毀譽者蓋以此民即三代之時所以善其善惡其惡而無所私曲之民故我今亦不得而枉其是非之實也○尹氏曰

孔子之於人也豈有意於毀譽之哉其所以譽之者蓋試而知其美故也斯民也三代所以直道而行豈得容私於其間哉

古義 言吾之於人初無愛憎何所毀譽但所稱譽者乃有所試而然不虛譽而已斯民者今此之人也言三代之盛直道行于天下而美刺褒貶無所諱避者亦斯民而已是吾之所以於當世之人不輕絕之也此言古今之人不甚相遠也蓋道無古今之異故人亦無古今之別今斯民即三代之時所以直道而行之民其性初無以異也而不識道者必以不善視當世之人其至於經天下則必欲盡變一世之人而徑爲三代之士豈有斯理乎哉堯舜帥天下以仁而民從之桀紂帥天下以暴而民從之湯武不易其民而天下自治亦何深嫉之故曰天下有道丘不與易也

徵 吾之於人也。誰毀誰譽。人謂鄉人。故下曰斯民也。言鄉黨之間。孔子無所毀譽。待民之道爲爾。如

吾不試子罕篇

君子之德風顏淵篇

有所譽者其有所試矣試用也如吾不試試而爲士之試言至於豪傑之士終當舉用者則孔子迺有所譽所以鼓舞人才而獎成之也教之道也凡教人之道在獎借其善使其驩忻踴躍奮進弗已後儒不知之以訶責爲尚謬矣斯民也三代之所以直道而行也釋誰毀誰譽意道謂禮樂也蓋三代之於民直其道而行禮樂莫所低昂君子之德風豈假毀譽也夫化民之道在習以成俗而欲以區區毀譽維持之難矣乎此孔子之於鄉人所以無所毀譽也後世君子不識此義喜以清議扇動

民俗如後漢黨錮諸賢其弊有不可勝道者矣朱子曰毀者稱人之惡而損其眞譽者揚人之善而過其實夫子無是也是其意以謂道者當然之理直其道而行故是非皆當殊不知毀譽過當人之情也觀於詩書可見已且毀譽者所以勸戒也豈必銖量錙稱以求其當哉皆不識試字道字民字可笑之甚又如柳下惠直道而事人以臣道言之故與此章化民之道自殊仁齋先生以美刺褒貶無所諱避解直道則與誰毀誰譽相反皆不知而爲之解者已

柳下惠直道微子篇

子曰吾猶及史之闕文也有馬者借人乘之今亡矣夫

古 包氏曰古之良史於書字有疑則闕之以待知者包氏曰有馬不能調良則借人乘習之孔子自謂及見其人如此至今無有矣言此者以俗多穿鑿

新 今楊氏曰史闕文馬借人此二事孔子猶及見之今亡矣夫悼時之益偷也愚謂此必有爲而言蓋雖細故而時變之大者可知矣○胡氏曰此章義疑不可强解

古義 楊氏曰史闕文馬借人此二事孔子猶及見之今亡矣夫悼時之益偷也陳氏櫟曰疑以傳疑物與人共皆人心近古處二事雖小而人心之不古亦可見

徵 吾猶及史之闕文也是之下也上有闕文故註闕文二字遂入正文後人不察爲之解者皆鑿矣

子曰巧言亂德小不忍則亂大謀

古 孔安國曰巧言利口則亂德義小不忍則亂大謀

新 巧言變亂是非聽之使人喪其所守小不忍如婦人之仁匹夫之勇皆是

古義 巧其言者必依附名理假託仁義故其言佀是而實足以亂德也大人量大能忍小事故能成大謀也若於小事不能忍則輕動遽發必亂大謀故君子崇正而醜巧尚成而惡敗亦唯道之所在

徵 巧言亂德。亂德言也。巧言似德言。故曰亂。朱註聽之使人喪其所守。不識古文辭且德也者。不可亂者也。喪其所守。豈可以爲德哉。小不忍則亂大謀。聖人之不貴不忍也。自孟子爭仁内外。而不忍之心爲儒者大訓。非孔氏之舊。學者察諸。

民之所好二句大學文

子曰衆惡之必察焉衆好之必察焉

古 王肅曰或衆阿黨比周或其人特立不羣故好惡不可不察也

新 楊氏曰惟仁者能好惡人衆好惡之而不察則或蔽於私矣

古義 衆之好惡雖公然不能無雷同之說而是非之實非衆人之所能識其事善而或以惡目之其事惡而或以善稱之特行之士衆人必忌鄉原之行流俗所悅故聖人不隨衆而好惡必察其實焉

徵 民之所好好之民之所惡惡之仁也衆惡之必察焉衆好之必察焉知也聖人之言不執一而廢百

子曰人能弘道非道弘人

古 王肅曰才大者道隨大才小者道隨小故不能弘人

【新】弘廓而大之也人外無道道外無人然人心有覺而道體無爲故人能大其道道不能大其人也○張子曰心能盡性人能弘道也性不知撿其心非道弘人也

【古義】弘大之也此聖人專責成於人也蓋道雖大而無爲人雖小而有知苟力學修德則各隨其才爲聖爲賢而文章德業足以被覆於天下也蓋有堯舜之聖則有唐虞之盛有湯武之君則有殷周之治上自孔孟下至群賢各從其人而文章德業從而廣狹皆人之所弘而非道之所弘此孔門之所以貴學問也

【徵】人能弘道道者先王之道也道不虛行必存乎人孔子所以云爾者不容徒守道則已必當盛大之故曰非道弘人朱註以道體言以性言及人外無道道外無人皆混道德一之非古義矣王肅曰

才大者道隨大，才小者道隨小，故不能弘人，可謂善得古意，言所傳者同爲先王之道，而子思不及孔子，孟子不及子思，是道之汙隆，人之所爲也，非傳道者皆能極盛大焉。

子曰：過而不改，是謂過矣。

古注無

新 過而能改，則復於無過。唯不改，則其過遂成而將不及改矣。

古義 一心可以入堯舜之道。在能改過與否焉耳。夫人不能無過，能改爲之道一心不可以入堯舜。

貴過而不改，是謂過焉。故聖人之教，不貴無過，而貴能改焉。

徵說無

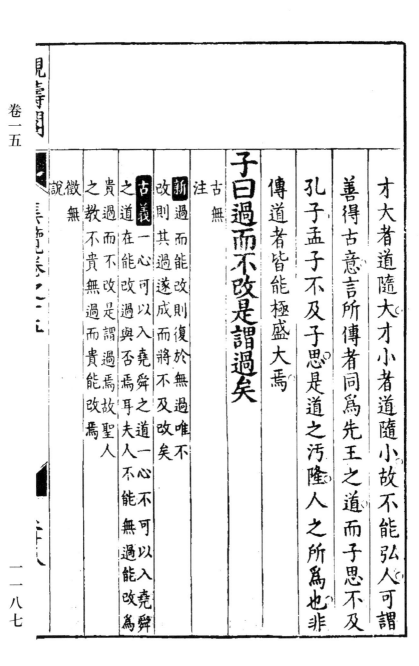

子曰吾嘗終日不食終夜不寢以思無益不如學也

古注無

新此爲思而不學者言之蓋勞心以必求不如遜志而自得也李氏曰夫子非思而不學者特垂語以教人爾

古義此聖人言學問之益以示人也蓋思而得之不如學而得之之速且安焉凡物必有成法就此損益則其長短高下皆可一舉而定何謂成法聖賢之所行是也若棄成法徒爾思惟則雖殫力焦思勞而無成故曰好知而不好學則其蔽也蕩

徵吾嘗終日不食終夜不寢以思無益不如學也學學先王之道也先王之道堯舜至文武歷數千載衆聖所積知巧爲之孔子雖聖以一人之知一

日之力而豈能得之哉。故孔子云爾。後儒不知之，謂特垂語以教人爾，非也。

子曰：君子謀道不謀食。耕也，餒在其中矣；學也，祿在其中矣。君子憂道不憂貧。

【古】鄭玄曰：餒，餓也。言人雖念耕而不學，故飢餓；學則得祿，雖不耕而不餒。此勸人學。

【新】耕所以謀食，而未必得食；學所以謀道，而祿在其中。然其學也，憂不得乎道而已，非爲憂貧之故，而欲爲是以得祿也。○尹氏曰：君子治其本而不卹其末，豈以自外至者爲憂樂哉。

【古義】謀道不謀食，君子之所務如此；憂道不憂貧，君子之本心亦如此。蓋雖君子，無食則不生，貧則不立。然而其所以不謀不憂而自立於世者，以德不孤必有隣故也。故曰祿在其中矣。然則何謀之有？亦何憂之有？

徵 謀道不謀食。謀者謂營求之也。人多不知謀字。故詳之爾。

子曰知及之仁不能守之雖得之必失之知及之仁能守之不莊以涖之則民不敬知及之仁能守之莊以涖之動之不以禮未善也

古 包氏曰知能及治其官而仁不能守雖得之必失之包氏曰不嚴以臨之則民不敬從其上王肅曰動必以禮然後善

新 知足以知此理而私欲間之則無以有之於身矣涖臨也謂臨民也知此理而無私欲以間之則所知者在我而不失矣然猶有不莊者蓋氣習之偏或有厚於內而不嚴於外者是以民不見其可畏而慢易之下句放此動之動民也猶曰鼓舞而作興之云爾禮謂義理之節文○愚謂學至於仁

大寶曰位易繫辭

則善有諸己而大本立矣涖之不莊動之不以禮乃其氣稟學問之小疵然亦非盡善之道也故夫子歷言之使知德愈全則責愈備不可以爲小節而忽之也

古義 言雖知爲君之難而非德以守之則必失其位唐孔氏曰得位由知守位在仁莊嚴也涖臨也包氏曰不嚴以臨之則民不敬從其上動之動民也此專言爲君之道責成於上也知爲君之難也不幾乎一言而興邦乎所謂知及之也聖人之大寶曰位何以守之曰仁所謂仁守之也能盡此二者則爲君之道得焉然守身無度則民慢而令不行故不莊以涖之民不敬也禮以辨上下定民志故動之不以禮則亦未善也蓋雖知仁莊禮不可廢一然知仁其本也歟

徵 知及之○仁齋曰○言雖知爲君之難○而非德以守之○則必失其位○仁守之○仁齋引聖人之大寶曰位○何以守之曰仁○勝朱註萬萬○朱子以爲君子自脩

之事則下二節不可得而通矣但知及之者謂其知可以爲人上也及者難辭凡人之知有及焉有不及焉雖有知慧所見狹小不可以爲人上其知之大可以爲人上是謂之知及之何翅知爲君之難已哉仁者仁政也非仁政不足以守其位而仁齋以德言之亦失之不莊以涖之則民不敬包咸曰不嚴以臨之則民不敬從其上盡矣動之以禮朱註動之動民也猶曰鼓舞而作興之云爾得之矣蓋禮者先王治天下之道莫善焉非此不能化成天下矣朱子曰禮謂義理之節文非矣仁齋曰

禮以辨上下定民志亦昧乎動字矣。

子曰君子不可小知而可大受也小人不可大受而可小知也

古 王肅曰君子之道深遠不可小了知而可大受小人之道淺近可小了知而不可大受也

新 此言觀人之法知我知之也受彼所受也蓋君子於細事未必可觀而材德足以任重小人雖器量淺狹而未必無一長可取

古義 朱氏曰知我知之也受彼所受也此言君子之所得與小人不同也君子於小事雖未必見其能然用之於大事則綽綽其有餘裕矣非若小人於小事雖或有可取者然委之以大事則褊淺狹小不能受容也

徵 朱子曰。知我知之也。受彼所受也。得之。凡曰可

君子可逝雍也篇

不可者皆以我言之今知與受對一彼一我似不穩矣然有之曰君子可逝也不可陷也逝彼之逝也陷我陷之也故逝者使逝也大受者使大受也祇訓知爲觀朱子失之故此章非觀人之法矣蓋用人之法也大受者大任之也小知者小用之也君子務大者以成其德其材足以大任而不可小用之小人無大者於内然亦不無小長故其材雖不足大任而可小用之焉我任之而曰受彼之材能受之也故受以彼言之我用彼材而曰知小人之難任也非我知之則不可故知以我言之王肅

以君子之道小人之道解之老氏之遺也且豈有所謂小人之道哉。

子曰民之於仁也甚於水火水火吾見蹈而死者矣未見蹈仁而死者也

古 馬融曰水火與仁皆民所仰而生者仁最爲甚。馬融曰蹈水火或時殺人蹈仁未嘗殺人

新 民之於水火所賴以生不可一日無其於仁也亦然但水火外物而仁在已無水火不過害人之身而不仁則失其心是仁有甚於水火而尤不可以一日無者也況水火或有時而殺人仁則未嘗殺人亦何憚而不爲哉李氏曰此夫子勉人爲仁之語下章放此

古義 蹈踐也蹈水火而死謂赴水火而死家語所謂忠信可以蹈水火魯仲連所謂吾有蹈東海而死是也蹈仁而死所謂守死善道之謂比干及程嬰杵臼之徒可以當之言水火人之所畏者然人

或有蹈而死者矣而至於仁則人之所以爲人之道不可須臾離焉然人畏而莫之敢近亦甚於水火蓋怪而歎之也此聖人怪人常能爲其所難爲者而於仁反畏憚怯縮不敢爲而歎之也蓋一旦感激而殺身者易至於從容自得殺身以成仁則非至誠惻怛發於中心者則不能所以曰未見蹈仁而死者也

徵 王弼云。民之遠於仁。甚於水火。見有蹈水火者。未嘗見蹈仁者也。仁齋用之。然詳語意。不若是焉。馬融曰。水火及仁。皆民所仰而生者。仁最爲甚。得之。蓋言民之於仁政也。甚於水火。何故也。水火吾見蹈而死者矣。未見蹈仁而死者也。宜哉。是孔子之意已。仁而曰蹈。由蹈水火而來也。朱子以爲學

殺身成仁本篇

者事非也。豈無殺身而成仁乎。民者對君辭。故仁

謂仁政也。

子曰當仁不讓於師

古 孔安國曰當行仁之事

不復讓於師言行仁急

新 當仁以仁爲己任也雖師亦無所遜言當勇往

而必爲也蓋仁者人所自有而自爲之非有爭也

何遜之有。程子曰爲仁在己無

所與遜若善名在外則不可不遜

古義 此言仁之不可不力行也師者道之所在固

每事不可不讓焉然於仁則不然者蓋仁人道之

本而師者所受命也苟如此則盡人道之本而

能受其命者也其不讓之者適所以深讓之也

徵 當仁不讓於師。朱註引仁以爲己任。得之矣。仁

道廣大宜若可讓。然故曰不讓於師。而其所以不

讓之故者。孔安國得之。曰行仁急。程子曰爲仁在己。無所與遜。非矣。果爾。何唯於仁乎。救民安民之事。不可得而緩之也。

子曰君子貞而不諒

【古】孔安國曰。貞正。諒信也。君子之人。正其道耳。言不必小信。

【新】貞。正而固也。諒則不擇是非而必於信。

【古義】孔氏曰。貞正。諒信也。馮氏椅曰。歷萬變而不失其正者。貞也。諒則固守而不知變者也。故曰。貞者事之幹也。豈若匹夫匹婦之爲諒也哉。

【徵】貞而不諒。孔安國曰。貞正。諒信也。朱註。貞。正而固也。皆非矣。蓋貞者。謂存於內者之不變也。如貞

易文言

彖傳曰師衆也貞正也能以衆正可以王矣

女之貞可以見己諒者謂求信於人也如亮察亮鑒皆求信意夫君子之爲信也存於内者不變也非求見信於人而爲之故曰貞而不諒如易貞者事之幹貞固幹事利貞者性情及貞悔皆謂不變也唯彖傳以正解貞音近故也其所謂正者非它書正字之義後儒以正解貞不知易者己

子曰事君敬其事而後其食

古 孔安國曰先盡力然後食祿

新 後與後獲之後同食祿也君子之仕也有官守者修其職有言責者盡其忠皆以敬吾之事而已不可先有求祿之心也

古義 朱氏曰後與後獲之後同食祿也張氏栻曰事君者主於敬其事而已官有尊卑位有輕重而敬其事之心則一也劉氏摯曰君子小人之分在義利而已小人才非不足用特心之所向不在乎義希賞之志每在事先奉事之心每在賞後

徵 事君敬其事而後其食王制曰論定然後官之任官然後爵之位定然後祿之是後其食者古之禮也焦氏筆乘載蜀石經後其食作後食其祿

子曰有教無類

古 馬融曰言人所在見教無有種類

新 人性皆善而其類有善惡之殊者氣習之染也故君子有教則人皆可以復於善而不當復論其類之惡矣

古義 類者謂世類之美惡若春秋傳所謂世濟其美世濟其惡是也此言天下唯有教之可貴而無類之可言教法之功甚大而世類之美惡在所不論蓋人性本善雖其類之不美者然有學以充焉則皆可以化而入于善矣此孔子之所以爲萬世開學問也至矣大哉

徵 有教無類古者不世官刑人不孥。爲是故類焉

融解以種類得之。

子曰道不同不相爲謀

古注 無

新 不同如善惡邪正之類

古義 道猶言術業人各有術業苟非已道而相爲謀焉則非惟犯人之職必敗其事故聖人戒之

徵 道不同不相爲謀道謂道術也道不同者如射

與御及笙笛與琴瑟是也非吾所素習則不精其事故不相爲謀恐壞其事也朱註如善惡邪正之類是不必然

子曰辭達而已矣

古 孔安國曰凡事莫過於實辭達則足矣不煩文艷之辭

新 詞取達意而止不以富麗爲工

古義 辭以意明理盡爲本所謂達也若專用工於言詞之間則意理皆病何用辭爲○陳氏曰達之一字修辭之法也蘇軾與人論文每以夫子此言爲主

徵 辭達而已矣聘禮記曰辭無常孫而説辭多則史少則不達辭苟足以達義之至也按凡言之成

左傳襄公二十五年

文謂之辭而此謂辭命也春秋時爲辭命者率虛誇成俗競以文飾相高兩國之情因以不達故孔子云爾後世不審字義誤以爲言語之道皆然以達爲達意非也夫言語之道不一或簡或繁或婉或直何必取通快明暢爲善哉故左傳載孔子曰志有之言以足志文以足言不言誰知其志言之無文行而不遠夫聖人之道曰文文者物相雜之名豈言語之所能盡哉故古之能言者文之以其象於道也以其所包者廣也君子何用明暢備悉爲也故孔子嘗曰默而識之爲道之不可以言語

解故也。孟子而下，此道泯焉。務欲以言語盡乎道也。以聒爭於不知者之前焉。夫人不可以言喻也。況可以言服其心乎。故其言之明暢備悉，適足以爲一偏之說耳。故性善性惡，聚訟萬古。程朱性理。不過爲堅白之辨。悲哉。此未必不因誤解此章也。學者察諸。

師冕見，及階，子曰：階也。及席，子曰：席也。皆坐，子告之曰：某在斯，某在斯。師冕出，子張問曰：與師言之道與？子曰：然，固相師之道也。

古 孔安國曰：師，樂人，盲者，名冕。孔安國曰：歷告以坐中人姓字所在處。馬融曰：相，導也。

新 師樂師瞽者冕名再言某在斯歷舉在坐之人以詔之」聖門學者於夫子之一言一動無不存心省察如此」相助也古者瞽必有相其道如此蓋聖人於此非作意而爲之但盡其道而已（）尹氏曰聖人處己爲人其心一致無不盡其誠故也有志於學者求聖人之心於斯亦可見矣范氏曰聖人不侮鰥寡不虐無告可見於此推之天下無一物不得其所矣

古義 師樂師瞽者冕名」歷舉在坐之人以詔之」朱氏曰聖門學者於聖人之一言一動無不存心省察如此愚謂學者之於言動又要如此否則非學也」相導也古者瞽必有相凡於瞽者皆不可不導焉」聖人之心即天地之心至誠無妄無往而非仁前再記夫子待瞽者之禮皆出於至誠懇惻之意而非勉强而然蓋瞽者人之所易欺於是盡其誠則無往而非誠也於乎聖人之心于今猶見也大矣哉

徵 相師之道也。馬融曰。相導也。此字詁耳。其實師

之有相亦如會同之有相也相師之道者禮爲爾

論語徵集覽卷之十五終

論語徵集覽卷之十六

魏　何晏　集解
宋　朱熹　集註
大日本　藤維楨　古義
物茂卿　徵
從四位侍從源賴寬　輯

季氏第十六

【新】洪氏曰此篇或以爲齊論

季氏將伐顓臾冉有季路見於孔子曰季氏將有事於顓臾孔子曰求無乃爾是過與夫顓臾昔者先王

以爲東蒙主且在邦域之中矣是社稷之臣也何以伐爲冉有曰夫子欲之吾二臣者皆不欲也孔子曰求周任有言曰陳力就列不能者止危而不持顛而不扶則將焉用彼相矣且爾言過矣虎兕出於柙龜玉毀於櫝中是誰之過與冉有曰今夫顓臾固而近於費今不取後世必爲子孫憂孔子曰求君子疾夫舍曰欲之而必爲之辭丘也聞有國有家者不患寡而患不均不患貧而患不安蓋均無貧和無寡安無傾夫如是故遠人不服則修文德以來之既來之則安之今由與求也相夫子遠人不服而不能來也邦

分崩離析而不能守也而謀動干戈於邦內吾恐季孫之憂不在顓臾而在蕭牆之內也

古 孔安國曰顓臾伏羲之後風姓之國本魯之附庸當時臣屬魯季氏貪其土地欲滅而取之冉有與季路爲季氏臣來告孔子」孔安國曰冉求爲季氏宰相其室爲之聚斂故孔子獨疑求教之」孔安國曰使主祭蒙山」孔安國曰魯七百里之封顓臾爲附庸在其域中」孔安國曰已屬魯爲社稷之臣何用滅之爲」孔安國曰歸咎於季氏」馬融曰周任古之良史言當陳其才力度己所任以就其位不能則當止」包氏曰言輔相人者當能持危扶顛若不能何用相爲」馬融曰柙檻也櫝櫃也失虎毀玉豈非典守之過邪」馬融曰固謂城郭完堅兵甲利也費季氏邑」孔安國曰疾如汝之言」孔安國曰舍其貪利之說而更作他辭是所疾也」孔安國曰國諸侯家卿大夫不患土地人民之寡少患政治之不均平」孔安國曰憂不能安民耳民安則國富」包氏曰政教均平則不貧矣上下和同不患寡矣小

大安寧不傾危矣」孔安國曰民有異心曰分欲去曰崩不可會聚曰離析」孔安國曰干楯也戈戟也鄭玄曰蕭之言肅也牆謂屏也君臣相見之禮至屏而加肅敬焉是以謂之蕭牆後季氏家臣陽虎果囚季桓子

【新】顓臾國名魯附庸也」按左傳史記二子仕季氏不同時此云爾者疑子路嘗從孔子自衞反魯再仕季氏不久而復之衞也」冉求爲季氏聚斂尤用事故夫子獨責之」東蒙山名先王封顓臾於此山之下使主其祭在魯地七百里之中社稷猶云公家是時四分魯國季氏取其二孟孫叔孫各有其一獨附庸之國尚爲公臣季氏又欲取以自益故孔子言顓臾乃先王封國則不可伐在邦域之中則不必伐是社稷之臣則非季氏所當伐也此事理之至當不易之定體而一言盡其曲折如此非聖人不能也」夫子指季孫冉有實與謀以夫子非之故歸咎於季氏」周任古之良史陳布也列位也相瞽者之相也言二子不欲則當諫諫而不聽則當去也」兕野牛也柙檻也櫝匱也言在柙而逸在

櫝而毀典守者不得辭其過明二子居其位而不去則季氏之惡已不得不任其責也」固謂城郭完固費季氏之私邑此則冉求之飾辭然亦可見其實與季氏之謀矣」欲之謂貪其利」寡謂民少貧謂財乏均謂各得其分安謂上下相安季氏之欲取顓臾患寡與貧爾然是時季氏據國而魯君無民則不均矣君弱臣强互生嫌隙則不安矣均則不患於貧而和和則不患於寡而安安則不相疑忌而無傾覆之患」內治脩然後遠人服有不服則脩德以來之亦不當勤兵於遠」子路雖不與謀而素不能輔之以義亦不得爲無罪故并責之遠人謂顓臾分崩離析謂四分公室家臣屢叛」干楯也戈戟也蕭牆屏也言不均不和內變將作其後哀公果欲以越伐魯而去季氏○謝氏曰當是時三家强公室弱冉求又欲伐顓臾以附益之夫子所以深罪之爲其瘠魯以肥三家也洪氏曰二子仕於季氏凡季氏所欲爲必以告於夫子則因夫子之言而救止者宜亦多矣伐顓臾之事不見於經傳其以夫子之言而止也與

古義 欲伐而取之時冉有季路爲季氏臣盖二子心有不安者故特來報夫子也」冉求爲季氏聚斂尤用事故夫子獨責之」東蒙山名先王封顓史于此山之下使主其祭已屬魯在其域中則爲社稷之臣何以伐之」夫子指季孫」周任古之良史陳布也列位也相瞽者之相也言二子不欲則當諫諫而不聽則當去」兕野牛也柙檻也櫝匱也言在柙而逸在櫝而毀典守者不得辭其過明二子又不得不任其責也」固謂城郭完固費季氏邑冉有旣言吾二臣者皆不欲而又言其有可伐之狀盖見義不精故疑信相半耳」言君子好直故疾夫舍其所貪欲而託善作他辭」此二句據下文當作不患貧而患不均不患寡而患不和不患傾而患不安貧謂財乏均謂各得其分寡謂民少和謂上下和睦安謂堅固不危」季氏所患者在於貧與寡與傾殊不知各得其分則無財乏之患上下和睦則無民少之患堅固不危則無傾覆之患然是時遠人不服邦分崩離析則三患自至何暇以伐顓史爲弗思爲耳」文德如禮樂法度之類言內治修然後遠人

服若不服則當修文德以來之不可即稱兵也已來之則安之不復貪其土地人民也」遠人謂顓臾分崩離析謂國勢分裂民心乖離也」干楯也戈戟也蕭牆屏也言不均不和不安則內變將作」人皆視目前之小利而不知後來之大害天下之通患也後世講武者豈不曰如是而能享其利乎殊不知苟其內不均不安不和則敵未殲及而變生肘腋不可復救焉」○洪氏慶善曰二子仕於季氏凡季氏所欲爲必以告於夫子則因夫子之言而救止者宜亦多矣伐顓臾之事不見於經傳其以夫子之言而止也與

徵 有國有家者。不患寡而患不均。不患貧而患不安。蓋均無貧。和無寡。安無傾。寡謂民少。不患寡而患不均者。不均則下怨。怨則雖衆不如寡也。不患貧而患不安者。不安則雖富必傾也。均無貧者均

百姓足顏淵篇

書大禹謨

則財雖不在我而在彼。合彼我則何貧之有。即有若百姓足君孰與不足意。和無寡者。上下和而力專。何寡之有。主意在均字。均則和而安。寡與貧亦相因。而患地狹民寡者爲本。聖人之論治亂安危之故。可謂如環無端已。仁齋乃曰。據下文。當作不患貧而患不均。不患寡而患不和。不患傾而患不安。不識古文辭而輒欲改論語。眞妄人哉。脩文德。出書。曰帝乃誕敷文德。舞干羽于兩階。七旬有苗格。謂禮樂也。仁齋曰。如禮樂法度之類。法度豈容謂之德乎。

孔子曰天下有道則禮樂征伐自天子出天下無道則禮樂征伐自諸侯出自諸侯出蓋十世希不失矣自大夫出五世希不失矣陪臣執國命三世希不失矣天下有道則政不在大夫天下有道則庶人不議

【古】孔安國曰希少也周幽王爲犬戎所殺平王東遷周始微弱諸侯自作禮樂專行征伐始於隱公至昭公十世失政死於乾侯」孔安國曰季文子初得政至桓子五世爲家臣陽虎所囚」馬融曰陪重也謂家臣陽虎爲季氏家臣至虎三世而出奔齊」孔安國曰制之由君」孔安國曰無所非議

【新】先王之制諸侯不得變禮樂專征伐陪臣家臣也逆理愈甚則其失之愈速大約世數不過如此」言不得專政」上無失政則下無私議非箝其口使不敢言也○此章通論天下之勢

【古義】齊桓公晉文公皆爲諸侯之盟主然齊至悼公晉至惠公皆十世國已微弱政在大夫」陪臣家

臣也五世三世言其世數大約不過如此」君不失權則大夫不得自專」政當人心則下無竊」議」此章蓋記夫子所以作春秋之由也禮樂征伐自諸侯出世道之初變也自大夫出世道之再變也陪臣執國命變之極也諸侯以爲可以此而制天下大夫以爲可以此而專國政陪臣以爲可以此而永執國命殊不知上以惠下下以奉上而後上下叙而國安若夫逆理愈甚則其失之也愈益速也春秋之作欲遏亂臣賊子之欲而挽之於治古之隆故明其跡以詔諸後世其慮之也至深切也人君至於庶人不可不監焉」論曰或曰自古諸子著書立言論治天下之道是以庶人議之也彼皆非乎答曰非也雖有其德苟無其位不敢作禮樂天下之事豈庶人之所可議乎然天下有道則學在上天下無道則學在下學在上故庶人不敢議焉非抑而不議之也學在下故雖以庶人議天下之事而不爲僭其恐道之絶于天下也故孔子曰知我者其惟春秋乎罪我者其惟春秋乎蓋不得已也

【徵】十世五世三世○孔子豈睹已往之迹而言之乎

師曠曰左傳襄公十四年

蓋王者之澤五百年而斬霸則雖善不過二三百年大夫則不過百年陪臣擅諸侯之邦者不及百年而亡皆自然之數也陪臣云者以諸侯言之故曰執國命仁齋曰雖有其德苟無其位不敢作禮樂天下之事豈庶人之所可議乎是其意謂庶人議政爲有罪矣乃周厲秦始之法也師曠曰大夫規誨士傳言庶人謗是古之道也所以不議者特以其無可議也且曰不敢作禮樂而已矣豈曰不議政乎且所謂庶人者謂民也非謂君子也君子不非其大夫則不議政可知已然是禮也非法也

禮者君子所守也。法者上之所立也。犯法者有罪矣。不知禮者豈有罪乎。仁齋蓋不知禮法之分焉。

孔子曰祿之去公室五世矣政逮於大夫四世矣故夫三桓之子孫微矣

【古】鄭玄曰言此之時魯定公之初魯自東門襄仲殺文公之子赤而立宣公於是政在大夫爵祿不從君出至定公爲五世矣。孔安國曰文子武子悼子平子。孔安國曰三桓謂仲孫叔孫季孫三卿皆出桓公故曰三桓也仲孫氏改其氏稱孟氏至哀公皆衰

【新】魯自文公薨公子遂殺子赤立宣公而君失其政歷成襄昭定凡五公逮及也自季武子始專國政歷悼平桓子凡四世而爲家臣陽虎所執三桓三家皆桓公之後此以前章之說推之而知其當然也〇此章專論魯事疑與前章皆定公時語蘇氏曰禮樂征伐自諸侯出宜諸侯之強也而魯以

失政政逮於大夫宜大夫之強也而三桓以微何也強生於安安生於上下之分定今諸侯大夫皆陵其上則無以令其下矣故皆不久而失之也

古義 魯自文公薨公子遂殺子赤立宣公而君失其政歷成襄昭定凡五世逮及也自季武子始專國政歷悼平桓子凡四世孔氏曰三桓謂仲孫叔孫季孫三卿皆出桓公故曰三桓也仲孫氏改其氏稱孟氏至哀公皆衰此與上章皆門人錄之以見夫子所以作春秋之由非徒記當時之事而已

言非其有而有者必失不宜大而大者必微必然之理也

徵 祿之去公室○鄭玄曰○政在大夫○爵祿不從君出○仁齋删爵祿字○非矣○政逮於大夫○謂大夫相及擅政也○

孔子曰益者三友損者三友友直友諒友多聞益矣

友便辟友善柔友便佞損矣

古 馬融曰便辟巧避人之所忌以求容媚」馬融曰面柔也」鄭玄曰便辯也謂佞而辯」

新 友直則聞其過友諒則進於誠友多聞則進於明便習熟也便辟謂習於威儀而不直善柔謂工於媚說而不諒便佞謂習於口語而無聞見之實三者損益正相反也○尹氏曰自天子以至於庶人未有不須友以成者而其損益有如是者可不謹哉

古義 直者直言無隱諒者堅執不撓多聞者博古通今言友直則得聞其過友諒則已亦堅守友多聞則聞所未聞」馬氏曰便辟巧辟人之所忌以求容媚善柔面柔也鄭氏曰便辯也謂佞而辨也言友便辟則巧詐之心生友善柔則直言不聞友便佞則是非繆亂」人之於朋友所關係甚大矣所益在茲所損亦在茲益友常情之所憚然友之則有益損友常情之所悅然友之必有損可不愼乎

徵 友諒○諒良同○如子諒之諒○友直則聞其過○友良

則觀其材。友多聞則廣其知。便辟馬融曰。巧辟人之所忌。以求容媚。善柔馬融曰。面柔也。便佞鄭玄曰。便辯也。謂佞而辯也。古文辭必須古註而明矣。便辟當去聲。便佞。說文引論語作諞佞。

孔子曰益者三樂損者三樂樂節禮樂樂道人之善樂多賢友益矣樂驕樂樂佚遊樂宴樂損矣

古 動得禮樂之節。孔安國曰。恃尊貴以自恣。王肅曰。佚遊出入不節。孔安國曰。宴樂沈荒淫瀆。三者自損之道。

新 節謂辨其制度聲容之節。驕樂則侈肆而不知節。佚遊則惰慢而惡聞善。宴樂則淫溺而狎小人。三者損益亦相反也。○尹氏曰。君子之於好樂可不謹哉。

【古義】邢氏曰言人心樂好損益之事各有三種也何氏曰樂節禮樂者凡所動作皆得禮之節也所謂禮樂不可須臾離身是也驕樂以驕爲樂宴樂以宴爲樂人不能無好樂但樂善則日益樂不善則日損故樂節禮樂則身由規矩而進德之基立矣樂道人之善則守己之心除而尚德之意篤矣樂多賢友則不敢自足而成德之輔衆矣故曰益也樂驕樂則無所恐懼而傲日長矣樂佚遊則無所惕勵而志必荒矣樂宴樂則有所貪戀而志易溺矣故曰損也人不可不愼其所好樂焉大學曰有所好樂則不得其正者非也

【徵】益者三樂。損者三樂。樂皆音洛。陸氏音五教反。非古音。節禮樂。盖禮樂皆有節。以節我身也。何晏曰。動得禮樂之節。得之矣。驕樂。孔安國曰。恃尊貴以自恣。佚遊。王肅曰。出入不節。宴樂。孔安國曰。沈

荒淫瀆朱註○佚遊則惰慢○是失遊字矣○沈荒淫瀆○謂湎酒色也○三友三樂○朱子必欲相對○泥矣○

孔子曰侍於君子有三愆言未及之而言謂之躁言及之而不言謂之隱未見顏色而言謂之瞽

【古】孔安國曰愆過也」鄭玄曰躁不安靜」孔安國曰隱匿不盡情實」周生烈曰未見君子顏色所趣向而便逆先意語者猶瞽也

【新】君子有德位之通稱愆過也瞽無目不能察言觀色○尹氏曰時然後言則無三者之過矣

【古義】愆過也」躁不安靜之謂」隱者隱匿情實之謂」未見顏色所向而語者猶若無目人也」此言卑幼侍尊長言語之節也蓋人必有禮得之則爲君子失之則爲野人而其於言語最所當愼況於侍君子之間乎

孔子曰前篇
哀公問禮記
孟子曰盡心篇

徵 侍於君子有三愆弟子之禮也事師事父兄以此事君則否曲禮曰坐必安執爾顔卽未見顔色而言謂之瞽也又曰長者不及毋儳言卽言未及之而言謂之躁也又曰先生與之言則對不與之言則趍而退卽言及之而不言謂之隱也皆以先生長者言之故知爲弟子之禮也孔子曰軍旅之事未之學也是言及之而不言也哀公問有孔子遂謂曰者三是言未及之而言也孟子曰說大人則藐之勿視其巍巍然是未必見顔色也故知非事君之禮也

孔子曰君子有三戒少之時血氣未定戒之在色及其壯也血氣方剛戒之在鬬及其老也血氣既衰戒之在得

古孔安國曰得貪得

新血氣形之所待以生者血陰而氣陽也得貪得也隨時知戒以理勝之則不爲血氣所使也（范氏曰聖人同於人者血氣也異於人者志氣也血氣有時而衰志氣則無時而衰也少未定壯而剛老而衰者血氣也戒於色戒於鬬戒於得者志氣也君子養其志氣故不爲血氣所動是以年彌高而德彌邵也

古義得貪得也此三者學者終身之大戒也夫人生血氣不能不從時而變則又當不可不從時而存警戒蓄血氣在身而戒之則在心言其不可自任血氣也

書曰仲虺之誥

徵 君子有三戒雖聖人亦然聖人非達磨豈漠然若木石哉故曰君子有三戒所以言君子者通上下也朱子曰以理勝之范氏曰養其志氣皆不知先王之道矣書曰以禮制心是先王之教也

孔子曰君子有三畏畏天命畏大人畏聖人之言小人不知天命而不畏也狎大人侮聖人之言

古 順吉逆凶天之命也大人卽聖人與天地合其德深遠不可易知測聖人之言也恢疏故不知畏

直而不肆故狎之

不可小知故侮之

新 畏者嚴憚之意也天命者天所賦之正理也知其可畏則其戒謹恐懼自有不能已者而付畀之重可以不失矣大人聖言皆天命所當畏知畏天命則不得不畏之矣侮戲玩也不知天命故不識

尚書大誥天明畏徐邈音威

義理而無所忌憚如此○尹氏曰三畏者脩己之誠當然也小人不務脩身誠己則何畏之有

古義 畏怖也天命者天之所命吉凶禍福是也大人者德望隆重爲一時師表者聖言則方策所載典謨訓誥皆是也侮戲玩也小人無知暴慢故不知三者之可畏也天有必然之理人有自取之道爲善降之百祥爲不善降之百殃大人位重德尊人之所崇敬聖人之言猶神明不可欺皆不可不嚴憚敬畏焉君子畏之以自愼其身小人侮之以自敗其身蓋知天命而後實畏天命知畏天命而後能保其身也故曰不知命無以爲君子也唯絶私智黜私見一味忠信至正至直然後可以知之非作聰明任學問者之所能及也實進德之至學問之極功也所以君子三畏首而言之也

徵 君子有三畏畏與恐愳不同恐愳者恐愳於禍患之來也畏者威之轉音如明威作明畏可以見已言在彼者之可畏也故畏敬二字意相近矣如

子畏於匡　子罕先進兩見

利見大人　乾經
繼明照于四方　離象傳
虎變　革經

孟子曰　盡心篇

左傳　襄公三十年

子畏於匡。亦可畏者在彼也。世人或不知之。故詳焉。何晏註。大人即聖人。按易曰。利見大人。大人以繼明照于四方。大人虎變。文言曰。夫大人者。與天地合其德。與日月合其明。與四時合其序。與鬼神合其吉凶。孟子曰。有大人者。正己而物正者也。是皆兼位德以言之。而重在德。孟子又曰。說大人則藐之。士相見禮曰。凡與大人言。始視面。中視抱。卒視面。左傳曰。大人之忠儉者。從而與之。是皆以位言之。如此章。則重在德。觀於小人狎大人。則豈專以位乎。間或有群小無知。狎其君上者。是其君上所使彼阿其意爲之故非小人皆然焉蓋大人以當世言聖人開國之君也以往世言故曰聖人之言如聖人之法乃國家之典也孰不遵守者故特曰畏聖人之言耳大德之人不必皆聖人他日論定而後識其爲聖人矣何晏卽之亦非矣不啻何晏後世諸儒皆不知聖人之義矣古昔王者出征告諸天受命于廟受成于學還亦獻馘于學凡大事皆然是尊天尊祖宗尊聖人先王之道爲爾此不言父母宗廟者不可以畏言且雖非君子亦知尊祖先也後儒不知孔子之道卽先王之道故其

論君子不知歸諸先王之禮豈孔子之意哉畏天命何晏曰順吉逆凶天之命也可謂盡己仁齋言吉凶禍福而不言順逆故足爲君子之畏乎且天命不啻吉凶禍福天命我爲天子爲諸侯爲大夫爲士故天子諸侯大夫士之所事皆天職也君子畏天命故於其道也莫不盡心竭力已仁齋之所不知也朱子以付畀之重言之然又曰天所賦之正理雖微窺是意然爲理所囿悲哉夫自思孟言知天而後儒欲知天或曰天理也或曰天無心也豈非不敬之甚邪聖人尊天之至唯曰天知我而

憲問篇曰知我者其天乎

未嘗曰知天焉。思孟亦言知性之爲天。昇而未嘗論天爲何物焉。後儒狃見莊列等書。乃其心傲然而謂天不足敬矣。道之所以不明也。殊不知先王之道。敬天爲本。聖人千言萬語。皆莫不本於是者焉。詩書禮樂。莫非敬天。孔子動言天。先王之道如是矣。君子之道如是矣。殷如湯武放伐。萬世之後不釋然於學者之心者。此義不明故也。湯武奉天命而行之。亦奚疑哉。孟子所以謂一夫紂者。以明民之所棄。卽天之所命也。非惡紂之惡也。祇好辨之至。其言激烈。遂致主意不明已。故明於敬天之

禘之說八佾篇

義。則先王之道如指掌。是所謂禘之說也。學者其潛心諸。小人不知天命而不畏也。其所見近小故也。天道恢恢。不若人事之易見。故其意以爲不如盡心人事之爲勝焉。大氐後世學者。以盡人事與知天命並言。皆小人之歸哉。何則古之務人事者。本於敬天焉。故古之人未有天人並言焉者。敬天故也。自思孟好辯。以天人並言。而後敬天之義荒矣。學者其察諸。狎大人。亦其所見近小。故見崇高而畏之。喜才諝而用之。所以不知大人而狎之也。以聖人之言爲迂。亦豈非所見近小之故乎。尹氏

曰三畏者脩己之誠當然也亦未知脩己之誠本於敬焉已

孔子曰生而知之者上也學而知之者次也困而學之又其次也困而不學民斯爲下矣

【古】孔安國曰困謂有所不通

【新】困謂有所不通言人之氣質不同大約有此四等○楊氏曰生知學知以至困學雖其質不同然及其知之一也故君子惟學之爲貴困而不學然後爲下

【管見】困猶困於心衡於慮之困言事勢窮蹙以困於心」此夫子深贊學問之功以勉人也夫道一而已矣生而知之者固不待學焉人之上也學而知之者及其成也則亦與上者同功故次之困於心而後學則固未矣然勉而不已則亦可以進於上故又次之若夫困於心而猶不知學則是無義理

之心者故爲下矣所謂無羞惡之心者非人也

孟子曰盡心篇

孟子告子篇

徵 生而知之者上也卽孟子曰堯舜性之也上謂上智也學而知之者次也困而學之又其次也孔安國曰困謂有所不通如孟子困於心衡於慮之困仁齋曰事勢窮蹙以困於心不知措辭者也是豈可以事勢言哉以常語困窮相連故作窮蹙解非矣如困倦困頓皆謂力窮也己之智力窮竭而後知不可不學是謂困而學之也困而不學民斯爲下矣下謂下愚也言民之所以爲下也非謂民有四等是爲下也後儒多不知民字古者學爲士

可使由之泰伯篇

進於民焉。民之不學，其常也。故君子不以其不學而棄之矣。故曰可使由之，不可使知之。孔子此言，謂除上智與下愚之外，皆不可不學也。子思中庸三知，與此殊義。朱子一之，非矣。蓋人有四等，而子思三之，故知非此章之意也。

孔子曰：君子有九思：視思明，聽思聰，色思溫，貌思恭，言思忠，事思敬，疑思問，忿思難，見得思義。

古註無

新 視無所蔽則明無不見，聽無所壅則聰無不聞。色見於面者，貌舉身而言。思問則疑不蓄，思難則忿必懲，思義則得不苟。程子曰：九思各專其一。謝氏曰：未至於從容中道，無時而不自省察也。雖

子曰顏淵篇 易曰懲忿損象傳 易曰理財云云繫辭

有不存焉者寡矣此之謂思誠

古義 明者視無所蔽也聰者聽無所失也溫溫然如玉也恭惰慢之氣不設身體也忠言而無不盡也此五者就身而言敬奉承不怠也思敬則事無失思問則疑不蓄思難則忿必懲思義則得不苟此四者就事而言此明君子除九思外無復他思也夫人思則得之不思則不得君子之所以爲君子者以其能思也若夫喪身敗家者皆弗知思故焉耳九思蓋所以狀其善思也」論曰醫之製方必有君臣佐使之差奇偶緩急之殊衆藥相配而後能已疾救人若夫用單方者亦徒備急之用要不足爲法聖人之設教也亦然以仁存心以禮存心衆功兼全而後以成其德如先儒主敬之說亦用單方之類耳又曰事思敬九思之一耳謂九思皆當主乎敬者何哉

徵 忿思難子曰一朝之忿忘其身以及其親易曰君子以懲忿是思難也見得思義易曰理財正辭

禁民爲非曰義是也君子有九思皆謂思惟之也視思其所以明聽思其所以聰色思其所以溫貌思其所以恭思如何言之而後得忠思如何爲之而後得敬思如何問之而後得析疑忿則思其能招難見得則思其或害義後人不知思字多作念頭解故詳之爾仁齋以此而譏朱子持敬之非然朱子亦有竊先王敬天之義而不知本諸天是朱子之失也仁齋謂敬唯在事者不知先王之道者也

孔子曰見善如不及見不善如探湯吾見其人矣吾

聞其語矣隱居以求其志行義以達其道吾聞其語矣未見其人也

古 孔安國曰探湯喻去惡疾

新 眞知善惡而誠好惡之顏曾閔冉之徒蓋能之矣語蓋古語也求其志守其所達之道也達其道行其所求之志也蓋惟伊尹大公之流可以當之當時若顏子亦庶乎此然隱而未見又不幸而蚤死故夫
子云然

古義 言好善惡惡出於其誠者世固有其人矣語古語也隱居求志如伊尹耕于有莘之野而樂堯舜之道是也義卽君臣之義也行義達道者如幡然而起應湯之聘幣也孔門若顏曾閔冉之徒可以當之而夫子曰未見其人者蓋夫子從論當世人材而至於其門人則每不論及之也善善惡惡出於其性者人人之上也何故不及求志達道之人邪曰聖人之學以經世爲本而不以獨善其身爲極

故曰吾非斯人之徒與而誰與蓋善善惡惡出于至誠雖行之至者然不若求志達道者之不唯成己亦能成物之爲大此其所以優劣之也以此教人猶有以自潔爲高者豈非不知其輕重者乎」論曰舊註見善如不及見不善如探湯顔曾閔冉之徒蓋能之隱居以求其志行義以達其道惟伊尹大公望可以當之顔子亦幾乎此非也孟子明言禹稷顔回同道又曰易地則皆然今言亦幾乎此則是右伊呂而左顔子也孔子之聖賢於堯舜遠矣而顔子亞之則其德業豈有媿於伊呂乎哉若伊呂之儔得君行道功業大被于天下焉則人固識其爲賢聖也若數子者不幸而厄於時不能有爲於天下故人皆不致疑於伊呂而每疑於顔曾不亦左乎曾西畏子路而管仲則其所不爲而先儒以管仲之事業爲子路之所不逮亦此類也

又曰見里仁篇

徵見善如不及見不善如探湯又曰我未見好仁者惡不仁者此言見其人矣仁與善或有間也然

有時乎或曰見之有時乎或曰未見皆教之術也萬世之下未知孔子誰爲言之則不必深泥可也且孔子門人蓋有之矣然孔子之道先王之道也其於門人皆以先王之道期之故曰見其人矣者不難之辭也隱居以求其志志謂古志記也求云者謂求先王之道於其書孟子所謂處畎畝之中由是以樂堯舜之道是也舊註以爲心志之志殊爲不通行義者謂仕也子路曰君子之仕行其義也達其道者達其道於天下也吾聞其語矣未見其人也者難之辭皆勸門人從事仁也孔子嘗曰

孟子萬章篇

子路曰微子篇

用之則行舍之則藏則顏子蓋其人也而此言未見其人者勉它人辭已後儒不知聖人之善誘徒謂孔子眞未見焉亦詩學不傳人不知言語之道故也且後世儒者專尚知見以論優劣分錙銖爲務遂以此視孔子豈不悲哉如仁齋先生以此章爲夫子泛論當世人材而不及其門人者是也夫七十子之徒與聞此言者皆以孔子後言爲志者也使其見用於當世亦當世之伊呂也如其德之優劣千載之下孰能知之區區求諸殘編而或曰唯顏子當之或曰遺曾冉閔者過也可謂無益之

論已。

齊景公有馬千駟死之日民無德而稱焉伯夷叔齊餓于首陽之下民到于今稱之其斯之謂與

【古】孔安國曰千駟四千匹馬融曰首陽山在河東蒲坂縣華山之北河曲之中王肅曰此所謂以德爲稱

【新】駟四馬也首陽山名胡氏曰程子以爲第十二篇錯簡誠不以富亦祇以異當在此章之首今詳文勢似當在此句之上言人之所稱不在於富而在於異也愚謂此說近是而章首當有孔子曰字蓋闕文耳大抵此書後十篇多闕誤

【古義】駟四馬也首陽山名程子胡氏以爲第十二篇錯簡誠不以富亦祇以異當在此句之上言人之所稱不在於富而在於異也朱氏曰章首當有孔子曰字蓋闕文耳大抵此書後十篇多闕誤此

景公感慨詳于左傳及晏子

言雖萬乘之君然無德之可稱則曾匹夫之不若齊景公大國之君也然死之日泯然澌盡與草木同腐伯夷叔齊首陽之餓夫也然萬世之下猶與日月同光其榮辱隆汙固不可同日而語也嗚呼以人君之尊而不得下比匹夫豈不可閔哉

徵 死之日民無德而稱焉德即得字以音誤焦氏筆乘曰夷齊可以有國而辭之者也崔子弒景公之兄莊公而景得立崔子猶爲政而景公莫之問也觀其一再爲晏子感慨悲傷欲不死以長有齊而其死也泯然無復聞焉孔子有感而嘆之以爲彼棄國如齊夷者獨何人哉彼其所以千古不朽者非以富貴也得之

陳亢問於伯魚曰子亦有異聞乎對曰未也嘗獨立鯉趨而過庭曰學詩乎對曰未也不學詩無以言鯉退而學詩他日又獨立鯉趨而過庭曰學禮乎對曰未也不學禮無以立鯉退而學禮聞斯二者陳亢退而喜曰問一得三聞詩聞禮又聞君子之遠其子也

【古】馬融曰以爲伯魚孔子之子所聞當有異 孔安國曰獨立謂孔子

【新】亢以私意窺聖人疑必陰厚其子 事理通達而心氣和平故能言 品節詳明而德性堅定故能立 當獨立之時所聞不過如此其無異聞可知 尹氏曰孔子之教其子無異於門人故陳亢以爲遠其子

【古義】亢以爲伯魚平日在夫子之膝下必有聞人之所不及聞者 詩之爲教天道備矣人事洽矣而

父子不責善孟子離婁篇

著善惡得失之迹故學之則能言禮者人之隄防萬事之儀則故學之則得以立言聞斯二者明别無異聞也遠者謂不狎近也父子之間不責善故古者易子而教又言遠之也孔門之教無先於詩禮而其所言皆在庸言庸行之讜而無甚異於人以爲教者蓋人情以詩而知人道以禮而立皆言萬世通行之道是故聖人之道爲萬世通行之道詩禮之經爲萬世通行之典若夫遠人以爲教者豈聖人之道乎哉

徵子亦有異聞乎當時學者之汲汲於道也對曰未也未也者謙辭對長者之禮也非謂實無之也又聞君子之遠其子也仁齋先生曰父子之間不責善故古者易子而教得之蓋孔子不知其旣未學詩禮則其不躬教可以見已朱子以爲無異聞

孔子嘗曰先進篇

孟子盡心篇

尹氏以爲無異於門人皆非也孔子嘗曰予不得視猶子也是孔子之於門人視猶子也父子之親天性也孔子之愛子誠當深矣門人如顏子乃比諸子是亦親親之推己至於教之道則有至焉有不至焉故有其子不與聞而門人聞之者然門人亦有親疏久近之分則豈一槩而施之乎是孟子私淑艾後儒所以失其解也詩書者義之府而詩又悉人情凡言語之道詩盡之矣故學詩則可以言也禮樂者德之則而禮又事事而立之防凡先王之道禮盡之矣不知禮則無以立於君子之間三

代之世爲爾故學禮則可以立也朱註事理通達而心氣和平品節詳明而德性堅定喜作儷辭欲以明其義言有所局而義不得暢是果何意哉仁齋曰孔門之教無先於詩禮而其所言皆在庸言庸行之謹所謂庸言之謹者於詩何之有

庸言之謹易文言

邦君之妻君稱之曰夫人夫人自稱曰小童邦人稱之曰君夫人稱諸異邦曰寡小君異邦人稱之亦曰君夫人

古孔安國曰小君君夫人之稱對異邦謙故曰寡小君當此之時諸侯嫡妾不正稱號不審故孔子正言其禮也

禮記曲禮

吾無行而不與二三子者述而篇

新 寡寡德謙辭○吳氏曰凡語中所載如此類者不知何謂或古有之或夫子嘗言之不可攷也

古義 寡寡德謙辭孔氏曰小君君夫人之稱孔氏曰是時嫡妾不正稱號不審故孔子正其禮也○吳氏栻曰凡語中所載如此類者不知何謂或古有之或夫子嘗言之不可攷也

徵 邦君之妻君稱之曰夫人。吳栻曰或古有之或夫子嘗言之不可攷也。陋矣哉。載在禮記則謂得其所焉。載在論語則云爾。凡周之禮戴記諸書所載。皆孔子言之而後門人得書之者耳。孔子而前何嘗有書。且也孔子之道先王之道也。吾無行而不與二三子者。謂無隱先王之道也。故當時門人於先王之禮。於孔子之言行。無復差別於其閒焉。

豈如後世謂是爲某語錄者比乎。

論語徵集覽卷之十六　終

論語徵集覽卷之十七

魏　何晏　集解

宋　朱熹　集註

大日本　藤維楨　古義

物茂卿　徵

從四位侍從源賴寬　輯

陽貨第十七

陽貨欲見孔子孔子不見歸孔子豚孔子時其亾也而往拜之遇諸塗謂孔子曰來予與爾言曰懷其寶而迷其邦可謂仁乎曰不可好從事而亟失時可謂

知乎曰不可日月逝矣歲不我與孔子曰諾吾將仕矣

【古】孔安國曰陽貨陽虎也季氏家臣而專魯國之政欲見孔子使仕」孔安國曰欲使往謝故遺孔子豚」孔安國曰塗道也於道路與相逢」馬融曰言孔子不仕是懷寶也知國不治而不爲政是迷邦也」孔安國曰言孔子栖栖好從事而數不遇失時不得爲有知」馬融曰年老歲月已往當急仕」孔安國曰以順辭免

【新】陽貨季氏家臣名虎嘗囚季桓子而專國政欲令孔子來見己而孔子不往貨以禮大夫有賜於士不得受於其家則往拜其門故瞰孔子之亡而歸之豚欲令孔子來拜而見之也」懷寶迷邦謂懷藏道德不救國之迷亂亟數也失時謂不及事幾之會將者且然而未必之辭貨語皆譏孔子而諷使速仕孔子固未嘗如此而亦非不欲仕也但不仕於貨耳故直據理答之不復與辯若不諭其意

者○陽貨之欲見孔子雖其善意然不過欲使助己爲亂耳故孔子不見者義也其往拜者禮也必時其亡而往者欲其稱也遇諸塗而不避者不終絶也隨問而對者理之直也對而不辨者言之遜而亦無所詘也楊氏曰揚雄謂孔子於陽貨也敬所不敬爲詘身以信道非知孔子者蓋道外無身身外無道身詘矣而可以信道吾未之信也

古義 陽貨季氏家臣名虎嘗囚季桓子而專國政魯人素仰孔子貨欲招來謂己以爲重而孔子不往以禮大夫有賜於士不得受於其家則往拜其門故瞰孔子之亡而歸之豚欲令孔子來拜而見之也」孔子不欲見貨故瞰其亡而往也」塗道也懷寶迷邦謂懷藏道德不救國之迷亂也德被天下之謂仁」亟數也失時謂不及事幾之會也」朱氏曰將者且然而未必之辭」此記仲尼不爲已甚而示學者以應世之權也夫道可以通天下而甚高難行之事皆非道也凡有志者必迫有氣者必激但聖人道廣德邵於天下無可無不可自有權存無所不宜也」論曰舊註曰孔子不見者義也其往拜

者禮也必時其亡而往者欲其稱也遇諸塗而不避者不終絕也隨時而對者理之直也對而不辨者言之遜而亦無所詘也愚謂似則似矣然若聖人之德之大欲言言而論句句而議焉則是欲以昭昭之多而觀天一撮土之多而量地也零碎支離多見其愈鑿而愈遠矣

徵 陽貨章朱註義也禮也欲其稱也不終絕也理之直也言之孫而亦無所詘也仁齋先生曰似則似矣然若聖人之德之大欲言言而論句句而議焉則是欲以昭昭之多而觀天一撮土之多而量地也零碎支離多見其愈鑿而愈遠矣二說或一道也不可執一而廢一焉何則仁齋以不為己甚為之解是信孟子者也孟子亦對伯夷柳下惠云

不為己甚孟子離婁篇

孟子萬章篇

揚雄謂法言五百篇

微服過於宋孟子萬章篇

爾若固執其說則天下百孔子矣是不爲已甚可以贊孔子而未足以盡孔子也則所謂昭昭一撮欲量天地者亦誰執其咎也日月逝矣歲不我與雖陽貨猶能爲此言三代之士大夫風流可觀乃先王之詩教也又揚雄謂孔子敬所不敬詘身以信道龜山謂道外無身身外無道身詘矣而可以信道吾未之信也朱子采之夫古所謂道者謂先王之道也孔子雖曰桓魋其如予何然亦微服過於宋恐文之喪也豈非詘身以伸道邪道外無身身外無道亦謂其行合於先王之道也其在孔子

固矣。孔子之於陽貨。豈外道哉。所指各異。而龜山
不解子雲之言。且果其言之是乎。則孔子當以孟
子待王驩者待陽貨。是孟子耳。豈可以論孔子哉。

孟子待王驩見公孫丑及離婁篇

子曰性相近也習相遠也子曰唯上知與下愚不移

古 孔安國曰君子愼所習」孔安國曰
上知不可使爲惡下愚不可使強賢

新 此所謂性兼氣質而言者也氣質之性固有美
惡之不同矣然以其初而言則皆不甚相遠也但
習於善則善習於惡則惡於是始相遠耳○程子
曰此言氣質之性非言性之本也若言其本則性
卽是理理無不善孟子之言性善是也何相近之
有哉」此承上章而言人之氣質相近之中又有美
惡一定而非習之所能移者○程子曰人性本善
有不可移者何也語其性則皆善也語其才則有
下愚之不移所謂下愚有二焉自暴自棄也人苟
以善自治則無不可移雖昏愚之至皆可漸磨而

進也惟自暴者拒之以不信自棄者絕之以不爲雖聖人與居不能化而入也仲尼之所謂下愚也然其質非必昏且愚也往往彊戾而才力有過人者商辛是也聖人以其自絕於善謂之下愚然考其歸則誠愚也或曰此與上章當合爲一子曰二字蓋衍文耳

古義或曰下予曰二字衍文今從之此明聖人之教人不責性而專責習也言人性氣質其初未甚相遠但習於善則善習於惡則惡於是始相遠矣學者不可不審其所習焉苟有教以習之則皆可以化而入善唯上知下愚一定不移而已矣論曰孔子曰性相近而孟子專曰性善其言似有不同者何諸孟子學孔子者也其旨豈有異乎其所謂性善者即發明性相近之旨者也蓋自堯舜至於途人其間相去奚翅千萬可謂遠矣而謂之相近者人人之性質剛柔昏明雖有不同然而至於其有四端則未嘗不同譬之水焉雖有甘苦清濁之異然其就下則一也故夫子以爲相近而孟子專以爲性善故曰人性之善也猶水之就下也又曰乃若其情則可以爲善矣乃所謂善也皆就生質論

生而知之前篇

十室之邑公冶長篇

之而非以理言之也若以理言之則豈可以遠近言哉

徵 性相近也習相遠也性者性質也人之性質初不甚相遠及所習殊而後賢不肖之相去遂致遼遠也已孔安國曰君子愼所習得之矣然孔子之心實在勸學如生而知之者上也學而知之者次也困而學之又其次也困而不學民斯爲下矣正與此章相發焉上卽上知下卽下愚學知困學乃指常人故習誠有善惡而孔子之意專謂及學而爲君子而後其賢知才能與鄉人相遠已未嘗以善惡言之也如十室之邑必有忠信如丘者焉不

符讀書城南詩

荀子作性惡篇

如丘之好學也亦同意亦不過於韓愈詩所謂欲知學之力賢愚同一初兩家各生子提孩巧相如少長聚嬉戲不殊同隊魚三十骨骼成乃一龍一豬耳後漢黨錮傳引此而曰言嗜惡之本同而遷染之塗異也可見漢儒相傳之說已自孟子有性善之言而儒者論性聚訟萬古遂以爲孔子論性之言而不知爲勸學之言也蓋孔子沒而老莊興專倡自然而以先王之道爲僞故孟子發性善以抗之孟子之學有時乎失孔氏之舊故荀子又發性惡以抗之皆爭宗門者也宋儒不知之以本然

氣質斷之。殊不知古之言性。皆謂性質。何本然之有。仁齋先生辨之者是矣。然仁齋又以爲孔子孟子其旨不殊焉。其言曰。人之性質。剛柔昏明雖有不同。然而至於其有四端。則未嘗不同。譬之水焉。雖有甘苦清濁之異。然其就下則一也。故夫子以爲相近。而孟子專以爲性善。可謂善解孟子者已。然孔子之意。不在性而在習。孟子則主仁義內外之說。豈一哉。且孔子以上知下愚不移。而孟子則人皆可以爲堯舜。則孟子亦豈非以理言之邪。大氐孟子之言。皆與外人爭者。豈可合諸孔子哉。

孔子曰泰伯篇

唯上知與下愚不移。或以爲子曰字衍也。是原思以二語相發。故連記之。豈必一時之言哉。它章亦有若是者焉。豈可拘哉。下愚謂民也。下愚之人不能移。則以爲民。而不升諸士也。孔子曰。民可使由之。不可使知之。以學習所不能移也。初非惡其愚焉。又唯言其愚不可學耳。未嘗以善惡言之矣。何則。以知愚言之。而不以賢不肖言之也。如程子以自暴自棄論下愚。大失孔子之意焉。蓋自有孟子性善之説。而學者以善惡見之。遂曰習有善惡。而至於以下愚爲桀紂之徒焉。又自孟子好辯。而學者率以言語爲教。務欲以言語化人。一如浮屠。至有不可得而化者。則以下愚目之矣。又其意謂聖人可學而至焉。氣質可變而盡焉。以此立説。則至此章而窮矣。故遂以自暴自棄目下愚。其心謂下愚不移。非氣質之罪也。其心之罪也。是皆坐其不知先王之道。又不知古之教法。故失孔子當時之意耳。蓋移云者。非移性之謂矣。移亦性也。不移亦性也。故曰上知與下愚不移。言其性殊也。中人可上可下。亦言其性殊也。不知者則謂性可得而移焉。夫性豈可移乎。學以養之。養而後其材成。成則

書太甲上

有殊於前是謂之移又謂之變其材之成也性之
成也故書曰習與性成非性之移也學者察諸
子之武城聞弦歌之聲夫子莞爾而笑曰割雞焉用
牛刀子游對曰昔者偃也聞諸夫子曰君子學道則
愛人小人學道則易使也子曰二三子偃之言是也
前言戲之耳
古 孔安國曰子游爲武城宰」莞爾小笑貌」孔安國
曰言治小何須用大道」孔安國曰道謂禮樂也樂
以和人人和則易使也」孔安國曰從
行者」孔安國曰戲以治小而用大道
新 弦琴瑟也時子游爲武城宰以禮樂爲教故邑
人皆絃歌也」莞爾小笑貌蓋喜之也因言其治小
邑何必用此大道也」君子小人以位言之子游所
稱蓋夫子之常言言君子小人皆不可以不學故

武城雖小亦必教以禮樂」嘉子游之篤信又以解門人之惑也○治有大小而其治之必用禮樂則其爲道一也但衆人多不能用而子游獨行之故夫子驟聞而深喜之因反其言以戲之而子游以正對故復是其言而自實其戲也

【古義】時子游爲武城宰以禮樂爲治」莞微笑貌言以可大用之道而試之小邑也」君子小人皆不可以不學故武城雖小亦必教之以禮樂」嘉子游之言以明前言之戲也」朱氏曰治有大小而其治之必用禮樂則其爲道一也但衆人多不能用而子游獨行之故夫子驟聞而深喜之○君子之德在於愛人小人之德在於易使君子學道則有以養其仁心故愛人也小人學道則有以消其暴慢故易使也君子小人皆不可以不學也如此後世捨禮樂而任刑殺雖其欲治而可得乎

【徵】弦絃古字通用○割鷄焉用牛刀○蓋微言也○子游之宰武城○必有急務也○而子游不知也禮樂之治○

地志載蘇州常熟縣吳公祠即子游也

徒循常法。幾乎迂矣。然其事必有不可顯言者。故孔子微言爾爾。及於子游猶尚弗悟也。孔子直戲其前言。而不復言其意耳。蓋魯公室弱而三家強僭。其在當時。必有不可得而言者。然今不可知其爲指何事爾。吳有子游祠。則子游亦終有悟於孔子之言。遂不終爲魯臣而去歟。後世詩學弗傳。則人莫知孔子多微言也。則以爲驟聞而深喜之辭。深味其言。豈全無意謂者哉。禮樂仁之術也。故君子學之則愛人。禮達而分定。移風易俗。莫善於樂。故小人學之則易使。孔安國曰道謂禮樂也。漢時傳授未失其眞者如此焉。後人以當然之理爲道。遂刪之。悲哉。

公山弗擾以費畔。召。子欲往。子路不說。曰。末之也已。何必公山氏之之也。子曰。夫召我者。而豈徒哉。如有用我者。吾其爲東周乎。

古 孔安國曰。弗擾爲季氏宰。與陽虎共執季桓子。而召孔子。孔安國曰。之。適也。無可之。則止。何必公山氏之適。興周道於東方。故曰東周。

新 弗擾。季氏宰。與陽虎共執桓子。據邑以叛。末。無也。言道既不行。無所往矣。何必公山氏之往乎。豈徒哉。言必用我也。爲東周。言興周道於東方。○程子曰。聖人以天下無不可有爲之事。亦無不可改過之人。故欲往。然而終不往者。知其必不能改故也。

古義 弗擾季氏宰與陽虎共執桓子據邑以叛」末無也之適也已止也言道既不行無所往矣何必公山氏之適也」為東周言興周道於東方也」蘇氏軾曰孔子之不助畔人天下之所知也畔而召孔子其志不在於惡矣故孔子因其有善心而收之使不自絕而已弗擾之不能為東周亦明矣然而用孔子則有可以為東周之道故子欲往者以其有是道也」論曰聖人之仁天下也至矣苟有善心以向之則雖叛人猶欲往況未為叛人而有向道之志者乎天下未至於無道而先以無道視之引身自退絕志於斯世者實聖人之罪人也

徵 興周道於東方故曰東周何晏解也興周道於東方者尊王室以號令天下管仲之事也而抑三家不足道矣後人或執孟子以仁義治邦為說則何必言周也

子張問仁於孔子孔子曰能行五者於天下爲仁矣請問之曰恭寬信敏惠恭則不侮寬則得衆信則人任焉敏則有功惠則足以使人

古 孔安國曰不見侮慢」孔安國曰應事疾則多成功

新 行是五者則心存而理得矣於天下言無適而不然猶所謂雖之夷狄不可棄者五者之目蓋因子張所不足而言耳任倚仗也又言其效如此○張敬夫曰能行此五者於天下則其心公平而周徧可知矣然恭其本與李氏曰此章與六言六蔽五美四惡之類皆與前後文體大不相似

古義 天下極廣之稱言無處而不然也能行此五者於天下則德敷化流物無不得其所」任倚仗也上總舉五者之目此分言其效如此」此亦專以修德之功夫告之也言能行此五者於天下則親踈貴賤靡思不服其君用之則安富尊榮其子弟從之則孝弟忠信何仁如之夫子以此答之則子張

進德之深亦可知矣學者以曾子之言甚輕子張其見亦左矣所謂知其一而不知其二者也

克己復禮顏淵篇

師過商不及先進篇

徵子張問仁於孔子亦問行仁政也能行五者於天下爲仁矣非謂行此五者即仁也欲行仁政於天下必行此五者然後仁可得而行也故爲仁與克己復禮爲仁同義訓爲爲謂者非矣蓋必人不侮焉衆歸焉人信任我焉爲事有功焉使人而人不怨焉而後仁政可得而行也非有此五者則欲行仁政不可得也子張才大故孔子以行仁於天下告之孔子以天下告者惟顏子子張耳師過商不及豈非才大乎所以曰過猶不及者謂各有所

長短也傳先王之道于後世則子張不及子夏焉至於子思孟子皆以議論與天下之人爭故動曰天下天下焉後世狃見其言而謂孔子亦爾殊不知孔子之言天下者自有意謂也朱子不知之曰猶所謂雖之夷狄不可棄者可謂窘已

佛肸召子欲往子路曰昔者由也聞諸夫子曰親於其身爲不善者君子不入也佛肸以中牟畔子之往也如之何子曰然有是言也不曰堅乎磨而不磷不曰白乎涅而不緇吾豈匏瓜也哉焉能繫而不食

古 孔安國曰晉大夫趙簡子之邑宰孔安國曰不入其國 孔安國曰磷薄也涅可以染皁言至堅者

磨之而不薄，至白者染之於涅而不黑，喻君子雖在濁亂，濁亂不能汚也。匏，瓠也。言瓠瓜得繫一處者，不食故也。吾自食物，當東西南北，不得如不食之物繫滯一處。

新 佛肸，晉大夫趙氏之中牟宰也。子路恐佛肸之浼夫子，故問此以止夫子之行。親，猶自也。不入，不入其黨也。磷，薄也。涅，染皂物。言人之不善不能浼已。揚氏曰：磨不磷，涅不緇，而後無可無不可。堅白不足，而欲自試於磨涅，其不磷緇也者幾希。匏，瓠也。匏瓜繫於一處而不能飲食，人則不如是也。〇張敬夫曰：子路昔者之所聞，君子守身之常法；夫子今日之所言，聖人體道之大權也。然夫子於公山、佛肸之召皆欲往者，以天下無不可變之人，無不可爲之事也。其卒不往者，知其人之終不可變，而事之終不可爲耳。一則生物之仁，一則知人之智也。

古義 佛肸，晉大夫趙氏之中牟宰也。朱氏曰：子路恐佛肸之浼夫子，故問此以止夫子之行。親，猶自也。不入，不入其黨也。磷，薄也。涅，水中黑土，可以染皂。緇，黑色。夫子言人之不善不能浼已，以安子路

焦氏筆乘說本

皇疏一通

之意。匏瓠之苦而不可食者，詩曰匏有苦葉是也。言吾非如匏瓜無用之物無資於世者也。蓋因偶見匏瓜而云然。夫子昔者所言，卽君子守身之常法，篤信者或能焉，然未盡仁也。夫聖人之視天下猶己之身，視其疾苦猶己之遭焚溺，苟有善意以嚮之，則豈拒其召也哉。若拒而不答，則是善自我絶，而幾乎棄絶天下矣，可謂仁哉。夫人生斯世，當爲斯世之用，若生斯世而無資於斯世，則曾草木之不若，豈足爲學乎。故曰吾豈匏瓜也哉。而門人於弗擾、佛肸二章，皆記其欲往而不記其卒不往者，蓋示人以夫子仁天下之心，而其不往者不暇論焉。

徵　吾豈匏瓜也哉。古來以爲苦匏，焦弱侯獨以爲星名，得之。廣雅曰：匏，瓠也。瓠卽壺盧，豈分甜苦。詩匏有苦葉，其葉苦已，豈足以爲苦匏之證乎。且所謂繫者，如日月星辰繫焉之繫，以爲星名則得，以

維南四句詩小雅大東篇

爲苦匏則不得也且以苦匏爲喻鄙俚之甚以星爲喻如維南有箕不可以簸揚維北有斗不可以挹酒漿三代以上亡論士大夫雖閭巷兒女輩能識星緯故時俗有是諺而孔子引之豈不然乎石氏星經史記隋書或曰瓜瓠或曰瓠瓜或曰匏瓜其星近須女須女賤女象掌果蓏蔬菜事凡星皆以類相從匏瓜乃匏與瓜亦爲蔬蓏總名象以命之已蓋在古言匏瓜當爲二物以爲苦匏則爲一物是後世之言耳故知焦說爲是也焉能繫而不食何晏曰吾自食物當東西南北不得如不食之

物繫滯一處得之朱子曰匏瓜繫於一處而不能飲食果其言之是乎則孔子之往爲餔啜也仁齋先生曰夫子昔者所言卽君子守身之定法篤信者或能焉然未盡仁也夫聖人之視天下猶己之身視其疾苦猶己之遭焚溺苟有善意以嚮之則豈拒其召也哉若拒而不荅則是善自我絶而幾乎棄絶天下矣可謂仁哉夫人生斯世當爲斯世之用若生斯世而無資於斯世則曾草木之不若豈足爲學乎故曰吾豈匏瓜也哉而門人於弗擾佛肸二章皆記其欲往而不記其卒不往者蓋示

人以夫子仁天下之心。而其不往者不暇論焉。有味乎其言之。

子曰由也女聞六言六蔽矣乎對曰未也居吾語女好仁不好學其蔽也愚好知不好學其蔽也蕩好信不好學其蔽也賊好直不好學其蔽也絞好勇不好學其蔽也亂好剛不好學其蔽也狂

古 六言六蔽者謂下六事仁知信直勇剛也」孔安國曰子路起對故使還坐」孔安國曰仁者愛物不知所以裁之則愚」孔安國曰蕩無所適守」孔安國曰父子不知相爲隱之輩」孔安國曰狂妄抵觸人

新 蔽遮掩也」禮君子問更端則起而對故夫子諭子路使還坐而告之」六言皆美德然徒好之而不學以明其理則各有所蔽愚若可陷可罔之類蕩謂窮高極廣而無所止賊謂傷害於物勇者剛之

發剛者勇之體狂躁率也○范氏曰子路勇於爲善其失之者未能好學以明之也故告之以此曰勇曰剛曰信曰直又皆所以救其偏也

【古義】蔽遮掩也」禮君子問更端則起而對故孔子論子路使還坐而告之」仁者愛人然不學以照之則柔而無斷如婦人之仁是也」蕩謂徒窮高遠而無所止也知者求遠然不學以講之則離人倫遠日用如佛老之教是也」賊謂傷害於物信者守堅苟不學以辨之則害道敗事如尾生荀息之信是也」直者不枉苟不學以輔之則急切不寬如子證父攘羊是也」勇者好進苟不學以裁之則逆理亂常」剛者不屈苟不學以制之則妄抵觸人」此言學問之功甚大也蓋六者皆天下之美德然或原于氣質之稟或出於好尚之偏而不能得其正必待學問而後救偏補弊能成其德則天下豈有大於學問之功者哉」論曰學問之功至矣苟學以講之則事有所法偏有所救而於天下之事自無所迷若徒任其獨智則雖鉤深探賾發天下之秘皆不得其正故易曰君子多識前言往行以蓄其德若

請問其目顏淵篇行五者本篇三樂以下並見季氏篇

佛老之徒非不窮高極遠然而其所以離世隳倫獲罪於聖人者皆由絕聖棄智祛其見聞也故孔門必以學爲入德之要也

徵 六言六蔽蓋古語也其它如請問其目行五者於天下三樂三友三畏三愆古人以條目教之以條目守之其爲實學可以知已後人輒欲以一槩之論通之不務實故也是蓋其意以一貫爲大小大事自謂使我在孔子時必與聞之而發其所自得一貫之說以教學者耳豈不妄哉六言之蔽皆在不好學而泰伯篇直之絞勇之亂皆以無禮言之蓋古之學謂詩書禮樂以學先王之道而詩書

禮樂得於身數見
可諂可罔雍也篇
子産事見孟子離婁篇
漢書刑法志

義之府禮樂德之則則其所以成德者專在禮樂焉故曰禮樂得於身謂之德是以此以不好學彼以無禮其旨一也仁之愚朱子曰君可諂可罔之類得之蓋如子產之以其乘輿濟人於溱洧文帝之以笞杖易肉刑是也何則肉刑猶得生乃有死於杖下者豈非愚哉仁齋曰仁者愛人然不學以照之則柔而無斷如婦人之仁是專以學爲知之事以仁爲慈愛可謂不知仁又不知學已知之蕩朱子曰謂窮高極廣而無所止得之後儒掃禮樂鬼神而一歸于理亦蕩已大氐知者象天仁者象

地。故其蔽也如此。信之賊，謂任俠之輩也。說者徒以害道敗事爲解，可謂不得其解已。剛之狂，孔安國曰：狂妄抵觸人。得之。朱子曰：勇者剛之發，剛者勇之體，則勇剛一也。殊不知六言本言六種德耳。德以性殊，故有多品，然必學以成之，然後可以爲德。當其未成德，則性之所近，好之已。勇謂其勇往之氣，剛謂性不柔順，本自不同也。仁齋曰：六者必待學問，而後救偏補弊，能成其德。此後世議論已。殊不知學則納身於先王陶冶之中矣。人苟能納身於先王陶冶之中，以養其德，則仁知信直勇剛皆成其材足以有用焉。不必救其偏補其弊也。辟如椎鑿刀鋸。各有其用已。

子曰小子何莫學夫詩詩可以興可以觀可以羣可以怨邇之事父遠之事君多識於鳥獸艸木之名

古 包氏曰小子門人也」孔安國曰興引譬連類」鄭玄曰觀風俗之盛衰」孔安國曰羣居相切磋」孔安國曰怨刺上政」孔安國曰邇近也

新 小子弟子也」感發志意」考見得失」和而不流」怨而不怒」人倫之道詩無不備二者舉重而言」其緒餘又足以資多識○學詩之法此章盡之讀是經者所宜盡心也

古義 小子弟子也」志意興起而易以入于善」觀古今人情風俗之所由可以從政可以立教」羣而不黨心之和也」怨而不怒情之厚也」人倫之道得失悉備故足以得事父事君」博物洽聞則知識不陋

而處事有益此夫子爲門人論讀詩之益也蓋學問不可強作必非志意興起則莫以入于善故以可以興先之不知人情風俗之所以然則莫以施政立教故以可以觀次之得于詩則得性情之和故可以羣可以怨而其心温厚和平能得明人倫博通庶物能得廣見聞學者苟於此有得焉則其益有不可勝言者矣然夫子唯許子貢子夏以始可與言詩已矣則悟詩之難亦非初學者可驟而至者也學者知其易亦知其難可也

徵詩可以興孔安國曰興引譬連類可以觀鄭玄曰觀風俗之盛衰後漢去前漢未久而孔說非鄭所能及也何況朱子乎大氐詩道性情主諷詠觸類而賦從容以發言非典則旨在微婉繁繁雜雜零零碎碎大小具在左右逢原故其義無窮大非

它經之比焉然其用在興與觀己興者從其自取展轉弗已是也觀者默而存之情態在目是也朱註感發志意者觀也非興也考見得失者僅其是非之見耳安可以盡觀之義乎凡諸政治風俗世運升降人物情態在朝廷可以識閭巷在盛代可以識衰世在君子可以識小人在丈夫可以識婦人在平常可以識變亂天下之事皆萃于我者觀之功也書爲聖賢大訓而禮樂乃德之則苟非詩爲之輔則何以能體諸性情周悉不遺哉及於興以取諸則或正或反或旁或側或全或支或比或

類。不爲典常。觸類以長。引而伸之。愈出愈新。辟如繭之抽緒。比諸燧之傳薪。取自我者可施天下焉。是興之功也。禮樂典誥教法不渝。若不有詩以爲之輔。則何以能應酬事物變化莫盡哉。此詩之用。全在是二者也。可以羣。可以怨。皆所以用詩之方也。羣孔安國曰。羣居相切磋。怨孔安國曰。怨刺上政。蓋此二者。皆以興觀行之。無事則羣居切磋。諷咏相爲。則義理無窮。默而識之。則深契於道。此非羣乎。有事則主文譎諫。或唱酬相承以引之者。興也。或不言而賦以示之者。觀也。言者無罪。聞者不怒。此非怨乎。朱註和而不流。怨而不怒。皆無關乎詩焉。邇之事父。遠之事君。亦皆以興觀羣怨行之。至於多識。乃其緒餘。舊註盡之。

子謂伯魚曰汝爲周南召南矣乎人而不爲周南召南其猶正牆面而立也與

【古】馬融曰周南召南國風之始樂得淑女以配君子三綱之首王教之端故人而不爲如向牆而立

【新】爲猶學也周南召南詩首篇名所言皆脩身齊家之事正牆面而立言卽其至近之地而一物無所見一步不可行

【古義】爲猶學也周南召南詩首篇名正牆面而立謂正向牆而立言前後左右皆無所見也」二南之詩皆言盛周王化之所及而脩身齊家之道無所不備也苟不讀二南而知先王風化之盛其奚以

能除我鄙陋之氣而造夫廣大之域故曰其猶正牆面而立也與蓋譏夫苟安於目前之小康而不知聖世之大同也

徵馬融曰周南召南國風之始樂得淑女以配君子三綱之首王教之端故人而不爲如向牆而立朱子曰周南召南所言皆脩身齊家之事正牆面而立言卽其至近之地而一物無所見一步不可行仁齋云二南之詩皆言盛周王化之所及而脩身齊家之事無所不備也苟不讀二南而知先王風化之盛其何以能除我鄙陋之氣而造夫廣大之域故曰其猶正牆面而立也與蓋譏夫苟安於

書曰周官

目前之小康而不知聖世之大同也樂得淑女以配君子言關雎耳二南何嘗脩身齊家之事朱子爲不曉語意矣脩身齊家之事豈二南所能盡哉小康大同不識措語仁齋亦失之矣蓋書曰不學牆面故其猶正牆面而立也與者言其不學耳古之學詩書禮樂而詩禮爲先二南亦爲詩之首故孔子云爾且君子生於周世則學周家先王之道以成其德得爲周家君子而二南實可以見周先王教化之盛自家而國以及天下焉故周世學問之道必由斯始已後世儒者狃佛老之習誤謂學

以成聖人而不識學以成當世士君子故所見皆後世窮措大解如此章不爲二南之爲牆面皆不得其解妄言云云可醜之甚

子曰禮云禮云玉帛云乎哉樂云樂云鐘鼓云乎哉

古 鄭玄曰玉圭璋之屬帛束帛之屬言禮非但崇此玉帛而已所貴者乃貴其安上治民馬融曰樂之所貴者移風易俗非但謂鐘鼓而已

新 敬而將之以玉帛則爲禮和而發之以鐘鼓則爲樂遺其本而專事其末則豈禮樂之謂哉○程子曰禮只是一箇序樂只是一箇和只此兩字含蓄多少義理天下無一物無禮樂且如置此兩椅一不正便是無序無序便乖乖便不和又如盜賊至爲不道然亦有禮樂蓋必有總屬必相聽順乃能爲盜不然則叛亂無統不能一日相聚而爲盜也禮樂无處無之學者要須識得

古義 玉帛禮之物，鐘鼓樂之器，本非禮樂之實。言人徒視其器物而不知禮樂之德有在，則豈足稱其名哉！禮可以安上治民，樂可以移風易俗，豈玉帛鐘鼓之云乎哉！故禮儀三百，威儀三千，必待其人而行。苟非其人，則雖儀文無失，聲容可觀，而無以見禮樂之實也。

徵 禮以玉帛云。樂以鐘鼓云、皆其大者也。故此章。孔子爲人君言之。蓋先王禮樂之道。施於己則以此成其德。用於人則以此成其俗。先王之所以施不言之教。成無爲之化者。專在此焉。然世之人君不識此而徒以悅耳目之具者衆矣。故孔子有此言也。馬鄭以安上治民移風易俗。是此章所主在人君。故此解得之。朱子以敬和言。程子以序和言。

皆其家學徒言其理而遺其事焉且敬序和豈足以盡禮樂之理哉至於程子云盜賊亦有禮樂眞亂道哉夫三代以下所無而謂盜賊有之可乎是其意極言禮樂不可須臾離之意耳然其人不尊信聖人而吾欲以言語喻其人豈可得乎要之聖人者不可得而及之矣故尊信其道而率之必有是心而後可得而教之焉乃欲向不信之人而以辨言俾其信之是孟子以後之失也

子曰色厲而內荏譬諸小人其猶穿窬之盜也與

古 孔安國曰荏柔也爲外自矜厲而內柔佞孔安國曰爲人如此猶小人之有盜心穿穿壁窬窬牆

新厲威嚴也荏柔弱也小人細民也穿穿壁窬踰牆言其無實盜名而常畏人知也

古義厲矜莊也荏柔弱也小人細民也穿穿壁窬踰牆言內實柔弱外事矜持故每恐人之知之猶穿窬之盜恐人之知之鄙之之甚也此爲在位者言蓋色欲溫心欲剛而上之於下必莊其顏色以臨之而內或有所溺焉則恐人之知之豈可不赧乎

徵色厲而內荏是主色而言謂色莊而內不莊也不言心而言內故知其主色而言也仁齋乃謂色欲溫心欲剛謬哉剛誠美德然好剛而不好學其蔽也狂未聞古有心欲剛之言焉仁齋昧乎辭而造是言豈非理學之弊乎

子曰鄉原德之賊也

孟子盡心篇荀子正論篇曰上端誠則下原愨矣

【古】周生烈曰所至之鄉輒原其人情而爲意以待之是賊亂德者也一曰鄉向也古字同謂人不能剛毅而見人輒原其趣嚮容媚而合之言此所以賊德也

【新】鄉者鄙俗之意原與愿同荀子原愨註讀作愿是也鄉原鄉人之愿者也蓋其同流合汙以媚於世故在鄉人之中獨以愿稱夫子以其似德非德而反亂乎德故以爲德之賊而深惡之詳見孟子末篇

【古義】原與愿同謹也鄉原以其同流俗合汙世鄉人皆稱愿人者也夫子以其似德非德反亂於德故以爲德之賊也陳氏櫟曰眞非不足以惑人惟似是而非者最易以惑人故夫子以爲德之賊

【徵】鄉原朱子據孟子爲之解引荀子証原之爲愿可謂善解已何周云云蓋未睹孟子耳德之賊也謂賊德也言賊害有德之人也蓋鄉原似有德而

非有德一鄉之人皆以爲善人是足以亂有德之人則亦能妨害於有德之人故云爾○

子曰道聽而塗說德之棄也

古　馬融曰聞之於道路則傳而說之

新　雖聞善言不爲己有是自棄其德也○王氏曰君子多識前言往行以畜其德道聽塗說則棄之

古義　道聽塗說謂實無所得而輕聽妄說也棄廢也此夫子歎後世道德之下衰也蓋在昔尊道甚篤而不敢容易論之必也躬行心得爛熟融釋有餘於己而後應於人故聽之者有所益而用之者必當其可也及至後世道聽塗說不要其實輕浮淺露靡然成俗其著書作文肆然談天下之事巧麗富藻雖若可悅然實道聽塗說之流要不足尚焉

徵　道聽而塗說謂口耳之學也道塗亦喻耳○馬融

孔子曰憲問篇

以爲道塗之傳説亦不識言語之道矣德之棄也謂棄德言也德言者謂有德人之言也古者受諸師學而得諸己驗諸其行然後言孔子曰有德者有言古之貴德言也口耳之學雖無所得於己亦言之至於不得於己而言之則無不可言者是人騁其知辨粲然可聽故有德之言由此見棄也朱子曰雖聞善言不爲己有是自棄其德也可謂失於辭已

子曰鄙夫可與事君也與哉其未得之也患得之既得之患失之苟患失之無所不至矣

【古】孔安國曰：言不可與事君〕患得之者，患不能得之，楚俗言〕鄭玄曰：無所不至者，言邪媚無所不爲。

得【新】鄙夫，庸惡陋劣之稱〕何氏曰：患得之，謂患不能得之〕小則吮癰舐痔，大則弒父與君，皆生於患失而已〔胡氏曰：許昌靳裁之有言曰：士之品大槩有三：志於道德者，功名不足以累其心；志於功名者，富貴不足以累其心；志於富貴而已者，則亦無所不至矣。志於富貴，即孔子所謂鄙夫也。

【古義】鄙夫，凡陋卑汙不見義理者，指在位之人而言〕何氏曰：患得之，謂患不能得之。或曰：患得之人，當作患不得之〕鄙夫之事君，其患得之也，猶有所顧慮；至於患失之，則非止報懟醜惡之事無所不爲，凡其可利於己者，雖人之患難、國之傾覆，皆在所不顧。故聖人深惡之。庸君以爲良臣，每近狎倚賴，而不知此皆禍亂之漸、覆亡之招也。可不戒乎〔許昌靳裁之曰：士之品大槩有三：志於道德者，功〔名不足以累其心；志於功名者，富貴不足以累其心；志於富貴而已者，則亦無所不至矣。志於富貴，即孔子所謂鄙夫也。

徵其未得之也患得之何晏曰患得之者患不能得之楚俗言可見古人解有所本已蓋孔子時俗言何晏時猶在楚也苟患失之無所不至矣鄭玄曰無所不至者言其邪媚無所不爲朱子曰小則吮癰舐痔大則弑父與君皆生於患失而已可謂深切痛快已斷裁之曰士之品大槩有三志於道德者功名不足以累其心志於功名者富貴不足以累其心志於富貴而已者則亦無所不至矣志於富貴即孔子所謂鄙夫也是後世之論也左傳曰大上立德其次立功其次立言是古語也孔子

亦唯言求富貴之失而未嘗及功名。觀其取管仲，可以見己。道者先王之道也。學先王之道以成德於己，是所謂道德也。其學先王之道以成德於己，亦將以用之於世。故孔子曰：「用之則行，舍之則藏。」豈無用之謂哉？後世內聖外王之說淪於人心膈，而後道德與功名判焉。如孔子時，亦豈無求功名之失哉？然孔子不言之者，功名之不可棄也。故斬截之之言，亦獨善其身者之言也。其所謂道德者，亦非古所謂道德矣。學者察諸。

子曰古者民有三疾今也或是之亡也古之狂也肆

今之狂也蕩古之矜也廉今之矜也忿戾古之愚也直今之愚也詐而已矣

【古】包氏曰言古者民疾與今時異」包氏曰肆極意敢言」孔安國曰蕩無所據」馬融曰有廉隅」孔安國曰惡理多怒

【新】氣失其平則爲疾故氣稟之偏者亦謂之疾昔所謂疾今亦亡之傷俗之益衰也」狂者志願太高肆謂不拘小節蕩則踰大閑矣矜者持守太嚴廉謂稜角陗厲忿戾則至於爭矣愚者暗昧不明直謂徑行自遂詐則挾私妄作矣」范氏曰末世滋僞豈惟賢者不如古哉民性之蔽亦與古人異矣

【古義】昔所謂疾今亦亡之傷俗之益衰也」朱氏曰狂者志願太高肆謂不拘小節蕩則踰大閑矣」朱氏曰矜者持身太嚴廉謂稜角峭厲忿戾則至於爭矣」朱氏曰愚者暗昧不明直謂徑行自遂詐則挾私妄作矣」時世之變實憂世道者之所深歎也故曰肆曰廉曰直皆氣質之偏而謂之疾至於蕩

與忿戾與詐則惡而已矣非疾也蓋三者之爲疾猶足就此以見其俗之淳朴至於後世則民性習於惡俗而雖斯疾亦無此風俗之所以益渝而不復古也

徵或是之亾也或者有也亡無通或是之亾也者無有是也古之狂也肆包咸曰肆極意敢言此解本於孔安國妄抵觸人意今之狂也蕩孔安國曰蕩無所據是亦謂世衰而禮廢也朱子曰肆謂不拘小節蕩則踰大閑矣乃誤解子夏之言者子夏豈以狂者爲至哉理學之失名不當物者如此夫古之矜也廉馬融曰有廉隅是別於廉潔之廉然如老子廉而不劌古唯謂廉隅耳稱不欲爲廉蓋

子張篇子夏曰大德不踰閑

老子五十八章

後世之言耳論語中言不欲者卽後世之廉也矜本矜莊之矜美德也未有以爲狂愚之類者矣葢矜卽狷狷或作獧或作矜古字通用耳如鰥矜通用葢狷或由鰥轉用老而無妻亦自守大過者所爲也今之矜也忿戾孔安國曰惡理多怒惡理或漢時言或有脫悞

子曰巧言令色鮮矣仁

古 王肅曰巧言無實令色無質

新 重出

古義 重出

徵無說

子曰惡紫之奪朱也惡鄭聲之亂雅樂也惡利口之覆邦家者

古 孔安國曰朱正色紫間色之好者惡其邪好而奪正色○包氏曰鄭聲淫聲之哀者惡其亂雅樂○孔安國曰利口之人多言少實苟能悅媚時君傾覆國家

新 朱正色紫間色雅正也利口捷給覆傾敗也○范氏曰天下之理正而勝者常少不正而勝者常多聖人所以惡之也利口之人以是爲非以非爲是以賢爲不肖以不肖爲賢人君苟悅而信之則國家之覆也不難矣

古義 朱正色紫間色鄭聲鄭國之音雅樂正樂也利口之人多言少實苟聽之則能傾覆國家三者皆似是而實非故聖人深惡之○凡天下之事其是非善惡之甚著者判然易見不足以惑人惟夫似

告顏子衛靈公篇

是而實非似善而實惡者人心疑惑足以亂正其害有不可勝言者矣此孔子之所以惡鄉原也

【徵】惡紫之奪朱也此一句譬喻惡鄭聲之亂雅樂也即告顏子放鄭聲也惡利口之覆邦家者即告顏子遠佞人也聖人之道禮樂而已矣故惡此二者焉學者多以利口之覆邦家爲變亂是非是誠然然所謂是非者苟不以禮爲據將何所底止故後儒益辨是非而是非益不定矣學者察諸鄭聲之亂雅樂亦其可娛人耳者過於雅樂故聖人惡之故之

子曰予欲無言子貢曰子如不言則小子何述焉子

曰天何言哉四時行焉百物生焉天何言哉

古 言之爲益少故欲無言

新 學者多以言語觀聖人而不察其天理流行之實有不待言而著者是以徒得其言而不得其所以言故夫子發此以警之子貢正以言語觀聖人者故疑而問之四時行百物生莫非天理發見流行之實不待言而可見聖人一動一靜莫非妙道精義之發亦天而已豈待言而顯哉此亦開示子貢之切惜乎其終不喻也〇程子曰孔子之道譬如日星之明猶患門人未能盡曉故曰予欲無言若顏子則便黙識其他則未免疑問故曰小子何述又曰天何言哉四時行焉百物生焉則可謂至明白矣愚按此與前篇無隱之意相發學者詳之

古義 學者專貴言語而不知尚實德故夫子發此以警之言天雖不言然四時自行百物自生道之行亦何待言語焉此欲學者不求於言語而深務其實也夫有實而無言不足以爲患以雖無言必

行也若有言而無實則雖巧文麗辭極天下之辨無益故曰天何言哉四時行焉百物生焉天何言哉○歐陽子曰脩於身者無所不獲施於事者有得有不得焉其見於言者則又有能有不能也施於事矣不見於言可也脩於身矣不施於事亦可也若顔回在陋巷曲肱饑臥而已其群居則默然終日如愚人然自當時群弟子皆推尊之以爲不敢望而及而後世更百千歲亦未有能及之者其不朽而存者固不待施於事況於言乎自三代秦漢以來著書之士多者至百餘篇少者猶三四十篇其人不可勝數而散亡磨滅百不一二存焉言之不可恃也蓋如此

徵 予欲無言朱子有見乎高妙也故曰學者多以言語觀聖人而不察其天理流行之實有不待言而著者是以徒得其言而不得其所以言故夫子發此以警之仁齋有見乎平實也故曰學者專貴

言語而不知貴實德故夫子發此以警之殊不知此章本爲教而發也教者謂禮樂也夫學者旣知貴聖人豈以言語觀孔子乎故朱子説非矣又若仁齋之説則非夫子不欲言而欲學者之無言故夫子姑以是警之耳且所謂實德者苟非言以教之則何以能知之行之而成其德乎則學者之惑益不可解焉孔子時語意必不若是矣何晏曰言之爲益少故欲無言此古來相傳之説故其言雖淺乎反得孔子時意焉蓋先王之教禮樂而已矣其意以爲言之爲益少也故以禮樂教之及孔子

時。禮樂存而人不識其義，故孔子明其義以教之。於是乎學者皆以爲義止是焉，豈知言之爲益少也。不可以廣包莫所遺也。孔子舉一隅以言之耳。及於或稍深切，其言以詳悉之也，學者愈益以爲義盡是焉，而不知其猶廛廛乎一端也。害生於是焉。故孔子欲無言，明禮樂之義不可以言盡也。觀於子貢「小子何述焉」，則孔子爲教而發者審矣。夫禮樂事而已矣，莫有言語，亦其尊先王如天，故引天以明其不待言而可默識之也。夫禮樂之教至於默而識之，其義莫有窮盡也哉。噫！二先生之不知道一低一昂簸弄聖人之道以至使學者莫所準則者豈不悲哉朱子又謂與前篇無隱之意相發是亦謂其相近耳彼以己言之故不引天此以先王之道言之故喻以天孔子尊天至矣尊先王之道至矣豈以天自喻乎

孺悲欲見孔子孔子辭以疾將命者出戶取瑟而歌使之聞之

【古】孺悲魯人也孔子不欲見故辭之以疾爲其將命者不已故歌令將命者悟所以令孺悲思之

【新】孺悲魯人嘗學士喪禮於孔子當是時必有以得罪者故辭以疾而又使知其非疾以警教之也程子曰此孟子所謂不屑之教誨所以深教之也

不屑之教誨告子篇

古義 孺悲魯人朱氏曰當是時必有以得罪者故辭以疾而又使知其非疾以警教也張氏栻曰孺悲之不見疑在棄絕之域矣取瑟而歌聞之是亦教誨之而終不棄也聖人之仁天地生物之心歟

徵 孺悲欲見孔子。程子引孟子不屑之教誨爲是。

不屑之教誨。孟子葢傳孔門之義云爾。

宰我問三年之喪期已久矣君子三年不爲禮禮必壞三年不爲樂樂必崩舊穀既没新穀既升鑽燧改火期可已矣子曰食夫稻衣夫錦於女安乎曰安女安則爲之夫君子之居喪食旨不甘聞樂不樂居處不安故不爲也今女安則爲之宰我出子曰予之不仁也子生三年然後免於父母之懷夫三年之喪天

下之通喪也予也有三年之愛於其父母乎

古 馬融曰周書月令有更火之文春取榆柳之火夏取棗杏之火季夏取桑柘之火秋取柞楢之火冬取槐檀之火一年之中鑽火各異木故曰改火也」孔安國曰旨美也責其無仁恩於親故再言女安則爲之」馬融曰子生於三歲爲父母所懷抱」孔安國曰自天子達於庶人」孔安國曰言子之於父母欲報之恩昊天罔極

而予也有三年之愛乎

新 期周年也」恐居喪不習而崩壞也」沒盡也升登也燧取火之木也改火春取榆柳之火夏取棗杏之火夏季取桑柘之火秋取柞楢之火冬取槐檀之火亦一年而周也已止也言期年則天運一周時物皆變喪至此可止也尹氏曰短喪之說下愚且恥言之宰我親學聖人之門而以是爲問者有所疑於心而不敢强焉爾」禮父母之喪既殯食粥麤衰既葬疏食水飲受以成布期而小祥始食菜菓練冠縓緣要絰不除無食稻衣錦之理夫子欲宰我反求諸心自得其所以不忍者故問之以此

而宰我不察也」此夫子之言也旨亦甘也初言女安則爲之絶之之辭又發其不忍之端以警其不察而再言女安則爲之以深責之宰我既出夫子懼其眞以爲可安而遂行之故深探其本而斥之言由其不仁故愛親之薄如此也懷抱也又言君子所以不忍於親而喪必三年之故使之聞之或能反求而終得其本心也○范氏曰喪雖止於三年然賢者之情則無窮也特以聖人爲之中制而不敢過故必俯而就之非以三年之喪爲足以報其親也所謂三年然後免於父母之懷特以責宰我之無恩欲其有以跂而及之爾

【古義】期周年也」宰我言喪不可三年之義」宰我又言喪一期既足之意没盡也升登也燧取火之木也改火按周禮司爟掌行火之政令四時變國火以救時疾註曰春取榆柳之火夏取棗杏之火夏季取桑柘之火秋取柞楢之火冬取槐檀之火今詳本文明是一年一改火而非四時各變火則不可專據周禮以解此章也」稻糯也穀之甚美者父母之喪斬衰三年期而小祥始食菜果練冠縓緣

要經不除三年喪終初食稻衣錦」此夫子之言也旨美也朱氏曰初言女安則爲之絕之之辭又發其不忍之端以警其不察而再言女安則爲之以深責之」懷抱也通達也夫子不欲面斥其過及宰我旣出而深推言君子喪必三年之故而使之聞之蓋欲有所悔悟思而得之也」宰我此言其必在於具慶之時乎蓋幼而喪父母與父母俱存者自無此心故或有疑於喪必三年之說若一旦遭大故則自有不能已之至情故曰人未有自致者也必也親喪乎況觀夫子曰今女安則爲之則知宰我此時父母猶在夫子之於父母有所怙恃乃得生育自天子以至于庶人一也苟能知子生三年然後免於父母之懷之意其誰有疑於三年之喪而聖人制爲三年之喪者蓋取纔足以報懷抱之恩爾豈以此爲足盡其報親之道乎夫子之言甚明白矣禮家以爲聖人特爲之中制者蓋臆說也

徵 孔子時。當革命之秋。孔子之道大行於天下。必改禮樂。宰我之智。蓋窺見其意。故有期可已矣之問是非己欲短喪也言若制作禮樂則期可已矣耳不然三年之喪先王之制也當世之人遵奉而不敢違也況宰我之在聖門豈無故而有此問乎宋儒好自高而輕詆人亾論己仁齋先生怪其孔門高第而有此問也乃曰其必在於具慶之日乎是不得其解而爲之回護者也夫禮者緣人情而作者也故孔子曰安則爲之後儒不知道故以爲深責宰我可謂謬矣宰我曰君子三年不爲禮禮必壞三年不爲樂樂必崩可見孔子時禮樂至重耳故宰我不以它而以禮樂若後世儒者何有此

周禮夏官

言乎鑽燧改火仁齋曰今詳本文明是一年一改火而非四時各變火則不可專據周禮以解此章也是仁齋執一部論語而不信它經言教至孔子而斬新開闢而輕先王之道故作是言耳且周禮司爟氏但有變火之文而春鑽榆柳等説鄭玄不言但引鄭司農何晏亦引周書按正義鄒子周書其義爲一則其爲鄒衍等所創亦未可知也且其意以爲一改火者豈清明之日邪本文曰舊穀既没新穀既升鑽燧改火期可已矣則十二月死者三月改火輒除喪邪春夏死者九月穀升輒除喪

邪本文唯言農時一周改火一周以明期可已之義耳亦昧乎辭之過也仁齋又曰稻糯也穀之甚美者殊不知在田曰稻刈穫曰禾去藁曰粟去殻曰米米而未舂曰糲已舂曰粲皆一物也而稻爲糯粟爲秫類粱爲粟中一種皆後世醫家之說非古言矣仁齋又曰夫子於父母有所怙恃乃得生育自天子以至于庶人一也苟能知子生三年然後免於父母之懷之意其誰有疑於三年之喪而聖人制爲三年之喪者蓋取纔足以報懷抱之恩爾豈以此爲足盡其報親之道乎夫子之言甚明

曾子曰學而篇

白矣禮家以爲聖人特爲之中制者葢臆說也仁齋可謂不識禮又不識中矣夫三年之喪以盡子之哀聖人之心以此爲足以報懷抱之恩則豈不迂乎然孔子所以云爾者廼禮之所取于類爲爾曾子曰愼終追遠民德歸厚是制禮之意也且所謂中者謂聖人爲民立極也故漢儒解極爲中極者謂聖人立此而俾民守也宋儒不識是義乃取理其臆而欲賭夫無過不及意仁齋亦爾予故曰不識禮又不識中也

子曰飽食終日無所用心難矣哉不有博奕者乎爲

之猶賢乎已

【古】馬融曰爲其無所據樂善生淫欲

【新】博局戲也奕圍碁也已止也李氏曰聖人非教人博奕也所以甚言無所用心之不可爾

【古義】博局戲也奕者圍碁也已止也此言不用心之甚不可也非取博奕也孟子曰飽食煖衣逸居而無教則近於禽獸亦以無所用心比之禽獸也

【徵】不有博奕者乎爲之猶賢乎已馬融曰爲其無所據樂善生淫欲漢儒雖笨乎不失古時意如此解亦大佳孔子可謂善識人情已禮樂之教亦有此意博局戲如雙陸格五類奕圍碁也孔子此語必有所爲而言之今老而無世務者或以此消日

或持念珠稱佛必合於孔子之心不然者皆無所據樂善生淫欲也相傳丹朱愚堯作碁教之或以爲舜教商均予則謂豈無是事哉其處朱均必當如舜於象已使有司治其國政則爲朱均者宜無事事焉無事事則無所據樂善生淫欲故教之奕以制其心亦或聖人之術然焉自後世賭博盛行而諸老先生難解之乃謂甚言無所用心之不可爾以余觀之博奕猶勝於靜坐持敬者已

子路曰君子尚勇乎子曰君子義以爲上君子有勇而無義爲亂小人有勇而無義爲盜

古註無

新尚上之也君子為亂小人為盜皆以位而言者也尹氏曰義以為尚則其為勇也大矣子路好勇故夫子以此救其失也胡氏曰疑此子路初見孔子時問答也

古義尚上之也君子小人皆以位而言義者聖人之大用也大而死生存亡小而進退取捨必由是而決故義以為上則志有所立而氣有所帥不依勇而自裕如也若勇而無義則君子為亂小人為盜而其害有不可勝言者矣蓋義之與勇其趣相似而實甚殊矣此子路所以有上勇之問而夫子有義以為上之說也

徵子路曰。君子尚勇乎。子曰。君子義以為上。是問以上勇。答以上義。蓋欲其以義裁勇。故曰君子有勇而無義為亂。小人有勇而無義為盜。皆謂素有勇者也。仁齋曰：義者聖人之大用也，大而死生存亾，小而進退取舍，必由是而决，故義以爲上，則志有所立，而氣有所帥。此援孟子浩然以解此章，殊不知孟子言義以生勇，自與此章不同矣。且所謂義者，先王之古義也。古曰以義制事，故勇者以義制其事，則雖勇不至爲亂盜也。仁齋乃謂義與勇相似，可謂謬已。勇，德也；義，道也，豈可爲似乎？皆昧乎古言之過也。

子貢曰：君子亦有惡乎？子曰：有惡。惡稱人之惡者，惡居下流而訕上者，惡勇而無禮者，惡果敢而窒者。曰

孟子浩然氣公孫丑篇

古曰尚書仲虺之誥。

賜也亦有惡乎惡徼以爲知者惡不遜以爲勇者惡訐以爲直者

古包氏曰好稱說人之惡所以爲惡孔安國曰訕謗毁馬融曰窒窒塞也孔安國曰徼抄也抄人之意以爲己有包氏曰訐謂攻發人之陰私

新訕訕謗毁也窒不通也稱人惡則無仁厚之意下訕上則無忠敬之心勇無禮則爲亂果而窒則妄作故夫子惡之徼以下子貢之言也徼伺察也訐謂攻發人之陰私○楊氏曰仁者無一不愛則君子疑若無惡矣子貢之有是心也故問焉以質其是非侯氏曰聖賢之所惡如此所謂唯仁者能惡人也

古義楊氏曰仁者無不愛則君子疑若無惡矣子貢之有是心也故問焉以質其是非訕謗毁也窒塞也邢氏曰謂好爲果敢窒塞人之善道也稱人之惡者薄也下而訕上者逆也勇而無禮者暴也

果敢而窒者枉也故夫子皆惡之夫子又反問子貢以發其意此子貢之言也徼伺察也訐謂攻發人之陰私也夫子之所惡是惡人自不知其不善者其意平也其惡易知而無意於惡之者也子貢之所惡是惡人自以爲善而其意甚不善者其情似刻矣其惡難察而有意於惡之者也唯夫子之言猶天地之易簡而易知易從豈不大哉

徵 惡稱人之惡者。稱揚也。揚言之也。君子豈絶口不言人之惡乎。至於揚言之以播於衆。則惡之。朱子曰。無仁厚之意。仁齋曰。薄也。皆不識稱字之義。居下流。再見子張篇。彼謂身爲逋逃藪。辟諸衆流所歸焉。此亦謂身爲衆惡人所歸會者。大氏訕上者。冀有以規箴挽回上意也。若其身既爲衆惡所歸湊者是衆所賤也雖有所謗訕亦不足以規箴挽回上意徒以扇動民怨以生禍亂耳故不言下位而言下流耳世人不解徒以爲居下而訕上非矣夫下民怨咨情之常也聖人豈惡之乎稱揚人之惡居下流而訕上皆可以增薄俗害政治故聖人惡之勇而無禮者暴亂而窒者皆遂至爲亂故聖人亦惡之窒馬融曰窒窒塞也邢昺以爲窒塞善道然此與無禮一類止當言其人未必言其事從馬融可也徼孔安國曰徼抄也抄人之意以爲己有朱子曰徼伺察也然遍撿字書無此義徼僥

同僥幸亦抄取之義耳蓋徼訓伺察乃朱子以其意爲解者後世之見也孔子時猶以政治爲道故善出謀慮爲知後世則以學問爲道故無所不知爲知故訓伺察非古義也訓抄爲得古意徼以爲知謂抄取人之嘉謀善慮以爲己知者也仁齋先生曰夫子之所惡是惡人自不知其不善者其意平也其惡易知而無意於惡之者也子貢之所惡是惡人自以爲善而其意甚不善者其情似刻矣其惡難察而有意於惡之者也唯夫子之言猶天地之易簡而易知易從豈不大哉仁齋此言眞理

學者流之言哉。大氐世所謂道學先生。岸其幘呻吟。以求程子所謂意味氣象者。如此言。豈不鑿乎。殊不知子貢所惡。惡似是而非者。亦與孔子惡鄉原鄭聲利口同焉。但孔子所惡。惡害政敗俗者。所關係者大焉。是仁也。子貢所惡。惡亂德者。所關係者小焉。是知也。知勇直皆美德。徼不孫訐以亂之。然比諸孔子所惡者。無害政敗俗之事。此孔子子貢所以殊已。仁齋不知而爲之解。可醜之甚。且自不知其不善者。是無意爲不善。聖人豈惡之乎。

子曰唯女子與小人爲難養也近之則不孫遠之則

怨

古註無

新此小人亦謂僕隸下人也君子之於臣妾莊以涖之慈以畜之則無二者之患矣

古義待士君子者交之以忠信接之以禮義務在盡己而已矣唯女子陰質小人陰類不可近之亦不可遠之苟失其所以御之之方則家道或自此壞焉故戒之

徵女子與小人爲難養也小人細民也女子以形事人者也細民以力事人者也皆其志不在義故近之則不孫遠之則怨

子曰年四十而見惡焉其終也已

古鄭玄曰年在不惑而爲人所惡終無善行

新四十成德之時見惡於人則止於此而已勉人及時遷善改過也蘇氏曰此亦有爲而言不知其爲誰也

古義朱氏曰四十成德之時見惡於人則止於此而已勉人及時遷善改過也（）孟子曰可欲之謂善詩曰在彼無惡在此無射其爲人可欲而不可惡者必君子也可惡而不可欲者必小人也鄉人皆惡之猶有可言者至於無往而不見惡則其無善狀可知矣

徵無說

論語徵集覽卷之十七終

論語徵集覽卷之十八

魏　何晏　集解

宋　朱熹　集註

大日本　藤維楨　古義

物茂卿　徵

從四位侍從源賴寛　輯

微子第十八

新此篇多記聖賢之出處

微子去之箕子爲之奴比干諫而死孔子曰殷有三仁焉

【古】馬融曰：微箕二國名子爵也微子紂之庶兄箕子比干紂之諸父微子見紂無道早去之箕子佯狂爲奴比干以諫見殺仁者愛人三人行異而同稱仁以其俱在憂亂寧民

【新】微箕二國名子爵也微子紂庶兄箕子比干紂諸父微子見紂無道去之以存宗祀箕子比干皆諫紂殺比干囚箕子以爲奴箕子因佯狂而受辱三人之行不同而同出於至誠惻怛之意故不咈乎愛之理而有以全其心之德也楊氏曰此三人者各得其本心故同謂之仁

【古義】微箕二國名子爵也微子紂之庶兄箕子比干紂之諸父微子見紂無道早去之箕子佯狂爲奴比干以諫見殺三子皆忠君憂國不爲身嫌故皆謂之仁仁實德也故至誠而不偏至正而不偏皆自慈愛惻怛之心而發三仁當去而去當爲奴而奴當死而死皆出於至誠惻怛之心而有痛哭流涕之意但去則似於忘君爲奴則似於辱身故夫子原其志而總斷之曰殷有三仁蓋爲微子箕子暴白其精誠也猶孟子所謂禹稷顏回同道之意且就此觀之則知爲仁者或遠或近不可以一

而拘焉

【徵】殷有三仁。何晏曰：仁者愛人，三人行異而同稱仁，以其俱在憂亂寧民。朱子曰：同出於至誠惻怛之意，故不咈乎愛之理而有以全其心之德也。仁齋曰：三子皆忠君憂國，不爲身嫌，故皆謂之仁。又曰：仁，實德也，故至誠而不偽，至正而不偏，皆自慈愛惻怛之心而發。三仁當去而去，當爲奴而爲奴，當死而死，皆出於至誠惻怛之心，而有痛哭流涕之意。但去則似於忘君，爲奴則似於辱身，故夫子原其心而總斷之，曰殷有三仁。蓋爲微子箕子暴白其精誠也。猶孟子所謂禹稷顔回同道之意。愚按。三子之行。其詳不可得而聞焉。在孔子時。必有傳其蹟之詳者。故孔子知其爲仁而斷之云爾。後世朱子仁齋之徒。皆各以己所見以定所謂仁者。而推言三子之心必合諸己所見者。以解孔子爲仁之意焉。是以其說皆雖可聽。吾未知其果合孔子稱仁之意乎否也。朱子所謂至誠惻怛。仁齋所謂至誠而不僞。至正而不偏。此皆吾所謂各以己所見者也。幸三子之行。其詳不可得而聞焉。則朱子仁齋之說。人不能斥其非是也。然律諸管仲而其說窮矣。故知何晏之說優於二家也。且如仁齋之說，止可謂之忠耳。大氐道學者流，率皆以知道自任，競言古聖賢心中之微，典籍所不載者，豈可不謂之鑿乎。今且據仁字之義，參以論語之文，比干之死，必在微子去箕子爲奴之後也。其所諫，必在用微子箕子之言，而先是微子箕子亦必告紂以保宗社安天下之事耳。夫有安天下之心，而又有安天下之功，謂之仁，管仲是也。有安天下之心，而無安天下之功，不得謂之仁。有安天下之功，而無安天下之心，莫有此事焉。如三子者，有安天下之心而無安天下之功。雖無安天下之功。然使紂從其言。則亦足以安天下。故謂之仁。今之可言者止於是焉。

柳下惠爲士師三黜人曰子未可以去乎曰直道而事人焉往而不三黜枉道而事人何必去父母之邦

【古】孔安國曰士師典獄之官」孔安國曰苟直道以事人所至之國俱當復三黜

【新】士師獄官黜退也柳下惠三黜不去而其辭氣雍容如此可謂和矣然其不能枉道之意則有確乎其不可拔者是則所謂必以其道而不自失焉者也○胡氏曰此必有孔子斷之之言而亡之矣

【古義】士師獄官黜退也」此承上章類而記之胡氏曰此必有孔子斷之之言而亡之矣」此蓋夫子稱柳下惠之仁也夫直道則當去不去則當枉道柳下惠三黜不去而終不失其正又有戀戀於父母

之國之意非仁者不能也

〔徵〕柳下惠。孔子未嘗以仁稱之。其在論語。以逸民見稱。曰言中倫行中慮。此知者事也。孟子以不恭目之。亦知者事也。仁齋味其言。以爲非仁人不能言矣。是但以其氣象優游不迫而已。可謂不知仁而强爲知之者也。且古所謂知者。其知必於仁。是以肖於仁。

齊景公待孔子曰。若季氏則吾不能。以季孟之間待之。曰吾老矣不能用也。孔子行。

〔古〕孔安國曰。魯三卿季氏爲上卿最貴。孟氏爲下卿不用事。言待之以二者之間。以聖道難成故云。

吾老不能用

新 魯三卿季氏最貴孟氏爲下卿孔子去之事見世家然此言必非面語孔子蓋自以告其臣而孔子聞之爾○程子曰季氏强臣君待之之禮極隆然非所以待孔子也以季孟之間待之則禮亦至矣然復曰吾老矣不能用也故孔子去之蓋不繫待之輕重特以不用而去爾

古義 魯三卿季氏最貴孟氏爲下卿孔子言吾年老力衰不能用季孟之事而遂行○愚謂景公旣曰以季孟之間待之而不可遽又曰吾老矣不能用也故傚夫子不對衞靈公問陳而行之例以此語爲夫子之言○按舊説據史記世家以此爲魯昭公二十五年之事此時孔子年三十五名位未顯想無景公以季孟待之之理恐佗日之事齊景公欲以季孟之間待孔子猶齊王欲授孟子室養弟子以萬鍾之類也季孟皆魯之强臣景公遽欲以此待孔子其禮固隆然非待孔子之道此夫子之所以行也

徵曰吾老矣不能用也。古來以爲景公言。而仁齋乃謂孔子言。下文有孔子行。則曰之爲景公曰。豈不然乎。昧乎辭而好奇。祇貽人笑耳。

齊人歸女樂季桓子受之三日不朝孔子行

古孔安國曰桓子季孫斯也使定公受齊之女樂君臣相與觀之廢朝禮三日

新季桓子魯大夫名斯按史記定公十四年孔子爲魯司寇攝行相事齊人懼歸女樂以沮之尹氏曰受女樂而怠於政事如此其簡賢棄禮不足與有爲可知矣夫子所以行也所謂見幾而作不俟終日者與○范氏曰此篇記仁賢之出處而折衷以聖人之行所以明中庸之道也

古義季桓子魯大夫名斯按史記定公十四年孔子爲司寇攝行相事齊人懼歸女樂以沮之前記三仁柳下惠之出處而折衷以聖人之行夫聖賢之事出處進退雖並行而不相悖然中庸爲至矣

孟子告子篇

此夫子之所以獨度越于群聖也。論曰。按史記世家。齊人歸女樂以沮之。季桓子受之。郊又不致膰俎於大夫。孔子行。今據孟子曰。孔子爲魯司寇不用。從而祭。燔肉不至。不稅冕而行。而無齊人歸女樂三日不朝等事。竊疑歸女樂與不致膰。本非一時之事。史遷合二事以係定公十四年下者非也。莊周書亦言孔子再逐於魯。益可證矣。

徵 齊人歸女樂。仁齋先生曰。按史記世家。齊人歸女樂以沮之。季桓子受之。郊又不致膰俎於大夫。孔子行。今據孟子曰。孔子爲魯司寇不用。從而祭。膰肉不至。不稅冕而行。而無齊人歸女樂三日不朝等事。竊疑歸女樂與不致膰。本非一時之事。史遷合二事以係定公十四年下者非也。莊周書亦

言孔子再逐於魯。益可証矣。此說亦可備一說

楚狂接輿歌而過孔子曰鳳兮鳳兮何德之衰往者不可諫來者猶可追已而已而今之從政者殆而孔子下欲與之言趨而辟之不得與之言

【古】孔安國曰接輿楚人佯狂而來歌欲以感切孔子。孔安國曰比孔子於鳳鳥鳳鳥待聖君乃見非孔子周行求合故曰衰。孔安國曰已往所行不可復諫止。孔安國曰自今已來可追自止辟亂隱居。孔安國曰已而已而者言世亂已甚不可復治也再言之者傷之深也。包氏曰下下車

【新】接輿楚人佯狂辟世夫子時將適楚故接輿歌而過其車前也鳳有道則見無道則隱接輿以比孔子而譏其不能隱為德衰也來者可追言及今尚可隱去已止也而語助辭殆危也接輿蓋知尊孔子而趣不同者也。孔子下車蓋欲告之以出處之意接輿自以為是故不欲聞而辟之也

古義 接輿楚人佯狂不仕時孔子適楚故接輿歌而過其車前下文乃其歌詞也」知孔子有聖德故以鳳比之但鳳有道則見無道則隱故接輿譏其不能隱以爲德衰也」言已往所行者不可復諫止自今已來猶可追而自止勸孔子避亂隱居也」已止也而語助辭殆危也」下下車也孔子蓋欲爲接輿言斯人之徒與而不可絶物離世獨善其身也」輔氏廣曰觀接輿之言既比之以鳳而又疑其衰既幸其或止而又慮其殆語意懇懃諄復是識知尊聖人者矣然其所趨則在絶人逃世專以遠害全身而已其與聖人之心不啻如冰炭黑白之不同也

徵 孔子欲見楚王。蓋聖人之過也。接輿過而歌其辭若譏。而實所以喻孔子也。門人錄之。見聖人之多助也。後世詩學不傳。遂以爲實譏孔子。夫比孔子以鳳。豈譏之者乎。孔子欲與之言。朱註蓋欲告

漆雕開事見公治長篇

之以出處之意。其意以爲孔子欲使接輿知出處之道邪。古之人各行其意。孔子不能强之漆雕開。何況接輿乎。以爲孔子欲暴己之意邪。天下之人豈可人人而愬乎。可謂謬已。孔子之欲與之言。亦知其爲佯狂而欲與之言也。接輿之趨而辟。遂其狂態也。所以遂狂態者。不欲使人覺其爲佯狂也。接輿必是姓名。或云。姓陸名通。接孔子之輿而歌之。妄哉。

長沮桀溺耦而耕孔子過之使子路問津焉長沮曰夫執輿者爲誰子路曰爲孔丘曰是魯孔丘與曰是

也曰是知津矣問於桀溺桀溺曰子爲誰曰爲仲由曰是魯孔丘之徒與對曰然曰滔滔者天下皆是也而誰以易之且而與其從辟人之士也豈若從辟世之士哉耰而不輟子路行以告夫子憮然曰鳥獸不可與同羣吾非斯人之徒與而誰與天下有道丘不與易也

【古】鄭玄曰長沮桀溺隱者也耜廣五寸二耜爲耦津濟渡處馬融曰言數周流自知津處孔安國曰滔滔周流之貌言當今天下治亂同空舍此適彼故曰誰以易之士有辟人之法有辟世之法長沮桀溺謂孔子爲士從辟人之法己之爲士則從辟世之法鄭玄曰耰覆種也輟止也覆種不止不以津告爲其不達己意而便非己也孔安國曰隱於山林是同羣孔安國曰吾自當與此天下人同羣

安能去人從鳥獸居乎」言凡天下有道者丘皆不與易也已大而人小故也

新 二人隱者耦竝耕也時孔子自楚反乎蔡津濟渡處」執輿執轡在車也蓋本子路御而執轡今下問津故夫子代之也知津言數周流自知津處」滔滔流而不反之意以猶與也言天下皆亂將誰與變易之而汝也辟人謂孔子辟世桀溺自謂耰覆種也亦不告以津處」憮然猶悵然惜其不喻己意也言所當與同羣者斯人而已豈可絕人逃世以爲潔哉天下若已平治則我無用變易之正爲天下無道故欲以道易之耳○程子曰聖人不敢有忘天下之心故其言如此也張子曰聖人之仁不以無道必天下而棄之也

古義 二人隱者耦竝耕也時孔子自楚反乎蔡津濟渡處」執輿執轡在車也初子路御而執轡今下問津故夫子代之也知津言數周流自知津處」朱氏曰滔滔流而不反之意以猶與也言天下皆亂將誰與變易之而汝也辟人謂孔子辟世桀溺自謂耰覆種也亦不告以津處」朱氏曰憮然猶悵然

惜其不喻己意也言所當與同羣者斯人而已豈可爲絕人離世自逃山野以獨潔其身哉「天下有道猶曰人之有道也言天下自有君臣有父子有夫婦吾以斯人而治斯人而已何用變易爲」論曰桀溺欲變易天下聖人不欲變易天下欲變易天下者是以己之道强天下也不欲變易天下者是以天下治天下也蓋天下以人而立不能去人而獨立故聖人樂以天下憂以天下未嘗避天下而獨潔其身如長沮桀溺之流固非通乎天下達乎萬世之道也夫佛氏以寂滅爲教老氏以虛無爲道思以易天下然到今二千有餘歲佛氏未嘗能滅天下之君臣父子夫婦而老氏亦未嘗能復太古之無爲於是益知吾夫子之教大中至正貫徹古今不可以復加也又曰斯民也三代之所以直道而行也又曰以人治人改而止聖人之不絕物憤世也若此唐魏徵曰五帝三王不易民而化蓋得此意

徵 滔滔者天下皆是也。而誰以易之。言天下人君。

莫有可與有爲者而欲輔何人以變易天下也以不必訓與訓與亦同義辟人之人本指人君可見天下皆是亦指人君也學者多言天下之人皆無道者非孔子時語意矣耰而不輟升庵曰賈勰曰古曰耰今曰勞勞郎到切說文耰摩田器諺云耕而不勞不如作暴此說與舊說不同吾非斯人之徒與而誰與亦指人君天下有道丘不與易亦謂若使天下人君皆有道則丘何必欲輔之變易風俗哉朱註盡之矣仁齋乃曰桀溺欲變易天下聖人不欲變易天下又曰天下有道猶曰人之有道

也言天下自有君臣有父子有夫婦吾以斯人而治斯人而已何用變易爲可謂昧乎辭已凡諸書天下有道邦有道無道皆以人君言之而所謂道皆先王之道且移風易俗莫善於樂聖人何嘗不欲變易也仁齋之言一如未嘗讀書者何其曰天下自有道者本諸中庸道不遠人而中庸亦指先王之道而言吁好奇之失一至于斯歟按蔡邕石經孔丘與下無曰是也三字耰下無而子路下無行夫子作孔子憮作撫

子路從而後遇丈人以杖荷蓧子路問曰子見夫子

乎丈人曰四體不勤五穀不分孰爲夫子植其杖而芸子路拱而立止子路宿殺雞爲黍而食之見其二子焉明日子路行以告子曰隱者也使子路反見之至則行矣子路曰不仕無義長幼之節不可廢也君臣之義如之何其廢之欲潔其身而亂大倫君子之仕也行其義也道之不行已知之矣

古 包氏曰丈人老者也蓧竹器名」包氏曰丈人云不勤勞四體不分殖五穀誰爲夫子而索之邪」孔安國曰植倚也除草曰芸」未知所以荅」孔安國曰子路反至其家丈人出行不在」鄭玄曰留言以語丈人之二子」孔安國曰言女知父子相養不可廢反可廢君臣之義邪」包氏曰倫道理也」包氏曰言君子之仕所以行君臣之義不必自已道得行孔子道不見用自已知之

【新】丈人亦隱者蓧竹器分辨也五穀不分猶言不辨菽麥爾責其不事農業而從師遠遊也植立之也芸去草也」知其隱者敬之也」孔子使子路反見之蓋欲告之以君臣之義而丈人意子路必將復來故先去之以滅其跡亦接輿之意也」子路述夫子之意如此蓋丈人之接子路甚倨而子路益恭丈人因見其二子焉則於長幼之節固知其不可廢矣故因其所明以曉之倫序也人之大倫有五父子有親君臣有義夫婦有別長幼有序朋友有信是也仕所以行君臣之義故雖知道之不行而不可廢然謂之義則事之可否身之去就亦自有不可苟者是以雖不潔身以亂倫亦非忘義以徇祿也福州有國初時寫本路下有反子二字以此爲子路反而夫子言之也未知是否○范氏曰隱者爲高故往而不返仕者爲通故溺而不止不與鳥獸同羣則決性命之情以饕富貴此二者皆惑也是以依乎中庸者爲難惟聖人不廢君臣之義而必以其正所以或出或處而終不離於道也

【古義】丈人亦隱者蓧竹器」朱氏曰分辨也五穀不分猶言不辨菽麥責其不事農業而從師遠遊也」

植倚立也芸除草也」知其隱者敬之也」丈人亦知子路非常人故其待之甚懇」孔氏曰子路反至其家丈人出行不在」孔氏曰丈人既不在留言以語丈人之二子令其父還則述之此下之言皆夫子之意」隱者潔其身以廢大倫故識其無義」子路見其二子自有兄弟之分則固既知長幼之節不可廢也因明君臣之義其不可廢亦如此」倫理也大倫者謂父子有親君臣有義夫婦有別長幼有序明友有信也行其義謂仕以達其道也」黃氏榦曰列接輿以下三章於孔子行之後以明夫子雖不合而去然亦未嘗恝然忘世所以爲聖人之出處」論曰隱者以不仕爲義聖人以仕爲義蓋義者天下之大路也舍之則不可以一日行焉君子之仕也非以干祿也將以達其道於天下也聖人豈可止而不止者乎若以此時而止焉則是無義也故曰道之不行已知之矣後世儒者之論義也蓋亦隱者之見焉耳

徵 四體不勤。五穀不分。孰爲夫子。朱註。責其不事農業而從師遠遊也失之。蓋言四體不勤五穀不分者。皆爲夫子。子以何人稱夫子也。子路曰。鄭玄曰。留言以語丈人二子。朱註因之。而又曰。福州有國初時寫本。路下有反子二字。以此爲子路反而夫子言之也。未知是否。竊疑孔子使子路述其意。何必然也。福本似是。按蔡邕石經。植作置。古字通用耳。

逸民伯夷叔齊虞仲夷逸朱張柳下惠少連子曰不降其志不辱其身伯夷叔齊與謂柳下惠少連降志辱身矣言中倫行中慮其斯而已矣謂虞仲夷逸隱

居放言身中清廢中權我則異於是無可無不可

古 逸民者節行超逸者包氏曰此七人皆逸民之賢者」鄭玄曰言其直己之心不入庸君之朝」孔安國曰但能言應倫理行應思慮如此而已」包氏曰放置也不復言世務」馬融曰清純潔也遭世亂自廢棄以免患合於權也」馬融曰亦不必進亦不必退唯義所在

新 逸遺逸民者無位之稱虞仲即仲雍與泰伯同竄荆蠻者夷逸朱張不見經傳少連東夷人」柳下惠事見上倫義理之次第也慮思慮也中慮言有意義合人心少連事不可考然記稱其善居喪三日不怠三月不解朞悲哀三年憂則行之中慮亦可見矣」仲雍居吳斷髮文身裸以爲飾隱居獨善合乎道之清放言自廢合乎道之權」孟子曰孔子可以仕則仕可以止則止可以久則久可以速則速所謂無可無不可也○謝氏曰七人隱遯不汙則同其立心造行則異伯夷叔齊天子不得臣諸侯不得友蓋已遯世離羣矣下聖人一等此其最高與柳下惠少連雖降志而不枉己雖辱身而不

求合其心有不屑也故言能中倫行能中慮虞仲
夷逸隱居放言則言不合先王之法者多矣然清
而不汙也權而適宜也與方外之士害義傷教而
亂大倫者殊科是以均謂之逸民尹氏曰七人各
守其一節而孔子則無可無不可此所以常適其
可而異於逸民之徒也揚雄曰觀乎聖人則見賢
人是以孟子語夷惠
亦必以孔子斷之
古義 逸遺逸民者無位之稱按虞仲夷逸不見經
傳荀子書有子弓或曰即朱張之字少連東夷人
見檀弓或以虞仲爲泰伯弟仲雍然泰伯死仲雍
繼其位則不可謂之逸民且生在於伯夷之前則
夫子不可列之於叔齊之下也恐別是一人」陳氏
櫟曰非其君不事不降志可見不立惡人之朝不
辱身可見」慮思慮也中慮言意義合人心」朱氏曰
隱居獨善合乎道之清放言自廢合乎道之權」言
七子各有可有不可非絶世離俗則必和光同塵
皆不可行故夫子言此以斷之」無可無不可者義
之盡而道之全也學苟不至乎此者必可則無不
可不可則無可唯聖人仕止久速各適其義而無

或謂邢疏王弼謂

荀子非十二子篇

詩正月小雅祈父之什

可不可之
可言也

徵 虞仲，朱註以爲太伯弟。仁齋先生以泰伯死，仲雍繼立，又生於伯夷之前，而疑其稱逸民列諸叔齊之下爲是。朱張，或謂荀卿所謂子弓，非矣。荀卿以孔子、子弓並稱而爲聖人，則爲仲弓也，非朱張也。言中倫，行中慮，蓋其言行暗合聖人之倫慮也。倫字見詩正月，曰：謂天蓋高，不敢不局；謂地蓋厚，不敢不蹐。維號斯言，有倫有脊。樂記曰：樂者，通倫理者也。又曰：論倫無患，樂之情也。又曰：樂行而倫清。是必古言。未審何謂。朱子乃曰：倫，義理之次第

書舜典曰無相奪倫

中庸曰小德川流大德敦化

也。如此解書。豈有不可解者乎。可謂胡說已。竊意如不相奪倫。是樂有倫。蓋絲以絲終。始竹以竹終始。匏以匏終。始歌以歌終。始各有條理而不紊。是倫也。如人有五倫。蓋父子有父子之道。君臣有君臣之道。夫婦有夫婦之道。不可得而同。是所謂倫也。道不可一槩論矣。有通於一切者。又有不通於一切者。如可則仕。不可則去。是君子之大義。通於天下者也。如柳下惠之言。乃非君子之大義焉。然先王之道。亦有若是者焉。辟諸小德之川流。豈是之謂邪。又曰慮思慮也。中慮言有意義合人心。亦

孟子盡心篇

孟子曰萬章篇

未足以稱柳下惠少連矣。蓋慮者。委曲以行。不以直遂也。古聖人之行。亦必有時乎有之。如孔子之於陽貨。是也。柳下惠不直義以行。乃委曲以合乎道者。亦暗合於古聖人之慮也。其斯而已矣。言自此之外。別無可稱者也。孟子以柳下惠爲聖人。其過可知已。虞仲夷逸。隱居放言。則其言莫有可取者矣。但其所以隱居者。在潔其身。是合於古聖人之道。故曰身中清。孟子曰。聖人之行不同也。或遠或近。或去或不去。歸潔其身而已矣。可見潔身者亦古聖人之一德也。唯潔身而已矣。言行皆無可

孟子曰公孫丑篇

聖之時孟子萬章篇

溥博淵泉而時出之見中庸

觀。故不曰行而曰身。然其所以廢絶若是者。亦合於聖人之權。故曰廢中權。我則異於是者。此時孔子隱居不仕。故引諸逸民。而明其所以異也。無可無不可者。朱註引孟子。非也。孟子曰。可以仕則仕。可以止則止。可以久則久。可以速則速。此孟子以孔子對伯夷伊尹一出一隱言之。言其不拘一端也。而其所謂可字。以義之可否言之。豈可以解此章乎。又如聖之時者也。亦謂溥博淵泉而時出之。皆非此章之意矣。此章之意。伯夷已下七人。皆道不可行而隱矣。孔子則異於此焉。道大德宏。故在

晨門曰憲問篇

孔子曰先進篇

孔子則無道不可行之世也故孔子之仕非必以道可行也其隱亦非必不可行也晨門曰知其不可而爲之者與孔子曰大臣者以道事君不可則止凡此不可皆以道不可行言之與此章可不可同義學者察諸按蔡邕石經其斯而已矣作其所已乎則已以同言惠以之也

大師摯適齊亞飯干適楚三飯繚適蔡四飯缺適秦鼓方叔入於河播鼗武入於漢少師陽擊磬襄入於海

古 孔安國曰亞次也次飯樂師也摯干皆名也包氏曰三飯四飯樂章名各異師繚缺皆名也包氏曰鼓

擊鼓者方叔名入謂居其河内也」孔安國曰播搖
也」武名也」孔安國曰魯哀公時禮壞樂崩樂人皆
去陽襄
皆名

【新】大師魯樂官之長摯其名也」亞飯以下以樂侑
食之官干繚缺皆名也」鼓擊鼓者方叔名河河内」
播搖也鼗小鼓兩旁有耳持其柄而搖之則旁耳
還自擊武名也漢漢中」少師樂官之佐陽襄二人
名襄卽孔子所從學琴者海海嶋也(」此記賢人
之隱遁以附前章然未必夫子之言也」末章放此
張子曰周衰樂廢夫子自衛反魯一嘗治之其後
伶人賤工識樂之正及魯益衰三桓僭妄自大師
以下皆知散之四方逾河蹈海以去亂聖人俄頃
之助功化如此如有用我期月而可豈虛語哉

【古義】大師魯樂官之長摯其名也」亞次也亞飯以
下以樂侑食之官干繚缺皆名也班固曰王者平
旦食晝食晡食暮食凡四飯諸侯三飯大夫再飯
魯蓋宜三飯」鼓擊鼓者方叔其名河河内」播搖也
鼗小鼓兩旁有耳持其柄而搖之則旁耳還自擊
武名也漢漢中」少師樂官之佐陽襄二人名海海

升庵外集經說

鄭謂賈疏共見有司徹

嶋也」朱氏曰此記賢人之隱遁以附前章然未必夫子之言也末章放此○當時世亂道湮賢者不得志非隱于抱關擊柝則逃于伶官樂工若簡兮之詩是已若大師摯以下諸人散之四方者蓋以斯時雖魯國亦不可仕非專尚淫哇之聲而正樂不行故也

徹 亞飯三飯四飯升庵引白虎通而謂王有平旦食晝食晡食暮食殊不知亞飯之亞如亞獻之亞每食皆有亞飯三飯四飯而升庵以四食配四飯可謂謬矣特牲饋食禮曰尸三飯告飽者三合爲九故鄭玄謂士九飯大夫十一飯其餘有十三飯十五飯賈疏謂諸侯十三飯天子十五飯則士之祭有亞飯三飯而大夫以上當有四飯今有亞飯

而無初飯則知初飯不須侑也亞飯三飯四飯爲
祭奏樂侑尸食之官者審矣

周公謂魯公曰君子不施其親不使大臣怨乎不以
故舊無大故則不棄也無求備於一人

古 孔安國曰魯公周公之子伯禽封於魯」孔安國
曰施易也不以佗人親易己之親」孔安國曰以用
也怨不見聽用」孔安國
曰大故謂惡逆之事

新 施陸氏本作弛福本同〇魯公周公子伯禽也
弛遺棄也以用也大臣非其人則去之在其位則
不可不用大故謂惡逆李氏曰四者皆君子之事
忠厚之至也〇胡氏曰此伯禽受封之國周公訓
戒之辭魯人傳誦久而不忘也
其或夫子嘗與門弟子言之歟

古義 魯公周公子伯禽也施陸氏本作弛遺棄也
以用也大臣非其人則去之在其位則不可不用也

大故謂惡逆此章四者皆君子之事忠厚之至也胡氏曰此伯禽受封之國周公訓戒之辭魯人傳誦久而不忘也其或夫子嘗與門弟子言之歟

徵 周公謂魯公曰君子不施其親孔安國曰施易也不以他人之親易己之親未穩韓愈筆解施當作弛朱註曰陸氏本作弛福本同今且從之祇其解曰弛遺棄也非矣韓愈曰不弛慢爲是不使大臣怨乎不以孔安國曰以用也

周有八士伯達伯适仲突仲忽叔夜叔夏季隨季騧

古 包氏曰周時四乳得八子皆爲顯仕故記之爾

新 或曰成王時人或曰宣王時人蓋一母四乳而生八子也然不可考矣○張子曰記善人之多也

升庵文集史類
外集經說

贊○愚按此篇孔子於三仁逸民師摯八士旣皆稱贊而品列之於接輿沮溺丈人又每有惓惓接引之意皆衰世之志也其所感者深矣在陳之嘆蓋亦如此三仁則無間然矣其餘數君子者亦皆一世之高士若使得聞聖人之道以裁其所過而勉其所不及則其所立豈止於此而已哉

【古義】包氏曰周時四乳生八子皆爲顯仕故記之

論四乳生八子其事甚異恐不可信只是言當時人物之盛耳陳氏櫟曰記魯末賢人之隱遯而終以周盛時賢人之衆多其有傷今思古之心乎

【徵】周有八士○包咸曰周時四乳生八子○皆爲顯仕○故記之爾○邢昺曰鄭玄以爲成王時○劉向馬融以爲宣王時○升庵引汲冢周書克殷解○乃命南宮忽振鹿臺之財○乃命南宮百達史佚遷九鼎三巫○疑南宮忽卽仲忽○南宮百達卽伯達也○尚書有南宮

邦君之妻季氏篇　色斯舉矣鄉黨篇

括疑即伯适也則八士皆南宮氏也以爲成王時人迨之張橫渠曰記善人之多也是或然矣蓋與歟有三仁同辭然是於論語無干意者古人偶得古人一二言欲記之乃記諸論語篇末空處如此篇周公以下及邦君之妻章色斯舉矣章是也後人尊其師傳故併傳之耳四乳生八子亦以伯伯仲仲叔叔季季相並云爾然世亦有是事豈足怪乎且今俗惡雙生必殺其一原諸人情雖古亦然觀於此則其風少弭邪君子之所以貴博物也

論語徵集覽卷之十八終

論語徵集覽卷之十九

魏　何晏　集解
宋　朱熹　集註
大日本　藤維楨　古義
物茂卿　徵
從四位侍從源賴寬　輯

子張第十九

新　此篇皆記弟子之言而子夏爲多子貢次之蓋孔門自顏子以下穎悟莫若子貢自曾子以下篤實無若子夏故特記之詳焉

子張曰士見危致命見得思義祭思敬喪思哀其可

已矣

古 孔安國曰致命不愛其身

新 致命謂委致其命猶言授命也四者立身之大節一有不至則餘無足觀故言士能如此則庶乎其可矣

古義 朱氏曰致命謂委致其命猶言授命也」見危致命則不苟偷生見得思義則有所不爲喪祭哀敬則守身之本立矣其行如此足以爲士故曰可已矣然上而爲君爲相亦不止於此

徵 見得思義祭思敬喪思哀皆謂思而求之也如之何而當合於義如之何而當合於敬如之何而當合於哀是思也義也者先王之義也敬也者先王之敬也哀也者先王之哀也後儒短見思作念

述而篇曰據於德

頭解。義敬哀皆取諸臆。非孔門之意矣。

子張曰執德不弘信道不篤焉能爲有焉能爲亡

古 孔安國曰言無所輕重

新 有所得而守之太狹則德孤有所聞而信之不篤則道廢焉能爲有亡猶言不足爲輕重

古義 弘寬廣也篤厚也亡無也焉能爲有亡猶言若存若亡德在於執然不弘則徒爲狷介之士道在於信然不篤則必爲塗說之流故執德而必弘信道而必篤則可以爲君子矣若否則其始雖若有得然道德終不爲已有亦必亡而已矣

徵 執德不弘。德者性之德也。弘者謂養而大之也。人各異德。性所近焉。貴乎執而不失。故曰據。又貴修而崇之。故曰弘。信道之篤。德之所以弘也。然道

在彼而德在我故析言之

子夏之門人問交於子張子張曰子夏云何對曰子夏曰可者與之其不可者拒之子張曰異乎吾所聞君子尊賢而容衆嘉善而矜不能我之大賢與於人何所不容我之不賢與人將拒我如之何其拒人也

古 孔安國曰問與人交接之道」包氏曰友交當如子夏汎交當如子張

新 子夏之言迫狹子張譏之是也但其所言亦有過高之弊蓋大賢雖無所不容然大故亦所當絶不賢固不可以拒人然損友亦所當遠學者不可不察

古義 蓋子夏之門人有疑於子夏之言故質之於子張」此子張舉所聞于夫子之言也」子張承夫子之意而述之如此」尊賢則道立嘉善則學進而亦能容衆則不棄人矜不能則能濟物此聖門之法

言學者之所當盡心而受用也或曰此與無友不如己者之言相反如何彼蓋謂好友之者非曰彼求于我而我必拒之也況尊賢則自與小人遠嘉善則又不與不善相近不必拒之亦不待拒之也子夏之所言固雖擇交之道而子張之言實傳聖人之意者也本非謂大故不當絶損友不當遠也讀者不以辭害意可也

【徵】嘉善而矜不能善對不能指人之有善行者言之善猶能也仁齋曰嘉善則學進似指善惡之善非矣尊賢而容衆是大綱容衆之中又能嘉善而矜不能已蓋子張之言與泛愛衆而親仁合朱註議其過高非矣仁齋先生非之是矣大氐論語記諸子問答者皆答者爲是記者之意爾包咸曰友

交當如子夏。汎交當如子張。孰謂新註勝舊註也。如朱子以大故當絕。損友當遠。議之。可謂吹毛求疵已。必以此心求之。孔子之言亦有失於偏者。故君子學貴博。惡執一而廢百。豈子張之失哉。讀者之失也。

子夏曰。雖小道必有可觀者焉。致遠恐泥。是以君子不爲也。

【古】小道謂異端。包氏曰。泥難不通。

【新】小道如農圃醫卜之屬。泥不通也。○楊氏曰。百家衆技猶耳目鼻口。皆有所明而不能相通。非無可觀也。致遠則泥矣。故君子不爲也。

古義小道如諸子百家之屬是也泥不通也此言小道多便于事且見效速故俗士庸輩多悅爲之然致之於遠則泥而不通故雖有可觀者君子不爲也

徵雖小道必有可觀者焉朱註小道如農圃醫卜之屬得之何晏以爲異端仁齋因之然諸子百家子夏之時所無雖然當今之世諸子百家應作如是觀雖佛老必有可觀者焉

子夏曰日知其所亾月無忘其所能可謂好學也已矣

古孔安國曰日知其所未聞

新亾無也謂已之所未有○尹氏曰好學者日新而不失

【古義】亡無也謂已之所未有學進則日知其所亡必有加於前也德立則月無忘其所能亦不失其能內自省者能焉既知已之所亡又無忘其所能初也日知其所亡學而不厭者能焉月無忘其所日思月省常存於胸中則其進不可量焉天下之能事畢矣論曰天下之美莫大於知學天下之善莫大於好學而聰明才辨不與焉人而不知學則不可以爲君不可以爲臣不可以爲父不可以爲子至於夫婦昆弟朋友之倫皆不得其所故聖人以好學爲人之美稱而其於顏子不稱其穎悟而稱其好學則可見好學之善天下蔑以加焉

【徵】日知其所亡。月無忘其所能。孔安國曰。日知其所未聞。邢昺曰。亡無也。後儒因之。然一章之內。不容亡無兩用。故亡者失也。日知其所亡失者。而後能月無忘其所能。曰日者。言其自省之亟也。曰月者。要其成之辭。孔子曰。溫故而知新。以教人者言之。子夏祗以學者言之。故語溫故而不及知新也。後儒求之深也。必欲一言而兼盡焉。其失率爾。

子夏曰博學而篤志切問而近思仁在其中矣

【古】孔安國曰廣學而厚識之切問者切問於己所學而未悟之事近思者近思己所未能及之事汎問所未學遠思所未達則於所習者不精於所思者不解

【新】四者皆學問思辨之事耳未及乎力行而為仁也然從事於此則心不外馳而所存自熟故曰仁在其中矣○程子曰博學而篤志切問而近思何以言仁在其中矣學者要思得之了此便是徹上徹下之道又曰學不博則不能守約志不篤則不能力行切問近思在己者則仁在其中矣又曰近思者以類而推蘇氏曰博學而志不篤則大而無成泛問遠思則勞而無功

不憤不啓述而篇

古義博學則求之也精篤志則信之也實切問則無泛然之患近思則無馳遠之弊學能如此則雖不足以謂之仁而爲事不苟必實之於身故曰仁在其中矣

徵博學而篤志孔安國曰。廣學而厚識之。是訓志爲記。蓋志先而學後。今先學於志故云爾。朱註殊失其序。不可從矣切問。何晏曰。切問於已所學未悟之事。未見切字之義。近思。何晏曰。思已所未能及之事。非矣。程子曰。切問近思在已者。亦非矣。蓋切問。如切磋之切。謂逼切出之也。不憤不啓。不悱不發。古之教法也。故師之答於弟子不盡言之。使思而自得之。是以弟子之於師。苟有所未喻。則以

宰我井仁雍也篇子貢爲衛君之問述而篇管仲之器八佾篇

舜察邇言中庸是亦爲政爲政篇

言語左右逼切。以觀其意嚮所在。如宰我井仁。子貢爲衛君之問皆然。又如孔子曰管仲之器小哉。則或問以儉以知禮。豈不然乎。及於後世。師聒其言語。欲弟子之遽信。而古之教法泯焉。朱子又不得切磋之解。古言遂不可考耳。近思謂不忽近而思之也。如舜察邇言。意師之所答。或似卑近者。亦當思之而不忽也。仁在其中矣。如孔子是亦爲政之意。子夏此時不仕。從孔子而學焉。所學皆先王安民之道。故其自言如是。仁與學殊。然士之所以行仁於世者。必由學而得之。故曰仁在其中矣。後儒不知仁。故其解皆失之。夫博學而篤志。則先王之道可舉也。切問而近思。則其所以求藏諸身者至矣。孔子曰。我欲仁斯仁至。亦此意。

孔子曰述而篇

子夏曰百工居肆以成其事君子學以致其道

【古】包氏曰言百工處其肆則事成猶君子學以致其道

【新】肆謂官府造作之處致極也工不居肆則遷於異物而業不精君子不學則奪於外誘而志不篤尹氏曰學所以致其道也百工居肆必務成其事君子之於學可不知所務哉愚按二說相須其義始備

【古義】肆謂官府造作之處致極也居肆成事百工之事也學以致道君子之業也人各有其業君子豈可不知所務哉

何有於我哉同上

徵百工居肆以成其事君子學以致其道言不用其力也亦孔子何有於我哉意學者詩書禮樂以學先王之道也致者使先王之道自然來集也百工之居肆自不知其技之所以巧者焉君子之學亦然亦自不知其道之集于我焉主意在百工不可不居肆君子不可不學也朱子以致爲極昧乎字義矣亦以不奪於外誘當知所務爲說抑亦末已

子夏曰小人之過也必文

古孔安國曰文飾其過不言其情實

新　文飾之也。小人憚於改過而不憚於自欺，故必文以重其過。

古義　子夏所以言此者，蓋欲人以此自考也。夫君子之心誠，故不自恥其過，而以不能改爲深恥；小人之心僞，故恐人斥言其過而必自文之，不知其愈飾愈露，不可得而掩也。故君子終於無過，而小人則至過大而不可救也，弗思焉耳。

徵　小人之過也必文。小人本謂細民也。細民之過可得而文，以其在鄉黨閭巷之間，人孰知之也。君子本在位之稱，顯顯君子，邦家之望，其過如日月之食，過則人皆知之，故君子之過不可得而文之。日月亦有食之，君子何必無過，改則衆皆仰之，故改之爲貴。雖在上位，其猶爲小人也，必文其過以其心如細民也。雖在下位。其能爲君子也。過則改之。以其學先王之道以成長民之德也。是亦操心大小之分存焉。後儒不知是義。以誠僞論抑亦末也已。

子夏曰君子有三變望之儼然卽之也溫聽其言也厲

【古】鄭玄曰厲嚴正

【新】儼然者貌之莊溫者色之和厲者辭之確○程子曰他人儼然則不溫溫則不厲惟孔子全之謝氏曰此非有意於變蓋並行而不相悖也如良玉溫潤而栗然

【古義】宋氏曰儼然者貌之莊溫者色之和厲者辭之確。望之儼然禮之存也卽之也溫仁之著也其

言也厲義之發也蓋盛德之至光輝之著自是如此謝氏曰此非有意於變蓋並行而不相悖如良玉溫潤而栗然

徵 仁齋先生曰。望之儼然。禮之存也。卽之也溫。仁之著也。其言也厲。義之發也。蓋盛德之至。光輝之著。自是如此。有味乎其言之。雖然。何嘗盛德之人獨然哉。君子體仁履禮而由義。在上者皆當如此。學道者亦皆當如此。程子曰。惟孔子全之。謝氏曰。此非有意於變。蓋並行而不相悖也。此皆宋儒之失。在不知聖人焉。吁。是未足以爲聖人也。古之賢者皆爾。

子夏曰君子信而後勞其民未信則以爲厲己也信而後諫未信則以爲謗己也

古 王肅曰厲猶病也

新 信謂誠意惻怛而人信之也厲猶病也事上使下皆必誠意交孚而後可以有爲

古義 厲猶病也信孚於使民諫君之前則諫必行令必從自無咈其志之患若否則使民而民以爲厲己諫君而君以爲謗己事豈得成乎故君子誠之爲貴也○甚哉子夏之言似夫子也設使此章首冒子曰二字孰復辨之凡門人之語載于論語者皆不可不崇信而佩服焉

徵 子夏曰君子信而後勞其民未信則以爲厲己也信而後諫未信則以爲謗己也此孔子大車無輗小車無軏意叚使孟子知是義則好辯之失不

輗軏之喻爲政篇

若是其甚也已。後世惟浮屠尚能窺是意。其言曰。
佛法大海。信爲能入。

子夏曰大德不踰閑小德出入可也

古 孔安國曰。閑猶法也。孔安國曰。小德則不能不踰法。故曰出入可。

新 大德小德。猶言大節小節。閑。闌也。所以止物之出入。言人能先立乎其大者。則小節雖或未盡合理。亦無害也。○吳氏曰。此章之言不能無弊。學者詳之。

古義 大德者。若君臣之義。父子之親是也。小德者。謂言行信果之類。閑。闌也。所以止物之出入。此言大德固當不踰閑。至於小德。則非或出或入。時措之宜不可也。蓋惡夫必信必果之小人也。孟子曰。大人言不必信。行不必果。惟義之所在。是也。

徵 孔安國曰。閑猶法也。小德則不能不踰法。故曰

晏子雜篇

出入可。古時人善解古語如此。晏子春秋。以此爲晏子之言。大德小德。作大者小者。蓋古語。晏子誦之。子夏亦誦之。蓋古者以德爲教。事父曰孝。事兄曰弟之類。大德也。如色容厲肅。視容清明。是小德也。皆以在己者爲教。是所謂德也。君子先立大者。

有子曰學而篇

故專力於大德。有子曰。君子務本者。亦此意。若欲必盡夫小者。則有時乎失其大者。故曰出入可也。所以曰不能不踰閑者。則非盛德之士不能也。古之君子。務其大者。若是。是可以觀孔門之學也。宋儒之不識大者也。惟精是求。故以此章爲有弊已。

仁齋又曰：至於小德，則非或出或入時措之宜不可也。蓋惡夫必信必果之小人也。依舊亦宋人之見哉。且言必信行必果，孔子謂之小人哉耳。亦未嘗惡之也。且小德何嘗信果哉。

言必信行必果 子路篇

子游曰子夏之門人小子當灑掃應對進退則可矣抑末也本之則無如之何子夏聞之曰噫言游過矣君子之道孰先傳焉孰後倦焉譬諸艸木區以別矣君子之道焉可誣也有始有卒者其唯聖人乎

古 包氏曰言子夏弟子但當對賓客修威儀禮節之事則可然此但是人之末事耳不可無其本故云本之則無如之何。孔安國曰噫心不平之聲。包氏曰言先傳業者必先厭倦故我門人先教以小事後將教以大道。馬融曰言大道與小道殊異，譬如艸木異類區別，言學當以次。馬融曰君子之道焉可使誣言我門人但能灑掃而已。孔安國曰終始如一唯聖人耳。

新 子游譏子夏弟子於威儀容節之間則可矣，然此小學之末耳，推其本如大學正心誠意之事則無有。倦如誨人不倦之倦。區猶類也。言君子之道非以其末爲先而傳之，非以其本爲後而倦教，但學者所至自有淺深，如艸木之有大小，其類固有別矣。若不量其淺深，不問其生熟，而槩以高且遠者強而語之，則是誣之而已。君子之道豈可如此？若夫始終本末一以貫之，則惟聖人爲然，豈可責之門人小子乎？〇程子曰：君子教人有序，先傳以小者近者，而後教以大者遠者，非先傳以近小而後不教以遠大也。又曰：灑掃應對便是形而上者，理無大小故也，故君子唯在謹獨。又曰：聖人之道更無精粗，從灑掃應對與精義入神貫通只一理，雖灑掃應對，只看所以然如何。又曰：凡物有本末，不可分本末爲兩段事。灑掃應對是其然，必有所以然。又曰：自灑掃應對上，便可到聖人事。愚按程予第一條說此章文意最爲詳盡其後四條皆以明精粗本末其分雖殊而理則一學者當循序而漸進不可厭末而求本蓋與第一條之意實相表裏非謂末即是本但學其末而本便在此也

古義子游見子夏之門人專務人事之末而於道德之本則無之以爲有隱而然故譏之也」倦朱氏曰如誨人不倦之倦言君子之教初無定法各隨其材而施之非以其末而先傳之以其本爲後而倦之若我之門人當教以灑掃應對進退之節耳非隱之也」區域也古者園圃毓草木各分區域種藝之汜勝之爲區種法是也草木區別言其明也書曰賁如草木是也言君子之道照晰明白不可得而掩藏豈可隱之以誣罔門人小子乎」有始有卒謂本末俱舉而兩端竭盡也此聖人之事豈可以此律門人小子乎」聖人之道猶草木之區別不可得而誣罔也然道無先後之可別而人有賢否之不同故教之有方造之有時不可漫爾而施善乎子夏之教人也隨學者所至之淺深誨之而不敢以其所不能强之也故在學者亦有所據以無淩虛之失有所親以無厭倦之患日引月長而不

自知其進也」論曰集註譏子游之不知有小學之敘然游夏同學于孔門子夏獨知有小學之敘而子游不知之乎觀子夏曰君子之道焉可誣也蓋子游疑其有所隱而譏之也

徵本之則無言求其本則莫有也本者謂先王治天下國家之道也先王之立道其意本求以安天下後世故也後儒以性命之奧爲本非孔門諸子之意矣孰先傳焉孰後倦焉包咸曰言先傳業者必先厭倦邢昺曰君子教人之道先傳業者必先厭倦誰有先傳而後倦者乎子夏言我之意恐門人聞大道而厭倦故先教以小事朱子曰非以其末爲先而傳之非以其本爲後而倦教但學者所

至自有淺深是包邢失乎孰字朱子昧乎倦字皆不可從矣蓋言君子之道何者當先傳之何者當後傳之何者彼所先倦何者彼所後倦傳之所以有先後者以彼之能堪與不堪也所堪者後倦所不堪者先倦必量其所能堪而教之人有敏不敏道有淺深譬諸草木區以別矣區朱子訓類非矣升庵外集蘇子由云如瓜疇芋區之區仁齋曰區域也古者園圃毓草木各分區域種藝之氾勝之爲區種法是也草木區別言其明也書曰賁若草木是說得之蓋其次第等級炳如丹青也焉可誣

升庵外集經說

書曰湯誥

學而不倦述而篇

扣兩端而竭之子罕篇

也言以不堪爲堪教以其大者俾門人小子肆言其大者則是誣人也君子之道安可如此乎上言君子之道量其人教之此言君子之道不誣人二君子之道意自不同也有始有卒者謂不倦也學而不倦孔子所自道故曰其惟聖人乎言其不可以望門人小子也朱子以始終本末一以貫之爲說仁齋以本末俱舉兩端竭盡爲說皆不得其解者耳夫扣兩端而竭之孔子所以告鄙夫也是豈難事而常人所不能哉此章朱子以爲大小學之序大小學自其所見耳孔子時豈有之乎仁齋乃

言子游疑其有所隱而識之而以焉可誣也爲君子之道昭晰明白不可得而掩藏是亦昧乎誣字之義矣誣豈掩藏之義乎蓋子游之意以子夏之倦於教規之耳故子夏答以弟子之不堪而倦焉可以見已

子夏曰仕而優則學學而優則仕

古 馬融曰行有餘力則以學文

新 優有餘力也仕與學理同而事異故當其事者必先有以盡其事而後可及其餘然仕而學則所以資其仕者益深學而仕則所以驗其學者益廣

古義 優饒也謂有餘也此言仕與學本無二致學以致其道仕以行其志故仕而能裕其事則雖未

必學然不違乎學之理學而能及乎人則雖未必仕亦不戾於仕之道可知雖學而仕猶若不稱其職則與不學同夫子曰書云孝乎惟孝友于兄弟施于有政是亦爲政此學而優則仕也子夏曰雖曰未學吾必謂之學矣此仕而優則學也

【徵】仕而優則學學而優則仕朱註盡之矣優有餘力也言仕而宦成雖有曹事亦所優爲是有餘力可以學焉學而業成雖有未成者亦非歲月之可能卒則可以仕焉仁齋乃引是亦爲政而曰仕不必學學不必仕眞亂道哉

子游曰喪致乎哀而止

【古】孔安國曰毀不滅性

新 致極其哀不尚文飾也楊氏曰喪與其易也寧戚不若禮不足而哀有餘之意愚按而止二字亦微有過於高遠而簡略細微之弊學者詳之

古義 致推而極之也此戒時俗居喪者哀不足而專務文也即喪與其易也寧戚喪與其哀不足而禮有餘不若禮不足而哀有餘之意聖門之學尚實如此

徵 喪致乎哀而止。孔安國曰毀不滅性古人之解經簡而能盡誠非後人所及哉蓋子游說聖人制喪禮之意止云者聖人之心至於其致哀而止不必過求其它也凡致字之義皆謂使其自然至此之極也非我推而極之也如喪禮皆所以使人子之哀情自然來至聖人之心是爲極處不過求它故曰止。朱子昧乎喪字致字。故以行喪之人言之。以推極言之。又以子游爲簡略細微之弊。不亦謬乎。

子游曰吾友張也爲難能也然而未仁曾子曰堂堂乎張也難與竝爲仁矣

古 包氏曰言子張容儀之難及」鄭玄曰言子張容儀盛而於仁道薄也

新 子張行過高而少誠實惻怛之意」堂堂容貌之盛言其務外自高不可輔而爲仁亦不能有以輔人之仁也○范氏曰子張外有餘而內不足故門人皆不與其爲仁子曰剛毅木訥近仁寧外不足而內有餘庶可以爲仁矣

古義 爲難能美其不可及也然而未仁不與其仁也」堂堂容貌之盛」務外自高者內必不誠故曾子

公冶長篇或曰雍也仁而不佞子曰云云不知其仁焉用佞

子貢廬冢史記孔子世家

謂其不能有輔人之仁亦不可資其仁而輔之也其稱堂堂者惜之也非贊之也○子張之行子游言其難能曾子稱其堂堂皆褒之之辭然而二子皆不與其仁是知制行之高易爲而道德之實則難其人也夫窮經之人易遇知道之人難遇知道之人易得有德之人難得非知道之人則難與存義非有德之人則難與並爲仁矣此二子之所以不與子張也後世儒者因二子之言漫譏子張者過矣

【徵】子張才識高朗能勉强爲難及之行而其於仁也未能成德故曰難能也其未仁也猶如仲弓之未仁也後世據子游之言以輕詆子張非也蓋子張之難能也亦子貢廬冢上六年之類耳朱子以爲少誠實惻怛之意夫有誠實惻怛之意烏足以

後漢田鳳題柱事見三輔决錄

曾子畏子路見孟子公孫丑篇

爲仁乎堂堂乎張亦謂其威儀之盛規模開廓有難及者也如堂堂乎張京兆田郎亦言威儀之盛荀子曰第作其冠神禫其辭禹行而舜趨者子張氏之賤儒也是識末流焉由流求乎源則子張可知已難與並爲仁矣者言使已與子張隣國以行仁政則必出其下焉亦見曾子所畏不啻子路也未仁與爲仁不同義觀於孔子答諸子問仁唯顏淵子張以天下言之可見其才大已然孔子未嘗規以篤實忠厚之事則亦其非不足於此者審矣宋儒動求諸心故以威儀爲粗迹遂謂子張專用

師也辟先進篇

苟不至德中庸

君子哉若人公冶長篇

心于外所以末仁也遂訓師也辟爲便辟夫威儀之盛豈便辟哉中庸曰齊明盛服非禮不動所以脩身也是其在九經之首豈非爲仁之本乎子張之堂堂豈病乎大氐後儒昧乎爲仁字義所以差也古時師之教弟子弟子之所從事皆各以其性所能焉然後世道學先生則各立門户設宗旨以己所見強之孔門諸賢何其自高之甚以至奪夫孔子之權也噫仁齋又論此章之義曰知道之人易得有德之人難得殊不知苟不至德至道不凝豈非知道之難非孔子不足以當之邪君子哉若

人。亦足以爲有德之人也已。

曾子曰吾聞諸夫子人未有自致者也必也親喪乎

古 馬融曰言人雖未能自致盡於佗事至於親喪必自致盡

新 致盡其極也蓋人之眞情所不能自已者○尹氏曰親喪固所自盡也於此不用其誠惡乎用其誠

古義 致盡其極也至哀之情不待人言人固無所不至然至於親喪則無不自盡焉可見人性之善不可誣焉而人之不可以不自勉也於是而忽焉則不可以爲人也曾子引夫子之言而稱之所以深警也

徵 人未有自致者也。言人於它事。皆假禮而後誠至焉敬至焉。若必求其能自致者。則親喪而已。是獨雖不假先王之禮。尚可能使已之哀情自然來至也。

曾子曰吾聞諸夫子孟莊子之孝也其他可能也其不改父之臣與父之政是難能也

【古】馬融曰孟莊子魯大夫仲孫速也謂在諒闇之中父臣及父政雖有不善者不忍改也

【新】孟莊子魯大夫名速其父獻子名蔑獻子有賢德而莊子能用其臣守其政故其他孝行雖有可稱而皆不若此事之爲難

【古義】孟莊子魯大夫名速其父獻子名蔑言莊子事獻子飲食供奉無所不盡其心然不若不改父道之孝尤爲大且盡也獻子魯之賢大夫其用才立政固多可觀者而莊子皆能遵守而不改焉夫子言其他孝行有人之所不能者然而皆不若此事之最爲難能也夫孝者善繼人之志善述人之

事者也父有善政良法而爲之子者不能奉行或輒變更之以狥其所好者世每有之今莊子不改父之臣與父之政則非惟不辱先德且可以光祖業豈其他孝行所可能比哉而後世史氏傳孝子者專取奇行難能者稱之抑末矣

徵孟莊子之孝也。仁齋先生據中庸以繼述爲孝之至。可謂善解論語已。然又據此而以三年不改於父之道。必爲父之善者。泥矣。獻子魯之賢大夫。則仁齋先生之解此章。爲得之。然必以父之善言之。則安知仁齋先生之言。不爲世之嗣主喜改父之臣與父之政者口實哉。學而篇所載。父在觀其志。父沒觀其行。古言也。三年無改於父之道。可謂孝矣。亦古言也。孔子並引古言。示學貴博貴不固也。君子之不執一而廢百也。一則言彼。一則言此。並觀則道生於其間焉。古之學爲爾。

孟氏使陽膚爲士師。問於曾子。曾子曰。上失其道。民散久矣。如得其情。則哀矜而勿喜。

古 包氏曰。陽膚。曾子弟子。士師。典獄之官也。馬融曰。民之離散爲輕漂犯法。乃上之所爲。非民之過。當哀矜之。勿自喜能得其情。

新 陽膚。曾子弟子。民散。謂情義乖離。不相維繫。謝氏曰。民之散也。以使之無道。敎之無素。故其犯法也。非迫於不得已。則陷於不知也。故得其情。則哀矜而勿喜。

古義 陽膚。曾子弟子也。朱氏曰。民散。謂情義乖離。不相維繫。情。謂情實也。凡民之善惡。皆上之所使。故古

顔淵篇子曰聽訟吾猶人也

惟刑之恤哉尚書舜典

之聖王尤謹其所導焉蓋導民之要在先使民各得其所故先王之治民必先使其有恒産而申之以孝悌之義若此而犯法上猶有欽恤之意況養之無制教之無法此上先失其道也及其犯罪從而刑之是上罔民也固哀矜之不暇豈可喜之哉

徵 如得其情則哀矜而勿喜聽訟之道本然也情謂獄情也朱子曰情實未是喜者喜得其情也獄情難得故得之則喜是聽訟者之常也故孔子不貴聽訟曾子曰上失其道民散久矣此曾子特言此以深警陽膚者已惟刑之恤哉雖盛世亦然

子貢曰紂之不善不如是之甚也是以君子惡居下流天下之惡皆歸焉

古孔安國曰紂爲不善以喪天下後世憎甚之皆以天下之惡歸之於紂

新下流地形卑下之處衆流之所歸喻人身有汙賤之實亦惡名之所聚也子貢言此欲人常自警省不可一置其身於不善之地非謂紂本無罪而虛被惡名也

疏下流謂地形卑下衆流之所歸言人若有汙賤之行則惡名歸之亦猶如此言紂固不善然不如後世所稱之甚也苟人一置身于不善之地則自爲衆惡之叢可不慎哉是以君子好處高明而惡居下流也

徵君子惡居下流謂紂之爲逋逃藪也衆惡人歸紂而紂受之其所自爲惡雖不甚而衆惡人所爲惡皆紂之惡也故曰天下之惡皆歸焉舊註皆不得其解

子貢曰君子之過也如日月之食焉過也人皆見之更也人皆仰之

【古】孔安國曰更改也

新註無

【古義】君子之心至誠故雖微過人皆見之猶日月之體至明故雖纖翳天下見之言明白易見亦不掩蔵之也而其爲過也必無所不改而及乎其改之也人益仰慕之也小人反之子貢以日月之蝕喻君子之過其旨深矣

【徵】君子之過也如日月之食焉以在上者言之君子之德民所具瞻是謂之明德故其過也不可得而掩焉是子貢之意也有德之人在上之器也故

亦謂之君子故有德望者其過也亦猶若是焉後世註家皆得其旁意耳

衛公孫朝問於子貢曰仲尼焉學子貢曰文武之道未墜地在人賢者識其大者不賢者識其小者莫不有文武之道焉夫子焉不學而亦何常師之有

【古】馬融曰公孫朝衛大夫」孔安國曰文武之道未墜落於地賢與不賢各有所識夫子無所不從學」孔安國曰無所不從學故無常師

【新】公孫朝衛大夫」文武之道謂文王武王之謨訓功烈與凡周之禮樂文章皆是也在人言人有能記之者識記也

【古義】公孫朝衛大夫焉猶安也」文武之道謂文王武王治天下之大經大法也不曰堯舜而曰文武

文武之政布在方策中書

者以去代猶近而典刑具在也未墜於地猶曰極天罔墜識記也識大識小猶所謂仁者見之謂之仁智者見之謂之智之類也子貢言夫子從賢者學其大者從不賢者學其小者初無常師有道則取焉蓋謂聖人道廣德大好學而不已也論曰夫聖人之道天地之常經古今之通義猶日月星辰之繫于天而萬古不墜也有智者皆可知有志者皆可行雖夫婦之愚不肖莫不與知能行焉此所以爲聖人之道也故曰莫不有文武之道焉廣矣大哉若夫後儒所謂道統傳云者本倣佛氏所傳宗派圖而所造皆私道者而非天地公共之道故道統圖者君子不取焉

徵 文武之道未墜於地在人獻足徵也文武之政布在方策文足徵也賢者所見大故能識其大者不賢者所見小故能識其小者文武之道禮樂也禮樂不言在默而識之故賢不賢異其識古之道

也。識謂能名言之也。如識人知人之分。朱子識音志。不必爾賢不賢皆識之。故莫不有文武之道焉。賢不賢皆可師。故孔子何常師之有。仁齋曰。聖人之道。天地之常經。古今之通義。猶日月星辰之繫于天而萬古不墜也。有智者皆可知。有志者皆可行。雖夫婦之愚不肖莫不與知能行焉。此所以爲聖人之道也。故曰莫不有文武之道焉。又曰文武之道。謂文王武王治天下之大經大法也。不曰堯舜而曰文武者。以去代猶近而典刑具在也。未墜於地。猶曰極天罔墜。識大識小。猶所謂仁者見之

所謂仁者云云
易繫辭

謂之仁，智者見之謂之智之類也。此等之言皆失之粗。已彼專以講說爲學，而不識古聖人所謂學焉。誤讀中庸，以爲親義别序信盡乎道也。殊不知子貢所謂學者，謂學禮也。道者，謂禮樂也。識大者識小者，亦謂禮之大者小者也。文武之道未墜於地者，謂周禮樂未亾也。若以極天罔墜爲未墜於地者，則子貢之不長於說辭也。夫文武者，周先王也。孔子爲周臣子也，故曰爲東周也。如所謂去代猶近，而典刑具在者，則孔子之於展禽、臧文仲，或是可已，安可以稱之於文武乎？親義别序信，達道也豈可以盡於道乎。子思作中庸。與外人爭也。豈可移其意以解論語哉。

叔孫武叔語大夫於朝曰子貢賢於仲尼子服景伯以告子貢子貢曰譬之宮牆賜之牆也及肩闚見室家之好夫子之牆數仞不得其門而入不見宗廟之美百官之富得其門者或寡矣夫子之云不亦宜乎

【古】馬融曰魯大夫叔孫州仇武謚」包氏曰七尺曰仞」包氏曰夫子謂武叔

【新】武叔魯大夫名州仇」牆卑室淺」七尺曰仞不入其門則不見其中之所有言牆高而宮廣也」此夫子指武叔

【古義】武叔魯大夫叔孫州仇武叔其謚」牆卑宮淺七尺曰仞言牆高而宮廣故不得其門而入則不

得見其中之所有夫子武叔也言得其門者猶少焉則入于其室之難宜矣人之於道造詣淺者人皆可得而知焉造詣甚深則非其人不能以知焉故曰聖人能知聖人也故子貢於武叔之言不非之而宜之蓋以言聖人之難知也

徵　不得其門而入不見宗廟之美百官之富誠哉是言七經具存千載學者不知聖人之道亦不得其門而入故耳近世諸老先生多以孟子解論語亦未知孟子與外人爭者也豈足以解門內之言乎其解經皆以理而不以道可謂不見宗廟之美百官之富已其專心四書而忽略六經亦坐是故耳按蔡邕石經譬之作譬諸

叔孫武叔毀仲尼子貢曰無以爲也仲尼不可毀也佗人之賢者丘陵也猶可踰也仲尼日月也無得而踰焉人雖欲自絕其何傷於日月乎多見其不知量也

古 言人雖欲自絕棄於日月其何能傷之乎適足自見其不知量也

新 無以爲猶言無用爲此土高曰丘大阜曰陵日月喻其至高自絕謂以謗毀自絕於孔子多與祇同適也不知量謂不自知其分量

古義 無以爲猶言無用爲此土高曰丘大阜曰陵日月喻其至高自絕謂謗毀以自絕于孔子何傷於日月言無損於日月之明也多與祇同適也不知量謂不自知其分量其智愈深則知聖人愈深其學愈至則尊聖人愈至如孔子之喪子貢廬於冢上六年可謂知聖人之愈深而尊聖人之愈至

眷也

【徵】仲尼日月也觀於子貢此言則知孔子末年魯人尊親孔子不啻君父也不爾弟子而譬其師日月也人孰信之人不信而言之豈足以解其惑乎則子貢之不善於說辭也連前後三章子貢贊孔子者至矣故以此終之

多見其不知量也何註以適足自見其不知量也邢昺疏據此註意似訓多爲適所以多得爲適者古人多祇同音多見其不知量猶襄二十九年左傳云多見疏也服虔本作祇見疏解云祇適也晉

宋杜本皆作多張衡西京賦云炙炮夥清酤多皇恩溥洪德施施輿多爲韻此類衆矣故以多爲適

升庵曰周易無秖悔荀九家作多亦一証

升庵外集經說

陳子禽謂子貢曰子爲恭也仲尼豈賢於子乎子貢曰君子一言以爲知一言以爲不知言不可不慎也夫子之不可及也猶天之不可階而升也夫子之得邦家者所謂立之斯立道之斯行綏之斯來動之斯和其生也榮其死也哀如之何其可及也

古 孔安國曰謂爲諸侯若卿大夫孔安國曰綏安也言孔子爲政其立教則無不立道之則莫不興行安之則遠者來至動之則莫不和睦故能生則榮顯死則哀痛

【新】爲恭謂爲恭敬推遜其師也。責子禽不謹言。階梯也。大可爲也，化不可爲也，故曰不可階而升也。立之謂植其生也。道引也，謂教之也。行從也。綏安也。來歸附也。動謂鼓舞之也。和所謂於變時雍。言其感應之妙，神速如此。榮謂莫不尊親，哀則如喪考妣。程子曰：此聖人之神化，上下與天地同流者也。○謝氏曰：觀子貢稱聖人語，乃知晚年進德，蓋極於高遠也。夫子之得邦家者，其鼓舞羣動，捷於桴鼓影響。人雖見其變化，而莫窺其所以變化也。蓋不離於聖，而有不可知者存焉，聖而進於不可知之之神矣。此殆難以思勉及也。

【古義】朱氏曰：爲恭謂爲恭敬推遜其師也。子貢責子禽之易言也。階梯也。朱氏曰：大可爲也，化不可爲也，故曰不可階而升也。立謂植其生，所謂制其田里是也。道引也，謂導之以德。行從也。綏安也。來歸附也。動謂鼓舞之也。和猶言丕應徯志。此皆言聖人感應之妙至神速也。榮極其尊親，哀極其思慕。言人之恭敬服從，無所不至也。謝氏曰：觀子貢稱聖人語，乃知晚年進德益極其高遠也。夫子之得邦家者其鼓舞群動捷於桴鼓影響人雖見其變化而莫窺其所以變化也黃氏榦曰天之德不可形容即其生物而見其造化之妙聖人之德不可形容即其感人而見其神化之速天下之理實大則聲宏本深則末茂感動之淺深遲速未有不視其德之所至者聖人道全德備高明博厚則其感於物者如此因其感於物以反觀聖人德豈不曉然而易見哉

徵無
說

論語徵集覽卷之十九終

論語徵集覽卷之二十

魏　何晏　集解
宋　朱熹　集註
大日本　藤維楨　古義
物茂卿　徵
從四位侍從源賴寬　輯

堯曰第二十

堯曰咨爾舜天之曆數在爾躬允執其中四海困窮天祿永終舜亦以命禹

古 曆數謂列次也包氏曰允信也困極也永長也言爲政信執其中則能窮極四海天祿所以長終

孔安國曰舜亦以堯命已之辭命禹

新此堯命舜而禪以帝位之辭咨嗟歎聲曆數、帝王相繼之次第猶歲時氣節之先後也允信也中者無過不及之名四海之人困窮則君祿亦永絕矣戒之也」舜後遜位於禹亦以此辭命之今見於虞書大禹謨比此加詳

古義咨嗟歎聲曆數者紀歲時節氣以授民時者也在爾躬謂財成輔相天地之道書所謂天工人其代之是也允信也中者無過不及之名言四海之人困窮則君祿亦永絕矣戒之也此堯命舜而禪以帝位之辭」舜後遜位于禹亦以此辭命之」上古之聖人有磅礴浩渺過乎中道而不切於人倫無益於天下國家之治者故堯以允執其中命之於舜而舜明於庶物察於人倫由仁義行非行仁義也此舜之所以能承堯之言也」論曰古文尚書大禹謨篇亦載此言加以人心道心危微精一等語然見此篇唯曰舜亦以命禹則堯之命舜舜之命禹皆止此二十二字而無危微精一等語可知

書息陶讀

矣按宋明諸儒或疑大禹謨之非眞古文以爲漢儒僞作大抵依倣諸經論孟中語併竊其字句而緣飾之而荀子亦引人心之危道心之微二句稱道經曰而不稱虞書則知此語本非堯舜授受之語明矣蓋唐虞之際其言論平易朴實專在於知人論政之間而無後世心性精微論故知大禹謨篇實出於漢儒之手而堯舜告命之詞止於此二十二字耳矣

徵 天之曆數在爾躬何晏曰曆數謂列次也朱子因之曰帝王相繼之次第猶歲時節氣之先後也仁齋曰曆數者紀歲時節氣以授民時者也在爾躬謂財成輔相天地之道書所謂天工人其代之是也古書誠艱奧然二說皆如謎豈有之哉且仁齋財成輔相之解亦高妙哉唐虞時豈有是言乎

舜典云云見皐陶謨

孔子曰衞靈公篇

蓋古先聖王之道以奉天爲本故堯典無它事唯有欽若昊天授民時耳舜典天叙天秩天工皆稱天以行之羲和以天官分主四嶽爲方伯夫唐虞夏之道一矣故左傳呂覽合稱二典三謨爲夏書孔子曰行夏時此在堯舜時其所謂曆數者政治之道盡是焉故孔子所謂夏時不啻指建寅一事已曆數人所作而曰天之曆數亦猶如天叙天秩焉耳四嶽卽百揆舜爲百揆日久旣已躬任其職故曰在爾躬語已往也允執其中謂踐帝位也古來相傳執無過不及之理非也蓋執中猶云執樞

古訓皇極爲大中。是亦漢時自古相傳授之說。不可非也。古先聖王欽若昊天以臨民。上有天下有民。而天子立其中閒。握其樞柄。是所謂皇極也。故古謂踐帝位爲執其中耳。不然。子思作中庸書。援引具至。何不一援堯舜授受之言以爲根本也。若從舊解以爲執無過不及之理。則上下文勢大不相蒙。豈有是理乎。四海困窮。天祿永終。何註憒憒。朱子得之。堯授舜。舜授禹。惟奉天儆戒而已。孔子告顏淵爲仁。唯以脩身。可謂先聖後聖其揆一也。後儒必欲得一微眇之言如道德仁義者以見孔

荀子解蔽篇曰道經曰人心之危道心之微孟子盡心篇曰盡信書則不如無書云云二故曰尚書大禹謨

子所祖述是自理學者流之見陋矣哉仁齋又據此章及荀子道經之言而以大禹謨危微精一為漢儒偽作是其人深信孟子坐是故不復留意於書徒以朱子解解書而譏之耳蓋民心可畏如朽索之馭六馬故曰人心惟危導民心於其微不於其著庶可以保其治故曰道心惟微精者靜也治天下者務清靜專一不敢輕忽以踐其位故曰惟精惟一允執其中味荀子之文其意亦如此而所謂道經亦夏道篆文相近故誤耳夫荀子儒者也豈援老墨之書邪故尚書所言亦惟儆戒之言其

孟子識子莫見盡心篇

實與論語所載莫有殊者故曰舜亦以命禹豈如仁齋拘字數者比乎孟子識子莫執中可見中之不可以執言也已

曰予小子履敢用玄牡敢昭告于皇皇后帝有罪不敢赦帝臣不蔽簡在帝心朕躬有罪無以萬方萬方有罪罪在朕躬周有大賚善人是富雖有周親不如仁人百姓有過在予一人謹權量審法度修廢官四方之政行焉興滅國繼絕世舉逸民天下之民歸心焉所重民食喪祭

古 孔安國曰履殷湯名也此伐桀告天之文殷家尚白未變夏禮故用玄牡皇大后君也大大君帝

謂天帝也墨子引湯誓其辭若此」包氏曰順天奉法有罪者不敢擅赦」言桀居帝臣之位罪過不可隱蔽以其簡在天心故也」孔安國曰無以萬方萬方不與也萬方有罪我身之過」周周家賚賜也言周家受天大賜富於善人有亂臣十人是也」孔安國曰親而不賢不忠則誅之管蔡是也仁人箕子微子來則用之」包氏曰權秤也量斗斛」孔安國曰重民國之本也重食民之命也重喪所以盡哀重祭所以致敬

新此引商書湯誥之辭蓋湯既放桀而告諸侯也與書文大同小異曰上當有湯字履蓋湯名用玄牡夏尚黑未變其禮也簡閱也言桀有罪已不敢赦而天下賢人皆上帝之臣已不敢蔽簡在帝心惟帝所命此述其初請命而伐桀之詞也又言君有罪非民所致民有罪實君所爲見其厚於責已薄於責人之意此其告諸侯之辭也」此以下述武王事賚予也武王克商大賚于四海見周書武成篇此言其所富者皆善人也詩序云賚所以錫予善人蓋本於此」此周書泰誓之辭孔氏曰周至也

言紂至親雖多不如周家之多仁人」權稱錘也量斗斛也法度禮樂制度皆是也」興滅繼絕謂封黃帝堯舜夏商之後舉逸民謂釋箕子之囚復商容之位三者皆人心之所欲也」武成曰重民五教惟食喪祭

古義 朱氏曰曰上當有湯字是也履殷湯名般尚白而用黑牡者未變夏禮故也皇皇大也后君也謂天帝也此言昭告天以伐桀之意」簡閱也有罪指桀帝臣不蔽蓋指伊尹也言天下之善惡已不敢私惟天所簡」以上皆告天之詞無以萬方言勿降災祥於民也」民之有罪實君之所爲罪己而無罪民也○此語今見古文尚書湯誥篇然墨子書引此以爲湯誓則古文尚書之可疑益可見矣」何氏曰周周家賚賜也言周家受天大賜而富於善人有亂臣十人是也」孔氏曰親而不忠賢則誅之管蔡是也仁人謂箕子微子來則用之」此武王罪已之辭」權稱錘也量斗斛也法度禮樂制度皆是也古者世官子孫相守官廢則事曠故脩之」朱氏曰興滅繼絕謂封黃帝堯舜夏商之後舉逸民謂

釋箕子之囚復商容之位三者皆人心之所欲也」孔氏曰言帝王所重者此四事重民國之本也重食民之命也重喪所以盡哀重祭所以致敬〇以上言武王之事按武王語今多見武成泰誓等篇然古文尚書頗多乖謬且先儒亦多致疑故今不引以爲證」楊氏曰論語之書皆聖人微言而其徒傳守之以明斯道者也故於終篇具載堯舜咨命之言湯武誓師之意與夫施諸政事者以明聖學之所傳者一於是而已所以著明二十篇之大旨也〇堯舜湯武之道不過敬天重民二者而敬天其本也曰天之曆數在爾躬曰簡在帝心曰周有大賚皆莫非所以敬天也凡賞善罰惡責已恕人所以推此心也夫子所以祖述憲章者不外於此

徵 皇皇后帝。孔安國曰。皇大。后君也。大大君帝謂天帝也。朱註不引此。故詳焉。帝臣。古註以爲桀。朱註得之。周有大賚。善人是富。何晏曰。言周家受天大賚。富於善人。有亂臣十人。得之。朱註。所富者皆善人。雖聖世豈有是理乎。雖有周親。不如仁人。朱註。紂至親雖多。不如周家之多仁人。得之。孔安國以誅管蔡用箕微解之。殊爲不得乎辭矣。脩廢官。仁齋以古者世官子孫相守解之。古誠有之。然豈可引之於此乎。且古之世官。亦謂有司耳。春秋譏世官。則公卿大夫不世官。古之道也。

寬則得衆信則民任焉敏則有功公則民說

【古】孔安國曰言政教公平則民說矣凡此二帝三王所以治也故傳以示後世

【新】此於武王之事無所見恐或泛言帝王之道也○楊氏曰論語之書皆聖人微言而其徒傳守之

以明斯道者也故於終篇具載堯舜咨命之言湯武誓師之意與夫施諸政事者以明聖學之所傳者一於是而已所以著明二十篇之大旨也孟子於終篇亦歷叙堯舜湯文孔子相承之次皆此意也

古義公字不見於論語據前篇當作惠字此章舊本通前章合爲一章然於武王之事無見而與前篇子張問仁章略同而逸其半彼有恭則不侮一句而公則說作惠則足以使人疑因下章有子張之問而誤再出歟論曰宋儒每以公字爲學問之緊要曰天理之公曰公而以人體之是也然公字屢見老莊之書而於吾聖人之書無之何者是而非非非少無所偏私謂之公然不擇親踈縈而行是之則必有害於義夫父爲子隱子爲父隱越人關弓而射之則已談笑而道之其兄關弓而射之則垂涕泣而道之不可謂公然人情之至道之所存也故聖人仁以盡其愛義以立其辨猶天道之有陰陽地道之有剛柔不可偏廢也故仁而無義則墨子之仁不可行也義而無仁則楊子之義不可

無偏無黨尚書洪範

從也苟居仁由義則不待言公而自無所偏私矣

徵寬則得衆。信則民任焉。敏則有功。公則說。仁齋曰。此章舊本通前章合爲一章。然於武王之事無見。而與前篇子張問仁章略同而逸其半。彼有恭則不侮一句。而公則說作惠則足以使人。疑因下章有子張之問而誤再出歟。可謂善讀論語已。然又烏知其非孔子別有所言而與荅子張者相類邪。至於其以論語無公字而駁宋儒。則懲羹吹虀者比已。宋儒所謂天理之公。其原誠出老莊之見焉。然聖人豈惡公邪。無偏無黨。皇極之敷言也。民

民之所好好之大學

之所好好之。民之所惡惡之。豈非公乎。君子之道。
惡執一而廢百。故宋儒拈一公字。與仁齋惡公字。
其失適相同也。

子張問於孔子曰何如斯可以從政矣子曰尊五美屛四惡斯可以從政矣子張曰何謂五美子曰君子惠而不費勞而不怨欲而不貪泰而不驕威而不猛子張曰何謂惠而不費子曰因民之所利而利之斯不亦惠而不費乎擇其可勞而勞之又誰怨欲仁而得仁又焉貪君子無衆寡無小大無敢慢斯不亦泰而不驕乎君子正其衣冠尊其瞻視儼然人望而畏

之斯不亦威而不猛乎子張曰何謂四惡子曰不教而殺謂之虐不戒視成謂之暴慢令致期謂之賊猶之與人也出納之吝謂之有司

古 孔安國曰屏除也王肅曰利民在政無費於財孔安國曰言君子不以寡小而慢也馬融曰不宿戒而責目前成爲視成孔安國曰與民無信而虛刻期孔安國曰謂財物俱當與人而吝嗇於出納惜難之此有司之任耳非人君之道

新 虐謂殘酷不仁暴謂卒遽無漸致期刻期也賊者切害之意緩於前而急於後以誤其民而必刑之是賊害之也猶之猶言均之也均之以物與人而於其出納之際乃或吝而不果則是有司之事而非爲政之體所與雖多人亦不懷其惠矣項羽使人有功當封刻印刓忍弗能予卒以取敗亦其驗也○尹氏曰告問政者多矣未有如此之備者也故記之以繼帝王之治則夫子之爲政可知也

古義 孔氏曰屛除也此二者治民之要此三者修身之要修身卽治民之本惠易費勞易怨欲易貪泰易驕威易猛而今皆不然故以爲美也虐謂殘酷不仁不豫告戒而督其成功是爲卒暴無漸朱氏曰致期刻期也賊害也猶賊夫人之子之賊也言緩於前而急於後以誤其民是害之也朱氏曰猶之猶言均之也均之以物與人而於其出納之際乃或吝而不果則是有司之事而非爲政之體爲政以仁爲本以不仁爲戒此章雖論說甚長然其要不過此二端不可不察焉

徵 五美仁齋曰惠易費勞易怨欲易貪泰易驕威易猛而今皆不然故以爲美也得之又曰惠而不費勞而不怨二者治民之要欲而不貪泰而不驕威而不猛三者修身之要修身卽治民之本亦得之但欲仁而得仁亦治民之要彼不得其解故云

答子貢衛靈公篇

爾欲仁而得仁。卽求仁而得仁。謂求仁人而得之也。凡所求之切。皆可以爲貪。但求賢無貪之失耳。後儒皆以爲仁道。是則學問何待從政而後言之乎。且究其說。亦宋儒一事之仁。古莫有是說。不可從矣。或曰。孔子少許仁。而今曰求仁人而得之。則何仁人之易得也。是則不然。如欲仁而得仁。及答子貢。需是邦也。事其大夫之賢者。友其士之仁者。皆古語。而孔子誦之。故亦不深拘耳。從政貴得人。故云爾。不戒視成。馬融曰。不宿戒而責目前成。爲視成。蓋不它。是視而唯成是視。故曰視成。或以督成解之。視豈有督義乎。慢令致期孔安國曰與民無信而虛刻期。虛字不可解。朱子曰。致期刻期也。賊者切害之意。緩於前而急於後。以誤其民而必刑之。是賊害之也。刻期約期也。而止言致期刻期也。則無致字之義。蓋慢者怠慢也。令者如三令五申之令。其所以令申之者不勤。而俾民怠於其事。不覺逼期。是有故陷民于刑意。故謂之賊。致者使至也。謂使民不覺至期也。如不戒視成。則絕無告戒之事。況令申乎。唯視其成耳。是其意爲暴惡。故謂之暴。凡如暴君及桀紂帥民以暴。皆暴惡之義。

其與虐殊者以其殺之謂之虐。暴不必殺，稍輕於虐耳。朱子以卒遽無漸解之，非矣。

孔子曰：不知命，無以爲君子也；不知禮，無以立也；不知言，無以知人也。

【古】孔安國曰：命謂窮達之分。馬融曰：聽言則別其是非也。

【新】程子曰：知命者，知有命而信之也。人不知命，則見害必避，見利必趨，何以爲君子？不知禮，則耳目無所加，手足無所措。言之得失，可以知人之邪正。○尹氏曰：知斯三者，則君子之事備矣。弟子記此以終篇，得無意乎？學者少而讀之，老而不知一言爲可用，不幾於侮聖言者乎？夫子之罪人也，可不念哉！

【古義】天有必然之理，人有自取之道，故知命則樂而不憂，畏而不怠，是所以爲君子也。禮者，身之幹也。故知禮則有以立也。言者心之符也。故知言則有以知人也。○輔氏廣曰：知命則在我者有定見，知禮則在我者有定守，知言則在人者無遁情。知斯三者，則內足成己之德，外足盡人之情，故君子之事備矣。○尹氏曰：弟子記此以終篇，得無意乎？學者少而讀之，老而不知一言爲可用，不幾乎侮聖言者乎？夫子之罪人也，可不念哉！

徵 不知命，無以爲君子也。命者，道本也。受天命而爲天子，爲公卿，爲大夫士，故其學其政，莫非天職。苟不知此，不足以爲君子也。蓋君子則爲上之德也。以君命爲悅者，爲人下者也。君子則不然也，稟命於天焉，以其所傳先王之道也。是其大者，而吉凶禍福不待言也。先儒多以吉凶禍福言之，抑亦末已禮者德之則也故不知禮無以立立者立於道也先王之道其可守以爲則者禮已言者先王之法言也先王之法言猶規矩準繩也夫非規矩準繩何以能知方圓平直哉非此而知亦目巧耳皆取諸其臆者也取諸其臆則人恣其所見有何窮極故知先王之法言而後所知合於道故知人知人者謂知賢者也夫賢者其德行合於先王之道者也故以先王之法言爲之規矩準繩而後可知已孟子知言知它人之言也觀於孔子聽訟吾猶人也則知它人之言聖人亦不敢言吾能之矣

孟子知言公孫丑篇聽訟已見

夫聖人所不敢言能之，而孟子能之，豈理乎哉。故知孟子之非也。先王之法言在詩書，而先王之詩書禮樂，君子所以學也。上論首學與知命，而下論又以此終之，是編輯者之意也。王者出征，告諸天，受命于廟，受成于學，還亦獻馘于學。學者聖人之道所在也。聖人之立道，奉天命以行之，故君子之道，歸重於天與聖人者，無適不然焉。論語之所以終始，可以見已。按註疏本此章作孔子曰，朱子本作子曰。

論語徵集覽卷之二十終

論語古註序

敘曰漢中壘校尉劉向言魯論語二十篇皆孔子弟子記諸善言也太子太傅夏侯勝前將軍蕭望之丞相韋賢及子玄成等傳之齊論語二十二篇其二十篇中章句頗多於魯論瑯琊王卿及膠東庸生昌邑中尉王吉皆以教授之故有魯論有齊論魯共王時嘗欲以孔子宅爲宮壞得古文論語齊論有問王知道多於魯論二篇古論亦無此二篇分堯曰下章子張問以爲一篇有兩子張凡二十一篇篇次不與齊魯論同安昌侯張禹本受魯論兼講齊說善者從之

號曰張侯論爲世所貴包氏周氏章句出焉古論唯
博士孔安國爲之訓解而世不傳至順帝時南郡太
守馬融亦爲之訓說漢末大司農鄭玄就魯論篇章
考之齊古以爲之註近故司空陳羣太常王肅博士
周生烈皆爲義說前世傳授師說雖有異同不爲訓
解中間爲之訓解至于今多矣所見不同互有得失
今集諸家之善說記其姓名有不安者頗爲改易名
曰論語集解光祿大夫關內侯臣孫邕光祿大夫臣
鄭冲散騎常侍中領軍安鄉亭侯臣曹羲侍中臣荀
顗尚書駙馬都尉關內侯臣何晏等上

論語新註序說

史記世家曰孔子名丘字仲尼其先宋人父叔梁紇母顔氏以魯襄公二十二年庚戌之歲十一月庚子生孔子於魯昌平鄉陬邑爲兒嬉戲常陳俎豆設禮容及長爲委吏料量平爲司職吏畜蕃息適周問禮於老子旣反而弟子益進昭公二十五年甲申孔子年三十五而昭公奔齊魯亂於是適齊爲高昭子家臣以通乎景公公欲封以尼谿之田晏嬰不可公惑之孔子遂行反乎魯定公元年壬辰孔子年四十三而季氏强僭其臣陽虎作亂專政故孔子不仕而退修詩

書禮樂弟子彌衆九年庚子孔子年五十一公山不狃以費畔季氏召孔子欲往而卒不行定公以孔子爲中都宰一年四方則之遂爲司空又爲大司寇十年辛丑相定公會齊侯于夾谷齊人歸魯侵地十二年癸卯使仲由爲季氏宰墮三都收其甲兵孟氏不肯墮成圍之不克十四年乙巳孔子年五十六攝行相事誅少正卯與聞國政三月魯國大治齊人歸女樂以沮之季桓子受之郊又不致膰俎於大夫孔子行適衞主於子路妻兄顏濁鄒家適陳過匡匡人以爲陽虎而拘之旣解還衞主蘧伯玉家見南子去適

宋司馬桓魋欲殺之又去適陳主司城貞子家居三歲而反于衛靈公不能用晉趙氏家臣佛肸以中牟畔召孔子孔子欲往亦不果將西見趙簡子至河而反又主蘧伯玉家靈公問陳不對而行復如陳季桓子卒遺言謂康子必召孔子其臣止之康子乃召冉求孔子如蔡及葉楚昭王將以書社地封孔子令尹子西不可乃止又反乎衛時靈公已卒衛君輒欲得孔子爲政而冉求爲季氏將與齊戰有功康子乃召孔子而孔子歸魯實哀公之十一年丁巳而孔子年六十八矣然魯終不能用孔子孔子亦不求仕乃敘

書傳禮記刪詩正樂序易彖繫象說卦文言弟子蓋三千焉身通六藝者七十二人十四年庚申魯西狩獲麟孔子作春秋明年辛酉子路死於衞十六年壬戌四月己丑孔子卒年七十三葬魯城北泗上弟子皆服心喪三年而去惟子貢廬於冢上凡六年孔子生鯉字伯魚先卒伯魚生伋字子思作中庸

何氏曰魯論語二十篇齊論語別有問王知道凡二十二篇其二十篇中章句頗多於魯論古論出孔子壁中分堯曰下章子張問以爲一篇有兩子張凡二十一篇篇次不與齊魯論同

程子曰論語之書成於有子曾子之門人故其書獨二子以子稱

程子曰讀論語有讀了全然無事者有讀了後其中得一兩句喜者有讀了後知好之者有讀了後直有不知手之舞之足之蹈之者

程子曰今人不會讀書如讀論語未讀時是此等人讀了後又只是此等人便是不曾讀

程子曰頤自十七八讀論語當時已曉文義讀之愈久但覺意味深長

論語古義序

昔者夫子生乎衰周之季躬天縱之資立生民之極祖述前聖討論墳典其道之大德之盛亘今古而莫之比也其遺言微旨之託于後者門人弟子謹而備錄名曰論語固經中之一王百家之權衡也聖而前乎此者不經其品章則萬世無以識其爲聖賢而後乎此者不就其折衷則萬世無以辨其言行事實之爲孰得孰失也言其大也則猶天地之圍萬象而品彙莫不囿羅乎其中言其近也則猶布帛菽粟之切于民用而一日不資則不能以爲人斯道之蘊奧學

問之階級固具於其中而不待復求之於其外矣自漢而後疏解註述之繁非不精且詳也然徒視以爲平實法語而非鉤玄探賾之至論應酬常談而非統宗會極之要言則雖不能不沿解以泝經亦不可以不原經以審註焉大抵聖人之道務實故其教人每就日用行事之實示之是非得失而未嘗使之求心于一念未萌之先也今且舉其大者二十篇中鉅細畢舉而其要莫仁爲大也後之所謂仁者以寂然不動解覺解愛之理爲仁之體以惻隱之發乎心者爲仁之用而以其著乎行事濟物利人實迹之可見者

爲仁之施於是仁分爲三截而其用功全在乎屏欲
閑邪湛乎學乎以復靈覺不昧之初則澤物利人之
功乃其發見而仁之粗者也而質諸先聖之言則所
謂仁也者唯一而已矣而主實故其利澤恩愛之及
物者雖有生熟大小之差皆可以謂之仁而安則爲
仁者利則爲智者假則爲霸者依則爲人違則非人
也所以其用工之方義以配之禮以節之智以明之
或忠或敬或恕能敦其積而後可以爲仁矣而語其
本則孝弟之心乃所謂知能之良而至於仁之基也
若夫至於不動之初未萌之際則聖人固無其說矣

推之百行莫不皆然昔吾先人夙志聖學袵席經典
服膺遺訓唯信夫子之爲曠古一人之聖此書之爲
曠古無上之經晝誦宵繹參究訓傳恍然自得始覺
後世之學與古人異齒未強仕已艸此解杜門郤掃
日授生徒不復知世有聲利榮華之可羨改竄補緝
向五十霜稿凡五易白首紛如冀傳聖訓于後昆託
微志于汗青瑣義末說時有出入則蓋亦不暇校矣
胤也不肖夙受其分數奉以周旋不敢失隊徒知讀
父書而欲傳之同志爰命鋟梓以垂不朽云京兆伊
藤長胤謹敘

論語古義總論

宋邢氏昺曰按藝文志曰論語者孔子應荅弟子時人及弟子相與言而接聞於夫子之語也當時弟子各有所記夫子既卒門人相與輯而論纂故謂之論語漢興傳者有三家魯論語者魯人所傳卽今所行篇次是也齊論語者齊人所傳別有問王知道二篇凡二十二篇其二十篇中章句頗多於魯論古論語者出自孔子壁中凡二十一篇有兩子張篇次不與齊魯論同孔安國爲傳後漢馬融亦註之張禹受魯論于夏侯建又從庸生王吉受齊論擇善而從號曰

張侯論後漢包咸周氏竝爲章句列於學官鄭玄就魯論張包周之篇章考之齊古爲之註焉魏吏部尚書何晏集諸儒之說竝下已意爲集解正始中上之盛行于世

維楨按鄭氏曰論語仲弓子游子夏等撰定程子曰論語之書成於有子曾子之門人故其書獨二子以子稱愚以謂此特謂撰夫子之語而已至諸子之語未必盡然蓋論語一書記者非一手成者非一時何者除有子曾子外閔子冉子亦以子稱而諸子之語曾子最居多子貢子夏次之學而一篇三載有子之

語而子張篇多記子張之言則知夫子之語皆成於游夏等所撰而諸子之語則各出于其門人之所記然要之編論語者亦游夏之儔而已曾南豊曰記二典者臯夔之徒卽此意而自宋興以來說論語者蓋數百家然而多出其意見淆以佛老之說則不可據以爲信唯漢儒之說猶爲近古蓋不失傳受之意故此書出入註疏者爲多而於諸家之說獨取其所長幷加裁定其意味血脉則竊附臆見云

又曰論語二十篇相傳分上下猶後世所謂正續集之類乎蓋編論語者先錄前十篇自相傳習而又次

後十篇以補前所遺者故今合爲二十篇云何以言之盖觀鄉黨一篇要當在第二十篇而今嵌在中間則知前十篇旣自爲成書且詳其書若曾點言志子路問正名季氏伐顓臾諸章一段甚長及六言六蔽君子有九思三戒益者三友損者三友等語皆前十篇所無者其議論體製亦自不與前相似故知後十篇乃補前所遺者也

綱領

程子曰讀論語有讀了全然無事者有讀了後其中得一兩句喜者有讀了後知好之者有讀了後直有

不知手之舞之足之蹈之者

又曰學者當以論語孟子爲本論語孟子旣治則六經可不治而明矣讀書者當觀聖人所以作經之意與聖人所以用心聖人之所以至於聖人而吾之所以未至者所以未得者句句而求之晝誦而味之中夜而思之平其心易其氣闕其疑則聖人之意可見矣

又曰學者須將論語中諸弟子問處便作自已問聖人答處便作今日耳聞自然有得雖孔孟復生不過以此教人若能於語孟中深求玩味將來涵養成甚

生氣質

又曰凡看語孟且須熟讀玩味須將聖人言語切已不可只作一場話說人看得此二書切已終身儘多也

維楨按論語一書萬世道學之規矩準則也其言至正至當徹上徹下增一字則有餘減一字則不足道至乎此而盡矣學至乎此而極矣猶天地之無窮人在其中而不知其大通萬世而不變準四海而不違於乎大矣哉其語道則以仁爲宗以智爲要以義爲質以禮爲輔其語教人則曰博文約禮則曰文行忠

信而總之曰吾道一以貫之是其標的也雖後有聖者出亦不能易此而宋儒説論語專以仁義爲理而不知爲德之名以忠信爲用而不爲緊要之功甚者至於以論語爲未足而旁求之佗書或假釋老之説以資其言説其不得罪於孔門者殆鮮矣

又曰夫子以前雖教法略備然學問未開道德未明直至夫子然後道德學問初發揮得盡矣使萬世學者知專由仁義而行而種種鬼神卜筮之説皆以義理斷之不與道德相混故謂學問自夫子始斬新開闢可也孟子引宰我子貢有若三子之語曰賢於堯

舜遠矣又曰自生民以來未有盛於孔子也葢諸子嘗得親炙夫子而知其實度越乎羣聖人而後措詞如此愚斷以論語爲最上至極宇宙第一書爲此故也而漢唐以來人皆知六經之爲尊而不知論語之爲最尊而高出於六經之上或以易範爲祖或以學庸爲先不知論語一書其明道立教徹上徹下無復餘藴非佗經之可比也夫子之道所以終不大明於天下者職此之由愚頼天之靈得發明千載不傳之學於語孟二書故敢攄鄙見不少隱諱非臆說也

又曰夫道至正明白易知易從達於天下萬世而不

可須臾離故知之非難守之爲難守之非難樂之爲難若夫高遠不可及者非道隱僻不可知者非道何者非達於天下萬世而不可須臾離之道也一人知之而十人不能知之者非道一人行之而十人不能行之者非道何者非達於天下萬世而不可須臾離之道也苟知此則識吾夫子之德實度越乎羣聖人而吾夫子之道高超出乎萬世焉中庸曰考諸三王而不謬建諸天地而不悖質諸鬼神而無疑百世以俟聖人而不惑蓋贊夫子之德之學之功云然若夫高遠不可及隱僻不可知之說考之於三王則謬建

之於天地則悖推之於人情物理則皆不合可見宇宙之際本無此理而誣道之甚者也夫窮高則必返于卑極遠則必還于近返卑近而後其見始實矣何則知卑近之可恒居而高遠之非其所也所謂卑近者本非卑近卽平常之謂也實天下古今之所共由而人倫日用之所當然豈有高遠於此者乎彼厭卑近而喜高遠者豈足與語達於天下萬世而不可須臾離之道哉學者必知此然後可以讀論語矣

又曰欲學孔孟之道者當知二書之所同又知其所異也則於孔孟之本指自瞭然矣蓋天下所尊者二

曰道曰教道者何仁義是也教者何學問是也論語專言教而道在其中矣孟子專言道而教在其中矣其故何諸曰道者充滿宇宙貫徹古今無處不在無時不然至矣然不能使人自能趨于善故聖人爲之明彝倫倡仁義教之詩書禮樂以使人得爲聖爲賢而能關萬世大平皆教之功也故夫子專言教而道自在其中也而至於孟子時聖遠道湮異端蜂起各道其道莫能統一故孟子爲之明揭示仁義兩者而詔諸後世猶晝夜之互行寒暑之相代無偏無倚煥如日星使人無所迷惑七篇之內橫說竪說其言若

異而無一非仁義之旨而其所謂存養擴充居仁由義之說皆以教而言故孟子專言道而教在其中也二書之言如有所異而實相爲用此其所同也此二書之要領學問之標的若於此欠理會卒不能得孔孟之門庭學者審諸

又曰孟子剏倡性善之說爲萬世道學之宗旨而孔子不言之者何哉蓋人能從教則隨其所志所勤皆可以至於聖賢而性之美惡不暇論焉故雖無性善之說可矣故曰性相近也習相遠也夫自衆人至於堯舜其間相去奚翅千萬而夫子謂之相近者則孟

子所謂人皆可以爲堯舜之意故雖不言性善而性善自在其中矣謂夫子不言性善者非也孟子本以仁義爲其宗旨而其所以發性善之説者葢爲自暴自棄者立其標榜使知所本耳葢道至尊而教次之而其盡道受教者性之德也若使人之性如雞犬之無智焉則雖有善道莫得而入雖有善教莫得而從也惟其善故能盡道受教而之善也輕此孟子所以爲自暴自棄者發性善之説而亦莫不以教爲要何者倘專任其性而不學以充之則衆人焉耳愚人焉耳其卒或爲桀紂而止故曰苟不充之不足以事父

母又曰苟失其養無物不消皆言性之不可恃也專
謂孟子倡性善之說爲道學之宗旨者後世學鶩虛
遠視性甚高之所致而非孟子之本旨也

論語衆序附卷終

鳴謝

感謝相田滿先生爲本叢書《論語》卷作序
感謝早稻田大學圖書館特別資料室真島めぐみ女士提供圖片幫助